U0666782

中國古代史學叢書

史記會注考證

[漢]司馬遷 撰 [日]瀧川資言 考證

楊海崢 整理

修訂本

壹

上海古籍出版社

圖書在版編目(CIP)數據

史記會注考證 /（漢）司馬遷撰;（日）瀧川資言考證;楊海峥整理. —修訂本. —上海：上海古籍出版社,2022. 3（2025.4重印）
（中國古代史學叢書）
ISBN 978-7-5732-0030-3

Ⅰ. ①史… Ⅱ. ①司… ②瀧… ③楊… Ⅲ. ①中國歷史—古代史—紀傳體②《史記》—研究 Ⅳ. ①K204. 2

中國版本圖書館 CIP 數據核字(2021)第 137186 號

中國古代史學叢書
史記會注考證(修訂本)
（全八册）
［漢］司馬遷 撰 （日）瀧川資言 考證
楊海峥整理
上海古籍出版社出版發行
（上海市閔行區號景路 159 弄 1-5 號 A 座 5F 郵政編碼 201101）
（1）網址：www. guji. com. cn
（2）E-mail：guji1@guji. com. cn
（3）易文網網址：www. ewen. co
上海展强印刷有限公司印刷
開本 850×1168 1/32 印張 141. 75 插頁 40 字數 3,530,000
2022 年 3 月第 1 版 2025 年 4 月第 3 次印刷
ISBN 978-7-5732-0030-3
K·3026 定價：1100. 00 元
如有質量問題,請與承印公司聯繫
電話：021-66366565

本書爲
國家社會科學基金項目
教育部人文社會科學重點研究基地重大項目
本書出版得到國家古籍整理出版專項經費資助

責任編輯：占旭東
美術編輯：嚴克勤
技術編輯：富　强

序

安平秋

史記會注考證是日本學者瀧川資言(又稱瀧川龜太郎)對中國漢代司馬遷撰著的史記所作的集注與考訂。從它問世至今的八十餘年間,一直受到中日兩國學者的器重。

瀧川資言在這部著作中,廣泛搜集日本所藏的史記鈔本、刻本和中日兩國學者的校勘成果,對史記正文作全面細緻的校正,力圖使史記正文符合司馬遷文筆的原樣。他匯總中國晉唐時期的「三家注」和其後的衆多史記注家的注釋,分列於史記正文的相關字句之下,提供了豐富的資料。其中對「史記正義佚文」的收集,至今仍是中日學術界關注和討論的重要問題。他以「考證」的名目發表自己對史記的理解,内中所徵引的中日兩國學者的研究成果達一百二十餘家之多。他在匯總這些成果之後所發表的意見,常有見地。可以説,在今天,它仍然是收集資料最爲豐富的史記集注本,對今後中日兩國的史記研究依然起著重要的作用。瀧川資言的這部史記會注考證和另一位日本學者池田蘆洲的史記補注是日本史記學史上的兩座高峰。

瀧川資言的史記會注考證在日本共出版了兩次。第一次是在一九三二年至一九三四年,由日本東方文化學院東京研究所陸續在四年間全部出齊,共十册,人們習慣稱之爲「初版本」。第二次是在瀧川資言去世後第十年的一九五六年開始至一九六〇年，由日本史記會注考證校補刊行會在五年内陸續出齊，也是十册，人們習慣稱之爲「改正本」。「改正本」糾正了「初版本」中或因稿本、或因排版而出現的錯誤。由於該書的影響逐漸增大，自一九五五年至二〇〇九年的五十五年間，中國的各家出版社紛紛影印出版史記會注考證。初步統計，影印出版該書的中國大陸出版社有四家，台灣出版社有十家。但是，兩岸的出版社都是影印該書的「初版本」，而没有用糾正了錯誤的「改正本」。究其原因，主要是兩岸對日本學術信息、出版信息了解的滯後。

這次由楊海峥老師整理的史記會注考證所用的底本，是日本出版的「改正本」，這是其勝過兩岸已影印出版的各種史記會注考證之處。按照上海古籍出版社的要求，這次整理工作對全書加以新式標點，重新排版。在標點整理的過程中，楊海峥老師又發現「改正本」的一些錯字和疏誤，都以審慎的態度予以注明改正。這樣呈現給讀者的八厚册史記會注考證標點整理本，是底本有據、資料豐富、更便於閲讀使用的版本，是史記會注考證出版史上乃至整理史上的一個新樣本。相信此書由上海古籍出版社出版後，會對中日兩國史記研究起到推進作用。

這次整理工作的主持人是北京大學中文系的楊海峥副教授。她多年致力於古文獻學、古代文學的教學、科研工作，於史記、漢書用力更勤，其研究論著如漢唐史記研究論稿（齊魯書社二〇〇三年）、日本漢學家池田蘆洲和他的史記學成就（文史二〇一四年第四輯）等都體現出她的真才實學。二〇〇六年和二〇一三年，她曾兩次以史記研究爲課題獲得國家社科基金的立項。由於她的英語水平好，得以更多地關注國外學者在這一學術領域的研究成果。近年她把注意力放在日本史記學的研究領域，在完成史記會注考證的點校、整理之後，轉而關注日本江户時代的史記學研究。楊海峥的治學長處是古文獻功底堅實，注重對課題在廣域上的宏觀把握，又能在具體工作中下苦功夫深入進去。如這次的點校、整理史記會注考證，從選擇底本、複印底本、逐字逐句整理標點、反復審看全稿和校樣，到前言和凡例的寫作，她都是一絲不苟，力求做到最好。

還有一件事需要提及。這次楊海峥老師點校整理這部書，本來是按照上海古籍出版社的要求，把水澤利忠先生所作的史記會注考證校補一書打散附在史記會注考證各篇之後一起點校整理的。這是因爲上海古籍出版社在一九八五年影印出版史記會注考證附校補時已經這樣做了，並且受到了學術界的歡迎。楊海峥老師已於二〇一二年底全部完成標點整理並交稿。但二〇一三年底水澤利忠先生去世後，日本學者小澤賢二先生代表水澤利忠先生家屬提出不同意將水澤先生著作與史記會注考證合在一起出版，而準備由小澤賢二先生另行整理出版。鑒於這一狀況，楊海峥老師在與上海古籍出版社溝通後，表示同意撤下水澤利忠先生的校補，這次只出版史記會注考證。這就使得她幾年辛苦完成的數十萬字史記會注考證校補的標點整理成果不能出版，這實在是一件令人遺憾的事情，但從中也可以看出楊海峥老師對人的尊重和處事的厚道。

二〇一五年三月十日於北京大學

前言

一

瀧川資言(一八六五至一九四六),號君山,通稱龜太郎。日本慶應元年(一八六五)十一月十二日出生於日本島根縣松江市,是日本著名武士瀧川一益的後代。其父瀧川桼之丞爲小學教員,修漢學。明治以後,瀧川桼之丞在家鄉開辦了瀧川塾教授漢學。瀧川塾的教材後來常被其他漢學塾選作教授漢學的教科書。瀧川桼之丞嚴格要求並督促其子孫努力學習漢學。父親嚴厲的家教對瀧川資言的人格以及治學風格的形成有很大影響。

瀧川資言幼年在家鄉先是師從雨森精翁、内村鱸香學習漢文,後進入松江師範學校附屬上等小學學習,明治十年(一八七七)三月三十一日拿到小學第八級卒業證書,於明治十二年(一八七九)進入松江中學學習。明治十五年(一八八二)三月九日,瀧川資言離開家鄉去東京,進入日本著名漢學家島田篁村開設的篁村精舍繼續學習漢學。

明治維新之後,日本全國上下普遍實行文明開化、追慕西學的文化政策,研究中國古典學問的傳統漢學受到空前的衝擊。明治五年(一八七二),日本政府頒佈了近代新學制,各種洋學塾、專門學校隨之紛紛興起,傳統的漢學私塾相繼被迫關閉。在這樣的時代大背景下,明治十年(一八七七),東京大學正式成立。其文學部所設第一科爲完全按照西方的理論和方法建置的史學、哲學、政治學科，所講内容也只限於西方。第二科爲研究日本、中國傳統學術的和漢文學科。在當時的日本，一般的青年學生爲了畢業後能够找到工作，紛紛把目光投向西洋學術。據東大校史統計，和漢文學科從明治十年開設到明治十九年十年間，專業畢業生竟只有兩人。可見傳統漢學教育在當時日本高等教育體系中實際上已岌岌可危。後在加藤弘之的再三申請下，文部省批準在東京大學增設附屬于文學部的「古典講習科」，分爲甲部、乙部，甲部教授日本國學，乙部以漢學爲主要教學内容，又稱「支那古典講習科」，明治十六年（一八八三）正式招生。瀧川資言就是東京大學「支那古典講習科」的第一届學生，經過四年的學習，於明治二十年（一八八七）畢業。同期學習的有市村瓚太郎、和田英松、島田鈞一、林泰輔、山田準等人。這批學者以復興傳統漢學爲己任，致力於漢學的研究與普及，對近代日本漢學的發展發揮了重要作用。

瀧川資言從東京大學古典講習科畢業後，因爲不通洋學而十年找不到固定工作，先後在法制局、内閣官房署等處任職，擔任文書等工作。在這十年間，瀧川資言也一直没有停止對漢學的研究。瀧川資言擅長漢詩文寫作，其所作漢詩文，常被作爲漢文寫作的範文刊載於日本東洋文化等漢學雜誌上。明治四十二年（一九〇九）前後，瀧川資言完成了一批標點注釋中國典籍的著作，如高等漢文、御注孝經、孟子集注、論語集注、大學中庸章句、古文真寶前集、古文真寶後集、左氏傳鈔、審定十八史略鈔、唐宋八家文讀本鈔等。爲普及和推廣漢學做出了很大貢獻。其中一些著作多次重版發行，可見其影響之大。

瀧川資言早年對中國歷史十分關注，明治二十一年（一八八八），他在由杉浦重剛、井上哲次郎等創刊東洋學藝雜誌上發表長文支那古代哲學史一斑。明治二十五年（一八九二）二月，日本東京吉川書店刊行了瀧川資言與市村瓚次郎歷時五年共同完成的支那史六卷。一九〇三年，中國清政府推行新式教育，大中小學校均設立「歷史」一科，以「文明史」、「開化史」命名的大量日文書籍被翻譯或編譯成中文，充當西洋史和中國史的教科書之用，對當時中國人自己編纂的歷史教科書也產生了很大的影響。瀧川資言和市村瓚次郎所著的支那史由支那翻譯會社編譯爲支那四千年開化史在中國出版，頗受歡迎，後多次重版，曾被作爲中學歷史教科書使用。大正四年（一九一五），瀧川資言與鹽谷温一行到中國旅行時，偶然在上海的書店裏發現了此中譯本，瀧川資言當即買下，後在卷末留下了一段紀念性的文字。

明治三十年（一八九七），瀧川資言結束了十年飄泊不定的生活，前往仙台第二高等學校（現日本東北大學）就職。其後的三十年，他一直在仙台第二高等學校教書，這三十年也是他傾心撰著史記會注考證的時期。

瀧川資言於昭和五年（一九三〇）退休回松江，昭和九年（一九三四）又回到東京，先後擔任大東文化學院和東京文理科大學的教授。昭和二十年（一九四五）避戰亂離開東京回到松江。昭和二十一年（一九四六）二月二十三日，瀧川資言在松江家中去世。

由於史記會注考證所產生的重大影響，瀧川資言去世後，其故鄉松江多次舉行紀念活動。在昭和五十年（一九七五）瀧川資言去世三十周年的紀念活動上，松江市政府對瀧川資言的漢學成就高度讚揚並爲其建碑紀念，還做了關於松江市瀧川塾的調查。當時很多著名的漢學家都參加了紀念活動，京都大學著名教授吉川幸次郎用漢文作瀧川君山先生故宅碑銘，盛讚瀧川資言著述史記會注考證的影響和成就：

「有一代之書，有百代之書；有一邦之書，有萬邦之書。司馬子長繼春秋作史記，撥亂反正，述往事思來者。來者習之，不獨禹封，朝鮮之東，首推我邦；大宛而西，歐美近或習之。而凡習之者，莫不津逮於瀧川君山先生史記會注考證焉。蓋子長之書，發憤而作，辭或隱約，晉唐之間爲之注者僅存三家，降及近代，德川與清學者以考據名家，亦鮮及之。先生乃以二十年功，歷驗衆説，網羅舊本，如百川之吸於海，群峰之小於岱，千年疑滯發揮殆盡。宜乎東京始刻之後，海外遞有傳印之本，衣被之廣，我邦儒者之業罕見其匹。非先生之好學深思，心知其意而雄于文，孰能如此哉？」（吉川幸次郎全集第二十三卷補篇第五百七十七頁，日本筑摩書房一九七六年版）

二

誠如吉川幸次郎所言，史記會注考證（以下簡稱考證）乃瀧川資言傾注後半生心血完成的著述。考證卷末有瀧川資言所作書史記會注考證後，其中提到：「大正二年，予得史記正義遺佚於東北大學，始有纂述之志。」可見其著述考證始於大正二年（一九一三），且與史記正義佚文的發現密切相關。從大正二年「始有纂述之志」，到昭和五年至六年間（一九三〇—一九三一）考證撰成，瀧川資言用了將近二十年的時間。

據瀧川資言在大正十一年至大正十二年（一九二二至一九二三）間爲獲得研究資助向仙台齋藤報恩會所提交的報告書所言，其所著考證主要包括以下内容：（一）史記版本校勘；（二）究明司馬遷所據資料；（三）史記三家注的訂補；（四）歷代注釋集成。這是瀧川本人對考證内容和特點的準確概括。

校訂史記版本是瀧川資言撰著考證的重要目的。瀧川資言在參考中國南宋黄善夫刊三家注本、元彭寅翁刻本、明柯維熊刻本、明秦藩刻本、明南監刻本、明淩稚隆史記評林本、清代張文虎所校金陵書局本的基礎上，充分利用日本所藏各種寫本和刻本，對史記進行了全面校勘。

瀧川資言廣泛搜集日本所藏史記鈔本殘卷校勘史記文本，他在史記總論史記鈔本刊本中提到：「蓋刊史記，自北宋始也。而隋、唐之舊不可復見。我邦幸有古鈔本數種，概皆卷子。仍存往時面目，文字間與今本異，可以資於校勘。」考證中所列史記鈔本殘卷有宫内廳書陵部藏清原家點本五帝本紀第一、求古樓高山寺舊藏東洋文庫藏天養鈔本夏本紀第二、高山寺藏羅振玉影印殷本紀第三、高山寺藏周本紀第四、高山寺舊藏東洋文庫藏天養鈔本秦本紀第五、神田文庫藏羅振玉影印河渠書第七、宫内廳書陵部藏高祖本紀第八、毛利家藏延久鈔本吕后本紀第九、東北大學圖書館藏延久鈔本孝文本紀第十、野村氏久原文庫舊藏大東急記念文庫藏延久鈔本孝景本紀第十一、山岸德平氏藏大治鈔本孝景本紀第十一、宫内廳書陵部藏范睢蔡澤列傳第十九、高山寺藏羅振玉影印張丞相列傳第三十六、高山寺藏羅振玉影印酈生陸賈列傳第三十七等十四種。

此外，瀧川還參考了日本所藏史記古刻本及前代日本學者的史記校勘成果。這些古刻本包括日本慶長古活字本、南化和尚舊藏南宋慶元黄善夫本（南化本）、楓山文庫舊藏元彭寅翁本（楓山本）、三條西實隆手寫彭寅翁本（三條本）等。這些古版本本身及其邊欄外所留存的前代日本學者的校記都是非常珍貴的校勘資料。

現存日本學者用漢文注釋史記的最早的本子是日本南北朝時期藤原英房所作的英房史記抄，水澤利忠先生考證推斷其鈔寫時期是正平三年。其後又有僧桃源瑞仙的桃源史記抄和僧幻雲的幻雲史記抄。這些珍貴的寫注本也被瀧川資言用作校勘史記的資料。江户時期日本學者大島忠藏(號贄川)以日本所藏史記古本校勘史記,撰成博士家本史記異字(又名天朝傳本史記説)三卷,此後,其子大島桃年(號藍涯)繼承父業,校勘日本幕府及各諸侯所藏二十餘種史記版本中文字的異同,編成史記考異十四册。這兩種書在史記校勘史上佔有重要的地位。瀧川資言在考證中多處引用了其校勘成果。

考證徵引的史記版本資料衆多,十分珍貴,但考證卷帙龐大,難免有失。考證出版後,水澤利忠又以考證爲底本,用其所見的日本史記古鈔本、刻本以及前代日本學者的史記校記對史記正文及三家注重新進行了比對和校勘,撰成史記會注考證校補,爲史記研究者提供了寶貴的資料,可與考證配合使用。

至於瀧川資言著述考證時所採用的底本,據瀧川史記總論史記鈔本刊本自述「愚著史記會注考證,以金陵本爲底本,正文以我邦所存鈔本校,正義以僧幻雲所録補」。

日本學者小澤賢二在水澤利忠處見過瀧川資言考證的稿本,據他描述,瀧川資言是將史記正義的佚文用紅筆鈔録在鳳文館本史記評林的欄外及行間,這是其作史記會注考證的開始。之後,瀧川資言將鈔録史記正義的史記評林裁下來,粘貼在大開本的史記評林上,在各頁空白處,再用朱筆鈔録各家注文,並與桃源史記抄、幻雲史記抄及博士家本史記異字等相核對。故從其稿本來看,瀧川資言是以日本明治十六年(一八八三)鳳文館本史記評林爲底本,在考證初稿完成後與金陵書局本進行了對校。

在史記三家注中,司馬貞史記索隱與張守節史記正義有很多重複之處,而在宋代史記索隱的影響遠大于史記正義，所以宋代在合刻史記三家注時，對史記正義進行了删節，且删節數量很大。隨著三家注合刻本的流行，單本史記正義逐漸湮没以致失傳，明代起已很難見到史記正義的全貌，輯録史記正義佚文者亦隨之出現。

瀧川資言在史記總論史記正義佚存中，對其力圖復原史記正義的過程有詳細的敘述：「吾讀三家書，益知三注本所録正義多削落甚多也。偶繙東北大學所藏慶長寬永活字本史記，上欄標記正義一千二三百條，皆三注本所無。但缺十表。其後又得桃源史記抄、幻雲抄、博士家史記異字，所載正義略與此合。……吾邦有索隱本，有正義本，索隱與此注所載大同，正義者此注所不載者夥。故諸本之上書之。余於是知大學本標記之所由，欣喜不能措手，録以爲二卷，題曰史記正義佚存。……今録之會注正義各條，略復張氏之舊云。」

瀧川資言考證所收録的史記正義佚文來自日本東北大學圖書館狩野亨吉文庫所藏日本慶長寬永年間刊「八行有界」古活字本史記欄外所記。瀧川將這些正義佚文逐條鈔録下來，輯成史記正義佚存二卷。在其去世後，瀧川資言自筆本的史記正義佚存散落到古書肆中，由長澤規矩也買下，贈與了水澤利忠。

對史記正義佚文的輯佚是瀧川資言的一大貢獻，同時也是其爲人詬病所在。考證問世之後，瀧川資言所輯史記正義佚文的來源和真僞也受到了廣泛質疑，成爲學者批評的焦點。中國學者賀次君、程金造等分別舉例進行辯駁，全面否定了考證所輯正義的可信性。雖然考證所輯「佚文」是否全部是正義原文尚有争議，但這些材料對於探求史記正義原貌以及正確理解史記文義都是非常重要的。

廣泛徵引中國和日本歷代學者的史記研究成果亦是考證的一大特色。考證彙集衆家之説，將其附於史記相關文字下，並加以考辨和説明，這些詳實的資料爲研究者提供了極大方便。

據瀧川資言史記考證引用書目舉要統計，考證中引用的中國著作一百多種，日本著作二十多種。涉及的日本學者有恩田仲任、村尾元融、岡白駒、皆川愿、中井積德、近藤守重、龜井昱、豬飼彦博、古賀煜、安藤維寅、多紀元堅、多紀元簡、僧瑞仙、僧壽桂、佚名、岡本保孝、安井朝衡、竹添光鴻、新城新藏，計十九家。中國學者則包括了唐劉知幾，宋王應麟、洪邁、鄭樵，金王若虚，元馬端臨，明柯維騏、陳仁錫、徐孚遠、顧炎武，清方苞、王鳴盛、趙翼、錢大昕、梁玉繩、王念孫、沈家本、錢泰吉、張文虎，近代李笠、梁啓超等，計八十四家。這一百多家中日學者的研究成果是極其珍貴的史記研究資料，特别是其中所引日本學者的研究成果，在中國國内很難看到。

瀧川資言在博採衆家之説的基礎上，還對很多問題提出了自己的觀點，對前代學者的説法進行了分析和考證。其「考證」内容包括辨析文字的歧異正誤；闡釋疑難文句的意義；指出記載的矛盾、失誤；訂補史記三家注等，對前人未加解説或解之未詳之處往往加以考辯。考證重視探究史記所使用的文獻材料的來源，儘量注明其史料的出處，常于正文之下，指出此事亦見於某書。史記與他書文字不同之處，也予以注明，方便學者溯本求源，對比研究。考證重視對地理的解釋，對史記中出現的地名都儘量注出其具體位置、沿革和今地名。考證深受史記評林影響，注重對史記文章風格、寫法的分析以及對史記中所載歷史人物的點評。

總體而言，考證中瀧川資言所作之「考證」部分，態度審慎，在證據不充分的情況下，不輕易下斷語，不妄加解釋。這部分内容，是正確評價瀧川資言史記研究成就以及判斷考證一書價值的重要依據，也爲史記研究的進一步深入提供了新材料和新角度。

考證卷末，附有瀧川資言的史記總論一文。此篇長文分太史公事歷、太史公年譜、史記資料、史記名稱、史記記事、史記體製、史記文章、史記殘缺、史記附益、史記流傳、史記鈔本刊本、史記集解索隱正義、史記正義佚存、司馬貞張守節事歷、史記考證引用書目舉要等專題，對史記研究史上的重要問題多有涉及。其體例與考證正文一致，對各個問題的論述都是在徵引各家之説的基礎上，提出自己的觀點和論斷，爲瞭解中日史記學研究發展的脈絡提供了材料和參考。

考證問世後，備受關注，中國大陸及臺灣出現多部對其進行校正訂補的專著及專篇考證文章，其中王叔岷史記斠證、施之勉史記會注考證訂補、嚴一萍史記會注考證斠訂、錢鍾書管錐編史記會注考證以及臺灣大陸雜誌一九六三年分多期連載的張以仁讀史記會注考證札記等都產生了很大影響。同時由於考證一書中的錯誤和紕漏亦十分明顯，故自其問世以來，對其持批判態度的也大有人在。中國大陸學者魯實先在一九四〇年寫成史記會注考證駁議，指出史記會注考證有七個方面的缺點，即：①體例未精；②校刊未善；③採輯未備；④無所發明；⑤立説疵繆；⑥多有剿竊；⑦去取不明。魯實先的批評雖不無可取之處，但亦失之嚴苛。其後程金造、賀次君等學者也指出考證之失，特別是對其所輯史記正義佚文進行質疑。在日本也有論瀧川之非者，比較有影響的是發表在日本大阪大學中國學會編中國研究集刊一九九〇年第九號上的寺門日出男的史記會注考證撰述に見られる非學問性——埋もれた中井履軒撰史記雕題一文。這篇文章不僅指出史記會注考證的錯誤，並使用了激烈的言詞認爲考證是剽竊的產物，不是研讀史記時應選擇的合適的注釋書籍。

考證在對資料的搜集、對材料的去取以及對史記文字的訓詁、斷句等方面，確有失誤及不當之處，但這是任何一部學術著作都或多或少存在並難以避免的。瑕不掩瑜，考證引用資料豐富，涉及版本衆多，廣收歷代注釋，輯録史記正義佚文，是史記三家注之後對史記全面注釋整理的又一部集大成之作。可以説到目前爲止，考證仍是收集資料最豐富的史記集注本，是研究史記和中國古代史的重要參考書。

三

考證最初在日本是分批出版的，問世至今已有八十餘年。據考證各卷末版權頁記載，日本東方文化學院東京研究所從昭和七年（一九三二）三月開始發行考證的第一、二、三册，到昭和九年（一九三四）六月考證全十册全部出版發行。由於考證初版的印刷數量不多，一般讀者只能利用後來的影印本。一九五五年，中國大陸爲紀念司馬遷誕辰兩千一百周年，由文學古籍刊行社影印了考證，一九八五年上海古籍出版社又以文學古籍刊行社影印本爲底本重印考證，並將水澤利忠的史記會注考證校補打散分附在各卷考證之下，將兩書合而爲一，定名爲史記會注考證附校補，縮印裝成兩册出版發行，爲研究者利用此二書提供了極大的便利，可謂功德無量。此後，北嶽文藝出版社（一九九九）、新世界出版社（二〇〇九）又推出考證影印本。在臺灣也有多家出版社出版考證影印本，主要有廣文書局（一九七二）、樂天出版社（一九七二）、洪氏出版社（原樂天出版社，一九八一年版，一九八二、一九八六年重版）、藝文印書館（一九七二）、宏業書局（一九七二）、麗文文化書局（一九八二）、漢京文化事業有限公司（一九八三）、天工書局（一九九三）、文史哲出版社（一九九六）、大安出版社（二〇〇七）等。大陸、臺灣諸多考證影印本的出現使研究者受益不少，但這些影印本都是對日本一九三二至一九三四年間出版的考證初版本的影印。

昭和三十一年（一九五六）至昭和三十五年（一九六〇），日本史記會注考證校補刊行會陸續出版了史記會注考證的改正本十册。改正本對初版考證中一些明顯的錯誤做了改正。以五帝本紀爲例，初版本第四九頁第八行「舜曰然爾其庶矣」、第七行「至於堯」、六五頁第一〇行「學者多稱五帝尚矣」各句下的「集解」均爲「索隱」之誤；五七頁第五行「詩言意歌長言」下「索隱」爲「集解」之誤；五九頁第九行「南撫交址北發」下及「西戎析枝渠廋氏羌」下「正義」爲「索隱」之誤；五二頁第六行「縉雲氏有不才子」句下「考證」爲「正義」之誤。類似這樣的錯誤，改正本都通過挖補的方式做了訂正。

改正本考證中仍多有誤字。這些誤字有的是瀧川作考證時引文疏漏所致，有的是在考證鈔寫刻印過程中產生的錯訛。誤字的存在導致文句滯礙難通，影響了讀者的閱讀和使用。本次點校排印考證，以日本史記會注考證刊行會出版的改正本爲底本，在認真考證的基礎上儘可能指出並改正考證中存在的訛誤。這是其與之前大陸及臺灣已出版的各種影印本考證的根本不同。

爲更好地疏解文意和考訂史實，歷代學者在爲史記作注的過程中，多關注對史記文句的點斷。史記三家注，特别是史記索隱和史記正義，多用「定字」、「定句」、「絶句」、「句」、「一句」等來明確史記斷句，疏通文意。明代凌稚隆的史記評林對史記正文及各家注解都用「、」進行了點斷。清代吴見思的史記論文和吴汝綸的桐城吴先生點勘史記亦致力於此。另外，梁玉繩史記志疑、張文虎校勘史記集解索隱正義札記、李慈銘史記札記等考校史記的專著以及王念孫讀書雜誌、錢大昕廿二史考異等著作中論及史記的部分，也都對史記文句點斷多有考辨。

瀧川資言考證對史記正文、三家注以及徵引衆家之説並發表己見的「考證」部分全部進行了點斷。考證的點斷符號有「・」「、」「。」三種，這三種符號的意義、用法如下：

「・」號，表示並列的詞或片語之間的停頓，大概相當於現代標點符號中的頓號。如五帝本紀：「舉風后・力牧・常先・大鴻以治民。」

「、」號，通常爲一句話中一般的停頓，停頓大於「・」，小於「。」，大概相當於現代標點符號中的逗號。如五帝本紀：「黄帝者、少典之子、姓公孫、名曰軒轅。」

「。」號，用於文意完整的句子之後，大概相當於現代標點符號中的句號。舉例如上。

史記十表中表格部分，也許是受篇幅格式的限制，考證省去了表示並列關係的「・」號以及表示文意結束的「。」號，只是用「、」進行了粗略點斷。三家注及「考證」部分也是用「、」進行了斷句。

瀧川是以和刻史記評林爲底本完成會注考證工作的，在斷句時參考了史記評林原有的點斷并作了修訂。總體而言，考證斷句較爲精審，但也間有失誤。當然，瀧川資言作爲日本學者，其對漢語的語感及斷句習慣與中國學者會有所不同。遇點斷有歧解之處，瀧川資言往往以「考證」的形式，先綜述諸家説解，次下己意。當部分文句因文本本身有異文無法考訂，採用任何一種點斷都有可能導致誤讀時，瀧川資言往往不作點斷，而只是在其後的「考證」部分羅列各家之説，供讀者參考。

本次整理標點考證，對全書用現代標點符號進行標點。標點時儘可能採納考證原有點斷。在引用前代典籍及各家之説的部分，有些點斷確係錯誤，且與「考證」内容無涉，標點時則予以改正；與「考證」内容相關者，則仍按原刻的斷句標點，以供讀者參考。亦可與目前通行的史記點校本比較異同，論定是非。

最初開始整理點校工作時，計劃是沿襲一九八五年上海古籍出版社史記會注考證附校補的體例，將水澤利忠的史記會注考證校補打散附在考證的各篇之後一起出版。二〇一二年我們已將水澤利忠的史記會注考證校補全部進行了整理和標點，但因版權問題未能解決，只好割捨。希望史記會注考證校補他日也能够點校出版，方便讀者。

四

二〇〇六年上海古籍出版社計劃出版「前四史集解」的標點本，將史記會注考證列入其中，並向安平秋教授約稿。作爲史記研究的專家，安老師一直在北京大學開設史記研究課程，並擔任中國史記研究會第一、二、三届（2001—2013）會長。一九八五年，我考入北京大學中文系，師從安老師學習古典文獻學，迄今近三十年，安老師對我既有嚴格要求，又有諄諄教誨，耳提面命，使我受益無窮。出於信任和有意提攜後學，並徵得上海古籍出版社的贊同，安老師將考證的標點整理工作轉屬於我，並在標點整理過程中自始至終給予關心和指導。我自二〇〇六年開始著手進行考證的標點整理，其後因到國外作訪問學者，有所拖延，直到二〇一二年才完成考證的初步點校工作。幾經審訂修改，二〇一三年底終於殺青定稿。

考證篇幅宏大，内容豐富，在點校過程中對一些具體問題的處理，斟酌改動，一而再，再而三，使得前後體例可能照顧不周。加之水準有限，錯誤疏漏更是難免，敬祈各界讀者批評指正。

參加點校工作的還有北京大學中文系碩士研究生李欣、陳思、韋胤宗。上海古籍出版社的編輯老師反復審訂書稿，提出了寶貴的修改意見，傾注了很多心血。在此一併致謝。

楊海峥

二〇一四年十二月於北京大學

校點凡例

一、以日本史記會注考證校補刊行會昭和三十一年(一九五六)至昭和三十五年(一九六〇)出版的史記會注考證改正本爲底本。

二、中華書局點校本史記在對史記正文的分段及對史記原文和三家注的標點方式均堪稱典範,本次標點整理史記會注考證參考了中華書局點校本史記的分段和標點方式。

三、根據上海古籍出版社「前四史集解」整理體例要求,將原來散列在史記正文之下的三家注及瀧川資言「考證」移注每段正文之後,「集解」、「索隱」、「正義」、「考證」外加黑括號。

四、用現代標點符號標點全書。書名、地名、人名、爵位等施加專名線。

五、爲便於閱讀,將史記正文分段。段與段間不空行,大段(如本紀中每一年、列傳中每一人爲一大段)之間空一行,「太史公曰」、「贊曰」、「論曰」、「評曰」等文字與前文空一行,合傳中密切關聯之個人間不空行,附傳文字與前文空一行。奏疏、文賦、詔令等長段引文首空四格,回行低兩格。

六、以保存考證原貌爲原則,不徑改文字。原文有誤而當删改或增補者,加圓括號,排小字;增入或校正的文字，加方括號，以行文字體排印。古今字、通假字不改。異體字一般不改，亦不强爲統一，較爲冷僻、罕見者酌改。不出校勘記。

七、史記十表，每頁頁端加排表頭，免去讀者前後翻檢之勞。

目録

序……安平秋 一
前言……楊海峥 一
校點凡例……一
史記索隱序……一
史記索隱後序……三
三皇本紀……五
史記正義序……一一
史記正義論例……一三
史記集解序……三三
史記會注考證卷一……一
五帝本紀第一……一
史記會注考證卷二……六五
夏本紀第二……六五
史記會注考證卷三……一一六
殷本紀第三……一一六
史記會注考證卷四……一四八
周本紀第四……一四八
史記會注考證卷五……二三七
秦本紀第五……二三七
史記會注考證卷六……三一二
秦始皇本紀第六……三一二
史記會注考證卷七……四一一

項羽本紀第七……四一一
史記會注考證卷八……四七四
高祖本紀第八……四七四
史記會注考證卷九……五五三
呂后本紀第九……五五三
史記會注考證卷十……五八四
孝文本紀第十……五八四
史記會注考證卷十一……六二四
孝景本紀第十一……六二四
史記會注考證卷十二……六四二
孝武本紀第十二……六四二
史記會注考證卷十三……六八八
三代世表第一……六八八
史記會注考證卷十四……七一二
十二諸侯年表第二……七一二
史記會注考證卷十五……八四五
六國年表第三……八四五
史記會注考證卷十六……九一四
秦楚之際月表第四……九一四
史記會注考證卷十七……九五一
漢興以來諸侯王年表第五……九五一
史記會注考證卷十八……一〇一〇
高祖功臣侯者年表第六……一〇一〇
史記會注考證卷十九……一一二一
惠景閒侯者年表第七……一一二一
史記會注考證卷二十……一一七三
建元以來侯者年表第八……一一七三
史記會注考證卷二十一……一二三一
建元已來王子侯者年表第九……一二三一
史記會注考證卷二十二……一二七八

漢興以來將相名臣年表第十……一二七八
史記會注考證卷二十三……一三一五
禮書第一……一三一五
史記會注考證卷二十四……一三四〇
樂書第二……一三四〇
史記會注考證卷二十五……一四一二
律書第三……一四一二
史記會注考證卷二十六……一四三九
曆書第四……一四三九
史記會注考證卷二十七……一四八〇
天官書第五……一四八〇
史記會注考證卷二十八……一五七一
封禪書第六……一五七一
史記會注考證卷二十九……一六四九
河渠書第七……一六四九
史記會注考證卷三十……一六六五
平準書第八……一六六五
史記會注考證卷三十一……一七〇七
吳太伯世家第一……一七〇七
史記會注考證卷三十二……一七五〇
齊太公世家第二……一七五〇
史記會注考證卷三十三……一八〇六
魯周公世家第三……一八〇六
史記會注考證卷三十四……一八六〇
燕召公世家第四……一八六〇
史記會注考證卷三十五……一八八二
管蔡世家第五……一八八二
史記會注考證卷三十六……一九〇一
陳杞世家第六……一九〇一
史記會注考證卷三十七……一九二四
衛康叔世家第七……一九二四

史記會注考證卷三十八……一九五一
宋微子世家第八……一九五一
史記會注考證卷三十九……一九九五
晉世家第九……一九九五
史記會注考證卷四十……二〇七八
楚世家第十……二〇七八
史記會注考證卷四十一……二一四七
越王句踐世家第十一……二一四七
史記會注考證卷四十二……二一七四
鄭世家第十二……二一七四
史記會注考證卷四十三……二二〇七
趙世家第十三……二二〇七
史記會注考證卷四十四……二二九二
魏世家第十四……二二九二
史記會注考證卷四十五……二三三八
韓世家第十五……二三三八
史記會注考證卷四十六……二三六〇
田敬仲完世家第十六……二三六〇
史記會注考證卷四十七……二四〇一
孔子世家第十七……二四〇一
史記會注考證卷四十八……二四八八
陳涉世家第十八……二四八八
史記會注考證卷四十九……二五〇九
外戚世家第十九……二五〇九
史記會注考證卷五十……二五三六
楚元王世家第二十……二五三六
史記會注考證卷五十一……二五四三
荆燕世家第二十一……二五四三
史記會注考證卷五十二……二五五二
齊悼惠王世家第二十二……二五五二
史記會注考證卷五十三……二五七〇
蕭相國世家第二十三……二五七〇

史記會注考證卷五十四 …… 二五八二
曹相國世家第二十四 …… 二五八二
史記會注考證卷五十五 …… 二五九九
留侯世家第二十五 …… 二五九九
史記會注考證卷五十六 …… 二六二四
陳丞相世家第二十六 …… 二六二四
史記會注考證卷五十七 …… 二六四三
絳侯周勃世家第二十七 …… 二六四三
史記會注考證卷五十八 …… 二六六五
梁孝王世家第二十八 …… 二六六五
史記會注考證卷五十九 …… 二六八二
五宗世家第二十九 …… 二六八二
史記會注考證卷六十 …… 二六九九
三王世家第三十 …… 二六九九
史記會注考證卷六十一 …… 二七二一
伯夷列傳第一 …… 二七二一
史記會注考證卷六十二 …… 二七三七
管晏列傳第二 …… 二七三七
史記會注考證卷六十三 …… 二七四七
老子韓非列傳第三 …… 二七四七
史記會注考證卷六十四 …… 二七七四
司馬穰苴列傳第四 …… 二七七四
史記會注考證卷六十五 …… 二七八一
孫子吴起列傳第五 …… 二七八一
史記會注考證卷六十六 …… 二七九七
伍子胥列傳第六 …… 二七九七
史記會注考證卷六十七 …… 二八一六
仲尼弟子列傳第七 …… 二八一六
史記會注考證卷六十八 …… 二八七一
商君列傳第八 …… 二八七一
史記會注考證卷六十九 …… 二八九一
蘇秦列傳第九 …… 二八九一

史記會注考證卷七十 …………… 二九四四
張儀列傳第十 …………… 二九四四
史記會注考證卷七十一 …………… 二九八六
樗里子甘茂列傳第十一 …………… 二九八六
史記會注考證卷七十二 …………… 三〇〇八
穰侯列傳第十二 …………… 三〇〇八
史記會注考證卷七十三 …………… 三〇一九
白起王翦列傳第十三 …………… 三〇一九
史記會注考證卷七十四 …………… 三〇三五
孟子荀卿列傳第十四 …………… 三〇三五
史記會注考證卷七十五 …………… 三〇五〇
孟嘗君列傳第十五 …………… 三〇五〇
史記會注考證卷七十六 …………… 三〇七〇
平原君虞卿列傳第十六 …………… 三〇七〇
史記會注考證卷七十七 …………… 三〇八七
魏公子列傳第十七 …………… 三〇八七
史記會注考證卷七十八 …………… 三〇九九
春申君列傳第十八 …………… 三〇九九
史記會注考證卷七十九 …………… 三一一七
范雎蔡澤列傳第十九 …………… 三一一七
史記會注考證卷八十 …………… 三一五六
樂毅列傳第二十 …………… 三一五六
史記會注考證卷八十一 …………… 三一七〇
廉頗藺相如列傳第二十一 …………… 三一七〇
史記會注考證卷八十二 …………… 三一八九
田單列傳第二十二 …………… 三一八九
史記會注考證卷八十三 …………… 三一九五
魯仲連鄒陽列傳第二十三 …………… 三一九五
史記會注考證卷八十四 …………… 三二二三
屈原賈生列傳第二十四 …………… 三二二三
史記會注考證卷八十五 …………… 三二五七
呂不韋列傳第二十五 …………… 三二五七

史記會注考證卷八十六……三一六九
刺客列傳第二十六……三一六九
史記會注考證卷八十七……三二〇〇
李斯列傳第二十七……三二〇〇
史記會注考證卷八十八……三二三四
蒙恬列傳第二十八……三二三四
史記會注考證卷八十九……三二四三
張耳陳餘列傳第二十九……三二四三
史記會注考證卷九十……三二六四
魏豹彭越列傳第三十……三二六四
史記會注考證卷九十一……三二七三
黥布列傳第三十一……三二七三
史記會注考證卷九十二……三二八七
淮陰侯列傳第三十二……三二八七
史記會注考證卷九十三……三四二〇
韓信盧綰列傳第三十三……三四二〇
史記會注考證卷九十四……三四三五
田儋列傳第三十四……三四三五
史記會注考證卷九十五……三四四五
樊酈滕灌列傳第三十五……三四四五
史記會注考證卷九十六……三四七四
張丞相列傳第三十六……三四七四
史記會注考證卷九十七……三四九五
酈生陸賈列傳第三十七……三四九五
史記會注考證卷九十八……三五一八
傅靳蒯成列傳第三十八……三五一八
史記會注考證卷九十九……三五二六
劉敬叔孫通列傳第三十九……三五二六
史記會注考證卷一百……三五四四
季布欒布列傳第四十……三五四四
史記會注考證卷一百一……三五五四
袁盎鼂錯列傳第四十一……三五五四

史記會注考證卷一百二……三五七二
張釋之馮唐列傳第四十二……三五七二
史記會注考證卷一百三……三五八七
萬石張叔列傳第四十三……三五八七
史記會注考證卷一百四……三六〇三
田叔列傳第四十四……三六〇三
史記會注考證卷一百五……三六一五
扁鵲倉公列傳第四十五……三六一五
史記會注考證卷一百六……三六六九
吴王濞列傳第四十六……三六六九
史記會注考證卷一百七……三六九二
魏其武安侯列傳第四十七……三六九二
史記會注考證卷一百八……三七一六
韓長孺列傳第四十八……三七一六
史記會注考證卷一百九……三七二七
李將軍列傳第四十九……三七二七
史記會注考證卷一百十……三七四四
匈奴列傳第五十……三七四四
史記會注考證卷一百十一……三八〇〇
衛將軍驃騎列傳第五十一……三八〇〇
史記會注考證卷一百十二……三八三六
平津侯主父列傳第五十二……三八三六
史記會注考證卷一百十三……三八六二
南越列傳第五十三……三八六二
史記會注考證卷一百十四……三八七六
東越列傳第五十四……三八七六
史記會注考證卷一百十五……三八八四
朝鮮列傳第五十五……三八八四
史記會注考證卷一百十六……三八九二
西南夷列傳第五十六……三八九二
史記會注考證卷一百十七……三九〇三
司馬相如列傳第五十七……三九〇三

史記會注考證卷一百十八……四〇〇六
淮南衡山列傳第五十八……四〇〇六
史記會注考證卷一百十九……四〇四〇
循吏列傳第五十九……四〇四〇
史記會注考證卷一百二十……四〇四七
汲鄭列傳第六十……四〇四七
史記會注考證卷一百二十一……四〇六二
儒林列傳第六十一……四〇六二
史記會注考證卷一百二十二……四〇八七
酷吏列傳第六十二……四〇八七
史記會注考證卷一百二十三……四一二六
大宛列傳第六十三……四一二六
史記會注考證卷一百二十四……四一六三
游俠列傳第六十四……四一六三
史記會注考證卷一百二十五……四一七八
佞幸列傳第六十五……四一七八
史記會注考證卷一百二十六……四一八六
滑稽列傳第六十六……四一八六
史記會注考證卷一百二十七……四二一〇
日者列傳第六十七……四二一〇
史記會注考證卷一百二十八……四二二〇
龜策列傳第六十八……四二二〇
史記會注考證卷一百二十九……四二六〇
貨殖列傳第六十九……四二六〇
史記會注考證卷一百三十……四二九九
太史公自序第七十……四二九九
史記總論……四三五七
太史公事歷……四三五七
太史公年譜……四三七三
史記資材……四三八四
史記名稱……四四〇一

史記記事 …… 四四〇三
史記體製 …… 四四〇四
史記文章 …… 四四一一
史記殘缺 …… 四四一六
史記附益 …… 四四一八
史記流傳 …… 四四二二
史記鈔本刊本 …… 四四三〇

史記集解索隱正義 …… 四四三七
史記正義佚存 …… 四四四二
司馬貞張守節事歷 …… 四四四六
史記考證引用書目舉要 …… 四四四七
書史記會注考證後 …… 四四五五

史記索隱序

朝散大夫國子博士弘文館學士河内司馬貞

史記者，漢太史司馬遷父子之所述也。遷自以承五百之運，繼春秋而纂是史，其褒貶覈實，頗亞於丘明之書。於是上始軒轅，下訖天漢，作十二本紀、十表、八書、三十系家、七十列傳，凡一百三十篇。〔一〕始變左氏之體，而年載悠邈，簡册闕遺，勒成一家，其勤至矣。又其屬稾，先據左氏、國語、系本、戰國策、楚漢春秋及諸子百家之書，而後貫穿經傳，馳騁古今，錯綜隱括，各使成一國一家之事，故其意難究詳矣。比於班書，微爲古質，故漢、晉名賢，未知見重，所以魏文侯聽古樂，則唯恐卧，〔二〕良有以也。

〔一〕【考證】司馬貞唐人，諱「世」作「系」，下文系本亦世本也，全文倣之。

〔二〕【考證】事見禮樂記、史記樂書。

逮至晉末，有中散大夫東莞徐廣，始考異同，作音義十三卷。宋外兵參軍裴駰，又取經傳訓釋作集解，合爲八十卷。雖麤見微意，而未窮討論。南齊輕車録事鄒誕生，亦作音義三卷，音則微殊，義乃更略。爾後其學中廢。貞觀中，諫議大夫崇賢館學士劉伯莊，達學宏才，鉤深探賾，又作音義二十卷，比於徐、鄒音則具矣。殘文錯節，異音微義，雖知獨善，不見旁通，〔一〕欲使後人從何準的。

〔一〕【考證】乾隆四年經史館校刊本「音」作「旨」。

貞謏聞陋識，頗事鑽研，而家傳是書，不敢失墜。初欲改更舛錯，裨補疏遺，義有未通，兼重注述。然以此書殘缺雖多，實爲古史，忽加穿鑿，難允物情。今止探求異聞，採摭典故，解其所未解，申其所未申者，釋文演注，又重爲述贊，凡三十卷，號曰史記索隱。雖未敢藏之書府，亦欲以貽厥孫謀云。〔一〕

〔一〕**【考證】**錢大昕曰：司馬貞注高祖紀「母曰劉媼」云：「今近有人云『母温氏』。貞時打得班固泗水亭長古碑文，其字分明作『温』字，云『母温氏』。貞與賈膺復、徐彥伯、魏奉古等執對反覆，沈歎古人未聞。」按：「膺復」當作「膺福」。先天二年爲右散騎常侍、昭文館學士，以預太平公主逆謀誅。今河内縣有大雲寺碑，即膺福書也。徐彥伯卒於開元二年，見唐書本傳。而司馬貞、張守節二人，新、舊唐書無傳，守節正義序稱「開元二十四年八月，殺青斯竟」，而小司馬兩序則不載譔述年月，以此注驗之，其與賈、徐諸人談議，當在中、睿之世，計其年輩，似在張守節之前。補史記序自題「國子博士、弘文館學士」。唐制，弘文館皆以他官兼領，五品以上爲學士，六品以下曰直學士。國子博士，係正五品上，故得學士之稱。神龍以後，避孝敬皇帝諱，或稱昭文，或稱修文。開元七年，仍爲弘文。小司馬充學士，蓋在開元七年以後也。唐書劉知幾傳：「開元初嘗議孝經鄭氏學，非康成注，當以古文爲正。易無子夏傳，老子書無河上公注，請存王弼學。宰相宋璟等不然其論，奏與諸儒辨質，博士司馬貞等共黜其言，請二家兼行，唯子夏易傳請罷。詔可。」又考唐藝文志稱貞「開元潤州別駕」，蓋由弘文館出爲別駕，遂蹭蹬以死也。

史記索隱後序

夫太史公紀事，上始軒轅，下訖天漢。雖博采古文及傳記諸子，其閒殘闕蓋多。或旁搜異聞，以成其說。然其人好奇而詞省，故事覈而文微，是以後之學者多所未究。其班氏之書，成於後漢。彪既後遷而述，所以條流更明，且又兼采衆賢，羣理畢備，〔一〕故其旨富，其詞文，是以近代諸儒共所鑽仰。〔二〕其訓詁蓋亦多門，蔡謨集解之時，已有二十四家之說，所以於文無所滯，於理無所遺。而太史公之書，既上序軒黄，中述戰國，或得之於名山壞宅，或取之以舊俗風謡，〔三〕故其殘文斷句難究詳矣。

〔一〕【考證】索隱單本「且又」作「是」。

〔二〕【考證】單本「所」作「行」。

〔三〕【考證】單本「宅」作「壁」。

然古今爲注解者絶省，音義亦希。始後漢延篤，乃有音義一卷。又別有音隱五卷，不記作者何人，〔一〕近代鮮有二家之本。宋中散大夫徐廣作音義十三卷，〔二〕唯記諸家本異同，於義少有解釋。又中兵郎裴駰，亦名家之子也，作集解注本，合爲八十卷，見行於代。仍云亦有音義，前代久已散亡。南齊輕車録事鄒誕生，亦撰音義三卷，音則尚奇，義則罕說。〔三〕隋秘書監柳顧言，尤善此史。劉伯莊云，其先人曾從彼公受業，或音解隨而記録，凡三十卷。隋季喪亂，遂失此書。伯莊以貞觀之初，奉勑於弘文館講授，遂采鄒、徐二説，兼記憶柳公音旨，遂作音義二十卷。音乃周備，義則更略，惜哉！〔四〕古史微文，遂由數賢祕寶，故其學殆絶。

〔一〕【考證】單本「音隱」作「章隱」。

〔二〕【考證】張文虎曰：十三卷，原誤「二十卷」，依前序及集解序正義改，唐志亦云十三卷。

〔三〕【考證】隋經籍志、日本現在書目作「梁輕車録事參軍鄒誕生」。釋玄應一切經音義引誕生史記音。

〔四〕【考證】日本現在書目云：「史記音義廿卷，唐大中大夫劉伯莊撰。」二十卷，諸本作「三十卷」，今從金陵書局本。

前朝吏部侍郎許子儒，亦作注義，不覩其書。崇文館學士張嘉會獨善此書，而無注義。貞少從張學，晚更研尋。初以殘闕處多，兼鄙褚少孫誣謬，因憤發而補史記，遂兼注之，然其功殆半。乃自惟曰：「千載古史，良難紬繹。」於是更撰音義，重作述贊，蓋欲以剖盤根之錯節，遵北轅於司南也。凡爲三十卷，號曰史記索隱云。〔一〕

〔一〕【考證】單本「惟」作「唯」，「紬繹」作「間然」，「於是更」作「因退」，「述贊」作「贊述」。

三皇本紀

小司馬氏撰并注

小司馬氏云太史公作史記，古今君臣宜應上自開闢，下迄當代，以爲一家之首尾。今闕三皇，而以五帝爲首者，正以大戴禮有五帝德篇，又帝系皆叙自黄帝已下，故因以五帝本紀爲首。其實三皇已還，載籍罕備，然君臣之始，教化之先，既論古史，不合全闕。近代皇甫謐作帝王代紀，徐整作三五曆，皆論三皇已來事，斯亦近古之一證，今並採而集之作三皇本紀，雖復淺近，聊補闕云。

太皞庖犧氏，風姓，代燧人氏，繼天而王。母曰華胥，履大人迹於雷澤，而生庖犧於成紀。蛇身人首，〔一〕有聖德。仰則觀象於天，俯則觀法於地，旁觀鳥獸之文，與地之宜，近取諸身，遠取諸物。始畫八卦，以通神明之德，以類萬物之情，造書契以代結繩之政。於是始制嫁娶，以儷皮爲禮，〔二〕結網罟以教佃漁，故曰宓犧氏。〔三〕養犧牲以庖廚，故曰庖犧。〔四〕有龍瑞，以龍紀官，號曰龍師。作三十五弦之瑟，木德王，注春令，故易稱帝出乎震，月令孟春，其帝太皞，是也。〔五〕都於陳，東封太山，立一百一十一年崩。〔六〕其後裔，當春秋時，有任、宿、須、句、顓臾，皆風姓之胤也。

〔一〕按：伏犧風姓，出國語。其「華胥」已下出帝王世紀。然雷澤，澤名，即舜所漁之地，在濟陰。成紀亦地名。按：天水有成紀縣。

〔二〕按：譙周古史考伏犧制嫁娶，以儷皮爲禮也。

〔三〕按：事出漢書曆志。宓，音伏。

〔四〕【考證】索隱單本「以」下無「庖厨故曰」四字。

〔五〕按：位在東方，象日之明，故稱太皞。皞，明也。

〔六〕按：皇甫謐：伏犧葬南郡。或曰，冢在山陽高平之西也。

女媧氏亦風姓，蛇身人首，有神聖之德，代宓犧立，號曰女希氏。無革造，惟作笙簧，〔一〕故易不載，不承五運。一曰女媧亦木德王，蓋宓犧之後，已經數世。金木輪環，周而復始。特舉女媧以其功高而充三皇，故頻木王也。當其末年也，諸侯有共工氏，任智刑，以强霸而不王，以水承木。〔二〕乃與祝融戰，不勝而怒，乃頭觸不周山，崩。天柱折，地維缺。女媧乃鍊五色石以補天，斷鼇足以立四極，聚蘆灰以止滔水，以濟冀州。〔三〕於是地平天成，不改舊物。

〔一〕按：禮明堂位及系本皆云女媧作笙簧。

〔二〕【考證】各本「承」作「乘」，今從單本。

〔三〕按：其事出淮南子也。

女媧氏没，神農氏作。〔一〕炎帝神農氏，姜姓。母曰女登，有媧氏之女，爲少典妃，感神龍而生炎帝。人身牛首，長於姜水，因以爲姓。〔二〕火德王，故曰炎帝。以火名官，斲木爲耜，揉木爲耒，耒耨之用，以教萬人。始教耕，故號神農氏。於是作蜡祭，以赭鞭鞭草木，始嘗百草，始有醫藥。又作五弦之瑟，教人日中爲市，交易而退，各得其所。遂重八卦爲六十四爻。初都陳，後居曲阜。〔三〕立一百二十年崩，葬長沙。神農本起烈山，故左氏稱「烈山氏之子曰柱」。亦曰厲山氏，禮曰「厲山氏之有天下」是也。〔四〕神農納奔水氏之女曰聽詙爲妃，生帝魁，魁生帝承，承生帝明，明生帝直，直生帝氂，氂生帝哀，哀生帝克，克生帝榆罔，凡八代，五百三十年，而軒轅氏興焉。〔五〕其後有州、甫、甘、許、戲、露、齊、紀、怡、向、申、吕，皆姜姓之後，並爲諸侯，或分掌四岳。當周室，甫侯、申伯爲王賢相，齊、許列爲諸侯，霸於中國。蓋聖人德澤廣大，故其祚胤繁昌久長云。

〔一〕按：三皇說者不同。譙周以燧人爲皇，宋均以祝融爲皇，而鄭玄依春秋緯以女媧爲皇，承伏犧。皇甫謐亦同。今依之爲說也。

〔二〕按：國語炎帝、黃帝皆少典之子，其母又皆有媧氏之女。據諸子及古史考，炎帝之後，凡八代五百餘年，軒轅氏代之，豈炎帝、黃帝是昆弟而同母氏乎？皇甫謐以爲少典有媧氏諸侯國號，然則姜、姬二帝，同出少典氏。黃帝之母，又是神農母氏之後代女，所以同是有媧氏之女也。

〔三〕按：今淮陽有神農井。又左傳「魯有大庭氏之庫」是也。

〔四〕按：鄭玄云：厲山，神農所起，亦曰有烈山。皇甫謐曰：厲山，今隨之厲鄉也。

〔五〕按：神農之後凡八代，事見帝王代紀及古史考。然古典亡矣，況譙、皇二氏皆前聞君子，考按古書而爲此說，豈至今鑿空乎？此紀〔六〕〔亦〕據以爲說。其易稱「神農氏没」，即榆罔，榆罔猶襲神農之號也。【考證】「生帝魁」以下二十字，各本脫，今依單本。

一說，三皇謂天皇、地皇、人皇爲三皇。既是開闢之初，君臣之始，圖緯所載，不可全弃，故兼序之。天地初立，有天皇氏十二頭。澹泊無所施爲，而俗自化。木德王，歲起攝提。兄弟十二人，立各一萬八千歲。〔一〕地皇十一頭，火德王，姓十一人，興於熊耳、龍門等山，亦各萬八千歲。人皇九頭，乘雲車，駕六羽，出谷口，兄弟九人，分長九州，各立城邑，凡一百五十世，合四萬五千六百年。〔二〕

〔一〕蓋天地初立，神人首出行化，故其年世長久也。然言十二頭者，非謂一人之身有十二頭，蓋古質，比之鳥獸頭數故也。

〔二〕「天皇」已下皆出河圖及三五曆也。

自人皇已後有五龍氏、〔一〕燧人氏、〔二〕大庭氏、栢皇氏、中央氏、卷須氏、栗陸氏、驪連氏、赫胥氏、尊盧氏、渾沌氏、昊英氏、有巢氏、朱襄氏、葛天氏、陰康氏、無懷氏，斯蓋三皇已來有天下者之號，〔三〕但載籍不紀，莫知姓、王年代、所都之處。而韓詩以爲自古封太山禪梁甫者，萬有餘家，仲尼觀之，不能盡識。管子亦曰：古封太山七十二家，夷吾所識十有二焉，首有無懷氏。〔四〕然則無懷之前，天皇已後，年紀悠邈，皇王何昇而告？但古書亡矣，不可備論，豈得謂無帝王耶？故春秋緯稱自開闢至於獲麟，凡三百二十七萬六千歲，分爲十紀，凡世七萬六百年，一曰九頭紀，二曰五龍紀，三曰攝提紀，四曰合雒紀，五曰連通紀，六曰序命紀，七曰脩飛紀，八曰回提紀，九曰禪通紀，十曰流訖紀。蓋流訖當黃帝時，制九紀之間，是以録於此，補紀之也。〔五〕

〔一〕五龍氏，兄弟五人，並乘龍上下，故曰五龍氏也。

〔二〕按：其君鑽燧出火，教人熟食，在伏犧氏前，譙周以爲三皇之首也。

〔三〕按：皇甫謐以爲大庭已下一十五君，皆襲庖犧之號，事不經見，難可依從。然按古封太山者，首有無懷氏，乃在太昊之前，豈得如謐所説？

〔四〕【考證】單本無「無」字。

〔五〕【考證】趙翼曰：大戴禮五帝德及史遷五帝本紀皆專言五帝，而不言三皇。然三皇之號，見於周禮外史掌三皇五帝之書，不得言三代以前無此稱也，第未有專指其名者。其見於秦博士所議，但云天皇、地皇、人皇而已。孔安國書序乃以伏羲、神農、黃帝爲三皇，少昊、顓頊、高辛、堯、舜爲五帝。司馬遷以黃帝入五帝之内，而無少昊。鄭康成依運斗樞註尚書中候，乃以伏犧、女媧、神農爲三皇，帝鴻、金天、高陽、高辛、唐、虞爲五帝。司馬貞因之作三皇本紀，亦以伏犧、女媧、神農爲三皇。孔穎達註尚書最尊安國，故其駁鄭注，謂女媧但修伏犧之道，無所改作，不得列三皇。既不數女媧，則不可不取黃帝爲三皇。又曰：安國之意，以月令春曰太昊，夏曰炎帝，中央曰黃帝，依次以爲三皇，秋曰少昊，冬曰顓頊，自此以下，合之高辛、堯、舜，乃爲五帝耳。然穎達又云：諸儒説三皇，或數燧人，或數祝融，以配犧、農，其五帝皆自軒轅，不數少昊，帝繫、本紀、家語又以少昊即黄帝子青陽。是穎達雖尊安國，亦未敢竟以黄帝入三皇之内，少昊列五帝之中，而顯與史記相戾也。宋五峯胡氏，直斷以孔子繫詞所述伏犧、神農、黄帝、堯、舜爲五帝。元人胡一桂又從而引伸之，謂孔子家語自伏犧以下皆稱帝，易大傳、春秋内、外傳有黄帝、炎帝之稱，月令有帝太昊、帝炎帝、帝黄帝之文，可見太昊、伏犧氏、炎帝神農氏、黄帝軒轅氏本皆稱帝，秦以前未嘗列之於三皇也。其三皇之號終不可泯，則仍以秦博士所謂天皇、地皇、人皇當之，而不必附會其人。此論較爲直捷。然近日王西莊又謂繫辭以羲、農爲上古聖人，黄帝、堯、舜爲後世聖人，則羲、農宜爲皇，黄帝宜爲帝。惟三皇中少一人，則司馬貞據康成説以女媧充數，亦未爲無據。西莊最尊鄭學，故持論如此。要之去古愈遠，載籍無考，傳聞異詞，迄無定論。愚按：三皇之名既無定説，何問其事有無？司馬貞爲補本紀，非也。今録之索隱序後，以與史文區别。

史記正義序

諸王侍讀宣議郎守右清道率府長史張守節上

史記者，漢太史公司馬遷作。遷生龍門，耕牧河山之陽，南遊江淮，講學齊魯之郡，紹太史，繼春秋，括文魯史而包左氏、國語，采世本、戰國策，而摭楚漢春秋，貫紬經傳，旁搜史子，上起軒轅，下既天漢。作十二本紀，帝王興廢悉詳；三十世家，君國存亡畢著；八書，贊陰陽禮樂；十表，定代系年封；七十列傳，忠臣孝子之誠備矣。筆削冠於史籍，題目足以經邦。裴駰服其善序事理，辯而不華，質而不俚，其文直，其事核，不虛美，不隱惡，故謂之實録。自劉向、楊雄，皆稱良史之才。況墳典湮滅，簡冊闕遺，比之春秋，言辭古質；方之兩漢，文省理幽。

守節涉學三十餘年，六籍九流，地里蒼雅，鋭心觀採，評史漢，詮衆訓釋而作正義。郡國城邑，委曲申明，古典幽微，竊探其美，索理允愜。次舊書之旨，兼音解注，引致旁通，凡成三十卷，名曰史記正義。發揮膏肓之辭，思濟滄溟之海，未敢侔諸祕府，冀訓詁而齊流，庶貽厥子孫，世疇茲史。

于時歲次丙子，開元二十四年八月，殺青斯竟。〔一〕

〔一〕**【考證】**錢大昕曰：「張守節正義成于開元廿四年，小司馬索隱前、後序則不著撰述之年，而唐書藝文志注貞『開元潤州別駕』，是兩人生于同時，而其書不相稱引。司馬長于駁辨，張長于地理，要皆龍門功臣，難以偏廢。守節官諸王侍讀、右清道率府長史，唐志失書，小司馬序自題『國子博士弘文館學士』，而唐志云『潤州別駕』，殆終于別駕者與？」正義、索隱兩書，唐時皆單行，不附于正史。今索隱尚有汲古閣所刊單行之本，正義舊本失傳，卷帙次第無可考矣。」四庫全書提要是書據自序三十卷，晁公武、陳振孫二家所録則作二十卷，蓋其標字列注，亦如索隱，後人散入句下，已非其舊，至明代監本，採附集解、索隱之後，更多散節，失其本旨，地理脱十七條，故實注〔脱〕二十五條，音注脱二十三條。其他一兩字之出入，殆千有餘條，尤不可毛舉。苟非震澤王氏刊本具存，無由知監本之妄删也。愚按：我永正中有僧桃源者，著史記桃源抄，補記今本所删落正義一千有餘條，多者二三百字，少者亦十字二十字，皆震澤王氏刊本所無也，蓋依僧幻雲所録。幻雲題三注會刻本云：吾邦有索隱本，有正義本。索隱與此注所載大同，至正義則此注所不載甚多，故標記諸欄外。東北大學藏史記古活字本二種，一爲慶長本，一爲寛永本。欄外補記正義，蓋依桃源抄也。前田侯爵書庫有博士家本史記異字五卷，所録正義概與桃源抄合。今依此數本補訂，以略復張氏之舊云。

史記正義論例

諸王侍讀宣議郎守右清道率府長史張守節上

論史例

古者帝王，右史記言，左史記事。言爲尚書，事爲春秋。太史公兼之，故名曰史記。并採六家雜説，以成一史，備論君臣父子夫妻長幼之序、天地山川國邑名號、殊俗物類之品也。

太史公作史記，起黄帝、高陽、高辛、唐堯、虞舜、夏、殷、周、秦，訖于漢武帝天漢四年，合二千四百一十三年。作本紀十二，象歲十二月也。作表十，象天之剛柔十日，以記封建世代終始也。作書八，象一歲八節，以記天地日月山川禮樂也。作世家三十，象一月三十日，三十輻共一轂，以記世禄之家，輔弼股肱之臣忠孝得失也。〔一〕作列傳七十，象一行七十二日，言七十者舉全數也，餘二日象閏餘也，以記王侯將相英賢，略立功名於天下，可序列也。合百三十篇，象一歲十二月及閏餘也。而太史公作此五品，廢一不可，以統理天地，勸獎箴誡，爲後之楷模也。

〔一〕【考證】史公自序云「二十八宿環北辰，三十(幅)〔輻〕共一轂」，「作三十世家」，張氏所本。

論注例

史記文與古文尚書同者，則取孔安國注。若與伏生尚書同者，則用鄭玄、王肅、馬融所釋。與三傳同者，取杜元凱、服虔、何休、賈逵、范甯等注。與三禮、論語、孝經同者，則取鄭玄、馬融、王肅之注。與韓詩同者，則取毛傳、鄭箋等釋。〔一〕與周易同者，則依王氏之注。與諸子諸史雜書及先儒解釋善者，而裴駰並引爲注。又徐中散作音訓，校集諸本異同，或義理可通者，稱「一本云」、「又一本云」，自是別記異文，裴氏亦引之爲注也。

〔一〕【考證】錢泰吉曰：「韓詩」下疑脱「薛君注」云云。

論字例

史、漢文字，相承已久。若「悦」字作「説」，「閑」字作「閒」，「智」字作「知」，「汝」字作「女」，〔一〕「早」字作「蚤」，「後」字作「后」，「既」字作「溉」，「勑」字作「飭」，「制」字作「剬」，此之般流，緣古少字，通共用之。〔二〕史、漢本有此古字者，乃爲好本。程邈變篆爲隸，楷則有常，後代作文，隨時改易。衛宏官書數體，吕忱或字或奇，鍾、王等家，以能爲法，致令楷文改變，非復一端，咸著祕書，傳之歷代。又字體乖日久，其「黼黻」之字法從「黹」，〔三〕今之史本則有從「耑」，〔四〕秦本紀云「天子賜孝公黼黻」，〔五〕鄒誕生音甫弗，而鄒氏之前，史本已從「耑」矣。如此之類，並即依行，不可更改。若其「黿鼉」從「龜」，「辭亂」從「舌」，「覺學」從「與」，「泰恭」從「小」，「匱匠」從「走」，〔六〕「巢藻」從「果」，「耕籍」從「禾」，「席」下爲「帶」，「美」下爲「火」，「裒」下爲「衣」，「極」下爲點，「析」旁著「片」，「惡」上安「西」，「餐」側出頭，「離」邊作「禹」，此之等類例，直是訛字。〔七〕「寵」〔八〕字爲(竉)〔竉〕，「錫」字爲「鍚」；〔九〕以「支」〔一〇〕代「文」，〔一一〕將「旡」混「无」。若兹之流，便成兩失。

〔一〕【考證】以上采經典釋文序。

〔二〕【考證】班馬字類「此之般流」作「如此之類」。

〔三〕丁履反。

〔四〕音端。

〔五〕【考證】錢泰吉曰：「孝公」當作「獻公」。

〔六〕【考證】張文虎曰：「走」疑「辵」。唐玄宗御書道德經「匠」作「近」。

〔七〕【考證】各本「火」作「大」，依班馬字類改。凌本「之」、「等」倒，字類無「之」字。

〔八〕勑勇反。

〔九〕音陽。

〔一〇〕章移反。

〔一一〕問分反。

論音例

史文與傳諸書同者，劉氏並依舊本爲音。至如太史公改五帝本紀「便章百姓」、「便程東作」、「便程南譌」、「便程西成」、「便在伏物」，咸依見字讀之。太史變尚書文者，義理特美，或訓意改其古澀，何煩如劉氏依尚書舊音。斯例蓋多，不可具録，著在正義，隨文音之。君子宜詳其理，庶明太史公之達學也。

然則先儒音字，比方爲音。至魏祕書孫炎，始作反音，又未甚切。今並依孫反音，以傳後學。〔一〕鄭康成云：「其始書之也，倉卒無字，或以音類比方，假借爲之，趣於近之而已。受之者非一邦之人，其鄉同言異，字同音異，於兹遂生輕重訛謬矣。」然方言差別，固自不同，河北、江南，最爲鉅異，或失在浮清，或滯於重濁。〔二〕今之取捨，冀除兹弊。

〔一〕【考證】顔氏家訓音辭篇云「孫叔言創爾雅音義，是漢末人，獨知反語，至於魏世，此事大行」，陸德明經典釋文序云「古人音書，止爲譬況之說。孫炎始爲翻語，魏朝以降，蔓衍寔繁」，其説皆與張守節合。唐元和十年，景審序慧琳一切經音義云「古來音反，多以傍紐，而爲雙聲，始自服虔」。史記張耳陳餘傳「吾王孱王也」，索隱「案：服虔音鉏閑反」。服虔先於孫炎。梁玉繩瞥記云：翻切起於孫叔然，而涿郡高誘在孫之前，其注呂氏春秋、淮南子，有急氣、緩氣、閉口、籠口之法，已爲反切萌芽矣。

〔一〕【考證】顔氏家訓音辭篇云「南方水土和柔，其音清舉而切詣，失在浮淺，其辭多鄙俗；北方山川深厚，其音沈濁而鈋鈍，得其質直，其辭多古語」。陸（方）〔法〕言切韻序云「吴楚則時傷輕淺，燕趙則多傷重濁，秦隴則去聲爲入，梁益則平聲似去」。

夫質有精麤，謂之好惡，〔一〕心有愛憎，稱爲好惡，〔二〕當體則爲名譽，〔三〕論情則曰毀譽，〔四〕自壞、〔五〕壞徹，〔六〕自斷、〔七〕刀斷，〔八〕耶、〔九〕也，〔一〇〕復，〔一一〕過，〔一二〕解，〔一三〕閒，〔一四〕畜、〔一五〕畜，〔一六〕先、〔一七〕仙，〔一八〕尤、〔一九〕侯，〔二〇〕治、持，〔二一〕之、〔二二〕脂、砥、祇，〔二三〕惟、維、遺、唯，〔二四〕怡、貽、頤、詒、〔二五〕夷、寅、彝、姨，〔二六〕私、〔二七〕綏、雖、睢、荾、〔二八〕偲、司、伺、絲，〔二九〕巵、枝、衹、肢、〔三〇〕祇、歧，〔三一〕其、期、旗、棊、踑、〔三二〕祈、頎、旂、幾、畿，〔三三〕僖、熙、嬉、嘻、〔三四〕希、晞、睎、稀，〔三五〕霏、妃、菲、騑、〔三六〕飛、非、扉，〔三七〕尸、屍、蓍、〔三八〕詩，〔三九〕巿、〔四〇〕斤、筋，〔四一〕篇、偏，〔四二〕穿，〔四三〕里、李、裏，〔四四〕至、贄、〔四五〕志，〔四六〕利、涖、〔四七〕吏，〔四八〕寺、嗣、飼、〔四九〕字、牸、〔五〇〕自，〔五一〕〔置〕、致、躓、鷙，〔五二〕器、〔五三〕氣，〔五四〕亟，〔五五〕冀、概、〔五六〕既，〔五七〕覆、〔五八〕副、〔五九〕富、鍑。〔六〇〕若斯清濁，實亦難分；博學碩材，乃有甄異。此例極廣，不可具言。庶後學士，幸留意焉。

〔一〕並如字。

〔二〕並去聲。

〔三〕音預。

〔四〕音餘。

〔五〕乎怪反。

〔六〕上音怪。【考證】「鄭康成云」以下，采經典釋文序。顔氏家訓音辭篇云：「夫物體自有精麤，精麤謂之好惡。人心有所去取，去取謂之好惡。此音見於葛洪、徐邈，而河北學士讀尚書云，好生惡殺。是爲一論物體，一就人情，殊不通矣。」愚按：此釋文序所本。又按：顧炎武音論云：「先儒兩聲各義之説，不盡然。余考『惡』字，如楚辭離騷有曰『理弱而媒拙兮，恐導言之不固。時溷濁而嫉賢兮，好蔽美而稱惡。閨中既已邃遠兮，哲王又不寤。懷朕情而不發兮，余焉能忍與終古！』又曰『何所獨無芳艸兮，爾何懷乎故宇？時幽昧以眩曜兮，孰云察余之美惡？』漢趙幽王友歌『我妃既妬兮，誣我以惡。讒女亂國兮，上曾不寤』。此皆『美惡』之『惡』，而讀去聲。漢劉歆遂初賦『何叔子之好直兮，爲羣邪之所惡。賴祁子之一言兮，幾不免乎徂落』。魏丁儀厲志賦『嗟世俗之參差兮，將未審乎好惡。咸隨情而與議兮，固真僞以紛錯』。此皆『愛惡』之『惡』，而讀入聲。乃知去入之别，不過發言輕重之間，而非有此疆爾界之分也。」盧文弨曰：顧氏此言極是，但不可施於今耳。

〔七〕徒緩反，自去離也。

〔八〕端管反，以刀割令相去也。

〔九〕也奢反，未審之辭也。

〔一〇〕亦且反，助句之語也。

〔一一〕音伏，又扶富反，重也。

〔一二〕古卧反，越度也。

〔一三〕核買反，自散也。

〔一四〕紀莧反，隟也。**【考證】**張文虎曰：依下「畜」字例，「復過解閒」四字，當有重文異言，今失。

〔一五〕許又反。

〔一六〕許六反，養也。

〔一七〕蘇前反。

〔一八〕屑然反。

〔一九〕羽求反。

〔二〇〕胡溝反。

〔二一〕並音直之反。

〔二二〕止而反。

〔二三〕並音旨夷反。

〔二四〕並音以隹反。

〔二五〕並音與之反。

〔二六〕並音以脂反。

〔二七〕息脂反。

〔二八〕並音息遺反。

〔二九〕並音巨支反。【考證】張文虎曰：上下紐皆非，蓋涉下「祇歧」而誤。

〔三〇〕並音章移反。

〔三一〕並音巨支反。

〔三二〕並音渠之反。

〔三三〕並音渠希反。

〔三四〕並音許其反。

〔三五〕並音虛幾反。

〔三六〕並音芳非反。

〔三七〕並音匪肥反。

〔三八〕並音式脂反。

〔三九〕書之反。

〔四〇〕居人反。

〔四一〕舉欣反。

〔四二〕並音芳連反。

〔四三〕詳連反。【考證】張文虎曰：上紐非，又「穿」及上「篇偏」，並當有聲混異呼之字，今失。

〔四四〕並音良止反。

〔四五〕並脂利反。

〔四六〕之吏反。

〔四七〕並力至反。

〔四八〕力置反。

〔四九〕並辭吏反。

〔五〇〕並疾置反。

〔五一〕疾二反。

〔五二〕並陟利反。【考證】張文虎曰：置在志部，致、躓在至部，不當同音，蓋傳寫錯亂。

〔五三〕去冀反。

〔五四〕去既反。

〔五五〕去吏反。

〔五六〕几利反。

〔五七〕居未反。

〔五八〕敷救反，又敷福反。

〔五九〕敷救反。

〔六〇〕並府副反。

音字例

文或相似，音或有異。一字單録，乃恐致疑。兩字連文，檢尋稍易。若音上字，言「上」別字。所音下字，乃復書「下」。有長句在，文中須音，則題其字。

發字例

古書字少，假借蓋多。字或數音，觀義點發，皆依平上去入。〔一〕若發平聲，每從寅起。又一字三四音者，同聲異喚，一處共發，恐難辯別。故略舉四十二字，〔二〕如字初音者皆爲正字，不須點發。畜、〔三〕從、〔四〕數、〔五〕傳、〔六〕卒、〔七〕辟、〔八〕施、〔九〕閒、〔一〇〕射、〔一一〕夏、〔一二〕復、〔一三〕重、〔一四〕適、〔一五〕汜、〔一六〕樂、〔一七〕覆、〔一八〕恐、〔一九〕惡、〔二〇〕斷、〔二一〕解、〔二二〕幾、〔二三〕過、〔二四〕率、〔二五〕屈、〔二六〕上、〔二七〕王、〔二八〕長、〔二九〕藉、〔三〇〕培、〔三一〕勝、〔三二〕難、〔三三〕使、〔三四〕相、〔三五〕沈、〔三六〕任、〔三七〕棺、〔三八〕造、〔三九〕妻、〔四〇〕費。〔四一〕

〔一〕【考證】錢大昕曰：自齊、梁人分別四聲，而讀經史者因有點發之例，觀守節所言，知唐初已盛行之矣。

〔二〕【考證】錢大昕曰：今止三十九字。

〔三〕許六反，養也。又許救反，六畜也。又他六反，聚也。

〔四〕訟容反，隨也。又縱容反，南北長也。又但容反，又子勇反，相勸也。又從用反，侍從也。又足用反，慫也。【考證】「子勇反」下當有脱字。

〔五〕色具反，曆數、術數也。又色五反，次第也。又色角反，頻也。

〔六〕逐戀反，書傳也。又逐全反，相付也。又張戀反，驛也。

〔七〕子律反，卒終也。又蒼忽反，急也。尊忽反，兵人也。字體各別，不辯，故發之也。【考證】張文虎曰：「體」疑當作「義」。此二句當在注上「觀義點發」句下。

〔八〕君也，徵也。又頻亦反，罪也，開也。疋亦反，邪也。又疋豉反，諭也。又音避，隱也。又普覓反，辟歷也。【考證】張文虎曰：「君也」上脱「必亦反」一音。

〔九〕書移反，張也。又式豉反，與也。又羊豉反，延也。

〔一〇〕紀閑反，隟也。又紀莧反，閒也。又莧閒反，靜也。

〔一一〕蛇夜反，射也。又成亦反，音石。

〔一二〕胡馬反，禹號也。又胡嫁反，春夏也。又格雅反，陽夏縣也。

〔一三〕符富反，重也。又音伏也。又音福，除役也。

〔一四〕直拱反，尊也。直龍反，疊也。又直用反，累也。

〔一五〕聖石反，寬也，之也。又丁歷反，大也。又張革反，責也。又音敵，當也。

〔一六〕音祀，水在成皋。又音凡，邑名，在襄城。又孚劒反，爲水，在定陶，高帝即位處也。又音夷，楚人呼土爲汜橋。【考證】錢大昕曰：音祀者从巳，凡音孚劒者从巳，形聲俱别。張文虎曰，汜字从巳，音怡，不音夷。愚按：末句當作「楚人呼土橋爲汜」，此誤倒。

〔一七〕音岳，謂音樂也。又音洛，歡也。又音五教反，好也，情願也。

〔一八〕敷富反，蓋也。又敷福反，再也。

〔一九〕曲用反，疑也。又丘拱反，懼也。

〔二〇〕烏各反，麤也。又烏路反，憎也。又音烏，謂於何也。

〔二一〕端管反，有物割截也。又段緩反，自相分也。又端亂反，斷疑事也。

〔二二〕佳買反，除結縛也。又核買反，散也。又佳債反，怠墮也。又核詐反，縫解。

〔二三〕音機，庶幾也。又音祈，近也。又音記，亦冀望字也。又音紀，録也。

〔二四〕光卧反，度也，罪過也。又音戈，經過也，度前也。

〔二五〕所律反，平例也，率伏也，又音類也。又音刷，徐廣云率即鍰也。又音色類反，將帥也。

〔二六〕丘勿反，曲也。又君勿反，姓也。又羣勿反，盡也，强也。

〔二七〕時讓反，位也。元在物之上。又時掌反，自下而上。

〔二八〕于方反，人主也。又于放反，霸王也，又盛也。

〔二九〕直良反，久也。又張丈反，長上也。

〔三〇〕才昔反，名籍也，又薦藉也。又租夜反，即借也。

〔三一〕勃回反，補也。又蒲口反，冢也。

〔三二〕音升，又式證反。

〔三三〕乃丹反，艱也。乃旦反，危也。

〔三四〕所里反，又所吏反。

〔三五〕息羊反，又息匠反。

〔三六〕針甚反，又針禁反，又直今反，又沈禁反，厭没也。【考證】張文虎曰：沈字無針甚、針禁二音，上紐皆誤。

〔三七〕入今反，又入禁反。

〔三八〕音官，又古玩反，又古患反，斂之也。

〔三九〕曹早反，七到反，至也。

〔四〇〕七低反，切帝反。

〔四一〕非味反，用也。又音祕，邑也。扶味反，姓也。

謚法解〔一〕

惟周公旦、太公望開嗣王業，建功于牧野，終將葬，乃制謚，遂叙謚法。謚者，行之迹；號者，功之表；〔二〕車服者，位之章也。是以大行受大名，細行受細名。行出於己，名生於人。〔三〕

〔一〕【考證】洪頤煊曰：隋書經籍志「大戴禮記十三篇」，注云：「梁有謚法三卷，後漢安南太守劉熙注，亡。」案：大戴禮本有謚法篇，見白虎通。北堂書鈔卷二引大戴禮謚法，其時尚未亡。太平御覽卷五百六十二引大戴禮曰「周公旦、太師望相嗣王，作謚法」一段，與周書謚法篇同。

〔二〕古者有大功，則賜之善號以爲稱也。

〔三〕名，謂號謚。【考證】盧文弨曰：古書兩重排列者，皆先將上一列順次排訖，而後始及於下一重，自後人誤以一上一下讀之，至改兩重爲一列，亦依今人所讀，而大失乎本來之次第矣。史記正義所載謚法解，亦本是兩重，改爲一列，文多間雜，亦當移正。張文虎曰：謚法解原本蓋上下兩排，傳刻錯亂，惟游本尚存舊式，王本兩行相間，猶可攷尋，今參盧氏文弨鍾山札記訂本移正，其末三十餘謚，善惡雜糅，無可訂改，略依游本。

民無能名曰神。不名一善。

靖民則法曰皇。靖安。

德象天地曰帝。同於天地。

仁義所往曰王。民往歸之。

立志及衆曰公。志無私也。

執應八方曰侯。所執行八方應之。

賞慶刑威曰君。能行四者。

一德不懈曰簡。一不委曲。

平易不訾曰簡。不信訾毁。

尊賢貴義曰恭。尊事賢人，寵貴義士。

敬事供上曰恭。供奉也。

尊賢敬讓曰恭。敬有德，讓有功。

既過能改曰恭。言自知。

執事堅固曰恭。守正不移。

從之成羣曰君。民從之。

揚善賦簡曰聖。所稱得人，所善得實，所賦得簡。

敬賓厚禮曰聖。厚於禮。

照臨四方曰明。以明照之。

譖訴不行曰明。逆知之，故不行。

經緯天地曰文。成其道。

道德博聞曰文。無不知。

學勤好問曰文。不恥下問。

慈惠愛民曰文。惠以成政。

愍民惠禮曰文。惠而有禮。

賜民爵位曰文。與同升。

綏柔士民曰德。安民以居，安士以事。

諫爭不威曰德。不以威拒諫。

剛彊直理曰武。剛無欲，强不屈。懷忠恕，正曲直。

威彊敵德曰武。與有德者敵。

克定禍亂曰武。以兵征，故能定。

刑民克服曰武。法以正民，能使服。

愛民長弟曰恭。順長接弟。

執禮御賓曰恭。迎待賓也。

芘親之闕曰恭。修德以蓋之。

尊賢讓善曰恭。不專己善，推於人。

威儀悉備曰欽。威則可畏，儀則可象。

大慮静民曰定。思樹惠。

純行不爽曰定。行一不傷。

安民大慮曰定。以慮安民。

安民法古曰定。不失舊意。

辟地有德曰襄。取之以義。

甲胄有勞曰襄。亟征伐。

小心畏忌曰僖。思所當忌。

質淵受諫曰釐。深故能受。

有罰而還曰釐。知難而退。

温柔賢善曰懿。性純淑。

心能制義曰度。制事得宜。

聰明叡哲曰獻。有通知之聰。

夸志多窮曰武。大志行兵，多所窮極。
安民立政曰成。政以安定。
淵源流通曰康，性無忌。
温柔好樂曰康。好豐年，勤民事。
安樂撫民曰康。無四方之虞。
合民安樂曰康。富而教之。
布德執義曰穆。故穆穆。
中情見貌曰穆。性公露。
容儀恭美曰昭。有儀可象，行恭可美。
昭德有勞曰昭。能勞謙。
聖聞周達曰昭。聖聖通合。
治而無眚曰平。無災罪也。
執事有制曰平。不任意。
布剛治紀曰平。施之政事。
由義而濟曰景。用義而成。
耆意大慮曰景。耆，强也。
布義行剛曰景。以剛行義。
知質有聖曰獻。有所通而無蔽。
五宗安之曰孝。五世之宗。
慈惠愛親曰孝。周愛族親。
秉德不回曰孝。順於德而不違。
協時肇享曰孝。協合肇始。
執心克莊曰齊。能自嚴。
資輔共就曰齊。資輔佐而共成。
甄心動懼曰頃。甄精。
敏以敬慎曰頃。疾於所慎敬。
柔德安衆曰靖。成衆使安。
恭己鮮言曰靖。恭己正身，少言而中。
寬樂令終曰靖。性寬樂義，以善自終。
威德剛武曰圉。禦亂患。
彌年壽考曰胡。久也。
保民耆艾曰胡。六十曰耆，七十曰艾。
追補前過曰剛。勤善以補過。
猛以剛果曰威。猛則少寬。果，敢行。

清白守節曰貞。行清白，執志固。
大慮克就曰貞。能大慮，非正而何。
不隱無屈曰貞。坦然無私。
辟土服遠曰桓。以武正定。
克敬動民曰桓。敬以使之。
辟土兼國曰桓。兼人故啓土。
能思辯衆曰元。别之，使各有次。
行義説民曰元。民説其義。
始建國都曰元。非善之長，何以始之。
主義行德曰元。以義爲主，行德政。
聖善周聞曰宣。聞，謂所聞善事也。
兵甲亟作曰莊。以數征爲嚴。
叡圉克服曰莊。通邊圉，使能服。
勝敵志强曰莊。不撓，故勝。
死於原野曰莊。非嚴何以死難。
屢征殺伐曰莊。以嚴釐之。
武而不遂曰莊。武功不成。

猛以彊果曰威。强甚於剛。
彊義執正曰威。問正言無邪。
治典不殺曰祁。秉常不衰。
大慮行節曰考。言成其節。
治民克盡曰使。克盡無恩惠。
好和不争曰安。生而少斷。
道德純一曰思。道大而德一。
大省兆民曰思。大親民而不殺。
外内思索曰思。言求善。
追悔前過曰思。思而能改。
行見中外曰慤。表裏如一。
狀古述今曰譽。立言之稱。
昭功寧民曰商。明有功者。
克殺秉政曰夷。秉政不任賢。
安心好静曰夷。不爽政。
執義揚善曰懷。稱人之善。
慈仁短折曰懷。短未六十，折未三十。

柔質慈民曰惠。知其性。
愛民好與曰惠。與謂施。
夙夜警戒曰敬。敬身思戒。
合善典法曰敬。非敬何以善之。
剛德克就曰肅。成其敬使爲終。
執心決斷曰肅。言嚴果。
不生其國曰聲。生於外家。
愛民好治曰戴。好民治。
典禮不愆曰戴。無過。
未家短折曰傷。未家，未娶。
短折不成曰殤。有知而夭殤。
隱拂不成曰隱。不以隱括改其性。
不顯尸國曰隱。以閒主國。
見美堅長曰隱。美過其令。
官人應實曰知。能官人。
肆行勞祀曰悼。放心勞於淫祀，言不修德。
年中早夭曰悼。年不稱志。
述義不克曰丁。不能成義。
有功安民曰烈。以武立功。
秉德尊業曰烈。
剛克爲伐曰翼。伐功也。
思慮深遠曰翼。小心翼翼。
外内貞復曰白。正而復，終始一。
不勤成名曰靈。任本性，不見賢思齊。
死而志成曰靈。志事不忝命。
死見神能曰靈。有鬼不爲厲。
亂而不損曰靈。不能以治損亂。
好祭鬼怪曰靈。瀆鬼神不致遠。
極知鬼神曰靈。其智能聰徹。
殺戮無辜曰厲。
愎很遂過曰刺。去諫曰愎，反是曰很。
不思忘愛曰刺。忘其愛己者。
蚤孤短折曰哀。早未知人事。
恭仁短折曰哀。體恭質仁，功未施。

恐懼從處曰悼。從處，言險圮。

凶年無穀曰荒。不務耕稼。

外内從亂曰荒。家不治，官不治。

好樂怠政曰荒。淫於聲樂，怠於政事。

在國遭憂曰愍。仍多大喪。

在國逢囏曰愍。兵寇之事。

禍亂方作曰愍。國無政，動長亂。

使民悲傷曰愍。苛政賊害。

貞心大度曰匡。心正而用察少。

德正應和曰莫。正其德，應其和。

施勤無私曰類。無私，唯義所在。

思慮果遠曰明。自任多，近於專。

嗇於賜與曰愛。言貪悋。

危身奉上曰忠。險不辭難。

克威捷行曰魏。有威而敏行。

克威惠禮曰魏。雖威不逆禮。

教誨不倦曰長。以道教之。

好變動民曰躁。數移徙。

不悔前過曰戾。知而不改。

怙威肆行曰醜。肆意行威。

壅遏不通曰幽。弱損不淩。

蚤孤鋪位曰幽。鋪位即位而卒。

動祭亂常曰幽。易神之班。

柔質受諫曰慧。以虚受人。

名實不爽曰質。不爽言相應。

温良好樂曰良。言其人可好可樂。

慈和徧服曰順。能使人皆服其慈和。

博聞多能曰憲。雖多能，不至於大道。

滿志多窮曰惑。自足者必不惑。

思慮不爽曰厚。不差所思而得。

好内遠禮曰煬。朋淫於家，不奉禮。

去禮遠衆曰煬。不率禮，不親長。

内外賓服曰正。言以正服之。

彰義揜過曰堅。明義以蓋前過。

肇敏行成曰直。始疾行成，言不深。　華言無實曰夸。恢誕。

疏遠繼位曰紹。非其弟過得之。　逆天虐民曰抗。背尊大而逆之。

好廉自克曰節。自勝其情欲。　名與實爽曰繆。言名美而實傷。

好更改舊曰易。變故改常。　擇善而從曰比。比方善而從之。

愛民在刑曰克。道之以政，齊之以法。

除殘去虐曰湯。

隱，哀也。景，武也。施德爲文。除惡爲武。辟地爲襄。服遠爲桓。剛克爲僖。〔一〕施而不成爲宣。惠無內德爲平。亂而不損爲靈。由義而濟爲景。餘皆象也。〔二〕和，會也。勤，勞也。遵，循也。爽，傷也。肇，始也。怙，恃也。享，祀也。胡，大也。秉，順也。就，會也。錫，與也。典，常也。肆，放也。康，虛也。叡，聖也。惠，愛也。綏，安也。堅，長也。耆，彊也。考，成也。周，至也。懷，思也。式，法也。布，施也。敏，疾也，速也。載，事也。彌，久也。

以前周書諡法。周代君王，並取作諡，故全寫一篇，以傳後學。〔三〕

〔一〕【考證】張文虎曰：「剛克爲僖」，此有脱文，逸周書作「剛克爲發，柔克爲懿，履正爲莊，有過爲僖」。

〔二〕以其所爲諡，象其事行。

〔三〕【考證】張文虎曰：「以前周書」云云二十三字，各本連上大書，今依下文「分野」題例，別行細書。

列國分野〔一〕

漢書地理志云：「本秦京師爲內史。」〔二〕

〔一〕【考證】張文虎曰：游本、王本並連諡法解後，無題目。

〔三〕顔師古云：「京師，天子所居畿内也。秦并天下，改立郡縣，而京畿所統，特號内史。言其在内，以別於諸郡守也。」百官表云：「内史，周官，秦因之，掌治京師。景帝二年，分置左内史、右内史。武帝太初元年，更名京兆尹，左内史名馮翊。主爵中尉，秦官，掌列侯。景帝六年，更名都尉，武帝太初元年，更名右扶風，治内史右地，與左馮翊、京兆尹，是爲三輔也。」

秦地，於天官東井、輿鬼之分野。其界自弘農故關以西，京兆、扶風、馮翊、北地、上郡、西河、安定、天水、隴西；南有巴、蜀、廣漢、犍爲、武都；西有金城、武威、張掖、酒泉、敦煌；又西南有牂柯、越嶲、益州。

魏地，觜觿、參之分野。其界自高陵以東，盡河東、河内；南有陳留及汝南之召陵、隱彊、新汲、西華、長平，潁川之舞陽、郾陵，河南之開封、中牟、陽武、酸棗、卷。〔一〕

〔一〕卷，去權反。【考證】張文虎曰：依志，「郾陵」當作「郾許、傿陵」。

周地，柳、七星、張之分野。今之河南洛陽、穀城、平陰、偃師、鞏、緱氏。

韓地，角、亢、氐之分野。韓分晉，得南陽郡及潁川之父城、定陵、襄城、潁陽、潁陰、長社、陽翟、郟；東接汝南，西接弘農，得新安、宜陽，鄭，今河南之新鄭及成皋、滎陽，潁川之崇高、陽城。

趙地，(昂)〔昴〕、畢之分野。趙分晉得趙國。北有信都、真定、常山，〔一〕又得涿郡之高陽莫州鄉；東有廣平、鉅鹿、清河、河間，又得渤海郡之東平舒、中邑、文安、(東)〔東〕州、成平、章武，河以北也；南至浮水、繁陽、内黄、斥丘；西有太原、定襄、雲中、五原、上黨。

〔一〕【考證】張文虎曰：脱「中山」。

燕地，尾、箕之分野。召公封於燕，後三十六世，與六國俱稱王。東有漁陽、右北平、遼西、遼東；西有上谷、代郡、鴈門；南有涿郡之易、容城、范陽；北有新成、故安、涿縣、良鄉、新昌；及渤海之安次，樂浪、玄菟，亦宜屬焉。

齊地，虛、危之分野。東有菑川、東萊、瑯邪、高密、膠東；南有泰山、城陽；北有千乘、清河以南，渤海之高樂、高城、重合、陽信；西有濟南、平原。

魯地，奎、婁之分野。東至東海；南有泗水至淮，得臨淮之下相、睢陵、僮、取慮。

宋地，房、心之分野。今之沛、梁、楚、山陽、濟陰、東平及東郡之須昌、壽張，今之睢陽。

衛地，營室、東壁之分野。今之東郡及魏郡之黎陽，河内之野王、朝歌。

楚地，翼、軫之分野。今之南郡、江夏、零陵、桂陽、武陵、長沙及漢中、汝南郡，後陳、魯屬焉。

吳地，斗、牛之分野。今之會稽、九江、丹陽、豫章、廬江、廣陵、六安、臨淮郡。〔一〕

〔一〕【考證】張文虎曰：志作「斗分野」。

粵地，牽牛、婺女之分野。今蒼梧、鬱林、合浦、交阯、九真、南海、日南。

以前是戰國時諸國界域，及相侵伐，犬牙深入，然亦不能委細，故略記之，用知大略。

史記集解序

裴駰〔一〕

〔一〕【索隱】駰字龍駒，河東聞喜人，宋中郎外兵曹參軍。父松之，字世期，太中太夫，注三國志。宋書父子同傳。【正義】裴駰采九經諸史并漢書音義及衆書之目而解史記，故題史記集解序。序，緒也。孫炎云，謂端緒也。孔子作易序卦，子夏作詩序，序之義其來尚矣。【考證】諸本「裴駰」上有「宋中郎外兵曹參軍」〔七〕〔八〕字。游、王本止署「裴駰」二字，今從之。錢大昕曰：索隱序稱「外兵參軍」，後序稱「外兵郎」，互有不同。考隋書經籍志「史記八十卷，宋南中郎外兵參軍裴駰撰」。又宋書、南史本傳俱云「南中郎參軍」。蓋龍駒爲南中郎府之外兵參軍。宋、齊之世，四中郎將，皆以皇子爲之，得開府置官屬，外兵其一曹也。南中郎者，所仕府之名。外兵者，所署曹之名，參軍則其職也。「中郎」之上當有「南」字，索隱後序稱「外兵郎」，則誤甚矣。

班固有言曰：〔二〕「司馬遷〔二〕據左氏、國語，〔三〕采世本、戰國策，〔四〕述楚漢春秋，〔五〕接其後事，訖于天漢。〔六〕其言秦、漢詳矣。至於采經摭傳，〔七〕分散數家之事，甚多疏略，或有抵捂。〔八〕亦其所涉獵者廣博，貫穿經傳，馳騁古今上下數千載閒，斯已勤矣。〔九〕又其是非頗謬於聖人，〔一〇〕論大道，則先黃、老而後六經；〔一一〕序游俠，則退處士而進姦雄；〔一二〕述貨殖，〔一三〕則崇埶利〔一四〕而羞貧賤：此其所蔽也。〔一五〕然自劉向、楊雄博極羣書，皆稱遷有良史之才，服其善序事理，辯而不華，質而不俚，〔一六〕其文直，其事核，不虛美，不隱惡，故謂之實録。」〔一七〕駰以爲固之所言，世稱其當。〔一八〕雖時有紕繆，〔一九〕實勒成一家，〔二〇〕總其大較，〔二一〕信命世之宏才也。〔二二〕

〔一〕【索隱】固撰漢書，作司馬遷傳，評其作史記所採之書，兼論其得失，故裴駰此序先引之爲説也。案：固字孟堅，扶風人，後漢明帝時仕至中護軍。祖穉，廣川太守。父彪，徐令，續太史公書也。

〔二〕【正義】字子長，左馮翊人也，漢武帝時爲太史令，撰史記百三十篇。父談，亦爲太史令。

〔三〕【索隱】仲尼作春秋經，魯史左丘明作傳，合三十篇，故曰左氏傳。國語亦丘明所撰。上起周穆王，下訖敬王。其諸侯之事，起魯莊公，迄春秋末，凡二十一篇。

〔四〕【索隱】劉向云：「世本，古史官明於古事者之所記也。録黄帝已來帝王諸侯及卿大夫系謚名號，凡十五篇也。」戰國策，高誘云六國時縱横之説也，一曰短長書，亦曰國事，劉向撰爲三十三篇，名曰戰國策。案：此是班固取其後名而書之，非遷時已名戰國策也。

〔五〕【索隱】漢太中大夫楚人陸賈所撰，記項氏與漢高祖初起及説惠、文間事。

〔六〕【索隱】武帝年號。言太史公所記，迄至武帝天漢之年也。

〔七〕【索隱】案字書，摭，拾也，音之赤反。

〔八〕【索隱】抵，音丁禮反。捂，音吾故反。抵者，觸也。捂亦斜相抵觸之名。案：今屋梁上斜柱曰「柱捂」是也。直觸横觸皆曰抵，斜觸謂之捂，下觸謂之抵。抵捂，言其參差也。以言彼此二文同出一家，而自相乖舛也。

〔九〕【正義】言作史記，採經傳百家之事，上下二千餘年，此其甚勤於撰録也。

〔一〇〕【索隱】聖人，謂周公、孔子也。言周孔之教，皆宗儒尚德，今太史公乃先黄老，崇勢利，是謬于聖人也。【正義】太史公史記，各顯六家之宗。黄老，道家之宗；六經，儒家之首。序游俠則退處士，述貨殖則崇勢利，處士賤貧，原憲非病。夫作史之體，務涉多時，有國之規，備陳臧否，天人地理，咸使該通，而遷天縱之才，述作無滯，故異周孔之道。班固詆之，裴駰引序，亦通人之蔽也。而固作漢書與史記同者五十餘卷，謹寫史記，少加異者，不弱即劣，何更非剥史記，乃是後士妄非前賢。又史記五十二萬六千五百言，叙二千四百一十三年事，漢書八十一萬言，叙二百二十五年事；司馬遷引父致意，班固父修而蔽之，優劣可知矣。

〔一一〕【正義】大道者，皆稟乎自然，不可稱道也。道在天地之前，先天地生，不知其名，字之曰「道」。黄帝、老子，遵崇斯道，故太史公論大道，須先黄老而後六經。

〔一二〕【索隱】游俠，謂輕死重氣，如荆軻、豫讓之輩也。游，從也，行也。俠，挾也，持也。言能相從游行挾持之事。又曰：同是非曰俠也。【正義】姦雄，姦猾雄豪之人。

〔一三〕【正義】殖，生也。言貨物滋生也。

〔一四〕【正義】趨利之人。

〔一五〕【正義】此三者是司馬遷不達理也。【考證】馮班曰：游俠、貨殖之傳，詞旨激揚，有爲而言之。其志有可傷者，孟堅之言，未免深文。至於先黄老後六經，自是史談所論。談當文景之後，尚黄老者，隨時也。至遷則不然矣，老子與韓非同傳，仲尼爲世家，自序言禮以節人云云，止言六經，不及黄老，父子自不同。班孟堅、楊子雲，言無分別，蓋未審耳。

〔一六〕【索隱】俚，音里。劉德曰「俚即鄙也」，崔浩云「世有鄙俚之語」，則俚亦野也，俗也。不俚，謂詞不鄙樸也。

〔一七〕【考證】以上漢書司馬遷傳贊。

〔一八〕【正義】駰，音因。當，音丁浪反。裴駰以班固所論司馬遷史記是非，世人稱班固之言。

〔一九〕【索隱】紕，音匹之反。紕猶錯也。亦作「悂」。字書云，織者兩絲同齒曰悂。「繆」亦與「謬」同。

〔二〇〕【正義】雖有小紕繆，實編勒成一家之書矣。

〔二一〕【索隱】較，音角。較猶略也，則大較猶言大略也。【正義】較，猶明也。

〔二二〕【索隱】案：孟子云「五百年之閒，必有名世者」，趙岐曰：「名世，次聖之才，物來能名，正一世者，生於聖人之閒也。」此言命者名也，言賢人有名於世也。宏才，大才，謂史遷也。

考較此書，文句不同，有多有少，莫辯其實。而世之惑者，定彼從此，是非相貿，真僞舛雜。〔一〕故中散大夫東莞徐廣，研核衆本，爲作音義，〔二〕具列異同，兼述訓解，〔三〕麤有所發明，而殊恨省略。〔四〕聊以愚管，〔五〕增演徐氏。〔六〕采經傳百家，并先儒之說，〔七〕豫是有益，悉皆抄内。〔八〕删其游辭，取其要實。〔九〕或義在可疑，則數家兼列。〔一〇〕漢書音義稱「臣瓚」者，莫知氏姓，〔一一〕今直云「瓚曰」。又都無姓名者，但云「漢書音義」。〔一二〕時見微意，有所裨補。〔一三〕譬嘒星之繼朝陽，〔一四〕飛塵之集華嶽。〔一五〕以徐爲本，〔一六〕號曰集解。未詳則闕，弗敢臆說。〔一七〕人心不同，〔一八〕聞見異辭，〔一九〕班氏所謂「疏略抵捂」者，依違不悉辯也。〔二〇〕愧非胥臣之多聞，〔二一〕子産之博物，〔二二〕妄言末學，蕪穢舊史，豈足以關諸畜德，庶賢無所用心而已。〔二三〕

〔一〕【正義】貿，音茂。舛，音昌轉反。言世之迷惑淺識之人，或定彼從此本，更相貿易，真僞雜亂，不能辯其是非。

〔二〕【正義】作音義十三卷，裴駰爲注，散入百三十篇。

〔三〕【正義】徐作音義，具列異同之本，兼述訓解釋也。

〔四〕【索隱】殊，絶也。左傳曰「斬其木不殊」，言絶恨其所撰大省略也。【正義】省，音山景反。【考證】王鳴盛曰：考宋書五十五卷徐廣本傳云「字野民，東莞姑幕人」云云。此傳叙述頗詳，並不言廣注史記。晉書八十二卷本傳、南史三十三卷本傳並同，蓋偶然漏略。

〔五〕【索隱】案：東方朔云「以管窺天，以蠡測海」，皆喻小也。然此語本出莊子文，今云「愚管」者，是駰謙言己愚陋管見，所識不能遠大也。

〔六〕【正義】演，音羊善反。增，益也。言裴駰更增益演徐氏之說。

〔七〕【正義】采，取也。或取傳說，採諸子百家，兼取先儒之義。先儒謂孔安國、鄭玄、服虔、賈逵等是也。言百家，廣其非一。

〔八〕【正義】並採經傳之說，有裨益史記，盡抄内其中。抄，音楚交反。

〔九〕【正義】删，音師顔反。删，除也。去經傳諸家浮游之辭，取其精要之實。

〔一〇〕【正義】數家之說不同，各有道理，致生疑惑，不敢偏弃，故皆兼列。

〔一一〕【索隱】案：即傅瓚，而劉孝標以爲于瓚，非也。據何法盛晉書，于瓚以穆帝時爲大將軍，誅死，不言有注漢書之事。又其注漢書，有引禄秩令及茂陵書，然彼二書亡于西晉，非于所見也。必知是傅瓚者，案：穆天子傳目録云傅瓚爲校書郎，與荀勗同校定穆天子傳，即當西晉之朝，在于之前，尚見茂陵等書。又稱「臣」者，以其職典祕書故也。瓚，音殘岸反。【考證】洪頤煊曰：「臣瓚」，劉昭續漢志補注、劉孝標類苑、杜氏通典俱作「于瓚」，史記索隱、李善文選注俱作「傅瓚」，酈道元水經注又作「薛瓚」。顏氏漢書叙例不載「薛瓚」之説。

〔一二〕【正義】漢書音義中有全無姓名者，裴氏注史記直云「漢書音義」。案：大顏以爲無名義，今有六卷，題云孟康，或云服虔，蓋後所加，皆非其實，未詳指歸也。

〔一三〕【正義】見，音賢見反。裨，音卑，又音頻移反。裨，益也。裴氏云時見己之微意，亦有所補益也。

〔一四〕【索隱】嘒，微小貌也。詩云：「嘒彼小星，三五在東。」言衆無名微小之星，各隨三心五噣，出在東方，亦能繼朝陽之光。嘒，音火慧反。朝陽，日也。嘒星繼朝陽，喻己淺薄而注史記也。

〔一五〕【正義】西嶽華山極高大。裴氏自喻才藻輕小，如飛塵之集華嶽，亦能成其高大。管子云：「海不辭水，故能成其大；山不辭土，故能成其高。」華，音胡化反。又如字。【考證】二句謙辭。正義「亦能成其高大」六字可削。

〔一六〕【正義】徐廣音義辨諸家異同，故以徐爲本也。

〔一七〕【正義】有未詳審之處，則闕而不論，不敢以胷臆之中而妄解説也。

〔一八〕【正義】言人心既不同，所見亦殊别也。

〔一九〕【正義】耳聞目見，心意既乖，其辭所以各異也。

〔二〇〕【索隱】裴氏言今或依違，不敢復更辯明之也。案：周公世家叙傳曰「依之違之，周公綏之」也。

〔二一〕【索隱】晉大夫臼季，名曰胥臣。案：國語稱晉文公使趙衰爲卿，辭曰：「欒枝貞慎，先軫有謀，胥臣多聞，皆可以爲輔。」又胥臣對文公黄帝二十五子及屯豫皆八等事，是多聞也。

〔二二〕【索隱】鄭卿公孫僑字子産。案：左氏傳，子産聘晉，言晉侯之疾非實沈、臺駘之祟，乃説飲食哀樂及内官不及同姓則能生疾。晉侯聞子産之言，曰「博物君子也」。

〔一三〕【索隱】闗，預也。畜德，謂積德多學之人也。裴氏謙，言己今此集解豈足闗預於積學多識之士乎？正是冀望聖賢，勝於飽食終日，無所用心，愈於論語「不有博弈者乎」之人耳。【考證】庶，幾也。言區區編摩，亦勝羣居終日無所用心之人耳。索隱瞶瞶。

史記會注考證卷一

五帝本紀第一　　史記一

【集解】凡是徐氏義，稱徐姓名以別之。餘者悉是駰注解，并集衆家義。【索隱】紀者，記也。本其事而記之，故曰本紀。又紀，理也，絲縷有紀。而帝王書稱紀者，言爲後代綱紀也。【正義】鄭玄注中候勅省圖云：「德合五帝坐星者，稱帝。」又坤靈圖云：「德配天地，在正不在私，曰帝。」案：太史公依世本、大戴禮，以黄帝、顓頊、帝嚳、唐堯、虞舜爲五帝。譙周、應劭、宋均皆同。而孔安國尚書序、皇甫謐帝王世紀、孫氏注世本並以伏犧、神農、黄帝爲三皇，少昊、顓頊、高辛、唐、虞爲五帝。裴松之史目云「天子稱本紀，諸侯曰世家」。本者，繫其本系，故曰本；紀者，理也，統理衆事，繫之年月，名之曰紀；第者，次序之目；一者，舉數之由：故曰五帝本紀第一。禮云：「動則左史書之，言則右史書之。」正義云：「左陽，故記動。右陰，故記言。言爲尚書，事爲春秋。」案：春秋時置左右史，故云史記也。【考證】史公自序曰：「維昔黄帝，法天則地，四聖遵序，各成法度；唐堯遜位，虞舜不台，厥美帝功，萬世載之，作五帝本紀第一。」柯維騏曰：五帝之名，見於孔子家語及大戴禮。其説有二，其一孔子答季康子，以伏犧配木，神農配火，黄帝配土，少昊配金，顓頊配水，此言數聖人革命改號，取法於五行之帝，非五帝之定名也」；其一則孔子所答宰予五帝德，曰黃帝，曰顓頊，曰帝（釁）〔嚳〕，曰堯，曰舜，太史公所述五帝紀是也。厥後皇甫謐作帝王代紀，蘇子由作古史，鄭樵作通志，並祖孔安國，以伏犧、神農、黃帝爲三皇，少昊、顓頊、帝嚳、堯、舜爲五帝。五峰、雙湖胡氏又主秦博士天皇、地皇、人皇之議，而以伏犧、神農、黃帝、堯、舜爲五帝，道原劉氏遂以爲定論。竊謂皆不如太史公之説爲可徵耳。林伯桐曰：古來制作，自黃帝而定，禮記祭法曰「黃帝正名百物」。孔疏云「上雖有百物，而未有名，黃帝爲物作名，正名其體也」。然則史記託始，自有深意，既以黃帝爲始，固當援大戴禮五帝之論爲據，不容任意增損。後來胡五峯、劉道原謂五帝當冠以伏羲、神農，而削去顓頊、帝嚳，論似近正，然非史公自黃帝始之意矣。又以秦博士天皇、地皇之議爲三皇定名，此則載在秦始皇紀，而史公終不以爲據者，顧欲拾其所棄以相難，不亦異乎？中井積德曰：凡帝紀稱「本」者，對諸侯明本統也。本，幹也，謂宗也，詩云「本支百世」。紀是綱目之紀，謂相比次有倫理也。林駉曰：子長以事之繫于天下，則謂之紀。秦始皇已并六國，事異于前，則始皇可紀也；項羽政由己出，且封漢王，則項羽可紀也；孝惠、高后之時，政出房闈，君道不立，雖紀呂后亦可也。趙翼曰：文心雕龍云「太史公取式呂覽，著本紀，以述皇王」。今按呂覽十二紀，非專述帝王之事，而史記大宛傳贊則云「禹本紀言河出崑崙，高五百丈」，又云「禹本紀及山海經所有怪物，予不敢言之也」，是遷之作紀，非本於呂覽，而漢以前別有禹本紀一書，正遷所本耳。島田重禮曰：歐陽永叔曰「孔子修書，以堯舜爲斷，而子長上述黃帝」，蓋以此爲詬厲，是亦不深考耳。夫宗其道，則欲詳其人；詳其人，則欲并其父祖曾高而詳之。子長紀五帝，乃所以著堯舜所自出。孔子傳周文之易，而遂及羲黃堯舜，子長亦祖述其意焉耳。且其所採，出於戴記、世本等，歷歷可徵，一則曰不離古文，二則曰取其最雅馴者，其取舍不苟如此，尚可目以好奇哉？

黃帝者，〔一〕少典之子，〔二〕姓公孫，名曰軒轅。〔三〕生而神靈，弱而能言，〔四〕幼而徇齊，〔五〕長而敦敏，成而聰明。〔六〕

〔一〕**【集解】**徐廣曰：「號有熊。」**【索隱】**案：有土德之瑞，土色黃，故稱黃帝，猶神農火德王而稱炎帝然也。此以黃帝爲五帝之首，蓋依大戴禮五帝德。又譙周、宋均亦以爲然。而孔安國、皇甫謐帝王代紀及孫氏注系本，並以伏犧、神農、黃帝爲三皇，少昊、高陽、高辛、唐、虞爲五帝。注「號有熊」者，以其本是有熊國君之子故也。亦號軒轅氏，皇甫謐云：「居軒轅之丘，因以爲名，又以爲號。」又據左傳，亦號帝鴻氏也。**【正義】**輿地志云：「涿鹿本名彭城，黃帝初都，遷有熊也。」案：黃帝，有熊國君，乃少典國君之次子，號曰有熊氏，又曰縉雲氏，又曰帝鴻氏，亦曰帝軒氏。母曰附寶，之祁野，見大電繞北斗樞星，感而懷孕，二十四月而生黃帝於壽丘。壽丘在魯東門之北，今在兗州曲阜縣東北六里。生日角龍顏，有景雲之瑞，以土德王，故曰黃帝。封泰山，禪亭亭。亭亭在牟陰。

〔二〕**【集解】**譙周曰：「有熊國君，少典之子也。」皇甫謐曰：「有熊，今河南新鄭是也。」**【索隱】**少典者，諸侯國號，非人名也。又案：國語云「少典娶有蟜氏女，生黃帝、炎帝」。然則炎帝亦少典之子。炎黃二帝，雖則相承，如帝王代紀，中間凡隔八帝五百餘年。若以少典是其父名，豈黃帝經五百餘年而始代炎帝後爲天子乎？何其年之長也！又案：秦本紀云「顓頊氏之裔孫曰女脩，吞玄鳥之卵而生大業，大業娶少典氏而生柏翳」。明少典是國號，非人名也。黃帝即少典氏後代之子孫，賈逵亦謂然，故左傳「高陽氏有才子八人」，亦謂其後代子孫而稱爲子，是也。譙周字允南，蜀人，魏散騎常侍，徵不拜。此注所引者，是其人所著古史考之說也。皇甫謐字士安，晉人，號玄晏先生。今所引者，是其所作帝王代紀也。

〔三〕**【索隱】**案：皇甫謐云「黃帝生於壽丘，長於姬水，因以爲姓。居軒轅之丘，因以爲名，又以爲號」。是本姓公孫，長居姬水，因改姓姬。【考證】大戴禮帝繫篇少典產軒轅，是爲黃帝，博士家本史記異字引鄒誕生音云：作軒冕之服，故曰軒轅。愚按：大戴禮五帝德無「姓公孫」三字，未詳史公所本。崔述曰：「公孫者，公之孫也。公族未及三世則無氏，氏之以公孫，非姓也，況上古之時，安有是哉？」

〔四〕【索隱】弱，謂幼弱時也。蓋未合能言之時，而黃帝即言，所以爲神異也。潘岳有哀弱子篇，其子未七旬曰弱。【正義】言神異也。易曰「陰陽不測之謂神」，書云「人惟萬物之靈」，故謂之神靈也。【考證】林伯桐曰：曲禮「二十曰弱」，在幼之後；黃帝紀「弱而能言」，則在幼之前，與曲禮不同。下文云「成而聰明」，此「成」字，乃曲禮所謂「弱」也。

〔五〕【集解】徐廣曰：「墨子曰『年踰十五，則聰明心慮，無不徇通矣』。」駰案：徇，疾；齊，速也。言聖德幼而疾速也。【索隱】斯文未明。今案：徇、齊，皆德也。書曰「聰明齊聖」，左傳曰「子雖齊聖」，謂聖德齊肅也。又案：孔子家語及大戴禮並作「叡齊」，一本作「慧齊」。叡、慧，皆智也。太史公採大戴禮而爲此紀，今彼文無作「徇」者。史記舊本亦有作「濬齊」。蓋古字假借「徇」爲「濬」，濬，深也，義亦並通。爾雅「齊」、「速」俱訓爲疾。尚書大傳曰「多聞而齊給」。鄭注云「齊，疾也」。今裴氏注云，徇亦訓疾，未見所出。或當讀「徇」爲「迅」，迅，於爾雅與「齊」俱訓疾，則「迅」、「濬」雖異字，而音同也。又爾雅曰：「宣，徇，遍也；濬，通也。」是「遍」之與「通」義亦相近。言黃帝幼而才智周徧，且辯給也。故墨子亦云「年踰五十，則聰明心慮不徇通矣」。俗本作「十五」，非是。案：謂年老踰五十不聰明，何得云「十五」？【正義】幼，謂七歲已下時也。【考證】查德基曰：徇，當作「侚」。說文人部「侚，疾也」，徐（諧）〔鍇〕繫傳引史記「幼而侚齊」。羣書治要引同。張文虎曰：如索隱所言，則相承作「徇」久矣。

〔六〕【正義】成，謂年二十冠成人也。聰明，聞見明辯也。此以上至「軒轅」皆大戴禮文。【考證】以上採五帝德。

軒轅之時，神農氏世衰。〔一〕諸侯相侵伐，暴虐百姓，而神農氏弗能征。於是軒轅乃習用干戈，以征不享，〔二〕諸侯咸來賓從。而蚩尤最爲暴，莫能伐。〔三〕炎帝欲侵陵諸侯，諸侯咸歸軒轅。軒轅乃修德振兵，〔四〕治五氣，〔五〕蓺五種，〔六〕撫萬民，度四方，〔七〕教熊羆貔貅貙虎，〔八〕以與炎帝戰於阪泉之野。〔九〕三戰，然後得其志。〔一〇〕蚩尤作亂，不用帝命。〔一一〕於是黄帝乃徵師諸侯，與蚩尤戰於涿鹿之野，〔一二〕遂禽殺蚩尤。〔一三〕而諸侯咸尊軒轅爲天子，代神農氏，是爲黄帝。天下有不順者，黄帝從而征之，平者去之，〔一四〕披山通道，未嘗寧居。〔一五〕

〔一〕【集解】皇甫謐曰：「易稱庖犧氏没，神農氏作，是爲炎帝。」班固曰：「教民耕農，故號曰神農。」【索隱】世衰，謂神農氏後代子孫道德衰薄，非指炎帝之身，即班固所謂「參盧」，皇甫謐所云「帝榆罔」是也。【正義】帝王世紀云：「神農氏，姜姓也。母曰任姒，有蟜氏女，登爲少典妃，遊華陽，有神龍首，感生炎帝。人身牛首，長於姜水。有聖德，以火德王，故號炎帝。初都陳，又徙魯。又曰魁隗氏，又曰連山氏，又曰列山氏。」括地志云：「厲山，在隨州隨縣北百里，山東有石穴。曰神農生於厲鄉，所謂列山氏也。春秋時爲厲國。」【考證】張文虎曰：正義「山東有石穴曰神農生於厲鄉」，疑有脱誤。

〔二〕【索隱】謂用干戈以征諸侯之不朝享者。本或作「亭」，亭訓直，以征諸侯之不直者。【考證】博士家本史記異字引楓山、三條、南化本云「能征」之「征」作「正」。洪頤煊曰：詩韓奕「榦不庭方」，國語周語「以待不庭不虞之患」，左氏襄十六年傳「同討不庭」，「不亭」乃「不庭」，古字通用。

〔三〕【集解】應劭曰：「蚩尤，古天子。」瓚曰：「孔子三朝記曰『蚩尤庶人之貪者』。」【索隱】案：此紀云「諸侯相侵伐，蚩尤最爲暴」，則蚩尤非爲天子也。又管子曰「蚩尤受盧山之金而作五兵」，明非庶人，蓋諸侯號也。劉向别録云「孔子見魯哀公，問政，比三朝，退而爲此記，故曰三朝。凡七篇，並入大戴記」。今此注見用兵篇也。【正義】龍魚河圖云：「黄帝攝政，有蚩尤兄弟八十一人，並獸身人語，銅頭鐵額，食沙石子，造立兵仗刀戟大弩，威振天下，誅殺無道，不慈仁。萬民欲令黃帝行天子事，黃帝以仁義不能禁止蚩尤，乃仰天而歎。天遣玄女下授黃帝兵信神符，制伏蚩尤，帝因使之主兵，以制八方。蚩尤沒後，天下復擾亂，黃帝遂畫蚩尤形像以威天下，天下咸謂蚩尤不死，八方萬邦皆爲弭服。」山海經云：「黃帝令應龍攻蚩尤。蚩尤請風伯、雨師以從，大風雨。黃帝乃下天女曰『魃』，以止雨。雨止，遂殺蚩尤。」孔安國曰「九黎君號蚩尤」是也。【考證】尚書呂刑「蚩尤惟始作亂，延及於平民，罔不寇賊，鴟義姦宄，奪攘矯虔」。呂氏春秋蕩兵篇「蚩尤作兵，非作兵也」，「未有蚩尤之時，民固剥林木以戰矣」。

〔四〕【正義】振，整也。

〔五〕【集解】王肅曰：「五行之氣。」【索隱】謂春甲乙木氣，夏丙丁火氣之屬，是五氣也。

〔六〕【集解】駰案：蓺，樹也。詩云「蓺之荏菽」。周禮曰「穀宜五種」，鄭玄曰：「五種，黍、稷、菽、麥、稻也。」【索隱】藝，種也，樹也。五種即五穀也，音朱用反。此注所引見詩大雅生民之篇。爾雅云「荏菽，戎菽也」，郭璞曰「今之胡豆」，鄭氏曰「豆之大者」是也。【正義】蓺，音魚曳反。種，音腫。【考證】五帝德作「設五量」。

〔七〕【集解】王肅曰：「度四方而安撫之。」【正義】度，音徒洛反。

〔八〕【索隱】書云「如虎如貔」，爾雅云「貔，白狐」，禮曰「前有摯獸，則載貔貅」是也。爾雅又曰「貙獌似貍」。此六者猛獸，可以教戰。周禮有服不氏，掌教擾猛獸。即古服牛乘馬，亦其類也。【正義】熊，音雄。羆，音碑。貔，音毗。貅，音休。貙，音丑于反。羆，如熊，黃白色。郭璞云：「貔，執夷，虎屬也。」案：言教士卒習戰，以猛獸之名名之，用威敵也。【考證】林伯桐曰：正義之説最確，後世軍陣之名，實昉於此。愚按：林説雖巧，難從，史文但當以字解耳。

〔九〕【集解】服虔曰：「阪泉，地名。」皇甫謐曰：「在上谷。」【正義】阪，音白板反。括地志云：「阪泉，今名黃帝泉，在嬀州懷戎縣東五十六里。出五里至涿鹿東北，與涿水合。又有涿鹿故城，在嬀州東南五十里，本黃帝所都也。晉太康地理志云『涿鹿城東一里有阪泉，上有黃帝祠』。」案：阪泉之野，則平野之地也。【考證】五帝德「炎帝」作「赤帝」。僖二十五年左傳，遇黃帝戰于阪泉之兆。阪泉，今在直隸保定境。

〔一〇〕【正義】謂黃帝克炎帝之後。【考證】崔述曰：漢書律曆志以炎帝爲神農氏，太皞爲庖羲氏，後人纂古史，皆遵之無異詞。以余考之不然。易傳曰「包犧氏没，神農氏作，神農氏没，黃帝、堯、舜氏作」，是庖羲、神農在黃帝之前也。春秋傳曰「黃帝氏以雲紀，炎帝氏以火紀，共工氏以水紀，太皞氏以龍紀」，是炎帝、大皞在黃帝之後也。然則庖羲氏之非大皞，神農氏之非炎帝也明矣。史記五帝紀曰「軒轅氏之時，神農氏世衰，諸侯相侵伐，暴虐百姓，而神農氏弗能征」，又曰「炎帝欲侵陵諸侯，軒轅乃脩德振兵，以與炎帝戰於阪泉之野，三戰然後得其志」，夫神農氏既不能「征諸侯」矣，又安能「侵陵諸侯」？既云「世衰」矣，又何待「三戰然後得志」乎？且前文言衰弱，凡兩稱神農氏，皆不言炎帝；後文言征戰，凡兩稱炎帝，皆不言神農氏。然則與黃帝戰者自炎帝，與神農氏無涉也。其後又云「諸侯尊軒轅爲天子，代神農氏」，又不言炎帝，然則帝於黃帝之前者神農氏，與炎帝無涉也。封禪書云「古者封泰山、禪梁父者七十二家，而夷吾所記者十有二焉：神農封泰山，禪云云；炎帝封泰山，禪云云」，夫十有二家中，既有神農，復有炎帝，其爲二人明甚，烏得以炎帝爲神農氏也哉！戰國策曰「神農伐補遂，黃帝伐涿鹿而擒蚩尤」，亦列神農於黃帝前，而不云炎帝。晉語曰「黃帝以姬水成，炎帝以姜水成」，亦列炎帝於黃帝後，而不云神農。神農之非炎帝也明矣。愚按：「治五氣蓺五種」以下，采五帝德。慶長本引古鈔本、楓山、三條、南化本「得」下有「行」字。

〔一一〕【正義】言蚩尤不用黃帝之命也。

〔一二〕【集解】服虔曰：「涿鹿，山名，在涿郡。」張晏曰：「涿鹿在上谷。」【索隱】或作「濁鹿」，古今字異耳。案：地理志上谷有涿鹿縣，然則服虔云「在涿郡」者，誤也。【考證】涿鹿，今直隸宣化保安州南。

〔一三〕【集解】皇覽曰：「蚩尤冢在東平郡壽張縣闞鄉城中，高七丈，民常十月祀之。有赤氣出，如匹絳帛，民名爲蚩尤旗。肩髀冢在山陽郡鉅野縣重聚，大小與闞冢等。傳言黃帝與蚩尤戰於涿鹿之野，黃帝殺之，身體異處，故別葬之。」【索隱】案：皇甫謐云「黃帝使應龍殺蚩尤于凶黎之谷」。或曰，黃帝斬蚩尤于中冀，因名其地曰「絶轡之野」。注「皇覽」，書名也，記先代冢墓之處，宜皇王之省覽，故曰皇覽，是魏人王象、繆襲等所撰也。【正義】髀，白采反。【考證】殷本紀引湯誥云：「昔蚩尤與其大夫作亂百姓。」戰國策「黃帝伐涿鹿而擒蚩尤」。

〔一四〕【正義】平服者即去也。

〔一五〕【集解】徐廣曰：「披，他本亦作『陂』字。蓋當音詖，陂者旁其邊之謂也。披語誠合今世，然古今不必同也。」【索隱】披音如字，謂披山林草木而行以通道也。徐廣音詖，恐稍紆也。

東至于海，登丸山，〔一〕及岱宗。〔二〕西至于空桐，〔三〕登雞頭。〔四〕南至于江，登熊、湘。〔五〕北逐葷粥，〔六〕合符釜山，〔七〕而邑于涿鹿之阿。〔八〕遷徙往來無常處，以師兵爲營衛。〔九〕官名皆以雲命，爲雲師。〔一〇〕置左右大監，監于萬國。〔一一〕萬國和，而鬼神山川封禪，與爲多焉。〔一二〕獲寶鼎，迎日推筴。〔一三〕舉風后、力牧、常先、大鴻以治民。〔一四〕順天地之紀，〔一五〕幽明之占，〔一六〕死生之説，〔一七〕存亡之難。〔一八〕時播百穀草木，〔一九〕淳化鳥獸蟲蛾，〔二〇〕旁羅日月星辰，水波土石金玉，〔二一〕勞勤心力耳目，節用水火材物。〔二二〕有土德之瑞，故號黃帝。〔二三〕

〔一〕【集解】徐廣曰：「丸，一作『凡』。」駰案：地理志曰丸山在郎邪朱虛縣。【索隱】注「丸，一作『凡』」，凡，音扶嚴反。【正義】丸音桓。括地志云：「丸山即丹山，在青州臨朐縣界朱虛故縣西北二十里，丹水出焉。」丸音紈。守節案：地志唯有凡山，蓋凡山丸山是一山耳。諸處字誤，或「凡」或「丸」也。漢書郊祀志云「禪丸山」，顔師古云「在朱虛」，亦與括地志相合，明丸山是也。

〔二〕【正義】泰山東岳也。在兗州博城縣西北三十里也。【考證】成孺曰：徐堅初學記九引史記，「丸山」作「桓山」。丸、桓同音，據此知唐本史記作「丸」不作「凡」。

〔三〕【集解】應劭曰：「山名。」韋昭曰：「在隴右。」

〔四〕【索隱】山名也。後漢王孟塞雞頭道，在隴西。一曰，崆峒山之別名。【正義】括地志云：「空桐山，在肅州福祿縣東南六十里。抱朴子内篇云『黄帝西見中黄子，受九品之方，過空桐，從廣成子，受自然之經』，即此山。」括地志又云：「笄頭山一名崆峒山，在原州平高縣西百里，禹貢涇水所出。輿地志云或即雞頭山也。酈元云，蓋大隴山異名也。莊子云廣成子學道崆峒山，黄帝問道於廣成子，蓋在此。」案：二處崆峒，皆云黄帝登之，未詳孰是。【考證】成孺曰：崆峒，古祇作「空桐」，當是隴西地名，非山也。史記於丸山、岱宗、雞頭、熊、湘，並繫以「登」，而「東至于海」，「西至于空桐」，「南至于江」，空桐但與江漢類列，則其爲地名而非山可知。韋昭曰「在隴右」，索隱前説云「在隴西」，最合。應劭及索隱後説並非也。

〔五〕【集解】封禪書曰：「南伐至于召陵，登熊山。」地理志曰湘山在長沙益陽縣。【正義】括地志云：「熊耳山在商州上洛縣西十里，齊桓公登之以望江漢也。湘山一名艑山，在岳州巴陵縣南十八里也。」【考證】成孺曰：黄帝所登熊耳，與湘山相近，自當以在益陽者爲是。集解以桓公所登者釋之，誤。

〔六〕【集解】匈奴傳曰：「唐虞以上有山戎、獫狁、葷粥，居于北蠻。」【索隱】匈奴别名也。唐虞已上曰山戎，亦曰熏粥，夏曰淳維，殷曰鬼方，周曰玁狁，漢曰匈奴。【正義】葷音薰。粥音育。

〔七〕【索隱】合諸侯符契圭瑞，而朝之於釜山，猶禹會諸侯於塗山然也。又案：郭子横洞冥記稱，東方朔云「東海大明之墟有釜山，山出瑞雲，應王者之符命」，如堯時有赤雲之祥之類。蓋黄帝黄雲之瑞，故曰「合符應於釜山」也。【正義】括地志云：「釜山在嬀州懷戎縣北三里，山上有舜廟。」

〔八〕【正義】廣平曰阿。涿鹿，山名，已見上。涿鹿故城在山下，即黄帝所都之邑，於山下平地。

〔九〕【正義】環繞軍兵爲營以自衛，若轅門即其遺象。

〔一〇〕【集解】應劭曰：「黄帝受命，有雲瑞，故以雲紀事也。春官爲青雲，夏官爲縉雲，秋官爲白雲，冬官爲黑雲，中官爲黄雲。」張晏曰：「黄帝有景雲之應，因以名師與官。命，名也。」【考證】昭公十七年左傳引郯子言曰「昔者黄帝氏以雲紀官，故爲雲師，而雲名」，史公所本。又見家語辨物篇。

〔一一〕【正義】監，上監去聲，下監平聲。若周邵分陝也。

〔一二〕【集解】徐廣曰：「多，一作『朋』。」【索隱】與，音羊汝反。與猶許也。言萬國和同，而鬼神山川封禪祭祀之事，自古以來帝皇之中，推許黄帝以爲多。多猶大也。【正義】與，猶比也。【考證】中井積德曰：言鬼神封禪之事，於其政理中許多也。徐孚遠曰：此皆武帝時方士附會，詳在封禪書中，本紀略舉其遠。

〔一三〕【集解】晉灼曰：「策，數也；迎，數之也。」瓚曰：「日月朔望，未來而推之，故曰迎日。」【索隱】封禪書曰「黄帝得寶鼎神策」，下云「於是推策迎日」，則神策者神蓍也。黄帝得蓍以推算曆數，於是逆知節氣日辰之將來，故曰推策迎日也。【正義】筴，音策。迎，逆也。黄帝受神筴，命大撓造甲子，命容成造曆，是也。

〔一四〕【集解】鄭玄曰：「風后，黄帝三公也。」班固曰：「力牧，黄帝相也。」大鴻，見封禪書。【正義】舉，任用。四人皆帝臣也。帝王世紀云：「黄帝夢大風吹天下之塵垢皆去，又夢人執千鈞之弩，驅羊萬羣。帝寤而歎曰：『風，爲號令執政者也。垢，去土，后在也。天下豈有姓風名后者哉？夫千鈞之弩，異力者也。驅羊數萬羣，能牧民爲善者也。天下豈有姓力名牧者哉？』於是依二占而求之，得風后於海隅，登以爲相。得力牧於大澤，進以爲將。黄帝因著占夢經十一卷。」藝文志云：「風后兵法十五篇，圖二卷，孤虚二十卷，力牧兵法十五篇。」鄭玄云：「風后，黄帝之三公也。」案：黄帝仰天地置列侯衆官，以風后配上台，天老配中台，五聖配下台，謂之三公也。封禪書云「鬼臾區號大鴻，黄帝大臣也。死葬雍，故鴻冢是」。藝文志云「鬼容區兵法三篇」也。【考證】崔述曰：黄炎之世，卿相之名，未有見於傳者，則四人恐亦後人託言，縱使有之，而其時未有典册，則兵法非其所著明矣。

〔一五〕【正義】言黄帝順天地陰陽四時之紀也。【考證】李笠曰：「順」字蒙下三句。爾雅釋詁「順，陳也」。

〔一六〕【正義】幽，陰；明，陽也。占，數也。言陰陽五行，黄帝占數而知之。此文見大戴禮。【考證】五帝德、家語「占」作「故」。李笠曰：「占」疑是「故」之爛文。

〔一七〕【集解】徐廣曰：「一云『幽明之數，合死生之説』。」【正義】説，謂儀制也。民之生死。此謂作儀制禮則之説。

〔一八〕【索隱】存亡，猶安危也。易曰「危者安其位，亡者保其存」是也。難，猶説也。凡事是非未盡，假以往來之詞，則曰難。又上文有「死生之説」，故此云「存亡之難」，所以韓非著書有説林、説難也。【正義】難，音乃憚反。存亡，猶生死也。黄帝之前未有衣裳屋宇，及黄帝造屋宇，制衣服，營殯葬，萬民故免存亡之難。【考證】李笠曰：家語云「以順天地之紀，知幽明之故，達死生存亡之説」，曰「知」曰「達」，亦即陳順之意，以「死生」、「存亡」和作一句者，避「説」字之複也。小司馬云「難，猶説」，是矣。然韓子説難謂游説之不易，辨難之義，與彼無涉。愚按：難，猶變也。

〔一九〕【集解】王肅曰：「時，是也。」【索隱】爲一句。【正義】言順四時之所宜，而布種百穀草木也。【考證】時，讀爲「蒔」。

〔二〇〕【索隱】爲一句。蛾，音牛綺反。一作「豸」。豸，言淳化廣被及之。【正義】蛾，音魚起反。又音豸，豸音直氏反。蟻，蚍蜉也。爾雅曰：「有足曰蟲，無足曰豸。」【考證】索隱「豸」下脱音。「言」字當在「化」字下。

〔二一〕【集解】徐廣曰：「波，一作『沃』。」【索隱】旁，非一方。羅，廣布也。今案：大戴禮作「歷離」。離即羅也。言帝德旁羅日月星辰水波，及至土石金玉。謂日月揚光，海水不波，山不藏珍，皆是帝德廣被也。【正義】旁羅，猶遍布也。日月，陰陽時節也。星，二十八宿也。辰，日月所會也。水波，瀾漪也。言天不異災，土無别害，水少波浪，山出珍寶。【考證】凌稚隆曰：旁羅，乃測天度之器，如今之日晷地羅也。愚按：百穀草木，鳥獸蟲蛾，日月星辰，土石金玉，心力耳目，水火材物，皆物。時播、淳化、旁羅、水波、勞勤、節用皆事，水波未詳。或云：水，壞字扁旁存者；「波」當從徐氏一本作「沃」。大戴禮作「極畋」，阮氏補注云「畋，治也。極言至於四邊」，亦不通。

〔二二〕【正義】節，時節也。水，陂障決洩也。火，山野禁放也。材，木也。物，事也。言黃帝教民，江湖陂澤，山林原隰，皆收採禁捕以時，用之有節，令得其利也。大戴禮云「宰我問於孔子曰：『予聞榮伊曰，黃帝三百年。請問黃帝者人耶？何以至三百年？』孔子曰『勞勤心力耳目，節用水火材物，生而民得其利百年，死而民畏其神百年，亡而民用其教百年，故曰三百年也』」。【考證】中井積德曰：材物是一件泛稱。愚按：「順天地之紀」以下采五帝德。

〔二三〕【索隱】炎帝火，黃帝土代之，即「黃龍地螾見」是也。螾，土精，大五六圍，長十餘丈。螾，音引。【正義】螾，音以刃反。【考證】呂氏春秋應同篇「黃帝之時，天先見大螾大螻，黃帝曰土氣勝，土氣勝，故其色尚黃，其事則土」。史記封禪書云「黃帝得土德，黃龍地螾見」。崔述曰：近代纂古史者咸云伏羲以木德王，神農以火德王，黃帝以土德王，少皞以金德王，顓頊以水德王，帝(嚳)〔嚳〕、堯、舜以降，皆以五行，周而復始。余按帝王之興，果以五行終始，則此乃天下之大事也。二帝之典，三王之誓誥，必有言之者。即不言，若易、春秋傳窮陰陽之變，徵黃、炎之事，述神怪之說詳矣，猶絕無一言及之。然則是戰國以前原無此說也，明矣。洪範曰「水曰潤下，火曰炎上，木曰曲直，金曰從革，土爰稼穡」，不言其爲帝王受命之符也。夫天下之事，孰有大於帝王受命者？「曲直」、「從革」之屬，抑末矣，何故舍其大者不言，而但言其細者乎？傳曰「黃帝氏以雲紀，炎帝氏以火紀，共工氏以水紀，太皞氏以龍紀，少皞氏以鳥紀」。是帝王之興，各因物以取義，不必於五行也；各因義以立名，無所謂終始也。不然以水、以火可矣，以雲、龍、鳥何說焉？傳曰「陳，水族也」，又曰「衛，顓頊之虛也，其星爲大水」。此自謂顓頊之應乎水耳，非謂帝王皆以五行相終始也。若皆以五行相終始，則舜以土德王，何以論陳者，不近係之舜之土，而反遠係之顓頊之水乎？夫五行之說昉於洪範，上古帝王之事詳於春秋傳，洪範不言，春秋傳之說不合，然則是爲五德終始之說者乃異端之說，而非聖賢之旨也明矣。五德終始之說，起於鄒衍，而其施諸朝廷政令，則在秦并天下之初，史記封禪書及始皇本紀、孟子荀卿列傳言之詳矣。其說以爲「黄帝得土德，黄龍地螾見；夏得木德，青龍止於郊；殷得金德，銀自山溢；周得火德，有赤烏之符；皆以所不勝者遞推之」。是以秦之代周，自謂水德，而漢賈誼、公孫臣皆謂漢當土德，太初改制，服色尚黄，用衍說也。蓋自周道既衰，異端並起，大略分爲六術。史記自叙所謂儒、墨、道德、名、法、陰陽是也。而衍以陰陽專門名家，漢志九流，次陰陽於道家、法家之間，而其書目有騶子四十九篇，騶子終始五十六篇。史記亦云「鄒衍以陰陽主運顯於諸侯，燕、齊海上之方士傳其術，怪迂阿諛苟合之徒，自此不可勝數也」。則是司馬遷固已非之矣。且「龍止」、「銀溢」皆荒唐無可證；「赤烏之符」雖見於河内女子之泰誓，然「白魚入舟」不又爲金德乎？此固大雅君子所不道也，以秦之愚，至於焚詩、書求神仙，其爲衍説所欺固宜。後之學者何爲而亦爲其所欺耶？

黄帝二十五子，其得姓者十四人。〔一〕

〔一〕【索隱】舊解破四爲三，言得姓十三人耳。今案：國語胥臣云「黄帝之子二十五宗，其得姓者十四人，爲十二姓，姬、酉、祁、已、滕、葴、任、荀、僖、姞、嬛、依是也。唯青陽與夷鼓同已姓」。又云「青陽與蒼林爲姬姓」。是則十四人爲十二姓，其文甚明。唯姬姓再稱青陽與蒼林，蓋國語文誤，所以致令前儒共疑。其姬姓青陽，當爲玄囂，是帝嚳祖，本與黄帝同姬姓。其國語上文青陽，即是少昊金天氏爲已姓者耳。既理在不疑，無煩破四爲三。【正義】僖，音力其反。姞，其吉反。嬛，音在宣反。【考證】「黄帝二十五子」以下，本晉語胥臣言。崔述曰：上古之時，人情樸略，容有未受姓者，故因錫土而遂賜之。所以禹貢有「錫土姓」之文，非每人皆賜之以姓也，安有同父而異姓者哉？姓也者生也，有姓者所以辨其所由生也，苟同父而各姓其姓，則所由生者無可辨，有姓曷取焉？且十二姓之見於傳者，姬、祁、己、任、姞五姓而已，然皆相爲昏姻。后稷取於姞，王季取於任，春秋時，晉之欒與祁昏，魯之孟與己昏。而姬、劉、祁、范乃世爲昏姻，皆無譏者。果同祖也，可爲昏乎？若同祖者，易其姓而即可爲昏，則吴之孟子何譏焉？春秋傳云「任、宿、須句、顓臾，風姓也，實司大皞與有濟之祀」。又云「炎帝爲火師，姜姓其後也」。觀其文，皆似古帝王之子孫，世守其姓而不改者。唯虞後本姚姓，而陳乃嬀姓，故晉史趙以爲周之所賜，蓋偶然之事，時或有他故焉。要之嬀猶姚耳，非姚與嬀之遂可以相爲昏也。自國語始有一人子孫分爲數姓之説，而大戴記從而衍之，史記又從而采之，遂謂唐、虞、三代共出一祖，而帝王之族姓遂亂雜而失其真矣。然則是誣古聖而惑後儒者，皆國語爲之濫觴也。

黄帝居軒轅之丘，〔一〕而娶於西陵氏之女，是爲嫘祖。〔二〕嫘祖爲黄帝正妃，生二子，其後皆有天下：〔三〕其一曰玄囂，是爲青陽，〔四〕青陽降居江水；〔五〕其二曰昌意，降居若水。〔六〕昌意娶蜀山氏女，曰昌僕，生高陽，〔七〕高陽有聖悳焉。〔八〕黄帝崩，〔九〕葬橋山。〔一〇〕其孫昌意之子高陽立，是爲帝顓頊也。

〔一〕【集解】皇甫謐曰：「受國於有熊，居軒轅之丘，故因以爲名，又以爲號。山海經曰『在窮山之際，西射之南』。」張晏曰：「作軒冕之服，故謂之軒轅。」

〔二〕【集解】徐廣曰：「祖，一作『俎』。嫘，力追反。」【索隱】一曰雷祖，音力堆反。【正義】西陵，國名也。嫘，一作「傫」。【考證】「陵」下「氏」字各本脱，依古鈔本、楓山本、三條本及御覽引史記補。大戴禮帝繫篇亦有。

〔三〕【索隱】案：黄帝立四妃，象后妃四星。皇甫謐云：「元妃西陵氏女，曰累祖，生昌意。次妃方雷氏女，曰女節，生青陽。次妃彤魚氏女，生夷鼓，一名蒼林。次妃嫫母，班在三人之下。」案：國語夷鼓、蒼林是二人。

又案：漢書古今人表，彤魚氏生夷鼓，嫫母生蒼林，不得如謐所說。太史公乃據大戴禮，以累祖生昌意及玄囂，玄囂即青陽也。皇甫謐以青陽爲少昊，乃方雷氏所生，是其所見異也。

〔四〕【索隱】玄囂，帝嚳之祖。案：皇甫謐及宋衷皆云，玄囂青陽即少昊也。今此紀下云「玄囂不得在帝位」，則太史公意青陽非少昊明矣。而此又云「玄囂是爲青陽」，當是誤也。謂二人皆黃帝子，並列其名，所以前史因誤以玄囂青陽爲一人耳。宋衷又云：「玄囂青陽，是爲少昊，繼黃帝立者，而史不敘，蓋少昊金德王，非五運之次，故敘五帝不數之也。」【考證】杭世駿曰：按戴德禮有孝昭冠辭，則其後於太史公明矣。集解意以爲太史公乃據大戴禮，疑有誤。沈家本曰：太史公所據帝繫篇在今大戴禮中，故裴注云然。大戴禮亦漢初相傳之書，戴德删篇八十五篇，遂名「大戴」，實非德所撰述也。

〔五〕【正義】括地志云：「安陽故城，在豫州新息縣西南八十里。應劭云古江國也。地理志亦云：安陽，古江國也。」【考證】帝繫篇「江水」作「泜水」。

〔六〕【索隱】降，下也。言帝子爲諸侯，降居江水。江水、若水皆在蜀，即所封國也。水經曰「水出旄牛徼外，東南至故關爲若水，南過邛都，又東北至朱提縣爲盧江水」，是蜀有此二水也。

〔七〕【考證】「黃帝居軒轅」以下，采帝繫。古鈔、楓山、三條、南化本、慶長本標記引鄒誕本「僕」作「漢」，與帝繫合。

〔八〕【正義】華陽國志及十三州志云：「蜀之先，肇於人皇之際。黃帝之子昌意，娶蜀山氏，後子孫因封焉。帝顓頊高陽氏，黃帝之孫，昌意之子，母曰昌僕，亦謂之女樞。」河圖云：「瑤光如蜺貫月，正白，感女樞於幽房之宮，生顓頊，首戴干戈，有德文也。」

〔九〕【集解】皇甫謐曰：「在位百年而崩，年百一十一歲。」【索隱】案：大戴禮「宰我問孔子曰：『榮伊言黃帝三百年，請問黃帝何人也？抑非人也？何以至三百年乎？』對曰：『生而人得其利百年，死而人畏其神百年，亡而人用其教百年。』」則士安之說略可憑矣。【正義】列仙傳云：「軒轅自擇亡日，與羣臣辭。還，葬橋山，山崩，棺空，唯有劒舄在棺焉。」【考證】林柏桐曰：史記於黃帝紀最慎，所謂「擇其言尤雅者」也。正義於蚩尤則引龍魚河圖，於風后、力牧則引帝王世紀，於黃帝崩則引列仙傳，皆不雅馴之言，豈史公之意乎？

〔一〇〕【集解】皇覽曰：「黃帝冢在上郡橋山。」【索隱】地理志橋山在上郡陽周縣，山有黃帝冢也。【正義】括地志云：「黃帝陵在寧州羅川縣東八十里子午山。」地理志云：上郡陽周縣橋山南有黃帝冢。」案：陽周，隋改爲羅川。爾雅云：山鋭而高曰橋也。

帝顓頊高陽者，黃帝之孫，而昌意之子也。〔一〕靜淵以有謀，疏通而知事；養材以任地，〔二〕載時以象天，〔三〕依鬼神以制義，〔四〕治氣以教化，〔五〕絜誠以祭祀。北至于幽陵，〔六〕南至于交阯，〔七〕西至于流沙，〔八〕東至于蟠木。〔九〕動靜之物，〔一〇〕大小之神，〔一一〕日月所照，莫不砥屬。〔一二〕

〔一〕【集解】皇甫謐曰：「都帝丘，今東郡濮陽是也。」【索隱】宋衷云：「顓頊名高陽，有天下號也。」張晏云：「高陽者，所興地名也。」【考證】張文虎曰：案史記篇自爲卷，脈絡相貫，後人取便簡閱，中斷提行，然亦有改之未盡者。舊刻、毛本此紀帝堯接帝嚳不提行，是其迹也。他合傳亦有類是者，今槩不提行，以歸一例，後倣此。愚按：南化本云，顓，音專。頊，許録反。

〔二〕【索隱】言能養材物以任地。大戴禮作「養財」。

〔三〕【索隱】載，行也。言行四時以象天。大戴禮作「履時以象天」。履亦踐而行也。

〔四〕【索隱】鬼神聰明正直，當盡心敬事，因制尊卑之義，故禮曰「降于祖廟之謂仁義」是也。【正義】鬼之靈者曰神也。鬼神，謂山川之神也。能興雲致雨，潤養萬物也，故己依馮之剬義也。剬，古制字。

〔五〕【索隱】謂理四時五行之氣，以教化萬人也。

〔六〕【正義】幽州也。

〔七〕【正義】阯，音止，交州也。

〔八〕【集解】地理志曰：流沙在張掖居延縣。【正義】濟，渡也。括地志云：「居延海南，甘州張掖縣東北千六十四里是。」

〔九〕【集解】海外經曰：「東海中有山焉，名曰度索。上有大桃樹，屈蟠三千里。東北有門，名曰鬼門，萬鬼所聚也。天帝使神人守之，一名神荼，一名鬱壘，主閱領萬鬼。若害人之鬼，以葦索縛之，射以桃弧，投虎食也。」【考證】錢大昕曰：蟠木，扶木也。呂覽爲欲篇「西至流沙，東至扶木」。又求人篇「禹東至榑木之地」。說文「榑桑神木，日所出也」。「榑」與「扶」通，扶木即扶桑。古音「扶」如「酺」聲，轉爲「蟠」也。

〔一〇〕【正義】動物，謂鳥獸之類。静物，謂草木之類。

〔一一〕【正義】大，謂五嶽、四瀆；小，謂丘陵墳衍。

〔一二〕【集解】王肅曰：「砥，平也。四遠皆平而來服屬。」【索隱】依王肅，音止屬，據大戴禮作「砥礪」也。【正義】砥，磨石也，取其平也。【考證】「帝顓頊」以下，采五帝德篇。

帝顓頊生子，曰窮蟬。〔一〕顓頊崩，〔二〕而玄囂之孫高辛立，是爲帝嚳。

〔一〕【索隱】系本作「窮係」。宋衷云：「一云窮係，謚也。」【正義】帝舜之高祖也。【考證】以上采帝繫。

〔二〕【集解】皇甫謐曰：「在位七十八年，年九十八。」皇覽曰：「顓頊冢在東郡濮陽頓丘城門外廣陽里中。頓丘者城，門名頓丘道。」【索隱】皇甫謐云：「據左氏，歲在鶉火而崩，葬東郡。」又山海經曰：「顓頊葬鮒魚山之陽，九嬪葬其陰。」

帝嚳高辛者，〔一〕黄帝之曾孫也。高辛父曰蟜極，〔二〕蟜極父曰玄囂，玄囂父曰黄帝。自玄囂與蟜極，皆不得在位，至高辛即帝位。〔三〕高辛於顓頊爲族子。

〔一〕【集解】張晏曰：「少昊以前，天下之號象其德。顓頊以來，天下之號因其名。高陽、高辛，皆所興之地名；顓頊與嚳，皆以字爲號：上古質故也。」【索隱】宋衷曰：「高辛，地名，因以爲號。嚳，名也。」皇甫謐云：「帝嚳名夋也。」【正義】炎帝作耒耜以利百姓，教民種五穀，故號神農。黄帝制輿服宫室等，故號軒轅氏。少昊象日月之始，能師太昊之道，此謂象其德也。帝王紀云：「俈母無聞焉。」【考證】楓山、三條、南化本云嚳一作「俈」，音國。

〔二〕【正義】蟜，音居兆反。本作「橋」，音同。又巨遥反。帝堯之祖也。

〔三〕【集解】皇甫謐曰：「都亳，今河南偃師是。」【考證】「帝嚳」以下采帝繫。

高辛生而神靈，自言其名。〔一〕普施利物，不於其身。聰以知遠，明以察微。順天之義，知民之急。〔二〕仁而威，惠而信，脩身天下服。取地之財而節用之，撫教萬民而利誨之，曆日月而迎送之，〔三〕明鬼神而敬事之。〔四〕其色郁郁，其德嶷嶷。〔五〕其動也時，其服也士。〔六〕帝嚳溉執中而徧天下，〔七〕日月所照，風雨所至，莫不從服。〔八〕

〔一〕【正義】帝王紀云：「帝俈高辛，姬姓也。其母生見其神異，自言其名曰岌。齠齔有聖德，年十五而佐顓頊，三十登位，都亳，以人事紀官也。」

〔二〕【考證】「急」字當依戴記作「[illegible]」，讀如「勤」，「恤民隱」之「隱」。楓、三、南本無「物」字。

〔三〕【正義】言作曆，弦、望、晦、朔，日月未至而迎之，過而送之，上「迎日推策」是也。【考證】中井積德曰：曆，謂推步之。張文虎曰：尚書「寅餞納日」，與「寅賓出日」相對，曆日月而迎送之，蓋即賓餞之意。

〔四〕【正義】天神曰神，人神曰鬼。又云，聖人之精氣謂之神，賢人之精氣謂之鬼。言明識鬼神而敬事也。

〔五〕【索隱】郁郁，猶穆穆也。嶷嶷，德高也。今案：大戴禮「郁」作「神」，「嶷」作「俟」。【考證】今本大戴禮與史文同。

〔六〕【索隱】舉動應天時，衣服服士服，言其公且廉也。【正義】服，士之祭服，緇衣纁裳也。【考證】服，行也。士，事也。言服事不懈也。

〔七〕【集解】徐廣曰：「古『既』字作水旁。『徧』字一作『尹』。」【索隱】即尚書「允執厥中」是也。【正義】溉，音既。言帝告治民若水之溉灌，平等而執中正，徧於天下也。【考證】戴記無「溉」字，「徧」作「獲」。洪頤煊曰：「溉」古通作「概」字。概，平也，言執中以徧及於天下。沈濤曰：集解引徐廣曰，古「既」字作水旁。「既」之作「溉」，猶「夷」之作「銕」，是史遷書古字之僅存者。此外爲小司馬、張守節輩所竄改者不少矣。五帝紀「曰暘谷」，索隱曰「史記舊本作『湯谷』，今並依尚書字」，則小司馬所改也。曰「並」，蓋不止一字。孫詒讓曰：徧，大戴作「獲」，「獲」當爲「護」。護，猶云辨護，理董監治之義。李笠曰：「徧」即「辨」之叚音，古字通。大戴禮當作「護」，史記當作「辨」，字異義同，並理董監治之義。

〔八〕【正義】以上大戴文也。【考證】「高辛生而神靈」以下〔采〕五帝德。

帝嚳娶陳鋒氏女，〔一〕生放勳。〔二〕娶娵訾氏女，生摯。〔三〕帝嚳崩，〔四〕而摯代立。帝摯立，不善，崩，〔五〕而弟放勳立，是爲帝堯。〔六〕

〔一〕【索隱】鋒，音峯。案：系本作「陳酆氏」。皇甫謐云「陳鋒氏女曰慶都」。慶都，名也。【正義】鋒音峯。又作「豐」。帝王紀云「帝告有四妃，卜其子皆有天下。元妃有邰氏女，曰姜嫄，生后稷。次妃有娀氏女，曰簡狄，生卨。次妃陳豐氏女，曰慶都，生放勛。次妃娵訾氏女，曰常儀，生帝摯」也。

〔二〕【正義】放，音方往反。勳亦作「勛」，音許云反。言堯能放上代之功，故曰放勛。謚堯。姓伊祁氏。帝王紀云：「帝堯陶唐氏，祁姓也。母慶都，十四月生堯。」

〔三〕【索隱】案：皇甫謐云「女名常宜」也。【正義】娵，足須反。訾，紫移反。【考證】以上帝繫。

〔四〕【集解】皇甫謐曰：「在位七十年，年百五歲。」皇覽曰：「帝嚳冢在東郡濮陽頓丘城南臺陰野中。」

〔五〕【索隱】古本作「不著」，音張慮反。俗本作「不善」。不善謂微弱，不著猶不著明。衛宏云：「摯立九年，而唐侯德盛，因禪位焉。」【正義】帝王紀云：「帝摯之母，於四人中班最在下，而摯於兄弟最長，得登帝位。封異母弟放勛爲唐侯。摯在位九年，政微弱，而唐侯德盛，諸侯歸之，摯服其義，乃率羣臣造唐而致禪。唐侯自知有天命，乃受帝禪。乃封摯於高辛。」今定州唐縣也。

〔六〕【考證】論語泰伯篇。正義引尚書大傳曰：「堯年十六，以唐侯升爲天子，遂以爲號。」吳裕垂曰：「堯嗣摯統，兄弟相及也。堯即帝位，經無明文，於是滋生異說，有謂摯服義而致禪者，有謂摯荒淫而見廢者，此皆亂賊之徒，欲飾篡爲禪，附會其說以自文耳。太史公所謂百家之言其文不雅馴者，莫甚於此，故博採羣書，擇其尤雅者，著爲本紀，以爲帝摯不善，既崩而後放勛立，可謂折衷至正，俾萬世人臣無所藉口矣。」

帝堯者，〔一〕放勳。〔二〕其仁如天，〔三〕其知如神。〔四〕就之如日，〔五〕望之如雲。〔六〕富而不驕，貴而不舒。〔七〕黃收純衣，〔八〕彤車乘白馬。〔九〕能明馴德，以親九族。〔一〇〕九族既睦，便章百姓。〔一一〕百姓昭明，合和萬國。〔一二〕

〔一〕【集解】謚法曰：「翼善傳聖曰堯。」【索隱】堯，謚也。放勳，名。帝嚳之子，姓伊祁氏。案：皇甫謐云「堯初生時，其母在三阿之南，寄於伊長孺之家，故從母所居爲姓也」。【正義】徐廣云：「號陶唐。」帝王紀云：「堯都平陽，於詩爲唐國。」徐才宗國都城記云：「唐國，帝堯之裔子所封。其北，帝夏禹都，漢曰太原郡，在古冀州太行恒山之西。其南有晉水。」括地志云：「今晉州所理平陽故城是也。平陽河水，一名晉水也。」

〔二〕【集解】徐廣曰：「號陶唐。」皇甫謐曰：「堯以甲申歲生，甲辰即帝位，甲午徵舜，甲寅舜代行天子事，辛巳崩，年百一十八，在位九十八年。」【考證】崔適曰：依舜本紀「名曰重華」，夏本紀「名曰文命」，此當補「名曰」二字。愚按：此承上文「弟放勳」而言，與舜、禹本紀異，不必補二字。又按：堯、舜、禹皆名，放勳、重華、文命皆其徽號，當時尚未有謚，注謚法可削，舜禹皆倣之。古鈔本無「者」字。

〔三〕【索隱】如天之函養也。【正義】郭璞注爾雅云：「仁覆愍下，謂之旻天也。」

〔四〕【索隱】如神之微妙也。

〔五〕【索隱】如日之照臨，人咸就之，若葵藿傾心以向日也。

〔六〕【索隱】如雲之覆渥，言德化廣大而浸潤生人，人咸仰望之，故曰如百穀之仰膏雨也。【考證】中井積德曰：如日，謂其溫仁也，猶炙背于陽；如雲，謂其高大覆冒。索隱非。

〔七〕【索隱】舒，猶慢也。大戴禮作「不豫」。【正義】凌上慢下，謂之爲驕。言堯有天下之富，而不驕人也。

〔八〕【集解】徐廣曰：「純，一作『絞』。」駰案：太古冠冕圖云「夏名冕曰收」。禮記曰「野夫黃冠」。鄭玄曰「純衣，士之祭服」。【索隱】收，冕名。其色黃，故曰黃收，象古質素也。純讀曰緇。【考證】大戴禮作「黃黼黻衣」。

〔九〕【考證】以上采五帝德。彤，戴記作「丹」，義同。

〔一〇〕【集解】徐廣曰：「馴，古訓字。」【索隱】史記「馴」字，徐廣皆讀曰訓。訓，順也。言聖德能順人也。案：尚書作「俊德」，孔安國云「能明用俊德之士」，與此文意別也。【考證】順德，尚書作「俊德」，大學作「峻德」，即大德。大德光明，可以睦九族，可以便章百姓，可以合和萬國。

〔一一〕【集解】徐廣曰：「下云『便程東作』，然則訓平爲便也。」駰案：尚書並作「平」字。孔安國曰「百姓，百官」，鄭玄曰「百姓，羣臣之父子兄弟」。【索隱】古文尚書作「平」。此文蓋讀「平」爲浦耕反。平既訓便，因作「便章」。其今文作「辯章」。古「平」字亦作「便」，音婢緣反。便則訓辯，遂爲「辯章」。鄒誕生本亦同也。

〔一二〕【考證】尚書「能」作「克」，「便」作「平」，「合」作「協」，「國」作「邦」。「邦」字漢高祖名，史公諱改。自内及外，自近及遠，是堯之所以有天下致太平也。尚書皋陶謨「皋陶曰：都，慎厥身，修思永，惇叙九族，庶明勵翼，邇可遠在兹」，亦述此意。詩大雅思齊稱周文王曰「刑于寡妻，至于兄弟，以御于家邦」。論語爲政篇「或謂孔子曰『子奚不爲政？』子曰『書云，孝乎惟孝，友于兄弟，施於有政』」。戴記大學篇云「古之欲明明德於天下者，先治其國；欲治其國者，先齊其家；欲齊其家者，先脩其身」。孟子離婁篇「孟子曰，人有恒言，皆曰天下國家，天下之本在國，國之本在家，家之本在身」。蓋聖賢相傳之道如此。

乃命羲、和，〔一〕敬順昊天，〔二〕數法日月星辰，〔三〕敬授民時。〔四〕分命羲仲，居郁夷，曰暘谷。〔五〕敬道日出，便程東作。〔六〕日中，星鳥，以殷中春。〔七〕其民析，鳥獸字微。〔八〕申命羲叔，居南交。〔九〕便程南爲，敬致。〔一〇〕日永，星火，以正中夏。〔一一〕其民因，鳥獸希革。〔一二〕申命和仲，居西土，〔一三〕曰昧谷。〔一四〕敬道日入，便程西成。〔一五〕夜中，星虚，〔一六〕以正中秋。〔一七〕其民夷易，鳥獸毛毨。〔一八〕申命和叔，居北方，曰幽都。〔一九〕便在伏物。〔二〇〕日短，星昴，以正中冬。〔二一〕其民燠，鳥獸氄毛。〔二二〕歲三百六十六日，以閏月正四時。〔二三〕信飭百官，衆功皆興。〔二四〕

〔一〕【集解】孔安國曰：「重黎之後，羲氏、和氏，世掌天地之官。」【正義】呂刑傳云：「重即羲，黎即和，雖別爲氏族，而出自重黎也。」案：聖人不獨治，必須賢輔，乃命相天地之官，若周禮天官卿、地官卿也。

〔二〕【正義】敬，猶恭勤也。元氣昊然廣大，故云昊天。釋天云：「春爲蒼天，夏爲昊天，秋爲旻天，冬爲上天。」而獨言昊天者，以堯能敬天大，故以昊大言之。

〔三〕【索隱】尚書作「曆象日月」，則此言「數法」，是訓「曆象」二字，謂命羲和以曆數之法，觀察日月星辰之早晚，以敬授人時也。【正義】曆數之法，日之甲乙，月之大小，昏明遞中之星，日月所會之辰，定其天數，以爲一歲之曆。

〔四〕【正義】尚書考靈耀云：「主春者，張昏中，可以種稷。主夏者，火昏中，可以種黍菽。主秋者，虚昏中，可以種麥。主冬者，昴昏中，可以收斂也。」天子視四星之中，知民緩急，故云「敬授民時」也。【考證】崔述曰：漢書律曆志云「曆數之起上矣。傳述顓頊命南正重司天，火正黎司地，其後三苗亂德，二官咸廢，而閏餘乖次，孟陬殄滅，攝提失方。堯復育重、黎之後，使纂其業，故書曰『乃命羲、和，欽若昊天，曆象日月星辰，敬授人時』」。余按經文，四時之紀，閏之疏密，朞之日數多寡，皆至堯而後定，非舊已有成法而中廢，至堯又修復之也。重、黎之司天地，本於楚語。然楚語云「重司天以屬神，黎司地以屬民」，所司者乃天神之祭祀，非天象之贏縮也。故曰「九黎亂德，民神雜糅」，曰「夫人作享，家爲巫史」，皆謂宗祝祭祀事耳，與羲、和之司曆法者無涉也。曆象之官，自在帝畿，三苗之亂，自在蠻夷，相距數千里，三苗安能廢帝廷之二官，而乖其閏餘乎？至楚語所稱「堯復育重、黎之後」者，乃本呂刑之文，非襲堯典之語。堯自命羲、和，自育重、黎，今因其皆爲堯所命，遂取而合之。然則堯在位百年，所命之官，止有此二族乎？嗟夫，自劉歆、班固誤合楚語於堯典，後學祖而述之，遂謂黃帝以來曆數已有成法。然則堯典之累累而驗之，諄諄而命之，與夫史臣之瑣瑣而記之者，不皆贅乎？韋昭國語解及尚書孔傳、蔡傳，並以重、黎爲羲、和，皆沿漢志而誤。

〔五〕【集解】尚書作「嵎夷」。孔安國曰：「東表之地稱嵎夷。日出於暘谷。羲仲，治東方之官。」【索隱】舊本作「湯谷」，今並依尚書字。案：淮南子曰「日出湯谷，浴於咸池」，則湯谷亦有他證明矣。又下曰「昧谷」，徐廣云「一作『柳谷』」，亦日入處地名。太史公博採經記而爲此史，廣記異聞，不必皆依尚書。蓋郁夷亦地之別名也。【正義】郁音隅。陽或作「暘」。禹貢青州云：「嵎夷既略。」案：嵎夷，青州也。堯命羲仲理東方青州嵎夷之地，日所出處，名曰陽明之谷，羲仲主東方之官，若周禮春官卿。【考證】沈濤曰：釋文云堯典「宅嵎夷」，史記及攷靈耀作「禺銕」，是陸氏所見史記本與小司馬、張守節不同。又曰：索隱云史記舊本「暘谷」作「湯谷」，今並依尚書字，然則「暘谷」者，小司馬所改也。史遷從安國問故，則古文尚書必作「湯谷」。山海經：「黑齒國下有湯谷，湯谷上有扶桑，十日所浴。」楚辭天問云：「出自湯谷至蒙汜。」淮南天文訓云：「日出于湯谷，浴于咸池，拂于扶桑。」古書皆以湯谷爲日出之地。錢大昕説同。

〔六〕【集解】孔安國曰：「敬道出日，平均次序東作之事，以務農也。」【索隱】劉伯莊傳皆依古史作平秩音。然尚書大傳曰「辯秩東作」，則是訓秩爲程，言便課其作程者也。【正義】道，音導。便，程，並如字，後同。導，訓也。三春主東，故言日出。耕作在春，故言東作。命羲仲恭勤道訓萬民東作之事，使有程期。【考證】尚書「敬道日出」作「寅賓出日」，「便程」作「平秩」，下同。

〔七〕【集解】孔安國曰：「日中，謂春分之日也。鳥，南方朱鳥七宿也。殷，正也。春分之昏，鳥星畢見，以正仲春之氣節。轉以推孟、季，則可知也。」【正義】下「中」，音仲，夏、秋、冬並同。

〔八〕【集解】孔安國曰：「春事既起，丁壯就功，言其民老壯分析也。」乳化曰字。尚書「微」作「尾」字，説云「尾，交接也」。【考證】呂覽「尾生高」，注云即論語微生高。尾、微，古通用。

〔九〕【集解】孔安國曰：「夏與春交，此治南方之官也。」【索隱】孔注未是。然則冬與秋交，何故下無其文？且東嵎夷，西昧谷，北幽都，三方皆言地，而夏獨不言地，乃云與春交，斯不例之甚也。然南方地有名交阯者，或古文略舉一字，名地南交，則是交阯不疑也。【正義】羲叔主南方官，若周禮夏官卿也。【考證】韓非子十過篇：堯有天下，其地南至交趾，北至幽都，東西至日月之所出入者，莫不賓服。

〔一〇〕【集解】孔安國曰：「爲，化也。平序南方化育之事，敬行其教，以致其功也。」【索隱】爲，依字讀。春言東作，夏言南爲，皆是耕作營爲勸農之事。孔安國强讀爲「訛」字，雖則訓化，解釋亦甚紆回也。【正義】爲，音于僞反。命羲叔宜恭勤民事。致其種殖，使有程期也。【考證】張文虎曰：南爲，各本作「南譌」，依尚書撰異改。錢大昕、梁玉繩説同。

〔一一〕【集解】孔安國曰：「永，長也，謂夏至之日。火，蒼龍之中星，舉中則七星見可知也，以正中夏之氣節。」馬融、王肅謂日長晝漏六十刻，鄭玄曰五十五刻。【考證】中井積德曰：六十刻者，以日出入而言，五十五刻者，以晨昏而言。愚按：據下文注，集解「五十五刻」下當有「失之」二字。

〔一二〕【集解】孔安國曰：「因，謂老弱因就在田之丁壯以助農也。夏時鳥獸毛羽希少改易也。革，改也。」

〔一三〕【集解】徐廣曰：「一無『士』字。以爲西者，今天水之西縣也。」駰案：鄭玄曰「西者隴西之西，今人謂之兑山」。【正義】和仲主西方之官，若周禮秋官卿也。

〔一四〕【集解】徐廣曰：「一作『柳谷』。」駰案：孔安國曰「日入于谷而天下冥，故曰昧谷。此居治西方之官，掌秋天之政也」。

〔一五〕【集解】孔安國曰：「秋，西方，萬物成也。」【考證】尚書作「寅餞納日」。

〔一六〕【索隱】虛，舊依字讀，而鄒誕生音墟。案：虛星主墳墓，鄒氏或得其理。

〔一七〕【集解】孔安國曰：「春言日，秋言夜，互相備也。虛，玄武之中星。亦言七星，皆以秋分日見，以正三秋也。」

〔一八〕【集解】孔安國曰：「夷，平也。老壯者在田，與夏平也。毨，理也。毛更生曰毨理。」【考證】尚書無「夷」字，史公以「易」代「夷」。今本「夷」字，後人旁注誤入正文，夷、易義複。博士家異字云：中彭、中韓本、南化本無「易」字，蓋誤削。集解「毛更生曰毨理」，書傳作「毛更生整理」。

〔一九〕【集解】孔安國曰：「北稱幽都，謂所聚也。」【索隱】山海經曰「北海之内有山，名幽都」，蓋是也。【正義】案：北方幽州，陰聚之地，命和叔居理之。北方之官，若周禮冬官卿。【考證】尚書「北」作「朔」。

〔二〇〕【索隱】使和叔察北方藏伏之物，謂人畜積聚等，冬皆藏伏。尸子亦曰「北方者，伏方也」。尚書作「平在朔易」。今案：大傳云「便在伏物」，太史公據之而書。【考證】尚書大傳云：「北方者何也？伏方也。伏方者，萬物伏藏之方。伏藏之方，則何以謂之冬？冬者萬物方藏於中也，故曰北方冬也。」

〔二一〕【集解】孔安國曰：「日短，冬至之日也。昴，白虎之中星。亦以七星並見，以正冬節也。」馬融、王肅謂日短，晝漏四十刻。鄭玄曰四十五刻，失之。

〔二二〕【集解】徐廣曰：「氄音茸。」駰案：孔安國曰「民入室處，鳥獸皆生氄毳細毛以自温也」。【正義】冬時其民因鳥獸生氄毳細毛之時，當服精綿絮褚衣温之服，以禦冬寒也。褚，音竹吕反。

〔二三〕【索隱】夫周天三百六十五度四分度之一，是天度數也。而日行遲，一歲一周天；月行疾，一月一周天。日一日行一度，月一日行十三度十九分度之七。至二十九日半强，月行天一帀，又逐及日而與會。一年十二會，是爲十二月，每月二十九日過半。年分出小月六，是每歲餘六日。又大歲三百六十六日，小歲三百五十五日，舉全數云六十六日。其實一歲唯餘十一日弱。未滿三歲，已成一月，則置閏。若三年不置閏，則正月爲二月。九年差三月，則以春爲夏。十七年差六月，則四時皆反。以此四時不正，歲不成矣。故傳曰「歸餘於終，事則不悖」是也。

〔二四〕【集解】徐廣曰：「古『勑』字。」【考證】尚書云：「帝曰：咨，汝羲暨和，朞三百有六旬有六日，以閏月定四時成歲。允釐百工，庶績咸熙。」蓋在書曆成，堯戒羲、和之言，而史公改爲叙事之文。崔述曰：曆有三率，一晝夜爲「日率」，一盈虧爲「月率」，皆易知者；獨一寒暑爲「歲率」，其間贏縮奇零，最爲難齊，故曆法以成歲爲要。然歲之終始，非有定界，不可以徒求，故分以爲四時，而命二仲、二叔分居四方以考驗之。時之終始，尤無定界，益不可以徒求，故但求定天下四時之中。中得，則前推之即爲始，後推之即爲終。「日永」、「日短」者，考之以晷漏；「星鳥」、「星虚」者，考之以躔度。猶懼其未也，復驗之於人物出入變化之節，而後四時可定。四時定則日數可得，月閏不差，而歲成矣。又曰：曆法，政事之一端耳，何爲詳記之如是也？曰：帝王之治，莫先於授時。四時不爽，然後農桑可興，政令可布，人物之性可盡，天地陰陽之化可得而輔相變理，書契史册之文可得而次第考核。故堯典載堯之政，特詳於此，而孔子答顏淵「爲邦」之問，亦以「行夏時」爲第一義也。所謂「夏時」，即堯所定之曆。

堯曰：「誰可順此事？」〔一〕放齊曰：「嗣子丹朱開明。」〔二〕堯曰：「吁！頑凶，不用。」〔三〕堯又曰：「誰可者？」〔四〕讙兜曰：「共工旁聚布功，可用。」〔五〕堯曰：「共工善言，其用僻，似恭漫天，不可。」〔六〕堯又曰：「嗟，四嶽，〔七〕湯湯洪水滔天，浩浩懷山襄陵，下民其憂，有能使治者？」〔八〕皆曰，鯀可。〔九〕堯曰：「鯀負命毁族，不可。」〔一〇〕嶽曰：「异哉，試不可用而已。」〔一一〕堯於是聽嶽用鯀。〔一二〕九載，功用不成。〔一三〕

〔一〕【正義】言將登用之嗣位也。【考證】正義「嗣位」二字當削。

〔二〕【集解】孔安國曰：「放齊，臣名。」【正義】放，音方往反。鄭玄云：「帝堯胤嗣之子，名曰丹朱，開明也。」案：開，解而達也。帝王紀云：「堯娶散宜氏女曰女皇，生丹朱。」汲冢紀年云：「后稷放帝子丹朱。」范汪荆州記云：「丹水縣在丹川，堯子朱之所封也。」括地志云：「丹水故城，在鄧州内鄉縣西南百三十里。丹水故爲縣。」【考證】尚書作「胤子朱啓明」。

〔三〕【集解】孔安國曰：「吁，疑怪之辭。」【正義】左傳云：「口不道忠信之言爲嚚，心不則德義之經爲頑。」凶，訟也。言丹朱心既頑嚚，又好争訟，不可用之。【考證】尚書作「吁嚚訟可乎」。中井積德曰：不用，不中用也。

〔四〕【考證】尚書無「又」字，「誰可者」作「疇咨若予采」。

〔五〕【集解】孔安國曰：「讙兜，臣名。」鄭玄曰：「共工，水官名。」【正義】兜，音斗侯反。【考證】尚書作「都，共工方鳩僝功」。

〔六〕【正義】漫，音莫干反。共工善爲言語，用意邪僻也。似於恭敬，罪惡漫天，不可用也。【考證】尚書作「吁，靜言庸違，象恭漫天」。

〔七〕【集解】鄭玄曰：「四嶽，四時官，主方嶽之事。」【正義】嗟嘆鴻水，問四嶽，誰能理也。孔安國云：「四嶽，即上羲和四子也。分掌四嶽之諸侯，故稱焉。」【考證】尚書「嗟」作「咨」，語詞。四岳，鄭説爲是，下曰「皆曰」，非一人也。與羲和四子異。

〔八〕【集解】孔安國曰：「懷，包；襄，上也。」【正義】湯，音商，今讀如字。湯湯，廣平之貌。言水奔突有所滌除，地上之物爲水漂流湯湯然。案：懷，藏，包裹之義，故懷爲包。釋言以襄爲駕，駕乘牛馬，皆在上也。言水襄上乘陵，浩浩盛大，勢若漫天。【考證】尚書作「湯湯洪水方割，蕩蕩懷山襄陵，下民其咨，有能俾乂」。楓、三、南本「湯」作「蕩」，南本「洪」作「鴻」。

〔九〕【集解】馬融曰：「鯀，臣名，禹父。」【考證】尚書作「僉曰：於，鯀哉」。

〔一〇〕【正義】負，音佩，依字通。負，違也。族，類也。鯀性很戾，違負教命，毀敗善類，不可用也。詩云「貪人敗類」也。【考證】尚書作「吁，咈哉，方命圮族」。李笠曰：負、倍、佩、背，聲義並相通。

〔一一〕【正義】异，音異。孔安國云：「异，已；已，退也。言餘人盡已，唯鯀可試，無成乃退。」【考證】尚書作「异哉，試可乃已」。陳仁錫曰：洞本「可」下無「用」字。張文虎曰：舊刻無「用」字，審經文及傳，無者是。錢大昕曰：古人語急，以不可爲可也，古經簡質，得史記而義益明。

〔一二〕【考證】尚書作「帝曰往欽哉」。

〔一三〕【正義】爾雅釋天云：「載，歲也。夏曰祀，周曰年，唐、虞曰載。」李巡云：「各自紀事，示不相襲也。」孫炎云：「歲，取歲星行一次也。祀，取四時祭祀一訖也。年，取禾穀一熟也。載，取萬物終更始也。」載者，年之別名，故以載爲年也。」案：功用不成，水害不息，故放退也。至明年得舜，乃殛之羽山，而用其子禹也。【考證】尚書作「九載績用弗成」。愚按：尚書又云「三載考績，三考黜陟幽明」，鯀蓋歷三考也，舜所以黜之。又按：以上略與尚書對比，以示史公剪裁之法，以下倣之。

堯曰：「嗟！四嶽：朕在位七十載，女能庸命，踐朕位？」〔一〕嶽應曰：「鄙悳忝帝位。」〔二〕堯曰：「悉舉貴戚及疏遠隱匿者。」衆皆言於堯曰：「有矜在民閒，曰虞舜。」〔三〕堯曰：「然，朕聞之。其何如？」嶽曰：「盲者子。父頑，母嚚，弟傲，能和以孝，烝烝治，不至姦。」〔四〕堯曰：「吾其試哉。」〔五〕於是堯妻之二女，〔六〕觀其德於二女。〔七〕舜飭下二女於嬀汭，如婦禮。〔八〕堯善之，乃使舜慎和五典，五典能從。〔九〕乃徧入百官，百官時序。賓於四門，四門穆穆，諸侯遠方賓客皆敬。〔一〇〕堯使舜入山林川澤，暴風雷雨，舜行不迷。〔一一〕堯以爲聖，召舜曰：「女謀事至，而言可績，三年矣。女登帝位。」〔一二〕舜讓於德不懌。〔一三〕正月上日，舜受終於文祖。〔一四〕文祖者，堯大祖也。〔一五〕

〔一〕【集解】鄭玄曰：「言汝諸侯之中，有能順事用天命者，入處我位，統治天子之事者乎？」【正義】孔安國云：「堯年十六，以唐侯升爲天子，在位七十載，時八十六，老將求代也。」【考證】陳仁錫曰：湖本「女」作「汝」，誤，篇內同。王觀國曰：伊訓曰「朕載自亳」，此伊尹自稱朕也。洛誥曰「朕復子明辟」，此周公自稱朕也。離騷曰「帝高陽之苗裔兮，朕皇考曰伯庸」，此屈原自稱朕也。秦始皇帝初并天下，以命爲制，令爲詔，自稱曰朕，自是惟人君稱朕，臣下不敢稱也。

〔二〕【正義】四嶽皆云，鄙俚無德，若便行天子事，是辱帝位。言己等不堪也。

〔三〕【集解】孔安國曰：「無妻曰矜。」【正義】矜，古頑反。【考證】崔述曰：古者三十而娶，三十未娶，常事耳，何以鰥稱也？以下釐降二女，故於此稱鰥焉，明舜之未娶也。

〔四〕【集解】孔安國曰：「不至於姦惡。」【正義】烝，之升反，進也。言父頑，母嚚，弟傲，舜皆和以孝，進之於善，不至於姦惡也。【考證】王引之曰：烝烝即孝德之形容，謂之烝烝者，言孝德之厚美也。大雅文王有聲云「文王烝哉」，韓詩云：「烝，美也。」魯頌泮水云「烝烝皇皇」，傳云：「烝烝，厚也。」愚按：不至姦，不使至於姦惡也。

〔五〕【正義】欲以二女試舜，觀其理家之道也。

〔六〕【正義】妻，音七計反。二女，娥皇、女英也。娥皇無子，女英生商均。舜升天子，娥皇爲后，女英爲妃。

〔七〕【正義】視其爲德行於二女，以理家而觀國也。【考證】楓、三、南本「德」作「自爲」，尚書作「刑」。

〔八〕【集解】孔安國曰：「舜所居嬀水之汭。」【索隱】列女傳云，二女長曰娥皇，次曰女英。系本作「女瑩」。大戴禮作「女匽」。皇甫謐云：「嬀水，在河東虞鄉縣歷山西。汭，水涯也，猶洛汭、渭汭然也。」【正義】飭音勑。下音胡亞反。汭音芮。舜能整齊二女以義理，下二女之心於嬀汭，使行婦道於虞氏也。括地志云：「嬀汭，水源出蒲州河東南山。許慎云：『水涯曰汭。』案：地記云『河東郡青山東山中有二泉，下南流者嬀水，北流者汭水。二水異原合流，出谷西注河。嬀水北曰汭也』。又云『河東縣二里，故蒲坂城，舜所都也。城中有舜廟，城外有舜宅及二妃壇』。」【考證】尚書「飭下」作「釐降」，句下有「帝曰欽哉」四字。蔡沈云：堯治裝下嫁二女於嬀水之北，使爲舜婦於虞氏之家也。欽哉，堯戒二女之辭，經義蓋如此。史公句上冠以「舜」字，與經殊。正義得之。

〔九〕【集解】鄭玄曰：「五典，五教也。蓋試以司徒之職。」【考證】五典、五教，說詳「布五教」條下。

〔一〇〕【集解】馬融曰：「四門，四方之門。諸侯羣臣朝者，舜賓迎之，皆有美德也。」

〔一一〕【索隱】尚書云「納于大麓」，穀梁傳云「林屬於山曰麓」，是山足曰麓，故此以爲入山林不迷。孔氏以麓訓録，言令舜大録萬機之政，與此不同。【考證】尚書大傳云「納之大麓之野」，野即山林川澤也，是史公所本。漢書王莽傳，張竦稱莽功德曰「比三世爲三公，送大行秉冢宰，職填國家，四方輻湊，靡不得所。書曰『納于大麓，烈風雷雨弗迷』，公之謂矣」。又莽曰：「予前在大麓。」論衡正説篇：書云「入于大麓，烈風雷雨不迷」，言大録三公之位，居一公之位，大總録二公之事，衆多並吉，若疾風大雨。王肅注尚書曰「麓，録也」，是以大麓爲大録萬幾之政，與史公義異。

〔一二〕【集解】鄭玄曰：「三年者，賓四門之後三年也。」【考證】亦三載考績之義。

〔一三〕【集解】徐廣曰：「音亦，今文尚書作『不怡』。怡，懌也。」【索隱】古文作「不嗣」，今文作「不怡」，怡即懌也。謂辭讓於德不堪，所以心意不悦懌也。俗本作「澤」，誤爾，亦當爲「懌」。【考證】史公自序云「唐堯遜位，虞舜不台」，台、怡通。釋詁「怡、懌，樂也」。史公以故訓代之。

〔一四〕【集解】馬融曰：「上日，朔日也。」【正義】鄭玄云：「帝王易代，莫不改正。堯正建丑，舜正建子，此時未改，故依堯正月上日也。」【考證】以上采尚書堯典。

〔一五〕【集解】鄭玄曰：「文祖者，五府之大名，猶周之明堂。」【索隱】尚書帝命驗曰：「五府，正帝之廟。蒼曰靈府，赤曰文祖，黄曰神斗，白曰顯紀，黑曰玄矩。唐虞謂之五府，夏謂世室，殷謂重屋，周謂明堂，皆祀五帝之所也。」【正義】舜受堯終帝之事於文祖也。尚書帝命驗云：「帝者承天立五府，以尊天重象也。五府者，黄曰神斗。」注云：「唐虞謂之天府，夏謂之世室，殷謂之重屋，周謂之明堂，皆祀五帝之所也。文祖者，赤帝熛怒之府，名曰文祖。火精文明，文章之祖，故謂之文祖。周曰明堂。神斗者，黄帝含樞紐之府，名曰神斗。斗，主也。土精澄静，四行之主，故謂之神斗。周曰太室。顯紀者，白帝招拒之府，名曰顯紀。紀，法也。金精斷割萬物，故謂之顯紀。周曰總章。玄矩者，黑帝汁光紀之府，名曰玄矩。矩，法也。水精玄昧，能權輕重，故謂之玄矩。周曰玄堂。靈府者，蒼帝靈威仰之府，名曰靈府。周曰青陽。」【考證】受終者，孟子所謂堯老而舜攝者，就政而言，不就位而言。段玉裁曰：堯太祖蓋謂黄帝。姚範曰：以文祖爲堯太祖，此疑太史公從安國問故而得之者。今書傳乃云「堯文德之祖廟」，則謬悠之説矣。康成以緯書解經，裴氏不當取以解此。愚按：五天帝之説，自五人帝而生，皆以五德配五色，周末始有之，唐虞所無。

於是帝堯老，命舜攝行天子之政，以觀天命。〔一〕舜乃在璿璣玉衡，以齊七政。〔二〕遂類于上帝，〔三〕禋于六宗，〔四〕望于山川，〔五〕辯于羣神。〔六〕揖五瑞，擇吉月日，見四嶽諸牧，班瑞。〔七〕歲二月，東巡狩，至於岱宗，祡，〔八〕望秩於山川。〔九〕遂見東方君長，合時月，正日，〔一〇〕同律度量衡，〔一一〕脩五禮。〔一二〕五玉、〔一三〕三帛、〔一四〕二生、〔一五〕一死〔一六〕爲摯，〔一七〕如五器，卒乃復。〔一八〕五月，南巡狩；八月，西巡狩；十一月，北巡狩：皆如初。歸，至于祖禰廟，用特牛禮。〔一九〕五歲一巡狩，羣后四朝。〔二〇〕徧告以言，〔二一〕明試以功，車服以庸。〔二二〕肇十有二州，決川。〔二三〕象以典刑，〔二四〕流宥五刑，〔二五〕鞭作官刑，〔二六〕扑作教刑，〔二七〕金作贖刑。〔二八〕眚裁過赦，〔二九〕怙終賊刑。〔三〇〕欽哉，欽哉，惟刑之静哉！〔三一〕

〔一〕**【考證】**「於是」以下，本孟子萬章篇。觀天命，即薦諸天也。

〔二〕**【集解】**鄭玄曰：「璿璣、玉衡，渾天儀也。七政，日月五星也。」**【正義】**説文云：「璿，赤玉也。」案：舜雖受堯命，猶不自安，更以璿璣玉衡以正天文。璣爲運轉，衡爲横簫，運璣使動於下，以衡望之，是王者正天文器也，觀其齊與不齊。今七政齊，則己受禪爲是。蔡邕云：「玉衡長八尺，孔徑一寸，下端望之，以視星宿，並縣璣以象天，而以衡望之，轉璣窺衡，以知星宿。璣徑八尺，圓周二丈五尺而强也。」鄭玄云：「運轉者爲璣，持正者爲衡。」尚書大傳云：「政者，齊中也。謂春秋冬夏，天文地理人道，所以爲政也，道正而萬事順成，故天道政之大也。」蔡邕天文志言天體者有三家，一曰周髀，二曰宣夜，三曰渾天也。尚書大傳云「七政布位，日月，時之主。五星，時之紀。故以此爲七。日月有薄食，五星有掊聚，七者得失，在於人君之政，故謂之政」。易繫辭云「天垂象見吉凶，聖人象之」。日月五星，有吉凶之象，因其變動爲占，七者自異政，故曰「七政」也。按五星名，木曰歲星，火曰熒惑星，土曰鎮星，金曰太白星，水曰辰星也。【考證】崔述曰：此舜成天之政，所以補堯授時之未備，故首及之。

〔三〕【集解】鄭玄曰：「禮祭上帝于圜丘。」【正義】五經異義云：「非時祭天謂之類，言以事類告也。時舜告攝，非常祭也。」王制云：「天子將出，類于上帝。」鄭玄云：「昊天上帝，謂天皇大帝，北辰之星。」

〔四〕【集解】鄭玄曰：「六宗，星、辰、司中、司命、風師、雨師也。」駰案：六宗義衆矣，愚謂鄭說爲長。【正義】周語云「精意以享曰禋」也。孫炎云：「禋，絜敬之祭也。」案：星，五緯星也。辰，日月所會十二次也。司中、司命，文昌第五、第四星也。風師，箕星也。雨師，畢星也。孔安國云：「四時寒暑也，日月星也，水旱也。」禮祭法云：「埋少牢於大昭，祭時也。禳祈於坎壇，祭寒暑也。王宫，祭日也。夜明，祭月也。幽禜，祭星。雩禜，祭水旱也。」司馬彪續漢書云：「安帝立六宗，祀於洛陽城西北亥地，禮比大社。魏因之。至晉初，荀顗言新祀以六宗之神，諸家說不同，乃廢之也。」【考證】六宗，自漢以來無定說。歐陽及大、小夏侯皆曰所祭者六，上不謂天，下不謂地，旁不謂四方，在六者之間，助陰陽變化，實一而名六宗矣。孔光、劉歆曰：六宗謂乾坤六子，水、火、雷、風、山、澤也。賈逵曰：天宗三：日、月、星辰；地宗三：河、海、岱。馬融曰：天、地、四時。鄭玄曰：星、辰、司中、司命、風師、雨師。王肅曰：四時、寒暑、日、月、星、水旱。與某氏書傳合。張髦曰：三昭六穆，未知孰是。

〔五〕【集解】徐廣曰：「名山大川。」【正義】望者，遥望而祭山川也。山川，五嶽、四瀆也。爾雅云：「梁山，晉望也。」

〔六〕【集解】徐廣曰：「辯音班。」駰案：鄭玄曰「羣神若丘陵墳衍」。【正義】辯音遍。謂祭羣神也。【考證】封禪書「辯」作「徧」。王先謙曰：黃圖載元始儀、説苑辨物篇、漢書王莽傳、論衡祭意篇、白石神君碑、魏公卿上尊號表皆作「徧」。愚按：「辯」又或作「班」，徧、辯、班音近。蓋與類、禋、望同祭神也，其義未詳。

〔七〕【集解】馬融曰：「揖，斂也。五瑞，公侯伯子男所執，以爲瑞信也。堯將禪舜，使羣牧斂之，使舜親往班之。」【正義】揖音集。周禮典瑞云：「王執鎮圭，尺二寸。公執桓圭，九寸。侯執信圭，七寸。伯執躬圭，五寸。子執穀璧，男執蒲璧，皆五寸。言五瑞者，王不在中也。」孔文祥云：「宋末，會稽修禹廟，於廟庭山土中得五等圭璧百餘枚，形與周禮同，皆短小。此即禹會諸侯於會稽，執以禮山神而埋之。其璧今猶有在也。」【考證】楓、三、南本無「月」字。封禪書「班」作「還」。崔述曰：此記布政於內之事，先事神而後治人者，奉天而以出治，明不敢自專也。

〔八〕【集解】馬融曰：「舜受終後五年之二月。」鄭玄曰：「建卯之月也。柴祭東嶽者，考績。柴，燎也。」【正義】案：既班瑞羣后即東巡者，守土之諸侯會岱宗之嶽，焚柴告至也。王者巡狩，以諸侯自專一國，威福任己，恐其壅遏上命，澤不下流，故巡行問人疾苦也。風俗通云：「太，山之尊者，一曰岱宗，始也，長也，萬物之始，陰陽交代，故爲五嶽之長也。」案：二月，仲月也。仲，中也，言得其中也。

〔九〕【正義】乃以秩望祭東方諸侯境内之名山大川也。言秩者，五嶽視三公，四瀆視諸侯。

〔一〇〕【集解】鄭玄曰：「協正四時之月數及日名，備有失誤。」【正義】既見東方君長，乃合同四時氣節，月之大小，日之甲乙，使齊一也。周禮：「太史掌正歲年以序事，頒正朔於邦國。」則節氣晦朔，皆天子頒之。猶恐諸侯國異，或不齊同，因巡狩合正之。

〔一一〕【集解】鄭玄曰：「律，音律；度，丈尺；量，斗斛；(衝)〔衡〕，斤兩也。」【正義】律之十二律，度之丈尺，量之斗斛，衡之斤兩，皆使天下相同，無制度長短輕重異也。漢律曆志云：「虞書云『同律度量衡』，所以齊遠近，立民信也。律有十二，陽六爲律，陰六爲呂。律以統氣類物，一曰黃鍾，二曰太蔟，三曰姑洗，四曰蕤賓，五曰夷則，六曰無射。呂以旅陽宣氣，一曰林鍾，二曰南呂，三曰應鍾，四曰大呂，五曰夾鍾，六曰中呂。度者，分、寸、尺、丈、引也，所以度長短也。本起黃鍾之管長，以子穀秬黍中者，一黍爲一分，十分爲一寸，十寸爲尺，十尺爲丈，十丈爲引，而五度審矣。量者，龠、合、升、斗、斛也，所以量多少也。本起黃鍾之龠，以子穀秬黍中者，千有二百實爲一龠，合龠爲合，十合爲升，十升爲斗，十斗爲斛，而五量嘉矣。衡權者，銖、兩、斤、鈞、石也，所以稱物輕重也。本起於黃鍾之重，一龠容千二百黍，重十二銖，二十四銖爲兩，十六兩爲斤，三十斤爲鈞，四鈞爲石，而五權謹矣。衡，平也。權，重也。」【考證】正義「本起黃（鐘）〔鍾〕之管」以下十七字，與漢書律曆志同訛。館本依宋史律志改作「本起黃鐘之長，以子穀秬黍中者，一黍之起積千二百黍之廣度之，九十分一爲一分，十分爲寸」。

〔一二〕【集解】馬融曰：「吉、凶、賓、軍、嘉也。」【正義】周禮「以吉禮事邦國之鬼神祇，以凶禮哀邦國之憂，以賓禮親邦國，以軍禮同邦國，以嘉禮親萬民」也。尚書堯典云「類于上帝」，吉禮也；「如喪考妣」，凶禮也；「羣后四朝」，賓禮也；大禹謨云「汝徂征」，軍禮也；堯典云「女于時」，嘉禮也。女，音女慮反。

〔一三〕【集解】鄭玄曰：「即五瑞也。執之曰瑞，陳列曰玉。」

〔一四〕【集解】馬融曰：「三孤所執也。」鄭玄曰：「帛，所以薦玉也。必三者，高陽氏後用赤繒，高辛氏後用黑繒，其餘諸侯皆用白繒。」【正義】孔安國云：「諸侯世子執纁，公之孤執玄，附庸之君執黃也。」案：三統紀推伏羲爲天統，色尚赤。神農爲地統，色尚黑。黃帝爲人統，色尚白。少昊，黃帝子，亦尚白。故高陽氏又天統，亦尚赤。堯爲人統，故用白。

〔一五〕【正義】羔、鴈也。鄭玄注周禮大宗伯云：「羔，小羊也，取其羣不失其類也。鴈，取其候時而行也。卿執羔，大夫執鴈。」案：羔鴈性馴，可生爲贄。

〔一六〕【正義】雉也。馬融云：「一死，雉，士所執也。」案：不可生爲贄，故死。雉取其守介死不失節也。

〔一七〕【集解】馬融曰：「摯：二生，羔、鴈，卿大夫所執。一死，雉，士所執。」【正義】摯，音至。贄，執也。鄭玄云：「贄之言至，所以自致也。」韋昭云：「贄，六贄：孤執皮帛，卿執羔，大夫執鴈，士執雉，庶人執鶩，工商執雞也。」

〔一八〕【集解】馬融曰：「五器，上五玉。五玉禮終則還之，三帛已下不還也。」【正義】卒，音子律反。復，音伏。

〔一九〕【正義】禰，音乃禮反。何休云：「生曰父，死曰考，廟曰禰。」【考證】尚書「祖禰廟」作「藝祖」。馬融云：「藝，禰也。」蓋用史公義。錢大昕曰：藝、禰，音近。崔述曰：此記布政於外之事，亦先神而後人。

〔二〇〕【集解】鄭玄曰：「巡狩之年，諸侯見於方嶽之下。其閒四年，四方諸侯，分來朝於京師也。」【考證】崔述曰：此總上內外之政言之。又曰：於舜攝政之日，何以詳記其朝覲巡狩也？曰：朝覲巡狩之制，始於舜也，自堯以前，聖帝迭興，其時亦必有朝覲巡狩之事，但尚未有定制，至舜而後垂爲帝典，故記之也。

〔二一〕【正義】徧，音遍。言遍告天子治理之言也。

〔二二〕【正義】孔安國云：「功成則錫車服，以表顯其能用也。」【考證】崔述曰：此因上布政之文，及其進賢之大略。

〔二三〕【集解】馬融曰：「禹平水土置九州。舜以冀州之北廣大，分置并州。燕、齊遼遠，分燕置幽州，分齊爲營州。於是爲十二州也。」鄭玄曰：「更爲之定界，濬水害也。」【考證】崔述曰：此舜平地之政，所以開禹敷土之先聲，首成天，次治人，次平地，三才之道備矣。又曰：肇，始也。前此未有而始設之之謂肇，若前此固有九州，析九以爲十二，是但增之，非肇也。舜攝政之初，但曰日覲四岳羣牧，不曰九牧，牧未有定數也。及舜即位，前曰咨十二牧，不曰咨於羣牧，牧已有常額也。其後禹別九州，亦曰九牧，不曰羣牧，州之肇於舜，而非增於舜，明矣。至十二州之名，經傳皆無之。幽、并、營之爲州，雖見於周官、爾雅，然彼自記九州之名，與舜之十二州初無涉也。

〔二四〕【集解】馬融曰：「言咎繇制五常之刑，無犯之者，但有其象，無其人也。」【正義】孔安國云：「象，法也。法用常刑，用不越法也。」

〔二五〕【集解】馬融曰：「流，放；宥，寬也。一曰幼少，二曰老耄，三曰蠢愚。五刑：墨、劓、剕、宮、大辟。」【正義】孔安國云：「以流放之法寬五刑也。」鄭玄云：「三宥，一曰弗識，二曰過失，三曰遺忘也。」

〔二六〕【集解】馬融曰：「爲辨治官事者爲刑。」

〔二七〕【集解】鄭玄曰：「扑，檟楚也。扑爲教官爲刑者。」

〔二八〕【集解】馬融曰：「金，黄金也。意善功惡，使出金贖罪，坐不戒慎者。」

〔二九〕【集解】鄭玄曰：「眚裁，爲人作患害者也。過失，雖有害則赦之。」

〔三〇〕【集解】徐廣曰：「終，一作『衆』。」鄭玄曰：「怙其姦邪，終身以爲殘賊，則用刑之。」【考證】孔穎達曰：易繫辭云「象者象此者也」。又曰：天垂象，聖人則之，是象爲倣法。徐孚遠曰：馬説象刑，即王莽所謂畫衣冠也。書蔡傳云「象如天之垂象以示人也」，於説爲長。過赦，尚書作「肆赦」。崔述曰：象以典刑，流宥五刑，刑之大者也。五刑：呂刑所述墨、劓、剕、宮、大辟是也。刑重則流遠，刑輕則流近，故刑有五，流亦有五，所謂五刑有服，五流有宅，是也。當刑而宥之者，蔡傳所謂情可矜，法可疑，與夫親貴勳勞而不可加以刑者，是也。(鞕)〔鞭〕作官刑，扑作教刑，金爲贖刑，刑之小者也。官刑者，在官之人，因官事而得罪；教刑者，居學校而不率師長之教訓；贖刑則常人之犯小罪者，三者皆不麗於五刑，故不殘其肢體，不流之遠方。眚災肆赦，怙終賊刑，刑之變也。蔡沈曰：終謂再犯。

〔三一〕【集解】徐廣曰：「今文云『惟刑之謐哉』。爾雅曰『謐，静也』。」【索隱】注「惟刑之謐哉」，案：古文作「恤哉」，且今文是伏生口誦，卹、謐聲近，遂作「謐」也。【考證】「舜乃在璿璣玉衡」以下，采尚書堯典。梁玉繩曰：漢書儒林傳言史公從孔安國問古文尚書，故史記載堯典、禹貢、洪範、微子、金滕諸篇，多古文説，則是爲壁中真古文，而非史公之不循經典，自任胸懷矣。然字句之間，每與今所傳迥異，何歟？蓋古字多通借，又漢儒各習其師，不能盡同。許慎生于東漢和、安間，從賈逵受古學，而其所撰説文解字，引經甚别，亦以雜舉衆家之本也。宋洪适隸釋所録諸碑，俱後漢人，其引經亦殊，況當西漢之世乎？因知史公之于尚書，兼用今古文，復旁搜各本，皆薈萃成一家言。索隱所謂「博采經記而爲此史，不必皆依尚書」，是也。而古人用舊籍，不拘定本文，則增損竄易，誠所不免。但今之尚書，自東晉元帝之時，汝南梅賾奏上古文，遂至真僞雜厠，非安國之舊文，字體數更，迨唐天寶時詔學士衛包改從俗書，不但科斗古文廢絶，即兩漢以來之隸書亦多浸失，安得無譌？此經文所由異也。王觀國曰：司馬遷好異而惡與人同，觀史記用尚書、戰國策、國語、世本、左傳之文，多改其正文，改「績用」爲「功用」，改「厥田」爲「其田」，改「肆覲」爲「遂見」，改「宵中」爲「夜中」，改「咨四嶽」爲「嗟四嶽」，改「協和」爲「合和」，改「方命」爲「負命」，改「九載」爲「九歲」，改「格姦」爲「至姦」，改「慎徽」爲「慎和」，改「烈風」爲「暴風」，改「克從」爲「能從」，改「濬川」爲「決川」，改「恤哉」爲「静哉」，改「四海」爲「四方」，改「熙帝」爲「美堯」，改「不遜」爲「不訓」，改「胄子」爲「穉子」，改「維清」爲「維静」，改「天工」爲「天事」，改「底績」爲「致功」，如此類甚多。又用論語文分綴爲孔子弟子傳，亦多改其文，改「吾執」爲「我執」，改「毋固」爲「無固」，改「指諸掌」爲「視其掌」，改「性與天道」爲「天道性命」，改「未若」爲「不如」，改「便便」爲「辯辯」，改「滔滔」爲「悠悠」，如是類又多。子長但知好異而不知反有害於義也。馮班曰：尚書多古語，不易通，遷所載頗易其文字，即太史公之「書傳」也。愚按：孟子之時百篇具存，而解尚書曰「洚水者洪水也」；去齊景未遠，而釋其詩曰「畜君者好君也」。太史公後孟子百五六十年，文字既與三代異，言語亦不同，其以今辭解古書，苦心可想，馮班所謂「書傳」者也。王觀國譏之何也？亦是泥古之病矣。

讙兜進言共工，〔一〕堯曰不可，而試之工師，〔二〕共工果淫辟。〔三〕四嶽舉鯀治鴻水，堯以爲不可，嶽彊請試之，試之而無功，故百姓不便。三苗〔四〕在江淮、荆州，〔五〕數爲亂。於是舜歸而言於帝，請流共工於幽陵，〔六〕以變北狄；〔七〕放驩兜於崇山，以變南蠻；〔八〕遷三苗於三危，以變西戎；〔九〕殛鯀於羽山，以變東夷：〔一〇〕四辠而天下咸服。〔一一〕

〔一〕【正義】讙兜，渾沌也。共工，窮奇也。鯀，檮杌也。三苗，饕餮也。傳云「舜臣堯，流四凶，投諸四裔，以禦魑魅」也。【考證】讙兜、共工、鯀、三苗，與左氏四凶族自異，説詳于舜紀。

〔二〕【正義】工師，若今大匠卿也。【考證】古鈔、南化本無「曰」字。

〔三〕【正義】匹亦反。

〔四〕【集解】馬融曰：「國名也。」【正義】左傳云，自古諸侯不用王命，虞有三苗，夏有觀扈。孔安國云：「縉雲氏之後爲諸侯，號饕餮也。」吴起云：「三苗之國，左洞庭而右彭蠡。」案：洞庭，湖名，在岳州巴陵西南一里，南與青草湖連。彭蠡，湖名，在江州潯陽縣東南五十二里。以天子在北，故洞庭在西爲左，彭蠡在東爲右。今江州、鄂州、岳州，三苗之地也。

〔五〕【正義】淮讀曰匯，音胡罪反，今彭蠡湖也。本屬荆州。尚書云「南入于江，東匯澤爲彭蠡」是也。【考證】通鑑輯覽云：「考三苗即今湖南溪峒諸苗，其種不一，故唐虞時即號三苗。」

〔六〕【集解】馬融曰：「北裔也。」【正義】尚書及大戴禮皆作「幽州」。括地志云：「故龔城在檀州燕樂縣界。故老傳云，舜流共工幽州，居此城。」神異經云：「西北荒有人焉，人面朱髮，蛇身人手足，而食五穀禽獸，頑愚，名曰共工。」

〔七〕【集解】徐廣曰：「變，一作『燮』。」【索隱】變，謂變其形及衣服，同於夷狄也。徐廣云作「燮」。燮，和也。【正義】言四凶流四裔，各於四夷放共工等爲中國之風俗也。【考證】變，「於變」之「變」。

〔八〕【集解】馬融曰：「南裔也。」【正義】神異經云：「南方荒中有人焉，人面鳥喙而有翼，兩手足，扶翼而行，食海中魚，爲人很惡，不畏風雨禽獸，犯死乃休，名曰驩兜也。」

〔九〕【集解】馬融曰：「西裔也。」【正義】括地志云：「三危山有三峯，故曰三危，俗亦名卑羽山，在沙州敦煌縣東南三十里。」神異經云：「西荒中有人焉，面目手足皆人形，而胳下有翼，不能飛，爲人饕餮，淫逸無理，名曰苗民。」又山海經大荒北經云「黑水之北，有人有翼，名曰苗民」也。

〔一〇〕【集解】馬融曰：「殛，誅也。羽山，東裔也。」【正義】殛，音紀力反。孔安國云：「殛、竄、放、流，皆誅也。」括地志云：「羽山，在沂州臨沂縣界。」神異經云：「東方有人焉，人形而身多毛，自解水土，知通塞，爲人自用，欲爲欲息，皆曰云是鯀也。」

〔一一〕【考證】「流共工於幽陵」以下采大戴記五帝德，參以尚書堯典、孟子萬章篇。梁玉繩曰：罪四凶，見于尚書，述于孟子，至大戴禮五帝德始有變四夷之説，豈真孔氏語哉？舍經文而從別記，史公之好異也，乃又謂舜巡狩歸，而言于堯以罪之，與夏紀同誤。流、放、遷、殛，不同一時，特尚書總紀于舜攝位之後，見天下咸服帝堯，以起下如喪考妣耳。崔述曰：此因上文恤刑之文，遂及其退不肖之大略。

堯立七十年得舜，二十年而老，令舜攝行天子之政，薦之於天。堯辟位凡二十八年而崩。〔二〕百姓悲哀，如喪父母。三年，四方莫舉樂以思堯。〔三〕堯知子丹朱之不肖，不足授天下，〔四〕於是乃權授舜。〔五〕授舜，則天下得其利，而丹朱病；授丹朱則天下病，而丹朱得其利。堯曰「終不以天下之病而利一人」，而卒授舜以天下。堯崩，三年之喪畢，舜讓辟丹朱於南河之南。〔五〕諸侯朝覲者，不之丹朱而之舜；獄訟者，不之丹朱而之舜；謳歌者，不謳歌丹朱而謳歌舜。〔六〕舜曰「天也夫」，而後之中國踐天子位焉，〔七〕是爲帝舜。

〔一〕【集解】徐廣曰：「堯在位凡九十八年。」駰案：皇覽曰「堯冢在濟陰城陽。劉向曰『堯葬濟陰，丘壠皆小』。呂氏春秋曰『堯葬穀林』。」皇甫謐曰「穀林即城陽，堯都平陽，於詩爲唐國。」【正義】皇甫謐曰：「堯即位九十八年，通舜攝二十八年也，凡年百一十七歲。」孔安國云：「堯壽百一十六歲。」括地志云：「堯陵在濮州雷澤縣西三里。郭緣生述征記云『城陽縣東有堯冢，亦曰堯陵，有碑』，是也。」括地志云：「雷澤縣本漢城陽縣也。」【考證】尚書堯典「二十有八載，帝乃殂落」，孟子釋之曰「舜相堯二十八載」，而本書下文舜紀云「舜得舉，用事二十年，而堯使攝政，攝政八年而堯崩」。二說不同。崔述曰：史記二十有八歲，自舉舜時數之也。蔡沈書傳「歷試三年，居攝二十八年」，則是自舜受終時計之矣。余按堯典云「乃言底可績三載」，不容舜舉已二十年，而底可績者止三載。孟子云「舜相堯二十有八載」，不容初舉歷試之時，即以相堯稱之，蔡氏之說是也。愚按：薦之於天，采孟子萬章篇。

〔二〕【正義】尚書「三載，四海遏密八音」，是也。【考證】「辟堯位」以下本尚書堯典、孟子萬章篇。「三年」二字屬上。

〔三〕【索隱】鄭曰：「肖，似也。不似，言不如父也。」皇甫謐云：「堯娶散宜氏之女，曰女皇，生丹朱。又有庶子九人，皆不肖也。」

〔四〕【索隱】父子繼立，常道也。求賢而禪，權道也。權者反常而合道。【正義】五帝官天下，老則禪賢，故權試舜也。【考證】索隱是。

〔五〕【集解】劉熙曰：「南河，九河之最在南者。」【正義】括地志云：「故堯城在濮州鄄城縣東北十五里。竹書云，昔堯德衰，爲舜所囚也。又有偃朱故城，在縣西北十五里。竹書云，舜囚堯，復偃塞丹朱，使不與父相見也。」案：濮州北臨漯，大川也。河在堯都之南，故曰南河，禹貢「至于南河」是也。其偃朱城所居，即「舜讓避丹朱於南河之南」處也。

〔六〕【考證】三條、南化本「獄訟」作「訟獄」，與孟子合。

〔七〕【集解】劉熙曰：「天子之位，不可曠年，於是遂反，格于文祖，而當帝位。帝王所都爲中，故曰中國。」【正義】「堯崩」以下孟子文也。【考證】孟子萬章篇。洪頤煊曰：以河在冀州南故曰南河，與九河無涉，禮記王制、尚書禹貢、左傳閔二年可證。梁玉繩曰：孟子自言舜爲天子是天也，史誤以爲舜之言。

虞舜者，〔一〕名曰重華。〔二〕重華父曰瞽叟，〔三〕瞽叟父曰橋牛，〔四〕橋牛父曰句望，〔五〕句望父曰敬康，敬康父曰窮蟬，窮蟬父曰帝顓頊，顓頊父曰昌意：以至舜七世矣。〔六〕自從窮蟬以至帝舜，皆微爲庶人。

〔一〕【集解】謚法曰：「仁聖盛明曰舜。」【索隱】虞，國名，在河東大陽縣。舜，謚也。皇甫謐云「舜字都君也。」【正義】括地志云：「故虞城在陝州河北縣東北五十里虞山之上。酈元注水經云，幹橋東北有虞城，堯以女嬪于虞之地也。又宋州虞城大襄國所封之邑，杜預云舜後諸侯也。又越州餘姚縣，顧野王云舜後支庶所封之地。舜姚姓，故云餘姚。縣西七十里有漢上虞故縣。會稽舊記云：舜上虞人，去虞三十里有姚丘，即舜所生也。周處風土記云：舜東夷之人，生姚丘。」括地志又云：「姚墟在濮州雷澤縣東十三里。孝經援神契云，舜生於姚墟。」案：二所未詳也。【考證】古鈔、南化本無「者」字。舜名，非謚。謚自周始，「都君」見孟子，猶言一都之君，非字。

〔二〕【集解】徐廣曰：「皇甫謐云『舜以堯之二十一年甲子生，三十一年甲午徵用，七十九年壬午即真，百歲癸卯崩』。」【正義】尚書云：「重華協於帝。」孔安國云：「華謂文德也，言其光文重合於堯。」瞽叟姓嬀。妻曰握登，見大虹，意感而生舜於姚墟，故姓姚。目重瞳子，故曰重華。字都君。龍顏大口黑色，身長六尺一寸。

【考證】閻若璩曰：古帝王有名有號，如堯、舜、禹其名也，放勳、重華、文命皆其號也，非史臣之贊辭。孟子引古堯典曰「放勳乃徂落」，許氏說文正同。他日引堯之言爲「放勳曰」，則可知其以是爲號也矣。屈原賦二十五篇最近古，離騷曰「就重華而陳詞」，涉江曰「吾與重華遊兮瑤之圃」，懷沙曰「重華不可遌兮」，「重華」凡三見，皆實謂舜，豈得云「重華」本史臣贊舜之辭，屈子因以爲舜號也乎？

〔三〕【正義】先后反。孔安國云：「無目曰瞽。舜父有目不能分別好惡，故時人謂之瞽，配字曰『叟』。叟，無目之稱也。」【考證】上文云「盲者子」，瞽叟是名，身實無目。叟，尚書、左傳、孟子、新序諸書作「瞍」，戴記作「叜」。

〔四〕【正義】橋，又音嬌。

〔五〕【正義】句，古侯反。望，音亡。【考證】戴記「橋」作「蟜」，「望」作「芒」。

〔六〕【考證】三、南本重「昌意」二字。「重華父曰瞽叟」以下，采帝繫。趙翼曰：左傳昭公八年云「自幕至于瞽瞍，無違命者，舜重之以明德」，國語魯語「幕能帥顓頊者也，有虞氏報焉」，則舜之先有名幕者，史記無之。

舜父瞽叟盲，而舜母死，〔一〕瞽叟更娶妻而生象，象傲。瞽叟愛後妻子，常欲殺舜，舜避逃，及有小過則受罪。順事父及後母與弟，日以篤謹，匪有解。〔二〕

〔一〕【索隱】皇甫謐云：「舜母名握登，生舜於姚墟，因姓姚氏也。」

〔二〕【考證】崔述曰：史記此文采之書及孟子，而書、孟子皆未言爲後母，則史記但因其失愛，故億之耳。愚按：帝王世紀云「舜能和諧，大杖則避，小杖則受」，蓋敷演史文「有小過則受罪」六字。

舜，冀州之人也。〔一〕舜耕歷山，〔二〕漁雷澤，〔三〕陶河濱，〔四〕作什器於壽丘，〔五〕就時於負夏。〔六〕舜父瞽叟頑，母嚚，弟象傲，皆欲殺舜。舜順適不失子道，兄弟孝慈。欲殺，不可得；即求，嘗在側。〔七〕

〔一〕【正義】蒲州河東縣，本屬冀州。宋永初山川記云：「蒲坂城中有舜廟，城外有舜宅及二妃壇。」括地志云：「嬀州有嬀水，源出城中。耆舊傳云即舜釐降二女於嬀汭之所。外城中有舜井，城北有歷山，山上有舜廟，未詳。」案：嬀州亦冀州城是也。

〔二〕【集解】鄭玄曰：「在河東。」【正義】括地志云：「蒲州河東縣雷首山，一名中條山，亦名歷山，亦名首陽山，亦名蒲山，亦名襄山，亦名甘棗山，亦名猪山，亦名狗頭山，亦名薄山，亦名吳山。此山西起雷首山，東至吳坂，凡十一名，隨州縣分之。歷山南有舜井。」又云：「越州餘姚縣有歷山舜井，濮州雷澤縣有歷山舜井，二所又有姚墟，云生舜處也。及嬀州歷山舜井，皆云舜所耕處，未詳也。」

〔三〕【集解】鄭玄曰：「雷夏，兗州澤，今屬濟陰。」【正義】括地志云：「雷夏澤，在濮州雷澤縣郭外西北。山海經云雷澤有雷神，龍首人頰，鼓其腹則雷也。」

〔四〕【集解】皇甫謐曰：「濟陰定陶西南陶丘亭是也。」【正義】案：於曹州濱河作瓦器也。括地志云：「陶城在蒲州河東縣北三十里，即舜所都也。南去歷山不遠。或耕或陶，所在則可，何必定陶方得爲陶也？舜之陶也，斯或一焉。」【考證】崔述曰：虞乃冀州境，舜不應耕稼陶漁於二千里外，則以爲冀州者近是。愚按：孟子公孫丑篇：「大舜善與人同，自耕稼陶漁以至爲帝，無非取於人者。」韓非子難篇：「歷山之農者侵畔，舜往耕焉，朞年甽畝正；河濱之漁者争坻，舜往漁焉，朞年而讓長；東夷之陶者，器苦窳，舜往陶焉，朞年而器牢。」墨子尚賢中篇：「舜耕歷山，陶河瀕，漁雷澤。」史公所本。

〔五〕【集解】皇甫謐曰：「在魯東門之北。」【索隱】什器，什，數也。蓋人家常用之器非一，故以十爲數，猶今云「什物」也。壽丘，地名，黃帝生處。【正義】壽音受。顏師古云：「軍法，伍人爲伍，二伍爲什，則共器物，故謂生生之具爲什器，亦猶從軍及作役者，十人爲火，共畜調度也。」

〔六〕【集解】鄭玄曰：「負夏，衛地。」【索隱】就時，猶逐時，若言乘時射利也。尚書大傳曰「販於頓丘，就時負夏」，孟子曰「遷于負夏」是也。【考證】「作什器於壽丘，就時於負夏」，又見尸子。

〔七〕【考證】兄疑當作「友」。古鈔、楓、三、南本「嘗」作「常」。

舜年二十以孝聞。三十而帝堯問可用者，〔一〕四嶽咸薦虞舜，曰可。於是堯乃以二女妻舜，以觀其内；使九男與處，以觀其外。舜居（嬀）〔媯〕汭，内行彌謹。堯二女不敢以貴驕事舜親戚，甚有婦道。〔二〕堯九男皆益篤。〔三〕舜耕歷山，歷山之人皆讓畔；〔四〕漁雷澤，雷澤上人皆讓居；陶河濱，河濱器皆不苦窳。〔五〕一年而所居成聚，〔六〕二年成邑，三年成都。〔七〕堯乃賜舜絺衣與琴，爲築倉廩，予牛羊。〔八〕瞽叟尚復欲殺之，使舜上塗廩，瞽叟從下縱火焚廩。舜乃以兩笠自扞而下，去，得不死。〔九〕後瞽叟又使舜穿井，舜穿井，爲匿空旁出。〔一〇〕舜既入深，瞽叟與象共下土實井，〔一一〕舜從匿空出，去。〔一二〕瞽叟、象喜，以舜爲已死。象曰：「本謀者象。」象與其父母分，〔一三〕於是曰：「舜妻堯二女與琴，象取之。牛羊倉廩，予父母。」象乃止舜宫居，鼓其琴。〔一四〕舜往見之。象鄂不懌，曰：「我思舜正鬱陶！」舜曰：「然，爾其庶矣！」〔一五〕舜復事瞽叟愛弟彌謹。於是堯乃試舜五典百官，皆治。〔一六〕

〔一〕【正義】可用，謂可爲天子也。【考證】五帝德云：「舜二十以孝聞於天下。」

〔二〕【正義】二女不敢以帝女驕慢舜之親戚。親戚，謂父瞽叟、後母弟象、妹顆手等也。顆，音苦果反。

〔三〕【正義】篤，惇也。非唯二女恭勤婦道，九男事舜，皆益惇厚謹敬也。【考證】孟子盡心篇：「帝使其子九男二女，百官牛羊倉廩備，以事舜於畎畝之中。」淮南子泰族訓：「四岳舉舜薦之於堯，堯乃妻以二女，以觀其内，任以百官以觀其外，既入大麓，烈風雷雨而不迷，乃屬以九子。」洪頤煊曰：呂氏春秋去私篇「堯有十子，不與其子而授舜」，高誘注孟子曰「堯使九男二女事舜」，此云「十子」，殆丹朱爲胤子，不在數中。

〔四〕【正義】韓非子「歷山之農相侵略，舜往耕，朞年，耕者讓畔」也。

〔五〕【集解】史記音隱曰：「音游甫反。」駰謂窳，病也。【正義】苦，讀如盬，音古。盬，麤也。窳音庾。【考證】「舜耕」以下，采韓非子難篇。楓、三、南本「澤」下有「之」字。李笠曰：「上」當作「之」，以「歷山之人」句例之可知也。新序雜事第一作「漁於雷澤，雷澤之漁者分均」。

〔六〕【正義】聚，在喻反，謂村落也。

〔七〕【正義】周禮郊野法云「九夫爲井，四井爲邑，四邑爲丘，四丘爲甸，四甸爲縣，四縣爲都」也。【考證】尸子及呂氏春秋貴因篇云：舜一徙成邑，再徙成都，三徙成國。莊子徐無鬼篇「舜有羶行，百姓悦之，故三徙成都，至鄧之虚而十有餘萬家」，與是史微異。中井積德曰：邑大於聚，都又大於邑，如是而已矣。不當引周官制度。梁玉繩曰：耕稼陶漁，乃舜微時事，在堯妻舜前，上文已載之矣。則讓畔、讓居以成聚、成都，宜并入上文，何又重見于釐降後邪？疑當時「舜耕歷山」至「苦窳」三十一字，置上文「舜冀州之人也」下，而上文衍「舜耕歷山漁雷澤陶河濱」十字。再移「一年成都」十五字，置上文「就時于負夏」之下，蓋史文之複出錯見者也。崔適曰：「舜耕歷山」至「三年成都」皆四嶽薦舜之辭，當移上文「四岳咸薦虞舜曰可」之下。愚按：崔説尤捷。

〔八〕【正義】絺，勑遲反，細葛布衣也。鄒氏音竹几反。

〔九〕【索隱】言以笠自扞己身，有似鳥張翅而輕下，得不損傷。皇甫謐云「兩繖」，繖，笠類。列女傳云「二女教舜鳥工上廩」是也。【正義】通史云：「瞽叟使舜滌廩，舜告堯二女，女曰：『時其焚汝，鵲汝衣裳，鳥工往。』舜既登，得免去也。」【考證】楓、南本無「塗」字，正義「鵲」作「借」。

〔一〇〕【索隱】音孔。列女傳所謂「龍工入井」是也。【正義】言舜潛匿穿孔，旁從他井而出也。通史云：「舜穿井，又告二女。二女曰：『去汝裳衣，龍工往。』入井，瞽叟與象下土實井，舜從他井出去也。」括地志云：「舜井在嬀州懷戎縣西外城中。其西又有一井，耆舊傳云並舜井也，舜自中出。帝王紀云河東有舜井，未詳也。」

〔一一〕【索隱】亦作「填井」。

〔一二〕【集解】劉熙曰：「舜以權謀自免，亦大聖有神人之助也。」

〔一三〕【正義】扶問反。

〔一四〕【正義】宮即室也。爾雅云「室謂之宮」。禮云「命士已上，父子異宮」也。

〔一五〕【索隱】言汝猶當庶幾於友悌之情義也。如孟子取尚書文，又云「惟茲臣庶，女其于予治」，蓋欲令象其共理臣庶也。【考證】楓、三、南本「鄂」下有「然」字。「瞽叟尚復欲殺之」以下，又見孟子萬章篇，微異。梁玉繩曰：焚廩、揜井之事，有無未可知，疑是戰國人妄造也。即果有之，亦非在妻二女之後，新序雜事篇以耕稼、陶、漁及井廩等事，爲未爲天子時，論衡吉驗篇謂事在舜未逢堯時，蓋近之矣。不然四岳薦舜，何以言「格乂」，伯益贊禹，何以稱「允若」乎？此萬章隨俗之誤，孟子未及辯，而史公相承未察爾。宋司馬光史剡、程子遺書、洪邁容齋三筆及古史、大紀、路史發揮、通鑑前編俱糾其謬。

〔一六〕【考證】堯典云「慎徽五典，五典克從，納于百揆，百揆時敘」。

昔高陽氏有才子八人，〔一〕世得其利，謂之「八愷」。〔二〕高辛氏有才子八人，〔三〕世謂之「八元」。〔四〕此十六族者，世濟其美，不隕其名。至於堯，〔五〕堯未能舉。舜舉八愷，使主后土，〔六〕以揆百事，莫不時序。〔七〕舉八元，使布五教于四方，〔八〕父義母慈兄友弟恭子孝，內平

外成。〔九〕

〔一〕【集解】名見左傳。【考證】「昔」字疑衍，下同。

〔二〕【集解】賈逵曰：「愷，和也。」【索隱】左傳史克對魯宣公曰：「昔高陽氏有才子八人，倉舒、隤敳、檮戭、大臨、尨降、庭堅、仲容、叔達。」【考證】梁玉繩曰：左傳無「得利」語。以下文「世謂之八元」例觀，當衍。

〔三〕【集解】名見左傳。

〔四〕【集解】賈逵曰：「元，善也。」【索隱】左傳：「高辛氏有才子八人，伯奮、仲堪、叔獻、季仲、伯虎、仲熊、叔豹、季貍。」

〔五〕【索隱】謂元、愷各有親族，故稱族也。濟，成也，言後代成前代也。【考證】中井積德曰：十六族，猶十六家。

〔六〕【集解】王肅曰：「君治九土之宜。」杜預曰：「后土，地官。」【索隱】禹爲司空，司空主土，則禹在八愷之中。【正義】春秋正義云：「后，君也。天曰皇天，地曰后土。」

〔七〕【考證】言禹度九土之宜，無不以時得其次序也。

〔八〕【索隱】契爲司徒，司徒敷五教，則契在八元之數。

〔九〕【正義】杜預云：「内，諸夏。外，夷狄也。」案：契作五常之教，諸夏太平，夷狄向化也。【考證】内謂室家，外謂鄉黨。中庸「天下之達道五」，「君臣也，父子也，夫婦也，昆弟也，朋友之交也」。未嘗以五道爲唐虞之五教。至孟子則曰「人之有道也，飽食煖衣，逸居而無教，則近於禽獸。聖人有憂之，使契爲司徒，教以人倫：父子有親，君臣有義，夫婦有別，長幼有序，朋友有信」。淮南子人間訓亦云「百姓不親，五品不治，契教以君臣之義，父子之親，夫妻之辯，長幼之序」。是與左傳、史記異。愚按：父母兄弟子，一家之事也，君臣朋友，一國之事也。孟子以周代具備之道，推唐虞之古耳，左傳、史記蓋得古意。

昔帝鴻氏有不才子，〔一〕掩義隱賊，好行凶慝，天下謂之渾沌。〔二〕少皞氏有不才子，〔三〕毀信惡忠，崇飾惡言，天下謂之窮奇。〔四〕顓頊氏有不才子，不可教訓，不知話言，天下謂之檮杌。〔五〕此三族世憂之。至于堯，堯未能去。縉雲氏有不才子，〔六〕貪于飲食，冒于貨賄，天下謂之饕餮。〔七〕天下惡之，比之三凶。〔八〕舜賓於四門，〔九〕乃流四凶族，遷于四裔，〔一〇〕以御螭魅，〔一一〕於是四門辟，言毋凶人也。〔一二〕

〔一〕【集解】賈逵曰：「帝鴻，黃帝也。不才子，其苗裔讙兜也。」

〔二〕【正義】慝，惡也。一本云「天下之民謂之渾沌」，渾沌即讙兜也。言掩義事，陰爲賊害，而好凶惡，故謂之渾沌也。杜預云：「渾沌，不開通之貌。」神異經云：「崑崙西有獸焉，其狀如犬，長毛，四足，似羆而無爪，有目而不見，行不開，有兩耳而不聞，有人知性，有腹無五藏，有腸，直而不旋，食徑過。人有德行，而往抵觸之；有凶德，則往依憑之。名渾沌。」又莊子云：「南海之帝爲儵，北海之帝爲忽，中央之帝爲渾沌。儵、忽乃相遇於渾沌之地，渾沌待之甚善。儵與忽謀，欲報渾沌之德，曰：『人皆有七竅，以視聽食息，此獨無有，嘗試鑿之。』日鑿一竅，七日而渾沌死。」案：言讙兜性似，故號之也。

〔三〕【集解】服虔曰：「少皞，金天氏帝號。」

〔四〕【集解】服虔曰：「謂共工氏也。其行窮而好奇。」【正義】謂共工。言毀敗信行，惡其忠直，有惡言語，高粉飾之，故謂之窮奇。案：常行終必窮，極好謟諛，奇異於人也。神異經云：「西北有獸，其狀似虎，有翼能飛，便勦食人，知人言語，聞人鬬，輒食直者；聞人忠信，輒食其鼻；聞人惡逆不善，輒殺獸往饋之。名曰窮奇。」案：言共工性似，故號之也。【考證】楓、三本無「毀信惡忠崇飾惡言」八字。

〔五〕【集解】賈逵曰：「檮杌，頑凶無疇匹之貌，謂鯀也。」【正義】檮，音道刀反。杌，音五骨反。謂鯀也。凶頑不可教訓，不從詔令，故謂之檮杌。案：言無疇匹，言自縱恣也。神異經云：「西方荒中有獸焉，其狀如虎而大，毛長二尺，人面虎足，豬口牙，尾長一丈八尺，攪亂荒中，名檮杌。一名傲很，一名難訓。」案：言鯀性似，故號之也。【考證】楓、三、南本無「不可教訓不知話言」八字。

〔六〕【集解】賈逵曰：「縉雲氏，姜姓也，炎帝之苗裔，當黄帝時，任縉雲之官也。」【正義】今括州縉雲縣，蓋其所封也。字書云，縉赤繒也。

〔七〕【正義】謂三苗也。言貪飲食，冒貨賄，故謂之饕餮。神異經云：「西南有人焉，身多毛，頭上戴豕，性很惡，好息，積財而不用，善奪人穀物。强者奪老弱者，畏羣而擊單，名饕餮。」言三苗性似，故號之。【考證】楓、三、南本無「貪于飲食冒于貨賄」八字。愚按：依楓、三、南本，上文「掩義隱賊好行凶慝」八字亦當衍。

〔八〕【集解】杜預曰：「非帝子孫，故別之以比三凶也。」【正義】此以上四處皆左傳文。或本有，並文次相類四凶，故書之，恐本錯脱耳。【考證】正義有訛脱，館本削之。

〔九〕【正義】杜預云：「闢四門，達四聰，以賓禮衆賢也。」

〔一〇〕【集解】賈逵曰：「四裔之地，去王城四千里。」

〔一一〕【集解】服虔曰：「螭魅，人面獸身，四足，好惑人，山林異氣所生，以爲人害。」【正義】御，音魚呂反。螭，音丑知反。魅，音媚。案：御螭魅，恐更有邪諂之人，故流放四凶以禦之也。故下云「無凶人」也。

〔一二〕【考證】「昔高陽氏」以下，采左傳文公十八年文。通鑑輯覽云：自孔安國書傳以饕餮爲三苗，而杜預左傳注遂并以渾沌、窮奇、檮杌即驩兜、共工、鯀。由是經之「四罪」，傳之「四凶」，混而爲一。不知四凶之投裔，在舜賓門之時；四罪之咸服，在舜攝位之後。時殊人異，經傳可據。且鯀則殛死，而四凶不過投諸四裔，又何可强爲牽合？梁玉繩曰：堯之放四罪，共、驩、苗、鯀也，事出尚書。舜之流四凶族，不才子也，事出左傳太史克語。事既各出，時亦相懸，史公分載堯、舜兩紀，未嘗言四罪即四凶族，後儒察見人數之同，遂并八慤爲一，豈非賈、服、杜、孔之謬哉。

舜入于大麓，烈風雷雨不迷，〔一〕堯乃知舜之足授天下。堯老，使舜攝行天子政，巡狩。舜得舉，用事二十年，而堯使攝政。攝政八年而堯崩。〔二〕三年喪畢，讓丹朱，天下歸舜。而禹、皋陶、契、后稷、伯夷、夔、龍、倕、益、彭祖，〔三〕自堯時而皆舉用，未有分職。〔四〕於是舜乃至於文祖，謀于四嶽，辟四門，明通四方耳目，命十二牧論帝德，行厚德，遠佞人，則蠻夷率服。〔五〕舜謂四嶽曰：「有能奮庸美堯之事者，使居官相事？」〔六〕皆曰：「伯禹爲司空，可美帝功。」舜曰：「嗟，然！禹，汝平水土，維是勉哉。」禹拜稽首，讓於稷、契與皋陶。舜曰：「然，往矣。」〔七〕舜曰：「弃，黎民始飢，〔八〕汝后稷，播時百穀。」〔九〕舜曰：「契，百姓不親，五品不馴，〔一〇〕汝爲司徒，而敬敷五教，在寬。」〔一一〕舜曰：「皋陶，蠻夷猾夏，〔一二〕寇賊姦軌，〔一三〕汝作士，〔一四〕五刑有服，五服三就；〔一五〕五流有度，〔一六〕五度三居：〔一七〕維明能信。」〔一八〕舜曰：「誰能馴予工？」〔一九〕皆曰垂可。於是以垂爲共工。〔二〇〕舜曰：「誰能馴予上下草木鳥獸？」〔二一〕皆曰益可。於是以益爲朕虞。〔二二〕益拜稽首，讓于諸臣朱虎、熊羆。〔二三〕舜曰：「往矣，汝諧。」遂以朱虎、熊羆爲佐。〔二四〕舜曰：「嗟！四嶽，有能典朕三禮？」〔二五〕皆曰伯夷可。舜曰：「嗟，伯夷，以汝爲秩宗，〔二六〕夙夜維敬，直哉維靜絜。」〔二七〕伯夷讓夔、龍。舜曰：「然。〔二八〕以夔爲典樂，教稺子，〔二九〕直而温，〔三〇〕寬而栗，〔三一〕剛而毋虐，簡而毋傲；〔三二〕詩言意，歌長言，〔三三〕聲依永，律和聲，〔三四〕八音能諧，毋相奪倫，神人以和。」〔三五〕

夔曰：「於！予擊石拊石，百獸率舞。」〔三六〕舜曰：「龍，朕畏忌讒說殄僞，振驚朕衆，〔三七〕命汝爲納言，夙夜出入朕命，惟信。」〔三八〕舜曰：「嗟！女二十有二人，敬哉，惟時相天事。」〔三九〕三歲一考功，三考絀陟遠近，衆功咸興。分北三苗。〔四〇〕

〔一〕【考證】楓、三、南本無「烈風雷雨不迷」六字。

〔二〕【考證】中井積德曰：舜徵用三載，攝位又二十八載，而堯崩也。此年數差誤，且與堯紀不合。

〔三〕【索隱】彭祖，即陸終氏之第三子，籛鏗之後，後爲大彭，亦稱彭祖。【正義】皋陶，高姚二音，字庭堅。英、六二國是其後也。契音薛，殷之祖也。伯夷，齊太公之祖也。夔，巨龜反，樂官也。倕音垂，亦作「垂」，内言之官也。益，伯翳也，即秦、趙之祖。彭祖自堯時舉用，歷夏、殷封於大彭。【考證】彭祖之名，不見於尚書。大戴禮五帝德亦但言帝堯舉舜、彭祖，而不言舜用彭祖，史記下文亦無彭祖分職。

〔四〕【正義】分，符問反，又如字。謂封疆爵土也。【考證】梁玉繩曰：既曰「舉用」，又曰「未有分職」，語意相戾。中井積德曰：未有分職，元來訛舛之語，注更錯謬。

〔五〕【正義】舜命十二牧論帝堯之德，又敦之於民，遠離邪佞之人。言能如此，則夷狄亦服從也。【考證】「牧」下當補「曰」字。崔述曰：四岳十二牧皆舊官，以舜新即位，故申儆之，使敬厥職也。舊官故書其官於前，然則稷、契、皋陶之非舊官可知矣。四岳不載命詞者，統率羣僚無專責也。十二牧共一命詞者，域異職同，無分別也。

〔六〕【集解】馬融曰：「奮，明。庸，功也。」

〔七〕【集解】鄭玄曰：「然其舉得其人。汝往居此官，不聽其所讓也。」

〔八〕【集解】徐廣曰：「今文尚書作『祖飢』。祖，始也。」【索隱】古文作「阻飢」。孔氏以爲阻，難也。祖、阻聲相近，未知誰得。

〔九〕【集解】鄭玄曰：「時，讀曰蒔。」【正義】稷，農官也。播時謂順四時而種百穀。

〔一〇〕【集解】鄭玄曰：「五品，父、母、兄、弟、子也。」王肅曰：「五品，五常也。」【正義】馴音訓。【考證】尚書「馴」作「遜」。

〔一一〕【集解】馬融曰：「五品之教。」

〔一二〕【集解】鄭玄曰：「猾夏，侵亂中國也。」

〔一三〕【集解】鄭玄曰：「由内爲姦，起外爲軌。」【正義】亦作「宄」。

〔一四〕【集解】馬融曰：「獄官之長。」【正義】案：若大理卿也。

〔一五〕【集解】馬融曰：「五刑，墨、劓、剕、宮、大辟。三就，謂大罪陳諸原野，次罪於市朝，同族適甸師氏。既服五刑，當就三處。」【正義】孔安國云：「服，從也，言得輕重之中正也。」案：墨，點鑿其額，涅以墨。劓，截鼻也。剕，刖足也。宮，淫刑也，男子割勢，婦(三)〔人〕幽閉也。大辟，死刑也。

〔一六〕【正義】度，音徒洛反。尚書作「宅」。孔安國云「五刑之流，各有所居」也。

〔一七〕【正義】案：謂度其遠近，爲三等之居也。

〔一八〕【集解】馬融曰：「謂在八議，君不忍刑，宥之以遠。五等之差，亦有三等之居：大罪投四裔，次九州之外，次中國之外。當明其罪，能使信服之。」【考證】崔述曰：禹於堯之季年已成司空，但莅事不久，水土猶未平，故舜仍其官，而專責之以平水土。水土平，然後耕耨可興，故命稷次之；衣食足，然後禮義可教，故命契次之；不教而殺，謂之虐，教之不從，然後齊之以刑，故命皋陶次之。此四官皆救民之急務，正民之要術，故舜先之。

〔一九〕【集解】馬融曰：「謂主百工之官也。」

〔二〇〕【集解】馬融曰：「爲司空，共理百工之事。」【考證】徐孚遠曰：是時禹爲司空宅百揆，垂亦何得亦爲司空？抑禹自宅揆解司空之職，以授垂邪？將共工別爲一官，與司空分職，而馬説誤邪？梁玉繩曰：史依尚書，並載禹、益諸臣之讓，而垂獨缺，疑有脱文。

〔二一〕【集解】馬融曰：「上謂原，下謂隰。」

〔二二〕【集解】馬融曰：「虞，掌山澤之官名。」【考證】梁玉繩曰：書所謂「朕虞」，舜自言之也，此連文爲官名，非。王莽改水衡都尉曰予虞，漢書百官表序亦曰「益爲朕虞」，地理志曰「爲舜朕虞」，豈皆誤讀尚書邪？愚按：「朕」字後人從漢書誤補。

〔二三〕【索隱】即高辛氏之子伯虎、仲熊也。【正義】孔安國云：「朱虎、熊羆，二臣名。垂、益所讓四人，皆在元凱之中也。」

〔二四〕【正義】爲益之佐也。【考證】尚書無「諸臣」二字，蓋注文竄入。又不言以朱虎、熊羆爲佐，或今本尚書訛脱邪，抑史公以意推之也？崔述曰：本務舉而後末務可圖，人性盡而後物性可遂，故命垂命益次之。

〔二五〕【集解】馬融曰：「三禮，天神、地祇、人鬼之禮也。」鄭玄曰：「天事、地事、人事之禮也。」

〔二六〕【集解】鄭玄曰：「主次秩尊卑。」【正義】若太常也，漢書百官表云「王莽改太常曰秩宗」，依古也。孔安國云：「秩，序；宗，尊也。主郊廟之官也。」【考證】張文虎曰：正義「百官表」當作「王莽傳」。

〔二七〕【正義】静，清也。絜，明也。孔安國云：「職典禮，施政教，使正直而清明。」

〔二八〕【正義】孔安國云：「然其推賢，不許其讓也。」

〔二九〕【集解】鄭玄曰：「國子也。」案：尚書作「胄子」，穉胄聲相近。【正義】穉，胄雉反。孔安國云：「胄，長也。謂元子以下至卿大夫子弟，以歌詩蹈之舞之，教長國子中和祇庸孝友。」

〔三〇〕【集解】馬融曰：「正直而色温和。」

〔三一〕【集解】馬融曰：「寬大而謹敬戰栗也。」

〔三二〕【正義】孔安國云：「剛失之虐，簡失之傲，教之以防其失也。」

〔三三〕【集解】馬融曰：「歌，所以長言詩之意也。」【正義】孔安國云：「詩言志以導其心，歌詠其義以長其言也。」

【考證】尚書「意」作「志」，「長」作「永」。邵晉涵曰：以「意」易「志」，疑後漢人避桓帝所改也。

〔三四〕【集解】鄭玄曰：「聲之曲折，又依長言，聲中律，乃爲和也。」【正義】孔安國云：「聲，五聲，宫、商、角、徵、羽也。律，謂六律六吕，十二月之音氣也。當依聲律和樂也。」

〔三五〕【集解】鄭玄曰：「祖考來格，羣后德讓，其一隅也。」【正義】八音，金、石、絲、竹、匏、土、革、木也。孔安國云：「倫，理也。八音能諧，理不錯奪，則神人咸和，命夔使勉也。」

〔三六〕【集解】鄭玄曰：「百獸，服不氏所養者也。率舞，言音和也。」【正義】於，音烏。孔安國云：「石，磬，音之清者。拊亦擊也。舉清者和，則其餘皆從矣。樂感百獸，使相率而舞，則神人和可知也。」案：磬，一片黑石也。不，音福尤反。周禮云「夏官有服不氏，掌服猛獸，下士一人，徒四人」。鄭玄云「服不服之獸也」。

〔三七〕【集解】徐廣曰：「一云『齊説殄行，振驚衆』。」駰案：鄭玄曰「所謂色取仁而行違，是驚動我之衆臣，使之疑惑」。【正義】僞，音危睡反。言畏惡利口讒説之人，兼殄絶姦僞人黨，恐其驚動我衆，使龍遏絶之，出入其命惟信實也。此「僞」字太史公變尚書文也。尚書「僞」字作「行」，音下孟反。言己畏忌有利口讒説之人，殄絶無德行之官也。【考證】尚書「畏忌」作「堲」。「僞」讀爲「爲」，尚書作「行」，字異義同。讒説、殄爲對言。殄，傷絶也。殄爲，傷絶之行。

〔三八〕【正義】孔安國云：「納言，喉舌之官也。聽下言納於上，受上言宣於下，必信也。」

〔三九〕【集解】馬融曰：「稷、契、皋陶，皆居官久，有成功，但述而美之，無所復勑。禹及垂已下皆初命，凡六人，與上十二牧四嶽，凡二十二人。」鄭玄曰：「皆格于文祖時所勑命也。」【正義】相，視也。舜命二十二人各敬行其職，惟在順時，視天所宜而行事也。【考證】蔡沈曰：二十二人，謂四岳九官十二牧也。崔適曰：自禹至彭祖，共爲十人，加以十二牧，乃爲二十二人也。愚按：在尚書則當如蔡説，在史則崔説近是。但彭祖無分職，未審史公之意。「相天事」，堯典作「亮天功」。

〔四〇〕【集解】鄭玄曰：「所竄三苗，爲西裔諸侯者猶爲惡，乃復分析流之。」【考證】「於是舜乃至文祖」以下，采尚書堯典。「紬陟遠近」，尚書作「黜陟幽明」。慶長本標記云：紬，丑律反。北如字，又爲背，鄒誕生音步代反。愚按：三苗有生熟之別，或既從化，或猶抗命，所以分處之。

此二十二人，咸成厥功：臯陶爲大理平，民各伏得其實；〔一〕伯夷主禮，上下咸讓；垂主工師，百工致功；〔二〕益主虞，山澤辟；〔三〕弃主稷，百穀時茂；契主司徒，百姓親和；龍主賓客，遠人至；十二牧行，而九州莫敢辟違；〔四〕唯禹之功爲大，披九山，〔五〕通九澤，決九河，定九州，各以其職來貢，不失厥宜。方五千里，至于荒服。〔六〕南，撫交阯、北發；〔七〕西，戎、析枝、渠廋、氐、羌；〔八〕北，山戎、發、息慎；東，長、鳥夷。〔九〕四海之內，咸戴帝舜之功。〔一〇〕於是禹乃興九招之樂，致異物，鳳皇來翔。〔一一〕天下明德，皆自虞帝始。

〔一〕【正義】臯陶作士，正平天下罪惡也。【考證】「大」當作「士」，字之訛也，故正義以「作士」解之。戴記五帝德「臯陶作士，忠信疏通」，本書夏本紀亦云「臯陶作士以理民」。張文虎曰：御覽八十一引史「伏」作「服」。李笠曰：「伏」通作「服」，項羽紀「一府中皆慴伏」，下文作「諸將皆慴服」。又「衆乃皆伏」，漢書項籍傳「伏」作「服」。

〔二〕【正義】工師，若今大匠卿也。

〔三〕【正義】婢亦反，開也。

〔四〕【正義】禹九州之民，無敢辟違舜十二牧也。

〔五〕【正義】披，音皮義反。謂傍其山邊以通。

〔六〕【考證】「披九山」以下，采尚書禹貢。楓、三、南本「九河」作「九川」。

〔七〕【索隱】一句。

〔八〕【索隱】一句。【考證】南本「廋」作「搜」。

〔九〕【集解】鄭玄曰：「息慎，或謂之肅慎，東北夷。」【索隱】此言帝舜之德，皆撫及四方夷人，故先以「撫」字總之。北發，當云「北户」，南方有地名北户。又案：漢書，北發是北方國名，今以北發爲南方之國，誤也。此文省略，四夷之名錯亂。「西戎」上少一「西」字，「山戎」下少一「北」字，「長」字下少一「夷」字。長夷也，鳥夷也，其意宜然。今案：大戴禮亦云「長夷」，則長是夷號。又云「鮮支、渠搜」，則鮮支當此析枝也。鮮析音相近。鄒氏、劉氏云「息並音肅」，非也。且夷狄之名，古書不必皆同，今讀如字也。【正義】注「鳥」或作「嶋」。括地志云：「百濟國西南海中有大嶋十五所，皆置邑，有人居，屬百濟。又倭國西南大海中嶋居凡百餘小國，在京南萬三千五百里。」案：武后改倭國爲日本國。【考證】「南撫交趾」以下，采大戴記五帝德，但「北發」作「大教」。大戴記少閒篇云「舜以天德嗣堯，海外肅慎，北發、渠搜、氐、羌來服」。查德基曰：「北發」疑當作「大發」。「西戎」之「戎」、「發息慎」之「發」，疑皆衍字。説苑修文篇「南交趾、大發，西析支、渠搜，北山戎、息慎，東長夷、島夷」，似可據以正史。鳥、島古通用。愚按：北發，國名，又見管子及漢武紀、韓安國傳。大教、大發、北發三者未知其孰是。又按：「西」、「北」、「東」下，亦當有「撫」字，以上文「撫」字該之，是古文簡處。

〔一〇〕【正義】爾雅云：「九夷八狄七戎六蠻，謂之四海。」

〔一一〕【索隱】招，音韶，即舜樂簫韶。九成，故曰九招。【考證】楓、三、南本「招」作「韶」。尚書皋陶謨「簫韶九成，鳳凰來儀」。德齡曰：「禹」字當作「夔」。叙禹于諸臣之後者，以禹功最大也。而大樂之作，所以告成功，故又叙夔于禹之後，其次序固秩然不紊也。夏本紀「舜德大明，于是夔行樂」一段，尤可爲「夔」字明證。

舜年二十以孝聞，年三十堯舉之，年五十攝行天子事，年五十八堯崩，年六十一代堯踐帝位。〔一〕踐帝位三十九年，南巡狩，崩於蒼梧之野。葬於江南九疑，是爲零陵。〔二〕舜之踐帝位，載天子旗，往朝父瞽叟，夔夔唯謹，如子道。〔三〕封弟象爲諸侯。〔四〕舜子商均亦不肖，〔五〕舜乃豫薦禹於天。十七年而崩。〔六〕三年喪畢，禹亦乃讓舜子，如舜讓堯子。〔七〕諸侯歸之，然後禹踐天子位。〔八〕堯子丹朱，舜子商均，皆有疆土，〔九〕以奉先祀。服其服，禮樂如之。以客見天子，天子弗臣，示不敢專也。〔一〇〕

〔一〕【集解】皇甫謐曰：「舜所都，或言蒲阪，或言平陽，或言潘。潘，今上谷也。」【正義】括地志云：「平陽，今晉州城是也。潘，今媯州城是也。蒲阪，今蒲州南二里河東縣界蒲阪故城是也。」

〔二〕【集解】皇覽曰：「舜冢在零陵營浦縣。其山九谿皆相似，故曰九疑。傳曰『舜葬蒼梧，象爲之耕』。禮記曰『舜葬蒼梧，二妃不從』。山海經曰『蒼梧山，帝舜葬于陽，丹朱葬于陰』。」皇甫謐曰：「或曰，二妃葬衡山。」【考證】堯典云「舜生三十徵庸，三十在位，五十載陟方乃死」。孟子離婁篇云「舜生於諸馮，遷於負夏，卒於鳴條」。禮記檀弓篇云「舜葬於蒼梧之野，蓋三妃未之從也」。大戴記五帝德云「舜之少也，惡顇勞苦，二十以孝聞乎天下，三十在位，嗣帝所，五十乃死，葬于蒼梧之野」。史公蓋采檀弓、五帝德。崔適曰：年三十堯舉之，即尚書所謂「三十徵庸」也；年五十攝行天子事，即上文所謂「舜得舉用事二十年，而堯使攝政」也；堯崩時年六十一，代堯踐帝位，即上文所謂「攝政八年而堯崩，三年喪畢讓丹朱，天下歸舜」也；踐帝位三十九年崩，乃尚書所謂「五十載陟方乃死」。自攝政八年，居喪三年，在位三十九年，合爲五十載也。愚按：史公之意與尚書、孟子異，說見上文。

〔三〕【集解】徐廣曰：「夔夔，和敬貌。」【考證】孟子萬章篇「書曰『祗載見瞽瞍，夔夔齊栗，瞽瞍亦允若』」。

〔四〕【集解】孟子曰：「封之有庳。」音鼻。【正義】帝王紀云：「舜弟象封於有鼻。」括地志云：「鼻亭神在營道縣北六十里。故老傳云，舜葬九疑，象來至此，後人立祠，名爲鼻亭神。輿地志云，零陵郡應陽縣東有山，山有象廟。王隱晉書云，泉陵縣北部東五里有鼻墟，象所封也。」【考證】孟子萬章篇。吴裕垂曰：道州之有庳亭，猶靈博之有象祠也。南蠻、苗夷所建，不必問其所自始，而有庳之封，必近帝都，方得常常而見，原原而來。

〔五〕【集解】皇甫謐曰：「娥皇無子，女英生商均。」【正義】譙周云：「以虞封舜子，今宋州虞城縣。」括地志云：「虞國，舜後所封邑也。或云：封舜子均於商，故號商均也。」

〔六〕【索隱】薦於天，謂告大使之攝位也。【考證】楓、三本無「乃」字。

〔七〕【正義】括地志云：「禹居洛州陽城者，避商均，非時久居也。」【考證】楓、三、南本「崩」下重「崩」字，無「乃」字。

〔八〕【考證】「舜子商均亦不肖」以下采孟子萬章篇。

〔九〕【集解】譙周曰：「以唐封堯之子，以虞封舜之子。」【索隱】漢書律曆志云：封堯子朱於丹淵爲諸侯。商均封虞，在梁國，今虞城縣也。【正義】括地志云：「定州唐縣，堯後所封。宋州虞城縣，舜後所封也。」

〔一〇〕【正義】爲天子之賓客也。【考證】尚書臯陶謨云「虞賓在位」，傳云「丹朱爲王者後，故稱賓」。禮記郊特牲云「王者存二代之後，猶尊賢也，尊賢不過二代」。

自黃帝至舜、禹，皆同姓，而異其國號，以章明德。〔一〕故黃帝爲有熊，〔二〕帝顓頊爲高陽，帝嚳爲高辛，帝堯爲陶唐，〔三〕帝舜爲有虞。〔四〕帝禹爲夏后，而別氏姓姒氏。〔五〕契爲商，姓子氏。〔六〕弃爲周，姓姬氏。〔七〕

〔一〕【集解】徐廣曰：「外傳曰『黃帝二十五子，其得姓者十四人』。虞翻云『以德爲氏姓』。又虞説以凡有二十五人，其二人同姓姬，又十一人爲十一姓，酉、祁、己、滕、葴、任、荀、釐、姞、儇、衣是也，餘十二姓，德薄不紀録。」【正義】釐，音力其反。姞，音其吉反。儇，音在宣反。【考證】外傳，國語晉語。崔述曰：上古之時，人情樸略，容有未受姓者，故因錫土而遂賜之，所以禹貢有「錫土、姓」之文，非每人皆賜之以姓也，安有同父而異姓者哉！姓也者生也，有姓者所以辨其所由生也，苟同父而各姓其姓，則所由生者無可辨，有姓曷取焉？自國語始有一人子孫分爲數姓之説，而大戴記從而衍之，史記又從而采之，遂謂唐、虞、三代共出一祖，而帝王之族姓，遂亂雜而失其真矣。然則誣古聖而惑後儒者，皆國語爲之濫觴也。且晉語前既云「青陽與夷鼓爲己姓」，後又云「青陽與倉林爲姬姓」，是青陽一人，而有兩姓矣。晉語既云「黃帝之子青陽、夷鼓皆爲己姓」，鄭語又云「祝融之後己姓，昆吾、蘇、顧、温、董」，是己一姓，而又有兩祖矣。其自矛盾如是，焉可爲信哉！梁玉繩曰：黃帝至禹，諸帝王並非一族，安得同姓？史于五帝之姓多缺不具，而夏之姓姒，下文已明書之，何云同姓哉！此史通所謂「連行接句，頓成乖角」者也。歐陽修曰：「司馬遷所作本紀，出於大戴禮、世本諸書，今依其説，圖而考之。堯、舜、夏、商、周，皆同出於黃帝。堯之崩也，下傳其四世孫舜，舜之崩也，復上傳其四世祖禹，而舜禹皆壽百歲。稷、契於高辛爲子，乃同父異母之兄弟。今以其世次而下之，湯與王季同世，湯下傳十六世而爲紂，王季下傳一世而爲文王，二世而爲武王。是文王以十五世祖臣事十五世孫紂，而武王以十四世祖伐十四世孫而代之王，何其繆哉！」

〔二〕【考證】「黃帝爲有熊」，傳記無所概見。

〔三〕【集解】韋昭曰：「陶、唐皆國名，猶湯稱殷商矣。」張晏曰：「堯爲唐侯，國於中山，唐縣是也。」

〔四〕【集解】皇甫謐曰：「舜嬪于虞，因以爲氏，今河東大陽西山上虞城是也。」

〔五〕【考證】梁玉繩曰：夏代稱后，故云夏后氏。王則間稱之，何論帝也？帝禹之稱，且以帝與后連書亦複。又曰：「三代以前，必著功德，然後賜姓命氏，故人不皆有姓。三代以降，族類繁亂，皆所謂姓，但有氏而已。姓一定而不易，雖百世弗改，氏遞出而不窮，即再傳可變。史公承秦、項焚爇之餘，譜學已紊，姓氏遂混。有以姓爲氏者，如夏之姒、商之子，姓也，非氏也，而連氏于其下，曰姒氏、子氏。有以氏爲姓者，如秦之趙、漢之劉，氏也，非姓也，而加姓于其上，曰姓趙、姓劉。然其謬非始于史公。穀梁隱九年「南季來聘」，傳云「南，氏姓也」，則已混稱之矣。或問春秋書姜氏、子氏，姜與子俱姓，而書「氏」何居？曰：古者男子稱氏，婦人稱姓，而姓之與氏，散亦得通。是以通志氏族序云「姓可呼爲氏，氏不可呼爲姓，從未有姓氏并稱之者」。易言黄帝、堯、舜氏作，則又以號爲氏，以名爲氏，亦稱姓爲氏之比矣。」

〔六〕【索隱】禮緯曰：「禹母脩已吞薏苡而生禹，因姓姒氏。」而契姓子氏者，亦以其母吞乙子而生。

〔七〕【集解】鄭玄駁許慎五經異義曰：「春秋左傳『無駭卒，羽父請謚與族。公問族於衆仲，衆仲對曰：「天子建德，因生以賜姓，胙之土而命之氏。諸侯以字爲氏，因以爲族。官有世功，則有官族，邑亦如之。」公命以字爲展氏』。以此言之，天子賜姓命氏，諸侯命族。族者，氏之別名也。姓者，所以統繫百世，使不別也。氏者，所以別子孫之所出。故世本之篇，言姓則在上，言氏則在下也。」

太史公曰：〔一〕學者多稱五帝，尚矣。〔二〕然尚書獨載堯以來，而百家言黄帝，其文不雅馴，〔三〕薦紳先生難言之。〔四〕孔子所傳宰予問五帝德及帝繫姓，〔五〕儒者或不傳。〔六〕余嘗西至空桐，〔七〕北過涿鹿，〔八〕東漸於海，南浮江淮矣，至長老皆各往往稱黄帝、堯、舜之處，風教固殊焉，〔九〕總之不離古文者近是。〔一〇〕予觀春秋、國語，其發明五帝德、帝繫姓章矣，〔一一〕顧弟弗深考，〔一二〕其所表見皆不虛。〔一三〕書缺有閒矣，〔一四〕其軼乃時時見於他説。〔一五〕非好學深

思，心知其意，固難爲淺見寡聞道也。余并論次，擇其言尤雅者，故著爲本紀書首。〔一六〕

〔一〕【正義】太史公，司馬遷自謂也。自叙傳云「太史公曰，先人有言」，又云「太史公曰，余聞之董生」，又云「太史公遭李陵之禍」，明太史公司馬遷自號也。遷爲太史公官，題贊首也。虞喜云：「古者主天官者，皆上公，非獨遷。」【考證】姚鼐曰：太史公係後人尊稱之辭。漢官儀乃云「其官本名太史公」，此謬説也。漢書臣瓚注引茂陵書司馬談以太史丞爲令，又孔北海告高密縣曰：「昔太史公，廷尉吴公，謁者僕射鄧公，皆漢之名臣，世嘉其高，皆悉稱公，然則公者仁德之正號，不必三事大夫也。」據此則凡史記内以「太史公」稱談者，即子長所加，以稱子長者，皆後人所益，又何疑焉？若文選載報任安書首云「太史公牛馬走」，「公」字乃「令」字之誤耳。稱太史令，猶後人之列銜；稱牛馬走，猶後人稱僕稱弟之類。梁玉繩曰：太史公之稱，今上紀及自序傳注引桓譚新論云「東方朔所署」，又引韋昭云「遷外孫楊惲所加」，又引衛宏漢儀注謂「太史公，武帝置，位在丞相上，遷死後宣帝以其官爲令，行文書而已」，又引虞喜志林謂「古主天官者皆上公，由周至漢，其職轉卑，然朝會坐位猶居公上，其官屬仍以舊名尊之」。攷史記遷死後稍出，至宣帝時始宣布，東方朔安得見之？索隱非之矣。遷傳有楊惲祖述其書之語，韋昭所本，索隱亦從之。但一部史記均稱「太史公」，惟自序中「遷爲太史令」一句稱「令」，然正義引史作「公」，疑今本傳譌，或依漢書改，豈盡惲增之邪？索隱以爲姚察非之矣，蓋太史公是官名，衛宏漢人，其言可信。又曰：史記祇天官書「太史公推古天變」及封禪書兩稱「太史公」，自序前篇六稱「太史公」，指司馬談，文義顯白，餘皆自謂。愚按：太史令官名，太史令之稱太史公，猶太倉令之稱太倉公，自是當時官府通稱，固非官名，亦非尊加，姚、梁之説恐皆非是。説又見于太史公自序。

〔二〕【索隱】尚，上也，言久遠也。然「尚矣」文出大戴禮。

〔三〕【正義】馴，訓也。謂百家之言皆非典雅之訓。

〔四〕【集解】徐廣曰：「薦紳，即縉紳也。古字假借。」【考證】五帝德云「夫黄帝尚矣，先生難言之」。

〔五〕【正義】繫，音奚計反。

〔六〕【索隱】五帝德、帝繫姓皆大戴禮及孔子家語篇名。以二者皆非正經，故漢時儒者以爲非聖人之言，故多不傳學也。

〔七〕【正義】余，太史公自稱也。嘗，曾也。空桐山，在原州平高縣西百里，黄帝問道於廣成子處。

〔八〕【正義】涿鹿山，在嬀州東南五十里，山側有涿鹿城，即黄帝、堯、舜之都也。

〔九〕【考證】楓、三、南本無「至」字，「固」作「國」。

〔一〇〕【索隱】古文，即帝德、帝系二書也。近是聖人之説。【考證】沈濤曰：總之不離古文者近是，是古文即謂尚書。太史公自序「年十歲則誦古文」，亦謂古文尚書。小司馬于紀贊則以爲帝德、帝繫等書，于自序則以爲左傳、國語等書，皆非是。又曰：漢書儒林傳曰「司馬遷亦從安國問故，遷書載堯典、禹貢、洪範、微子、金縢諸篇，多古文説」。是史記之用古文，孟堅言之鑿然矣。自漢以來皆無異説，惟史遷每以訓詁字易經文，又兼裴駰、司馬貞、張守節所據本每多互異，蓋已爲六朝人所竄亂，然藉此以求古文之真，尚可存十一於千百。愚按：古文謂以古文書者，不止尚書一經，而是主斥尚書。説又見十二諸侯年表序。

〔一一〕【索隱】太史公言己以春秋、國語古書博加考驗，益以發明五帝德等説甚章著也。【考證】中井積德曰：言春秋、國語中多説五帝之事。

〔一二〕【集解】徐廣曰：「弟，但也。史記、漢書見此者非一。又左思蜀都賦曰『弟如滇池』，而不詳者多以爲字誤。學者安可不博觀乎？」【正義】顧，念也。弟，且也。太史公言博考古文，擇其言表見之不虛，甚章著矣，思念亦且不須更深考論。【考證】錢大昕曰：弟、但，聲相近。中井積德曰：弗深考，譏儒者不傳也。

〔一三〕【索隱】言帝德、帝系所有表見者皆不爲虛妄也。

〔一四〕【正義】言古文尚書缺失其閒多矣，而無説黄帝之語。【考證】中井積德曰：書缺有閒，尚書殘缺有年載也。

〔一五〕【**索隱**】言古典殘缺有年載，故曰「有閒」。然帝皇遺事散軼，乃時時旁見於他記說，即帝德、帝系等說也。故己今採案而備論黃帝已來事耳。

〔一六〕【**正義**】太史公據古文并諸子百家論次，擇其言語典雅者，故著爲五帝本紀，在史記百三十篇書之首。【**考證**】趙恒曰：此論本紀所以首黃帝之意。蓋尚書獨載堯以來，而史記始黃帝，史記之所據者，五帝德、帝繫姓也，乃儒者或不傳之書也。然遷以所涉歷，驗之風教而近是，參之春秋、國語，而所表見爲不虛，是以尚書雖缺，而其軼之見於他說，如五帝德、帝繫姓者，不可不言而傳之也。要在學者博聞深思，精擇而慎取之耳。故以黃帝著爲本紀首，則顓頊、高辛在其中矣。

【**索隱述贊**】帝出少典，居于軒丘。既代炎曆，遂禽蚩尤。高陽嗣位，静深有謀。小大遠近，莫不懷柔。爰洎帝嚳，列聖同休。帝摯之弟，其號放勳。就之如日，望之如雲。郁夷東作，昧谷西曛。明敭仄陋，玄德升聞。能讓天下，賢哉二君！〔一〕

〔一〕【**考證**】中井積德曰：索隱述贊百三十篇，無一篇可觀，並削之可也。

史記會注考證卷二

史記二

夏本紀第二

【考證】史公自序云：「維禹之功，九州攸同。光唐虞際，德流苗裔。夏桀淫驕，乃放鳴條。作夏本紀第二。」陳仁錫曰：夏紀，自啓以前，多本諸尚書，故紀事詳悉。至太康以下，事不經見，則不免疎略矣。

夏禹〔一〕名曰文命。〔二〕禹之父曰鯀，鯀之父曰帝顓頊，〔三〕顓頊之父曰昌意，昌意之父曰黄帝。禹者，黄帝之玄孫，而帝顓頊之孫也。禹之曾大父昌意及父鯀皆不得在帝位，爲人臣。〔四〕

〔一〕【集解】諡法曰：「受禪成功曰禹。」【正義】夏者，帝禹封國號也。帝王紀云：「禹受封爲夏伯，在豫州外方之南，今河南陽翟是也。」

〔二〕【索隱】尚書云「文命敷于四海」，孔安國云「外布文德教命」，不云是禹名。太史公皆以放勳、重華、文命爲堯、舜、禹之名，未必爲得。孔又云「虞，氏；舜，名」，則堯、舜、禹、湯皆名矣。蓋古者帝王之號皆以名，後代因其行，追而爲謚。其實禹是名。故張晏云「少昊已前，天下之號象其德；顓頊已來，天下之號因其名」。又按：系本「鯀取有辛氏女，謂之女志，是生高密」。宋衷云「高密，禹所封國」。【正義】帝王紀云：「父鯀妻脩己，見流星貫昴，夢接意感，又吞神珠薏苡，胷坼而生禹。名文命，字密，身九尺二寸長，本西夷人也。大戴禮云『高陽之孫，鯀之子，曰文命』。揚雄蜀王本紀云『禹本汶山郡廣柔縣人也，生於石紐』。」括地志云：「茂州汶川縣石紐山，在縣西七十三里。華陽國志云『今夷人共營其地，方百里不敢居牧，至今猶不敢放六畜』。」按：廣柔，隋改曰汶川。【考證】禹，名。文命，徽號。説已詳五帝紀。

〔三〕【索隱】皇甫謐云：「鯀，帝顓頊之子，字熙。」又連山易云「鯀封於崇」，故國語謂之「崇伯鯀」。系本亦以鯀爲顓頊子。漢書律曆志則云「顓頊五代而生鯀」。按：鯀既仕堯與舜，代系殊懸，舜即顓頊六代孫，則鯀非是顓頊之子。蓋班氏之言，近得其實。

〔四〕【考證】以上本帝繫篇。劉知幾曰：顓頊紀中已具云黄帝是顓頊祖矣，此篇下云禹是顓頊孫，則其上不得更言黄帝之玄孫。張照曰：夏本紀「禹之父曰鯀，鯀之父曰帝顓頊」，五帝紀「瞽叟父曰橋牛，橋牛父曰句望，句望父曰敬康，敬康父曰窮蟬，窮蟬父曰帝顓頊」，是禹爲帝顓頊之孫，而舜爲帝顓頊六世孫矣。禹爲舜之高祖行，得相見已屬僅事，必年大長於舜矣。乃舜命禹治水時，禹方娶塗山之女，復受舜禪，十七年而崩於會稽，則禹年幼於舜又可知。豈理也哉！歐陽修辭而闢之當矣。

當帝堯之時，鴻水滔天，浩浩懷山襄陵，下民其憂。〔一〕堯求能治水者，羣臣四嶽皆曰鯀可。堯曰：「鯀爲人負命毀族，不可。」四嶽曰：「等之未有賢於鯀者，願帝試之。」於是堯聽四嶽，用鯀治水。九年而水不息，功用不成。於是帝堯乃求人，更得舜。舜登用，攝行天子之政，巡狩行視鯀之治水無狀，〔二〕乃殛鯀於羽山以死。〔三〕天下皆以舜之誅爲是。於是舜舉鯀子禹，而使續鯀之業。

〔一〕【索隱】一作「洪」。鴻，大也。以鳥大曰鴻，小曰鴈，故近代文字大義者皆作「鴻」也。

〔二〕【索隱】言無功狀。

〔三〕【正義】殛，音紀力反。鯀之羽山，化爲黃(熊)〔能〕，入于羽淵。(熊)〔能〕，音乃來反，下三點爲三足也。束皙發蒙紀云：「鼈三足曰(熊)〔能〕。」

堯崩，帝舜問四嶽曰：「有能成美堯之事者，使居官？」皆曰：「伯禹爲司空，可成美堯之功。」舜曰：「嗟，然！」命禹：「女平水土，維是勉之。」禹拜稽首，讓於契、后稷、皋陶。舜曰：「女其往視爾事矣。」〔一〕

〔一〕【考證】以上采堯典。「巡狩行視鯀之治水無狀」，史公以意增。

禹爲人敏給克勤；其悳不違，其仁可親，其言可信；聲爲律，〔一〕身爲度，〔二〕稱以出；〔三〕亹亹穆穆，爲綱爲紀。〔四〕

〔一〕【索隱】言禹聲音應鍾律。

〔二〕【集解】王肅曰：「以身爲法度。」【索隱】按：今巫猶稱「禹步」。

〔三〕【集解】徐廣曰：「一作『士』。」【索隱】按：大戴禮見作「士」。又一解云，上文聲與身爲律度，則權衡亦出於其身，故云「稱以出」也。【正義】言出教命，皆合衆心，是「稱以出」也。「出」一作「士」。按：稱者衣服也，禹服緇衣纁裳，是士之祭服也。孝經鉤命決云「禹吾無閒然矣，菲飲食而致孝乎鬼神，惡衣服而致美乎黻冕」，是也。其義亦通，不及「出」字之義也。【考證】律，律呂也。度，尺度也。稱，適事之宜也。出猶爲也，行也。言聲之高下疾徐合於律呂，身之進退屈伸合於尺度，皆稱其宜而行也。

〔四〕【考證】以上采五帝德。

禹乃遂與益、后稷奉帝命，命諸侯百姓興人徒以傅土，行山表木，〔一〕定高山大川。〔二〕禹傷先人父鯀功之不成受誅，乃勞身焦思，居外十三年，過家門不敢入。〔三〕薄衣食，致孝于鬼神。〔四〕卑宮室，致費於溝淢。〔五〕陸行乘車，水行乘船，泥行乘橇，〔六〕山行乘檋。〔七〕左準繩，右規矩，〔八〕載四時，〔九〕以開九州，通九道，〔一〇〕陂九澤，度九山。〔一一〕令益予衆庶稻，可種卑溼。命后稷予衆庶難得之食。食少，調有餘相給，以均諸侯。〔一二〕禹乃行相地宜所有以貢，及山川之便利。

〔一〕【集解】尚書「傅」字作「敷」。馬融曰：「敷，分也。」【索隱】尚書作「敷土隨山刊木」。今案：大戴禮作「傅土」，故此紀依之。傅即付也，謂付功屬役之事。若尚書作「敷」，敷，分也，謂令人分布理九州之土地也。表木，謂刊木立爲表記，與孔注書意異。

〔二〕【集解】馬融曰：「定其差秩祀禮所視也。」駰案：尚書大傳曰「高山大川，五嶽、四瀆之屬」。【考證】以上采尚書禹貢、孟子滕文公篇。「命諸侯百姓興人徒」八字，史公以意增。

〔三〕【考證】張文虎曰：「父鯀」疑衍。御覽引作「禹傷先人之功不成受誅」。梁玉繩曰：此及河渠書及漢書溝洫志皆言禹在外十三年，與孟子言八年異。

〔四〕【集解】馬融曰：「祭祀豐絜。」

〔五〕【集解】包氏曰：「方里爲井，井閒有溝，溝廣深四尺。十里爲成，成閒有淢，淢廣深八尺。」【考證】「薄衣食」以下，采論語泰伯篇。中井積德曰：此論語論其爲天子之事也，史援引失次。愚按：包說據周考工記，然可以概夏制。

〔六〕【集解】徐廣曰：「他書或作『蕝』。」駰案：孟康曰「橇形如箕，擿行泥上」。如淳曰「橇，音『茅蕝』之『蕝』。謂以板置其泥上，以通行路也」。【正義】按：橇形如船而短小，兩頭微起，人曲一脚，泥上擿進，用拾泥上之物。今杭州、温州海邊有之也。擿，天歷反。今乘船，猶云擿舡也。

〔七〕【集解】徐廣曰：「檋，一作『橋』，音丘遥反。」駰案：如淳曰「檋車，謂以鐵如錐頭，長半寸，施之履下，以上山不蹉跌也」。又音紀録反。【正義】按：上山，前齒短，後齒長；下山，前齒長，後齒短也。檋音與上同也。

【考證】「陸行乘車」以下，釋尚書皋陶謨「予乘四載」也。張文虎曰：山行乘檋，漢書溝洫志「檋」作「梮」，如淳云「以鐵如錐頭，長半寸，施之履下，以上山」。據此，則今之屐也。檋、梮同，紀録反，今音屐，爲渠戟反，蓋其轉音。河渠書作「橋」，疑「屩」之借字。説文「屩，屐也」；「屐，屩也」。是橋亦屐矣。

〔八〕【集解】王肅曰：「左右，言常用也。」【索隱】左，所運用堪爲人之準繩；右，所舉動必應規矩也。

〔九〕【集解】王肅曰：「所以行，不違四時之宜也。」【考證】張文虎曰：準所以求平，繩所以求直，規矩所以求高低遠近，治水者宜測量地形水勢以施功，故一日不可離。又曰：四時，此謂測中星，候晷景漏刻，定方向四時，當時亦必有其器，故云「載」。周禮太史「抱天時，與太師同車」，蓋亦其器。姚鼐曰：四時，四方之時也。蓋指南之法，禹時已有。其時道路不通，非以候時日定方嚮不能行也。

〔一〇〕【正義】通達九州之道路也。

〔一一〕【正義】釋名曰：「山者産也。」按：洪水已去，九州之山川所生物産，視地所宜，商而度之，以致貢賦也。

〔一二〕【考證】「左準繩」以下采五帝德文。

〔一三〕【考證】以上本尚書皋陶謨。楓、三、南本「令」作「命」。梁玉繩曰：尚書曰「暨益奏庶鮮食，暨稷播，奏庶艱食鮮食」。此不言鮮食，而以益、稷皆奏庶艱食者，誤也。下文言「與益予衆庶稻」，亦非。

禹行自冀州始。冀州：既載〔一〕壺口，治梁及岐。〔二〕既脩太原，至于嶽陽。〔三〕覃懷致功，〔四〕至於衡漳。〔五〕其土，白壤；〔六〕賦，上上錯；〔七〕田，中中。〔八〕常、衛既從，大陸既爲。〔九〕鳥夷皮服。〔一〇〕夾右碣石，入于海。〔一一〕

〔一〕【集解】孔安國曰：「堯所都也。先施貢賦役，載於書也。」鄭玄曰：「兩河閒曰冀州。」【正義】按：理水及貢賦從帝都爲始也。黄河自勝州東，直南至華陰，即東至懷州南，又東北至平州碣石山入海也。東河之西，西河之東，南河之北，皆冀州也。

〔二〕【集解】鄭玄曰：「地理志，（壼）〔壺〕口山在河東北屈縣之東南，梁山在左馮翊夏陽，岐山在右扶風美陽。」【索隱】鄭玄曰：「地理志，（壼）〔壺〕口山在河東北屈縣之東南，梁山在左馮翊夏陽，岐山在右扶風美陽。」【正義】括地志云：「（壼）〔壺〕口山，在慈州吉昌縣西南五十里，冀州境也。梁山，在同州韓城縣東南十九里。岐山，在岐州岐山縣東北十里，二山雍州境也。」孔安國曰：「從東循山，理水而西也。」【考證】何（倬）〔焯〕曰：史、漢皆以「既載」爲句。又曰：鄭康成釋禹貢，惟以漢地理志爲據，是先儒之精慎也。陳仁錫曰：「冀州」句，「既載（壼）〔壺〕口」句，「治梁及岐」句。載，始也。梁、岐皆冀州山，鄭注誤。張文虎曰：（壼）〔壺〕口集解全同索隱。小司馬注本以補裴，不當相襲，蓋傳寫錯亂，今不能別，各仍之。後放此，不復記。

〔三〕【集解】孔安國曰：「太原今爲郡名。太嶽在太原西南。山南曰陽。」【索隱】嶽，太嶽，即冀州之鎮霍太山也。按：地理志，霍太山在河東彘縣東。凡如此例，不引書者，皆地理志文也。【正義】括地志云：「霍太山，在沁州沁原縣西七八十里。」

〔四〕【集解】孔安國曰：「覃懷，近河地名。」鄭玄曰：「懷縣屬河內。」【索隱】按：河內有懷縣，今驗地無名「覃」者，蓋「覃懷」二字或當時共爲一地之名。

〔五〕【集解】孔安國曰：「漳水橫流。」【索隱】案：孔注以衡爲横，非。王肅云「衡、漳，二水名。」地理志，清漳水出上黨沾縣東北，至阜城縣入河。濁漳水，出上黨長子縣，東至鄴入清漳也。【正義】括地志云：「故懷城在懷州武陟縣西十一里。衡漳水在瀛州東北百二十五里平舒縣界也。」衡，音横。

〔六〕【集解】孔安國曰：「土無塊曰壤。」

〔七〕【集解】孔安國曰：「上上，第一。錯，雜也，雜出第二之賦。」

〔八〕【集解】孔安國曰：「九州之中，爲第五。」

〔九〕【集解】鄭玄曰：「地理志，恒水出恒山，衛水在靈壽，大陸澤在鉅鹿。」【索隱】此文改恒山、恒水皆作「常」，避漢文帝諱故也。常水，出常山上曲陽縣，東入滱水。衛水，出常山靈壽縣，東入虖沱。郭璞云「大陸，今鉅鹿北廣河澤是已」。爲亦作也。【正義】水去大陸以成澤。

〔一〇〕【集解】鄭玄曰：「鳥夷，東(北)〔方〕之民搏食鳥獸者。」孔安國曰：「服其皮，明水害除。」【正義】括地志云：「靺鞨國，古肅慎也，在京東北萬里已下，東及北各抵大海。其國南有白山，鳥獸草木皆白。其人處山林閒，土氣極寒，常爲穴居，以深爲貴，至接九梯。養豕，食肉，衣其皮，冬以豬膏塗身，厚數分，以禦風寒。貴臭穢不絜，作廁於中，圜之而居。多勇力，善射。弓長四尺，如弩，矢用楛，長一尺八寸，青石爲鏃。葬則交木作椁，殺豬積椁上，富者至數百，貧者數十，以爲死人之糧。以土上覆之，以繩繫於椁，頭出土上，以酒灌酹，繩腐而止，無四時祭祀也。」【考證】鳥讀爲「島」。古「島」作「鳥」。今本尚書作「島」者蓋後人依孔傳改。集解所引鄭注可證。

〔一一〕【集解】孔安國曰：「碣石，海畔之山也。」徐廣曰：「海，一作『河』。」【索隱】地理志云「碣石山，在北平驪城縣西南」。太康地理志云「樂浪遂城縣有碣石山，長城所起」。又水經云「在遼西臨渝縣南水中」。蓋碣石山有二，此云「夾右碣石入于海」，當是北平之碣石。【考證】梁玉繩曰：「海」字誤，徐廣曰「一作『河』」是也。禹貢及漢地理志作「河」。崔述曰：碣石，海畔之山。島夷在渤海東，其貢必由海，乃入于河。而海道漫瀾無可指，故以山誌曰「夾右碣石」而西行，然後入于河也。皮服，鳥夷所貢。又曰：尚書禹貢，篇名以「貢」，紀貢制也。「貢」冠以「禹」，誌禹功也。水土既平，經制既定，天下諸侯，懷帝之德，感禹之勤，已各擇其土宜之貴重者，以薦於帝畿，以致其愛戴之誠。史臣因而紀之於册，以表禹之功，以見舜德之盛。是故九州之文，皆主言貢。篚亦貢也，包亦貢也，貢之盛於篚包者也。有賦而後有貢，賦者庶人所以奉國君，貢者國君所以奉天子也。故以賦先之。有田而後有賦，有土而後有田，故又以土與田先之。然使九山未刊，九川未滌，九澤未陂，何由辨土之色與性，而況於田賦貢乎？故又以平水土之事先之。水土之平，往日事也，故其文曰「既載」、「既修」、「既作」，於山則曰「既藝」、「既旅」，於水則曰「既道」、「既入」，於澤則曰「既澤」、「既豬」，皆以明其爲前日之事，而因原貢所由致，故追溯之也。每州爲一章，章各分三節：第一節，平水土之事；第二節，土田賦之别；第三節，貢篚包之制。而以冀州域始之，以識貢道終之。此九州之章法次第也。愚按：以上叙冀州。又案：古來注尚書者數十百家，而朱鶴齡長箋、胡渭錐指、丁晏集釋諸書，專解禹貢，採摭繁富，討論詳明，讀史者就而究之可也。

濟、河維沇州：〔一〕九河既道，〔二〕雷夏既澤，雍、沮會同，〔三〕桑土既蠶，於是民得下丘居土。〔四〕其土黑墳，〔五〕草繇木條，〔六〕田，中下，〔七〕賦貞，作十有三年乃同。〔八〕其貢漆絲，其篚織文。〔九〕浮於濟、漯，通於河。〔一〇〕

〔一〕【集解】鄭玄曰：「言沇州之界在兩水之閒。」【考證】錢大昕曰：沇州本以沇水得名，尚書作「兖州」，由隸變立「水」爲横「水」，在上，又誤「☵」爲「六」耳。

〔二〕【集解】馬融曰：「九河名：徒駭、太史、馬頰、覆釜、胡蘇、簡、絜、鉤盤、鬲津。」

〔三〕【集解】鄭玄曰：「雍水、沮水相觸而合，入此澤中。地理志曰，雷澤在濟陰城陽縣西北。」【索隱】爾雅云「水自河出爲雍」也。【正義】括地志云：「雷夏澤，在濮州雷澤縣郭外西北。雍、沮二水，在雷澤西北平地也。」

〔四〕【集解】孔安國曰：「大水去，民下丘居平土，就桑蠶。」【考證】何焯曰：兗地勢下，俟水地畢乾，後乃可濬畎澮、畫井疆也。

〔五〕【集解】孔安國曰：「色黑而墳起。」

〔六〕【集解】孔安國曰：「繇，茂；條，長也。」

〔七〕【集解】孔安國曰：「第六。」

〔八〕【集解】鄭玄曰：「貞，正也。治此州，正作不休，十三年，乃有賦，與八州同，言功難也。其賦下下。」

〔九〕【集解】孔安國曰：「地宜漆林，又宜桑蠶。織文，錦綺之屬，盛之筐篚而貢焉。」

〔一〇〕【集解】鄭玄曰：「地理志云，漯水出東郡東武陽。」【索隱】濟水出河東垣縣王屋山，其流東至濟陰，故應劭云「濟水出平原漯陰縣東，漯水出東郡東武陽縣北，至千乘縣而入于海」。【考證】以上敘沇州。

海岱維青州：〔一〕嵎夷既略，〔二〕濰、淄其道。〔三〕其土白墳，海濱廣潟；〔四〕厥田斥鹵。〔五〕田，上下；賦，中上。〔六〕厥貢，鹽絺，海物維錯，〔七〕岱畎絲、枲、鉛、松、怪石，〔八〕萊夷爲牧。〔九〕其篚酓絲。〔一〇〕浮於汶，通於濟。〔一一〕

〔一〕【集解】鄭玄曰：「東自海，西至岱。東嶽曰岱山。」【正義】按：舜分青州，爲營州、遼西及遼東。

〔二〕【集解】馬融曰：「嵎夷，地名。用功少曰略。」【索隱】孔安國云：「東表之地稱嵎夷。」按：今文尚書及帝命驗並作「禺鐵」，在遼西。鐵，古「夷」字也。【考證】古鈔本「嵎」字從土，與札記所引宋本、舊刻本合，古文也。索隱本作「嵎」，蓋後人依今文改，見尚書撰異。

〔三〕【集解】鄭玄曰：「地理志，濰水出琅邪，淄水出泰山萊蕪縣原山。」【索隱】濰水出琅邪箕縣，北至都昌縣入海。淄水出泰山萊蕪縣原山北，東至博昌縣入濟也。【正義】括地志云：「密州莒縣濰山，濰水所出。淄川，淄川縣東北七十里原山，淄水所出。俗傳云，禹理水功畢，土石黑，數里之中波若漆，故謂之淄水也。」

〔四〕【集解】徐廣曰：「一作『澤』，又作『斥』。」

〔五〕【集解】鄭玄曰：「斥，謂地鹹鹵。」【索隱】鹵音魯。說文云：「鹵，鹹地。東方謂之斥，西方謂之鹵。」【考證】錢大昕曰：上文既有「海濱廣潟」句，「斥」與「潟」文異義同，不當重出。禹貢、漢志皆無之，此後人妄增。史記引禹貢「厥」皆作「其」，此獨作「厥」，此亦其一證。愚按：王念孫說同。楓、三本索隱「鹵」下有「可煮爲鹽者也」六字。

〔六〕【集解】孔安國曰：「田第三，賦第四。」

〔七〕【集解】孔安國曰：「絺，細葛。錯，雜，非一種。」鄭玄曰：「海物，海魚也。魚種類尤雜。」【考證】依文例「厥」當作「其」。

〔八〕【集解】孔安國曰：「畎，谷也。怪異，好石似玉者。岱山之谷，出此五物，皆貢之。」

〔九〕【集解】孔安國曰：「萊夷，地名，可以牧放。」【索隱】按：左傳云「萊人劫孔子」，孔子稱「夷不亂華」，又云「齊侯伐萊」，服虔以爲東萊黄縣，是。今按：地理志黄縣有萊山，恐即此地之夷。

〔一〇〕【集解】孔安國曰：「酓，桑蠶絲中爲琴瑟弦。」【索隱】爾雅云「檿，山桑」，是蠶食檿之絲也。

〔一一〕【集解】鄭玄曰：「地理志，汶水出泰山萊蕪縣原山，西南入濟。」【考證】以上敘青州。

海岱及淮維徐州：〔一〕淮、沂其治，蒙、羽其蓺。〔二〕大野既都，〔三〕東原底平。〔四〕其土赤埴墳，〔五〕草木漸包。〔六〕其田上中，賦中中。〔七〕貢，維土五色，〔八〕羽畎夏狄，〔九〕嶧陽孤桐，〔一〇〕泗濱浮磬，〔一一〕淮夷蠙珠臮魚，〔一二〕其篚玄纖縞。〔一三〕浮于淮、泗，〔一四〕通于河。〔一五〕

〔一〕【集解】孔安國曰：「東至海，北至岱，南及淮。」

〔二〕【集解】鄭玄曰：「地理志，沂水出泰山蓋縣。蒙、羽，二山名。」孔安國曰：「二水已治，二山可以種蓺。」【索隱】水經云，淮水出南陽平氏縣胎簪山，東北過桐柏山。沂水出泰山蓋縣艾山，南過下邳縣入泗。蒙山在泰山蒙陰縣西南。羽山在東海祝其縣南，殛鯀之地。

〔三〕【集解】鄭玄曰：「大野在山陽鉅野北，名鉅野澤。」孔安國曰：「水所停曰都。」【考證】尚書「都」作「豬」。

〔四〕【集解】鄭玄曰：「東原，地名。今東平郡即東原。」【索隱】張華博物志云：「兖州東平郡，即尚書之東原也。」【正義】廣平曰原。徐州在東，故曰東原。水去已致平復，言可耕種也。【考證】依文例，「底」當作「致」。下同。

〔五〕【集解】徐廣曰：「埴，黏土也。」

〔六〕【集解】孔安國曰：「漸，長進；包，叢生也。」

〔七〕【集解】孔安國曰：「田第二，賦第五。」

〔八〕【集解】鄭玄曰：「土五色者，所以爲大社之封。」【正義】韓詩外傳云：「天子社廣五丈，東方青，南方赤，西方白，北方黑，上冒以黄土。將封諸侯，各取方土，苴以白茅，以爲社也。」太康地記云：「城陽姑幕有五色土，封諸侯，錫之茅土，用爲社。此土即禹貢徐州土也。今屬密州莒縣也。」【考證】中井積德曰：土五色，爲墁繪之用也。

〔九〕【集解】孔安國曰：「夏狄，狄，雉名也。羽中旌旄，羽山之谷有之。」

〔一〇〕【集解】孔安國曰：「嶧山之陽，特生桐，中琴瑟。」鄭玄曰：「地理志，嶧山在下邳。」【正義】括地志云：「嶧山，在兖州鄒縣南二十二里。鄒山記云『鄒山，古之嶧山，言絡繹相連屬也。今猶多桐樹』。」按：今獨生桐，尚徵，一偏似琴瑟。

〔一一〕【集解】孔安國曰：「泗水涯水中見石，可以爲磬。」鄭玄曰：「泗水出濟陰乘氏也。」【正義】括地志云：「泗水至彭城呂梁，出石磬。」

〔一二〕【集解】孔安國曰：「淮、夷二水出蠙珠及美魚。」鄭玄曰：「淮夷，淮水之上夷民也。」【索隱】按：尚書云「徂兹淮夷，徐戎並興」，今徐州言淮夷，則鄭解爲得。蠙，一作「玭」，並步玄反。臮，古「暨」字。臮，與也。言夷人所居水之處有此蠙珠與魚也。又作「濱」。濱，畔也。

〔一三〕【集解】鄭玄曰：「纖，細也。祭服之材尚細。」【正義】玄，黑。纖，細。縞，白繒。以細繒染爲黑也。

〔一四〕【正義】括地志云：「泗水源在兗州泗水縣東陪尾山。其源有四道，因以爲名。」

〔一五〕【考證】何焯曰：河讀曰「(荷)〔菏〕」。説文「(荷)〔菏〕」字下注云「(荷)〔菏〕澤，在山陽胡陵，禹貢『浮于淮泗達於(荷)〔菏〕』」。乃作「河」者，乃寡學者因經文之訛而妄改也。愚按：説詳禹貢錐指、史記志疑。以上叙徐州。

淮、海維揚州：〔一〕彭蠡既都，陽鳥所居。〔二〕三江既入，〔三〕震澤致定。〔四〕竹箭既布。〔五〕其草惟夭，其木惟喬，〔六〕其土塗泥。〔七〕田，下下，賦，下上，上雜。〔八〕貢，金三品，〔九〕瑶、琨、竹箭，〔一〇〕齒、革、羽、旄，〔一一〕島夷卉服。〔一二〕其篚織貝，〔一三〕其包橘、柚。錫貢。〔一四〕均江海，通淮、泗。〔一五〕

〔一〕【集解】孔安國曰：「北據淮，南距海。」

〔二〕【集解】鄭玄曰：「地理志，彭蠡澤在豫章彭澤西。」孔安國曰：「隨陽之鳥，鴻鴈之屬，冬月居此澤也。」【索隱】都，古(交)〔文〕尚書作「豬」。孔安國云「水所停曰豬」。鄭玄云「南方謂都爲豬」，則是水聚會之義。【正義】蠡，音禮。括地志云：「彭蠡湖，在江州潯陽縣東南五十二里。」

〔三〕【索隱】韋昭云：「三江，謂松江、錢唐江、浦陽江。」今按：地理志有南江、中江、北江，是爲三江。其南江從會稽吳縣南，東入海。中江從丹陽蕪湖縣西南，東至會稽陽羡縣入海。北江從會稽毗陵縣北，東入海。故下文「東爲中江」，又「東爲北江」，孔安國云「有北有中，南可知也」。

〔四〕【集解】孔安國曰：「震澤，吳南太湖名。言三江已入，致定爲震澤。」【索隱】震，一作「振」。地理志，會稽吳縣「故周泰伯所封國，具區在其西，古文以爲震澤」。又左傳稱「笠澤」，亦謂此也。【正義】澤在蘇州西南四十五里。三江者，在蘇州東南三十里，名三江口。一江，西南上七十里至太湖，名曰松江，古笠澤江；一江，東南上七十里至白蜆湖，名曰上江，亦曰東江；一江，東北下三百餘里入海，名曰下江，亦曰婁江：於其分處號曰三江口。顧夷吳地記云「松江東北行七十里，得三江口。東北入海爲婁江，東南入海爲東江，并松江爲三江」，是也。言理三江入海，非入震澤也。按太湖西南湖州諸溪從天目山下，西北宣州諸山有溪，並下太湖。太湖東北流，各至三江口入海。其湖無通彭蠡湖及太湖處，並阻山陸。諸儒及地志等解「三江既入」，皆非也。周禮職方氏云「揚州藪曰具區，川曰三江」。按：五湖、三江者，韋昭注非也。其源俱不通太湖，引解「三江既入」，失之遠矣。五湖者，菱湖、游湖、莫湖、貢湖、胥湖，皆太湖東岸，五灣爲五湖，蓋古時應別，今並相連。菱湖在莫釐山東，周迴三十餘里，西口闊二里，其口南則莫釐山，北則徐侯山，西與莫湖連。莫湖在莫釐山西及北，北與胥湖連，胥湖在胥山西，南與莫湖連：各周迴五六十里，西連太湖。游湖在北二十里，在長山東，湖西口闊二里，其口東南岸樹里山，西北岸長山，湖周迴五六十里。貢湖在長山西，其口闊四五里，口東南長山，山南即山陽村，西北連常州無錫縣老岸，湖周迴一百九十里，已上湖身向東北，長七十餘里。兩湖西亦連太湖。河渠書云「於吳則通渠三江、五湖」，貨殖傳云「夫吳有三江、五湖之利」，又太史公自敘傳云「登姑蘇，望五湖」，是也。

〔五〕【集解】孔安國曰：「水去布生。」

〔六〕【集解】少長曰夭。喬，高也。【考證】依文例「其」字、「惟」字當削。段玉裁曰：地理志無，後人增之。

〔七〕【集解】馬融曰：「漸洳也。」

〔八〕【集解】孔安國曰：「田第九，賦第七，雜出第六。」

〔九〕【集解】孔安國曰：「金、銀、銅。」鄭玄曰：「銅三色也。」

〔一〇〕【集解】孔安國曰：「瑶，琨，皆美玉也。」

〔一一〕【集解】孔安國曰：「象齒、犀皮、鳥羽、旄牛尾也。」【正義】周禮考工記云：「犀甲七屬，兕甲六屬。」郭云：「犀似水牛，豬頭，大腹，庳腳，橢角，好食棘也。亦有一角者。」按：西南夷常貢旄牛，尾爲旌旗之飾，書詩通謂之旄。故尚書云「右秉白旄」，詩云「建旐設旄」，皆此牛也。【考證】「羽旄」下，禹貢有「維木」二字。此及漢志無之，可以正今書之訛。

〔一二〕【集解】孔安國曰：「南海島夷草服葛越。」【正義】括地志云：「百濟國西南渤海中有大島十五所，皆邑落有人居，屬百濟。」又倭國，武皇后改曰日本國，在百濟南，隔海依島而居，凡百餘小國。此皆揚州之東島夷也。按：東南之夷，草服葛越，焦竹之屬，越即苧祁也。【考證】史記原本「島」作「鳥」，此後人所改，上文可證。中井積德曰：日本必不在此列，注誤。

〔一三〕【集解】孔安國曰：「織，細繒也。貝，水物也。」鄭玄曰：「貝，錦名也。詩云『成是貝錦』。凡織者，先染其絲，織之即成矣。」【考證】集解「細繒」，書傳作「細紵」。書疏引鄭注「成」下有「文」字。愚按：織貝，鄭説近是。

〔一四〕【集解】孔安國曰：「小曰橘，大曰柚。錫命乃貢，言不常也。」鄭玄曰：「有錫則貢之，或時乏，則不貢。錫所以柔金也。」【考證】錫貢，孔義爲長。皮錫瑞云：史記「錫大龜」、「錫土姓」，皆改作「賜」，惟此與（與）「錫貢磬（錫）（錯）」作「錫」，是今文説，亦當爲「貢錫」。皮説與鄭同。愚按：史下文云「帝錫禹玄圭」，宋微子世家云「天乃錫禹鴻範九等」，史公未必悉改「錫」作「賜」，皮説未得。

〔一五〕【集解】鄭玄曰：「均，讀曰『沿』。沿，順水行也。」【考證】以上敘揚州。沈濤曰：禹貢「沿于江海」，釋文云，「沿」鄭本作「松」，「松」當作「沿」，馬本作「均」，云均平。按史記夏本紀、漢書地理志皆作「均」，與馬本同，可見古文作「均」不作「沿」。集解引鄭玄曰「均讀曰『沿』」，是鄭本亦作「均」。

荆及衡陽維荆州：〔一〕江、漢朝宗于海。〔二〕九江甚中，〔三〕沱、涔已道，〔四〕雲土、夢爲治。〔五〕其土塗泥，田下中，賦上下。〔六〕貢羽、旄、齒、革，金三品，杶、榦、栝、柏，〔七〕礪、砥、砮、丹，〔八〕維箘簵、楛，〔九〕三國致貢其名，〔一〇〕包匭菁茅。〔一一〕其篚玄纁璣組，〔一二〕九江入賜大龜。〔一三〕浮于江、沱、涔、于漢，踰于雒，至于南河。〔一四〕

〔一〕【集解】孔安國曰：「北據荆山，南及衡山之陽。」

〔二〕【集解】孔安國曰：「二水經此州而入海，有似於朝，百川以海爲宗。宗，尊也。」【正義】括地志云：「江水源出岷州南岷山，南流至益州，即東南流入蜀，至瀘州東流，經三峽過荆州，與漢水合。孫卿子云『江水其源可以濫觴』也。」又云：「漢水源出梁州金牛縣東二十八里嶓冢山。」

〔三〕【集解】孔安國曰：「江於此州界，分爲九道，甚得地勢之中。」鄭玄曰：「地理志，九江在尋陽南，皆東合爲大江。」【索隱】按：尋陽記，九江者，烏江、蚌江、烏白江、嘉靡江、沙江、畎江、廩江、隄江、箘江。又張須九江圖所載有三里、五畎、烏土、白蚌。九江之名不同。【考證】尚書「中」作「殷」。河渠書云：「太史公曰：余南登廬山，觀禹疏九江。」江聲曰：「中，猶言水由地中行也。」孫星衍曰：「九江在豫章，非荆州水，而水經云『沔至江夏沙羨縣北，南入于江。沔水與江合流，又東過彭蠡澤』，是九江入此澤而合大江，故云『甚中』。」皮錫瑞曰：「禹貢所言，必合治水源流，施功次序，非必一州之水不可旁及他州。冀州云『治梁及岐』，梁岐即不在冀州境。」合觀諸說，亦可無疑於九水不屬荆州矣。

〔四〕【集解】孔安國曰：「沱，江別名。涔，水名。」鄭玄曰：「水出江爲沱，漢爲涔。」【索隱】涔，亦作「潛」。沱，出蜀郡郫縣西，東入江。潛出漢中安陽縣直西，北入漢。故爾雅云「水自江出爲沱，漢出爲潛」。【正義】括地志云：「繁江水受郫江。禹貢曰『岷山導江，東別爲沱』，源出益州新繁縣。潛水一名復水，今名龍門水，源出利州緜谷縣東龍門山大石穴下也。」

〔五〕【集解】孔安國曰：「雲夢之澤在江南，其中有平土丘，水去可爲耕作畎畝之治。」【索隱】夢，一作「瞢」，鄒誕生又音蒙。案：雲土、夢本二澤名，蓋人以二澤相近，或合稱雲夢耳。知者，據左傳云，楚子濟江入于雲中，又楚子、鄭伯田于江南之夢，則是二澤各別也。韋昭曰：「雲土今爲縣，屬江夏南郡華容。」今按：地理志云江夏有雲杜縣，是其地。【考證】張文虎曰：「雲土夢」，柯、凌本與索隱本合，錢大昕三史拾遺引淳熙耿秉本同，館本作「雲夢土」，辨見撰異。李笠曰：「夢」字衍。雲土即雲杜，爲漢江夏雲杜縣。

〔六〕【集解】孔安國曰：「田第八，賦第三。」

〔七〕【集解】鄭玄曰：「四木名。」孔安國曰：「榦，拓也。柏葉松身曰栝。」

〔八〕【集解】孔安國曰：「砥，細於礪，皆磨石也。砮，石中矢鏃。丹，朱類也。」

〔九〕【集解】徐廣曰：「一作『箭足杆』。杆即楛也，音怙。箭足者，矢鏃也。或以箭足訓釋箘簬乎？」駰案：鄭玄曰「箘簬，聆風也」。

〔一〇〕【集解】馬融曰：「言箘簬、楛，三國所致貢，其名善也。」

〔一一〕【集解】鄭玄曰：「匭，纏結也。菁茅，茅有毛刺者，給宗廟縮酒。重之，故包裹又纏結也。」【正義】括地志云：「辰州盧溪縣西南三百五十里，有包茅山。武陽記云『山際出包茅，有刺而三脊，因名包茅山』。」

〔一二〕【集解】孔安國曰：「此州染玄纁，色善，故貢之。璣，珠類，生於水中。組，綬類也。」

〔一三〕【集解】孔安國曰：「尺二寸曰大龜，出於九江水中。龜不常用，賜命而納之。」

〔一四〕【考證】以上叙荆州。古鈔本「漢」上無「于」字，與禹貢及漢書地理志合。陳仁錫曰：此衍。

荆、河惟豫州：〔一〕伊、雒、瀍、澗，既入于河，〔二〕滎播既都，〔三〕道荷澤，被明都。〔四〕其土壤，下土墳壚。〔五〕田，中上；賦，雜上中。〔六〕貢，漆、絲、絺、紵。其篚纖絮，〔七〕錫貢磬錯。〔八〕浮於雒，達於河。〔九〕

〔一〕【集解】孔安國曰：「西南至荆山，北距河水。」【正義】括地志云：「荆山，在襄州荆山縣西八十里。韓子云『卞和得玉璞於楚之荆山』，即此也。」河，洛州北河也。

〔二〕【集解】孔安國曰：「伊出陸渾山，洛出上洛山，澗出澠池山，瀍出河南北山，四水合流而入河。」【索隱】伊水出弘農盧氏縣東，洛水出弘農上洛縣冢領山，瀍水出河南穀城縣簪亭北，澗水出弘農新安縣東，皆入于河。【正義】括地志云：「伊水，出虢州盧氏縣東巒山，東北流入洛。洛水，出商州洛南縣冢領山，東流經洛州郭內，又東合伊水。瀍水，出洛州新安縣東，南流至洛州郭內，南入洛。澗水，源出洛州新安縣東白石山，東北與穀水合流。經洛州郭內，東流入洛也。」

〔三〕【集解】孔安國曰：「滎，澤名。波水已成遏都。」【索隱】古文尚書作「滎波」，此及今文並云「滎播」。播是水播溢之義，滎是澤名。故左傳云，狄及衛戰於滎澤。鄭玄云：「今塞爲平地，滎陽人猶謂其處爲滎播。」【考證】古鈔、楓、三、南本「播」作「潘」。張文虎曰：宋本、舊刻作「潘」，與説文合。段注謂「潘」正字，「播」假借，是也。然小司馬謂播是播溢之義，則所見史文作「播」。

〔四〕【集解】孔安國曰：「荷澤在胡陵。明都，澤名，在河東北，水流泆覆被之。」【索隱】荷澤在濟陰定陶縣東。明都，音孟豬。孟豬澤在梁國睢陽縣東北。爾雅、左傳謂之「孟諸」，今文亦爲然，唯周禮稱「望諸」，皆此地之一名。【正義】括地志云：「荷澤，在曹州濟陰縣東北九十里定陶城東，今名龍池，亦名九卿陂。」【考證】理之曰「道某」，已理曰「某道」。

〔五〕【集解】孔安國曰：「壚，疏也。」馬融曰：「豫州地有三等，下者墳壚也。」

〔六〕【集解】孔安國曰：「田第四，賦第二，又雜出第一。」

〔七〕【集解】孔安國曰：「細緜也。」

〔八〕【集解】孔安國曰：「治玉石曰錯，治磬錯也。」

〔九〕【考證】以上敘豫州。古鈔、南化本「達」作「通」。錢大昕曰：史公引禹貢皆改「達」爲「通」。兗州云「通於河」，青州云「通於濟」，徐州云「通於河」，揚州云「通淮、泗」，獨豫州云「達」，此轉寫之誤。

華陽、黑水惟梁州：〔一〕汶、嶓既藝，〔二〕沱、涔既道，〔三〕蔡、蒙旅平，〔四〕和夷底績。〔五〕其土青驪。〔六〕田，下上；賦，下中三錯。〔七〕貢，璆、鐵、銀、鏤、砮、磬，〔八〕熊、羆、狐、貍、織皮。〔九〕西傾因桓是來，〔一〇〕浮于潛，踰于沔，〔一一〕入于渭，亂于河。〔一二〕

〔一〕【集解】孔安國曰：「東據華山之南，西距黑水。」【正義】括地志云：「黑水，源出梁州城固縣西北太山。」

〔二〕【集解】鄭玄曰：「地理志，岷山在蜀郡湔氐道，嶓冢山在漢陽西。」【索隱】汶，一作「崏」，又作「𡵨」。𡵨山，封禪書一云瀆山，在蜀都湔氐道西徼，江水所出。嶓冢山在隴西西縣，漢水所出也。【正義】括地志云：「岷山，在益州溢樂縣南一里，連緜至蜀二千里，皆名岷山。嶓冢山，在梁州金牛縣東二十八里。」湔，音子踐反。氏，音丁爰反。

〔三〕【集解】孔安國曰：「沱、潛發源此州，入荆州。」

〔四〕【集解】孔安國曰：「蔡、蒙，二山名。祭山曰旅。平，言治功畢也。」鄭玄曰：「地理志，蔡、蒙在漢嘉縣。」【索隱】此非徐州之蒙，在蜀郡青衣縣。青衣後改爲漢嘉。蔡山不知所在也。蒙，縣名。【正義】括地志云：「蒙山，在雅州嚴道縣南十里。」

〔五〕【集解】馬融曰：「和夷，地名也。」【考證】依文例，「底績」當作「致功」，下同。

〔六〕【集解】孔安國曰：「色青黑也。」【考證】尚書「驪」作「黎」。

〔七〕【集解】孔安國曰：「田第七，賦第八，雜出第七第九三等。」

〔八〕【集解】孔安國曰：「璆，玉名。」鄭玄曰：「黄金之美者謂之鏐。鏤，剛鐵，可以刻鏤也。」

〔九〕【集解】孔安國曰：「貢四獸之皮也。織皮，今罽也。」

〔一〇〕【集解】馬融曰：「治西傾山，因桓水是來，言無餘道也。」鄭玄曰：「地理志，西傾山在隴西臨洮。」【索隱】西傾在隴西臨洮縣西南。桓水出蜀郡岷山西南，行羌中入南海也。【正義】括地志云：「西傾山，今嵹臺山，在洮州臨潭縣西南三百三十六里。」【考證】朱熹曰：西傾雖在雍州，其人有事於京師者，必道取梁州，因桓水而來，故梁貢道及之。

〔一一〕【集解】孔安國曰：「漢上水爲沔。」鄭玄曰：「或謂漢爲沔。」【考證】楓、三本「潛」作「灊」，與漢志合。

〔一二〕【集解】孔安國曰：「正絶流曰亂。」【考證】王鳴盛曰：經例，由水而陸以入水曰「逾」，由水入水曰「入」。此經不可兩言逾，故變言入，非沔渭有相通之理。傅寅云「上言逾沔，可以該下而省文」，是也。金履祥曰：潛、沔于渭，無水道可通，必踰山而後入渭，史文當是「入于沔，踰于渭」，如荆州「踰于洛」之例。愚按：金説較長。

黑水、西河惟雍州：〔一〕弱水既西，〔二〕涇屬渭汭。〔三〕漆、沮既從，〔四〕（澧）〔灃〕水所同。〔五〕荆、岐已旅，〔六〕終南、敦物，至于鳥鼠。〔七〕原隰底績，至于都野。〔八〕三危既度，〔九〕三苗大序。〔一〇〕其土黄壤。田，上上；賦，中下。〔一一〕貢，璆、琳、琅、玕。〔一二〕浮于積石，至于龍門西

河，〔一三〕會于渭汭。〔一四〕織皮昆侖、析支、渠搜，西戎即序。〔一五〕

〔一〕【集解】孔安國曰：「西距黑水，東據河。龍門之河，在冀州西。」【索隱】地理志，益州滇池有黑水祠。鄭玄引地說云「三危山，黑水出其南」。山海經「黑水出崑崙墟西北隅」也。

〔二〕【集解】孔安國曰：「導之西流，至于合黎。」鄭玄曰：「衆水皆東，此獨西流也。」【索隱】按：水經云「弱水，出張掖删丹縣西北，至酒泉會水縣入合黎山腹」。山海經云「弱水，出崑崙墟西南隅」也。

〔三〕【集解】孔安國曰：「屬，逮也。水北曰汭。言治涇水入於渭也。」鄭玄曰：「地理志，涇水出安定涇陽。」【索隱】渭水出首陽縣鳥鼠同穴山。說文云：「水相入曰汭。」【正義】括地志云：「涇水，源出原州百泉縣西南笄頭山涇谷。渭水，源出渭州渭原縣西七十六里。鳥鼠山，今名青雀山。渭有三源，並出鳥鼠山，東流入河。」按：言理涇水及至渭水，又理漆、沮，亦從渭流，復理(澧)〔灃〕水，亦同入渭者也。

〔四〕【正義】括地志云：「漆水，源出岐州普潤縣東南岐山漆溪，東入渭。沮水，一名石川水，源出雍州富平縣東，入櫟陽縣南。漢高帝於櫟陽置萬年縣。十三州地理志云『萬年縣南有涇、渭，北有小河，即沮水也』。詩云，古公去邠度漆、沮，即此二水。」【考證】正義「十三州地理志」當作「十三州志」。愚按：十三州志，闞駰著。

〔五〕【集解】(澧)〔灃〕音豐。孔安國曰：「漆、沮之水，已從入渭。(澧)〔灃〕水所同，同于渭也。」【索隱】漆、沮，二水。漆水出右扶風漆縣西。沮水，地理志無文，而水經以沮水出北地直路縣，東過馮翊祋祤縣，入洛。說文亦以漆、沮各是一水名。孔安國獨以爲一，又云是洛水。(澧)〔灃〕水出右扶風鄠縣東南，北過上林苑。【正義】括地志云：「雍州鄠縣終南山，(澧)〔灃〕水出焉。」

〔六〕【集解】孔安國曰：「荆在岐東，非荆州之荆也。」【正義】括地志云：「荆山，在雍州富平縣，今名掘陵原。岐山，在岐州岐山縣東北十里。」尚書正義云：「洪水時，祭祀禮廢。已旅祭，言理水功畢也。」按：雍州荆山即黄帝及禹鑄鼎地也。襄州荆山縣西荆山即卞和得玉璞者。

〔七〕【集解】孔安國曰：「三山名，言相望也。」鄭玄曰：「地理志，終南、敦物皆在右扶風武功也。」【索隱】按：左傳中南山，杜預以爲終南山。地理志云「太一山，古文以爲終南，華山古文以爲敦物」，皆在扶風武功縣東。【正義】括地志云：「終南山一名中南山，一名太一山，一名南山，一名橘山，一名楚山，一名泰山，一名周南山，一名地肺山，在雍州萬年縣南五十里。」【考證】張文虎曰：索隱「華山」，漢志作「垂山」，蓋小司馬所見本誤。

〔八〕【集解】鄭玄曰：「地理志都野在武威，名曰休屠澤。」【正義】原隰，幽州地也。按：原，高平地也。隰，低下地也。言從渭州致功，西北至涼州都野、沙州三危山也。括地志云：「都野澤在涼州姑臧縣東北二百八十里。」

〔九〕【索隱】鄭玄引河圖及地說云「三危山在鳥鼠西南，與岐山相連」。度，劉伯莊音田各反，尚書作「宅」。

〔一〇〕【集解】孔安國曰：「西裔之山已可居，三苗之族大有次序，禹之功也。」【考證】云「三危既度，三苗大序」，則分北之後，蓋經數年。

〔一一〕【集解】孔安國曰：「田第一，賦第六，人功少。」

〔一二〕【集解】孔安國曰：「璆、琳，皆玉名。琅玕，石而似珠者。」

〔一三〕【集解】孔安國曰：「積石山在金城西南，河所經也。龍門山在河東之西界。」【索隱】積石在金城河關縣西南。龍門山在左馮翊夏陽縣西北。【正義】括地志云：「積石山，今名小積石，在河州枹罕縣西七里。河州，在京西一千四百七十二里。龍門山，在同州韓城縣北五十里。李奇云『禹鑿通河水處，廣八十步』。三秦記云『龍門水懸船而行，兩旁有山，水陸不通，龜魚集龍門下數千，不得上，上則爲龍，故云暴鰓點額龍門下』。」按：河在冀州西，故云西河也。禹發源河水小積石山，浮河東北下，歷靈、勝北而南行，至于龍門，皆雍州地也。

〔一四〕【正義】水經云「河水又南至潼關，渭水從西注之」也。

〔一五〕【集解】孔安國曰：「織皮，毛布。此四國在荒服之外，流沙之内。羌、髳之屬皆就次序，美禹之功及戎狄也。」【索隱】鄭玄以爲衣皮之人居昆侖、析支、渠搜，三山皆在西戎。王肅曰「昆侖在臨羌西，析支在河關西，西戎在西域」。王肅以爲地名，而不言渠搜。今按地理志，金城臨羌縣有昆侖祠，敦煌廣至縣有昆侖障，朔方有渠搜縣。【考證】以上叙雍州，併及西戎。逸周書王會解「正西昆侖、狗國、鬼親、祝已、翕耳、丹甸、雕題、離止、漆齒」，孔晁注「九者西戎之別名」。是西戎亦有昆侖也。五帝紀：「西戎、析支、渠廋、氐、羌。」渠廋即渠搜。愚按：「冀州既載」至此爲第一段，叙禹平九州水土，定土田賦貢之制。

道九山：〔一〕汧及岐，至于荆山，〔二〕踰于河；〔三〕壺口、雷首，〔四〕至于太嶽；〔五〕砥柱、析城，至于王屋；〔六〕太行、常山，至于碣石，入于海；〔七〕西傾、朱圉、鳥鼠，〔八〕至于太華；〔九〕熊耳、外方、桐柏，至于負尾；〔一〇〕道嶓冢，至于荆山；〔一一〕内方至于大别；〔一二〕汶山之陽，至于衡山，〔一三〕過九江，至于敷淺原。〔一四〕

〔一〕【索隱】汧、壺口、砥柱、太行、西傾、熊耳、嶓冢、内方、岐是九山也。古分爲三條，故地理志有北條之荆山。馬融以汧爲北條，西傾爲中條，嶓冢爲南條。鄭玄分四列，汧爲陰列，西傾次陰列，嶓冢爲陽列，岐山次陽列。【考證】梁玉繩曰：此「導九山」及下「道九川」之文，皆史公所增，本「九山刊旅，九川滌源」而立言也。索隱以汧、壺口、底柱、太行、西傾、熊耳、嶓冢、内方、岐爲九山，未知何據。夫禹之所導，自汧至敷淺原凡二十六，奚取于此九山。若謂舉其大者，則雷首、太岳、太華、外方、衡山，豈小阜乎？且蔡、蒙、荆、岐、終南、惇物、鳥鼠之旅，奚又不在此數，有以知其説之難通。至以黑、弱、河、瀁、江、沇、淮、渭爲九川，則據經立義，未可厚非。獨九澤缺而不注，余依禹貢采舊説補之曰：兖有雷夏，徐有大野，揚有彭蠡、震澤，荆有雲夢，豫有滎播、荷澤、孟豬，雍有豬野，是之謂九澤。惟九山莫定主名耳。愚按：九山，九州之山。九川，九州之川。

九澤，九州之澤。若此而已，梁説太拘。下文「九山」、「九川」，集解得之。崔述曰：導山凡兩章，其山分四重，由近而遠，由北而南。河、渭以北爲第一重：岍、岐至太岳爲西幹，底柱至碣石爲東幹。「壺口」二句，與冀之「壺口」、「太原」四句相表裏，「底柱」四句，與冀之「覃懷」、「恒、衛」四句相表裏。河、渭以南爲第二重：西傾以下爲西幹，熊耳以下爲東幹。淮、漢以南爲第三重：嶓冢爲西幹，内方爲東幹。江南爲第四重：惟岷山一幹耳。近者文詳，遠者文略。故岍、岐以下，所記凡十二山，西傾以下八，嶓冢以下四，岷山以下并數淺原乃三耳。猶導水之獨詳於河，九州之獨詳於冀也。

〔二〕【集解】鄭玄曰：「地理志，汧在右扶風也。」【索隱】汧，一作「岍」。按：有汧水，故其字或從「山」，或從「水」，猶岐山然也。地理志云，吴山在汧縣西，古文以爲汧山。岐山在右扶風美陽縣西北，荆山在岐州。

〔三〕【考證】崔述曰：蔡傳云「逾者禹自荆山而過於河也。孔氏以爲荆山之脈，逾河而爲壺口、雷首者，非是。禹之治水，隨山刊木，其所表識諸山之名，必其高大可以辨識疆域，廣博可以奠民居，故謹而書之，以見其施功之次第；初非有意推其脈絡之所自來也。」余按：導水諸章，文云「至于合黎」、「至于三危」者，水至之也；云「過三澨」、「過九江」者，水過之也；乃至云「迤」，云「會」，云「溢」，云「入」者，皆水也，非禹也；何獨導山諸章則「至」爲禹至之，「過」爲禹過之，「逾」爲禹逾之哉？文同説異，何以别焉？且禹八年於外，所至所過之地多矣。其來而復往，往而復來者，蓋不可以悉數，何以獨記此數章乎？山之脈絡，正與治水相表裏：欲使水之軌道，必先取地高下、左右、俯仰之形而詳辨之，然後能知某水當左，某水當右，某水於某處可出，某水與某水可合。而凡地之高下、左右、俯仰，皆視山之起伏、分合、屈折，山脈安可以不問哉！由是言之，經之「逾于河」，當屬山，不當屬禹明矣。

〔四〕【索隱】雷首山在河東蒲阪縣東南。

〔五〕【集解】孔安國曰：「三山在冀州；太嶽在上黨西也。」【索隱】即霍太山也。已見上。【正義】括地志云：「壺口，在慈州吉昌縣西南。雷首山，在蒲州河東縣。太嶽，霍山也，在沁州沁源縣。」

〔六〕【集解】孔安國曰：「此三山在冀州之南，河之北。」【索隱】析城山在河東濩澤縣西南。王屋山在河東垣縣東北。水經云，砥柱山在河東大陽縣南河水中也。【正義】括地志云：「底柱山，俗名三門山，在陝州硤石縣東北五十里黄河之中。孔安國云『底柱，山名。河水分流，包山而過，山見水中若柱然也』。」括地志云：「析城山，在澤州陽城縣西南七十里。注水經云『析城山甚高峻，上平坦，有二泉，東濁西清，左右不生草木』。」括地志云：「王屋山，在懷州王屋縣北十里。古今地名云『山方七百里，山高萬仞，本冀州之河陽山也』。」

〔七〕【集解】孔安國曰：「此二山連延，東北接碣石，而入于滄海。」【索隱】太行山在河内山陽縣西北。常山，恒山是也，在常山郡上曲陽縣西北。【正義】括地志云：「太行山，在懷州河内縣北二十五里，有羊腸阪。恒山，在定州恒陽縣西北百四十里。道書福地記云『恒山高三千三百丈，上方二十里，有太玄之泉，神草十九種，可度俗』。」

〔八〕【集解】鄭玄曰：「地理志曰，朱圉在漢陽南。」孔安國曰：「鳥鼠山，渭水所出，在隴西之西。」

〔九〕【集解】鄭玄曰：「地理志太華山在弘農華陰南。」【索隱】圉，一作「圄」。朱圉山在天水冀縣南。鳥鼠山在隴西首陽縣西南。太華即敦物山。

〔一〇〕【集解】鄭玄曰：「地理志熊耳在盧氏東。外方在潁川。嵩高山、桐柏山在南陽平氏東南。陪尾在江夏安陸東北，若横尾者。」【索隱】熊耳山在弘農盧氏縣東，伊水所出。外方山即潁川嵩高縣嵩高山，古文尚書亦以爲外方山。桐柏山，一名大復山，在南陽平氏縣東南。陪尾山在江夏安陸縣東北，地理志謂之横尾山。負音陪也。【正義】括地志云：「華山，在華州華陰縣界八里。熊耳山，在虢州盧氏縣南五十里。嵩高山，亦名太室山，亦名外方山，在洛州陽城縣北二十三里也。桐柏山，在唐州桐柏縣東南五十里，淮水出焉。横尾山，古陪尾山也，在安州安陸縣北六十里。」【考證】負尾，禹貢作「陪尾」，漢書地理志作「倍尾」。

陪、倍、負音近。

〔一〕【集解】鄭玄曰：「地理志荊山在南郡臨沮。」【索隱】此東條荊山，在南郡臨沮縣東北隅也。【正義】括地志云：「荊山縣本漢臨沮縣地也。沮水即漢水也。」按：孫叔敖激沮水爲雲夢澤，是也。【考證】荊山與雍州荊山別。

〔二〕【集解】鄭玄曰：「地理志内方在竟陵，名立章山。大別在廬江安豐縣。」【索隱】内方山在竟陵縣東北。大別山在六安國安豐縣，今土人謂之甑山。【正義】括地志云：「章山，在荊州長林縣東北六十里。今漢水附章山之東，與經史符會。」按：大別山，今沙洲在山上，漢江經其左，今俗猶云甑山。注云「在安豐」，非漢所經也。

〔三〕【索隱】在長沙湘南縣東南。廣雅云：「峋嶁謂之衡山。」【正義】括地志云：「岷山，在茂州汶川縣。衡山，在衡州湘潭縣西四十一里。」

〔四〕【集解】徐廣曰：「淺，一作『滅』。」駰案：孔安國曰「敷淺原一名博陽山，在豫章」。【索隱】豫章歷陵縣南有傅陽山，一名敷淺原也。【考證】「道九山」至此爲第二段，敘禹治九州之山。

道九川：〔一〕弱水至於合黎，〔二〕餘波入于流沙。〔三〕道黑水，至于三危，入于南海。〔四〕道河積石，〔五〕至于龍門，南至華陰，〔六〕東至砥柱，〔七〕又東至于盟津，〔八〕東過雒汭，至于大邳，〔九〕北過降水，至于大陸，〔一〇〕北播爲九河，同爲逆河，〔一一〕入于海。〔一二〕嶓冢道瀁，東流爲漢，〔一三〕又東爲蒼浪之水，〔一四〕過三澨，入于大別，〔一五〕南入于江，東匯澤爲彭蠡，〔一六〕東爲北江，入于海。〔一七〕汶山道江，東別爲沱，又東至于醴，〔一八〕過九江，至于東陵，〔一九〕東迆，北會于匯，〔二〇〕東爲中江，入于海。〔二一〕道沇水，東爲濟，入于河，泆爲滎，〔二二〕東出陶丘北，〔二三〕又東至于荷，〔二四〕又東北會于汶，〔二五〕又東北入于海。〔二六〕道淮自桐柏，〔二七〕東會于泗、沂，東入于海。〔二八〕道渭自鳥鼠同穴，〔二九〕東會于灃，〔三〇〕又東北至于涇〔三一〕，東過漆、沮，入于河。〔三二〕道雒自熊耳，〔三三〕東北會于澗、瀍，〔三四〕又東會于伊，〔三五〕東北入于河。〔三六〕

〔一〕**【索隱】**弱、黑、河、瀁、江、沇、淮、渭、洛爲九川。**【考證】**九川，九州之川，說見前。崔述曰：導水凡九章，其次第有五：弱水、黑水，在九州之上游，故先之；中原之水患，河爲大，故次河；自河以南，水莫大於江、漢，故次江、漢；河以南，江、漢以北，惟濟、淮皆獨入于海，故次濟、淮；雍水多歸于渭，豫水半歸于洛，然皆附河以入于海，故以渭、洛終之。先漢於江，先濟於淮，先弱水於黑水，先北而後南也。先渭於洛，先上而後下也。

〔二〕**【集解】**鄭玄曰：「地理志弱水出張掖。」孔安國曰：「合黎，水名，在流沙東。」**【索隱】**水經云，合黎山在酒泉會水縣東北。鄭玄引地說亦以爲然。孔安國云，水名，當是其山有水，故所記各不同。**【正義】**括地志云：「蘭門山一名合黎，一名窮石山，在甘州刪丹縣西南七十里。淮南子云『弱水源出窮石山』。」又云：「合黎一名羌谷水，一名鮮水，一名覆表水，今名副投河，亦名張掖河，南自吐谷渾界流入甘州張掖縣。」今按：合黎水，出臨松縣臨松山東，而北流，歷張掖故城下，又北流經張掖縣二十三里，又北流經合黎山，折而北流，經流沙磧之西，入居延海，行千五百里。合黎山，張掖縣西北二百里也。

〔三〕**【集解】**孔安國曰：「弱水餘波，西溢入流沙。」鄭玄曰：「地理志流沙在居延(西)〔東〕北，名居延澤。地記曰『弱水西流入合黎山腹，餘波入于流沙，通于南海』。」馬融、王肅皆云合(黍)〔黎〕、流沙是地名。**【索隱】**地理志云「張掖居延縣西北有居延澤，古文以爲流沙」。廣志「流沙在玉門關外，有居延澤、居延城」。又山海經云「流沙出鍾山，西南行昆侖墟入海」。按：是地兼有水，故一云地名，一云水名，馬鄭不同，抑有由也。

〔四〕【集解】鄭玄曰：「地理志益州滇池有黑水祠，而不記此山水所在。地記曰『三危山在鳥鼠之西南』。」孔安國曰：「黑水自北而南，經三危，過梁州，入南海也。」【正義】括地志云：「黑水源出伊州伊吾縣北百二十里，又南流二千里而絶。三危山，在沙州燉煌縣東南四十里。」按：南海即揚州東大海，岷江下至揚州，東入海也。其黑水源在伊州，從伊州東南三千餘里至鄯州，鄯州東南四百餘里，至河州，入黄河。河州有小積石山，即禹貢「浮於積石，至於龍門」者。然黄河源從西南下，出大崑崙東北隅，東北流，經于闐，入鹽澤，即東南潛行，入吐谷渾界大積石山，又東北流，至小積石山，又東北流，來處極遠。其黑水，當洪水時，合從黄河而行，何得入于南海？南海去此甚遠，阻隔南山、隴山、岷山之屬。當是洪水浩浩處，西戎不深致功，古文故有疏略也。

〔五〕【索隱】爾雅云：「河出昆侖墟，其色白。」漢書西域傳云：「河有兩源，一出葱嶺，一出于闐。于闐河，北流與葱嶺河合，東注蒲昌海，一名鹽澤。其水停居，冬夏不增減，潛行地中，南出積石，爲中國河。」是河源發昆侖，禹導河，自積石而加功也。

〔六〕【集解】孔安國曰：「至華山北而東行。」【正義】華陰縣在華山北，本魏之陰晉縣，秦惠文王更名寧秦，漢高帝改曰華陰。

〔七〕【集解】孔安國曰：「砥柱，山名。河水分流，包山而過，山見水中，若柱然也。在西虢之界。」【正義】砥柱山，俗名三門山，禹鑿此山，三道河水，故曰三門也。

〔八〕【集解】孔安國曰：「在洛北。」【索隱】盟，古「孟」字。孟津在河陽。十三州記云「河陽縣在河北，即孟津」是也。【正義】杜預云：「盟，河内郡河陽縣南孟津也，在洛陽城北。都道所湊，古今爲津，武王度之，近代呼爲武濟。」括地志云：「盟津，周武王伐紂，與八百諸侯會盟津。亦曰孟津，又曰富平津。水經云小平津，今云河陽津是也。」

〔九〕【集解】孔安國曰:「洛汭,洛入河處。山再成曰伾。」【索隱】爾雅云「山一成曰坯」。或以爲成皋縣山是。【正義】李巡云:「山再重曰英,一重曰伾。」括地志云:「大邳山,今名黎陽東山,又曰青壇山,在衛州黎陽南七里。張揖云今成皋,非也。」

〔一〇〕【集解】鄭玄曰:「地理志降水在信都南。」孔安國曰:「大陸,澤名。」【索隱】地理志降水字從「糸」,出信都國,與虖池、漳河水並流入海。大陸在鉅鹿郡。爾雅云「晉有大陸」,郭璞以爲此澤也。【正義】括地志云:「降水源出潞州屯留縣西南,東北流,至冀州入海。」

〔一一〕【集解】鄭玄曰:「下尾合名曰逆河,言相向迎受也。」【考證】王念孫曰:逆河,本作「迎河」,後人依古文改。而溝洫志「同爲迎河」,河渠書贊「余東觀洛汭、大邳、迎河」,則改之未盡者。段玉裁撰異說同。

〔一二〕【正義】播,布也。河至冀州,分布爲九河,下至滄州,更同合爲一大河,名曰逆河,而夾右碣石,入于渤海也。

〔一三〕【集解】鄭玄曰:「地理志瀁水出隴西氐道,至武都爲漢,至江夏謂之夏水。」【索隱】水經云,瀁水出隴西氐道嶓冢山東,至武都沮縣爲漢水。地理志云,至江夏謂之夏水。山海經亦以漢出嶓冢山。故孔安國云「泉始出山爲瀁水,東南流爲沔水,至漢中東流爲漢水。」【正義】括地志云:「嶓冢山,水始出山沮洳,故曰沮水。東南爲瀁水,又爲沔水。至漢中爲漢水,至均州爲滄浪水。始欲出大江爲夏口,又爲沔口。漢江一名沔江也。」【考證】正義「始欲」二字疑衍。

〔一四〕【集解】孔安國曰:「別流也,在荆州。」【索隱】馬融、鄭玄皆以滄浪爲夏水,即漢河之別流也。漁父歌曰「滄浪之水清兮,可以濯吾纓」,是此水也。【正義】括地志云:「均州武當縣有滄浪水。庾仲雍漢水記云『武當縣西四十里,漢水中有洲,名滄浪洲』也。地記云『水出荆山東,南流爲滄浪水』。」

〔一五〕【集解】孔安國曰：「三澨，水名。」鄭玄曰：「在江夏竟陵之界。」【索隱】水經云「三澨，地名，在南郡邔縣北」。孔安國、鄭玄以爲水名。今竟陵有三參水，俗云是三澨水。參音去聲。【考證】禹貢「入」作「至」。

〔一六〕【集解】孔安國曰：「匯，回也。水東回爲彭蠡大澤。」

〔一七〕【集解】孔安國曰：「自彭蠡，江分爲三道入震澤，遂爲北江而入海。」

〔一八〕【集解】孔安國及馬融、王肅，皆以醴爲水名。鄭玄曰「醴，陵名也。大阜曰陵。長沙有醴陵縣。」【索隱】按：騷人所歌「濯余佩於醴浦」，明醴是水。孔安國、馬融解得其實。又虞喜志林以醴是江、沅之別流，而「醴」字作「澧」也。

〔一九〕【集解】孔安國曰：「東陵，地名。」

〔二〇〕【集解】孔安國曰：「池，溢也。東溢分流，都共北會彭蠡。」【考證】鳳曾敘曰：下文云「東北會于汶」，「東會于澧」，「東北會于澗瀍」，「東會于伊」，諸言會于某者，皆水名，則「匯」亦水名也。「匯」疑當讀爲「淮」。朱錦綬曰：「淮」之爲「匯」，猶「非」之爲「匪」耳。愚按：今水路淮自入海，不合于江。而孟子滕文公篇云「排淮泗而注之江」。鳳、朱二說不爲無據，書以備考。

〔二一〕【集解】孔安國曰：「有北有中，南可知也。」【正義】括地志云：「禹貢三江俱會于彭蠡，合爲一江入于海。」

〔二二〕【集解】鄭玄曰：「地理志，沇水出河東垣縣王屋山東，至河內武德入河，泆爲滎。」孔安國曰：「濟在溫西北。滎澤在敖倉東南。」【索隱】水經云：「自河東垣縣王屋山，東流爲沇水，至溫縣西北爲濟水。」【正義】括地志云：「沇水，出懷州王屋縣北十里王屋山頂，巖下石泉渟不流，其深不測，既見而伏，至濟源縣西北二里平地，其源重發，而東南流，爲汜水。」水經云，沇東至溫縣西北爲泲水，又南當鞏縣之北，南入于河。釋名云：「濟者，濟也。」下「濟」，子細反。按：濟水入河而南，截度河南岸溢滎澤，在鄭州滎澤縣西北四里。今無水，成平地。【考證】張文虎曰：正義「流爲汜水」，「汜」當作「沇」。

〔二三〕【集解】孔安國曰：「陶丘，丘再成者也。」鄭玄曰：「地理志陶丘在濟陰定陶西北。」【正義】括地志云：「陶丘，在濮州鄄城西南二十四里。」又云：「在曹州城中。徐才宗國都城記云，此城中高丘，即古之陶丘。」

〔二四〕【集解】孔安國曰：「荷澤之水。」

〔二五〕【正義】汶，音問。地理志云，汶水出泰山郡萊蕪縣原山，西南入泲。

〔二六〕【考證】張文虎曰：毛本「東北」作「北東」，與禹貢合。傳云「北折而東」也。漢志顔師古注並同。段玉裁曰：作「東北」者，古文尚書。

〔二七〕【正義】地理志云：桐柏山在南陽平氏縣東南，淮水所出。按：在唐州東五十餘里。

〔二八〕【集解】孔安國曰：「與二水合入海也。」

〔二九〕【集解】孔安國曰：「鳥鼠共爲雄雌，同穴處此山，遂名曰鳥鼠，渭水出焉。」【正義】括地志云：「鳥鼠山，今名青雀山，在渭州渭源縣西七十六里。山海經云『鳥鼠同穴之山，渭水出焉』。郭璞注云『今在隴西首陽縣西南。山有鳥鼠同穴。鳥名䳜。鼠名鼵，如人家鼠而短尾。䳜似鵽而小，黄黑色。穴入地三四尺，鼠在内，鳥在外』。」䳜，音余。鼵，扶廢反。鵽，音丁刮反，似雉也。

〔三〇〕【正義】灃，音豐。括地志云：「雍州鄠縣終南山，灃水出焉，北入渭也。」

〔三一〕【正義】括地志云：「涇水，出原州百泉縣西南笄頭山涇谷，東南流入渭也。」【考證】東北至于涇，禹貢作「東會于涇」。張文虎曰：舊刻無「北」字，與經文及漢志合，疑此衍。然水經注引此紀云「導渭水，東北至海」，則所見本有「北」字矣。

〔三二〕【集解】孔安國曰：「漆、沮，一水名，亦曰洛水，出馮翊北。」

〔三三〕【集解】孔安國曰：「在宜陽之西。」【正義】括地志云：「洛水，出商州洛南縣西冢嶺山，東北流入河。熊耳山，在虢州盧氏縣南五十里，洛所經。」

〔三四〕【集解】孔安國曰：「會于河南城南。」【正義】括地志云：「澗水，出洛州新安縣東白石山之陰。」地理志云，瀍水出河南穀城縣替亭北，東南入於洛。

〔三五〕【集解】孔安國曰：「會於洛陽之南。」

〔三六〕【集解】孔安國曰：「合於鞏之東也。」【考證】「道九川」至此爲第三段，叙禹治九州之川。

於是九州攸同，〔一〕四奧既居，〔二〕九山栞旅，〔三〕九川滌原，〔四〕九澤既陂，〔五〕四海會同。六府甚脩。〔六〕衆土交正，致慎財賦，〔七〕咸則三壤，成賦中國。〔八〕賜土姓：「祗台德先，不距朕行。」〔九〕

〔一〕【考證】依文例，「攸」當作「所」。

〔二〕【集解】孔安國曰：「四方之宅，已可居也。」

〔三〕【集解】孔安國曰：「九州名山，已槎木通道而旅祭也。」

〔四〕【集解】孔安國曰：「九州之川，已滌除無壅塞也。」

〔五〕【集解】孔安國曰：「九州之澤，皆已陂障無決溢也。」

〔六〕【集解】孔安國曰：「六府，金、木、水、火、土、穀。」

〔七〕【集解】鄭玄曰：「衆土美惡及高下得其正矣。亦致其貢篚，慎奉其財物之税，皆法定制而入之也。」

〔八〕【集解】鄭玄曰：「三壤，上、中、下各三等也。」

〔九〕【集解】鄭玄曰：「中，即九州也。天子建其國，諸侯祚之土，賜之姓，命之氏，其敬悦天子之德既先，又不距違我天子政教所行。」【考證】鄭氏讀「中國」下屬，恐非。説文「台」下云「悦也」，與鄭義合。

令天子之國以外五百里甸服：〔一〕百里賦納總，〔二〕二百里納銍，〔三〕三百里納秸服，〔四〕

四百里粟，五百里米。〔五〕甸服外五百里侯服：〔六〕百里采，〔七〕二百里任國，〔八〕三百里諸侯。〔九〕侯服外五百里綏服：〔一〇〕三百里揆文教，〔一一〕二百里奮武衛。〔一二〕綏服外五百里要服：〔一三〕三百里夷，〔一四〕二百里蔡。〔一五〕要服外五百里荒服：〔一六〕三百里蠻，〔一七〕二百里流。〔一八〕

〔一〕**【集解】**孔安國曰：「爲天子服治田，去王城面五百里内。」**【考證】**禹貢無「令天子之國以外」七字，蓋史公以意增。

〔二〕**【集解】**孔安國曰：「甸服，内近王城者。禾稾曰總，供飼國馬也。」**【索隱】**説文云：「總，聚束草也。」**【考證】**總，全禾。

〔三〕**【集解】**孔安國曰：「所銍刈，謂禾穗。」**【索隱】**説文云：「銍，穫禾短鎌也。」**【考證】**銍，半稾。

〔四〕**【集解】**孔安國曰：「秸，稾也。服稾役。」**【索隱】**禮郊特牲云「蒲越稾秸之美」，則秸是稾之類也。**【考證】**秸輕於銍，重於粟。或云去其穎也，或云半稾去皮也。蔡沈曰：「三百里内，去王城爲近，非惟納總銍秸，而又使之服輸將之事也。獨於秸言之者，總前二者而言也。」

〔五〕**【集解】**孔安國曰：「所納精者少，麤者多。」

〔六〕**【集解】**孔安國曰：「侯，候也。斥候而服事也。」**【考證】**「甸服外」三字，史公以意增。下文「侯服」「要服」，亦同。

〔七〕**【集解】**馬融曰：「采，事也。各受王事也。」

〔八〕**【集解】**孔安國曰：「任王事者。」**【考證】**禹貢「任國」作「男邦」。

〔九〕**【集解】**孔安國曰：「三百里同爲王者斥候，故合三爲一名。」

〔一〇〕【集解】孔安國曰：「綏，安也。服王者政教。」

〔一一〕【集解】孔安國曰：「揆，度也。度王者文教而行之，三百里皆同。」

〔一二〕【集解】孔安國曰：「文教之外二百里奮武衛，天子所以安之。」

〔一三〕【集解】孔安國曰：「要束以文教也。」

〔一四〕【集解】孔安國曰：「守平常之教，事王者而已。」

〔一五〕【集解】馬融曰：「蔡，法也。受王者刑法而已。」【考證】鄭玄曰：「蔡之言殺，減殺其賦。」

〔一六〕【集解】馬融曰：「政教荒忽，因其故俗而治之。」

〔一七〕【集解】馬融曰：「蠻，慢也。禮簡怠慢，來不距，去不禁。」

〔一八〕【集解】馬融曰：「流行無城郭常居。」【考證】崔述曰：書蔡傳云：「每服五百里，五服則二千五百里。然堯都冀州，冀之北境，並雲中、涿、易，亦恐無二千五百里。藉使有之，亦沙漠不毛之地，而東南財賦所出，則反棄於要荒。以地勢考之，殊未可曉。但意古今土地盛衰不同，當舜之時，冀北之地，未必荒落如後世耳。」余按：禹貢山川，以今地圖考之，具在也。淮海惟揚州，荆及衡陽惟荆州，東南之地，未嘗棄也。恒山碣石而北，別無山川見於經者，沙漠之地，未嘗不荒落也。孟子曰：「滕絶長補短，將五十里也。」說者亦謂周之王畿，豐鎬八百里，郟鄏六百里，共爲百同，以成千里。然則古之所謂千里百里，皆絶長補短而計之，非必四面八方，截然不可增損於其間也。蓋九州之地，約方三千餘里，故孟子云「海内之地方千里者九」。記云「四海之内九州，州方千里」，内除甸服千里，故侯服、綏服共二千里。然則侯、綏二服乃九州以内地，所謂州十二師者也。其外羈縻之國，則附於九州，謂之要服。又外則來去不常，聖人聽其自然，不勤於遠，不受其貢，謂之荒服。其遠近略與内地等，故亦以二千里計之。然則要、荒二服，乃九州以外地，所謂外薄四海，咸建五長者也。由是言之，五服之地，蓋南有餘而北不足，綜計之爲五千里耳，非拘拘焉必四面皆二千五百里，無少欹斜，無少有餘不足而後可也。

東漸于海，西被于流沙，朔、南暨聲教訖于四海。〔一〕於是帝錫禹玄圭，以告成功于天下。〔二〕天下於是太平治。〔三〕

〔一〕【集解】鄭玄曰：「朔，北方也。」【正義】朔，北方。南，南方也。言南北及於聲教皆從之。

〔二〕【正義】帝，堯也。玄，水色。以禹理水功成，故錫玄圭，以表顯之。自此已上，並尚書禹貢文。【考證】禹貢無「于天下」三字。張照曰：「下」字當衍，應作「以告成功於天」。愚按：以上爲第四段，敍禹治水以後事以結。又按：「禹行自冀州始」以下，采尚書禹貢。梁玉繩曰：史公所録尚書次第，與書序異，如置禹貢于臯陶謨之前，置夏社於典寶之後。蓋行文敍事不盡依書之次第，況今所傳者是晉梅賾本，並非賈鄭之舊，則安知史之次第非原本乎？禹告成功在堯時，陳謨在舜世，至于成湯，因伐桀而作湯誓，因敗桀而伐三㚇，既勝夏而作夏社，于義爲順。或以爲誤，非也。

〔三〕【考證】羣書治要「太」作「大」。

臯陶作士以理民。〔一〕帝舜朝，禹、伯夷、臯陶相與語帝前。〔二〕臯陶述其謀曰：「信其道德，謀明輔和。」〔三〕禹曰：「然，如何？」臯陶曰：「於！慎其身脩，〔四〕思長，〔五〕敦序九族，衆明高翼，近可遠在已。」〔六〕禹拜美言曰：「然。」臯陶曰：「於！在知人，在安民。」禹曰：「吁！皆若是，惟帝其難之。〔七〕知人則智，能官人；能安民則惠，黎民懷之。〔八〕能知能惠，何憂乎驩兜，何遷乎有苗，何畏乎巧言善色佞人？」〔九〕臯陶曰：「然，於！亦行有九德，亦言其有德。」乃言曰：「始事事，〔一〇〕寬而栗，〔一一〕柔而立，〔一二〕愿而共，〔一三〕治而敬，〔一四〕擾而毅，直而温，簡而廉，剛而實，彊而義，章其有常，吉哉。〔一五〕日宣三德，蚤夜翊明，有家，〔一六〕日嚴振敬六德，亮采，有國。〔一七〕翕受普施，九德咸事，俊乂在官，〔一八〕百吏肅謹。毋教邪淫奇謀。非其人，居其官，是謂亂天事。〔一九〕天討有辠，五刑五用哉。〔二〇〕吾言底可行乎？」禹曰：「女言致可績行。」皋陶曰：「余未有知，思贊道哉。」〔二一〕

〔一〕【正義】士，若大理卿也。

〔二〕【考證】中井積德曰：添一箇「伯夷」，即閑了伯夷矣。馬驌曰：「伯夷」當作「伯益」。

〔三〕【考證】信其道德，皋陶謨作「允迪其德」，則史文當作「信道其德」。下文亦云「道吾德，乃女功序之也」。「道德」二字連用，尚書未見。

〔四〕【正義】絶句。於，音烏，歎美之辭。

〔五〕【集解】孔安國曰：「慎脩其身，思爲長久之道。」

〔六〕【集解】鄭玄曰：「次序九族而親之，以衆賢明作羽翼之臣，此政由近可以及遠也。」【考證】楓、三、南、凌本「高」作「亮」。皋陶謨云「惇叙九族，庶明厲翼，邇可遠在兹」。孫星衍曰：據史公説，堯典「明明」，此「庶明」，當爲衆貴戚。王先謙曰：釋詁「兹、已，此也」，故史公易「兹」爲「已」。

〔七〕【集解】孔安國曰：「言帝堯亦以爲難。」

〔八〕【考證】皋陶謨「人」下無「能」字，此疑衍。

〔九〕【集解】鄭玄曰：「禹爲父隱，故言不及鯀。」

〔一〇〕【集解】孔安國曰：「言其人有德，必言其所行事，因事以爲驗。」【考證】始，使新行事以試之也。事事，人人德殊，所長之事不一也。尚書作「載采采」。

〔一二〕【集解】孔安國曰：「性寬弘而能莊栗。」

〔一三〕【集解】孔安國曰：「和柔而能立事。」

〔一三〕【集解】孔安國曰：「慤愿而恭敬。」

〔一四〕【集解】徐廣曰：「擾，一作『柔』。」駰案：孔安國曰「擾，順也。致果爲毅。」

〔一五〕【集解】孔安國曰：「章，明也。吉，善也。」

〔一六〕【集解】孔安國曰：「三德，九德之中有其三也。卿大夫稱家，明行之，可以爲卿大夫。」

〔一七〕【集解】孔安國曰：「嚴，敬也。行六德，以信治政事，可爲諸侯也。」馬融曰：「亮，信；采，事也。」

〔一八〕【集解】孔安國曰：「翕，合也。能合受三六之德而用之，以布施政教，使九德之人皆用事，謂天子也。如此，則俊德理能之士並皆在官也。」

〔一九〕【索隱】此取尚書皋陶謨，爲文斷絶，殊無次序，即是也，今亦不能深考。班固所謂「疎略抵捂」。【考證】皋陶謨云「無教逸欲有邦，兢兢業業，一日二日，萬幾。無曠庶官，天工人其代之」。史公以十七字約説經意，「天事」即「天工」。

〔二〇〕【集解】孔安國曰：「言用五刑必當。」【考證】皋陶謨云：「天叙有典，勑我五典，五惇哉！天秩有禮，自我五禮，同寅和衷哉！天命有德，五服五章哉！天討有罪，五刑五用哉！」而史公特録「天討」一事者，其意謂淫邪奇謀，亂天事者，宜用五刑以討其罪也。索隱未得。

〔二一〕【正義】皋陶云，我未有所知，思之審，贊於古道耳。謙辭也。已上並尚書皋陶謨文，略其經，不全備也。

帝舜謂禹曰：「女亦昌言。」禹拜曰：「於，予何言！予思日孳孳。」皋陶難禹曰：「何謂孳孳？」禹曰：「鴻水滔天，浩浩懷山襄陵，下民皆服於水。予陸行乘車，水行乘舟，泥行乘橇，山行乘檋，〔一〕行山栞木。〔二〕與益予衆庶稻鮮食。〔三〕以決九川致四海，浚畎澮致之川。〔四〕與稷予衆庶難得之食。食少，調有餘補不足，徙居。衆民乃定，萬國爲治。」皋陶曰：「然，此而美也。」〔五〕

〔一〕【正義】橇，昌芮反。

〔二〕【正義】行，寒孟反。栞，口寒反。

〔三〕【集解】孔安國曰：「鳥獸新殺曰鮮。」【索隱】予音與。上「與」謂「同與」之「與」，下「予」謂「施予」之「予」。此禹言其與益施予衆庶之稻糧。【考證】張文虎曰：「『與益』之『與』亦當作『予』，故索隱別之云，上『予』謂『同與』之『與』，下『予』謂『施予』之『予』。後人以兩『予』相混，改爲『與益』，而并改索隱『上「予」』之『予』亦作『與』。」

〔四〕【集解】鄭玄曰：「畎澮，田閒溝也。」

〔五〕【考證】而，汝也。

禹曰：「於，帝！慎乃在位，安爾止。〔一〕輔德，天下大應。清意以昭待上帝命，天其重命用休。」〔二〕帝曰：「吁，臣哉，臣哉！臣作朕股肱耳目。予欲左右有民，女輔之。〔三〕余欲觀古人之象，日月星辰，作文繡服色，女明之。〔四〕予欲聞六律五聲八音，來始滑，以出入五言，女聽。〔五〕予即辟，女匡拂予。女無面諛，退而謗予。〔六〕敬四輔臣。〔七〕諸衆讒嬖臣，君德誠施，皆清矣。」〔八〕禹曰：「然。帝即不時，布同善惡則毋功。」〔九〕

〔一〕【集解】鄭玄曰：「安汝之所止，無妄動，動則擾民。」

〔二〕【集解】鄭玄曰：「天將重命汝以美應，謂符瑞也。」

〔三〕【集解】馬融曰：「我欲左右助民，汝當翼成我也。」

〔四〕【考證】南化本「象」下有「以」字。

〔五〕【集解】尚書「滑」字作「曶」，音忽。鄭玄曰：「曶者，臣見君所秉，書思對命者也。君亦有焉，以出內政教於五官。」【索隱】古文尚書作「在治忽」，今文作「采政忽」，先儒各隨字解之。今此云「來始滑」，於義無所通。蓋來采字相近，滑忽聲相亂，始又與治相似，因誤爲「來始滑」，今依今文音「采政忽」三字。劉伯莊云「聽諸侯能爲政，及怠忽者」，是也。五言，謂仁、義、禮、智、信五德之言，鄭玄以爲「出納政教五官」，非也。【考證】歸有光曰：子長用書文有改者，或以易曉語代之，必不反爲難解之文。其繼絶不可曉者，蓋其所見乃伏生今文，故與世傳古文有異。古書宜略會文義，疑者闕如可也。如「來始滑」、「弔由靈」之類，自不可解。愚按：史公從孔安國問故，則其所見不獨伏生今文，而壁中之書，亦多錯簡，宜矣其有難解之語也。張文虎曰：「女聽」下游本有「之」字，與「女輔之」、「女明之」句法一例，似勝他本。

〔六〕【考證】辟，邪僻。拂，讀爲「弼」。李光縉曰：尚書只有「予違汝弼」四字，太史公却衍云「予即辟，女匡拂予」，終不及尚書簡當。

〔七〕【集解】尚書大傳曰：「古者天子必有四鄰，前曰疑，後曰丞，左曰輔，右曰弼。」【考證】陳櫟曰：敬四輔臣，言爾不可不敬，爾爲四鄰近臣之職也。

〔八〕【集解】徐廣曰：「君，一作『吾』。」【索隱】「諸衆讒嬖臣」爲一句，「君」字且屬下文。

〔九〕【集解】孔安國曰：「帝用臣不是，則賢愚並位，優劣共流故也。」【考證】書傳訓「時」爲「是」，猶言「如是」也。布，皋陶謨作「敷」，徧也。三、南本無「布」字。

帝曰：〔一〕「毋若丹朱傲，維慢游是好，毋水行舟，朋淫于家，用絶其世。〔二〕予不能順是。」禹曰：「予辛壬娶塗山，癸甲生啟。予不子，〔三〕以故能成水土功。輔成五服，至于五千里，州十二師，外薄四海，〔四〕咸建五長，各道有功。〔五〕苗頑不即功，帝其念哉。」〔六〕帝曰：「道吾德，乃女功序之也。」〔七〕

〔一〕【正義】此二字及下「禹曰」，尚書並無。太史公有四字，帝及禹相答，極爲次序，當應別見書。【考證】二字衍。

〔二〕【集解】鄭玄曰：「朋淫，淫門内。」

〔三〕【集解】孔安國曰：「塗山，國名。辛日娶妻，至于甲四日，復往治水。」【索隱】杜預云「塗山在壽春東北」，皇甫謐云「今九江當塗有禹廟」，則塗山在江南也。系本曰「塗山氏女，名女憍」，是禹娶塗山氏號女憍也。又按：尚書云「娶于塗山，辛壬癸甲，啓呱呱而泣，予弗子」。今此云「辛壬娶塗山，癸甲生啓」，蓋今文尚書脱漏，太史公取以爲言，亦不稽其本意。豈有辛壬娶妻，經二日生子？不經之甚。【正義】此五字爲一句。禹辛日娶，至甲四日，往理水，及生啓，不入門，我不得名子，以故能成水土之功。又一云，過門不入，不得有子愛之心。帝繫云「禹娶塗山氏之子，謂之女憍，是生啓」也。【考證】「禹曰」二字衍。皐陶謨作「予創若時，娶于塗山，辛壬癸甲，啓呱呱而泣，予弗子」。張文虎曰：「『辛壬』錯在『塗山』上，傳寫偶誤。裴引傳文，但增『四日』二字，餘無所辨，張亦祇依集解爲説，似所見本皆不誤。小司馬適據誤本，不能辨正，反謂今文脱漏，不思甚矣。」愚按：「癸甲」下當補「出往」等字面。「生啓予不子」，五字一句，言塗山氏有孕生啓，予過門不入，不得子視之也。楚辭天問篇王逸注曰「以辛酉日娶，甲子日去而有啓」，蓋亦此意。錢大昕曰：史公書於漢諱皆回避，如「恒山」作「常山」，「微子啓」作「微子開」，「盈數」作「滿數」是也。亦有不盡然者，周本紀

「邦内甸服，邦外侯服」，犯高帝諱。殷本紀「盈鉅橋之粟」，樂書「盈而不持則傾」，晉世家「其盈數也」，「以從盈數」，春申君列傳「盈滿海内」，犯惠帝諱。天官書「壬癸，恒山以北」，「恒山之北，氣下黑上青」，封禪書「北岳恒山也」、「至琅邪，過恒山」，田齊世家「以爲非恒人」，張儀傳「獻恒山之尾五城」，犯文帝諱。夏本紀「益讓帝禹之子啓，禹子啓賢，諸侯皆去益而朝啓，啓遂即天子位，是爲夏后帝啓」，殷本紀「帝乙長子曰微子啓，啓母賤，不得嗣」，孝文本紀「夏啓以光」，燕世家「禹薦益，已而以啓人爲吏，及老，而以啓不足任乎天下，啓與交黨攻益奪之」，犯景帝諱。此非史之駁文，後人以意改易耳。若吕后諱雉，而殷本紀、封禪書不避「雉」字，或史公本文如此，蓋吕氏傾危社稷，史臣未必爲避諱也。

〔四〕【集解】孔安國曰：「薄，迫。言至海也。」【正義】爾雅云：「九夷八狄七戎六蠻謂之四海。」釋名云：「海，晦也。」按：夷蠻晦昧無知，故云四海也。

〔五〕【集解】孔安國曰：「諸侯五國，立賢者一人爲方伯，謂之五長，以相統治。」

〔六〕【集解】孔安國曰：「三苗頑凶，不得就官，善惡分别。」

〔七〕【考證】「皋陶述其謀」以下采皋陶謨。乃，語詞。

皋陶於是敬禹之德，令民皆則禹。不如言，刑從之。舜德大明。〔一〕

〔一〕【索隱】謂不用命之人，則亦以刑罰而從之。【考證】皋陶謨云：「帝曰：皋陶方祗厥叙，方施象刑惟明。」與史異義。

於是夔行樂，〔一〕祖考至，羣后相讓，鳥獸翔舞，簫韶九成，鳳皇來儀，百獸率舞，百官信諧。〔二〕帝用此作歌曰：「陟天之命，維時維幾。」〔三〕乃歌曰：「股肱喜哉，元首起哉，百工熙哉！」〔四〕皋陶拜手稽首，揚言曰：「念哉，〔五〕率爲興事，慎乃憲，敬哉！」〔六〕乃更爲歌曰：

「元首明哉，股肱良哉，庶事康哉！」舜又歌曰：「元首叢脞哉，股肱惰哉，萬事墮哉！」〔七〕帝拜曰：「然，往欽哉！」〔八〕於是天下皆宗禹之明度數聲樂，〔九〕爲山川神主。〔一〇〕

〔一〕【正義】若今太常卿也。

〔二〕【集解】孔安國曰：「簫韶，舜樂名。備樂九奏，而致鳳皇也。」【考證】依皋陶謨「祖考至」以下，夔自贊之言，史公采以爲記事。

〔三〕【集解】孔安國曰：「奉正天命以臨民，惟在順時，惟在慎微。」【考證】皋陶謨「陟」作「敕」。敕，謹也。

〔四〕【集解】孔安國曰：「股肱之臣，喜樂盡忠，君之治功乃起，百官之業乃廣。」【考證】每句押韻，此古法。下二歌同。

〔五〕【集解】鄭玄曰：「使羣臣念帝之戒。」

〔六〕【集解】孔安國曰：「率臣下爲起治之事，當慎汝法度，敬其職。」

〔七〕【集解】孔安國曰：「叢脞，細碎無大略也。君如此，則臣懈惰，萬事墮廢也。」【考證】皋陶謨無「舜」字，此衍。錢大昕曰：自有文字，即有聲韻。虞廷賡歌：「股肱」、「叢脞」，即雙聲之權輿，皮日休雜體詩序以「蝃蝀在東」、「鴛鴦在梁」爲雙聲始興，何所見之不廣也。愚按：雙聲疊韻，文字之法爲然，不獨詩歌也。姑就堯典皋陶謨言之，黜陟、搏拊、黼黻等字面，豈非雙聲乎？平章、遏密、蒼生等字面，豈非疊韻乎？錢氏所見亦未廣也。

〔八〕【考證】「帝用此作歌」以下采皋陶謨。

〔九〕【集解】徐廣曰：「舜本紀云，禹乃興九韶之樂。」【考證】梁玉繩曰：此因聲律身度之言而誤也。

〔一〇〕【考證】南本「爲」上有「以」字。

帝舜薦禹於天，爲嗣。十七年而帝舜崩。〔一〕三年喪畢，禹辭辟舜之子商均於陽城。〔二〕天下諸侯皆去商均而朝禹。禹於是遂即天子位，〔三〕南面朝天下，國號曰夏后，姓姒氏。〔四〕

〔一〕【集解】劉熙曰：「若此，則舜格于文祖，三年之後，攝禹使得祭祀與？」

〔二〕【集解】劉熙曰：「今潁川陽城是也。」

〔三〕【集解】皇甫謐曰：「都平陽，或在安邑，或在晉城。」【考證】「帝舜薦禹」以下采孟子萬章篇。

〔四〕【集解】禮緯曰：「祖以吞薏苡生。」【正義】禮緯云：禹母脩己，吞薏苡而生禹，因姓姒氏。顧野王云：「薏苡，干珠也。」【考證】梁玉繩曰：既云「國號夏后」，又云「帝禹」，下文又云「夏后帝啓」，此與五帝紀「帝禹爲夏后」同一語病，國語「商王帝辛」亦同。蓋史公謂夏殷亦稱帝，故連加之。說在殷紀中。

帝禹立，而舉皋陶薦之，且授政焉，而皋陶卒。〔一〕封皋陶之後於英、六，〔二〕或在許。〔三〕而后舉益，任之政。

〔一〕【正義】帝王紀云：「皋陶生於曲阜。曲阜偃地，故帝因之而以賜姓曰偃。堯禪舜，命之作士。舜禪禹，禹即帝位，以咎陶最賢，薦之於天，有將禪之意。未及禪，會皋陶卒。」括地志云：「咎繇墓，在壽州安豐縣南一百三十里故六城東，東都陂內大冢也。」

〔二〕【集解】徐廣曰：「史記皆作『英』字，而以英布是此苗裔。」【索隱】地理志，六安國六縣，咎繇後偃姓所封國。英地闕，不知所在，以爲黥布是其後也。【正義】英，蓋蓼也。括地志云：「光州固始縣，本春秋時蓼國。偃姓，皋陶之後也。左傳云，子燮滅蓼。太康地志云，蓼國先在南陽故縣，今豫州郾縣界故胡城是，後徙於此。」括地志云：「故六城，在壽州安豐縣南一百三十二里，春秋文五年秋，楚成大心滅之。」【考證】禹薦皋陶，未知所本。左傳文公五年，楚成大心滅六，公子燮滅蓼。臧文仲曰「皋陶、庭堅，不祀忽諸」。本史黥布列傳「太史公曰：英布者，其先豈春秋所見楚滅英、六，皋陶之後哉？」陳杞世家「皋陶之後，或封英、六」。

〔三〕【集解】皇覽曰：「皋陶冢在廬江六縣。」【索隱】許在潁川。【正義】括地志云：「許故城，在許州許昌縣南三十里。本漢許縣，故許國也。」【考證】梁玉繩曰：許，太岳之後也，姜姓，安得以爲皋陶後哉？史誤。

十年，〔一〕帝禹東巡狩，至于會稽而崩。〔二〕以天下授益。三年之喪畢，益讓帝禹之子啓，而辟居箕山之陽。〔三〕禹子啓賢，天下屬意焉。及禹崩，雖授益，益之佐禹日淺，天下未洽。故諸侯皆去益而朝啓曰「吾君帝禹之子也」。於是啓遂即天子之位，是爲夏后帝啓。〔四〕

〔一〕【考證】張文虎曰：十年，孟子作「七年」，形近易亂，疑今本史文傳寫誤。

〔二〕【集解】皇甫謐曰：「年百歲也。」【考證】禹巡狩葬會稽之事，起春秋後諸子雜說，不足依據。史公于論云「或云禹會諸侯江南，計功而崩，因葬焉，命曰會稽」。或之者，疑之也。而于此直書其事以實之，何歟？

〔三〕【集解】孟子「陽」字作「陰」。劉熙曰：「崇高之北。」【正義】按：陽即陽城也。括地志云：「陽城縣在箕山北十三里。」又恐「箕」字誤，本是「嵩」字，而字相似。其陽城縣在嵩山南二十三里，則爲嵩山之陽也。

〔四〕【考證】「以天下授益」以下采孟子萬章篇文。愚按：黄帝至堯，父子相繼，或兄弟相及，常也。堯舜傳賢，權也。至禹，復父子繼承之舊耳。孟子云「天與賢則與賢，天與子則與子」。韓子云「堯舜之傳賢也，欲天下之得其所也。禹之傳子也，憂後世爭之之亂也」。二説吾未之信。

夏后帝啓，禹之子，其母塗山氏之女也。

有扈氏不服，〔一〕啓伐之，大戰於甘。〔二〕將戰，作甘誓，乃召六卿申之。〔三〕啓曰：「嗟！六事之人，〔四〕予誓告女：有扈氏威侮五行，怠棄三正，〔五〕天用勦絶其命。〔六〕今予維共行天之罰。〔七〕左不攻于左，右不攻于右，女不共命。〔八〕御非其馬之政，女不共命。〔九〕用命，賞于祖；〔一〇〕不用命，僇于社，〔一一〕予則帑僇女。」〔一二〕遂滅有扈氏。天下咸朝。

〔一〕【集解】地理志曰：扶風鄠縣是扈國。【索隱】地理志曰：扶風縣鄠是扈國。【正義】括地志云：「雍州南鄠縣，本夏之扈國也。地理志云，鄠縣古扈國，有户亭。訓纂云，户、扈、鄠三字，一也，古今字不同耳。」

〔二〕【集解】馬融曰：「甘，有扈氏南郊地名。」【索隱】夏啓所伐，鄠南有甘亭。

〔三〕【集解】孔安國曰：「天子六軍，其將皆命卿也。」

〔四〕【集解】孔安國曰：「各有軍事，故曰六事。」【考證】鄭玄曰：「變六卿言六事之人者，容軍吏，下及士卒也。」

〔五〕【集解】鄭玄曰：「五行，四時盛德所行之政也。威侮，暴逆之。三正，天、地、人之正道。」【考證】五行、三正，始見於此，而其目未詳。或曰：洪範云「在昔鯀陻洪水，汨陳其五行」，又云「五行，一曰水，二曰火，三曰木，四曰金，五曰土」。左傳文七年，晉郤缺解夏書曰「水、火、金、木、土、穀，謂之六府」，五行之外加「穀」耳。以水、火、木、金、土爲五行，夏初或既有之，而未有子、丑、寅三正也，鄭説似是。

〔六〕【集解】孔安國曰：「勦，截也。」

〔七〕【集解】孔安國曰：「共，奉也。」

〔八〕【集解】鄭玄曰：「左，車左。右，車右。」

〔九〕【集解】孔安國曰：「御以正馬爲政也。三者有失，皆不奉我命也。」

〔一〇〕【集解】孔安國曰：「天子親征，必載遷廟之祖主行。有功即賞祖主前，示不專也。」

〔一一〕【集解】孔安國曰：「又載社主，謂之社事。奔北，則僇之社主前。社主陰，陰主殺也。」

〔一二〕【集解】孔安國曰：「非但止身，辱及女子，言恥累之。」【考證】「有扈氏不服」以下采尚書甘誓。帑、孥同。

梁玉繩讀爲「奴隸」之「奴」，云：「古之用刑，父子兄弟不相及，寧有三代盛時，罪及妻子之事乎？」愚按：軍律重於常刑，舊説自通。

夏后帝啓崩，〔一〕子帝太康立。帝太康失國，〔二〕昆弟五人，〔三〕須于洛汭，作五子之歌。〔四〕

〔一〕【集解】徐廣曰：「皇甫謐曰，夏啓元年甲辰，十(月)〔年〕癸丑崩。」

〔二〕【集解】孔安國曰：「盤于遊田，不恤民事，爲羿所逐，不得反國。」

〔三〕【索隱】皇甫謐云，號五觀也。

〔四〕【集解】孔安國曰：「太康五弟，與其母待太康于洛水之北，怨其不反，故作歌。」【考證】「太康失國」以下采書五子之歌序。

太康崩，弟中康立，是爲帝中康。帝中康時，羲、和湎淫，廢時亂日。〔一〕胤往征之，作胤征。〔二〕

〔一〕【集解】孔安國曰：「羲氏、和氏，掌天地四時之官。太康之後，沈湎于酒，廢天時，亂甲乙也。」

〔二〕【集解】孔安國曰：「胤國之君，受王命往征之。」鄭玄曰：「胤，臣名。」【考證】「羲和湎淫」以下采書胤征序。

中康崩，子帝相立。帝相崩，子帝少康立。〔一〕帝少康崩，子帝予立。〔二〕帝予崩，子帝槐立。〔三〕帝槐崩，子帝芒立。〔四〕帝芒崩，子帝泄立。帝泄崩，子帝不降立。〔五〕帝不降崩，弟帝扃立。帝扃崩，子帝廑立。〔六〕帝廑崩，立帝不降之子孔甲，是爲帝孔甲。〔七〕帝孔甲立，好方鬼神，事淫亂。夏后氏德衰，諸侯畔之。〔八〕天降龍二，有雌雄，孔甲不能食，未得豢龍氏。〔九〕陶唐既衰，其后有劉累，〔一〇〕學擾龍于豢龍氏，以事孔甲。〔一一〕孔甲賜之姓，曰御龍氏，〔一二〕受豕韋之後。〔一三〕龍一雌死，以食夏后。夏后使求，懼而遷去。〔一四〕

〔一〕【索隱】左傳，魏莊子曰：「昔有夏之衰也，后羿自鉏遷于窮石，因夏人而代夏政。恃其射也，不修人事，而信用伯明氏之讒子寒浞。浞殺羿烹之，以食其子，子不忍食，殺于窮門。浞因羿室，生澆及豷。使澆滅斟灌氏及斟尋氏，而相爲澆所滅，后緡歸于有仍，生少康。有夏之臣靡，自有鬲收二國之燼以滅浞，而立少康。少康滅澆于過，后杼滅豷于戈，有窮遂亡。」然則帝相自被篡殺，中間經羿浞二氏，蓋三數十年。而此紀總不言之，直云帝相崩，子少康立，疏略之甚。【正義】帝王紀云：「帝羿有窮氏，未聞其先何姓。帝嚳以上，世掌射正。至嚳，賜以彤弓素矢，封之於鉏，爲帝司射，歷虞、夏。羿學射於吉甫，其臂長，故以善射聞，及夏之衰，自鉏遷于窮石，因夏民以代夏政。帝相徙于商丘，依同姓諸侯斟尋。羿恃其善射，不修民事，淫于田獸，棄其良臣武羅、伯姻、熊髡、尨圉，而信寒浞。寒浞，伯明氏之讒子，伯明后以讒棄之，而羿以爲己相。寒浞殺羿於桃梧，而烹之以食其子。其子不忍食之，死于窮門。浞遂代夏立爲帝。寒浞襲有窮之號，因羿之室，生奡及豷。奡多力，能陸地行舟。使奡帥師滅斟灌、斟尋，殺夏帝相，封奡於過，封豷於戈。恃其詐力，不恤民事。初奡之殺帝相也，妃有仍氏女曰后緡，歸有仍，生少康。初，夏之遺臣曰靡，事羿，羿死，逃於有鬲氏，收斟尋二國餘燼，殺寒浞，立少康，滅奡於過，后杼滅豷於戈，有窮遂亡也。」按：帝相被篡，歷羿浞二世四十年，而此紀不說，亦馬遷所爲疏略也。奡，音五告反。豷，音許器反。括地志云：「故鉏城，在滑州韋城縣東十里。晉地記云，河南有窮谷，蓋本有窮氏所遷也。」括地志云：「商丘，今宋州也。斟灌故城，在青州壽光縣東五十四里。斟尋故城，今青州北海縣是也。故過鄉亭，在萊州掖縣西北二十里，本過國地。故鬲城，在洛州密縣界。杜預云國名，今平原鬲縣也。」戈在宋鄭之間也。寒國在北海平壽縣東寒亭也。伯明其君也。臣瓚云斟尋在河南，蓋後遷北海也。汲冢古文云太康居斟尋，羿亦居之，桀又居之。尚書云：「太康失邦，兄弟五人須于洛汭。」此即太康居之，爲近洛也。又吳起對魏武侯曰「夏桀之居，左河、濟，右太華，伊闕在其南，羊腸在其北。」又周書度邑篇云武王問太公「吾將因有夏之居」，即河南是也。括地志云：「故鄩城，在洛州鞏縣西南五十八里，蓋桀所居也。陽翟縣，又是禹所封，爲夏伯。」【考證】索隱所引后羿之亂，本左傳襄公四年、哀公元年文。梁玉繩曰：自太康失河北，夏統中絶。其後少康滅寒浞中興，亂幾百年而始定，故魏高貴鄉公，推尊少康，優于漢高祖。則歷代中興之主，當以少康爲冠，乃紀、表全逸不言，直叙世次，若守成無事然，深所未曉。索隱、正義及左傳疏皆譏史公疎略，信矣。而宋黄震日鈔謂「少康之事，遷時已無可考」，殊非，豈未檢吳世家乎？不載紀、表，而别出于世家，亦失作史之體。愚按：吳太伯世家，伍子胥引少康事。

〔二〕【索隱】音佇。系本云，季佇作甲者也。左傳曰，杼滅豷于戈。國語云，杼能帥禹者也。【考證】表作「杼」。索隱引哀元年左傳、國語魯語。

〔三〕【索隱】音回。系本作「帝芬」。

〔四〕【索隱】芒，音亡。鄒誕生又音荒也。

〔五〕【索隱】系本作「帝降」。

〔六〕【索隱】音覲。鄒誕生又音勤。

〔七〕【考證】崔述曰：禹之後嗣，見於傳記者，曰啓，曰相，曰杼，曰皋，皆其名也。上古質樸，故皆以名著，無可異者。惟太康少康，則不似名而似號，不知二后何故獨以號顯？且太康失國，少康中興，賢否不同，世代亦隔，又不知何以同稱爲「康」也。仲康見於史記，當亦不誣，何故亦(豈)〔沿〕康號而以仲別之？至孔甲，則又與商諸王之號相類，沿商之取號於甲乙，已彷於此與？古書散失，不可考矣。

〔八〕【考證】李笠曰：方，讀如論語「子貢方人」之「方」，謂孔甲好比方鬼神而事淫亂。愚按：「方」字疑衍。三代世表「好鬼神淫亂」，封禪書、郊祀志「淫德好神」，皆下無「方」字。

〔九〕【集解】賈逵曰：「豢，養也。穀食曰豢。」【正義】食，音寺。

〔一〇〕【集解】服虔曰：「后，劉累之爲諸侯者，夏后賜之姓。」【正義】括地志云：「劉累故城，在洛州緱氏縣南五十五里。劉累之故地也。」

〔一一〕【集解】應劭曰：「擾，音柔。擾，馴也。能順養得其嗜慾。」

〔一二〕【集解】服虔曰：「御亦養。」

〔一三〕【集解】徐廣曰：「受，一作『更』。」駰案：賈逵曰「劉累之後，至商不絕，以代豕韋之後。祝融之後，封於豕韋，殷武丁滅之，以劉累之後代之」。【索隱】按：系本豕韋，防姓。

〔一四〕【集解】賈逵曰：「夏后既饗，而又使求致龍，劉累不能得而懼也。」傳曰，遷於魯縣。【考證】「天降龍二」以下采左傳昭公二十九年蔡墨言。中井積德曰：不知其龍，食而甘之，已又求之，龍肉不可得，故懼而去耳。方苞曰：天降龍二，此何關典要？不宜入本文。愚按：此史公記劉氏所自出耳。

孔甲崩，子帝皋立。帝皋崩，〔一〕子帝發立。帝發崩，子帝履癸立，是爲桀。〔二〕帝桀之時，〔三〕自孔甲以來，而諸侯多畔。夏桀不務德，而武傷百姓，百姓弗堪。迺召湯而囚之夏臺，〔四〕已而釋之。湯修德，諸侯皆歸湯，湯遂率兵以伐夏桀。桀走鳴條，〔五〕遂放而死。〔六〕桀謂人曰：「吾悔不遂殺湯於夏臺，使至此。」〔七〕湯乃踐天子位，代夏朝天下。湯封夏之後，〔八〕至周封於杞也。〔九〕

〔一〕【集解】左傳曰，皋墓在殽南陵。【考證】國語周語「孔甲亂夏，四世而隕」。正義依僖卅二年左傳。

〔二〕【索隱】桀，名也。按：系本帝皋生發及桀。此以發生桀，皇甫謐同也。

〔三〕【集解】謚法：「賊人多殺曰桀。」

〔四〕【索隱】獄名。夏曰均臺。皇甫謐云「地在陽翟」，是也。【考證】書湯誓云：「夏王率遏衆力，率割夏邑。有衆率怠弗協，曰：『時日曷喪？予與汝皆亡。』」立政云「桀德，惟乃弗作，往任是惟暴德。」國語晉語史蘇曰「昔夏桀伐有施，有施人以妹喜女焉。妹喜有寵，於是與伊尹比而亡夏」。左傳昭公四年，椒舉曰「夏桀爲仍之會，有緡叛之」。古書記桀事，可信者，不過若是。崔述曰：「韓詩外傳云『桀爲酒池，可以運舟，糟邱足以望十里，而牛飲者三千人』。新序云『桀作瑤臺，罷民力，殫民財，爲酒池糟堤，縱靡靡之樂』。按：古者人情質樸，雖有荒淫之主，非有若後世秦始、隋煬之所爲者。且桀豈患無酒，而使之可運舟，望十里，欲何爲者？皆後世猜度附會之言，如子貢所云『紂之不善不如是之甚者』。」

〔五〕【集解】孔安國曰：「地在安邑之西。」鄭玄曰：「南夷地名。」

〔六〕【集解】徐廣曰：「從禹至桀十七君，十四世。」駰案：汲冢紀年曰「有王與無王，用歲四百七十一年矣」。【索隱】徐廣曰：「從禹至桀十七君，十四世。」案：汲冢紀年曰「有王與無王，用歲四百七十一年」。【正義】括地志云：「廬州巢縣有巢湖，即尚書『成湯伐桀，放於南巢』者也。淮南子云『湯敗桀於歷山，與妹喜同舟浮江，奔南巢之山而死』。國語云『滿於巢湖』，又云『夏桀伐有施，施人以妹喜女焉』」。女，音女慮反。【考證】書湯誓序云「伊尹相湯，與桀戰于鳴條之野」。崔述曰：湯之伐桀，傳記皆未詳載其事，孟子書中有湯放桀之文，國語云「桀奔南巢」，史記云「桀走鳴條，遂放而死」，則是桀兵敗出奔，未嘗死也。尚書大傳亦稱士民奔湯，桀與其屬五百人南徙。則是桀逃於外，湯未嘗追襲之，以是謂之放也。雖其言或不能無附會，要其情形，大概於理爲近。李笠曰：正義云「滿於巢湖」，案：國語無此語。

〔七〕【考證】吳王夫差曰「吾悔不用子胥之言，自令陷此」，梁惠王曰「寡人恨不用公叔座之言也」，韓信曰「吾悔不用蒯通之計，乃爲兒女子所詐」，悔恨之言，如出一口。

〔八〕【正義】括地志云：「夏亭故城，在汝州郟城縣東北五十四里，蓋夏后所封也。」

〔九〕【正義】括地志云：「汴州雍丘縣，古杞國城也。周武王封禹後，號東樓公也。」【考證】梁玉繩曰：禹後封杞，即湯封之，武王特因其舊封重命之耳，大戴禮少閒篇云「湯放移桀，遷姒姓于杞」，漢書梅福傳云「武王克殷，封殷于宋，紹夏于杞」，史公於留侯世家亦述酈生之言「湯伐桀，封其後於杞」，而此乃謂周封夏後于杞，何哉？

太史公曰：禹爲姒姓，其後分封，用國爲姓，故有夏后氏、有扈氏、有男氏、斟尋氏、〔一〕彤城氏、褒氏、費氏、〔二〕杞氏、繒氏、辛氏、冥氏、斟氏、戈氏。〔三〕孔子正夏時，學者多傳夏小正云。〔四〕自虞、夏時，貢賦備矣。或言禹會諸侯江南，計功而崩，因葬焉，命曰會稽。會稽者，會計也。〔五〕

〔一〕【集解】徐廣曰：「一作『斟氏、尋氏』。」

〔二〕【索隱】系本「男」作「南」，「尋」作「鄩」，「費」作「弗」，而不云彤城及褒。按：周有彤伯，蓋彤城氏之後。張敖地理記云：「濟南平壽縣，其地即古斟尋國。」又下云斟戈氏，按左傳、系本皆云斟灌氏。【考證】錢大昕曰：索隱本「斟氏戈氏」作「斟戈氏」，即斟灌也。「戈」、「灌」聲相近，上「氏」字衍。

〔三〕【考證】楓、三、南本「冥」上有「白」字。崔述曰：此所記禹之後裔，得失參半，有扈氏爲啓所伐，戈爲豷所封，其非禹後明甚，疑司馬氏誤也。辛冥、有男、彤城，亦莫知其所本。

〔四〕【集解】禮運稱孔子曰：「我欲觀夏道，是故之杞，而不足徵也，吾得夏時焉。」鄭玄曰：「得夏四時之書，其存者有小正。」【索隱】小正，大戴記篇名。正征二音。【考證】論語衛靈公篇「子曰『行夏之時』」。

〔五〕【集解】皇覽曰：「禹冢在山陰縣會稽山上。會稽山本名苗山，在縣南，去縣七里。越傳曰，禹到大越，上苗山，大會計，爵有德，封有功，因而更名苗山曰會稽。因病死，葬，葦棺，穿壙深七尺，上無瀉泄，下無邸水，壇高三尺，土階三等，周方一畝。呂氏春秋曰『禹葬會稽，不煩人徒』。墨子曰『禹葬會稽，衣衾三領，桐棺三寸』。地理志云山上有禹井、禹祠，相傳以爲下有羣鳥耘田者也。」【索隱】抵，至也，音丁禮反。葦棺者，以葦爲棺。謂蘧篨而斂，非也。禹雖儉約，豈萬乘之主而臣子乃以蘧篨（裹）〔裹〕尸乎？墨子言「桐棺三寸」，差近人情。【正義】括地志云：「禹陵在越州會稽縣南十三里。廟在縣東南十一里。」

【索隱述贊】堯遭鴻水，黎人阻飢。禹勤溝洫，手足胼胝。言乘四載，動履四時。娶妻有日，過門不私。九土既理，玄圭錫茲。帝啓嗣立，有扈違命。五子作歌，太康失政。羿浞斯侮，夏室不競。降于孔甲，擾龍乖性。嗟彼鳴條，其終不令。

史記會注考證卷三

史記三

殷本紀第三

【考證】史公自序云："維契作商，爰及成湯。太甲居桐，德盛阿衡。武丁得説，乃稱高宗。帝辛湛湎，諸侯不享。作殷本紀第三。"

殷契，〔一〕母曰簡狄，有娀氏之女，爲帝嚳次妃。〔二〕三人行浴，見玄鳥墮其卵，簡狄取吞之，因孕生契。〔三〕契長而佐禹治水有功。〔四〕帝舜乃命契曰："百姓不親，五品不訓，汝爲司徒，而敬敷五教，五教在寬。"〔五〕封于商，〔六〕賜姓子氏。〔七〕契興於唐、虞、大禹之際，功業著於百姓，百姓以平。

〔一〕【索隱】契始封商，其後裔盤庚遷殷，殷在鄴南，遂爲天下號。契是殷家始祖，故言殷契。【正義】括地志云："相州安陽，本盤庚所都，即北蒙殷墟，南去朝歌城百四十六里。竹書紀年云『盤庚自奄遷于北蒙，曰殷墟，南去鄴四十里』，是舊都。城西南三十里有洹水，南岸三里有安陽城，西有城名殷墟，所謂北蒙者也。"今按：洹水在相州北四里，安陽城即相州外城也。契，音薛。

〔二〕【集解】淮南子曰：「有娀在不周之北。」【索隱】舊本「狄」作「易」，易狄音同。又作〔逿〕〔逷〕，吐歷反。【正義】按：記云「桀敗於有娀之墟」，有娀當在蒲州也。【考證】以上采帝繫篇。

〔三〕【索隱】譙周云：「契生堯代，舜始舉之，必非嚳子。以其父微，故不著名。其母娀氏女，與宗婦三人浴于川，玄鳥遺卵，簡狄吞之，則簡狄非帝嚳次妃明也。」【考證】以上依詩商頌玄鳥詩附會。梁玉繩曰：詩曰「天命玄鳥，降而生商」，「履帝武敏歆，攸介攸止」。毛傳以玄鳥降爲祀高禖之候，履帝武，爲從高辛之後。當毛公作傳時，未有遷史也，遷史出，而乃有吞、踐之說。其說起于周、秦間好事者，是以屈原天問言「簡狄在臺，玄鳥致貽」，列子天瑞言「后稷生于巨迹」。夫毛公豈不知吞踐之說哉，亦鄙不道爾。自史公信其說，而漢儒如康成，宋儒如朱子，並援以爲據，遂有謂稷、契無父而生者，毋乃誕歟？史公作史，每采世俗不經之語，故于殷紀曰吞卵生契，于周紀曰踐迹生棄，于秦紀又曰吞卵生大業，于高紀則曰夢神生季，一似帝王豪傑，俱生于鬼神異類，有是理乎？愚按：蘇洵嚳妃論，楊慎丹〔鉛〕總録亦有此說。又按：契非帝嚳子，娀氏非帝嚳妃，譙周說是，崔述唐考信録論之更詳。

〔四〕【考證】中井積德曰：契治水之功，所未見。且舜命爲司徒，是禹命爲司空之日矣。治水在其後，恐史遷誤。梁玉繩說同。

〔五〕【考證】「帝舜」以下采尚書堯典文。古鈔、南本無「五教」二字，舜紀亦無，與堯典合。

〔六〕【集解】鄭玄曰：「商國在太華之陽。」皇甫謐曰：「今上洛商是也。」【索隱】堯封契於商，即詩商頌云「有娀方將，帝立子生商」是也。【正義】括地志云：「商州東八十里商洛縣，本商邑，古之商國，帝嚳之子卨所封也。」

〔七〕【集解】禮緯曰：「祖以玄鳥生子也。」【正義】括地志云：「故子城，左渭州華城縣東北八十里，蓋子姓之別邑。」

契卒，子昭明立。昭明卒，子相土立。〔一〕相土卒，子昌若立。昌若卒，子曹圉立。〔二〕曹圉（辛）〔卒〕，〔三〕子冥立。〔四〕冥卒，子振立。〔五〕振卒，子微立。〔六〕微卒，子報丁立。〔七〕報丁卒，子報乙立。報乙卒，子報丙立。報丙卒，子主壬立。主（任）〔壬〕卒，子主癸立。〔八〕主癸卒，子天乙立，是爲成湯。〔九〕

〔一〕【集解】宋忠曰：「相土就契封於商。春秋左氏傳曰『閼伯居商丘，相土因之』。」【索隱】相土佐夏，功著於商，詩頌曰「相土烈烈，海外有截」是也。左傳曰「昔陶唐氏火正閼伯居商丘，相土因之」，是始封商也。【正義】括地志云：「宋州宋城縣，古閼伯之墟，即商丘也，又云羿所封之地。」【考證】左傳襄公九年。詩商頌長發。

〔二〕【索隱】系本作「糧圉」也。

〔三〕【正義】圉，音語，出系本。

〔四〕【集解】宋忠曰：「冥爲司空，勤其官事，死於水中，殷人郊之。」【索隱】禮記曰「冥勤其官而水死」，殷人祖契，而郊冥也。【考證】禮記祭法、國語魯語引展禽言。

〔五〕【索隱】系本作「核」。

〔六〕【索隱】皇甫謐云：「微字上甲，其母以甲日生故也。」商家生子，以日爲名，蓋自微始。譙周以爲死稱廟主曰「甲」也。【考證】國語魯語：「上甲（後）〔微〕能帥契者也，商人報焉。」白虎通：「殷道尚質，故直以生日名子。」梁玉繩曰：魯語展禽曰「上甲微能帥契者」，孔叢子引書曰「高宗報上甲微」，則商家以日爲名自微始，而史缺之，不始于報丁也。然竊疑商人自契至振，並別製名，何以上甲至帝辛，改名十日？而以日爲名之外，又未嘗無名，如上甲名微，天乙名履，帝辛名受。疑諸君俱有二名，今缺不具。蓋名以日者殷之質，生之與死，皆以此，臣民之所稱亦以是。別立名者殷之文，非有大典禮不用，故成湯告天，始名曰「予小子履」，而微子庶不爲嗣，遂祇傳其名啓而已。

〔七〕【集解】報，音博冒反。

〔八〕【考證】梁玉繩曰：商以生日名子，故不嫌于複，獨此三世名報，兩世名「主」，何也？通志曰「報丁、報乙、報丙與主壬、主癸皆兄弟之名」，史指爲父子，過矣。崔述曰：商先世，詩、書多缺，不可詳考。竊以時世推之，相土爲契之孫，當在夏太康世。蓋太康失國，羿、浞淫暴，諸侯無所歸，而相土能修其德政，故東方諸侯咸歸之。商邱在東，而西北阻於羿、(㚟)〔奡〕，是以號令東訖於海，而云「海外有截」也。又相土居商邱，而湯居亳，相距絶遠，疑上甲微以後，亦嘗中微，如不窋之竄戎，大王之遷岐者然。但不可知其爲何世耳。

〔九〕【集解】張晏曰：「禹、湯皆字也。二王去唐、虞之文，從高陽之質，故夏殷之王，皆以名爲號。」謚法曰：「除虐去殘曰湯。」【索隱】湯名履，書曰「予小子履」是也。又稱天乙者，譙周云「夏、殷之禮，生稱王，死稱廟，皆以帝名配之。天亦帝也，殷人尊湯，故曰天乙」。從契至湯，凡十四代，故國語曰「玄王勤商，十四代興」。玄王，契也。【正義】帝王世紀云：「成湯豐下鋭上，指有駢胝，倨身而揚聲，長九尺，臂四肘，有聖德。」張晏曰：「禹、湯皆字也。」【考證】荀子成相篇：「契玄王，生昭明，居于砥石，遷于商。十有四世，乃有天乙，是成湯。」崔述曰：尚書酒誥、多方、立政等篇皆稱爲「成湯」，無但稱「湯」者。蓋履，名也；成湯，號也。古多以一字名，未聞以一字號者。然則成湯乃其本號，湯則後世之省文也。商頌殷武亦稱「成湯」，玄鳥稱「武湯」，長發或但稱「湯」，或稱爲「武王」。蓋史册主於紀實，詩人主於頌美，故其稱參差不一。「武王」者子孫追崇之稱，即後世謚法所自彷。既或省文爲「湯」，因以「武」加之爲「武湯」耳。梁玉繩曰：湯非名也，以地爲號，故稱成湯、武湯。路史發揮注云「湯特商國中一邑名，成湯者，猶成周」。

成湯，自契至湯，八遷。〔一〕湯始居亳，〔二〕從先王居，〔三〕作帝誥。〔四〕

〔一〕【集解】孔安國曰：「十四世，凡八徙國都。」【考證】「成湯」二字衍。楓、三、南本、洞本、舊刻本皆無。

〔二〕【集解】皇甫謐曰：「梁國穀熟爲南亳，即湯都也。」【正義】括地志云：「宋州穀熟縣西南三十五里南亳故城，即南亳，湯都也。宋州北五十里大蒙城，爲景亳，湯所盟地，因景山爲名。河南偃師爲西亳，帝嚳及湯所都，盤庚亦徙都之。」

〔三〕【集解】孔安國曰：「契父帝嚳都亳，湯自商丘遷焉，故曰『從先王居』。」【正義】按：亳，偃師城也。商丘，宋州也。湯即位都南亳，後徙西亳也。括地志云：「亳邑故城在洛州偃師縣西十四里，本帝嚳之墟，商湯之都也。」

〔四〕【索隱】一作「俈」。上云「從先王居」，故作帝俈。孔安國以爲作誥告先王，言己來居亳也。【考證】「自契至湯」以下采書帝誥序。

湯征諸侯。〔一〕葛伯不祀，湯始伐之。〔二〕湯曰：「予有言：人視水見形，視民知治不。」伊尹曰：「明哉！言能聽，道乃進。君國子民，爲善者皆在王官。勉哉，勉哉！」湯曰：「汝不能敬命，予大罰殛之，無有攸赦。」作湯征。〔三〕

〔一〕【集解】孔安國曰：「爲夏方伯，得專征伐。」

〔二〕【集解】孟子曰：「湯居亳，與葛伯爲鄰。」地理志曰：葛，今梁國寧陵之葛鄉。【考證】以上采書湯征序、孟子滕文公篇。

〔三〕【正義】殛，紀力反，誅也。【考證】金履祥曰：史遷載湯征之辭而不類，蓋非湯征之舊也。孟子引亳衆往耕之事，疑出此書，而其詳不可得而聞矣。梁玉繩曰：湯征亡矣，而紀有其詞，豈非史公所見壁中真古文乎？崔述曰：按孟子文，湯以仇餉征葛，非以不祀征葛也。史記此言，殊失孟子之意。至湯伊尹之言，不知采於何書。孔壁古文所多十六篇，中無湯征，豈別有所本與？

伊尹名阿衡。〔一〕阿衡欲奸湯而無由，乃爲有莘氏媵臣，負鼎俎，以滋味説湯，致于王道。〔二〕或曰，伊尹處士，湯使人聘迎之，五反然後肯往從湯，〔三〕言素王及九主之事。〔四〕湯舉，任以國政。伊尹去湯適夏。既醜有夏，復歸于亳。入自北門，遇女鳩、女房，作女鳩、女房。〔五〕

〔一〕【索隱】孫子兵書：「伊尹名摯。」孔安國亦曰「伊摯」。然解者以阿衡爲官名。按：阿，倚也；衡，平也。言依倚而取平。書曰「惟嗣王弗惠于阿衡」，亦曰「保衡」，皆伊尹之官號，非名也。皇甫謐曰：「伊尹，力牧之後，生於空桑。」又呂氏春秋云：「有侁氏女採桑，得嬰兒于空桑，母居伊水，命曰伊尹。」尹，正也，謂湯使之正天下。【考證】梁玉繩曰：後世因伊尹官阿衡，遂以爲號，史隨稱之耳。伊尹名摯，見孫子用間篇、墨子尚賢中篇、楚辭離騷、天問。崔適曰：尹亦官名，周之師尹，楚之令尹，義即本此。曰「尹」，曰「阿衡」，曰「保衡」，皆以官名名之，而其人名則曰摯也。

〔二〕【集解】列女傳曰：「湯妃有莘氏之女。」【正義】括地志云：「古莘國在汴州陳留縣東五里，故莘城是也。陳留風俗傳云，陳留外黄有莘昌亭，本宋地，莘氏邑也。」媵，翊剩反。爾雅云：「媵，將，送也。」【考證】墨子尚賢篇下：「伊摯，有莘氏女之私臣，親爲庖人。湯得之，舉以爲己相。」又見呂覽、韓非諸書。孟子萬章篇，萬章問曰「『伊尹以割烹要湯』，有諸？」孟子曰「否，不然」。

〔三〕【考證】或曰依孟子萬章篇、告子篇。

〔四〕【集解】劉向別録曰：「九主者，有法君、專君、授君、勞君、等君、寄君、破君、國君、三歲社君，凡九品，圖畫其形。」【索隱】按：素王者，太素上皇，其道質素，故稱素王。九主者，三皇、五帝及夏禹也。或曰，九主謂九皇也。然按注，劉向所稱九主，載之七録，名稱甚奇，不知所憑據耳。法君，謂用法嚴急之君，若秦孝公及始皇等也。勞君，謂勤勞天下，若禹、稷等也。等君，等者平也，謂定等威，均祿賞，若高祖封功臣，侯雍齒也。授君，謂人君不能自理，而政歸其臣，若燕王噲授子之，禹授益之比也。專君，謂專己獨斷，不任賢臣，若漢宣之比也。破君，謂輕敵致寇，國滅君死，若楚戊、吴濞等是也。寄君，謂人困於下，主驕於上，離析可待，故孟軻謂之「寄君」也。國君，國當爲「固」，字之訛耳。固，謂完城郭，利甲兵，而不修德，若三苗、智伯之類也。三歲社君，謂在繈褓而主社稷，若周成王、漢昭、平等是也。又注本九主，謂法君、勞君、等君、專君、授君、破君、國君，以三歲社君爲二，恐非。【正義】專君，若漢宣之自專自斷，不任賢臣也。法君，若秦孝公用商鞅之法，嚴急之君也。授君，若燕噲授子之之類，是人君不能自理，政歸臣下也。勞君，若禹之勤勞天下也。等君，等者類也，若漢元、成以下不能好惡，故云等君也。寄君，若春秋「寄公」，人困於下，主驕於上，邦分崩離析可立待，故孟軻謂之寄君也。三歲社君，謂在繈褓而主社稷，若周成、漢昭、平之比也。一本云：九主者，法君、勞君、等君、寄君、專君、授君、破君、國君，以三歲社君爲一君，并上八君成九主，恐非也。然伊尹説湯「素王」、「九主」，當是三皇五帝及少昊咸勤勞天下，廣求賢佐而致太平。而裴氏引此九主，恐非伊尹之意也。【考證】孟子萬章篇「湯三使往聘伊尹」，告子篇「五就湯，五就桀者，伊尹也」。胡克家曰：漢書藝文志道家伊尹五十一篇，小説家伊尹説二十七篇。劉向別録所言，蓋即此二書。徐孚遠曰：劉向所載九主，是戰國人語，酷類韓非。中井積德曰：素王，謂不據王位而有王德者。愚按：莊子天道篇「虚静恬澹，以之處下，玄聖素王之道也」。中井氏據是。但夏殷之際，不可有此事。春秋之時，稱大夫爲主，未嘗稱王侯。伊尹「九主」，決非九君之義。要之史公此紀采擇未精，何必求其義？又按太史公有素王妙論，見漢、隋志，今佚。

〔五〕【集解】孔安國曰：「鳩房二人，湯之賢臣也。二篇言所以醜夏而還之意。」【考證】「伊尹去湯」以下采書汝鳩汝方序。梁玉繩曰：孟子言「伊尹五就湯，五就桀」。尚書大傳言「伊尹仕桀，聞『日亡吾亦亡』之言，遂去夏適湯」。鬼谷子午合云「伊尹五就湯，五就桀，然後合于湯。吕望三就文王，三入殷，然後合于文王」。是伊尹有適夏之事也。然湯既任尹國政，何爲復適夏邪？或者湯初得尹，薦之于桀，在未任國政時矣。而尹之所以適夏，其心必以爲從湯伐桀以濟世，不若事桀以止亂，故五就五去，不憚其煩，及不可復輔，乃舍而歸耳。若呂氏春秋慎大篇言「湯欲令伊尹往視曠夏，恐其不信，湯親射之。伊尹奔夏，三年歸亳」。以權詐誣聖人，豈足道哉？愚按：孫子用間篇「昔殷之興也，伊摯在夏。周之興也，呂牙在殷。故明君賢將，能以上智爲間者，必成大功」，亦與呂覽合。古書未可悉信也。

湯出，見野張網四面，祝曰：「自天下四方，皆入吾網。」湯曰：「嘻，盡之矣！」乃去其三面，祝曰：「欲左左，欲右右，不用命，乃入吾網。」諸侯聞之曰：「湯德至矣，及禽獸。」〔一〕

〔一〕【考證】呂氏春秋異用篇、賈子新書禮篇、諭誠篇，又見新序雜事篇。古鈔、南本「天下」作「上下」。楓、三、南本「獸」下有「矣」字。

當是時，夏桀爲虐政淫荒，而諸侯昆吾氏爲亂。〔二〕湯乃興師率諸侯，伊尹從湯，湯自把鉞以伐昆吾，遂伐桀。湯曰：「格女衆庶，來，女悉聽朕言。〔三〕匪台小子敢行舉亂，〔三〕有夏多罪，予維聞女衆言，夏氏有罪。予畏上帝，不敢不正。〔四〕今夏多罪，天命殛之。今女有衆，女曰『我君不恤我衆，舍我嗇事而割政』。〔五〕女其曰『有罪，其柰何』？夏王率止衆力，率奪夏國。〔六〕有衆率怠不和，〔七〕曰『是日何時喪？予與女皆亡』！〔八〕夏德若茲，今朕必往。爾尚及予一人，致天之罰，予其大理女。〔九〕女毋不信，朕不食言。〔一〇〕女不從誓言，予則帑僇女，無有攸赦。」以告令師，作湯誓。〔一一〕於是湯曰「吾甚武」，號曰武王。〔一二〕

〔二〕【正義】帝嚳時，陸終之長子，昆吾氏之後也。世本云「昆吾者，衛氏」是。【考證】詩商頌長發篇「韋顧既伏，昆夷夏桀」，則是湯先伐韋國、顧國，次乃伐昆吾，最後乃伐夏也。

〔二〕【考證】李笠曰：尚書湯誓作「格爾衆庶」，無「來」字。疑史文原只作「汝衆庶來」，以「來」代「格」。後人涉尚書文，妄增「格」字。

〔三〕【集解】馬融曰：「台，我也。」

〔四〕【集解】孔安國曰：「不敢不正桀之罪而誅之。」

〔五〕【集解】孔安國曰：「奪民農功，而爲割剥之政。」【正義】種曰稼，斂曰嗇。【考證】楓、三本「政」下有「夏」字。

〔六〕【集解】孔安國曰：「桀之君臣，相率遏止衆力，使不得事農，相率割剥夏之邑居。」

〔七〕【集解】馬融曰：「衆民相率，怠惰不和同。」

〔八〕【集解】尚書大傳曰：「桀云『天之有日，猶吾之有民，日有亡哉，日亡吾亦亡矣』。」【考證】喪、亡，韻。中井積德曰：日者王者之象也。時日，是民指桀而不敢斥之辭。俞樾曰：此兩句乃韻語，疑是夏民歌謡之辭。

〔九〕【集解】尚書「理」字作「賚」。鄭云曰：「賚，賜也。」【考證】錢大昕曰：詩「釐爾圭瓚」，鄭康成引作「賚」。釐、理，義亦相通也。

〔一〇〕【索隱】左傳云：「食言多矣，能無肥乎？」是謂妄言爲食言。【考證】俞正燮曰：食，當如「日有食」之「食」，謂消蝕。説詳癸巳存稿。

〔一一〕【考證】「湯曰」以下采尚書湯誓。

〔一二〕【集解】詩云：「武王載旆，有虔秉鉞。」毛傳曰：「武王，湯也。」【考證】王若虛曰：詩頌言「古帝命武湯」，「武王載旆」，謂之武者，詩人之所加也。紀乃云「湯曰『吾甚武』，號曰武王」。湯決無此語。

桀敗於有娀之虛，桀犇於鳴條，〔一〕夏師敗績。湯遂伐三㚇，俘厥寶玉，〔二〕義伯、仲伯作

典寶。〔三〕湯既勝夏，欲遷其社，不可，〔四〕作夏社。〔五〕伊尹報。〔六〕於是諸侯畢服湯。乃踐天子位，平定海內。〔七〕

〔二〕【正義】括地志云：「高涯原，在蒲州安邑縣北三十里南阪口，即古鳴條陌也。鳴條戰地，在安邑西。」

〔三〕【集解】孔安國曰：「三嵕，國名，桀走保之，今定陶也。俘，取也。」【正義】括地志云：「曹州濟陰縣，即古定陶也，東有三嵕亭，是也。」

〔三〕【集解】孔安國曰：「二臣作典寶一篇，言國之常寶也。」

〔四〕【集解】孔安國曰：「欲變置社稷，而後世無及句龍者，故不可而止。」

〔五〕【集解】孔安國曰：「言夏社不可遷之義。」【考證】「夏師敗績」以下采書典寶夏社序。

〔六〕【集解】徐廣曰：「一云『伊尹報政』。」

〔七〕【考證】洪邁曰：湯、武之事，古人言之多矣。惟漢轅固、黃生爭辯最詳。黃生曰「湯、武非受命，迺殺也」。固曰「不然，桀紂荒亂，天下之心，皆歸湯、武。湯、武因天下之心而誅桀、紂，不得已而立，非受命爲何！」黃生曰「冠雖敝必加於首，履雖新必貫於足。今桀、紂雖失道，君上也；湯、武雖聖，臣下也，反因過而誅之，非殺而何？」景帝曰「食肉毋食馬肝，未爲不知味」。言學者毋言湯、武受命，未爲愚，遂罷。東坡志林云：「武王非聖人也。昔者孔子蓋罪湯武，伯夷叔齊不食周粟，而孔子與之，其罪武王也甚矣。至孟軻始亂之。使當時有良史，南巢之事，必以『叛』書；牧野之事，必以『弒』書。湯武仁人也，必將爲法受惡。」可謂至論。然予竊考孔子之序書，明言伊尹相湯伐桀，成湯放桀于南巢，武王伐商，武王勝商殺受，各蔽以一語，而大指皦如。所謂六藝折衷，無待於良史復書也。崔述曰：後之儒者皆以征誅爲湯、武病，余按爲是說者皆誤以湯爲桀之臣故爾，而其實不然。湯誓曰「今爾其曰『夏罪其如台』」，是桀固無如湯何也。湯誓曰「夏王率遏衆力，率割夏邑」，是桀之政，不行於諸侯也。使桀猶爲天下共主，則當云「割萬方」。湯誓曰「今爾有衆，汝曰『我后不恤我衆，舍我穡事而割正夏』」，是湯之伐桀，民亦有竊議之者也。使桀與湯有君臣之分，商民何故不知大義責之，而反但言舍穡之細事乎？商頌曰「受小球大球，爲下國綴旒」，是湯未伐桀時，已受諸侯之朝覲矣。若湯果臣於桀，安得晏然受之？以桀之暴，雖無罪猶囚之，況受諸侯之朝，而安能容之哉！商頌曰「韋、顧既伐，昆吾、夏桀」，是湯未伐桀時，已滅數大國矣。若桀果爲天下共主，湯安得擅滅之？桀既力能囚湯，豈有聽其坐大而不問，乃束手以待其伐己者乎！由詩、書之言觀之，則湯與桀之事，固不如世所傳云云也。愚按：孔子曰「三分天下有其二，以服事殷」。文王既殷之臣，則武王亦殷之臣矣。齊宣王舉湯、武放伐事問曰「臣弑其君，可乎？」孟子對之，未嘗言湯、武非桀、紂臣也。但桀、紂之末，湯、武所有之地既過千里，尾大於頭，君虐民離，遂有放弑之事。崔氏之説雖辯矣，予未能從也。

湯歸至于泰卷陶，〔一〕中𤳹作誥。〔二〕既絀夏命，〔三〕還亳，作湯誥：〔四〕「維三月，王自至於東郊。〔五〕告諸侯羣后：『毋不有功於民，勤力迺事。予乃大罰殛女，毋予怨。』〔六〕曰：『古禹、皋陶久勞于外，其有功乎民，民乃有安。東爲江，北爲濟，西爲河，南爲淮，〔七〕四瀆已修，萬民乃有居。后稷降播，農殖百穀。三公咸有功于民，故后有立。〔八〕昔蚩尤與其大夫作亂百姓，帝乃弗予，有狀。〔九〕先王言，不可不勉。』〔一〇〕曰：『不道，毋之在國，〔一一〕女毋我怨。』」以令諸侯。〔一二〕伊尹作咸有一德，〔一三〕咎單作明居。〔一四〕

〔一〕**【集解】**徐廣曰：「一無此『陶』字。」孔安國曰：「地名，湯自三坰而還。」**【索隱】**鄒誕生「卷」作「坰」，又作「洞」，則卷當爲「坰」，與尚書同，非衍字也。其下「陶」字是衍耳。何以知然？解尚書者，以大坰今定陶是也，舊本或備記其地名，後人轉寫，遂衍斯字也。**【正義】**坰，古銘反。

〔二〕【集解】孔安國曰：「仲虺，湯左相，奚仲之後。」【索隱】仲虺二音。「〔𤳳〕」作「壘」，音如字，尚書又作「虺」也。

〔三〕【集解】孔安國曰：「絀其王命。」

〔四〕【考證】「湯歸」以下采書仲虺之誥、湯誥序。錢大昕曰：卷、坰聲相近，「泰」與「大」古文通。愚按：書序亦無「陶」字，索隱是。左傳定公元年「仲虺居薛，爲湯左相」。

〔五〕【考證】張文虎曰：此句疑有衍字。册府元龜引作「王至自東郊」。

〔六〕【考證】「予乃」上疑有脱字。

〔七〕【考證】陳仁錫曰：當言「東爲淮，南爲江」，傳寫之誤。梁玉繩曰：初學記引作「北爲河，西爲濟」。

〔八〕【集解】徐廣曰：「立，一作『土』。」【索隱】謂禹、皋陶有功於人，建立其後，故云有立。

〔九〕【集解】予，音與。【索隱】帝，天也。謂蚩尤作亂，上天乃不佑之，是爲弗與。有狀，言其罪大而有形狀，故黄帝滅之。

〔一〇〕【索隱】先王指黄帝、帝堯、帝舜等言。禹，咎繇以久勞于外，故後有立。及蚩尤作亂，天不佑之，乃致黄帝滅之。皆是先王賞有功，誅有罪，言今汝不可不勉。此湯誡其臣。

〔一一〕【集解】徐廣曰：「之，一作『政』。」【索隱】不道猶無道也。又誡諸侯云，汝爲不道，我則無令汝之在國。

〔一二〕【考證】閻若璩曰：司馬遷既從孔安國問古文，所見必孔壁中物，其爲真古文無疑。今之湯誥僞作也，此湯誥可補伏生今文書。梁玉繩曰：皇王大紀引此語，以「羣后毋不有功于民」至「毋予怨」，置「故后有立」之下。

〔一三〕【集解】王肅曰：「言君臣皆有一德。」【索隱】按：尚書，伊尹作咸有一德在太甲時，太史公記之於斯，謂成湯之日，其言又失次序。

〔一四〕【集解】馬融曰：「咎單，湯司空也。明居，民之法也。」【考證】「伊尹」以下采書咸有一德、明居序。陳仁錫曰：「咎」與「皋」同。皋陶之後。梁玉繩曰：康成序書，以咸有一德篇在湯誥後，咎單作明居前，與本紀同。史公親受壁中古文，則其繫此一篇于成湯紀內，必古書次第如此，本於太甲無涉也。自僞書以爲伊尹歸政所陳，輒移于太甲三篇之下，索隱不察，又援變易之本，咎史公序書失次，豈不悖哉？

湯乃改正朔，易服色，上白，朝會以晝。〔一〕

〔一〕【正義】殷家尚白，晝日，色白也。【考證】楓、三、南本無「易」字。愚案：「上白」二字，後人旁注，誤入正文，「上白」見篇末。

湯崩，〔一〕太子太丁未立而卒，於是迺立太丁之弟外丙，是爲帝外丙。帝外丙即位三年崩，立外丙之弟中壬，〔二〕是爲帝中壬。帝中壬即位四年崩，伊尹迺立太丁之子太甲。〔三〕太甲，成湯適長孫也，是爲帝太甲。帝太甲元年，伊尹作伊訓，作肆命，作徂后。〔四〕

〔一〕【集解】皇覽曰：「湯冢在濟陰亳縣北東郭，去縣三里。冢四方，方各十步，高七尺，上平，處平地。漢哀帝建平元年，大司空、御史長卿，案行水災，因行湯冢。劉向曰：『殷湯無葬處。』」皇甫謐曰：「即位十七年而踐天子位，爲天子十三年，年百歲而崩。」【索隱】長卿，諸本多作「劫姓」。按：風俗通有御氏，爲漢司空御史，其名長卿，明劫非也。亦有劫彌，不得爲御史。【正義】括地志云：「薄城北郭東三里平地有湯冢。」按：在蒙，即北薄也。又云：「洛州偃師縣東六里有湯冢，近桐宮。」蓋此是也。【考證】中井積德曰：據皇覽，是湯八十七歲伐桀也，不近人情。且伊尹年宜長於湯，而又後輔數世，亦可以見皇説之謬。何焯曰：漢書公卿表，建平紀元凡四年，無長卿其人爲御史者。張文虎曰：集解「御史」當作「史御」。索隱「司空」下「御」字衍。

〔二〕【正義】仲任二音。

〔三〕【正義】尚書孔子序云「成湯既没，太甲元年」，不言有外丙、仲壬，而太史公採世本，有外丙、仲壬，二書不同，當是信則傳信，疑則傳疑。【考證】外丙即位三年崩，「三年」當作「二年」。孟子萬章篇云：「湯崩，太丁未立，外丙二年，仲壬四年，太甲顛覆湯之典刑，伊尹放之於桐。」或據尚書伊訓「惟元祀十有二月，伊尹祀先王，奉嗣王祇見厥祖」，太甲「惟三祀十有二月，伊尹以冕服奉嗣王歸于亳」之文，解孟子云「湯崩時外丙方二歲，仲壬方四歲，惟太甲差長，故太甲以太丁之子即位也」。以史記爲謬，是不知伊訓、太甲爲僞書也。說詳于崔述商考信録、梁玉繩史記志疑。　梁玉繩曰：殷諸王自當有名，史缺不書。竹書，外丙以下皆有名，但河亶甲名整，吕氏春秋音初篇有「殷整甲徙宅西河」語，餘俱無徵，恐是後人僞加，又殷亦未嘗稱帝。

〔四〕【集解】鄭玄曰：「肆命者，陳政教所當爲也。徂后者，言湯之法度也。」【考證】「太甲元年」以下采書伊訓、肆命、徂后序。

帝太甲既立三年，不明暴虐，不遵湯法，亂德，於是伊尹放之於桐宮。三年，〔一〕伊尹攝行政當國，以朝諸侯。〔二〕

〔一〕【集解】孔安國曰：「桐宮，湯葬地。」鄭玄曰：「地名也，有王離宮焉。」【正義】晉太康地記云：「尸鄉南有亳阪，東有城，太甲所放處也。」按：尸鄉在洛州偃師縣西南五里也。【考證】「帝太甲」以下本孟子萬章篇、書太甲序。　梁玉繩曰：「立」下「三年」二字疑衍。說詳于志疑。

〔二〕【考證】竹書紀年云：「仲壬崩，伊尹放太甲于桐，乃自立也。伊尹即位於太甲七年，太甲潛出自桐，殺伊尹，乃立其子伊奮，命復其父之田宅，而中分之。」其言妄誕太甚，書咸有一德疏已斥之矣。

帝太甲居桐宮三年，悔過自責，反善，於是伊尹迺迎帝太甲而授之政。帝太甲修德，諸侯咸歸殷，百姓以寧。伊尹嘉之，迺作太甲訓三篇，〔一〕褒帝太甲，稱太宗。〔二〕

〔一〕【考證】「帝太甲」以下采孟子萬章篇、書太甲序。書序無「訓」字。孟子盡心篇，公孫丑曰「伊尹曰『予不狎于不順，放太甲于桐，民大悦，太甲賢，又反之，民大悦』。賢者之爲人臣也，其君不賢則固可放與？」孟子曰「有伊尹之志則可，無伊尹之志則篡也」。

太宗崩，子沃丁立。帝沃丁之時，伊尹卒。既葬伊尹於亳，〔一〕咎單遂訓伊尹事，作沃丁。〔二〕

〔一〕【集解】皇覽曰：「伊尹冢在濟陰己氏平利鄉，亳近己氏。」【正義】括地志云：「伊尹墓在洛州偃師縣西北八里。又云，宋州楚丘縣西北十五里有伊尹墓，恐非也。」帝王世紀：「伊尹名摯，爲湯相，號阿衡，年百歲卒，大霧三日，沃丁以天子禮葬之。」

〔二〕【集解】書無逸，太甲享國三十三年。

〔三〕【考證】「帝沃丁」以下采書沃丁序。

沃丁崩，弟太庚立，是爲帝太庚。〔一〕帝太庚崩，子帝小甲立。〔二〕帝小甲崩，弟雍己立，是爲帝雍己。殷道衰，諸侯或不至。

〔一〕【考證】古鈔、南本「沃丁」上有「帝」字。

〔二〕【集解】徐廣曰：「世表云，帝小甲，太庚弟也。」

帝雍己崩，弟太戊立，是爲帝太戊。帝太戊立，伊陟爲相。〔一〕亳有祥，桑穀共生於朝，〔二〕一暮大拱。〔三〕帝太戊懼，問伊陟。伊陟曰：「臣聞妖不勝德，帝之政其有闕與？帝其修德。」太戊從之，而祥桑枯死而去。〔四〕伊陟贊言于巫咸。〔五〕巫咸治王家有成，作咸艾，作太戊。〔六〕帝太戊贊伊陟于廟，言弗臣，伊陟讓，作原命。〔七〕殷復興，諸侯歸之，故稱中宗。〔八〕

〔一〕【集解】孔安國曰：「伊陟，伊尹之子。」

〔二〕【考證】「伊陟爲相」以下采書咸乂序。王應麟曰：大戊爲太甲之孫，三代表云「大戊，小甲弟」，則亦沃丁弟，太甲子。二者必有一誤。愚按：伊尹相湯，湯七傳至大戊。伊陟，尹之孫，或曾孫，恐非子。

〔三〕【集解】孔安國曰：「祥，妖怪也。二本合生，不恭之罰。」鄭玄曰：「兩手搤之曰拱。」【索隱】此云「一暮大拱」，尚書大傳作「七日大拱」，與此不同。

〔四〕【索隱】劉伯莊言，枯死而消去不見，今以爲由帝修德而妖祥遂去。【考證】「祥」疑當作「穀」。「而去」二字疑衍。桑穀之祥，呂氏春秋、韓詩外傳爲湯時，書大傳、漢五行志爲武丁時，此據書序。崔述曰：此必一事而傳之者異。成湯聖敬日躋，遂有天下，豈待爲天子然後懼而修德？尚書稱「武丁亮陰，三年不言，其惟不言，言乃雍」，則亦非因災而後自警者。惟太戊，尚書稱其「嚴恭寅畏，治民祗懼」，則史記以此事爲太戊時者，近是。

〔五〕【集解】孔安國曰：「贊，告也。巫咸，臣名也。」【正義】按：巫咸及子賢冢，皆在蘇州常熟縣西海虞山上，蓋二子本吳人也。

〔六〕【集解】馬融曰：「艾，治也。」【考證】尚書君奭篇：「在大戊時，則有若伊陟、臣扈，格于上帝。巫咸乂王家。」

〔七〕【集解】馬融曰：「原，臣名也。命原以禹、湯之道我所修也。」【正義】伊陟，伊尹子也。原，再也。言太戊贊於湯廟，言伊陟尊高，不可使如臣佐，伊陟讓，乃再爲書命之。【考證】書序云：「伊陟相大戊，亳有祥，桑穀共生于朝。伊陟贊于巫咸，作咸乂四篇。大戊贊于伊陟，作伊陟、原命。」與此異。

〔八〕【考證】古鈔、楓、三、南本「殷」下有「道」字。尚書無逸篇「中宗之享國，七十有五年」。

中宗崩，子帝中丁立。帝中丁遷于隞。〔一〕河亶甲居相。〔二〕祖乙遷于邢。〔三〕帝中丁崩，弟外壬立，是爲帝外壬。仲丁書闕不具。〔四〕帝外壬崩，弟河亶甲立，是爲帝河亶甲。河亶甲時，殷復衰。

〔一〕【集解】孔安國曰：「地名。」皇甫謐曰：「或云河南敖倉是也。」【索隱】「隞」亦作「囂」，並音敖字。【正義】括地志云：「滎陽故城，在鄭州滎澤縣西南十七里，殷時敖地也。」

〔二〕【集解】孔安國曰：「地名，在河北。」【正義】括地志云：「故殷城在相州内黄縣東南十三里，即河亶甲所築都之，故名殷城也。」

〔三〕【索隱】邢，音耿。近代本亦作「耿」。今河東皮氏縣有耿鄉。【正義】括地志云：「絳州龍門縣東南十二里耿城，故耿國也。」【考證】「中丁遷于隞」以下，采書序。徐孚遠曰：先叙三代遷居之事，而後叙崩立，又一體也。梁玉繩曰：是亦一體。然商自仲丁遷隞以來，凡五遷國都，然後盤庚居于亳殷，下文云「五遷無定處」，是也。史公不應止書此三遷，疑是錯簡。遷相、遷邢，當在「是爲帝河亶甲」、「子帝祖乙立」之下。

〔四〕【索隱】蓋太史公知舊有仲丁書，今已遺闕不具也。【考證】梁玉繩曰：逸書有仲丁篇，故云「仲丁書闕不具」。然此句當在前文「帝仲丁崩」之上，不應置外壬時也，必是錯簡。

河亶甲崩，〔一〕子帝祖乙立。帝祖乙立，殷復興。巫賢任職。〔二〕

〔一〕【考證】古鈔、南本「河亶甲」上有「帝」字。

〔二〕【考證】尚書君奭篇「在祖乙時，則有若巫賢」。

祖乙崩，子帝祖辛立。帝祖辛崩，弟沃甲立，是爲帝沃甲。〔一〕帝沃甲崩，立沃甲兄祖辛之子祖丁，是爲帝祖丁。帝祖丁崩，立弟沃甲之子南庚，是爲帝南庚。〔二〕帝南庚崩，立帝祖丁之子陽甲，是爲帝陽甲。帝陽甲之時，殷衰。

〔一〕【索隱】系本作「開甲」也。

〔三〕【考證】南本「沃甲」上有「帝」字。中井積德曰：「弟」字當衍。

自中丁以來，廢適而更立諸弟子，弟子或争相代立，比九世亂，於是諸侯莫朝。〔一〕

〔一〕【考證】南本無「而」字，無「於是」二字。崔述曰：自仲丁以後，有外壬、河亶甲、祖乙、祖辛、沃甲、祖丁、南庚，至陽甲，正得九世。

帝陽甲崩，弟盤庚立，是爲帝盤庚。帝盤庚之時，殷已都河北，盤庚渡河南，復居成湯之故居，迺五遷無定處。〔一〕殷民咨胥皆怨，不欲徙。〔二〕盤庚乃告諭諸侯大臣曰：「昔高后成湯，與爾之先祖俱定天下，法則可修。舍而弗勉，何以成德！」〔三〕乃遂涉河南，治亳，〔四〕行湯之政，然後百姓由寧，殷道復興。諸侯來朝，以其遵成湯之德也。〔五〕

〔一〕【集解】孔安國曰：「自湯至盤庚，凡五遷都。」【正義】湯自南亳遷西亳，仲丁遷隞，河亶甲居相，祖乙居耿，盤庚渡河南，居西亳。是五遷也。【考證】楓、三、南本「故居」作「故都」。梁玉繩曰：按湯都南亳，盤庚都西亳，判然兩地。孔仲達商頌疏所述皇甫謐之辨極爲精覈。謐曰「孟子稱湯居亳，與葛爲鄰，今梁國寧陵之葛鄉。湯地七十里耳，若湯居偃師，計寧陵去偃師八百餘里，豈當使亳衆爲之耕乎？梁國自有二亳，南亳在穀熟之地，北亳在蒙地，非偃師也。盤庚遷偃師，然則殷有三亳，穀熟爲南亳，即湯都；蒙爲北亳，即景亳，湯所受命；偃師爲西亳，即盤庚所徙者」。閻氏疏證復申之曰「南亳是湯所都，皇甫謐據孟子以政之。史注謂湯于後徙西亳，予即如謐以政之曰：放太甲于桐，桐在今虞城縣，去偃師亦八百餘里。伊尹既以身當國于偃師，又焉能時時于桐訓太甲乎？仍屬穀熟方近。自史云復故居，注遂謂湯亦曾都偃師，不知盤庚三篇，一則曰新邑，再則曰新邑，曷嘗有復故居字面？止下篇云『古我先王將多于前功，適于山』，本泛言先王徙都山險之處，如上所遷五邦多是，非必定指湯。或湯曾有意亳殷山險，往視之，如武王營洛邑，仍都豐鎬，商或類此。故當日三亳鼎稱不出邦畿千里之外，非必湯親身徙西亳。凡此皆商有天下規模形勢之大者，不可不論」。閻氏之辨亦確。

〔三〕【集解】孔安國曰：「胥，相也。民不欲徙，皆咨嗟憂愁，相與怨其上也。」

〔三〕【考證】「盤庚渡河」以下采尚書盤庚及其序。

〔四〕【集解】鄭玄曰：「治於亳之殷地，商家自此徙，而改號曰殷亳。」皇甫謐曰：「今偃師是也。」

〔五〕【考證】崔述曰：世儒多謂盤庚改商爲殷，綱目前編因之，於陽甲以前皆書曰「商王」，於盤庚以後皆書曰「殷王」，於盤庚之元祀書曰「遷都於殷，改國號曰殷」。余按商書盤庚篇云「殷降大虐，先王不懷厥攸作」，是盤庚未遷以前，已稱殷也。商頌殷武篇云「商邑翼翼，四方之極」，是盤庚既遷以後猶稱商也。詩云「殷商之旅」，又云「咨汝殷商」，而書微子一篇，或稱殷，或稱商，參差不一，是殷與商可以連稱，亦可以互稱也。安在其爲改號也哉！

帝盤庚崩，弟小辛立，是爲帝小辛。帝小辛立，殷復衰。百姓思盤庚，迺作盤庚三篇。〔一〕帝小辛崩，弟小乙立，是爲帝小乙。

〔一〕【索隱】尚書「盤庚將治亳殷，民咨胥怨，作盤庚」，此以盤庚崩，弟小辛立，百姓思之，乃作盤庚，由不見古文也。【考證】史公謂盤庚遷都之日，會諸侯群臣誥諭，崩後，士民追思其言，見之於簡策。愚按：盤庚上篇云「盤庚遷于殷，民不適有居」。「王若曰」，是非盤庚手筆明矣。中篇、下篇亦然。史公之言蓋有所受也。俞樾曰：詩書之義，蓋有同者。史記殷本紀云「小辛立，殷復衰。百姓思盤庚，乃作盤庚三篇」。是作盤庚，所以諷小辛也。小雅楚茨、信南山、甫田、大田序並云「刺幽王也」，其信南山序云「不能脩成王之業、疆理天下，以奉禹功，故君子思古焉」。正義謂「四詩皆思成王」。夫周人經幽王之亂，而思成王，猶殷人當小辛之衰而思盤庚也。然思盤庚而作盤庚三篇，不及小辛也。思成王而作楚茨諸篇，不及幽王也。此古人立言之微婉也。

帝小乙崩，子帝武丁立。〔一〕帝武丁即位，思復興殷，而未得其佐。三年不言，政事決定於冢宰，以觀國風。〔二〕武丁夜夢得聖人，名曰說。以夢所見視羣臣百吏，皆非也。於是迺使百工營求之野，得說於傅險中。〔三〕是時說爲胥靡，築於傅險。〔四〕見於武丁，武丁曰是也。得而與之語，果聖人，舉以爲相，殷國大治。故遂以傅險姓之，號曰傅說。〔五〕

〔一〕**【考證】**南本「武」上無「帝」字。楓、三、南本「立」下有「是爲帝武丁」五字。

〔二〕**【集解】**鄭玄曰：「冢宰，天官，卿貳王事者。」**【考證】**「三年不言」以下，采尚書無逸、論語雍也篇。

〔三〕**【集解】**徐廣曰：「尸子云，傅巖在北海之洲。」**【索隱】**舊本作「險」，亦作「巖」也。**【正義】**地理志云：「傅險，即傅說版築之處，所隱之處，窟名聖人窟，在今陝州河北縣北七里，即虞國虢國之界。又有傅說祠。注水經云，沙澗水北出虞山，東南逕傅巖，歷傅說隱室前，俗名聖人窟。」工，官也。營，謂刻畫所夢之形像，於野外求之。墨子云「傅說衣褐帶索，傭築於傅巖」。**【考證】**險、巖古通。左傳「巖邑」即「險邑」。

〔四〕**【集解】**孔安國曰：「傅氏之巖，在虞虢之界，通道所經，有澗水壞道，常使胥靡刑人築護此道。說賢而隱，代胥靡築之，以供食也。」**【正義】**爲，音于僞反。胥靡，腐刑也。**【考證】**胥靡，解見賈生傳。中井積德曰：靡、縻通。刑人以索相連，累累相屬也。

〔五〕**【考證】**「武丁夜夢」以下依國語楚語及孟子告子篇。

帝武丁祭成湯，明日有飛雉，登鼎耳而呴，〔一〕武丁懼。祖己曰：「王勿憂，先修政事。」〔二〕祖己乃訓王曰：「唯天監下，典厥義，〔三〕降年有永有不永，非天夭民，中絕其命。〔四〕民有不若德，不聽罪，天既附命正厥德，〔五〕乃曰其奈何。嗚呼！王嗣敬民，罔非天，繼常祀，毋禮于弃道。」〔六〕武丁修政行德，天下咸驩，殷道復興。〔七〕

〔一〕【正義】呴，音構。呴，雉鳴也。詩云「雉之朝呴」。

〔二〕【集解】孔安國曰：「祖己，賢臣名。」

〔三〕【集解】孔安國曰：「言天視下民，以義爲常也。」【考證】古鈔、南本「唯」作「惟」。

〔四〕【考證】梁玉繩曰：民謂高宗，蓋對天而言，天子亦民也。

〔五〕【集解】孔安國曰：「不順德，言無義也。不服罪，不改修也。天以信命正其德，謂其有永有不永。」【索隱】附，依尚書音孚。

〔六〕【集解】孔安國曰：「王者主民，當敬民事。民事無非天所嗣，常也。祭祀有常，不當特豐於近也。」【索隱】祭祀有常，無爲豐殺之禮，於是以弃常道。【考證】以上采尚書高宗肜日及序、尚書大傳。李笠曰：俞樾羣經平議以「罔非天」爲句，言王嗣位敬行民事，罔非天所命也，與余意暗合。「繼常祀」者，言繼續經常之祀，所謂「典厥義」也。「毋豐於棄道」，言毋豐厚於非道之祀，所以防淫慝也。尚書高宗肜日「嗣」作「司」，「常」作「典」，「豐于棄道」作「豐于昵」，說微不同。

〔七〕【考證】尚書無逸篇，高宗之享國五十有九年。

帝武丁崩，子帝祖庚立。祖己嘉武丁之以祥雉爲德，立其廟爲高宗，遂作高宗肜日及訓。〔一〕

〔一〕【集解】孔安國曰：「祭之明日又祭，殷曰肜，周曰繹。」【考證】梁玉繩曰：案滹南集辨惑云「此篇即祖己訓王之詞，其曰『高宗』者，史臣追稱耳，諸篇之體皆然，而云武丁既殁，祖己嘉之而作，謬矣。『高宗之訓』乃書篇名，自當全著，但云『及訓』，復失之太簡」。所辨是。困學紀聞亦譏史與書序相違也。余因考書序及大傳，言高宗祭湯有雉雊鼎耳，祖己訓諸王，史公取入本紀，本無疑義。論衡指瑞篇據大傳同。只因書有「典祀無豐于昵」一語，馬融、王肅輒顯背經史，創爲祭禰廟之説，以祭湯爲非，蔡傳因之。至前編直謂祖庚繹于高宗之廟，有雉雊之異，祖己作二書以訓祖庚，反據此紀，誤繫斯事于祖庚之世爲證，竊所未安。經文「昵」字，指宗廟，對山川社稷七祀而言，況史引作「常祀毋禮于弃道」，則古本亦不盡作「豐」、「昵」也。

帝祖庚崩，弟祖甲立，是爲帝甲。帝甲淫亂，殷復衰。〔一〕

〔一〕【索隱】國語云「帝甲亂之，七代而隕」，是也。【考證】書無逸篇云：「其在祖甲，不義惟王。舊爲小人，作其即位，爰知小人之依，能保惠于庶民，不敢侮鰥寡。肆祖甲之享國，三十有三年。」國語周語衛彪傒曰「玄王勤商，十有四世而興，帝甲亂之，七世而隕」。同一祖甲也，一以爲賢君，一以爲暗主。史公蓋從國語。古鈔、楓、三、南本「帝甲」作「帝祖甲」。

帝甲崩，子帝廩辛立。〔一〕帝廩辛崩，弟庚丁立，是爲帝庚丁。〔二〕帝庚丁崩，子帝武乙立。殷復去亳，徙河北。

〔一〕【索隱】漢書古今人表及帝王代紀皆作「馮辛」。

〔二〕【考證】崔述曰：「『庚』字疑誤。」

帝武乙無道，爲偶人，謂之天神。〔一〕與之博，令人爲行。〔二〕天神不勝，乃僇辱之。爲革囊，盛血，卬而射之，命曰「射天」。武乙獵於河、渭之閒，暴雷，武乙震死。子帝太丁立。〔三〕

帝太丁崩，子帝乙立。帝乙立，殷益衰。〔四〕

〔一〕【索隱】偶，音寓。亦如字。【正義】偶，五苟反。偶，對也。以土木爲人，對象於人形也。

〔二〕【正義】爲，于僞反。行，胡孟反。

〔三〕【考證】「太丁」重出，疑有誤。紀年作「文丁」。

〔四〕【考證】書無逸云：「自時厥後，祖甲以後。立王生則逸。生則逸，不知稼穡之艱難，不聞小人之勞，惟耽樂之從。自時厥後，亦罔或克壽，或十年，或七八年，或五六年，或四三年。」而酒誥則云：「自成湯，咸至於帝乙，成王畏相。惟御事，厥棐有恭，不敢自暇自逸，矧曰其敢崇飲？」多方則云：「至於帝乙，罔不明德慎罰，亦克用勸。」多士則云：「自成湯至于帝乙，罔不明德恤祀。」其言如相反者。崔述云：無逸篇稱祖甲以後諸王，「生則逸」，「惟耽樂之從」。而酒誥、多方、多士三篇乃云「不自暇逸」，「罔不明德」，何哉？蓋古人之文多大畧言之，以其不若紂之酣身，即謂之「不自暇逸」。不若紂之暴虐，即謂之「明德」「慎罰」「恤祀」耳。且此乃爲殷衆而言，故不暇細辨其優劣也。言各有所當，學者當善求其意，不可以詞害志，而謂帝乙以前皆賢君也。崔說得之。

帝乙長子曰微子啓，〔一〕啓母賤，不得嗣。〔二〕少子辛，辛母正后，辛爲嗣。帝乙崩，子辛立，是爲帝辛，天下謂之紂。〔三〕

〔一〕【索隱】微，國號。爵爲子。啓，名也。孔子家語云「微」或作「魏」，讀從微音。鄒本亦然也。

〔二〕【索隱】此以啓與紂異母，而鄭玄稱爲同母，依呂氏春秋，言母當生啓時猶未正立，及生紂時始正爲妃，故啓大而庶，紂小而嫡。【考證】索隱所引呂氏春秋當務篇。洪亮吉曰：啓與紂異母，史記最確。呂氏春秋尤不足信，康成取之，誤也。

〔三〕【集解】諡法曰：「殘義損善曰紂。」【考證】梁玉繩曰：紂有二名，曰辛者，殷以生日名子也；曰受者，別立嘉名也。猶天乙又名履，上甲又名微也。史不書名受，偶失也。而紂、受音近，故天下共稱之，蓋即以爲號。先儒謂「紂」爲謚，非。

帝紂資辨捷疾，聞見甚敏，材力過人，手格猛獸；〔一〕知足以距諫，言足以飾非；矜人臣以能，高天下以聲，以爲皆出己之下。好酒淫樂，嬖於婦人。愛妲己，〔二〕妲己之言是從。〔三〕於是使師涓作新淫聲，北里之舞，靡靡之樂。〔四〕厚賦稅以實鹿臺之錢，〔五〕而盈鉅橋之粟。〔六〕益收狗馬奇物，充仞宮室。益廣沙丘苑臺，〔七〕多取野獸蜚鳥置其中。慢於鬼神。大冣樂戲於沙丘，〔八〕以酒爲池，〔九〕縣肉爲林，〔一〇〕使男女倮相逐其閒，爲長夜之飲。〔一一〕

〔一〕**【正義】**帝王世紀云「紂倒曳九牛，撫梁易柱」也。

〔二〕**【集解】**皇甫謐曰：「有蘇氏美女。」**【索隱】**國語有蘇氏女，妲字，己姓也。**【考證】**南本「皆」上有「人」字，「好」上有「紂」字。國語晉語，史蘇曰「殷辛伐有蘇氏，有蘇氏以妲己女焉」，「於是乎與膠鬲比而亡殷」。張文虎曰：「愛妲己」句上，御覽百三十五引有「紂伐有蘇，有蘇人以妲己女焉」二句，與國語合，疑今本史有脱簡。

〔三〕**【考證】**書牧誓：「今商王受惟婦言是用，昏棄厥肆祀弗答，昏棄厥遺王父母弟不迪。」

〔四〕**【考證】**淮南子原道訓：「耳聽朝歌北鄙靡靡之樂。」北鄙即北里。梁玉繩曰：韓非子十過、釋名、水經注八、拾遺記皆「師涓」作「師延」，是也，此與人表並誤作「涓」。師涓出于晉平公、衛靈公之世，亦見韓子十過及呂子長見。

〔五〕**【集解】**如淳曰：「新序云，鹿臺，其大三里，高千尺。」瓚曰：「鹿臺，臺名，今在朝歌城中。」**【正義】**括地志云：「鹿臺，在衛州衛縣西南三十二里。」

〔六〕**【集解】**服虔曰：「鉅橋，倉名。許慎曰，鉅鹿水之大橋也，有漕粟也。」**【索隱】**鄒誕生云：「鉅，大；橋，器名也。紂厚賦税，故因器而大其名。」

〔七〕【集解】爾雅曰：「迆邐，沙丘也。」地理志曰在鉅鹿東北七十里。【正義】括地志云：「沙丘臺，在邢州平鄉東北二十里。竹書紀年自盤庚徙殷，至紂之滅二百七十五年，更不徙都，紂時稍大其邑，南距朝歌，北據邯鄲及沙丘，皆爲離宮別館。」

〔八〕【集解】徐廣曰：「冣，一作『聚』。」【考證】二字同。

〔九〕【正義】括地志云：「酒池，在衛州衛縣西二十三里。太公六韜云，紂爲酒池，迴船糟丘，而牛飲者三千餘人爲輩。」

〔一〇〕【正義】縣，户眠反。

〔一一〕【正義】倮，胡瓦反。【考證】顧炎武曰：「自古國家承平日久，法制廢弛，而上之令不能行於下，未有不亡者也。紂以不仁而亡，天下人人知之，吾謂不盡然。紂之爲君，沉湎於酒，而逞一時之威，至於刳孕斮脛，商之衰也久矣。一變而盤庚之書，則卿士不從君令。再變而微子之書，則小民不畏國法，『攘竊神祇之犧牷牲，用以容，將食無災』，可謂民玩其上而威刑不立者矣。即以中主守之，猶不能保，而況以紂之狂酗昏虐，又祖伊奔走而不省乎？」說又見于崔述商考信録。

百姓怨望，而諸侯有畔者，於是紂乃重刑辟，有炮格之法。〔一〕以西伯昌、九侯、鄂侯爲三公。〔二〕九侯有好女，入之紂。九侯女不憙淫，〔三〕紂怒，殺之，而醢九侯。鄂侯爭之彊，辨之疾，并脯鄂侯。西伯昌聞之，竊嘆。崇侯虎知之，以告紂，紂囚西伯羑里。〔四〕西伯之臣閎夭之徒，求美女奇物善馬以獻紂，紂乃赦西伯。〔五〕西伯出而獻洛西之地，以請除炮格之刑。紂乃許之，賜弓矢斧鉞，使得征伐，爲西伯。〔六〕而用費中爲政。〔七〕費中善諛，好利，殷人弗親。

紂又用惡來。〔八〕惡來善毀讒，諸侯以此益疏。

〔一〕【集解】列女傳曰：「膏銅柱，下加之炭，令有罪者行焉，輒墮炭中，妲己笑，名曰炮烙之刑。」【索隱】鄒誕生云「格，一音閣」。又云「見蟻布銅斗，足廢而死，於是爲銅格，炊炭其下，使罪人步其上」，與列女傳少異。【考證】炮格，各本作「炮烙」，依古鈔、南本、宋本改，下同。呂氏春秋過理篇高誘注「格以銅爲之，布火其下，以人置上，人爛墮火而死」。韓非子喻老篇「紂爲肉圃，設炮格，登糟邱，臨酒池」，肉圃、炮格、糟邱、酒池，皆相對爲文。今改爲「炮烙」，則文不相對矣。說詳於段氏尚書撰異、盧氏鍾山札記、王氏讀書志、張氏史記札記。

〔二〕【集解】徐廣曰：「九侯，一作『鬼侯』，鄴縣有九侯城。鄂，一作『邘』，音于。野王縣有邘城。」【索隱】九亦依字讀，鄒誕生音仇也。【正義】括地志云：「相州滏陽縣西南五十里有九侯城，亦名鬼侯城，蓋殷時九侯城也。」

〔三〕【集解】徐廣曰：「一云『無不憙淫』。」

〔四〕【集解】地理志曰，河内湯陰有羑里城，西伯所拘處。韋昭曰「音酉」。【正義】牖，一作「羑」，音酉，羑城在相州湯陰縣北九里，紂囚西伯城也。帝王世紀云：「囚文王，文王之長子曰伯邑考，質於殷，爲紂御，紂烹爲羹，賜文王，曰『聖人當不食其子羹』。文王食之。紂曰『誰謂西伯聖者？食其子羹，尚不知也』。」【考證】呂氏春秋行理篇：「昔者紂爲無道，殺梅伯而醢之，殺鬼侯而脯之，以禮諸侯於廟。文王流涕而咨之，紂恐其畔，欲殺文王而滅周。文王曰『父雖無道，子敢不事父乎？君雖不惠，臣敢不事君乎？孰王而可畔也』？紂乃赦之。」淮南子道應訓：「文王砥德修政三年，而天下二垂歸之，紂聞而患之曰『余夙興夜寐，與之競行，則苦心勞形，縱而置之，恐代余一人』。崇侯虎曰『周伯昌行仁義而善謀，太子發勇敢而不疑，中子旦恭儉而知時。若與之從，則不堪其殃，縱而赦之，身必危亡。及未成而圖之』。屈商乃拘文王於羑里。」呂覽以羑里之囚爲因文王之歎，淮南爲因崇侯之譖，所言各異。而史公此紀併採二書，周紀專依淮南，未免扞格。說又見梁玉繩史記志疑。錢泰吉曰：正義云「牖」一作「羑」，據此則正義本正文作「牖」。

〔五〕【考證】淮南子道應訓：「散宜生乃以千金求天下之珍怪，以獻於紂。因費仲而通，紂見而説之，乃免其身。」毛詩疏引尚書大傳云，散宜生、南宫括、閎夭三子，相與學訟於太公，遂與三子見文王於羑里，獻寶以免文王。

〔六〕【正義】洛水，一名漆沮水，在同州。洛西之地，謂鄜延丹、坊等州也。【考證】韓非子難篇：「昔文王請入雒西地赤壤之國，方千里，以解炮烙之刑，天下皆悦。」梁玉繩曰：史公説文王出羑里，及專征伐二事，殷、周紀及齊世家所載雖有詳略，而大概相同，蓋本于伏生尚書大傳而增損之，然皆戰國好事者意構之詞，非其事之實也。説詳于志疑。古鈔、楓、三、南本「得」下有「專」字。

〔七〕【正義】費，音扶味反。中，音仲。費，姓；仲，名也。

〔八〕【索隱】秦之祖蜚廉子。

西伯歸，乃陰修德行善，諸侯多叛紂而往歸西伯。西伯滋大，紂由是稍失權重。〔一〕王子比干諫，弗聽。商容，賢者，百姓愛之，紂廢之。〔二〕及西伯伐飢國，滅之，〔三〕紂之臣祖伊聞之而咎周，〔四〕恐，奔告紂曰：「天既訖我殷命，假人元龜，無敢知吉，〔五〕非先王不相我後人，〔六〕維王淫虐用自絶，故天弃我，不有安食，不虞知天性，不迪率典。〔七〕今我民罔不欲喪，曰『天曷不降威，大命胡不至』？今王其柰何？」紂曰：「我生不有命在天乎！」祖伊反，曰：「紂不可諫矣。」〔八〕西伯既卒，周武王之東伐，至盟津，諸侯叛殷會周者八百。諸侯皆曰：「紂可伐矣。」武王曰：「爾未知天命。」乃復歸。

〔一〕【考證】梁玉繩曰：殷周兩紀及齊世家皆言西伯、吕尚陰謀脩德行善以傾商。夫德非傾人之事，亦非陰謀所能爲，若果如此，又何以爲文王、太公？古史削去陰行，止稱脩德，足明聖人之心，其見卓矣。愚按：梁説誠是，然孫子用間篇云「昔殷之興也，伊摯在夏，周之興也，呂牙在殷。故明君賢將，能以上智爲間者必成大功」。戰國策云「蘇秦得大公陰符之謀」。是皆周末假託之言，不足爲據。

〔二〕【考證】古鈔、南本無「者」字。史樂毅傳燕惠王遺樂閒書云「紂之時，箕子不用，犯諫不怠，以冀其聽；商容不達，身祇辱焉，以冀其變。及民志不入，獄囚自出，二人退隱」。其人可尚，而韓詩外傳云「商容嘗執羽籥馮於馬徒，欲以伐紂而不能，遂去伏於大行」。商容紂之臣，不宜有此事。

〔三〕【集解】徐廣曰：「飢，一作『阢』，又作『耆』。」【考證】梁玉繩曰：「『飢國』周紀作『耆』，宋世家作『阢』，蓋古今字異，其實一耳。耆與黎爲二國，史公誤以西伯戡黎之篇載于伐耆下，并爲一案，千古傳疑，迨宋儒始發其誤，至通鑑前編出，而論乃益暢。其略曰：黎者商畿内諸侯也。西伯伐黎，武王也。史遷以文王伐耆爲戡黎，失之矣。文王專征，若崇若密須，率西諸侯，自關河以東，非文王之所得討，況畿内乎？三分有二，特江、漢以南風化所感皆歸之，文王固未嘗有南國之師，而豈有畿甸之師乎？孔子稱文王至德，如戡黎之事，亦已爲之，則觀兵王疆，文王有無商之心矣，焉在其爲至德。紂殺九侯，醢鄂侯，文王竊歎，遂執而囚之，況稱兵王畿之内。祖伊之告，如是其急，以紂之悍，而于此反遲遲十有餘年，不一忌周乎？胡五峯、呂成公、陳少南、薛季龍皆以爲武王也。昔商紂爲黎之蒐，則黎濟惡之國，武王戡黎，或以警紂，而終莫之悛，所以有孟津之師歟。故吳才老以戡黎在伐紂時，其非文王明矣。武王而謂之西伯，襲爵猶故也。」愚按：史公「黎」作「耆」，據尚書大傳。

〔四〕【集解】孔安國曰：「祖伊，祖己後，賢臣也。咎，惡也。」

〔五〕【集解】徐廣曰：「元，一作『卜』。」馬融曰：「元龜，大龜也，長尺二寸。」孔安國曰：「至人以人事觀殷，大龜以神靈考之，皆無知吉者。」【考證】尚書「假」作「格」。王充論衡以賢者訓「格人」。

〔六〕【集解】孔安國曰：「相助也。」

〔七〕【集解】鄭玄曰：「王暴虐於民，使不得安食，逆亂陰陽，不度天性，傲很明德，不修教法者。」【考證】江聲曰：王自絕於天，故天棄我殷，將使滅也，不得有安食；王猶不度知天性，不遵循典法。言其昏亂。

〔八〕【考證】「紂之臣」以下采尚書西伯戡黎、尚書大傳。「紂不」之「紂」當作「王」。

紂愈淫亂不止。微子數諫，不聽，乃與大師、少師謀，遂去。〔一〕比干曰：「爲人臣者，不得不以死爭。」迺强諫紂。紂怒曰：「吾聞聖人心有七竅。」剖比干，觀其心。〔二〕箕子懼，乃詳狂爲奴，紂又囚之。殷之大師、少師乃持其祭樂器奔周。〔三〕周武王於是遂率諸侯伐紂。紂亦發兵距之牧野。〔四〕甲子日，紂兵敗。紂走，入登鹿臺，〔五〕衣其寶玉衣，赴火而死。〔六〕周武王遂斬紂頭，縣之白旗。殺妲己。釋箕子之囚，封比干之墓，表商容之閭。〔七〕封紂子武庚祿父，以續殷祀，〔八〕令修行盤庚之政。殷民大説。〔九〕於是周武王爲天子。其後世貶帝號，號爲王。〔一〇〕而封殷後爲諸侯，屬周。〔一一〕

〔一〕【考證】「微子數諫」以下本書微子篇。太師少師，書作「父師少師」。周紀云「太師疵少師彊」，周之樂官也。崔述曰：書「父師少師」，史記以爲太師疵少師彊。僞孔傳及蔡傳皆以爲箕子比干。余按史記稱疵彊抱其樂器而奔周，則是皆樂師耳。玩書父師所言，殊不類樂官語。傳不之從，是也。然以爲箕比，亦初無所據。

〔二〕【正義】括地志云：「比干見微子去，箕子狂，乃歎曰：『主過不諫，非忠也。畏死不言，非勇也。過則諫，不用則死，忠之至也。』進諫不去者三日。紂問：『何以自持？』比干曰：『修善行仁，以義自持。』紂怒曰：『吾聞聖人心有七竅，信諸？』遂殺比干，刳視其心也。」

〔三〕【考證】凌稚隆曰：一本無「祭」字。梁玉繩曰：「祭」字衍，周紀無。崔適曰：持祭器者，微子也。見宋世家。愚按：「祭」字不必衍。祭祀亦大師少師所掌。又按：此記微子之去，在箕奴比死之前，而宋世家則載之於箕比受禍之後，不同。

〔四〕【集解】鄭玄曰：「牧野，紂南郊地名也。」【正義】括地志云：「今衛州城，即殷牧野之地，周武王伐紂築也。」

〔五〕【集解】徐廣曰：「鹿，一作『廩』。」

〔六〕【正義】周書云：「紂取天智玉琰五，環身以自焚。」

〔七〕【索隱】皇甫謐云「商容與殷人觀周軍之入」，則以爲人名。鄭玄云：「商家典樂之官知禮容，所以禮署稱容臺。」【考證】「周武王」以下采尚書牧誓篇、詩大雅大明篇。「紂走」以下采逸周書克殷解。古鈔、楓、三、南本「白旗」上有「大」字。張文虎曰：洪範序疏引作「太白旗」。周紀云「縣大白之旗」，此脱「大」字。愚按：儒者多不信武王斬紂之事，然見於諸家之説尤多。墨子明鬼篇云「武王以擇車百兩，虎賁之卒四百人，與殷人戰乎牧之野。王手禽費中、惡來，衆畔百走，武王逐奔入宮，折紂而繫之赤環，載之白旗，以爲天下諸侯僇」。荀子正論篇云「武王伐有商誅紂，斷其首，縣之赤旆」。尸子云「武王親射惡來之口，親碎殷紂之頸，手汙於血，不溫而食。當此之時猶猛獸者」，嗚呼亦甚矣！武王雖非聖人，必不至殘暴如此也。

〔八〕【集解】譙周曰：「殷凡三十一世，六百餘年。」汲冢紀年曰：「湯滅夏以至于受，二十九王，用歲四百九十六年也。」【考證】嚴可均曰：左氏宣三年傳「桀有昏德，鼎遷于商，載祀六百。商紂暴虐，鼎遷于周」。左氏去商未遠，而舉成數，或當不誤。漢律曆志「夏四百三十二歲，殷六百二十九歲」。史記殷本紀注引譙周曰「殷六百餘年」，皆與左傳等。

〔九〕【考證】梁玉繩曰：武庚之封，何以不告其遵成湯之法，三宗之道，而云盤庚之政乎？呂覽愼大篇「武王命周公旦進殷之遺老，問衆之所説，民之所欲。殷遺老曰『欲復盤庚之政』。武王于是復盤庚之政」。史蓋本此。

〔一〇〕【索隱】按：夏、殷天子亦皆稱帝，代以德薄不及五帝，始貶帝號，號之爲王，故本紀皆帝，而後總曰「三王」

也。【考證】梁玉繩曰：夏、殷、周三代本皆稱王，間亦雜稱后，從未聞有帝稱，史謂夏殷稱帝，故以爲貶號爲王耳。夫皇帝王后者，俱有天下之通號，本無甚分別，爾雅云「天、帝、皇、王、后、辟，君也」，安得升降褒貶之説哉！索隱順而爲詞。説詳于史記志疑。

〔一〕【正義】即武庚祿父也。

周武王崩，武庚與管叔、蔡叔作亂，成王命周公誅之，〔二〕而立微子於宋，以續殷後焉。〔三〕

〔二〕【考證】俞鴻漸曰：三代下有大文章二，一爲蘇東坡武王論，一爲郭青螺管叔論，皆有功世道之作，然余猶恨其未及武庚也。夫武庚於紂父子也，天下可以獨夫其君，武庚不能獨夫其父。當武王三誓渡河，斬紂之頭而懸之太白，斯固不共戴天之讎也。爲武庚者，縱使機無乘，業無可憑，猶將號召頑民，聯絡三監，起而與武周爲難，而況資之以朝歌，臨之以沖主哉？論者不察，徒見其事之不成，且於書則斥之爲「小腆」，於詩則詆之爲「鴟鴞」，遂亦從而非笑之。噫嘻過矣！且余嘗謂武庚非常人也，武王没而後舉事，能俟時也。管叔忠於殷，而倚爲腹心，能知人也。播流言以疑沖人，能用間也。洛邑諸頑民，咸樂從之而起，能馭衆也。惜乎天不佑商，卒至一姓不再興耳。設令風雷之警不作，金縢之書不啓，成王之疑不釋，居東之避不歸，則向也一戎衣而周有之者，兹也一戎衣而殷復之，安見武庚不爲中興一令主哉？嗟乎！武庚之於殷，猶少康之於夏也。少康能復夏，而武庚不能存殷，此其中有天焉，不可以成敗論也。而後人乃責以不當畔周，謂畔周適以戕其身斬其祀，則皆未嘗設身以處而諒其萬不得已之苦衷。吾故著此論以附蘇郭二公之後，俾論武庚者，知君父之讎之當復，而忠孝之事之尚可爲也。

〔三〕【考證】「周武王」以下采書大（誥）〔誥〕、微子之命序。

太史公曰：余以頌次契之事，自成湯以來，采於書詩。契爲子姓，其後分封，以國爲姓，有殷氏、來氏、宋氏、空桐氏、稚氏、〔一〕北殷氏、〔二〕目夷氏。孔子曰，殷路車爲善，而色尚白。〔三〕

〔一〕【索隱】按：系本子姓無稚氏。

〔二〕【索隱】系本作「髦氏」，又有時氏、蕭氏、黎氏。然北殷氏蓋秦寧公所伐亳王，湯之後也。

〔三〕【索隱】論語孔子曰「乘殷之輅」，禮記曰「殷人尚白」，太史公爲贊，不取成文，遂作此語，亦疏略也。【考證】論語衛靈公篇「子曰，乘殷之輅」，禮記檀弓篇「殷人尚白」，又見尚書大傳、春秋繁露、淮南子齊俗訓。愚按：高祖紀贊云「朝以十月，車服黃屋左纛」，與此同一結法。

【索隱述贊】簡狄吞乙，是爲殷祖。玄王啓商，伊尹負俎。上開三面，下獻九主。旋師泰卷，繼相臣扈。遷囂圮耿，不常厥土。武乙無道，禍因射天。帝辛淫亂，拒諫賊賢。九侯見醢，炮格興焉。黃鉞斯杖，白旗是懸。哀哉瓊室，殷祀用遷！

史記會注考證卷四

周本紀第四　史記四

【考證】史公自序云：「維棄作稷，德盛西伯；武王牧野，實撫天下；幽厲昏亂，既喪酆鎬；陵遲至赧，洛邑不祀。作周本紀第四。」愚按：周紀，穆王以前，多采詩、書、逸周書；穆王以後，多采國語、左傳；威烈王以後，多采戰國策。葉適曰：以遷所紀五帝三代考之，堯舜以前固絶遠，而夏商殘缺無可證，雖孔子亦云。獨周享國最長，去漢未久，遷極力收拾，然亦不過詩、書、國語所記而已。他蓋不能有所增益也，是則古史法止於此矣。

周后稷，名弃。〔一〕其母有邰氏女，曰姜原。〔二〕姜原爲帝嚳元妃。〔三〕姜原出野，見巨人跡，心忻然説，欲踐之，踐之而身動，如孕者。居期而生子，〔四〕以爲不祥，弃之隘巷，〔五〕馬牛過者，皆辟不踐；徙置之林中，適會山林多人，遷之；而弃渠中冰上，飛鳥以其翼覆薦之。姜原以爲神，遂收養長之。初欲弃之，因名曰弃。〔六〕

〔一〕【正義】因太王所居周原，因號曰周。地理志云，右扶風美陽縣岐山在西北中水鄉，周太王所邑。括地志云：「故周城，一名美陽城，在雍州武功縣西北二十五里，即太王城也。」

〔二〕【集解】韓詩章句曰：「姜，姓。原，字。」或曰，姜原，謚號也。【正義】邰，天來反，亦作「斄」，同。説文云：「邰，炎帝之後，姜姓，封邰，周弃外家。」

〔三〕【索隱】譙周以爲「弃，帝嚳之胄，其父亦不著」，與此紀異也。【考證】以上采帝繫篇。

〔四〕【正義】期，滿十月。【考證】詩生民疏引「居」作「及」。崔述曰：是因詩大雅生民篇「履帝武」之文而附會之者，鄭氏箋詩，遂用其説。至宋歐陽修、蘇洵出，皆從毛氏，以爲從帝嚳之行，而駁史記，然後經義始明，聖人之誣始白。胡一桂曰：后稷後世王天下數百年，學者欲神其事，故附會其説，不知血氣之類，父施母生，聖賢所同也，何必有詼詭譎誕之事，然後爲聖且賢哉？

〔五〕【索隱】已下皆詩大雅生民篇所云「誕寘之隘巷，牛羊腓字之；誕寘之平林，會伐平林；誕寘之寒冰，鳥覆翼之」，是其事也。

〔六〕【正義】古史考云「弃，帝嚳之胄，其父亦不著」，與此文稍異也。

弃爲兒時，仡如巨人之志。〔一〕其游戲，好種樹麻、菽，麻、菽美。及爲成人，遂好耕農，相地之宜，宜穀者稼穡焉，民皆法則之。〔二〕帝堯聞之，舉弃爲農師，天下得其利，有功。〔三〕帝舜曰：「弃，黎民始飢，〔四〕爾后稷，播時百穀。」〔五〕封弃於邰，〔六〕號曰后稷，别姓姬氏。〔七〕后稷之興，在陶唐、虞、夏之際，皆有令德。〔八〕

〔一〕【考證】承踐巨人跡。

〔二〕【正義】種曰稼，斂曰穡。【考證】本詩大雅生民篇。

〔三〕【考證】舉弃者舜，非堯也。

〔四〕【集解】徐廣曰：「今文尚書云『祖飢』，故此作『始飢』。祖，始也。」

〔五〕【考證】后，長也。稷，官名。后稷，猶言農師也。時讀爲「蒔」。「帝舜」以下采尚書堯典。楓、南本無「時」字。

〔六〕【集解】徐廣曰：「今斄鄉，在扶風。」【索隱】即詩生民曰「有邰家室」是也。邰即斄，古今字異耳。【正義】括地志云：「故斄城，一名武功城，在雍州武功縣西南二十二里，古邰國，后稷所封也。有后稷及姜嫄祠。」毛萇云：「邰，姜嫄國也，后稷所生。堯見天因邰而生后稷，故因封於邰也。」【考證】今陝西乾州武功縣有故斄城，弃所封。

〔七〕【集解】禮緯曰：「祖以(以)履大跡而生。」【考證】周人，蓋稱祖官耳，后稷非別號。

〔八〕【考證】「皆」字有譌，或上脱「世」字。

后稷卒，〔一〕子不窋立。〔二〕不窋末年，夏后氏政衰，去稷不務，〔三〕不窋以失其官，而犇戎狄之閒。〔四〕不窋卒，子鞠立。〔五〕鞠卒，子公劉立。公劉雖在戎狄之閒，復脩后稷之業，務耕種，行地宜，自漆、沮度渭，取材用，〔六〕行者有資，居者有畜積，民賴其慶。百姓懷之，多徙而保歸焉。周道之興自此始，故詩人歌樂思其德。〔七〕公劉卒，子慶節立，國於豳。〔八〕

〔一〕【集解】山海經大荒經曰：「黑水青水之閒，有廣都之野，后稷葬焉。」皇甫謐曰：「冢去中國三萬里也。」

〔二〕【索隱】帝王世紀云「后稷納姞氏，生不窋」，而譙周按國語云「世后稷，以服事虞、夏」，言世稷官，是失其代數也。若不窋親弃之子，至文王千餘歲，唯十四代，亦不合事情。【正義】括地志云：「不窋故城，在慶州弘化縣南三里。即不窋在戎狄所居之城也。」毛詩疏云：「虞及夏、殷，共有千二百歲。每世在位皆八十年，乃可充其數耳。命之短長，古今一也，而使十五世君在位皆八十許載，子必將老始生，不近人情之甚。以理而推，實難據信也。」

〔三〕【集解】韋昭曰：「夏太康失國，廢稷之官，不復務農。」【索隱】國語云「弃稷不務」。此云「去稷」者，是太史公恐「弃」是后稷之名，故變文云「去」也。言夏政衰，不窋去稷官，不復務農者也。【正義】稷，若今司徒也。

〔四〕【考證】「后稷之興」以下采國語周語祭公謀父言。張文虎曰：國語云：「昔我先（生）〔王〕世后稷，及夏之衰，棄稷不務，我先王不窋，用失其官。」蓋后稷官名，弃始爲之，而子孫世其職，至不窋而廢，豈謂弃爲后稷一傳而失之哉？不窋非弃子明甚，自史公紀表有此駁文，鄭氏詩譜因之，而周初世系從此亂矣。崔述曰：夏后氏政衰，蓋謂孔甲以後，謂在太康之時誤矣。愚按：不窋非弃親子，先儒歷辨之，詞繁不能悉載。

〔五〕【考證】張文虎曰：詩疏「鞠」作「鞠陶」，世本亦作「鞠陶」，疑今本脱「陶」字。然三代世表、漢書人表亦祇作「鞠」。

〔六〕【正義】公劉從漆縣漆水南渡渭水，至南山取材木爲用也。括地志云：「豳州新平縣，即漢漆縣也。漆水，在岐州普潤縣東岐山漆溪，東入渭。」

〔七〕【索隱】即詩大雅篇「篤公劉」是也。【考證】「公劉」以下本詩大雅公劉篇、孟子梁惠王篇。中井積德曰：漏公劉徙豳，何也？又曰：度渭取材用，是徙豳以後之事，大雅可證。

〔八〕【集解】徐廣曰：「新平漆縣之東北，有豳亭。」【索隱】豳，即邠也，古今字異耳。【正義】括地志云：「豳州新平縣，即漢漆縣，詩豳國，公劉所邑之地也。」【考證】今陝西邠州三水縣有豳城，公劉所居。洪亮吉曰：按詩「篤公劉，于豳斯館」，則公劉時已遷豳，不至慶節也。

慶節卒，子皇僕立。皇僕卒，子差弗立。差弗卒，子毀隃立。〔一〕毀隃卒，子公非立。〔二〕

公非卒，子高圉立。〔三〕高圉卒，子亞圉立。〔四〕亞圉卒，子公叔祖類立。〔五〕公叔祖類卒，子古公亶父立。古公亶父復脩后稷、公劉之業，積德行義，國人皆戴之。〔六〕薰育戎狄攻之，欲得財物，予之。已復攻，欲得地與民。民皆怒，欲戰。古公曰：「有民立君，將以利之。今戎狄所爲攻戰，以吾地與民。民之在我，與其在彼，何異？民欲以我故戰，殺人父子而君之，予不忍爲。」乃與私屬遂去豳，度漆、沮，〔七〕踰梁山，〔八〕止於岐下。〔九〕豳人舉國扶老攜弱，盡復歸古公於岐下。〔一〇〕及他旁國聞古公仁，亦多歸之。於是古公乃貶戎狄之俗，而營築城郭室屋，而邑別居之。〔一一〕作五官有司。〔一二〕民皆歌樂之，頌其德。〔一三〕

〔二〕【集解】音踰。世本作「榆」。【索隱】系本作「僞榆」。

〔三〕【索隱】系本云：「公非辟方。」皇甫謐云：「公非字辟方也。」

〔三〕【集解】宋衷曰：「高圉能率稷者也，周人報之。」【索隱】系本云：「高圉侯侔。」

〔四〕【集解】世本云：「亞圉雲都。」皇甫謐云：「雲都，亞圉字。」【索隱】漢書古今表曰：「雲都，亞圉弟。」按：如此說，則辟方侯侔，亦皆二人之名，實未能詳。【考證】左傳昭公七年，周王使追命衛襄公曰「余敢忘高圉、亞圉？」國語魯語「高圉、亞圉、太王，帥稷者也，周人報焉」。

〔五〕【索隱】系本云「太公、組紺、諸盩」。三代世表稱叔類，凡四名。皇甫謐云「公祖一名組紺。諸盩字叔類，號曰太公」也。【考證】崔述曰：索隱所引世本之文，自公非至大王凡九世。史記周本紀則僅五世耳。帝王世紀以「辟方」爲公非字，「雲都」爲亞圉字，「組紺諸盩」爲一人名，即公叔祖類也。余按不窋下至文王，據本紀僅十有四世，已難信據。然即使不窋當夏末造，其世數亦仍不止於是也。不窋之竄，在夏桀前，至文王時，不下六七百歲，安得每君皆享國至五十年之久乎？漢書古今人表以雲都爲亞圉弟，然則辟方、侯牟、諸盩皆當別爲一人，非其字矣。況毀隃以前，皆但舉其名，何以公非以下四世，皆兼舉其字？蓋史記因國語之文，而遺此四世，世紀又因史記之文而强爲説，以曲全之者也。世本之文，雖亦不能保無漏誤，然多此四世，則於事理爲近。錢大昕曰：索隱「盩」當作「盭」，盭、類聲近。

〔六〕【考證】國語魯語「太王帥稷者也」，古鈔、南本「復」上無「亶父」二字。

〔七〕【集解】徐廣曰：「水在杜陽岐山。杜陽縣在扶風。」

〔八〕【正義】括地志云：「梁山，在雍州好畤縣西北十八里。」鄭玄云：「岐山，在梁山西南。」然則梁山橫長，其東當夏陽，西北臨河，其西當岐山，東北自豳適周，當踰之矣。

〔九〕【集解】徐廣曰：「山在扶風美陽西北，其南有周原。」駰案：皇甫謐云「邑於周地，故始改國曰周」。

〔一〇〕【考證】「薰育戎狄攻之」以下采孟子梁惠王篇，參以詩大雅緜篇。又見莊子讓王篇、呂氏春秋審爲篇、尚書大傳、淮南子道應訓。後漢書郡國志，美陽有周城。美陽故城在今陝西鳳翔府岐山縣。崔述曰：史記周本紀稱大王曰「古公」，朱子詩傳因之，曰「古公號也」。按周自公季以前，未有號爲某公者，微獨周，即夏、商他諸侯亦無之，何以大王乃獨有號？書曰「古我先王」，古猶昔也，故商頌曰「自古在昔」。「古我先王」者，猶「昔我先王」也。「古公亶父」者，猶言「昔公亶父」也。「公亶父」相連成文，而冠之以「古」，猶所謂公劉、公非、公叔類者也。

〔一一〕【集解】徐廣曰：「分別而爲邑落也。」

〔一二〕【集解】禮記曰：「天子之五官，曰司徒、司馬、司空、司士、司寇，典司五衆。」鄭玄曰：「此殷時制。」【考證】「古公乃貶」以下采詩大雅緜篇。先是「陶復陶穴，未有室家」。貶，黜也，去也。緜篇云「乃召司空，乃召司徒」，未嘗云五官有司，蓋史公以意增。

〔一三〕【索隱】即詩頌云「后稷之孫，實維太王，居岐之陽，實始翦商」是也。【考證】詩魯頌閟宮篇。太王之事，又見詩周頌天作篇、大雅緜篇。俞樾曰：「實始翦商」，子孫之辭也。在太王當日，不特無其事，并無其意。然周人追王自太王始，則不得不以周之王業爲始於太王。周自此始，周自此上矣。故曰「至於太王，實始翦商」。後人不達，或欲援爾雅言「翦」爲「勤」，非也。

古公有長子，曰太伯，次曰虞仲。太姜生少子季歷，〔一〕季歷娶太任，〔二〕皆賢婦人，〔三〕生昌，有聖瑞。〔四〕古公曰：「我世當有興者，其在昌乎？」長子太伯、虞仲，知古公欲立季歷以傳昌，乃二人亡如荊蠻，〔五〕文身斷髮，〔六〕以讓季歷。〔七〕

〔一〕【正義】國語注云：「齊、許、申、呂四國，皆姜姓也，四岳之後，太姜之家。太姜，太王之妃，王季之母。」【考證】「虞仲」吳世家作「仲雍」，同人。梁玉繩曰：左氏僖五年疏云「如史記之文，似王季與太伯別母，馬遷之言疏繆」。而評林引明張之象謂太姜固太伯、虞仲、季歷母也，此獨曰「太姜生少子季歷」者，蓋季歷取太任，婦姑相繼，故下以「皆賢婦人」一句統之。張評所以著太姜係季歷之故，頗明白，史公本不以季歷與太伯爲異母也。

〔二〕【集解】列女傳曰：「太姜，有呂氏之女。太任，摯任氏之中女。」【正義】國語注云：「摯、疇二國，任姓。奚仲，仲虺之後，太任之家。太任，王季之妃，文王母也。」

〔三〕【正義】列女傳云：「太姜，太王娶以爲妃，生太伯、仲雍、王季。太姜有色而貞順，率導諸子，至於成童，靡有過失。太王謀事必於太姜，遷徙必與。太任，王季娶以爲妃，太任之性，端壹誠莊，維德之行。及其有身，目不視惡色，耳不聽淫聲，口不出傲言，能以胎教子，而生文王。」此皆有賢行也。

〔四〕【正義】尚書帝命驗云：「季秋之月甲子，赤爵銜丹書入于酆，止于昌户。其書云：『敬勝怠者吉，怠勝敬者滅；義勝欲者從，欲勝義者凶。凡事不强則枉，不敬則不正。枉者廢滅，敬者萬世。以仁得之，以仁守之，其量百世。以不仁得之，以仁守之，其量十世。以不仁得之，不仁守之，不及其世。』」此蓋聖瑞。

〔五〕【正義】太伯奔吴，所居城在蘇州北五十里常州無錫縣界梅里村，其城及冢見存。而云「亡荆蠻」者，楚滅越，其地屬楚，秦滅楚，其地屬秦，秦諱「楚」，改曰「荆」，故通號吴越之地爲荆。及北人書史，加云「蠻」，勢之然也。

〔六〕【集解】應劭曰：「常在水中，故斷其髮，文其身，以象龍子，故不見傷害。」

〔七〕【考證】左傳僖公五年：「大伯、虞仲，大王之昭也，大伯不從，是以不嗣。」哀公七年「大伯端委，以治周禮，仲雍嗣之，斷髮文身，贏以爲飾」。論語泰伯篇「泰伯其可謂至德也已矣。三以天下讓，民無得而稱焉」。微子篇謂「虞仲、夷逸，隱居放言，身中清，廢中權」。詩大雅大明篇「摯仲氏任，自彼殷商，來嫁于周，曰嬪于京，乃及王季，維德之行。大任有身，生此文王」。愚按：史公以謂聖賢豪傑，其生異于常人，此紀云生昌有聖瑞，即亦是意。崔述曰：「大王，周之賢主也。廢長立少，庸主猶或不爲，况大王乎？聖人之生，固有異於常兒，然其德亦必待壯而後成，生而有聖德，特國語、列女傳事後之推崇云爾，豈得以此爲據也哉？且大王安知王季之必傳之文王也哉？己既欲廢長而立少矣，安知王季之不亦然？以大王之賢智，必不如此明矣。况大伯之德，固自足以興周，而何爲舍之，而待夫不可必立之文王乎？由是言之，大伯之讓王季，乃大伯自欲讓之耳。大王初無欲立季歷之事也。曰：然則泰伯何以讓國？曰：古人讓國，常事耳，不足異也。宋襄公嘗讓子魚矣，韓無忌嘗讓起矣，吴諸樊亦嘗讓季札矣。春秋時，猶有以兄弟爲賢而讓之者，况商周之際，淳樸之世哉。且古人非但讓國也，即授官亦多有讓者：禹垂伯夷之讓，不待言矣；春秋之世，齊鮑叔讓相於管仲，衛免餘讓卿於大叔儀，魯匡句須讓宰於鮑國；晉大夫之讓軍帥者，尤不可一二數。是知讓本古人常事，不必有所爲不得已而後讓也。但自戰國以後，人惟知有利，而不知有義，爭國者多，讓國者少，遂以古人之讓爲異，往往揣度附會，曲爲之說。故見益之不有天下，則意度之以爲禹傳啓也，不則以啓殺益也；見伊尹之不有天下，則意度之以爲大甲潛出自桐，而殺之也；見泰伯之長而不爲周君，則意度之以爲大王欲傳聖孫，泰伯知而逃也。後人之說古人，大抵皆如是矣。春秋傳云『大伯端委以治周禮，仲雍嗣之，斷髮文身，裸以爲飾』。然則斷髮文身，亦非大伯事矣。」又曰：「左傳『大伯不從是以不嗣』之文，史記嘗采之矣。晉世家云『大伯亡去，是以不嗣』。以『不從』爲『亡去』，是所謂不從者，謂不從大王在岐耳。自朱子以爲不從大王翦商之志，啓後儒紛紛之言矣。」

古公卒，季歷立，是爲公季。公季脩古公遺道，篤於行義，諸侯順之。公季卒，〔一〕子昌立，是爲西伯。西伯曰文王，〔二〕遵后稷、公劉之業，則古公、公季之法，篤仁敬老慈少，禮下賢者，日中不暇食以待士，士以此多歸之。〔三〕伯夷、叔齊在孤竹，〔四〕聞西伯善養老，盍往歸之。〔五〕太顛、閎夭、散宜生、鬻子、辛甲大夫之徒皆往歸之。〔六〕

〔一〕**【集解】**皇甫謐曰：「葬鄠縣之南山。」**【考證】**季歷事見詩大雅皇矣篇。

〔二〕**【正義】**帝王世紀云：「文王龍顏虎肩，身長十尺，胸有四乳。」雒書靈準聽云：「蒼帝姬昌，日角鳥鼻，高長八尺二寸，聖智慈理也。」**【考證】**王念孫曰：「文選注引此作『西伯文王也』，可從，此承上句而申明也。」「文祖者堯大祖也」、「亞父者范增也」，語意並同。愚按：孟子告子篇曹交曰「交聞文王十尺，湯九尺」，荀子非相篇「帝堯長，帝舜短。文王長，周公短，仲尼長」。

〔三〕**【考證】**書無逸篇「文王卑服，即康功、田功。徽柔懿恭，懷保小民，惠鮮鰥寡，自朝至于日中昃，不遑暇食，用咸和萬民」。是史公所本，詞意微異。

〔四〕【集解】應劭曰：「在遼西令支。」【正義】括地志云：「孤竹故城，在平州盧龍縣南十二里，殷時諸侯孤竹國胎氏也，姓墨。」

〔五〕【考證】采孟子告子篇。「在孤竹」，史公以意增。「蓋」各本作「盍」，後人依孟子改。今從楓、三、南本。

〔六〕【集解】劉向别録曰：「鬻子名熊，封於楚。辛甲故殷之臣，事紂。蓋七十五諫而不聽，去至周，召公與語，賢之，告文王，文王親自迎之，以爲公卿，封長子。」長子，今上黨所治縣是也。【考證】尚書君奭篇「惟文王尚克脩和我有夏，亦惟有若虢叔，有若閎夭，有若散宜生，有若泰顛，有若南宫括」。

崇侯虎（讚）〔譖〕西伯於殷紂曰：「西伯積善累德，諸侯皆嚮之，將不利於帝。」帝紂乃囚西伯於羑里。閎夭之徒患之，乃求有莘氏美女，〔一〕驪戎之文馬，〔二〕有熊九駟，〔三〕他奇怪物，〔四〕因殷嬖臣費仲而獻之紂。紂大説，曰：「此一物足以釋西伯，況其多乎！」〔五〕乃赦西伯，賜之弓矢斧鉞，使西伯得征伐。曰：「譖西伯者崇侯虎也。」西伯乃獻洛西之地，以請紂去炮格之刑。紂許之。〔六〕

〔一〕【正義】括地志云：「古莘國城，在同州河西縣南二十里。世本云，莘國，姒姓，夏禹之後，即散宜生等求有莘美女獻紂者。」【考證】梁玉繩曰：此處兩「帝」字及下文「以告帝紂」、「帝紂聞武王來」、「以大卒馳帝紂師」三「帝」字，史詮謂當作「商」字之譌也。據徐廣云「帝一作『商』」，則史詮是。愚按：史公以夏、殷爲帝，二紀可證，此不必改。

〔二〕【正義】括地志云：「驪戎故城，在雍州新豐縣東南十六里，殷、周時驪戎國城也。」按：駿馬，赤鬣縞身，目如黄金，文王以獻紂也。

〔三〕【正義】括地志云：「鄭州新鄭縣，本有熊氏之墟也。」按：九駟，三十六匹馬也。

〔四〕【考證】南本「他」上有「及」字。

〔五〕【索隱】一物，謂䢪氏之美女也。以殷紂淫昏好色，故知然。【考證】史記桃源鈔引師説云「一物，謂所獻數物中之一，元無所指」。愚按：師説是。

〔六〕【考證】説具殷紀。中井積德曰：文王爲西伯，蓋在賜弓矢時，殷紀明言之，則伯夷之歸當在此後也。方孝孺曰：美里之事不經見，史所稱獻美女、美馬之説，皆好事者意構之詞，恐非其實也。

西伯陰行善，諸侯皆來決平。於是虞、芮之人有獄不能決，〔一〕乃如周。入界，耕者皆讓畔，民俗皆讓長。虞、芮之人，未見西伯，皆慙相謂曰：「吾所争，周人所恥，何往爲，祇取辱耳。」遂還，俱讓而去。〔二〕諸侯聞之曰「西伯蓋受命之君」也。〔三〕

〔一〕【集解】地理志，虞在河東大陽縣，芮在馮翊臨晉縣。【正義】括地志云：「故虞城，在陝州河北縣東北五十里虞山之上，古虞國也。故芮城，在芮城縣西二十里，古芮國也。晉太康地記云，虞西百四十里有芮城。」括地志又云：「閒原在河北縣西六十五里。詩云『虞芮質厥成』。毛萇云『虞芮之君，相與争田，久而不平，乃相謂曰：「西伯仁人，盍往質焉。」乃相與朝周。入其境，則耕者讓畔，行者讓路。入其邑，男女異路，班白不提挈。入其朝，士讓爲大夫，大夫讓爲卿。二國君相謂曰：「我等小人，不可履君子之庭。」乃相讓所争地，以爲閒原。』至今尚在。」注引地理志芮在臨晉者，恐疏。然閒原在河東，復與虞、芮相接，臨晉在河西同州，非臨晉芮鄉明矣。

〔二〕【考證】「虞芮之人」以下本詩大雅緜篇，參以所聞。緜篇云「虞芮質厥成，文王蹶其生」，傳云「質，成也。成，平也。蹶，動也」。梁玉繩曰：虞芮之事，當時必有成文，今無可考，然以大傳、毛詩及説苑君道篇較之，史所載頗缺略不全，復有異同之語，疑史公所增損也。

〔三〕【考證】「也」字諸本無，今據群書治要、毛詩疏及古鈔本補。

明年，伐犬戎。〔一〕明年，伐密須。〔二〕明年，敗耆國。〔三〕殷之祖伊聞之，懼，以告帝紂。紂曰：「不有天命乎？是何能爲！」〔四〕明年，伐邘。〔五〕明年，伐崇侯虎。〔六〕而作豐邑，〔七〕自岐下而徙都豐。明年，西伯崩，〔八〕太子發立，是爲武王。

〔一〕【集解】山海經曰：「有人，人面獸身，名曰犬戎。」【正義】山海經云：「有人，人面獸身，名曰犬戎。」又云：「黃帝生苗龍，苗龍生融吾，融吾生弄明，弄明生白犬。白犬有二，是爲犬戎。」說文云「赤狄本犬種」，故字從犬。又後漢書云「犬戎，槃瓠之後也」，今長沙武林之郡大半是也。又毛詩疏云「犬戎昆夷」是也。【考證】詩大雅緜篇「混夷駾矣，維其喙矣」。尚書大傳「文王受命，四年伐犬夷」。鄭玄注「犬夷，混夷也」。愚按：古鈔本及毛詩疏引史文「犬戎」作「犬夷」，與大傳合。

〔二〕【集解】應劭曰：「密須氏，姞姓之國。」瓚曰：「安定陰密縣是。」【正義】括地志云：「陰密故城，在涇州鶉觚縣西，其東接縣城，即古密國。」杜預云，姞姓國在安定陰密縣也。【考證】詩大雅皇矣篇「密人不恭，敢距大邦，侵阮徂共。王赫斯怒，爰整其旅，以按徂旅」。呂氏春秋用民篇「密須之民，自縛其主而與文王」。左傳昭公十五年「密須之鼓與其大路，文所以大蒐也」，尚書大傳「文王受命三年，伐密須」。

〔三〕【集解】徐廣曰：「一作『阢』。」【正義】即黎國也。鄒誕生云，本或作「黎」。孔安國云，黎在上黨東北。括地志云：「故黎城，黎侯國也，在潞州黎城縣東北十八里。尚書云『西伯既戡黎』是也。」

〔四〕【考證】尚書大傳「文王四年，伐畎夷，紂乃囚之，四友獻寶，乃得免於虎口，出而伐耆」。愚按：尚書西伯戡黎蓋武王事，說見殷紀。

〔五〕【集解】徐廣曰：「邘城在野王縣西北，音于。」【正義】括地志云：「故邘城，在懷州河內縣西北二十七里，古邘國城也。左傳云『邘、晉、應、韓，武王之穆也』。」【考證】尚書大傳「文王二年，伐于」。崔述曰：尚書大傳及史記有文王伐邘事，按崇密、昆夷之伐，皆見于經傳，而邘未有及者，不敢信其必實。且大傳在伐密前一年，史記在伐密後二年，其時亦不同。

〔六〕【正義】皇甫謐云夏鯀封。虞、夏、商、周皆有崇國，崇國蓋在豐、鎬之閒。詩云「既伐于崇，作邑于豐」，是國之地也。【考證】詩大雅文王有聲。又大雅皇矣篇云「帝謂文王，詢爾仇方，同爾兄弟，以爾鉤援，與爾臨衝，以伐崇墉。臨衝閑閑，崇墉言言，執訊連連，攸馘安安。是類是禡，是致是附，四方以無侮」。左傳僖公十九年「文王聞崇德亂而伐之，崇人三旬不降，退修教而復伐之，因壘而降」。尚書大傳「文王六年伐崇」。愚按：崇，今西安府鄠縣。崔述曰：「尚書大傳文王伐犬夷，在虞、芮成後之四年。史記在虞、芮成之明年。按緜之詩，八章稱『混夷駾矣』，九章稱『虞、芮質厥成』，則其先後恐不當如大傳、史記所列。」又曰：「文王伐國多矣，而皇矣獨稱崇、密，則是崇、密爲大國也。然於密，但言侵自阮疆耳；於崇，則記其戰勝攻取之畧，而言『崇墉仡仡』，『崇墉言言』，則是崇尤强也。豐者，崇之境也，故詩云『既伐於崇，作邑於豐』，傳云『崇在鄠縣』，豐在鄠縣杜陵西南』。則是漢、唐建都之地，崇實據之。當文王在岐時，地偏國狹，介居戎狄，而崇以大國塞其衝，文王安能越崇而化行於東南之諸侯乎！諸侯即慕文王之德，安能不畏崇之侵陵遮擊，而遠從於周乎！自滅崇後，周始盛强，通於河洛、淮漢之閒，然後關東諸侯得被其化而歸之耳。故詩於滅崇之後曰『四方勿拂』，於作豐之後曰『四方攸同』也。」

〔七〕【集解】徐廣曰：「豐，在京兆鄠縣東，有靈臺。鎬，在上林昆明北，有鎬池，去豐二十五里。皆在長安南數十里。」【正義】括地志云：「周豐宮，周文王宮也，在雍州鄠縣東三十五里。鎬，在雍州西南三十二里。」【考證】豐在今西安鄠縣豐水之西。

〔八〕【集解】徐廣曰：「文王九十七乃崩。」【正義】括地志云：「周文王墓，在雍州萬年縣西南二十八里原上也。」

【考證】禮記文王世子篇「文王九十七乃終」，孟子公孫丑篇「文王百年而崩」，離婁篇「文王生於岐周，卒於畢郢」。梁玉繩曰：天子曰崩，古之制也。以西伯僭稱爲崩，豈誤解受命之言乎？

西伯蓋即位五十年。〔一〕其囚羑里，蓋益易之八卦爲六十四卦。〔二〕詩人道西伯，蓋受命之年稱王，而斷虞芮之訟。〔三〕後十年而崩，〔四〕謚爲文王。〔五〕改法度，制正朔矣。追尊古公爲太王，公季爲王季：〔六〕蓋王瑞自太王興。〔七〕

〔一〕【考證】尚書無逸篇「文王受命維中身，厥享國五十年」，呂氏春秋制樂篇「文王即位八年而地動，已動之後四十三年，凡文王立國五十一年而終」。愚按：「西伯」一句，屬下讀。

〔二〕【正義】乾鑿度云：「垂皇策者羲，益卦演德者文，成命者孔也。」易正義云，伏羲制卦，文王卦辭，周公爻辭，孔十翼也。按：太史公言「蓋」者，乃疑辭也。文王著演易之功，作周紀方贊其美，不敢專定，重易故稱「蓋」也。【考證】古鈔、南本「益」作「演」。易繫辭傳云「易之興也，其於中古乎？作易者其有憂患乎？」又云「易之興也，其當殷之末世，周之盛德邪？當文王與紂之事邪？」崔述曰：「近世説周易者，皆以彖詞爲文王作，爻詞爲周公作。朱子本義亦然。按易傳但言其作於文王時，不言文王所自作也。但言其有憂患，不言憂患爲何事也。且曰『其當』，曰『其有』，曰『邪』，曰『乎』，皆爲疑詞，而不敢決。則是作傳者，但就其文推度之，尚不敢決言其時世，況能決知其爲何人之書乎？至司馬氏作史記，因傳此文，遂附會之以爲文王羑里所演，是以周本紀云『西伯之囚羑里，蓋益易之八卦爲六十四卦』。自序亦云『西伯拘羑里演周易』。自是遂以易卦爲文王所重。及班氏作漢書，復因史記之言，遂斷以詞爲文王之所繫。是以藝文志云『文王重易六爻，作上下篇』。又云『人更三聖，世歷三古』。自是遂以易彖、爻之詞爲文王所作矣。然其中有甚可疑者。明夷之五稱『箕子之明夷』，升之四稱『王用亨於岐山』，皆文王以後事，文王不應豫知而豫言之。史、漢之説，不復可通，於是馬融、陸績之徒不得已，則割爻詞謂爲周公所作，以曲全之。而鄭康成、王弼復以卦爲包羲、神農所重，非文王之所演，然後後儒始獨以彖詞屬之文王，而分爻詞屬之周公矣。由是言之，謂文王作彖詞，周公作象詞者，乃漢以後儒者因史記、漢志之文展轉猜度之，非有信而可徵者也。」

〔三〕【正義】二國相讓後，諸侯歸西伯者四十餘國，咸尊西伯爲王。蓋此年受命之年稱王也。帝王世紀云：「文王即位四十二年，歲在鶉火，文王更爲受命之元年，始稱王矣。」又毛詩云：「文王九十七而終，終時受命九年，則受命之元年，年八十九也。」【考證】梁蕭曰：太史公曰，詩人道西伯以受命之年稱王，而斷虞芮之訟，遂追王太王、王季，改正朔，易服色，十年而崩。或謂大雅序「文王受命作周」，泰誓序「十有一年，武王伐殷」，妄徵二經以實其說。予以爲反經非聖，不可以訓，莫此爲甚焉。嘗試言之。仲尼美文王之德曰「三分天下有其二，以服事殷」，又曰「內文明而外柔順，以蒙大難，文王以之」，未有南面稱王而謂之服事，易姓創制而謂之柔順。仲尼稱武王之烈曰「湯武革命」，又曰「武王末受命」，未有父受之而子復革命，父爲天子，子云未受。當武王之會盟津也，告諸侯曰「汝未知天命，未可以誓師也」，曰「惟我文考，大統未集，予小子其承厥志」，孰有王者出征，復俟天命，大統既改，而復云「未集」？禮大傳稱「牧之野既事而退，遂柴于上帝。追王太王、王季、文王，改正朔，殊徽號」。若虞、芮之歲稱王，則不應復追王，王制既行，則不應復云改物，是皆反經者也。大雅作周之義，蓋取夫積德累仁，爲海內所歸往，武王因之遂成大業，非所謂革命易姓爲作周也。歐陽脩曰：孔子云「三分天下有其二，以服事殷」。使西伯不稱臣而稱王，安能服事於商乎？且謂西伯稱王者起於何說？孔子之言，萬世之信也，由是言之，謂西伯受命稱王十年者妄說也。方苞曰：史公蓋據大雅有聲之詩「文王受命」，而誤爲此說也。

〔四〕【正義】十，當爲「九」，其說在後。【考證】楓、三、南本「十年」作「七年」，爲是。史公蓋用尚書大傳說。正義欲改爲「九年」，蓋據逸周書文傳，說詳下文。

〔五〕【正義】謚法：「經緯天地曰文。」

〔六〕【正義】易緯云「文王受命，改正朔，布王號於天下」。鄭玄信而用之，言文王稱王，已改正朔布王號矣。按：天無二日，土無二王，豈殷紂尚存，而周稱王哉？若文王自稱王，改正朔，則是功業成矣，武王何復得云大勳未集，欲卒父業也？禮記大傳云「牧之野，武王成大事而退，追王太王亶父、王季歷、文王昌」。據此文，乃是追王爲王，何得文王自稱王改正朔也？【考證】梁玉繩曰：案婁敬當漢初其告高帝，已有質成受命之語，蓋其説起於戰國好事之口，史公亦仍而載之。中庸「武王末受命，周公成文武之德，追王太王、王季，上祀先公以天子之禮」。據此，則追王，武王周公以後之事。

〔七〕【正義】古公在邠，被戎狄攻戰奪民。太王曰「民之在我，與彼何異，殺人父子而君之，予不忍爲」。遂遠去邠，止於岐下。邠人舉國盡歸古公。他國聞古公仁，亦多歸之。乃貶戎狄之俗，爲室屋邑落，而分别居之。季歷又生昌，有聖瑞。蓋是王瑞自太王時而興起也。然自「西伯蓋即位五十年」以下至「太王興」，在西伯崩後重述其事，爲經傳不同，不可全弃，乃略而書之，引次其下，事必可疑，故數言「蓋」也。【考證】古鈔、楓、三、南本「瑞」作「端」，義長。

武王即位，〔一〕太公望爲師，周公旦爲輔，召公、畢公之徒，左右王師，脩文王緒業。〔二〕

〔一〕【正義】謚法：「克定禍亂曰武。」春秋元命包云：「武王駢齒，是謂剛强也。」

〔二〕【考證】凌約言曰：太史公始紀后稷曰「民皆法則之」，繼紀公劉則曰「復修后稷之業，百姓懷之」，紀古公則曰「復修后稷、公劉之業，國人亦多歸之」，紀公季則曰「修古公遺道，諸侯順之」，紀文王則曰「遵后稷、公劉之業，則古公、公季之法，士以此多歸之」，「蓋往歸之」，「皆往歸之」，「諸侯皆來決平」，紀武王則曰「修文王緒業，諸侯不期而會盟津者八百」，「諸侯兵會者車四千乘」，「諸侯畢從武王」，「百姓咸待于郊」。見周家世德相承，人心固結，以培八百年之基業有如此。

九年，武王上祭于畢。〔一〕東觀兵，至于盟津。〔二〕爲文王木主，載以車中軍。〔三〕武王自稱太子發，言奉文王以伐，不敢自專。乃告司馬、司徒、司空、諸節：〔四〕「齊栗，信哉！予無知，以先祖有德，臣小子受先功，〔五〕畢立賞罰，以定其功。」〔六〕遂興師。師尚父號曰：「總爾衆庶，與爾舟楫，後至者斬。」〔七〕武王渡河，中流白魚躍入王舟中，〔八〕武王俯取以祭。既渡，有火自上復于下，至于王屋，流爲烏，其色赤，其聲魄云。〔九〕是時，諸侯不期而會盟津者八百諸侯。諸侯皆曰：「紂可伐矣。」武王曰：「女未知天命，未可也。」乃還師歸。〔一〇〕

〔一〕**【集解】**馬融曰：「畢，文王墓地名也。」**【索隱】**按：文云「上祭于畢」，則畢，天星之名。畢星主兵，故師出而祭畢星也。**【正義】**上，音時掌反。尚書武成篇云：「我文考文王，誕膺天命，以撫方夏，惟九年，大統未集。」太誓篇序云：「惟十有一年，武王伐殷。」太誓篇云：「惟十有三年春，大會于孟津。」大戴禮云：「文王十五而生武王。」則武王少文王十四歲矣。禮記文王世子云：「文王九十七而終，武王九十三而終。」按：文王崩時武王已八十三矣，八十四即位，至九十三崩，武王即位適滿十年。言十三年伐紂者，續文王受命年，欲明其卒父業故也。金縢篇云：「惟克商二年，王有疾不豫。」按：文王受命九年而崩，十一年武王服闋，觀兵孟津，十三年克紂，十五年有疾，周公請命，王有瘳，後四年而崩，則武王年九十三矣。而太史公云，九年王觀兵，十一年伐紂，則以爲武王即位年數，與尚書違，甚疏矣。**【考證】**洪亮吉曰：「馬融云『畢，文王墓地名也』。案：古無墓祭之禮，自融一言作俑，後儒遂以爲墓祭始于文王，并以爲始于唐堯。後漢書蘇竟傳曰『武王上祭畢星，求助天也』，說在融前，可破其妄。」愚按：曰九年者，武王即位九年也，非言文王受命之後九年也。下文十一年倣之，説詳于歐陽脩泰誓論。又按尚書大傳引太誓云「唯四月，太子發上祭于畢，下至于孟津」，孟津既地名，則畢亦當地名，馬説仍是。古者師出告禰祖，見禮記曾子問，何必無墓祭之事？中井積德曰：上，以地形而言，猶漢時「上雍」之「上」。

〔二〕【集解】徐廣曰：「譙周云，史記武王十一年東觀兵，十三年克紂。」

〔三〕【考證】事又見伯夷傳。師行載主，古之制，見禮記曾子問。桃源抄引師説云，「車」當作「居」，車、居聲同而訛。皇甫謐帝王世紀曰「作文王木主，以居中軍」。

〔四〕【集解】馬融曰：「諸受符節有司也。」

〔五〕【集解】徐廣曰：「一云『予小子，受先公功』。」

〔六〕【考證】楓、三、南本，陳仁錫引舊本，札記引宋本及毛本「立」作「力」。尚書大傳「畢立」作「戮力」。

〔七〕【集解】鄭玄曰：「號，令之軍法重者。」【考證】集解「之」字當在「軍法」下。

〔八〕【集解】馬融曰：「魚者，介鱗之物，兵象也。白者，殷家之正色，言殷之兵衆與周之象也。」【索隱】此已下至火復王屋爲烏，皆見周書及今文泰誓。

〔九〕【集解】馬融曰：「王屋，王所居屋。流，行也。魄然，安定意也。」鄭玄曰：「書説云，烏有孝名。武王卒父大業，故烏瑞臻。赤者，周之正色也。」【索隱】按：今文泰誓「流爲鵰」。鵰，鷙鳥也。馬融云「明武王能伐紂」，鄭玄云「烏是孝鳥，言武王能終父業」，亦各隨文而解也。【正義】周元稱火，後代改之，故秦始皇以爲周火德，稱水德滅之，是也。【考證】據尚書大傳。史文「上祭于畢」以下采漢初所傳太誓文。中井積德曰：自上復于下，是元起于下也，故曰復也。愚按：魄，魄然，狀其聲也。云，助語，説詳于封禪書。梁玉繩曰：白魚赤烏之説，乃漢初民間所傳僞泰誓文，詳見書序及詩思文兩疏中。西京諸儒信以爲真，董仲舒爲漢儒宗，其賢良策對猶言之，況史公之愛奇者乎？其書唐初尚存，故孔仲達、顔籀、小司馬、章懷太子皆見之，不知亡于何時也。呂氏春秋名類篇「文王之時，赤烏銜丹書，集于周社」，蓋戰國末有此妄談，何足信哉。愚按：是蓋古泰誓首篇，伏勝所傳，董仲舒所述，而史公記之也。雖言有省略，可以推百篇之舊。白魚赤烏，事近妄誕，疑之者不獨梁氏，然詩歌麟趾、鳳鳴，易記河圖、洛書，桑穀生朝，伊陟有言，飛雉升鼎，祖己作訓。禎祥未嘗不喜之，妖孽未嘗不懼之，自古而然。白魚入舟，武王取祭，化爲赤烏，群公曰休，當時宜有此事。梁氏又云，史記所載民間新獲僞泰誓。愚按：劉向別録，泰誓之獻在武帝末年，伏董二生何由知之？史公亦未必見之也。

〔一〇〕【考證】古鈔、楓、三、南本不重「諸侯」二字，殷紀及藝文類聚引史亦無，此衍。

〔居〕二年，聞紂昏亂暴虐滋甚，殺王子比干，囚箕子。太師疵、少師彊抱其樂器而犇周。〔一〕於是武王偏告諸侯曰：「殷有重罪，不可以不畢伐。」〔二〕乃遵文王，遂率戎車三百乘，虎賁三千人，甲士四萬五千人，以東伐紂。〔三〕十一年十二月戊午，師畢渡盟津，〔四〕諸侯咸會，曰：「孳孳無怠！」〔五〕武王乃作太誓，告于衆庶：「今殷王紂乃用其婦人之言，自絶于天，毁壞其三正，〔六〕離逷其王父母弟，〔七〕乃斷弃其先祖之樂，乃爲淫聲，用變亂正聲，怡説婦人。〔八〕故今予發維共行天罰。勉哉夫子，〔九〕不可再，不可三。」〔一〇〕

〔一〕【考證】楓、三本「其」下有「祭」字，與殷紀合。

〔二〕【集解】徐廣曰：「一作『滅』。」【考證】古鈔、南本「罪」作「罰」。梁玉繩曰：後書袁術傳引史云「殷有重罰，不可不伐」，與今本異。

〔三〕【集解】孔安國曰：「虎賁，勇士稱也。若虎賁獸，言其猛也。」【考證】書牧誓序云「武王戎車三百兩，虎賁三百人，與受戰于牧野」，與此異。何焯曰：「『三千人』當從書序作『三百人』，『千』字不知何時謬改。梁玉繩曰：「孟子亦言武王伐紂，革車三百兩，虎賁三千人。蘇秦傳依國策言『武王卒三千人，革車三百兩』，韓子初見秦篇、呂氏春秋簡選、貴因二篇、淮南本經、主術、兵略訓、風俗通正失篇並同，然皆非也，當依書序以『三百人』爲斷。說詳于志疑。

〔四〕【正義】畢，盡也。盡從河南渡河北。【考證】書泰誓序云「惟十有一年，武王伐殷。一月戊午，師渡孟津，作泰誓三篇」，與此異。梁玉繩曰：十一年者，武王之十一年。十二月者，即十一年之十二月。自晚出泰誓有「十二年」之文，與書序「十一年」異，僞孔傳遂以月分繫于十三年，而以年爲武繼文，違經背義，斯爲甚。史同書序，本無譌謬，呂氏春秋首時篇言武王立十二年而成甲子之事，蓋并其爲天子之年數之爾。至此作「十二月」，書序作「一月」者，序就周言之，其實改正在克商後，當依商作「十二月」。

〔五〕【正義】「曰」作「日」，言日日孳孳進，其心無怠慢也。

〔六〕【集解】馬融曰：「動逆天地人也。」【正義】按：三正，三統也。周以建子爲天統，殷以建丑爲地統，夏以建寅爲人統也。【考證】三正又見甘誓。鄭玄曰：天地人之正道。

〔七〕【集解】鄭玄曰：「王父母弟，祖父母之族。必言『母弟』，舉親者言之也。」

〔八〕【集解】徐廣曰：「怡，一作『辭』。」【考證】漢書禮樂志云：「書序，殷紂斷棄先祖之樂，迺作淫聲，用變亂正聲，以説婦人。」注「今文周書泰誓之辭」。

〔九〕【集解】鄭玄曰：「夫子，丈夫之稱。」【考證】「共」讀爲「恭」，古鈔、南本「天」下有「之」字。

〔一〇〕【考證】梁玉繩曰：伏生尚書本有泰誓，三篇合爲一，故全文有二十九篇，大傳載泰誓篇目可證。其後伏生之泰誓亡，即以民間僞泰誓三篇充伏生之數，孔仲達所謂上篇觀兵時事，中、下二篇伐紂時事也。今雖佚不傳，而以史考之，疑上文「九年武王上祭于畢」至「還師歸」，與齊世家所載「蒼兕」諸語，皆是上篇。上文「居二年」至「孳孳無怠」，與殷紀所載「剖心」諸語，皆是中篇。此節所載「告于衆庶」至「不可再不可三」，乃是三篇。其中或有删省，不全登録。愚按：三篇次第，梁氏所説近是，但三篇皆伏生之舊，決非民間所獲僞泰誓。末篇詞意尤嚴，上可媲美於湯誓，下與牧誓相表裏。

二月，〔一〕甲子昧爽，〔二〕武王朝至于商郊牧野，乃誓。〔三〕武王左杖黄鉞，右秉白旄以麾曰：〔四〕「遠矣西土之人！」〔五〕武王曰：「嗟！我有國冢君，〔六〕司徒、司馬、司空，亞旅、師氏，〔七〕千夫長、百夫長，〔八〕及庸、蜀、羌、髳、微、纑、彭、濮人，〔九〕稱爾戈，比爾干，立爾矛，予其誓。」〔一〇〕王曰：「古人有言『牝雞無晨。牝雞之晨，惟家之索』。〔一一〕今殷王紂，維婦人言是用，自弃其先祖肆祀不荅，〔一二〕昏弃其家國，遺其王父母弟不用，乃維四方之多罪逋逃是崇是長，是信是使，〔一三〕俾暴虐于百姓，以姦軌于商國。今予發，維共行天之罰。今日之事，不過六步七步，乃止齊焉，〔一四〕夫子勉哉！不過於四伐五伐六伐七伐，乃止齊焉，〔一五〕勉哉夫子！尚桓桓，〔一六〕如虎如羆，如豺如離，于商郊，〔一七〕不禦克犇，以役西土，〔一八〕勉哉夫子！爾所不勉，其于爾身有戮。」〔一九〕誓已，諸侯兵會者，車四千乘，陳師牧野。

〔一〕**【集解】**徐廣曰：「一作『正』。此建丑之月，殷之正月，周之二月也。」**【考證】**尚書牧誓無「二月」二字。上文云「十一年十二月戊午，師畢渡盟津」，戊午去甲子六日，則當十二年一月。齊世家正作「正月」，徐廣云「此建丑之月，殷之正月即爲周二月」，蓋周之改正，在克殷後，周師初發，仍當用殷正。

〔二〕**【集解】**孔安國曰：「昧，冥也；爽，明，蚤旦也。」

〔三〕**【集解】**孔安國曰：「癸亥夜陳，甲子朝誓也。」**【正義】**括地志云：「衛州城，故老云周武王伐紂至於商郊牧野，乃築此城。酈元注水經云自朝歌南至清水，土地平衍，據臯跨澤，悉牧野也。」括地志又云：「紂都朝歌，在衛州東北七十三里朝歌故城是也。本妹邑，殷王武丁始都之。帝王世紀云：帝乙復濟河北，徙朝歌，其子紂仍都焉。」

〔四〕【集解】孔安國曰：「鉞，以黃金飾斧。左手杖鉞，示無事於誅；右手把旄，示有事於教令。」

〔五〕【集解】孔安國曰：「勞苦之。」

〔六〕【集解】馬融曰：「冢，大也。」

〔七〕【集解】孔安國曰：「亞，次。旅，衆大夫也，其位次卿。師氏，大夫官，以兵守門。」

〔八〕【集解】孔安國曰：「師率，卒率。」

〔九〕【集解】孔安國曰：「八國皆蠻夷戎狄。羌在西。蜀，叟。髳、微在巴蜀。纑、彭在西北。庸、濮在江漢之南。」馬融曰：「武王所率，將來伐紂也。」【正義】髳音矛。括地志云：「房州竹山縣及金州，古庸國。益州及巴、利等州，皆古蜀國。隴右岷、洮、叢等州以西，羌也。姚府以南，古髳國之地。戎府之南，古微、瀘、彭三國之地。濮在楚西南。有髳州、微、濮州、瀘府、彭州焉。武王率西南夷諸州伐紂也。」【考證】錢泰吉曰：正義「有髳州微濮州瀘府」疑有脱誤。

〔一〇〕【集解】孔安國曰：「稱，舉也。」

〔一一〕【集解】孔安國曰：「索，盡也。喻婦人知外事，雌代雄鳴，則家盡也。」

〔一二〕【集解】鄭玄曰：「肆，祭名。荅，問也。」【考證】古鈔、南本「婦」下無「人」字。張文虎曰：集解「問」字疑誤，冊府元龜引作「報」。

〔一三〕【集解】孔安國曰：「言紂弃其賢臣，而尊長逃亡罪人，信用之也。」

〔一四〕【集解】孔安國曰：「今日戰事，不過六步七步，乃止相齊。言當旅進一心也。」

〔一五〕【集解】孔安國曰：「伐謂擊刺也。少則四五，多則六七，以爲例也。」

〔一六〕【集解】鄭玄曰：「威武貌。」

〔一七〕【集解】徐廣曰：「此離訓與『螭』同。」

〔一八〕【集解】鄭玄曰：「羆，彊羆，謂彊暴也。克，殺也。不得暴殺紂師之犇走者，當以爲周之役也。」

〔一九〕【集解】鄭玄曰：「所，言且也。」【考證】「甲子昧爽」以下采尚書牧誓。

帝紂聞武王來，亦發兵七十萬人距武王。〔一〕武王使師尚父與百夫致師，〔二〕以大卒馳帝紂師。〔三〕紂師雖衆，皆無戰之心，心欲武王亟入。紂師皆倒兵以戰，以開武王。武王馳之，紂兵皆崩畔紂。紂走反入，登于鹿臺之上，蒙衣其珠玉，自燔于火而死。〔四〕武王持大白旗，以麾諸侯，諸侯畢拜武王，武王乃揖諸侯，〔五〕諸侯畢從。武王至商國，〔六〕商國百姓咸待於郊。於是武王使羣臣告語商百姓曰：「上天降休！」商人皆再拜稽首，武王亦荅拜。〔七〕遂入，至紂死所。武王自射之，三發而后下車，以輕劍擊之，〔八〕以黃鉞斬紂頭，縣大白之旗。已而至紂之嬖妾二女，二女皆經自殺。〔九〕武王又射三發，擊以劍，斬以玄鉞，縣其頭小白之旗。〔一〇〕武王已乃出復軍。

〔一〕【考證】梁玉繩曰：四千乘并諸侯兵言之。陳子龍曰：紂止發畿內之兵，疑無七十萬之衆也，且三代用兵亦無近百萬者。

〔二〕【集解】周禮：「環人，掌致師。」鄭玄曰：「致師者，致其必戰之志也。古者將戰，先使勇力之士犯敵焉。」春秋傳曰：「楚許伯御樂伯，攝叔爲右，以致晉師。許伯曰：『吾聞致師者，御靡旌，摩壘而還。』樂伯曰：『吾聞致師者，左射以菆，代御執轡，御下，掚馬掉鞅而還。』攝叔曰：『吾聞致師者，右入壘，折馘，執俘而還。』皆行其所聞而復。」【正義】致師，挑戰也。

〔三〕【集解】徐廣曰：「帝，一作『商』。」【正義】大卒，謂戎車三百五十乘，士卒二萬六千二百五十人，有虎賁三千人。

〔四〕【正義】衣，音於既反。周書云：「甲子夕，紂取天智玉琰五，環身以自焚。」注：「天智，玉之善者，縫環其身自厚也。凡焚四千玉也，庶玉則銷，天智玉不銷，紂身不盡也。」

〔五〕【正義】武王率諸侯伐天子，天子已死，諸侯畢賀，故武王揖諸侯，言先拊循其心也。

〔六〕【正義】謂至朝歌。

〔七〕【索隱】武王雖以臣伐君，頗有慙德，不應荅商人之拜，太史公失辭耳。尋上文，諸侯畢拜賀武王，武王尚且報揖，無容遂下拜商人。【考證】張文虎曰：逸周書克殷解「羣賓僉進曰『上天降休』，再拜稽首，武王荅拜稽首」，孔晁注「諸侯賀武王也」。是武王荅拜諸侯，非荅商人，史文殘缺錯亂，遂來小司馬之疑。愚按：胡應麟、梁玉繩説同。

〔八〕【正義】周書作「輕呂擊之」。輕呂，劒名也。

〔九〕【考證】南本「經」作「絞」。

〔一〇〕【集解】司馬法曰：「夏執玄鉞。」宋均曰：「玄鉞，用鐵，不磨礪。」【考證】崔述曰：按聖人之伐暴，以救民也，非讎之而欲甘心焉者也。桀雖虐，湯放之而已，使紂不死，武王必不殺紂，況於已死而殘其屍，何爲也者？春秋時滅國多矣，於其君也，遷之而已，尚未有殺之者，況商周之間，風俗尤厚，而武王聖人也，安有已死而殘其屍者哉！觀於武王之封武庚，聖人之心可以見矣。必無懸紂頭於旗以示僇者。若武王之讎紂如是，則必盡殺其子若孫，即不然，亦必囚之放之，烏有反封之者哉？史記之言蓋本之逸周書，劉向所謂孔子所論百篇之餘者也。此本戰國人所撰，其中舛謬良多，不可爲實，史記誤采之耳。

其明日，除道脩社，及商紂宮。及期，百夫荷罕旗以先驅。〔一〕武王弟叔振鐸奉陳常車，〔二〕周公旦把大鉞，畢公把小鉞，以夾武王。〔三〕散宜生、太顛、閎夭，皆執劒以衛武王。既入，立于社南大卒之左，〔左〕右畢從。毛叔鄭奉明水，〔四〕衛康叔封布兹，〔五〕召公奭贊采，〔六〕師尚父牽牲。尹佚筴祝曰：〔七〕「殷之末孫季紂，〔八〕殄廢先王明德，侮蔑神祇不祀，昏暴商邑百姓，其章顯聞于天皇上帝。」〔九〕於是武王再拜稽首，曰：「膺更大命，革殷，受天明命。」武王又再拜稽首，乃出。〔一〇〕

〔一〕【集解】蔡邕獨斷曰：「前驅有九旒雲罕。」東京賦曰：「雲罕九旒。」薛綜曰：「旒，旗名。」

〔二〕【正義】陳，列也。常車，行威儀車也。【考證】克殷解云：「叔振鐸奏拜假，又陳常車。」梁玉繩曰：此脱「拜假」二字。

〔三〕【考證】梁玉繩曰：「畢公」乃「召公」之誤，周書及魯世家作「召公」。

〔四〕【集解】周禮曰：「司烜氏以鑑取明水於月。」鄭玄曰：「鑑，鏡屬也。取月之水，欲得陰陽之絜氣。陳明水以爲玄酒。」【索隱】明，明水也。舊本皆無「水」字，今本有「水」字者多，亦是也。若惟云「奉明」，其義未見，不知「奉明」何物也。烜，音毁。【考證】梁玉繩曰：周書云「王入即位于社大卒之左，羣臣畢從」，此誤增「右」字，脱「羣臣」字，或云但脱一「左」字耳。

〔五〕【集解】徐廣曰：「兹者，籍席之名。諸侯病曰『負兹』。」【索隱】兹，一作「苙」，公明草也。言「兹」，舉成器；言「苙」，見絜草也。【考證】爾雅釋器「蓐謂之兹」。姚鼐曰：「衛」字衍文。

〔六〕【正義】贊，佐也。采，幣也。

〔七〕【正義】尹佚讀筴書祝文以祭社也。【考證】古鈔、楓、三、南本「尹」作「史」，與周公世家合。南本標記云「祝，鄒，之又反。」

〔八〕【正義】周書作「末孫受德」。受德，紂字也。【考證】周書「德」字錯簡。

〔九〕【考證】古鈔、楓、三、南本「先」下有「成」字。古鈔、南本「天皇」作「皇天」。周書克殷解「先王」作「先成湯」，「天皇」作「昊天」。

〔一〇〕【考證】姚鼐曰：「曰」字，是尹佚續讀筴也。此處叙事，與霍光傳讀奏於皇太后前，中夾以太后語相類。張文虎曰：此文亦本克殷解。文選王元長曲水詩注引周書云「膺受大命，革殷，受天明命」，與史同。今本逸周書失此十字。又曰：游、王、柯、凌本「膺更」下注「監本作受」四字，蓋校者所加。愚按：古鈔、南本「再拜」下無「稽首」二字。

封商紂子祿父殷之餘民。武王爲殷初定未集，乃使其弟管叔鮮、蔡叔度相祿父治殷。〔一〕已而命召公釋箕子之囚。〔二〕命畢公釋百姓之囚，表商容之閭。命南宮括散鹿臺之財，發鉅橋之粟，以振貧弱萌隸。命南宮括、史佚展九鼎保玉。〔三〕命閎夭封比干之墓。〔四〕命宗祝享祠于軍。乃罷兵西歸。〔五〕行狩，記政事，作武成。〔六〕封諸侯，班賜宗彝，作分殷之器物。〔七〕武王追思先聖王，乃褒封神農之後於焦，〔八〕黃帝之後於祝，〔九〕帝堯之後於薊，〔一〇〕帝舜之後於陳，〔一一〕大禹之後於杞。〔一二〕於是封功臣謀士，而師尚父爲首封。封尚父於營丘，曰齊。〔一三〕封弟周公旦於曲阜，曰魯。〔一四〕封召公奭於燕。〔一五〕封弟叔鮮於管，〔一六〕弟叔度於蔡。〔一七〕餘各以次受封。〔一八〕

〔一〕【正義】地理志云，河內殷之舊都。周既滅殷，分其畿內爲三國，詩邶、鄘、衛是。邶以封紂子武庚；鄘，管叔尹之；衛，蔡叔尹之；以監殷民，謂之三監。帝王世紀云：「自殷都以東爲衛，管叔監之；殷都以西爲鄘，蔡叔監之；殷都以北爲邶，霍叔監之。是爲三監。」按：二説各異，未詳孰是。【考證】崔述曰：春秋傳云「管、蔡啓商，惎間王室，王於是乎殺管叔而蔡蔡叔」。又云「管、蔡爲戮，周公右王」，無有一言及霍叔者。史記殷、周本紀，亦但言管、蔡，不言霍叔，皆與左傳合。管蔡世家稱「封叔鮮於管，封叔度於蔡」，下云「二人相紂子武庚、禄父」，稱封叔鮮、叔度，於霍則不言，是然則霍叔未嘗監殷明矣。尚書大傳、漢書地理志所云亦皆與左傳、史記説同，不言霍叔。由是言之，以殷畔者，止管、蔡二叔，而無霍叔，故左傳云「周公弔二叔之不咸」，不稱三叔也。至皇甫謐作帝王世紀，始稱「殷都以北爲邶，霍叔監之」，僞尚書緣此，采左傳語而增之，遂有「致辟管叔于商，囚蔡叔于郭鄰，以車七乘，降霍叔于庶人，三年不齒」之文。無稽之説，不足據也。陳啓源曰：殷既三分，三叔當分治，漢志既言管蔡衛鄘，則霍叔監邶，不言可知，又與武庚同國，故略而弗著，非謂武庚亦一監也。蓋二叔監之於外，以戢其羽翼，霍叔監之於内，以定其腹心，當日制殷方畧想當如此。愚按：書金縢篇云「武王既喪，管叔及其羣弟乃流言於國曰『公將不利於孺子』」，既言「羣弟」，其非蔡叔一人可知。書序、漢志、大傳皆有「三監」之語，逸周書作雒解云「武王克殷，乃立王子禄父俾守殷祀，建管叔于東，建蔡叔、霍叔于殷，俾監殷臣」，據此，則言霍叔監殷者不始於皇甫謐，正義後説近是。

〔二〕【集解】徐廣曰：「釋，一作『原』。」

〔三〕【集解】徐廣曰：「保，一作『寶』。」【考證】古鈔、南本「財」作「錢」，與治要所引合。周書「史佚」上「南宮括」作「南宮伯達」，「展」作「遷」，「保玉」作「三巫」。岡白駒曰：「保」讀爲「葆」，與「寶」同。

〔四〕【正義】封，謂益其土，及畫疆界。括地志云：「比干墓，在衛州汲縣北十里二百五十步。」【考證】張文虎曰：尚書武成疏引，句在「表商容」下，疑今本錯。

〔五〕【考證】「諸侯兵來會」以下采周書克殷解。

〔六〕【集解】孔安國曰：「武功成也。」【考證】以上采尚書武成序。古鈔、楓、三、南本「行」下有「巡」字。

〔七〕【集解】鄭玄云：「宗彝，宗廟樽也。作分器，著王之命及受物。」【考證】以上采尚書分器序。「殷之物」三字疑注文竄入，當作「作分器」。分器事，見左傳定公四年。

〔八〕【集解】地理志，弘農陝縣有焦城，故焦國也。

〔九〕【正義】左傳云：「祝其，實夾谷。」杜預云：「夾谷即祝其也。」服虔云：「東海郡祝其縣也。」

〔一〇〕【集解】地理志，燕國有薊縣。

〔一一〕【正義】括地志云：「陳州宛丘縣在陳城中，即古陳國也。帝舜後遏父爲周武王陶正，武王賴其器用，封其子嬀滿於陳，都宛丘之側。」

〔一二〕【正義】括地志云：「汴州雍丘縣，古杞國。地理志云古杞國理此城。周武王封禹後於杞，號東樓公，二十一代爲楚所滅。」【考證】禮記樂記云「武王克殷反商，未及下車，而封黃帝之後於薊，封帝堯之後於祝，封帝舜之後於陳，下車而封夏后氏之後於杞，投殷之後於宋」。呂氏春秋慎大篇云「武王勝殷，未下車，封黃帝之後於鑄，封帝堯之後于黎，封帝舜之後於陳，下車命封夏后氏之後於杞，立成湯之後於宋，以奉桑林」，與此異。

〔一三〕【集解】爾雅曰：「水出其前而左曰營丘。」郭璞曰：「今齊之營丘，淄水過其南及東。」【正義】水經注，今臨菑城中有丘云。青州臨淄縣，古營丘之地，呂望所封齊之都也。營丘在縣北百步外城中。輿地志云，秦立爲縣，城臨淄水，故曰臨淄也。

〔一四〕【集解】應劭曰：「曲阜在魯城中，委曲長七八里。」【正義】帝王世紀云：「炎帝自陳營都於魯曲阜。黃帝自窮桑登帝位，後徙曲阜。少昊邑于窮桑，以登帝位，都曲阜。顓頊始都窮桑，徙商丘。」窮桑在魯北，或云窮桑即曲阜也。又爲大庭氏之故國，又是商奄之地。皇甫謐云：「黃帝生於壽丘，在魯城東門之北。居軒轅之丘，於山海經云『此地窮桑之際，西射之南』，是也。」括地志云：「兗州曲阜縣外城，即周公旦子伯禽所築，古魯城也。」【考證】正義「山海經」上「於」字疑衍。

〔一五〕【正義】封帝堯之後於薊，封召公奭於燕，觀其文，稍似重也。水經注云，薊城內西北隅有薊丘，因取名焉。括地志云：「燕山，在幽州漁陽縣東南六十里。」宗國都城記云，周武王封召公奭於燕，地在燕山之野，故國取名焉。」按：周封以五等之爵，薊、燕二國俱武王立，因燕山、薊丘爲名，其地足自立國。薊微燕盛，乃并薊居之，薊名遂絶焉。今幽州薊縣，古燕國也。

〔一六〕【正義】括地志云：「鄭州管城縣外城，古管國城也，周武王弟叔鮮所封。」

〔一七〕【正義】括地志云：「豫州北七十里上蔡縣，古蔡國，武王封弟叔度於蔡，是也。縣東十里有蔡岡，因名也。」【考證】徐孚遠曰：管蔡俱有分地，而作殷監，蓋雖已受封，而未就國，以監殷民爲重任，猶周公封魯而身相周也。

〔一八〕【考證】左傳昭公二十八年，成鱄曰：「武王克商，光有天下，其兄弟之國者十有五人，姬姓之國者四十人。」僖二十四年，富辰曰「周公弔二叔之不咸，故封建親戚，以蕃屏周。管、蔡、郕、霍、魯、衛、毛、聃、郜、雍、曹、滕、畢、原、酆、郇，文之昭也；邘、晉、應、韓，武之穆也；凡、蔣、邢、茅、胙、祭，周公之胤也」。崔述曰：周之封同姓，成鱄以爲武王，富辰以爲周公，以經傳考之，衛封於武王世，魯與晉封於成王世，二子之言，皆不盡合。而姬姓之國至於四十，晉、韓、邢、茅必在其內，武王必不自封其子，周公尤不得自封其子也。蓋古人之文多舉其大略，以克商自武王，故多推本武王言之，富辰與召公對舉則稱周公，其實乃陸續所封，不可概謂之武王，尤不得專屬之周公也。

武王徵九牧之君，登豳之阜，以望商邑。〔一〕武王至于周，自夜不寐。〔二〕周公旦即王所，曰：「曷爲不寐？」王曰：「告女：維天不饗殷，自發未生於今六十年，〔三〕麋鹿在牧，〔四〕蜚鴻滿野。〔五〕天不享殷，乃今有成。〔六〕維天建殷，其登名民三百六十夫，不顯亦不賓，滅以至今。〔七〕我未定天保，何暇寐！」〔八〕王曰：「定天保，依天室，悉求夫惡貶從殷王受。〔九〕日夜勞來我西土，〔一〇〕我維顯服，及德方明。〔一一〕自洛汭延于伊汭，居易毋固，其有夏之居。〔一二〕我南望三塗，北望嶽鄙，顧詹有河，〔一三〕粵詹雒、伊，毋遠天室。」〔一四〕營周居于雒邑而後去。〔一五〕縱馬於華山之陽，〔一六〕放牛於桃林之虛；〔一七〕偃干戈，振兵釋旅：〔一八〕示天下不復用也。〔一九〕

〔一〕**【正義】**括地志云：「豳州三水縣西十里有豳原，周先公劉所都之地也。豳城在此原上，因公爲名。」按：蓋武王登此城望商邑。**【考證】**周書「豳」作「汾」。陳仁錫曰：「豳」原作「汾」，汾在河北。因「汾」與「邠」相近，遂誤爲「豳」。梁玉繩曰：汾近朝歌，即郡國志潁川襄城縣之汾丘，若在栒邑之豳，何從登其阜以望商邑乎？姚鼐曰：商，河南之亳、偃師也。此即下文「南望三塗，北望嶽鄙」之事。

〔二〕**【正義】**周，鎬京也。武王伐紂還至鎬京，憂未定天之保安，故自夜不得寐也。

〔三〕**【考證】**中井積德曰：是語不足據也，然其敘年紀則當，曰自發未生於今六十年，是武王年少於六十也。而或者乃云武王八十四即位，妄甚。

〔四〕**【集解】**徐廣曰：「此事出周書及隨巢子，云『夷羊在牧』。牧，郊也。夷羊，怪物也。」

〔五〕**【索隱】**按：高誘曰「蜚鴻，蠛蠓也」。言飛蟲蔽田滿野，故爲災，非是鴻鴈也。隨巢子作「飛拾」。飛拾，蟲也。**【正義】**淮南子云：「夷羊在牧。」按：夷羊，怪獸也。此云「蜚鴻滿野」，淮南子云「飛蛩滿野」。高誘注云「蛩、蟬，蟣蠓之屬也」。按：飛鴻、拾、蛩，則鳥蟲各别，亦須隨文解之，不得引高誘解此也。既云「麋鹿在牧」，蠓蟣又在野外，則比干、商容之屬，忠賢何厝？詩見鴻雁篇，此文「飛鴻」用比箕子、微子、比干、商容，被其放棄，若飛野外，或殺或去，後君子庶免疑焉。蜚，音飛，古「飛」字也。於今，猶當今。「於今六十年」，從帝乙十年至伐紂年也。「麋鹿在牧」，喻讒佞小人在朝位也。飛鴻滿野，喻忠賢君子見放弃也。言紂父帝乙立後，殷國益衰，至伐紂六十年閒，諂佞小人在於朝位，忠賢君子放遷於野。故詩云「鴻鴈于飛，肅肅其羽。之子于征，劬勞于野」。毛萇云「之子，侯伯卿士也」。鄭玄云「鴻鴈知避陰陽寒暑，喻民知去無道就有道」。【考證】姚鼐曰：「麋鹿在牧，蜚鴻滿野」，今逸周書作「夷羊在牧」，然鼐意以史記爲是。此即孟子所謂「沛澤多而禽獸至」。中井積德曰：麋鴻，以見田野荒蕪，人民流離之狀也。

〔六〕【索隱】言上天不歆享殷家，故見災異，我周今乃有成王業者也。

〔七〕【集解】徐廣曰：「一云『不顧亦不賓成』，一又云『不顧亦不恤也』」。【索隱】言天初建殷國，亦登進名賢之人三百六十夫，既無非大賢，未能興化致理，故殷家不大光昭，亦不既擯滅，以至于今也。亦見周書及隨巢子，頗復脱錯。而劉氏音破六爲古，其字義亦無所通。徐廣云一本作「不顧亦不賓成」，蓋是學者以周書及隨巢不同，逐音改易耳。隨巢子曰「天鬼不顧，亦不賓滅」，天鬼即天神也。【考證】姚鼐曰：言殷有名賢三百六十，既不顯用，亦不賓禮。「滅」字屬下讀，蔑棄之意，言棄以至今。裴駰屬上讀，非也。張照曰：即詩「殷(鑿)〔鑒〕不遠」之意，故下文云「我未定天保，何假寐」，求賢以自輔，而輾轉反側也。

〔八〕【正義】言殷雖有不明之臣，猶不棄絶其國，以至于今。我雖滅殷，尚未定知天之保安我否，何暇寐而不憂乎？【考證】岡白駒曰：定天保，保定天命也。詩「天保定爾，亦孔之固」。

〔九〕【索隱】言今悉求取夫惡人不知天命不順周者，咸貶責之，與紂同罪，故曰「貶從殷王受」。【正義】貶，退也。受，紂名也。言武王遍求諸罪惡，咸貶退之，莫從殷王受之教令，令歸周之聖化也。【考證】岡白駒曰：天室，帝居也。中井積德曰：天室，蓋土中之謂也。天以爲帝者之宅者。「悉求」二句，未詳。梁玉繩曰：錢唐邵氏泰衡史記疑問云「悉求不順，罪並殷王，孰謂武王聖德，竟等暴秦之阬誅哉」。吹景集依周書悉作「志我共惡，專從殷王紂」。其論云「索隱之說非也。殲厥渠魁，脅從罔治，曾聖人而淫刑以逞乎？言志我之所共惡者，亦惟從紂爲虐，如費仲、惡來輩，餘固無所問也。書多方曰『我惟大降爾命，爾罔不知』，降宥也，即其義」。錢唐王孝廉庚期云「從，由也。謂當日指以爲惡而（眨）〔貶〕斥者，乃由于殷王受之不明黜陟，今悉求其人而昭雪之」。王說是。愚按：是解亦晦澁難通，姑書備考。

〔一〇〕【集解】徐廣曰：「一云『肯來』。」【索隱】七字連作一句讀。【正義】勞來，上郎到反，下郎代反，謂撫循慰勉也。

〔一一〕【正義】服，事也。武王荅周公云，定知天之安保我位，得依天之宮室，退除殷紂之惡，日夜勞民，又安定我之西土。我維明於事，及我之德教施四方明行之，乃可至於寢寐也。自此已上，至「武王至于周自夜不寐」，周公問之，故先書。【考證】方苞曰：顯服，與尚書「自服于土中」同義，言我思修明政事，當及我德方明，四方歸往之日，而大營土中爲朝會之地也。

〔一二〕【集解】徐廣曰：「夏居河南，初在陽城，後居陽翟。」【索隱】言自洛汭及伊汭，其地平易，無險固，是有夏之舊居。【正義】括地志云「自禹至太康，與唐、虞皆不易都城」，然則居陽城，爲禹避商均時，非都之也。帝王世紀云：「禹封夏伯，今河南陽翟是。」汲冢古文云：「太康居斟尋，羿亦居之，桀又居之。」括地志云：「故鄩城，在洛州鞏縣西南五十八里也。」【考證】張文虎曰：「易」字度邑解作「陽」，據集解、正義，疑所見本亦作「陽」。愚按：居陽，猶言居上流。固、故通。毋故，無事也。

〔一三〕【集解】徐廣曰：「周書度邑曰『武王問太公曰，吾將因有夏之居也，南望過于三塗，北詹望于有河』。」【索隱】杜預云三塗，在陸渾縣南。嶽，蓋河北太行山。鄙，都鄙，謂近嶽之邑。度邑，周書篇名。度，音徒各反。【正義】括地志云：「太行、恒山連延，東北接碣石，西北接嶽山。」言北望太行、恒山之邊鄙都邑也。又「晉州霍山，一名太岳，在洛西北，恒山在洛東北」。二説皆通。釋例地名云「三途，在河南陸渾縣南五十里」。【考證】古鈔本、楓、三、南本「詹」作「瞻」，下同，與周書合。

〔一四〕【正義】粤者，審慎之辭也。言審慎瞻雒、伊二水之陽，無遠離此爲天室也。

〔一五〕【正義】括地志云：「故王城，一名河南城，本郟鄏，周公新築，在洛州河南縣北九里苑内東北隅。自平王以下十二王皆都此城，至敬王乃遷都成周，至赧王又居王城也。帝王世紀云『王城西有郟鄏陌』。左傳云『成王定鼎於郟鄏』。京相璠地名云『郟，山名。鄏，邑名』。」【考證】「武王徵九牧之君」以下采周書度邑解文。崔述曰：此本逸周書之文，其意淺而晦，其詞煩而澁，與尚書大不類。且周公之宅洛，以殷民之遷也，是時不惟未遷，兼亦未畔，宅洛，何所取焉？將以爲朝會道里均，則又無一言及之，蓋後世之人聞周公之宅洛，而不得其故，揣度之，而以爲武王之所命耳。參存。

〔一六〕【正義】華山在華陰縣南八里。山南曰陽也。

〔一七〕【集解】孔安國曰：「桃林在華山東。」【正義】括地志云：「桃林，在陝州桃林縣西。山海經云『夸父之山，其北有林焉，名曰桃林，廣員三百里，中多馬，湖水出焉，北流入河也』。」【考證】楓、三、南本「虚」作「墟」。

〔一八〕【集解】公羊傳曰：「入曰振旅。」

〔一九〕【考證】以上本禮記樂記，又見呂氏春秋慎大篇、韓詩外傳三。王世貞曰：縱馬放牛云者，蓋官不復録爲兵車，用置之民間，听其耕牧耳。方苞曰：馬牛皆徵之井甸者，事畢縱放，使有司受而還之也。必於野外者，車徒至衆，非城邑所能容也。

武王已克殷，後二年，問箕子殷所以亡。箕子不忍言殷惡，以存亡國宜告。〔一〕武王亦

醜，故問以天道。〔二〕

〔二〕【集解】徐廣曰：「存，一作『前』。」【索隱】六字連一句讀。【正義】箕子殷人，不忍言殷惡，以周國之所宜言告武王，爲洪範九類，武王以類問天道。【考證】梁玉繩曰：評林王鏊云「此句疑有誤，不可解」。方氏補正云「此隱括洪範而爲言也。鯀殛禹興，存亡之迹，九疇皆有國者所宜用」。說本正義。王孝廉云「依方氏說，則下文不可接，蓋下文問天道，乃陳範耳」。竊意存亡國，即興滅繼絕之意，宜者義也，以義所當行者告武王。

〔三〕【考證】洪範經及序不言此事，史公蓋有所傳。醜、愧同。慶長本校注云：一本無「故」字。

武王病。天下未集，羣公懼，穆卜，〔一〕周公乃祓齋，〔二〕自爲質，欲代武王，〔三〕武王有瘳。後而崩，〔四〕太子誦代立，是爲成王。

〔一〕【集解】孔安國曰：「穆，敬也。」

〔二〕【正義】祓，音廢，又音拂。齋，音札皆反。祓，謂除不祥求福也。

〔三〕【正義】質音至。周公祓齋，自以贄幣告三王，請代武王，武王病乃瘳也。【考證】楓、三、南本作「贄」。中井積德曰：自爲贄，以軀爲贄。

〔四〕【集解】徐廣曰：「封禪書曰『武王克殷二年，天下未寧而崩』。」皇甫謐曰：「武王定位元年，歲在乙酉，六年庚寅崩。」駰按：皇覽曰「文王、武王、周公冢皆在京兆長安鎬聚東社中也」。【正義】括地志云：「武王墓在雍州萬年縣西南二十八里畢原上也。」【考證】「武王病」以下本書金縢。梁玉繩曰：武王在位之年，無經典明文，封禪書作「二年」，漢書律曆志作「八年」，並爲西伯十一年。而詩豳風譜疏謂鄭氏以武王疾瘳後二年崩，是在位四年。又引王肅云「伐紂後六年崩」。周書明堂解、竹書紀年及周紀集解引皇甫謐並云「六年」，管子小問篇作「七年」，淮南子要略訓作「三年」，路史發揮夢齡篇注「合武王嗣西伯爲七年」，所說不同。後儒多從管子，如稽古録、外紀、通志等俱是七年。余謂當依周書爲近。又曰：「後」下有闕文。愚按：古鈔本「後」下有「二年」二字。禮記云「武王年九十三」，未必信。

成王少，周初定天下，周公恐諸侯畔周，公乃攝行政當國。管叔、蔡叔羣弟疑周公，與武庚作亂畔周。周公奉成王命，伐誅武庚、管叔，放蔡叔。以微子開代殷後，國於宋。〔一〕頗收殷餘民，以封武王少弟封爲衛康叔。〔二〕晉唐叔得嘉穀，獻之成王，〔三〕成王以歸周公于兵所。〔四〕周公受禾東土，魯天子之命。〔五〕初，管、蔡畔周。周公討之，三年而畢定，故初作大誥，次作微子之命，〔六〕次歸禾，次嘉禾，次康誥、酒誥、梓材，〔七〕其事在周公之篇。〔八〕周公行政七年，〔九〕成王長，周公反政成王，北面就羣臣之位。

〔一〕【正義】今宋州也。【考證】賈誼曰「成王年六歲，即位享國」。鄭玄曰「武王崩，時成王年十歲」。王肅曰「武王崩，成王年十三」。公羊傳正義引古尚書説云「武王崩，時成王年十三」，諸説不一。愚按：書金縢云周公居東二年秋，王(興)〔與〕大夫盡弁以啓金縢之書」，則成王是時已冠矣。曰武王崩時年十三者近是。古鈔、楓、三、南本「管叔」上有「殺」字，與御覽、類聚所引合。周書作洛解云「管叔經而卒，以微子開代殷後」，本書微子之命序。宋，今歸德府商邱縣。

〔二〕【正義】尚書洛誥云：「我卜瀍水東，亦惟洛食，以居邶、鄘、衛之衆。」又多士篇序云：「成周既成，遷殷頑民。」按：是爲東周，古洛陽城也。括地志云：「洛陽故城，在洛州洛陽縣東北二十六里，周公所築，即成周城也。輿地志云『以周地在王城東，故曰東周。敬王避子朝亂，自洛邑東居此。以其迫阨不受王都，故壞翟泉而廣之』。」按：武王滅殷國，爲邶、鄘、衛，三監尹之。武庚作亂，周公滅之，徙三監之民於成周，頗收其餘衆，以封康叔爲衛侯，即今衛州是也。孔安國云「以三監之餘民，國康叔爲衛侯。周公懲其數叛，故使賢母弟主之」也。【考證】「頗收」以下本書康誥序。中井積德曰：「『頗』云者其餘猶在邶、鄘，其頑者固徙成周。衛，今河南衛輝府。

〔三〕【集解】鄭玄曰：「二苗同爲一穗。」

〔四〕【集解】徐廣曰：「歸，一作『餽』。」

〔五〕【集解】徐廣曰：「尚書序云『旅天子之命』。」【考證】以上采書歸禾、嘉禾序。中井積德曰：「『晉』字衍。」姚鼐説同。愚按：書序亦無。魯、旅通，陳也。張文虎曰：「『命』下當有『作嘉禾』三字。」愚按：三字不必補。

〔六〕【集解】孔安國曰：「封命之書。」【考證】南化本不重「周」字。

〔七〕【集解】孔安國曰：「告康叔以爲政之道，亦如梓人之治材也。」【考證】以上本書序。古鈔本、楓、三、南本無「次嘉禾」三字。愚按：有者是。

〔八〕【考證】梁玉繩曰：「『公』是『書』之誤。」愚按：此斥魯周公世家，非誤。

〔九〕【考證】書洛誥「惟周公誕保文武受命，惟七年」，周書明堂解、韓非子難篇、尚書大傳、禮記明堂位、韓詩外傳所記皆同。

成王在豐，使召公復營洛邑，如武王之意。周公復卜，申視，卒營築，居九鼎焉。曰：「此天下之中，四方入貢，道里均。」作召誥、洛誥。〔一〕成王既遷殷遺民，周公以王命告，作多士、無佚。〔二〕召公爲保，周公爲師，〔三〕東(代)〔伐〕淮夷，殘奄，〔四〕遷其君薄姑。〔五〕成王自奄歸，在宗周，〔六〕作多方。〔七〕既絀殷命，襲淮夷，歸在豐，作周官。〔八〕興正禮樂，度制於是改，而民

和睦，頌聲興。〔九〕成王既伐東夷，息慎來賀，王賜榮伯，作賄息慎之命。〔一〇〕

〔一〕【考證】書召誥序云「成王在豐，欲宅洛邑，使召公先相宅，作召誥」，洛誥序云「召公既相宅，周公往營成周，使來告卜，作洛誥」。崔述曰：左傳宣公三年云「成王定鼎于郟鄏，卜世三十，卜年七百」。則遷鼎於洛者成王也。而桓二年傳云「武王克商，遷九鼎於洛邑」，與此異者，蓋古人之文多大畧言之，遷鼎由於克商，克商，武王之事，不可云成王克商，遷九鼎於洛邑，故統之於武王耳。

〔二〕【考證】采書多士序。王若虛曰：多士爲殷民而作，無逸爲成王而作，在本紀則并無逸爲告殷民，在魯世家則并多士爲戒成王，不惟牴牾于經，而自相矛盾亦甚矣。

〔三〕【考證】采書君奭序。

〔四〕【集解】鄭玄曰：「奄國在淮夷之北。」【正義】奄，音於險反。括地志云：「泗水徐城縣北三十里，古徐國，即淮夷也。兖州曲阜縣奄里，即奄國之地也。」

〔五〕【集解】馬融曰：「齊地。」【正義】括地志云：「薄姑故城，在青州博昌縣東北六十里。薄姑氏，殷諸侯，封於此，周滅之也。」【考證】采書成王政、將蒲姑序。書序「薄姑」作「蒲姑」，「君」下有「于」字。尚書大傳云「武王殺紂」，而繼公子禄父，使管叔、蔡叔監禄父。武王死，成王幼，周公盛養成王，使召公奭爲傅，周公身居位，聽天下爲政。管叔疑周公，流言于國曰「公將不利于王」。奄君薄姑謂禄父曰「武王既死矣，今王尚幼矣，周公見疑矣，此世之將亂也，請舉事」，然後禄父及三監叛也。周公以成(公)〔王〕之命殺禄父，遂踐奄。踐之云者，謂殺其身，執其家，瀦其宮。愚按：書序以蒲姑爲地名，此以薄姑爲奄君名，所傳不同。

〔六〕【正義】伐奄歸鎬京也。

〔七〕【集解】孔安國曰：「告衆方天下諸侯。」【考證】采書多方序。

〔八〕【集解】孔安國曰：「言周家設官分職用人之法。」古文尚書序，周官，書篇名。【考證】采書周官序。

〔九〕【集解】何休曰：「頌聲者，太平歌頌之聲，帝王之高致也。」

〔一〇〕【集解】孔安國曰：「賄，賜也。」馬融曰：「榮伯，周同姓，畿内諸侯，爲卿大夫也。」【考證】「成王既伐」以下采書賄肅慎之命序。書序「賜」作「俾」。

成王將崩，懼太子釗之不任，〔一〕乃命召公、畢公率諸侯以相太子而立之。成王既崩，二公率諸侯，以太子釗見於先王廟，申告以文王、武王之所以爲王業之不易，務在節儉，毋多欲，以篤信臨之，作顧命。〔二〕太子釗遂立，是爲康王。康王即位，徧告諸侯，宣告以文武之業以申之，作康誥。〔三〕故成康之際，天下安寧，刑錯四十餘年不用。〔四〕康王命作策，畢公分居里，成周郊，作畢命。〔五〕

〔一〕【正義】釗，音招，又古堯反。任，而針反。

〔二〕【集解】鄭玄曰：「臨終出命，故謂之顧。顧，將去之意也。」【考證】「成王將崩」以下采書顧命及序。

〔三〕【考證】「康王即位」以下采書康王之誥序。古鈔本、南本「康」下有「王」字。愚按：疑脱「之王」二字。

〔四〕【集解】應劭曰：「錯，置也。民不犯法，無所置刑。」【考證】中井積德曰：錯是廢舍之義。

〔五〕【集解】孔安國曰：「分別民之居里，異其善惡也。成定東周郊境，使有保護也。」【考證】「康王命」以下采書畢命序。序無「公」字。古鈔、南本無「分」字。

康王卒，〔一〕子昭王瑕立。昭王之時，王道微缺。昭王南巡狩不返，卒於江上。其卒不赴告，諱之也。〔二〕立昭王子滿，是爲穆王。穆王即位，春秋已五十矣。王道衰微，穆王閔文武之道缺，乃命伯臩申誡太僕國之政，作臩命。復寧。〔三〕

〔一〕【考證】古鈔本、南化本「卒」作「崩」。梁玉繩曰：史公諸本紀天子皆書「崩」，而有書「殺」者五，周幽王、哀王、思王及秦二世父子也。有書「死」者五，夏桀、殷武乙、辛受、周厲王、秦武王也。或殘虐無道，或傷戕短命，其貶之固宜，而周紀又雜書「卒」者三，未曉何故。昭王不返，赧王遂亡，則降書以「卒」，猶可言耳，若康王之賢與成並稱，豈得下同昭、赧乎？夫前之文王當書「卒」者也，而僭書曰「崩」，此之康王當書「崩」者也，而降書曰「卒」，失義例矣。愚按：史文作「崩」，古、南本可證，今本傳寫之訛。

〔二〕【正義】帝王世紀云：「昭王德衰，南征，濟于漢，船人惡之，以膠船進王，王御船至中流，膠液船解，王及祭公俱没于水中而崩。其右辛游靡，長臂且多力，游振得王，周人諱之。」【考證】左傳僖公四年云「昭王南征而不復」。帝王世紀本呂氏春秋音初篇。振者振其尸也。

〔三〕【集解】孔安國曰：「伯冏，臣名也。」徐廣曰：「誡，一作『部』。」應劭曰：「太僕，周穆王所置。蓋太御，衆僕之長，中大夫也。」【正義】尚書序云：「穆王令伯臩爲太僕正。」應劭云：「太僕，周穆王所置。蓋太御，衆僕之長，中大夫也。」【考證】王使伯冏申誡太僕以國政也。尚書序云「穆王命伯冏爲周大僕正，作冏命」，與此異。梁玉繩曰：復寧，受上「文武道缺」而言。

穆王將征犬戎，〔一〕祭公謀父諫曰：「不可。〔二〕先王燿德不觀兵。〔三〕夫兵戢而時動，動則威，觀則玩，玩則無震。〔四〕是故周文公之頌曰：『載戢干戈，載櫜弓矢，我求懿德，肆于時夏，允王保之。』〔五〕先王之於民也，茂正其德而厚其性，阜其財求而利其器用，明利害之鄉，〔六〕以文脩之，使之務利而辟害，懷德而畏威，故能保世以滋大。昔我先王世后稷，以服事虞、夏。〔七〕及夏之衰也，〔八〕弃稷不務，〔九〕我先王不窋用失其官，而自竄於戎狄之閒。不敢怠業，時序其德，遵脩其緒，〔一〇〕脩其訓典，朝夕恪勤，守以敦篤，奉以忠信。奕世載德，不忝前

人。〔一一〕至于文王、武王，昭前之光明，而加之以慈和，事神保民，無不欣喜。商王帝辛，大惡
于民，庶民不忍，訢戴武王，以致戎于商牧。〔一二〕是故先王非務武也，勤恤民隱，而除其害也。
夫先王之制，邦內甸服，邦外侯服，侯衛賓服，〔一三〕夷蠻要服，戎翟荒服。〔一四〕甸服者祭，〔一五〕
侯服者祀，〔一六〕賓服者享，〔一七〕要服者貢，〔一八〕荒服者王。〔一九〕日祭，月祀，時享，歲貢，終王。
先王之順祀也，〔二〇〕有不祭則脩意，〔二一〕有不祀則脩言，〔二二〕有不享則脩文，〔二三〕有不貢則
脩名，〔二四〕有不王則脩德，〔二五〕序成而有不至則脩刑。〔二六〕於是有刑不祭，伐不祀，征不享，
讓不貢，告不王。於是有刑罰之辟，有攻伐之兵，有征討之備，有威讓之命，有文告之辭。布
令陳辭而有不至，則增脩於德，無勤民於遠。〔二七〕是以近無不聽，遠無不服。今自大畢、伯士
之終也，〔二八〕犬戎氏以其職來王，〔二九〕天子曰〔三〇〕『予必以不享征之，且觀之兵』，無乃廢先
王之訓，而王幾頓乎？〔三一〕吾聞犬戎樹敦，〔三二〕率舊德而守終純，固其有以禦我矣。」〔三三〕王
遂征之，得四白狼四白鹿以歸。自是荒服者不至。

〔一〕【集解】徐廣曰：「一作『畎』。」

〔二〕【集解】韋昭曰：「祭，畿內之國，周公之後，爲王卿士。謀父，字也。」【正義】括地志云：「故祭城，在鄭州管城縣東北十五里，鄭大夫祭仲邑也。釋例云『祭城，在河南，上有敖倉，周公後所封也』。」

〔三〕【正義】言先王以德光耀四方，不用兵革征伐也。

〔四〕【集解】韋昭曰：「震，懼也。」【考證】中井積德曰：震亦威也。

〔五〕【集解】韋昭曰：「文公，周公旦之謚。」唐固曰：「櫜，韜也。」韋昭曰：「言武王常求美德，故陳其功於是夏而

歌之。信哉武王能保此時夏之美。樂章大者曰夏。」【正義】顧野王曰：「戢，藏兵也。」【考證】詩周頌時邁篇。夏指天下而言，武王求美德，而布其德於此中夏，信王天下而保有之也。韋注以夏爲夏聲，非。

〔六〕【集解】韋昭曰：「鄉，方也。」【考證】茂，通作「懋」，勉也。汪遠孫曰：求，古「賕」字，賕亦財也。「財賕」與下「器用」作對文。愚按：左傳文公十七年，晉郤缺解夏書云「正德、利用、厚生，謂之三事」，與此相合。性即生也。

〔七〕【集解】韋昭曰：「謂弃與不窋也。」唐固曰：「父子相繼曰世。」【考證】弃、不窋宜稱先公，然是王者之祖，子孫相語，尊爲先王，亦宜然之事。楚人曰「我先王熊繹」，蓋亦此之類。中井積德曰：世，猶世世也。棄之後，不窋之前，又有數世也。

〔八〕【正義】謂太康也。【考證】蓋孔甲以後。

〔九〕【正義】言太康弃廢稷官。

〔一〇〕【集解】徐廣曰：「遵，一作『選』。」【考證】國語「遵」作「纂」。古鈔、楓、三、南本「脩」作「循」。愚按：「脩」字與下文複，作「循」爲長。

〔一一〕【正義】前人，謂后稷也。言不窋亦世載德，不忝后稷。及文王、武王，無不務農事。【考證】楓、三、南本「載」作「戴」。

〔一二〕【正義】紂近郊地，名牧野。【考證】俞樾曰：大惡於民，猶云大虐於民。

〔一三〕【集解】韋昭曰：「此總言之也。侯，侯圻；衛，衛圻也。」【考證】隱，痛也。「邦」字不諱者，何也？

〔一四〕【考證】周語「夷蠻」作「蠻夷」。

〔一五〕【集解】韋昭曰：「供日祭。」

〔一六〕【集解】韋昭曰：「供月祀。」

〔一七〕【集解】韋昭曰：「供時享。」

〔一八〕【集解】韋昭曰：「供歲貢。」

〔一九〕【集解】韋昭曰：「王，王事天子也。詩曰『莫敢不來王。』」【正義】終一王而繼立者，乃來朝享。

〔二〇〕【集解】徐廣曰：「外傳云『先王之訓』。」【考證】「順」讀爲「訓」。「祀」字涉上文誤衍，周語無。

〔二一〕【集解】韋昭曰：「先脩志意以自責也。畿內近，知王意也。」

〔二二〕【集解】韋昭曰：「言號令也。」

〔二三〕【集解】韋昭曰：「文，典法也。」

〔二四〕【集解】韋昭曰：「名，謂尊卑職貢之名號也。」

〔二五〕【集解】韋昭曰：「遠人不服，則脩文德以來之。」

〔二六〕【集解】韋昭曰：「序成，謂上五者次序已成，有不至則有刑罰也。」

〔二七〕【正義】言勤憂萬民，無嫌於遠也。【考證】勤，勞也，言不遠征蠻夷。

〔二八〕【集解】徐廣曰：「犬戎之君。」

〔二九〕【正義】賈逵云：「大畢、伯士，犬戎氏之二君也。白狼、白鹿，犬戎之職貢也。」按：大畢、伯士終後，犬戎氏常以其職來王。

〔三〇〕【正義】祭公申穆王之意，故云「天子曰」。

〔三一〕【正義】幾，音祈。【考證】古鈔、楓、三、南本「兵」下有「矣其」二字。韋昭曰：「幾，危也。頓，敗也。」俞樾曰：幾，語詞，其也。王幾頓乎，王其頓乎，頓者疲勞之意。

〔三二〕【集解】徐廣曰：「樹，一作『樕』。」駰案：韋昭曰「樹，立也。言犬戎立性敦篤也。」【考證】中井積德曰：樹，建國也。愚按：樹敦，犬戎國主名，諸說恐非。

〔一三〕【正義】犬戎能守終極純一堅固之德，必有禦王師也。【考證】龜井昱曰：率舊德，率大畢、伯士之舊業也。

愚按：「守終純」句，「固」字屬下讀。

諸侯有不睦者，〔一〕甫侯言於王，作脩刑辟。〔二〕王曰：「吁，來！有國有土，告汝祥刑。〔三〕在今爾安百姓，何擇非其人，〔四〕何敬非其刑，何居非其宜與？〔五〕兩造具備，〔六〕師聽五辭。〔七〕五辭簡信，正於五刑。〔八〕五刑不簡，正於五罰。〔九〕五罰不服，正於五過。〔一〇〕五過之疵，官獄內獄，閱實其罪，〔一一〕惟鈞其過。〔一二〕五刑之疑有赦，五罰之疑有赦，其審克之。〔一三〕簡信有衆，惟訊有稽。〔一四〕無簡不疑，共嚴天威。〔一五〕黥辟疑赦，其罰百率，閱實其罪。〔一六〕劓辟疑赦，其罰倍灑，閱實其罪。〔一七〕臏辟疑赦，其罰倍差，閱實其罪。〔一八〕宮辟疑赦，其罰五百率，閱實其罪。〔一九〕大辟疑赦，其罰千率，閱實其罪。〔二〇〕墨罰之屬千，劓罰之屬千，臏罰之屬五百，宮罰之屬三百，大辟之罰其屬二百：五刑之屬三千。」命曰甫刑。〔二一〕

〔一〕【考證】「穆王將征」以下采國語周語。「封內甸服」至「歲貢終王」又見荀子正論篇。

〔二〕【集解】鄭玄曰：「書說云周穆王以甫侯爲相。」【考證】尚書「甫」作「呂」。孔疏云禮記、書傳引此篇多稱爲「甫刑」。詩崧高云「生甫及申」，揚之水云「不與我戍甫」，明子孫改封甫侯，不知因呂國改爲甫名，不知別封爲甫號。然子孫封甫，穆王時未有甫名，後人以子孫之國號名之，宣王以後改呂爲甫也。崔述曰：呂與甫古多通用，故崧高、揚水皆作「申甫」，而春秋傳作「申呂」，此蓋傳寫異文。

〔三〕【集解】孔安國曰：「告汝善用刑之道也。」

〔四〕【集解】王肅曰：「訓以安百姓之道，當何所選擇乎？非當選擇賢人乎？」

〔五〕【集解】孔安國曰：「當何所敬，非唯五刑？當何所居，非唯及世輕重所宜乎？」【考證】今本尚書「何居非其宜」作「何度非及」，史公讀「度」爲「宅」，故以「居」易之。居，猶處置也。

〔六〕【集解】徐廣曰：「造，一作『遭』。」【考證】周禮「以兩造聽民訟」，注「造，至也。使訟者兩至」。錢大昕曰：徐廣云「造」一作「遭」，「兩遭」猶「兩曹」。說文「曹，獄之兩曹也」。

〔七〕【集解】孔安國曰：「兩謂囚證。造，至也。兩至具備，則衆獄官聽其入五刑辭。」【正義】漢書刑法志云：「五聽，一曰辭聽，二曰色聽，三曰氣聽，四曰耳聽，五曰目聽。」周禮云「辭不直則言繁，目不直則視眊，耳不直則對荅惑，色不直則貌赧，氣不直則數喘」也。

〔八〕【集解】孔安國曰：「五辭簡核，信有罪驗，則正之於五刑矣。」

〔九〕【集解】孔安國曰：「不簡核。謂不應五刑，當正五罰，出金贖罪也。」【正義】應，乙陵反，下同。應，當也。【考證】沈家本曰：舊説五罰即贖刑，然以呂刑之文攷之，罰與贖爲二事，言五罰是罰有五等，五罰次于五刑，則五刑當各有罰。此五罰常刑也，非疑而赦者也。五罰有疑則赦從免矣。

〔一〇〕【集解】孔安國曰：「不服，不應罰也。正於五過，從赦免之。」

〔一一〕【集解】孔安國曰：「使與罰名相當。」【索隱】按：呂刑云「惟官，惟反，惟內，惟貨，惟來」，今此似闕少，或從省文。【正義】官獄，謂公案正直也。內獄，謂心案無枉濫也。【考證】孫星衍曰：官獄、內獄者，舉其重也。官獄，謂貴官之獄；內獄，謂中貴之獄。或畏高明，或投鼠忌器也。

〔一二〕【集解】馬融曰：「以此五過出入人罪，與犯法者等。」

〔一三〕【集解】孔安國曰：「刑疑赦從罰，罰疑赦從免，其當清察，能得其理也。」【考證】疑，謂其法可議，其情可矜者，説詳下文。

〔一四〕【集解】孔安國曰：「簡核誠信，有合衆心，惟察其貌，有所考合，重之至也。」【索隱】惟訊，訊，依尚書，音貌也。【考證】尚書「訊」作「貌」，史公所傳異。訊，鞫也。集解、楓、三本「重」下有「刑」字，與書傳合。

〔一五〕【集解】孔安國曰：「無簡核誠信，不聽治其獄，當嚴敬天威，無輕用刑。」【考證】段玉裁曰：疑，經作「聽」，作「疑」乃今文。張文虎曰：集解但引書傳，索隱、正義無辨，是所見本皆作「聽」，今本傳寫誤。

〔一六〕【集解】徐廣曰：「率，即鍰也，音刷。」孔安國曰：「六兩曰鍰。鍰，黃鐵也。」【索隱】鍰，黃鐵。鋝亦六兩，故馬融曰「鋝，量名，與呂刑鍰同」。舊本「率」亦作「選」。

〔一七〕【集解】徐廣曰：「灑，一作『蓰』。五倍曰蓰。」孔安國曰：「倍百爲二百鍰也。」【索隱】灑，音戾。蓰，音所解反。【考證】梁玉繩曰：蓰者五倍之名，臏刑重于劓刑，罰止倍差，豈有劓刑加罰倍蓰之理，當依呂刑作「惟倍」。中井積德曰：「灑」字蓋衍文。

〔一八〕【集解】馬融曰：「倍二百爲四百鍰也。差者，又加四百之三分一，凡五百三十三三分一也。」【正義】倍中之差，二百去三分一，合三百三十三鍰二兩也。宮刑，其罰五百，臏刑既輕，其數豈加？故知孔、馬之說非也。【考證】中井積德曰：倍差，謂倍而又有等差也。倍爲四百鍰，較重者五百鍰，輕者三百鍰，皆臏罰也。

〔一九〕【集解】徐廣曰：「五，一作『六』。」

〔二〇〕【考證】馬端臨曰：熟讀呂刑，哀矜惻怛之意，千載之下，猶使人爲之感動，且拳拳乎訖富惟貨之誡，則其不爲聚斂征求設也審矣。其曰「墨辟疑赦，其罰百鍰」，蓋謂犯墨法之中，疑其可赦者，不遽赦之，而姑取其百鍰以示罰耳。繼之曰「閱實其罪」，蓋言罪之無疑則刑，可疑則贖，皆當閱其實也。其所謂「疑者」何也？蓋唐、虞之時，刑清律簡，是以贖金之法止及鞭扑，而五刑無贖法。至於周而律之繁極矣，五刑之屬，至于三千，若一按之律，盡從而刑之，莫非投機觸罟者，天下之人無完膚矣。是以穆王哀之，而五刑之疑，各以贖論。姑以大辟一條言之，夫所犯者死罪，而聽其贖金以免，誠不可以訓也。然大辟之屬二百，則豈無疑赦而在可議之列者，有如殺人反逆之類，則是不可不殺，雖萬鍰亦難貫死矣，而二百之屬，其罪不皆至此也。

以經傳考之，其在周，則王制之析言破律、行僞學非，酒誥之羣飲，其在漢，則列侯坐酎金不敬，將帥出師失期之類，於律皆死罪也，而其情則可矜，其法則可議，豈必盡殺之乎？此則死罪之疑赦者也。意周所以斷斯獄，必在其罰千鍰之科，而漢制則不過或除其國，或贖爲庶人，亦其遺意也。蓋哀矜庶獄，乃此書之大旨，贖特其一事。

〔一一〕【考證】「甫侯言於王」以下采尚書呂刑。周官秋官「司刑，掌五刑之法，以麗萬民之罪。墨罪五百，劓罪五百，宫罪五百，刖罪五百，殺罪五百」，與此異。

穆王立五十五年崩，〔一〕子共王繄扈立。〔二〕共王游於涇上，密康公從，〔三〕有三女奔之。其母曰：「必致之王。〔四〕夫獸三爲羣，人三爲衆，女三爲粲。王田不取羣，〔五〕公行下衆，〔六〕王御不參一族。〔七〕夫粲，美之物也。衆以美物歸女，而何德以堪之？王猶不堪，況爾之小醜乎！小醜備物，終必亡。」康公不獻，一年，共王滅密。〔八〕共王崩，子懿王囏立。〔九〕懿王之時，王室遂衰，詩人作刺。〔一〇〕

〔一〕【考證】左傳（僖）〔昭〕公十二年云「穆王欲肆其心，周行天下，將皆必有車轍馬跡焉。祭公謀父作祈招之詩，以止王心，王是以獲沒於祇宮」。穆王巡遊事，見秦本紀及列子穆王篇、穆天子傳。又按：呂刑云「穆王享國百年」，此云立五十五年崩，何也？

〔二〕【索隱】系本作「伊扈」。

〔三〕【集解】韋昭曰：「康公，密國之君，姬姓也。」【正義】括地志云：「陰密故城，在涇州鶉觚縣西，東接縣城，故密國也。」

〔四〕【集解】列女傳曰：「康公母，姓隗氏。」

〔五〕【正義】曹大家云：「羣、衆、粲，皆多之名也。田獵得三獸，王不盡收，以其害深也。」【考證】韋昭曰「粲，美貌也。不取羣，不盡羣」。中井積德曰：三獸在一處者，不掩盡取之也。

〔六〕【正義】曹大家云：「公，諸侯也。公之所行，與衆人共議也。」【考證】各本「公行」下有「不」字，古鈔、楓、三、南本無，與國語、列女傳合。梁玉繩、張文虎皆云當衍，今削。韋昭曰：下衆，不敢誣衆也。禮，國君下卿位，遇衆則式，禮之也。

〔七〕【集解】韋昭云：「御，婦官也。參，三也。一族，一父子也。故取姪娣以備三，不參一族之女也。」

〔八〕【考證】「共王游」以下采國語周語。

〔九〕【索隱】世本作「堅」。

〔一〇〕【索隱】宋忠曰：「懿王自鎬徙都犬丘，一曰廢丘，今槐里是也。時王室衰，始作詩也。」【考證】古鈔、楓、三、南本「之時」作「立」。漢書匈奴傳云「懿王時，戎狄交侵，中國被其苦，詩人始作疾而歌之曰『靡室靡家，獫允之故』」。

懿王崩，共王弟辟方立，是爲孝王。孝王崩，諸侯復立懿王太子燮，是爲夷王。〔一〕

〔一〕【正義】紀年云：「三年，致諸侯，烹齊哀公于鼎。」帝王世紀云「十六年崩」也。【考證】張文虎曰：辟方，世表無「辟」字，詩王風譜引此紀與今本同。崔述曰：懿王之崩，子若弟不得立，而立孝王。孝王之崩，子又不立，而仍立懿王子。此必皆有其故，史失之耳。齊侯烹，又見齊世家及公羊傳莊公四年。

夷王崩，〔一〕子厲王胡立。厲王即位三十年，〔二〕好利，近榮夷公。大夫芮良夫諫厲王曰：〔三〕「王室其將卑乎？夫榮公好專利，而不知大難。夫利，百物之所生也，天地之所載也，而有專之，其害多矣。〔四〕天地百物皆將取焉，何可專也？所怒甚多，而不備大難。以是教王，王其能久乎？〔五〕夫王人者，將導利而布之上下者也。使神人百物無不得極，猶日怵惕懼怨之來也。〔六〕故頌曰『思文后稷，克配彼天，立我蒸民，莫匪爾極』。大雅曰『陳錫載周』。〔七〕是不布利而懼難乎，故能載周以至于今。今王學專利，其可乎？匹夫專利，猶謂之盜，王而行之，其歸鮮矣。榮公若用，周必敗也。」〔八〕厲王不聽，卒以榮公爲卿士，用事。

〔一〕**【考證】**左傳昭公二十六年云「至于夷王，王愆于厥身，諸侯莫不並走其望，以祈王身」，禮記郊特牲云「下堂而見諸侯，天子之失禮，由夷王以下」。

〔二〕**【考證】**芮良夫諫用榮夷公，與召公諫監謗二事，國語不記其年，他書亦無所徵，此云即位三十年，下云三十四年，未知何據。

〔三〕**【正義】**芮伯也。**【考證】**周語無「諫厲王」三字。

〔四〕**【考證】**周語「有」作「或」。

〔五〕**【考證】**龜井昱曰：榮公害物多，故物之怒亦多也。愚按：教王者榮公也。

〔六〕**【集解】**韋昭曰：「極，中也。」**【正義】**極，至也。夫王人者，將導引其利，而偏布之命，上下共同也。故神人百物，皆得至其利，而猶日怵惕恐懼之來責也。怵，人質反。**【考證】**各本「日」作「曰」，今依正義及古鈔、中彭本、中韓本。陳仁錫引古本羣書治要訂周語亦作「日」。

〔七〕**【集解】**唐固曰：「言文王布錫施利，以載成周道也。」**【考證】**詩周頌思文、大雅文王。

〔八〕**【考證】**三、南本「歸」下有「者」字。韋昭曰：歸附周者寡矣。

王行暴虐侈傲，國人謗王。召公諫曰：「民不堪命矣。」〔一〕王怒，得衛巫，使監謗者，〔二〕

以告則殺之。其謗鮮矣，諸侯不朝。三十四年，王益嚴，國人莫敢言，道路以目。〔三〕厲王喜，告召公曰：「吾能弭謗矣，乃不敢言。」召公曰：「是鄣之也。防民之口，甚於防水。水壅而潰，傷人必多，民亦如之。是故爲水者決之使導，爲民者宣之使言。故天子聽政，使公卿至於列士獻詩，〔四〕瞽獻曲，〔五〕史獻書，〔六〕師箴，〔七〕瞍賦，〔八〕矇誦，〔九〕百工諫，庶人傳語，〔一〇〕近臣盡規，〔一一〕親戚補察，〔一二〕瞽史教誨，〔一三〕耆艾脩之，〔一四〕而后王斟酌焉，是以事行而不悖。民之有口也，猶土之有山川也，財用於是乎出；猶其有原隰衍沃也，衣食於是乎生。〔一五〕口之宣言也，善敗於是乎興。行善而備敗，所以產財用衣食者也。夫民慮之於心，而宣之於口，成而行之。若壅其口，其與能幾何？」王不聽。於是國莫敢出言，〔一六〕三年，乃相與畔，襲厲王。厲王出奔於彘。〔一七〕

〔一〕【集解】韋昭曰：「召康公之後穆公虎，爲王卿士也。」

〔二〕【集解】韋昭曰：「衛國之巫也。」【正義】監，音口銜反。監，察也。以巫人神靈，有謗毀必察也。

〔三〕【集解】韋昭曰：「以目相眄而已。」

〔四〕【正義】上詩風刺。

〔五〕【集解】韋昭曰：「曲，樂曲。」

〔六〕【正義】史，太史也。上書諫。

〔七〕【正義】音針。師，樂太師也。上箴戒之文。

〔八〕【集解】韋昭曰：「無眸子曰瞍。賦公卿列士所獻詩也。」

〔九〕【集解】韋昭曰：「有眸子而無見曰矇。周禮，矇主弦歌，諷誦箴諫之語也。」

〔一〇〕【集解】韋昭曰：「庶人卑賤，見時得失，不得達，傳以語王。」【正義】傳，音逐緣反。庶人微賤，見時得失，不得上言，乃在街巷相傳語。

〔一一〕【集解】韋昭曰：「近臣，驂僕之屬。」【正義】規度時之得失也。【考證】俞樾曰：盡、蓋通。爾雅釋詁「蓋，進也」。

〔一二〕【正義】言親戚補王過失，及察是非也。

〔一三〕【集解】韋昭曰：「瞽，樂太師。史，太史也。」

〔一四〕【集解】韋昭曰：「耆艾，師傅也。脩理瞽史之教，以聞於王。」【考證】中井積德曰：「修之」二字都承前文，不止瞽史。

〔一五〕【集解】唐固曰：「下平曰衍，有溉曰沃。」

〔一六〕【考證】張文虎曰：詩小大雅譜疏引「國」下有「人」字。

〔一七〕【集解】韋昭曰：「彘，晉地，漢爲縣，屬河東，今曰永安。」【正義】括地志云：「晉州霍邑縣本漢彘縣，後改彘曰永安。從鄗犇晉也。」【考證】「厲王即位」以下采國語周語。今平陽府霍州有彘城，元和志「即周厲王所奔之地」。

厲王太子靜，匿召公之家，國人聞之，乃圍之。召公曰：「昔吾驟諫王，王不從，以及此難也。今殺王太子，王其以我爲讎而懟怒乎？夫事君者，險而不讎懟，〔一〕怨而不怒，況事王乎！」乃以其子代王太子，太子竟得脱。〔二〕

〔一〕【集解】韋昭曰：「在危險之中。」【考證】古鈔、楓、三、南本「讎而懟怒」作「懟而怒」，「不」下無「讎」字，與國語合。俞樾曰：「險」與「慊」通，恨也，與下句「怨而不怒」一律。

〔三〕【考證】以上采國語周語。崔述曰：周民之居厲王於彘，苦其暴虐，不得已而出之，使不得肆虐於己耳，非必殄滅之無遺育而後甘心也。王出則已，不讎王也，況太子乎？召公賢臣也，於王子固當全之，豈必避懟王之嫌而後如是，諫王爲社稷也，免王子固爲社稷也。藉令召公未有諫王不從之事，將遂執太子以與國人，而聽其殺之乎？然則謂宣王避亂而奔召公之宮，或有之，若謂國人圍而欲殺之，召公避嫌而後以子代之，則必無之事。

召公、周公二相行政，號曰「共和」。〔一〕共和十四年，厲王死于彘。太子靜長於召公家，〔二〕二相乃共立之爲王，是爲宣王。宣王即位，二相輔之，脩政，法文、武、成、康之遺風，諸侯復宗周。〔三〕十二年，魯武公來朝。〔四〕

〔一〕【索隱】共，音如字。若汲冢紀年則云「共伯和干王位」。共音恭。共，國；伯，爵；和，其名；干，篡也。言共伯攝王政，故云「干王位」也。【正義】共，音巨用反。韋昭云：「彘之亂，公卿相與和而脩政事，號曰共和也。」魯連子云：「衞州共城縣，本周共伯之國也。共伯名和，好行仁義，諸侯賢之。周厲王無道，國人作難，王犇于彘，諸侯奉和以行天子事，號曰『共和』元年。十四年，厲王死於彘，共伯使諸侯奉王子靖爲宣王，而共伯復歸國于衞也。」世家云：「釐侯十三年，周厲王出犇于彘，共和行政焉。二十八年，周宣王立。四十二年，釐侯卒，太子共伯餘立爲君。共伯弟和，襲攻共伯於墓上，共伯入，釐侯羨自殺，衞人因葬釐侯旁，謚曰共伯，而立和爲衞侯，是爲武公。」按此文，共伯不得立，而和立爲武公。武公之立，在共伯卒後，年歲又不相當，年表亦同，明紀年及魯連子非也。【考證】周公元子伯禽，就封于魯，次子留宰周室，世爲周公，食采于雍。崔述曰：竹書紀年稱「共伯和干王位」，蘇氏古史采之云：「厲王居彘，諸侯無所適從。共伯和者，時之賢諸侯也，諸侯皆往宗焉，因以名其年，謂之共和。」余按：人君在外，大臣代之出政，常也。襄公之執，子魚攝宋。昭公之奔，季孫攝魯。厲王既出，周、召共攝周政。事固當然，不足異也。若必諸侯而行天子之事，則天下之大變也。傳曰「干王之位，禍孰大焉」。又曰「周德雖衰，天命未改」。共和果賢諸侯，詎應如是？春秋至閔、僖以後，天下之不知有王久矣，然齊桓、晉文猶藉天子之命，以服諸侯，不敢公然攝天子事也，況西周之世，烏得有此事？且夫召穆公，周之賢相也，能諫厲王之虐，能佐宣王以興，夫豈不能代理天下事，而諸侯必別宗一共伯和乎？齊桓、晉文之霸，傳記之紀述稱論者，指不勝屈，況攝天子之事尤爲震動天下，而經傳反泯然無一語稱之，亦無是理也。竹書紀年，唐人多有稱述者，其文往往與史記異，以經傳考之，自周東遷以後，史記不如紀年得實，自周東遷以前，紀年不如史記近正。蓋此書乃戰國時所撰，東遷以後，本之晉、魏舊史，而東遷以前，則簡策多逸，或旁采異端之説以補之，是以不能無謬。猶之史記紀漢事多得實，紀三代事多失真也。共和之名年，意本因二相和衷共攝而稱之，傳之既久，而失其詳，遂誤以爲有共伯和攝之，撰紀年者因從而載之耳。至於今世所傳紀年一書，又不知何人所撰，唐人所引，大半無之，而其文往往反採之漢書律曆志，及僞古文尚書經傳，此尤不足論矣。古史又據春秋傳「諸侯釋位，以間王政」，及莊子「共伯得之於共首」之語，爲共伯和之證。然莊子所稱述，本不皆實有其人，而亦未見此文共伯之即爲干王位人也。春秋傳「諸侯釋位」云云，亦言諸侯爲王卿大夫者，因厲王在外，解官歸國耳，與共伯事自別。愚按：崔氏所引莊子之言，出於讓王篇，云「許由嬉於潁陽，而共和得於共首」，此與子州、支父、石户之農等名相類，蓋子虚烏有之事。又按呂氏春秋開春論云「共伯和修其行，好賢仁，而海内皆以來爲稽矣。周厲之難，天子曠絶，而天下皆來謂矣」，後人引爲共伯攝政之證。高誘注云：「共，國；伯，爵。夏時諸侯，假令與周厲同時，亦徐偃王之屬耳，決非攝行王政者也。」崔説未及於此。又按：正義所引魯連子，衛蓋指衛州共城縣而言，正義誤認作衛國，遂引衛世家世子共伯事以證之。無論年歲不相當，且合共、衛爲一國，又并共伯、武侯和爲一人，乖謬最甚。洪氏四史發伏論之詳矣。

〔二〕【考證】古鈔、南本「死」作「卒」。詩小雅鶴鳴序云「誨宣王也」。蓋宣王少時，召公所賦。全篇皆比，似讀周公鴟鴞詩。

〔三〕【考證】二相，周公、召公。張文虎曰：史敍宣王中興止此十八字。凡詩所稱北逐玁狁，南征荆蠻，及吉甫、方叔之倫，概不書。蓋宣王不終，史祇依國語作紀，故多闕略。崔述曰：詩小雅六月云「玁狁匪茹，整居焦、穫。侵鎬及方，至于涇陽。」「薄伐玁狁，至于大原。文武吉甫，萬邦爲憲。吉甫燕喜，既多受祉。來歸自鎬，我行永久。」出車云「王命南仲，往城于方。出車彭彭，旂旐央央。天子命我，城彼朔方。赫赫南仲，玁狁于襄！」「赫赫南仲，薄伐西戎」。此詠宣王征西北之事也。大雅崧高云「亹亹申伯，王纘之事。于邑于謝，南國是式。王命召伯，定申伯之宅。」「王命申伯：『式是南邦，因是謝人，以作爾庸。』王命召伯，徹申伯土田」。烝民云「王命仲山甫：『式是百辟。出納王命，王之喉舌。』衮職有闕，維仲山甫補之。王命仲山甫，城彼東方。仲山甫徂齊，式遄其歸」。韓奕云「王錫韓侯，其追其貊，奄受北國，因以其伯」。此詠宣王經略中原之事也。小雅采芑云「蠢爾蠻荆，大邦爲讎！方叔元老，克壯其猶。方叔率止，執訊獲醜。顯允方叔，征伐玁狁，蠻荆來威。」大雅江漢云「江漢浮浮，武夫滔滔。匪安匪遊，淮夷來求。江漢湯湯，武夫洸洸。經營四方，告成于王。江漢之滸，王命召虎。『式辟四方，徹我疆土。』」常武云「赫赫明明，王命卿士，南仲大祖，大師皇父，『整我六師，以修我戎。』王謂尹氏，『命程伯休父，左右陳行，戒我師旅，率彼淮浦，省此徐土。』徐方既同，天子之功。四方既平，徐方來庭。」此詠宣王經略東南之事也。詩所詠宣王之事，其先後雖未敢盡以篇次爲據，然以其言考之，采芑稱方叔「征伐玁狁，蠻荆來威」，是玁狁之伐，在東南用師之前也。江漢稱「經營四方，告成于王」，常武稱「四方既平，徐方來庭」，是徐、淮之役，在四方略定之後也。以其理推之，西戎逼近畿甸，患在切膚，所當先務；封申城齊，皆關東事，似可稍緩；若淮、漢、荆、徐，則距畿較遠。近者未安，不能遠圖，理之常也。愚按：史記敍宣王不及南北經略事，今依崔氏豐鎬考信録補之。

〔四〕【考證】周語不紀年，史公別有所本，又見魯世家。

宣王不脩籍於千畝，〔一〕虢文公諫曰不可，〔二〕王弗聽。三十九年，戰于千畝，〔三〕王師敗績于姜氏之戎。〔四〕

〔一〕【正義】應劭云：「古者天子耕籍田千畝，爲天下先。」瓚曰：「籍，蹈籍也。」按：宣王不脩親耕之禮也。【考證】閻若璩曰：此千畝，乃周之籍田，離鎬京應不甚遠。括地志以晉州千畝原當之，殆非。

〔二〕【集解】賈逵曰：「文公，文王母弟虢仲之後，爲王卿士也。」韋昭曰：「文公，虢叔之後，西虢也。宣王都鎬，在畿内也。」【索隱】國語曰：「虢文公諫曰『夫人之大事在農，上帝之粢盛於是乎出，人之繁庶於是乎生，事之共給於是乎在。』」事具載國語。【正義】括地志云：「虢故城，在岐州陳倉縣東南十里。」又云：「千畝原，在晉州岳陽縣北九十里也。」

〔三〕【索隱】地名也，在西河介休縣。【考證】千畝即上文「千畝」。閻若璩曰：天子既不躬耕，百姓又不敢耕，竟久爲斥鹵不毛之地，惟堪作戰場，故王及戎戰于此。

〔四〕【集解】韋昭曰：「西夷別種，四嶽之後也。」

宣王既亡南國之師，乃料民於太原。〔一〕仲山甫諫曰：〔二〕「民不可料也。」宣王不聽，卒料民。〔三〕

〔一〕【集解】韋昭曰：「敗於姜戎時所亡也。南國，江漢之閒。料，數也。」唐固曰：「南國，南陽也。」【考證】料民，謂計民數以爲兵也。閻若璩曰：玁狁侵鎬及方，至於涇陽，鎬等三地名皆在雍州，則太原地名亦即在雍州。

〔二〕【正義】毛萇云：「仲山甫，樊穆仲也。」括地志云：「漢樊縣城，在兗州瑕丘縣西南三十五里，古樊國，仲山甫所封也。」

〔三〕【考證】「魯武公」以下采國語周語。崔述曰：余考宣王之事，據詩則英主也，據國語則失德實多，判然若兩人者，心竊疑之。久之，乃覺其故有三。詩人之體主於頌揚。然大雅之述文武者多實録，而魯頌閟宫篇則專尚虚詞，「荆舒是懲，莫我敢承」，僖公豈足以當之？此亦世變之爲之也。宣王之時，雖尚未至是，然亦不免小事而張皇之，城方封申，亦僅僅耳，而其詞皆若威震萬里者。是詩言原多溢美，未可盡信。其故一也。國語主於敷言，非紀事之書，故以「語」名其書，而政事多不載焉，然其言亦非當日之言，乃後人取當日諫君料事之詞衍之者。諫由於君之有失道，故衍諫詞者，必本其失道之事言之，非宣王之爲君盡若是，亦非此外别無他善政可書也。其故二也。古之人君，勤於始者多，勉於終者少。梁武帝創業之主，勤於庶政，而及其晚年，百度廢弛，卒致侯景之禍。唐明皇帝躬戡大難，致開元之治，而晚年淫侈，亦致禄山之患，其始終皆判若兩人。宣王在位四十六年，始勤終怠，固宜有之。故國語所稱伐魯在三十二年，千畝之戰在三十九年，皆宣王晚年事，而詩稱封申伐淮夷，皆召穆公經理之。穆公厲王大臣，又歷共和之十四年，其相宣王必不甚久，則此皆宣王初年事無疑也。由是言之，詩固多溢美，國語固專紀其失，要亦宣王始終本異也，其故三也。

四十六年，宣王崩，〔一〕子幽王〔宫〕湦立。〔二〕幽王二年，西周三川皆震。〔三〕伯陽甫曰：「周將亡矣。〔四〕夫天地之氣，不失其序；若過其序，民亂之也。〔五〕陽伏而不能出，陰迫而不能蒸，〔六〕於是有地震。今三川實震，是陽失其所而填陰也。〔七〕陽失而在陰，原必塞；〔八〕原塞，國必亡。夫水土演而民用也。〔九〕土無所演，民乏財用，不亡何待？昔伊、洛竭而夏亡，〔一〇〕河竭而商亡。〔一一〕今周德若二代之季矣，其川原又塞，塞必竭。夫國必依山川，山崩川竭，亡國之徵也。川竭必山崩。〔一二〕若國亡，不過十年，數之紀也。天之所弃，不過其紀。〔一三〕是歲也，三川竭，岐山崩。〔一四〕

〔一〕【正義】周春秋云：「宣王殺杜伯，而無辜，後三年，宣王會諸侯田于圃，日中，杜伯起於道左，衣朱衣冠，操朱弓矢，射宣王，中心，折脊而死。」國語云：「杜伯射王於鄗。」【考證】正義所引周春秋，見墨子明鬼下篇。人死魂離，元無此理，心怯鬼生，當有其事。

〔二〕【集解】徐廣曰：「一作『生』。」【正義】湦，音生。按：本又作「涅」，涅音乃結反。

〔三〕【集解】徐廣曰：「涇、渭、洛也。」駰按：韋昭云「西周鎬京地震動，故三川亦動。」【正義】按：涇渭二水，在雍州北。洛水，一名漆沮，在雍州東北，南流入渭。此時以王城爲東周，鎬京爲西周。

〔四〕【集解】韋昭曰：「伯陽甫，周大夫也。」唐固曰：「伯陽甫，周柱下史老子也。」【考證】韋說是，老聃何得及幽王時？國語「甫」作「父」。

〔五〕【集解】韋昭曰：「過，失也。言民，不敢斥王者也。」【考證】龜井昱曰：民猶人也，對天地言之。

〔六〕【集解】韋昭曰：「蒸，升也。陽氣在下，陰氣迫之，使不能升也。」

〔七〕【集解】韋昭曰：「爲陰所鎮笮也。」【考證】中井積德曰：填陰，陽在陰也。填，滿也，塞也。龜井昱曰：陽壓陰而使不能蒸也。

〔八〕【集解】韋昭曰：「陽在陰下也。」【考證】原，水源也。周語作「川源」。

〔九〕【集解】韋昭曰：「水土氣通爲演。演猶潤也。演則生物，民得用之。」

〔一〇〕【集解】韋昭曰：「禹都陽城，伊、洛所近也。」

〔一一〕【集解】韋昭曰：「商人都衛，河水所經也。」

〔二〕【集解】韋昭曰：「水泉不潤，枯朽而崩也。」【考證】周語「必」、「山」二字倒。

〔三〕【集解】韋昭曰：「數起於一，終於十，十則更，故曰紀也。」

〔四〕【考證】「幽王二年」以下采國語周語。「是歲」一句，言周亡之歲，三川竭，岐山崩也，伯陽父之言至此。

三年，幽王嬖愛褒姒。〔一〕褒姒生子伯服，幽王欲廢太子。太子母申侯女，而爲后。後幽王得褒姒，愛之，欲廢申后，并去太子宜臼，以褒姒爲后，以伯服爲太子。〔二〕周太史伯陽讀史記曰：〔三〕「周亡矣。」昔自夏后氏之衰也，有二神龍止於夏帝庭，而言曰：「余褒之二君。」〔四〕夏帝卜殺之與去之與止之，莫吉。卜請其漦而藏之，乃吉。〔五〕於是布幣而策告之，〔六〕龍亡而漦在，櫝而去之。〔七〕夏亡，傳此器殷。殷亡，又傳此器周。比三代，莫敢發之。〔八〕至厲王之末，〔九〕發而觀之。漦流于庭，不可除。厲王使婦人裸而譟之。〔一〇〕漦化爲玄黿，以入王後宮。〔一一〕後宮之童妾，既齔而遭之，〔一二〕既笄而孕，〔一三〕無夫而生子，懼而弃之。宣王之時童女謠曰：「檿弧箕服，實亡周國。」〔一四〕於是宣王聞之，有夫婦賣是器者，宣王使執而戮之。逃，於道而見鄉者後宮童妾所弃妖子出於路者，聞其夜啼，哀而收之，〔一五〕夫婦遂亡，犇於褒。褒人有罪，請入童妾所弃女子者於王，以贖罪。〔一六〕弃女子出於褒，是爲褒姒。當幽王三年，王之後宮，見而愛之，生子伯服。〔一七〕竟廢申后及太子，以褒姒爲后，伯服爲太子。〔一八〕太史伯陽曰：「禍成矣，無可奈何！」〔一九〕

〔一〕【索隱】褒，國名，夏同姓，姓姒氏。禮，婦人稱國及姓。其女是龍漦妖子，爲人所收，褒人納之于王，故曰褒姒。【正義】括地志云：「褒國故城，在梁州褒城縣東二百步，古褒國也。」

〔二〕【考證】「幽王嬖愛」以下采國語晉語史蘇言。古鈔本「太子」下無「宜臼」二字，「后以」下有「其子」二字，羣書治要引同。愚按：此一節文字煩冗，恐有訛謬。

〔三〕【正義】諸國皆有史，以記事，故曰史記。【考證】鄭語「太史伯陽」作「史伯」，「史記」作「訓語」。愚按：史伯、伯陽，別人。史公混同，非也。

〔四〕【集解】虞翻曰：「龍自號褒之二先君也。」【考證】神龍何以能人言？

〔五〕【集解】韋昭曰：「漦，龍所吐沫。沫，龍之精氣也。」

〔六〕【集解】韋昭曰：「以簡策之書告龍，而請其漦也。」

〔七〕【集解】韋昭曰：「櫝，匱也。」【考證】陳仁錫曰：去，藏也。愚按：與「弆」同。鄭語作「藏」。

〔八〕【考證】王念孫曰：莫敢發之，文選注引作「莫之敢發」，與國語、列女傳合。

〔九〕【集解】虞翻曰：「末年，王流彘之歲。」

〔一〇〕【集解】韋昭曰：「譟，讙呼也。」唐固曰：「羣呼曰譟。」

〔一一〕【索隱】亦作「蚖」，音元。玄蚖，蝁蜴也。

〔一二〕【集解】韋昭曰：「毁齒曰齔。女七歲而毁齒也。」【考證】古鈔、楓、三、南本「既」上有「未」字，與鄭語合。未既齔者，齒未盡毁也。

〔一三〕【正義】笄音雞。禮記云：「女子許嫁而笄。」鄭玄云：「笄，今簪。」【考證】中井積德曰：女子十五而笄，此與齔相次，謂其年也，與許嫁無干涉。陳仁錫曰：幽王三年嬖褒姒，若以其年爲二十歲，則褒姒生在宣王三十年也。自宣王三十年上距厲王末年，凡四十六年，時童妾方七歲而齔，後共和時及笄而孕，孕後尚四十餘年，乃生褒姒，其妖異，或未可盡信。

〔一四〕【集解】韋昭曰：「山桑曰檿。弧，弓也。箕，木名。服，矢房也。」【考證】鄭語無「女」字，此衍。服、國，韻。

〔一五〕【集解】徐廣曰：「妖，一作『夭』。夭，幼少也。」【正義】夫婦賣檿弧者，宣王欲執戮之，遂逃，于路遇此妖子，哀而收之。

〔一六〕【正義】國語云：「周幽王伐有褒，褒人以褒姒女焉，與虢石甫比也。」

〔一七〕【考證】此一節，斷續之際未詳，據鄭語，史伯言蓋止于此。「竟」以下，紀事之文。

〔一八〕【索隱】左傳所謂「攜王奸命」，是也。

〔一九〕【考證】「周太史伯陽」以下本國語鄭語史伯對鄭桓公語。史公改史伯爲伯陽。桓公，厲王子，幽王司徒。

褒姒不好笑，幽王欲其笑，萬方故不笑。幽王爲烽燧大鼓，〔一〕有寇至則舉烽火。諸侯悉至，至而無寇，褒姒乃大笑。幽王説之，爲數舉烽火。其後不信，諸侯益亦不至。〔二〕

〔一〕【正義】峯遂二音。晝日燃烽以望火煙，夜舉燧以望火光也。烽，土櫓也。燧，炬火也。皆山上安之，有寇舉之。

〔二〕【考證】呂氏春秋疑似篇載此事微異。古鈔、三、南本「説」上有「欲」字，「益」下無「亦」字，與羣書治要所引合。

幽王以虢石父爲卿，用事，國人皆怨。石父爲人佞巧善諛，好利，〔一〕王用之。又廢申后去太子也。申侯怒，與繒、西夷犬戎攻幽王。〔二〕幽王舉烽火徵兵，兵莫至。遂殺幽王驪山下，〔三〕虜褒姒，盡取周賂而去。〔四〕於是諸侯乃即申侯而共立故幽王太子宜臼，是爲平王，以奉周祀。

〔一〕【集解】徐廣曰：「佞，一作『諂』。」

〔二〕【索隱】繒，國名，夏同姓。【正義】繒，自陵反。國語云「繒，姒姓，夏禹後。」括地志云：「繒縣，在沂州承縣，古侯國，禹後。」【考證】「王用之又」四字，古鈔、南本作「幽王之」三字，治要、御覽、詩譜王風疏引無「用」字、「又」字。王念孫曰：「用」、「又」二字衍文。王之廢申后去太子也，是舉上文，起下文申侯與犬戎攻周之事。張文虎曰：治要、王風疏引「與」上有「乃」字，「攻」上有「共」字。

〔三〕【索隱】在新豐縣南，故驪戎國也。舊音黎。徐廣音力知反。【正義】括地志云：「驪山，在雍州新豐縣南十六里。土地記云，驪山即藍田山。」按：驪山之陽，即藍田山。

〔四〕【集解】汲冢紀年曰：「自武王滅殷以至幽王，凡二百五十七年也。」【正義】按：汲冢書，晉咸和五年，汲郡汲縣發魏襄王冢，得古書冊七十五卷。【考證】本國語晉語、鄭語，呂氏春秋疑似篇。鄭語云「幽王八年而鄭桓公爲司徒，九年而王室始騷，十一年而斃」。晉語云「十一年幽王乃滅，周乃東遷」，驪山在西安臨潼縣東南。愚按：戎狄入都取賂，以是爲始。崔述曰：世皆謂申侯啓戎，戎遂克周，殺幽王驪山下。夫周之王畿號爲千里，有百二山河之險，關東諸侯皆堪調發，戎雖强大，豈能一旦而遂破之？蓋其來有漸矣。觀雨無正之第二章，則曰「邦君諸侯，莫皆朝夕」，諸侯固已多不至者矣。觀召旻之卒章，則曰「今也日蹙國百里」，戎之蠶食，亦非一日矣。周已衰微不振，是以戎得一舉而滅之，但尚書無宣、幽之篇，而傳記復多缺軼，無從考其詳耳。

平王立，東遷于雒邑，辟戎寇。〔一〕平王之時，周室衰微，諸侯彊并弱，齊、楚、秦、晉始大，政由方伯。〔二〕

〔一〕【正義】即王城也。平王以前號東都，至敬王以後及戰國，爲西周也。【考證】楓、三、南本「戎寇」下有「當此時秦襄公以兵送平王，平王封襄公以爲諸侯，賜之以岐以西地，從武王盡幽王，凡十二世」三十六字。通鑑輯覽云「蘇軾謂周之失計，未有如東遷之繆，此言誠然。但謂平王若不遷，以(行)〔形〕勢東臨諸侯，諸侯尚未敢貳，此則不然。平王本非撥亂反正之才，并無奮發有爲之志，縱使仍都豐鎬，亦唯苟安旦夕，終於不振，其能西却犬戎，東撫諸夏乎？且當時亦必有不得不遷之勢矣。」呂祖謙曰：由此而上，則爲成康，爲文武，由此而下，則爲春秋，爲戰國，乃消長升降之交會。

〔三〕【集解】周禮曰：「九命作伯。」鄭衆云：「長諸侯爲方伯。」【考證】「平王之時」以下本國語鄭語。

四十九年，魯隱公即位。〔一〕

〔一〕【考證】是爲春秋之初，所以特筆。

五十一年，平王崩，〔一〕太子洩父蚤死，立其子林，是爲桓王。桓王，平王孫也。〔二〕

〔一〕【考證】隱公三年春秋經。

〔二〕【正義】父，音甫。

桓王三年，鄭莊公朝桓王，不禮。〔一〕五年，鄭怨與魯易許田。許田，天子之用事太山田也。〔二〕八年，魯殺隱公，立桓公。〔三〕十三年，伐鄭，〔四〕鄭射傷桓王，桓王去歸。〔五〕

〔一〕【索隱】在魯隱公六年。

〔二〕【索隱】左傳，鄭伯以璧假許田，卒易祊。祊是鄭祀太山之田，許是魯朝京師之湯沐邑，有周公廟，鄭以其近，故易取之。此云「許田天子用事太山田」，誤。【正義】杜預云：「成王營王城，有遷都之志，故賜周公許田，以爲魯國朝宿之邑，後世因而立周公別廟焉。鄭桓公友，周宣王之母弟，封鄭，有助祭泰山，湯沐邑在祊。鄭以天子不能復巡狩，故欲以祊易許田，各從本國所近之宜也。恐魯以周公別廟爲疑，故云已廢泰山之祀，而欲爲魯祀周公，遜辭以求也。」括地志云：「許田，在許州許昌縣南四十里，有魯城，周公廟在城中。祊田，在沂州費縣東南。」按：宛，鄭大夫。【考證】怨，館本、局本作「宛」。陳仁錫曰：「『怨』當作『宛』」。春秋「鄭伯使宛來歸祊」，正義云「宛，鄭大夫」，是唐本「宛」字未錯也。張文虎曰：鄭世家「莊公怒周弗禮，與魯易祊、許田」，疑「怨」是「怒」之譌。又怨、怒義亦相近，或不煩改字。愚按：張氏後説是。據左傳隱公八年文，鄭與魯易田，不由怨周。

〔三〕【正義】子允令公子翬殺隱公也。【考證】本左傳隱公十一年。

〔四〕【索隱】在魯桓五年。

〔五〕【索隱】左傳，繻葛之役，祝聃射王中肩，是也。【考證】左傳桓五年。

二十三年，桓王崩，〔一〕子莊王佗立。莊王四年，周公黑肩欲殺莊王而立王子克。〔二〕辛伯告王，〔三〕王殺周公。〔四〕王子克犇燕。〔五〕

〔一〕【考證】春秋經。

〔二〕【集解】賈逵曰：「莊王弟子儀也。」

〔三〕【集解】賈逵曰：「辛伯，周大夫也。」

〔四〕【索隱】左傳曰：「初，子儀有寵於桓王，桓王屬諸周公。辛伯諫曰：『並后匹嫡，兩政耦國，亂之本也。』周公不從，故及於難。」然周公阿先王旨，自取誅夷，辛伯正君臣之義，卒安王業，二卿優劣，誠可識也。

〔五〕【正義】杜預云：「南燕姞姓也。」【考證】「周公」以下本桓公十八年左傳。梁玉繩曰：事在莊王三年，非四年，此與表皆誤。

十五年，莊王崩，〔一〕子釐王胡齊立。〔二〕釐王三年，齊桓公始霸。〔三〕

〔一〕【考證】春秋經、傳不書莊、釐二王崩葬。

〔二〕【正義】釐，音僖。謚作毋凉也。【考證】張文虎曰：正義「謚」疑「謐」，上脱「皇甫」字。此注當在「惠王閬」下。

〔三〕【考證】齊桓公始霸，依莊公十五年左傳。

五年，釐王崩，子惠王閬立。〔一〕惠王二年。初，莊王嬖姬姚生子穨，〔二〕穨有寵。及惠王即位，奪其大臣園以爲囿，〔三〕故大夫邊伯等五人作亂，〔四〕謀召燕、衛師，伐惠王。〔五〕惠王犇溫，〔六〕已居鄭之櫟。〔七〕立釐王弟穨爲王。〔八〕樂及徧舞，〔九〕鄭、虢君怒。〔一〇〕四年，鄭與虢君伐殺王穨，〔一一〕復入惠王。〔一二〕惠王十年，賜齊桓公爲伯。〔一三〕

〔一〕【索隱】系本名毋涼。

〔二〕【索隱】子穨，莊王子，釐王弟，惠王之叔父也。【正義】杜預云：「姚，姓也。」

〔三〕【集解】左傳曰：大臣，蔿國也。

〔四〕【集解】左傳曰：五人者，蔿國、邊伯、詹父、子禽、祝跪也。

〔五〕【正義】南燕，滑州胙城。衛，澶州衛南也。

〔六〕【正義】左傳云，蘇忿生十二邑，桓王奪蘇子十二邑與鄭，故蘇子同五大夫伐惠王。溫，十二邑之一也。杜預云河内溫縣也。【考證】洪亮吉曰：五大夫奉子穨伐王，不克，出奔溫。此以惠王爲奔溫，誤也。

〔七〕【集解】服虔曰：「櫟，鄭大都。」【正義】杜預云：「櫟，今河南陽翟縣也。」

〔八〕【考證】「初莊王」以下見莊公十九年左傳。

〔九〕【集解】賈逵曰：「徧舞，皆舞六代之樂也。」【考證】王念孫曰：御覽引此「樂及徧舞」上有「遂享諸大夫」五字，是也，今本脱此五字。左傳云「王子頽享五大夫，樂及徧舞」，周語云「王子穨飲三大夫酒，子國爲客，樂及偏儛」，皆其證。

〔一〇〕【考證】以上本莊公二十年左傳及周語。

〔一一〕【正義】賈逵云：「鄭厲公突、虢公林父也。」

〔一二〕【考證】以上本莊公二十一年左傳及周語。

〔一三〕【考證】莊公廿七年左傳云：「王使召公廖賜齊侯命。」

二十五年，惠王崩，〔一〕子襄王鄭立。襄王母蚤死，後母曰惠后。〔二〕惠后生叔帶，〔三〕有寵於惠王，襄王畏之。〔四〕三年，叔帶與戎、翟謀伐襄王，襄王欲誅叔帶，叔帶犇齊。〔五〕齊桓公使管仲平戎于周，使隰朋平戎于晉。〔六〕王以上卿禮管仲。管仲辭曰：「臣賤有司也，有天子之二守國、高在。〔七〕若節春秋來承王命，何以禮焉。〔八〕陪臣敢辭。」〔九〕王曰：「舅氏，余嘉乃勳，毋逆朕命。」〔一〇〕管仲卒受下卿之禮而還。〔一一〕九年，齊桓公卒。〔一二〕十二年，叔帶復歸于周。〔一三〕

〔一〕【考證】春秋僖八年經。

〔二〕【集解】左傳曰：「陳媯歸于京師，實惠后也。」【正義】按：陳國舜後，媯姓也。

〔三〕【索隱】惠王子，襄王弟，封於甘，故左傳稱甘昭公。【正義】惠王子，襄王弟，封之於甘。括地志云：「故甘城，在洛州河南縣西南二十五里。左傳云，甘昭公，王子叔帶也。洛陽記云，河南縣西南二十五里，甘水出焉，北流入洛。山上有甘城，即甘公采邑也。」

〔四〕【考證】左傳疏云，僖二十四年傳，襄王曰「不穀不德，得罪於母氏之寵子帶」，書曰「天王出居於鄭，辟母弟之難也」，如彼傳文，則襄王與子帶俱是惠后所出，但其母鍾愛其少子，故欲廢太子而立之，與史不同。愚按：古鈔、南本無「於惠王」三字，殆是。

〔五〕【考證】據左傳，叔帶走齊，襄王四年事。
〔六〕【集解】服虔曰：「戎伐周，晉伐戎救周，故和也。」【考證】古鈔、南本「周」作「王」。
〔七〕【集解】杜預曰：「國子，高子，天子所命爲齊守臣，皆上卿也。」【正義】守，音狩。禮記云：「大國三卿，二卿命於天子，一卿命於其君。」按國惠子、高昭子，齊正卿，天子所命。
〔八〕【集解】賈逵曰：「節，時也。」王肅曰：「春秋聘享之節也。」
〔九〕【集解】服虔曰：「陪，重也。諸侯之臣於天子，故曰陪臣。」
〔一〇〕【集解】賈逵曰：「舅氏，言伯舅之使也。」【正義】武王娶太公女爲后，故呼舅氏，遠言之。我善汝有平戎之功勳。【考證】舅氏，賈説爲是。
〔一一〕【正義】杜預云：「管仲不敢以職自高，卒受本位之禮也。」【考證】「齊桓公」以下采僖十二年左傳。
〔一二〕【考證】僖十八年春秋。
〔一三〕【集解】左傳曰：「王召之。」【考證】張照曰：左傳，叔帶復歸在魯僖公二十二年，於襄王爲十四年，年表亦然，此蓋誤。

十三年，鄭伐滑，〔一〕王使游孫、伯服請滑，〔二〕鄭人囚之。鄭文公怨惠王之入，不與厲公爵，〔三〕又怨襄王之與衛滑，〔四〕故囚伯服。王怒，將以翟伐鄭。富辰諫曰：〔五〕「凡我周之東徙，晉、鄭焉依。子穨之亂，又鄭之由定，今以小怨弃之！」王不聽。〔六〕十五年，王降翟師以伐鄭。王德翟人，將以其女爲后。富辰諫曰：「平、桓、莊、惠，皆受鄭勞，王弃親親翟，不可從。」王不聽。〔七〕十六年，王絀翟后，翟人來誅，殺譚伯。〔八〕富辰曰：「吾數諫不從，如是不出，王以我爲懟乎？」乃以其屬死之。

〔一〕【集解】賈逵曰：「滑，姬姓之國。」駰按：左傳曰「滑人叛鄭而服於衛」也【正義】杜預云滑國都費，河南緱氏縣，爲秦所滅，時屬鄭、晉，後屬周。事在魯釐公二十年。括地志云：「緱氏故城本費城也，在洛州緱氏縣（南）東二十五里也。」【考證】春秋經，伐滑在魯僖二十年，於襄王爲十二年，此蓋據國語。

〔二〕【集解】賈逵曰：「二子，周大夫。」【考證】周語作「游孫伯」，此蓋依左傳。

〔三〕【集解】服虔曰：「惠王以后之鞶鑑與鄭厲公，而獨與虢公玉爵。」【正義】左傳云：「莊公二十一年，王巡虢狩，虢公爲王宫于玤，王與之酒泉，鄭伯之享王，王以后之鞶鑑與之。虢公請器，王與之爵，鄭伯由是怨王也。」杜預云：「后鞶帶而以鏡爲飾也。爵，飲酒器也。玤，地名。酒泉，周邑。」

〔四〕【集解】服虔曰：「滑，小國，近鄭，世世服從，而更違叛，鄭師伐之，聽命，後自怨於王，王以與衛。」

〔五〕【集解】服虔曰：「富辰，周大夫。」

〔六〕【考證】「鄭伐滑」以下采國語周語，補以僖廿四年左傳。梁玉繩曰：據國語「弃」之下疑脱「不可」二字。

〔七〕【考證】楓、三、南本無「從」字，此疑衍。

〔八〕【集解】唐固曰：「譚伯，周大夫，原伯、毛伯也。」【索隱】按：國語亦云「殺譚伯」，而左傳太叔之難，獲周公忌父、原伯、毛伯，唐固據傳文，讀「譚」爲「原」，然春秋有譚，何妨此時亦仕王朝，預獲被殺？國語既云「殺譚伯」，故太史公依之，不從左傳説也。【考證】梁玉繩曰：譚久爲齊桓公所滅，此時安得有譚伯？國語誤，宜從左傳。

初，惠后欲立王子帶，故以黨開翟人，翟人遂入周。襄王出犇鄭，〔一〕鄭居王于氾。〔二〕子帶立爲王，取襄王所絀翟后，與居温。〔三〕十七年，襄王告急于晉，晉文公納王，而誅叔帶。襄王乃賜晉文公珪鬯弓矢爲伯，以河内地與晉。〔四〕二十年，晉文公召襄王，襄王會之河陽、踐

土，〔五〕諸侯畢朝，書諱曰「天王狩于河陽」。〔六〕

〔一〕【正義】公羊傳云：「王者無外，此其言出，何？不能事母也。」【考證】「王降翟師」以下采國語周語，但周語「十五年」作「十七年」，「十六年」作「十八年」。愚按：僖廿四年春秋經云「夏伐鄭，冬天王出居于鄭」，則並襄王十六年事。古鈔、南本「黨」上有「其」字，與國語合。

〔二〕【集解】杜預曰：「鄭南氾，在襄城縣南。」【正義】氾，音凡。括地志云：「故氾城，在許州襄城縣一里。左傳云『天王出居於鄭，處於氾』是。」

〔三〕【正義】括地志云：「故温城，在懷州温縣西三十里，漢、晉爲縣，本周司寇蘇忿生之邑。左傳云，周與鄭人蘇忿生十二邑，温其一也。地理志云，温縣，故國，己姓，蘇忿生所封也。」【考證】以上采僖廿四年左傳。

〔四〕【正義】賈逵云：「晉有功，賞之以地，楊樊、温、原、攢茅之田也。」鬯，勑亮反。珪，珪瓚也。孔安國云：「以珪爲杓柄，謂之珪瓚。黑黍曰秬，釀以鬯草。」【考證】依僖廿五年左傳，但賜珪鬯弓矢爲伯，左傳繫之僖二十八年，即襄王二十年事。愚按：襄王與河内於晉，疆域益蹙。顧棟高論之尤詳，其言云「東遷後，王畿疆域尚有今河南、懷慶二府之地，兼得汝州，跨河南北，有虢國桃林之隘，以呼吸西京；有申、吕、南陽之地，以控扼南服。又名山大澤不以封，虎牢，殽、函俱在王略，襟山帶河，晉、鄭夾輔，光武創業之規模不是過也。平、桓、莊、惠，相繼百年，號令不行，諸侯攘竊，王不能張皇六師，更復披析其地，以爲賞功。酒泉賜虢，虎牢賜鄭。至允姓之戎，入居伊川，異類逼處，莫可誰何。晉滅虢，而鎬京之消息中斷，楚滅申，而南國之窺伺方張，至温、原蘇忿生之田，與鄭復以賜晉，則舉大河以北委而棄之。由是懷慶所屬七縣，原武屬鄭，濟源、修武、孟縣、温縣屬晉。王所有者河内、武陟二縣，及河南府之洛陽、偃師、鞏縣、嵩、登封、新安、宜陽、孟津八縣，汝州之伊陽、魯山，許州府之臨潁縣，與鄭接壤而已。」此東周形勢削弱之本末也。

〔五〕【集解】賈逵曰：「河陽，晉之温也。踐土，鄭地名，在河内。」【正義】括地志云：「故王宮在鄭州滎澤縣西北十五里王宫城中。左傳云，晉文公敗楚于城濮，至于衡雍，作王宫于踐土也。」按王城，則所作在踐土，城内東北隅有踐土臺，東去衡雍三十餘里也。

〔六〕【集解】左傳曰：「仲尼曰『以臣召君，不可以訓』，故書曰『狩』。」【考證】以上采僖廿八年左傳。書諱曰「天王狩于河陽」，是釋春秋之語，在史公書，則無所用之。或云「書」上脱「春秋」二字。

二十四年，晉文公卒。〔一〕

〔一〕【考證】僖卅二年春秋經。

三十一年，秦穆公卒。〔一〕

〔一〕【考證】文六年左傳。

三十二年，襄王崩，〔一〕子頃王壬臣立。頃王六年崩，〔二〕子匡王班立。匡王六年崩，〔三〕弟瑜立，是爲定王。

〔一〕【考證】據年表及春秋經、傳，當作「三十三年」。

〔二〕【考證】文十四年左傳。

〔三〕【考證】宣二年春秋經。

定王元年，楚莊王伐陸渾之戎，〔一〕次洛，使人問九鼎。王使王孫滿應設以辭，楚兵乃去。〔二〕十年，楚莊王圍鄭，鄭伯降，已而復之。〔三〕十六年，楚莊王卒。〔四〕

〔一〕【集解】地理志，陸渾縣屬弘農郡。【正義】渾音魂。杜預云：「允姓之戎，居陸渾，在秦、晉西北，二國誘而徙之伊川，遂從戎號，今洛州陸渾縣，取其號也。」後漢書云，陸渾戎自瓜州遷於伊川。左傳云：「初平王之東遷也，辛有適伊川，見被髮而祭於野者，曰『不及百年，此其戎乎？其禮先亡矣』。」按：至僖公二十二年秋，秦、晉遷陸渾之戎於伊川，計至辛有言，適百年也。括地志云：「故麻城謂之蠻中，在汝州梁縣界。左傳『單浮餘圍蠻氏』，杜預云『城在河南新城東南，伊洛之戎，陸渾蠻氏城也。俗以爲麻蠻，聲相近故耳』。」按：新城，今伊闕縣是也。【考證】襄王十四年，秦晉遷陸渾之戎于伊川。陸渾故城在今河南嵩縣。

〔二〕【集解】賈逵曰：「王孫滿，周大夫也。」【考證】「元年」以下據宣三年左傳，又詳楚世家。

〔三〕【考證】宣十二年左傳。

〔四〕【考證】宣十八年春秋經。

二十一年，定王崩，〔一〕子簡王夷立。簡王十三年，晉殺其君厲公，迎子周於周，立爲悼公。〔二〕

〔一〕【考證】莊六年春秋經。

〔二〕【考證】成十八年左傳。古鈔、南本「立」下有「之」字。

十四年，簡王崩，〔一〕子靈王泄心立。〔二〕靈王二十四年，齊崔杼弒其君莊公。〔三〕

〔一〕【考證】襄公元年春秋經。

〔二〕【考證】晉語作「大心」。張文虎曰：疑當作「世」，古「世」、「大」同用。

〔三〕【考證】襄二十五年春秋經。

二十七年，靈王崩，〔一〕子景王貴立。〔二〕景王十八年，后、太子聖而蚤卒。〔三〕二十五年，景王愛子朝，欲立之，〔四〕會崩，〔五〕子丐之黨與爭立，國人立長子猛爲王，子朝攻殺猛。猛爲悼王。晉人攻子朝而立丐，是爲敬王。〔六〕

〔一〕【集解】皇覽曰：「靈王冢在河南城西南柏亭西周山上。蓋以靈王生而有髭而神，故謚靈王。其家民祀之不絶。」【考證】襄廿八年春秋經。

〔二〕【索隱】名貴。按國語，景王二十一年鑄大錢及無射，單穆公及泠州鳩各設辭以諫。今此不言，亦其疏略耳。

〔三〕【考證】左傳昭十五年云「六月乙丑，王太子壽卒，秋八月戊寅，王穆后崩」。梁玉繩曰：「聖而」二字乃一「壽」字之誤。又后似不可言卒。

〔四〕【集解】賈逵曰：「景王之長庶子。」【正義】左傳云：「子朝用成周之寶珪沈於河，津人得諸河上。」杜預云：「禱河求福也，珪自出水也。」按：河神不敢受故。

〔五〕【集解】皇覽曰：「景王冢在洛陽太倉中。秦封呂不韋洛陽十萬户，故大其城，并圍景王冢也。」【考證】各本「二十五年」作「二十年」，今從古鈔本，與年表及左傳合。

〔六〕【集解】賈逵曰：「敬王，猛母弟。」【考證】梁玉繩曰：按昭廿二年春秋經、傳，王子朝之黨與王子猛争立，非子匄争立也。王猛次正，爲太子壽之弟，故單穆公、劉文公立之，非長子也，非國人所立也。猛立七月而卒，雖未即位，周人謚曰悼王，非子朝殺之也。匄爲敬王名，各本譌丐，或作「丏」。而匄乃猛之母弟，猛卒而匄立，安得此時匄與朝争乎？史皆誤。愚按：事見昭二十二年左傳。

敬王元年，晉人入敬王，子朝自立，敬王不得入，居澤。〔一〕四年，晉率諸侯入敬王于周，子朝爲臣，〔二〕諸侯城周。〔三〕十六年，子朝之徒復作亂，敬王犇于晉。〔四〕十七年，晉定公遂入敬王于周。〔五〕

〔一〕【集解】賈逵曰：「澤邑，周地也。」【考證】昭二十三年春秋經「王居于狄泉」。

〔二〕【集解】春秋曰：「子朝犇楚。」皇覽曰：「子朝冢在南陽西鄂縣。今西鄂晁氏，自謂子朝後也。」【考證】事詳于昭二十六年左傳。周即成周，周之下都，在王城之東，敬王徙都于此，今洛陽故城是也。梁玉繩曰：春秋經、傳，子朝奔楚，爲敬王臣乎哉？

〔三〕【考證】據昭卅二年春秋經、傳，城周蓋敬王十年事。

〔四〕【考證】定六年左傳「天王處于姑蕕」。注「周地」，與此異。

〔五〕【考證】定七年左傳。

三十九年，齊田常殺其君簡公。〔一〕

〔一〕【考證】哀十四年左氏春秋經。春秋止于此年。

四十一年，楚滅陳。〔一〕孔子卒。〔二〕

〔一〕【考證】梁玉繩曰：案左傳，楚滅陳，在哀十七年，爲敬王四十二年，此誤。史記各處所書滅陳之年，惟秦紀、吳、蔡、陳世家不誤，其餘周紀、年表及杞、宋、楚、鄭四世家俱誤。

〔二〕【考證】哀十六年左氏春秋經。張之象曰：凡書生卒，亦視人品何如，有繫天下重輕者，則各國皆書之，若孔子是也。有繫一國重輕者，則本國書之，若齊之管仲、隰朋，晉之趙衰、成子、欒貞子是也。愚按：周、秦二紀，魯、燕、晉、陳諸世家，皆書孔子卒，蓋以夫子死生所關甚重也。而吳、齊、蔡、宋、楚世家，則不書者，何也？

四十三年，敬王崩，〔一〕子元王仁立。〔二〕元王八年崩，子定王介立。〔三〕

〔一〕【集解】徐廣曰：「皇甫謐曰，敬王四十四年，元己卯，崩壬戌也。」【考證】陳仁錫曰：湖本「三」作「二」，誤。愚按：古鈔、南本及御覽引亦作「三」，與年表合。

〔二〕【集解】徐廣曰：「世本云，貞王介也。」

〔三〕【集解】徐廣曰：「世本云元王赤也。」皇甫謐曰：「元王十一年癸未，三晉滅智伯，二十八年崩，三子爭立，立應爲貞定王。」【索隱】系本云元王赤，皇甫謐云貞定王。考據二文，則是元有兩名，一名仁，一名赤。如史記，則元王爲定王父，定王即貞王也；依系本，則元王是貞王子。必有一乖誤。然此「定」當爲「貞」，字誤耳。豈周家有兩定王，代數又非遠乎？皇甫謐見此，疑而不決，遂彌縫史記、系本之錯謬，因謂爲貞定王，未爲得也。【考證】崔適曰：元王、定王，世本於其記互倒其父子，又改「定」爲「貞」。皇甫謐合之爲「貞定」，雖不互倒其父子，乃互倒其年數，增元王之八年爲二十八年，減定王之二十八年爲十年，但合二王計之，猶羨二年，故又增敬王一年，而減景王三年以符之。然貞定十年，既承元王二十八年之後，而元癸亥，乃上承敬王崩壬戌，悖謬甚矣。司馬貞是「貞」而非「定」，疑周不當有兩定王，則不記宋有兩昭公，衞有兩莊公，晉有文侯仇，復有文公重耳乎？且兩定王相去中有簡、靈、景、敬、元五王，年代又不可謂非遠也。

定王十六年，三晉滅智伯，分有其地。

二十八年，定王崩，〔一〕長子去疾立，是爲哀王。哀王立三月，弟叔襲殺哀王而自立，是爲思王。思王立五月，少弟嵬攻殺思王而自立，是爲考王。此三王皆定王之子。

〔一〕【集解】徐廣曰：「皇甫謐曰，貞定王十年，元癸亥，崩壬申。」

考王十五年崩，〔一〕子威烈王午立。

〔一〕【集解】徐廣曰：「皇甫謐曰，考哲王，元辛丑，崩乙卯。」

考王封其弟于河南，是爲桓公，以續周公之官職。〔一〕桓公卒，子威公代立。威公卒，子惠公代立，乃封其少子於鞏以奉王，號東周惠公。〔二〕

〔一〕【正義】帝王世紀云：「考哲王封弟揭於河南，續周公之官，是爲西周桓公。」按：自敬王遷都成周，號東周也。桓公都王城，號西周桓公。【考證】王城即東都，漢于此置河南縣。呂氏大事記云「自洛陽下都視王城，則在西，故曰西周」。

〔三〕【集解】徐廣曰：「惠公之子也。」【索隱】考王封其弟于河南，爲桓公。卒，子威公立。卒，子惠公立。長子曰西周公。又封少子於鞏，仍襲父號，曰東周惠公。於是有東西二周也。按：系本「西周桓公，名揭，居河南，東周惠公，名班，居洛陽」是也。【正義】鞏音拱。郭緣生述征記，鞏縣，周地，鞏伯邑。史記周顯王二年，西周惠公封少子班於鞏，以奉王室，爲東周惠公也。子武公爲秦所滅。【考證】鞏故城，在今河南鞏縣西南。據正義，惠公封少子，在顯王二年，此因封桓公類敍耳。趙翼曰：武王定鼎於郟鄏，周公營以爲都，是爲王城，則河南也。周公又營下都，以遷殷頑民，是爲成周，則洛陽也。平王東遷，定都於王城，其時所謂西周者豐鎬也，東周者王城也。及王子朝之亂，敬王徙都成周，公羊傳云「王城者何？西周也。成周者何？東周也」。是時王城爲西周，而成周爲東周矣。及考王封其弟揭於王城，是爲河南桓公，桓公之孫惠公又自封其少子班於鞏，號曰東周，則此東周又自西周之王城分出，而并非敬王所都之成周矣。分封於鞏者曰東周，而河南惠公本在王城，則仍西周之號，此東周、西周皆在河南，而周王之都於成周，自若也。戰國所謂周王者，都於成周之王也，所謂東周君、西周君者，則河南之都於王城，及分封於鞏者也。東周謂韓王曰西周者故天子之國也。曰故天子國，明乎是時西周已非天子所都也。顯王二年，趙與韓分周爲二，於是東西各爲列國者，即河南之東西周也。而顯王抱空名尚在成周，直至赧王始滅，則仍是敬王所遷之東周也。愚按：二周之辯，鮑彪國策注、呂祖謙大事記、吳澄東西周辨、顧棟高春秋大事表、崔述考信録續篇各有出入。趙說近是。又按：史記云「王赧時，東西周分治」，又云「王赧徙都於西周」，恐非。

威烈王二十三年，九鼎震。命韓、魏、趙爲諸侯。〔一〕

〔一〕【考證】崔述曰：史記周本紀「威烈王二十三年，九鼎震，命韓、魏、趙爲諸侯」。晉世家則云「魏、韓、趙皆相立爲諸侯」，周、晉互異。韓、魏、楚、鄭各世家皆但云「列爲諸侯」，不言所因何事。年表周威烈王二十三年亦不載命韓、魏、趙爲諸侯之文，無從決其孰是。然嘗以其時事考之，楚世家「悼王二年，三晉來伐楚，至乘邱而還」，「十一年，三晉伐楚，敗我大梁、榆關，楚厚賂秦與之平」，事在九鼎震後十餘年内。竹書紀年「韓滅鄭，哀侯入于鄭。明年，晉桓公邑哀侯于鄭」，事在九鼎震後數十年内。玩其文義，皆似晉國未分然者。若三國皆受王命爲諸侯，則各君其國，不相統屬，何以同伐同和如一國然？三國既自受王命爲諸侯，則與晉侯同列，無復君臣之分，何以仍書桓公邑之於鄭？蓋自春秋以降，大夫日以上僭，齊大夫稱「棠公」，鄭伯之家臣，亦以「公」稱伯有，至戰國而益甚，故史記年表稱「三桓勝魯如小侯」，孟子書亦有費惠公之文。然則三晉之僭稱侯，乃事之常，不必待王命也。況當是時周室微弱已極，王章蕩然無存，非若春秋之初，天下猶知尊周，故晉武公必請王命，然後爲晉侯也。且五國相王，誰命之？周衰，諸侯可以相王，晉衰，大夫獨不可以相侯乎？温公通鑑、朱子綱目乃據周本紀文，以爲王綱失守，於焉託始。書曰「初命晉大夫魏斯、趙籍、韓虔爲諸侯」，其義雖正，其論雖美，而其事恐未必然也。愚按：烈王三年，齊侯朝周。二十六年，周致伯于秦，秦使公子少官率諸侯來朝，其事皆後九鼎震數十年。蓋周室雖衰，猶足以名朝諸侯，三晉爲諸侯時亦安知其不受王命乎？要之自秦以前，春秋經、傳以後，史册殘缺，傳聞互異，無由于考信也。顧炎武曰：春秋終於敬王三十九年庚申之歲西狩獲麟，又十四年爲貞定王元年癸酉之歲，魯哀出奔，二年卒於有山氏，左傳以是終焉。又六十五年，威烈王二十三年戊寅之歲，初命晉大夫魏斯、趙籍、韓虔爲諸侯。又十七年，安王十六年乙未之歲，初命齊大夫田和爲諸侯。又五十二年，顯王三十五年丁亥之歲，六國以次稱王，蘇秦爲從長。自此之後，事乃可得而紀。自左傳之終以至此，凡一百三十三年，史文闕軼，考古者爲之茫昧。如春秋時，猶尊禮重信，而七國則絶不言禮與信矣；春秋時，猶宗周王，而七國則絶不言王矣；春秋時，嚴祭祀，重聘享，而七國則無其事矣；春秋時，猶論宗姓氏族，而七國則無一言及之矣；春秋時，猶宴會賦詩，而七國則不聞矣；春秋時，猶有赴告策書，而七國則無有矣。邦無定交，士無定主，此皆變於一百三十三年之間，史之闕文，而後人可以意推也。不待始皇之并天下，而文武之道盡矣。

二十四年，崩，〔一〕子安王驕立。是歲，盜殺楚聲王。

〔一〕【集解】徐廣曰：「皇甫謐曰，元丙辰，崩己卯。」駰案：宋衷曰「威烈王葬洛陽城中東北隅」也。

安王立二十六年崩，〔一〕子烈王喜立。烈王二年，周太史儋〔二〕見秦獻公曰：〔三〕「始周與秦國合而別，別五百載復合，〔四〕合十七歲而霸王者出焉。」〔五〕

〔一〕【集解】皇甫謐曰：「安王元庚辰，崩乙巳。」【考證】安王十六年，齊大夫田和爲諸侯，史不書者，何也？

〔二〕【索隱】老子列傳曰「儋即老子」耳，又曰「非也」，驗其年代，是別人。【正義】儋，□甘反，又，丁談反。幽王時有伯陽甫。唐固曰：「伯陽甫，老子也。」按：幽王元年至孔子卒，三百餘年，孔子卒後一百二十九年，儋見秦獻公。然老子當孔子時，唐固説非也。【考證】正義「一百二十九年」當作「一百有九年」。

〔三〕【正義】秦本紀云，獻公十一年見，見後十五年，周顯王致文武胙於秦孝公，是復合時也。

〔四〕【集解】應劭曰：「周孝王封伯翳之後爲侯伯，與周別五百載。至昭王時，西周君臣自歸受罪，獻其邑三十六城，合也。」韋昭曰：「周封秦爲始別，謂秦仲也。五百歲，謂從秦仲至孝公彊大，顯王致伯，與之親合也。」【索隱】按：周封非子爲附庸，邑之秦，號曰秦嬴，是始合也。及秦襄公，始列爲諸侯，是別之也。自秦列爲諸侯，至昭王五十二年，西周君臣獻邑三十六城以入於秦，凡五百一十六年，是合也。云「五百」，舉其大數。

〔五〕【集解】徐廣曰：「從此後十七年，而秦昭王立。」駰案：韋昭曰「武王、昭王皆伯，至始皇而王天下」。【索隱】霸王，謂始皇也。自周以邑入秦，至始皇初立，政由太后、嫪毐，至九年誅毐，正十七年。【正義】周始與秦國合者，謂周、秦俱黄帝之後，至非子未別封，是合也。而別者，謂非子末年，周封非子爲附庸，邑之秦，後二十九君，至秦孝公二年五百載，周顯王致文武胙於秦孝公，復與之親，是復合也。合十七歲而霸王者出，謂從秦孝公三年至十九年，周顯王致胙於秦孝公，是霸也。孝公子惠王稱王，是王者出也。然五百載者，非子生秦侯已下二十八君，至孝公二年，都合四百八十六年，兼非子邑秦之後十四年，則成五百。【考證】錢大昕曰：太史儋語，周本紀載之，秦本紀載之，封禪書、老子列傳又載之，蓋重出者四矣。秦本紀作「七十七歲」，老子列傳作「七十歲」，皆傳寫之譌，索隱、正義可證。中井積德曰：秦祖事周，未別封，是始合也。襄公始列爲諸侯，是別也。及西周獻地，是復合也。霸王指始皇一人，若年數少差，固所不論，是讖文之常也。又曰：襄公列爲諸侯，至西周獻地五百十五年，又至始皇即位十一年。

十年，烈王崩，弟扁立，是爲顯王。〔一〕顯王五年，賀秦獻公，獻公稱伯。九年，致文武胙於秦孝公。〔二〕二十五年，秦會諸侯於周。二十六年，周致伯於秦孝公。三十三年，賀秦惠王。三十五年，致文武胙於秦惠王。四十四年，秦惠王稱王。其後諸侯皆爲王。〔三〕

〔一〕【正義】扁，邊典反。【考證】據表，「十」當作「七」。

〔二〕【集解】胙，膰肉也。左傳曰：「王使宰孔賜齊侯胙曰，天子有事于文武。」

〔三〕【索隱】謂韓、魏、齊、趙也。【正義】秦本紀云，惠王十三年，與韓、魏、趙並稱王。【考證】南本「惠王」作「惠公」。梁玉繩曰：秦惠稱王，秦紀、秦表均不書，而楚世家懷王四年、田完世家宣王十八年附書之。張儀傳亦云，儀相秦四歲，立惠王爲王，與此紀書于顯王四十四年政合，乃秦惠王十三年也。秦惠在位二十七年，改十四年爲元年，豈非以稱王之故歟？然此謂諸侯爲王，皆在秦惠稱王之後，則誤已。其時稱王者，燕、秦、楚、齊、趙、魏、韓七國，宋、中山二小國亦稱之。凡茲九國，惟楚僭王在春秋之前，其餘八國，齊最先，宋次之，魏次之，秦次之，燕、韓、中山次之，趙最後。齊爲王，始于威王二十六年，當顯王十六年也；魏爲王，始于惠王後元年，當顯王三十五年也。秦紀于惠王四年，書「齊魏爲王」，「齊」字誤。十三年，復書「魏君爲王」，表亦書魏爲王于十三年，俱誤也。宋爲王，始于偃王十一年，當顯王三十三年，以爲當慎靚王三年者誤也。燕爲王，始于易王十年；韓爲王，始于宣惠王十年；中山不知何君，當顯王四十六年也。趙武靈爲王之年無攷，趙世家武靈八年，五國相王，趙獨否，令國人謂己曰君。武靈八年爲慎靚王三年，是歲無五國相王事。攷世家，武靈十一年，書「王召公子職于韓」，則趙之爲王，其在慎靚之六年乎？索隱、正義及元吴師道國策注言稱王之年，皆未詳覈。

四十八年，顯王崩，子慎靚王定立。慎靚王立六年崩，子赧王延立。〔一〕王赧時，東西周分治。〔二〕王赧徙都西周。〔三〕

〔一〕【索隱】皇甫謐云，名誕。赧非謚，謚法無赧。正以微弱，竊鈇逃債，赧然慙愧，故號曰「赧」耳。又按：尚書中候，以「赧」爲「然」，鄭玄云「然讀曰赧」。王(邵)〔劭〕按：古音人扇反，今音奴板反。爾雅曰，面慙曰赧。【考證】中井積德曰：稱赧王延，則赧似謚。赧果謚，則下文不當稱王赧。稱王赧則赧似名，則上文不當稱赧王，是必有一誤也。延，世紀作「誕」。延、誕、赧音近，或因致謬耳。國已亡，無用謚爲也。愚按：楓、三、南本「赧王延」作「王赧」。

〔二〕【索隱】西周，河南也。東周，鞏也。王赧微弱，西周與東分主政理，各居一都，故曰東、西周。按：高誘曰，西周，王城，今河南。東周，成周，故洛陽之地。【考證】此疑誤。或云，此趙世家所謂與韓分周爲兩者，事在顯王時，非赧王也。

〔三〕【正義】敬王從王城東徙成周，十世至王赧，從成周西徙王城，西周武公之居焉。

西周武公之共太子死，〔一〕有五庶子，毋適立。司馬翦謂楚王曰：「不如以地資公子咎，爲請太子。」〔二〕左成曰：「不可。周不聽，是公之知困而交疏於周也。〔三〕不如請周君孰欲

立，以微告翦，翦請令楚賀之以地。」〔四〕果立公子咎爲太子。〔五〕

〔一〕【集解】徐廣曰：「武公，惠公之長子。」【索隱】按：戰國策作「東周武公」。【考證】西周，當作「東周」。

〔二〕【正義】翦，音子踐反。楚臣也。【考證】中井積德曰：爲，疑當在「請」下。

〔三〕【正義】左成，楚臣也。言以地資公子咎請爲太子，周若不許，是楚於周交益疏。【考證】南本「可周」下有「乃」字。

〔四〕【正義】楚命翦適周，諷周君欲立誰，以微言告於翦，翦令楚賀之以地，周果立咎爲太子也。【考證】左成言至此。「請周君」三字當依策作「謂周君曰」四字。

〔五〕【正義】此以上至「西周武公」，是楚令周立公子咎爲太子也。【考證】「武公」以下采戰國策東周策。

八年，秦攻宜陽，楚救之。〔一〕而楚以周爲秦，故將伐之。〔二〕蘇代爲周説楚王曰：「何以周爲秦之禍也？〔三〕言周之爲秦甚於楚者，欲令周入秦也，故謂『周秦』也。〔四〕周知其不可解，必入於秦，此爲秦取周之精者也。〔五〕爲王計者，周於秦因善之，不於秦亦言善之，以疏之於秦。〔六〕周絶於秦，必入於郢矣。」〔七〕

〔一〕【正義】括地志云：「故韓城，一名宜陽城，在洛州福昌縣東十四里，即韓宜陽縣城也。」

〔二〕【索隱】宜陽，韓地，秦攻而楚救之，周爲韓出兵，而楚疑周爲秦，因加兵伐周。

〔三〕【索隱】蘇代爲周説楚王，王何以道周爲秦，周實不爲秦也。今王責周道爲秦，周懼楚，必入秦，是爲禍也。【考證】「何以」猶言「何故」，「以」下添「言」字看。

〔四〕【索隱】周、秦相近，秦欲并周，而外睦於周，故當時諸侯咸謂「周秦」。【考證】岡白駒曰：言之者，秦之説客也。中井積德曰：「周」「秦」間，疑脱「爲」字。

〔五〕【正義】解，音紀買反。代言周若知楚疑親秦，其計定不可解免，周必親於秦也。是爲秦取周精妙之計。【考證】岡白駒曰：解，解説也。愚按：解，解免也，即下文「絶」字之意。精，猶至也。

〔六〕【正義】代言爲王計者，周親秦，因而善之，周不親，亦言善之。楚若善周，周必疏於秦也。【考證】言，當作「因」，或云衍字。

〔七〕【正義】郢，楚都也。楚既親周，秦必絶周親楚矣。以上至「八年」，蘇代説楚合周。【考證】入於郢，言周歸楚。愚按：國策無此條。

秦借道兩周之閒，將以伐韓。周恐，借之畏於韓，不借畏於秦。〔一〕史厭謂周君曰：〔二〕「何不令人謂韓公叔曰『秦之敢絶周而伐韓者，信東周也。〔三〕公何不與周地，發質使之楚？』〔四〕秦必疑楚不信周，是韓不伐也。又謂秦曰『韓彊與周地，將以疑周於秦也，周不敢不受。』秦必無辭而令周不受，〔五〕是受地於韓，而聽於秦。」〔六〕

〔一〕【正義】上「借」音精夕反，下音子夜反。

〔二〕【索隱】周君，西周武公也。時王赧微弱，不主盟會，寄居西周耳。【正義】厭，烏減反，又於點反。【考證】策「厭」作「饜」。

〔三〕【集解】徐廣曰：「韓，一作『何』。」應劭曰，氏姓譜云，以何姓爲韓後。」【考證】策亦作「韓」。絶，横度也。

〔四〕【正義】質，音竹利反。使，音所吏反。質使，令公子及重臣等往楚爲質，使秦疑楚，又得不信周也。質，平敵不相負也。【考證】策「質使」作「重使」。

〔五〕【正義】又謂秦曰：「韓强與周地，令秦疑周親韓，則周不敢不受，秦必無巧辭而令周不敢受韓地也。」

〔六〕【索隱】此史厭説韓，令與周地，使質於楚，令秦疑楚不信周，得不假道伐韓，而猶聽命於秦。【考證】「秦借」

以下采東周策。

秦召西周君，西周君惡往，故令人謂韓王，〔一〕曰：「秦召西周君，將以使攻王之南陽也，王何不出兵於南陽？周君將以爲辭於秦。〔二〕周君不入秦，秦必不敢踰河而攻南陽矣。」〔三〕

〔一〕【索隱】按戰國策云，或人爲周君謂魏王云者也。【考證】當依策「韓」作「魏」。

〔二〕【索隱】高誘注戰國策曰：「以魏兵在河南爲辭，周君不往朝秦也。」【考證】楓、三、南本「使」作「便」。策「攻王」之「王」作「魏」，「於」下「南陽」作「河南」，當依訂。南陽，魏邑。河南，西周王城。

〔三〕【正義】南陽，今懷州也。杜預云在晉山南河北。以上至「秦召西周君」，是西周君説韓令出兵河南謀秦也。

【考證】以上采西周策，文字有異同。

東周與西周戰，韓救西周。或爲東周説韓王曰：〔一〕「西周故天子之國，多名器重寶。王案兵毋出，可以德東周，〔二〕而西周之寶必可以盡矣。」〔三〕

〔一〕【正義】爲，音于僞反。蓋或人爲東周説韓王，令按兵無出，則周德韓矣。

〔二〕【正義】韓按兵不出伐東周，而東周甚媿韓之恩德也。【考證】中井積德曰：曰故天子之國，可知今非天子之國也。按兵不出，一則可以施恩德於東周，一則可以得西周之寶。

〔三〕【正義】韓出兵助西周，雖不攻東周，西周媿其佐助，寶器必盡歸於韓。以上至「東周與西周戰」，是或人説韓令無救西周也。【考證】中井積德曰：將救而不出兵，西周欲其速出也，故不惜重寶以賂韓也，若已出兵，則必不肯行賂也。愚按：以上采東周策。古鈔、南本無「以」字。

王赧謂成君。〔一〕楚圍雍氏，〔二〕韓徵甲與粟於東周，東周君恐，召蘇代而告之。代曰：「君何患於是。臣能使韓毋徵甲與粟於周，又能爲君得高都。」〔三〕周君曰：「子苟能，請以國聽子。」代見韓相國曰：〔四〕「楚圍雍氏，期三月也，今五月不能拔，是楚病也。〔五〕今相國乃徵甲與粟於周，是告楚病也。」〔六〕韓相國曰：「善。使者已行矣。」〔七〕代曰：「何不與周高都？」韓相國大怒曰：「吾毋徵甲與粟於周，亦已多矣，〔八〕何故與周高都也？」代曰：「與周高都，是周折而入於韓也，秦聞之必大怒，忿周即不通周使，是以獘高都得完周也。曷爲不與？」相國曰：「善。」果與周高都。〔九〕

〔一〕【考證】依下注徐廣說，「成君」下有脱簡。「楚圍雍氏」以下别是一事。

〔二〕【集解】徐廣曰：「陽翟雍氏城也。戰國策曰『韓兵入西周，西周令成君辯説秦求救』，當是説此事而脱誤也。」【索隱】如徐此説，自合當改而注結之，不合與「楚圍雍氏」連注。【正義】雍，音於恭反。括地志云：「故雍城，在洛州陽翟縣東北二十五里，故老云黄帝臣雍父作杵臼所封也。」按：其地時屬韓也。【考證】雍氏，韓地，故城在今河南扶溝縣西南。凌稚隆曰：徐廣注引戰國策一段，今本所無。

〔三〕【集解】徐廣曰：「今河南新城縣高都城也。」【索隱】高誘云：「高都，韓邑，今屬上黨也。」【正義】括地志云：「高都故城，一名郜都城，在洛州伊闕縣北三十五里。」【考證】錢大昕曰：戰國策以爲西周。張文虎曰：國策在西周策，文無「東」字。高都，韓地。

〔四〕【集解】漢書百官表曰：「相國，秦官。」駰謂韓亦有相國，然則諸國共放秦也。【索隱】相國，公仲侈也。

〔五〕【正義】謂楚兵弊弱也。

〔六〕【考證】示楚以韓弊弱。

〔七〕【索隱】已，止也。【考證】策「善」下有「然」字。徐孚遠曰：言既已發使，故雖善代之言而不可止，代因言宜與周高都也。

〔八〕【正義】言幸甚也。

〔九〕【正義】以上至「楚圍雍氏」，是蘇代爲東周說韓，令不徵甲而得高都。【考證】「楚圍雍氏」以下采西周策。吳師道曰：赧王三年、十五年，楚圍雍氏，此十五年事。梁玉繩曰：圍雍氏，止一役，事在赧王九年。愚按：吳、梁二說未確，說在秦紀。

三十四年，蘇厲謂周君曰：「秦破韓、魏，扑師武，〔一〕北取趙藺、離石者，皆白起也。是善用兵，又有天命。〔二〕今又將兵出塞攻梁，〔三〕梁破則周危矣。君何不令人說白起乎？曰『楚有養由基者，善射者也。去柳葉百步而射之，百發而百中之。左右觀者數千人，皆曰善射。有一夫立其旁，曰：「善，可教射矣。」養由基怒，釋弓搤劍，曰：「客安能教我射乎？」客曰：「非吾能教子支左詘右也。〔四〕夫去柳葉百步而射之，百發而百中之，不以善息，〔五〕少焉氣衰力倦，弓撥矢鉤，一發不中者，百發盡息。」〔六〕今破韓、魏，扑師武，北取趙藺、離石者，公之功多矣。〔七〕今又將兵，出塞過兩周，倍韓，攻梁，一舉不得，前功盡弃。公不如稱病而無出』。」〔八〕

〔一〕【集解】徐廣曰：「扑，一作『仆』。戰國策曰，秦敗魏將犀武於伊闕。」

〔二〕【集解】地理志曰西河郡有藺、離石二縣。【正義】藺，音力刃反。括地志云：「離石縣，今石州所理縣也。」藺近離石，皆趙二邑。【考證】梁玉繩曰：此語最爲可疑，策與史皆不免有誤。攷伊闕之戰，秦敗韓、魏，虜韓將公孫喜，殺魏將犀武，其事固屬白起，若秦取趙離石在顯王四十一年，取藺在赧王二年，皆非白起之功，其時起未出也。

〔三〕【正義】謂伊闕塞也，在洛州南十九里。伊闕山，今名鍾山。酈元注水經云：「兩山相對，望之若闕，伊水歷其間，故謂之伊闕。」按：今謂之龍門，禹鑿以通水也。

〔四〕【索隱】按列女傳云「左手如拒，右手如附枝，右手發之，左手不知，此射之道也」。又越絶書曰「左手如附泰山，右手如抱嬰兒」。【考證】搤，握也。支左屈右，謂左手張支弓，右手屈持筈也。

〔五〕【索隱】言不以其善而且停息。息，止也。

〔六〕【索隱】息猶弃，言并弃前善。【考證】撥，弓反也。鈎，矢鋒屈也。

〔七〕【考證】楓、三、南本「公」下有「也公」二字，與策合。

〔八〕【正義】以上至「三十四年」，是蘇厲爲周説白起無伐梁也。【考證】以上采西周策。

四十二年，秦破華陽約。〔一〕馬犯謂周君曰：「請令梁城周。」〔二〕乃謂梁王曰：「周王病。若死，則犯必死矣。〔三〕犯請以九鼎自入於王，王受九鼎而圖犯。」〔四〕梁王曰：「善。」遂與之卒，言戍周。〔五〕因謂秦王曰：「梁非戍周也，將伐周也。王試出兵境以觀之。」〔六〕秦果出兵。又謂梁王曰：〔七〕「周王病甚矣，犯請後可而復之。〔八〕今王使卒之周，諸侯皆生心，後舉事且不信。不若令卒爲周城，以匿事端。」〔九〕梁王曰：「善。」遂使城周。〔一〇〕

〔一〕【集解】徐廣曰：「一作『厄』。」【正義】司馬彪云：「華陽，亭名，在密縣。秦昭王三十三年，秦背魏約，使客卿胡傷擊魏將芒卯華陽，破之。」六國年表云：「白起擊魏華陽，芒卯走。」括地志云：「故華陽城，在鄭州管城縣南四十里，是。」按：馬犯見秦破魏華陽約，懼周危，故謂「請梁城周」也。【考證】中井積德曰：「約」字疑衍。

〔二〕【索隱】華陽，地名。司馬彪曰：「華陽，亭名，在密縣。秦昭王三十三年，秦背魏約，使客卿胡傷擊魏將芒卯華陽，破之。」是馬犯見秦破魏約，懼周危，故謂周君請梁城周，而設詭計也。

〔三〕【正義】馬犯，周臣也。乃説梁王曰，秦破魏華陽之軍，去周甚近，周王憂懼國破，猶身之重病，若死，則犯必死也。【考證】中井積德曰：病，謂真病。死，謂真死。岡白駒曰：此詐稱周王病也。王病而强兵在鄰邑，若王死，則國破，犯亦不能免矣。

〔四〕【索隱】圖，謀也。犯謂梁王，我方入鼎於王，王當謀救援己也。

〔五〕【正義】戍，守也。周雖未入九鼎於梁，而梁信馬犯矯言，遂與之卒，令守周。【考證】中井積德曰：宣言戍周，實以取鼎也，故下「言」字。

〔六〕【正義】梁兵非戍周也，將漸伐周而取九鼎寶器，王若不信，試出師於境，以觀梁王之變也。

〔七〕【正義】馬犯説秦，得秦出兵於境，又重歸説梁王也。

〔八〕【索隱】按：戰國策「甚」作「瘉」。犯請後可而復之者，言王病愈，所圖不遂，請得在後有可之時以鼎入梁也。【正義】復，音扶富反。復，重也。秦既破華陽軍，今又出兵境上，是周國病秦久矣。犯前請卒戍周，諸侯皆心疑梁取周，後可更重請益卒守周乎？【考證】「甚」作「瘉」爲長，言王病瘉矣，鼎不可得也，姑待可得之時。岡白駒曰：復，如「復命」之「復」，言報入鼎之約也。

〔九〕【索隱】梁實圖周九鼎，且外遣卒戍周和合。秦舉兵欲侵周，梁不救周，是本無善周之事，止是欲周危而取九鼎，故諸侯皆心不信梁矣。故不如匿事端，使卒爲周城。【正義】既諸侯生心，不如令卒便爲築城，以隱匿疑伐周之事端，絶諸侯不信之心。梁王遂使城周，解諸侯之疑也。【考證】中井積德曰：今王病愈，鼎不可得，秦兵又在境外，而梁卒輒罷歸，則隱謀發露，諸侯後不信梁矣。故請城之，以掩匿其事也。

〔一〇〕【正義】以上至「四十二年」，是馬犯説梁王爲周築城也。【考證】凌稚隆曰：詳國策。愚按：今本策無此條。

四十五年，周君之秦，客謂周冣曰：〔一〕「公不若譽秦王之孝，因以應爲太后養地，〔二〕秦王必喜，是公有秦交。交善，周君必以爲公功。交惡，勸周君入秦者必有罪矣。」〔三〕秦攻周，而周冣謂秦王曰：「爲王計者，不攻周。攻周實不足以利，聲畏天下。天下以聲畏秦，必東合於齊。兵弊於周，合天下於齊，則秦不王矣。天下欲弊秦，勸王攻周。秦與天下弊，則令不行矣。」〔四〕

〔一〕【索隱】冣，音詞喻反，周之公子也。

〔二〕【集解】徐廣曰：「地理志云：應，今潁川父城縣應鄉是也。」【索隱】戰國策作「原」。原，周地。太后，秦昭王母，宣太后羋氏也。【正義】括地志云：「故應城，殷時應國，在父城。」按：應城此時屬周。太后，秦昭王母宣太后羋氏。【考證】鮑彪曰：養，供養之地，湯沐邑也。

〔三〕【正義】客謂周冣曰，周君與秦交善，是冣之功也。與秦交惡，勸周君入秦者周冣，今必得勸周君之罪也。以上至「四十五年」，是周客說周冣，令周君以應入秦，得交善而歸也。【考證】以上采西周策。「有秦交」策作「有秦也」。中井積德曰：勸周君入秦者，別人，其人獲罪，則周冣之權重也。

〔四〕【正義】令，音力政反。秦欲攻周，周冣說秦曰，周，天子之國，雖有重器名寶，土地狹少，不足利秦國。王若攻之，乃有攻天子之聲，而令天下以攻天子之聲畏秦，使諸侯歸於齊，秦兵空弊於周，則秦不王矣。是天下欲弊秦，故勸王攻周，令秦受天下弊，而令教命不行於諸侯矣。以上至「秦攻周」，是周冣說秦也。【考證】以上采西周策。

五十八年，三晉距秦。周令其相國之秦，以秦之輕也，還其行。〔一〕客謂相國曰：「秦之輕重未可知也。〔二〕秦欲知三國之情。公不如急見秦王，曰『請爲王聽東方之變』，秦王必重

公。重公是秦重周，周以取秦也；齊重，則固有周聚以收齊：是周常不失重國之交也。」〔三〕秦信周，發兵攻三晉。〔四〕

〔一〕【正義】以秦輕易周相，故相國於是反歸周也。【考證】凌稚隆曰：策作「留其行」，注「留，不進也」。此「還」字恐「遲」字之誤。

〔二〕【正義】言秦之輕相國，重相國，亦未可知。

〔三〕【集解】徐廣曰：「聚，一作『冣』，冣亦古之聚字。」【正義】按：周聚事齊而和於齊周，故得齊重。今相國又得秦重，是相國收秦，周聚收齊，周常不失大國之交也。【考證】齊重，「重」字疑衍。周聚即周冣。中井積德曰：重國，猶强國也。

〔四〕【正義】三晉，韓、魏、趙也。以上至「五十八年」，是客說周相國，令報三國之情，得秦重也。【考證】以上采東周策。

五十九年，秦取韓陽城、負黍，〔一〕西周恐倍秦，與諸侯約從，〔二〕將天下鋭師，出伊闕攻秦，令秦無得通陽城。〔三〕秦昭王怒，使將軍摎攻西周。〔四〕西周君犇秦，頓首受罪，盡獻其邑三十六、口三萬。〔五〕秦受其獻，歸其君於周。

〔一〕【集解】徐廣曰：「陽城有負黍聚。」【正義】括地志云：「陽城，洛州縣也。負黍亭，在陽城縣西南三十五里。故周邑。左傳云『鄭伐周負黍』，是也。」今屬韓國也。

〔二〕【集解】文穎曰：「關東爲從，關西爲横。」孟康曰：「南北爲從，東西爲横。」瓚曰：「以利合曰從，以威勢相脅曰横。」【正義】按：諸説未允。關東地南北長，長爲從，六國共居之。關西地東西廣，廣爲横，秦獨居之。

〔三〕【正義】西周以秦取韓陽城、負黍，恐懼，倍秦之約，共諸侯連從，領天下鋭師，從洛州南出伊闕攻秦軍，令不得通陽城。

〔四〕【集解】漢書百官表曰：「前、後、左、右將軍，皆周末官也。」【正義】摎，音紀虯反。

〔五〕【索隱】秦昭王之五十二年。【正義】謂西周武公。【考證】西周武公與東周惠公兄弟。惠公薨於顯王九年，而武公存於赧王五十九年，可疑。此云「西周君」，蓋武公子孫。

周君、王赧卒，〔一〕周民遂東亡。秦取九鼎寶器，而遷西周公於𢠸狐。〔二〕後七歲，秦莊襄王滅東（西）周。〔三〕東西周皆入于秦，周既不祀。〔四〕

〔一〕【集解】宋衷曰：「謚曰西周武公。」【索隱】非也。徐以西周武公是惠公之長子，此周君即西周武公也。蓋此時武公與王赧皆卒，故連言也。【正義】劉伯莊云：「赧是慙恥之甚，輕微危弱，寄住東西，足爲慙赧，故號之曰赧。」帝王世紀云：「名誕。雖居天子之位號，爲諸侯之所役逼，與家人無異。名負責於民，無以得歸，乃上臺避之，故周人名其臺曰逃責臺。」【考證】陳仁錫曰：「周」下「君」字衍文。愚按：此句屬下讀，西周君此時未死，下文可證。

〔二〕【集解】徐廣曰：「𢠸音憚。𢠸狐聚，與陽人聚相近，在洛陽南百五十里梁、新城之閒。」【索隱】西周，蓋武公之太子文公也。武公卒而立，爲秦所遷。而東周亦不知其名號。戰國策雖有周文君，亦不知滅時定當何主。蓋周室衰微，略無紀録，故太史公雖考衆書以卒其事，然二國代系，甚不分明。【正義】括地志云：「汝州外古梁城，即𢠸狐聚也。陽人故城，即陽人聚也，在汝州梁縣西四十里，秦遷東周君地。梁亦古梁城也，在汝州梁縣西南十五里。新城，今洛州伊闕縣也。」按：𢠸狐、陽人，傍在三城之閒。【考證】西周之亡，地與人皆入秦，而赧王成周之居，自若也，故赧王得考其終。史所謂歸西周君於周者，亦斥成周王居也。赧王已崩，周民東亡，無復守九鼎寶器者，西周公遂失其居，遷於𢠸狐矣。

〔三〕【集解】徐廣曰：「周比亡之時，凡七縣，河南、洛陽、穀城、平陰、偃師、鞏、緱氏。」【正義】括地志云：「故穀城，在洛州河南縣西北十八里苑中。河陰縣城，本漢平陰縣，在洛州河陽縣東北五十里。十三州志云，在平津大河之南也。魏文帝改曰河陰。」【考證】陳仁錫曰：「西」字衍。洞本無。愚按：西周已滅於赧王五十九年，是歲東周復滅，故下文云「東西周皆入于秦。」

〔四〕【集解】皇甫謐曰：「周凡三十七王，八百六十七年。」【索隱】既，盡也。日食盡曰既。言周祚盡滅，無主祭祀。【正義】按：王赧卒後，天下無主三十五年，七雄並争。至秦始皇立，天下一統，十五年，海内咸歸於漢矣。【考證】崔適曰：秦本紀，東周君與諸侯謀伐秦，秦使相國呂不韋誅之，盡入其國，秦不絕其祀，以陽人地賜周君，奉其祭祀。然則莊襄王滅東周時，未絕其祀也。至始皇除封建爲郡縣，前代賜周陽人地，當復入于秦矣。此云「不祀」，終言之也。徐孚遠曰：平王東遷曰「以奉周祀」，紀末以「周既不祀」終焉，贊語復封周後，蓋自相應，以明漢家繼絕也。王鏊曰：「周既不祀」下當有缺文，不應如索隱説。

太史公曰：學者皆稱周伐紂，居洛邑。綜其實，不然。武王營之，成王使召公卜居，居九鼎焉，而周復都豐、鎬。至犬戎敗幽王，周乃東徙于洛邑。所謂「周公葬我畢」。畢，在鎬東南杜中。〔一〕秦滅周。漢興九十有餘載，天子將封(秦)〔泰〕山，東巡狩至河南，求周苗裔，封其後嘉三十里地，號曰周子南君，〔二〕比列侯，以奉其先祭祀。〔三〕

〔一〕【集解】徐廣曰：「一作『社』。」【考證】何焯曰：觀婁敬之言，當時直謂周都洛陽，不容無辯。梁玉繩曰：「我」字不可解，當是「于」字之誤。史公蓋引書序。愚按：「我」字自周公立言。史公采書序意，不襲其文。岡白駒曰：事見于魯世家。

〔二〕【集解】瓚曰：「汲冢古文謂衛將軍文子爲子南彌牟，其後有子南勁朝于魏，後惠成王如衛，命子南爲侯。秦并六國，衛最爲後，疑嘉是衛後，故氏子南而稱君也。」【正義】括地志云：「周承休城，一名梁雀塢，在汝州梁縣東北二十六里。帝王世紀云『漢武帝元鼎四年，東巡河洛，思周德，乃封姬嘉三千户，地方三十里，爲周子南君，以奉周祀。元帝初元五年，嘉孫延年進爵爲承休侯』，在此城也。平帝元始四年，進爲鄭公。光武建武十三年，封於觀，爲衛公。」顔師古云：「子南，其封邑之號，爲周後，故總言周子南君。」按：自嘉以下，皆姓姬氏，著在史傳。瓚言子南爲氏，恐非。【考證】通鑑注：「據恩澤侯表，周子南君食邑於潁川長社。」愚按：周表其舊國。子，美稱。南，以其在河南也。君亦美稱，非邑，非姓氏，亦與衛子孫不相涉。

〔三〕【集解】徐廣曰：「自周亡乙巳，至元鼎四年戊辰一百四十四年，漢之九十四年也。漢武元鼎四年封周後也。」

【索隱述贊】后稷居邰，太王作周。丹開雀録，火降烏流。三分既有，八百不謀。蒼兕誓衆，白魚入舟。太師抱樂，箕子拘囚。成康之日，政簡刑措。南巡不還，西服莫附。共和之後，王室多故。檿弧興謡，龍漦作蠹。頹帶(挂)〔荏〕禍，實傾周祚。

史記會注考證卷五

秦本紀第五

史記五

【索隱】秦雖嬴政之祖，本西戎附庸之君，豈以諸侯之邦，而與五帝三王同稱「本紀」？斯必不可，可降爲秦世家。【考證】史公自序云：「維秦之先，伯翳佐禹；穆公思義，悼豪之旅；以人爲殉，詩歌黄鳥；昭襄業帝。作秦本紀第五。」歸有光曰：秦本紀與始皇本紀當爲一，如周紀始后稷也。以簡帙多，始皇自爲紀。何焯曰：莊襄之世，秦已取周，固繼周而王矣。然六國未亡，則存封建之遺制也。至始皇并吞而盡有之，分天下爲三十六郡，於是三代規模一變，是始皇本紀所以離而爲二也。方苞曰：秦紀多夸語，其世系事蹟詳於列國，而於他書無徵，蓋史之舊也。愚按：六國年表序云「太史公讀秦記，至犬戎敗幽王，周東徙洛邑，秦襄公始封爲諸侯，作西畤用事上帝，僭端見矣」。又云「秦記不載日月，其文略未具，然戰國之權變亦有可頗采者」，蓋此紀以秦記爲經，以左傳、國語、國策爲緯，比諸吴、齊、魯、晉諸世家，其事大備者爲此也。

秦之先，帝顓頊之苗裔，〔一〕孫曰女脩。女脩織，玄鳥隕卵，女脩吞之，生子大業。〔二〕大業取少典之子曰女華。女華生大費，〔三〕與禹平水土。已成，帝錫玄圭。禹受曰：「非予能成，亦大費爲輔。」帝舜曰：「咨爾費，贊禹功，其賜爾皁游。〔四〕爾後嗣將大出。」〔五〕乃妻之姚姓之玉女。〔六〕大費拜受，佐舜調馴鳥獸，鳥獸多馴服，是爲柏翳。〔七〕舜賜姓嬴氏。

〔一〕【正義】黃帝之孫，號高陽氏。

〔二〕【索隱】女脩，顓頊之裔女，吞鳦子而生大業。其父不著。而秦、趙以母族而祖顓頊，非生人之義也。按：左傳，郯國，少昊之後，而嬴姓蓋其族也，則秦、趙宜祖少昊氏。【正義】列女傳云：「陶子生五歲而佐禹。」曹大家注云：「陶子者皋陶之子伯益也。」按此即知大業是皋陶。【考證】柯維騏曰：古人郊禖祈嗣，以玄鳥至日爲候，祈而適孕，乃生大業耳。洪亮吉曰：此乃因簡狄事附會，不足信。愚按：伯益非皋陶子，正義誤。

〔三〕【索隱】扶味反，一音祕。尋費後以爲氏，則扶味反爲得，此則秦、趙之祖，嬴姓之先，一名伯翳，尚書謂之「伯益」，系本、漢書謂之「伯益」，是也。尋檢史記上下諸文，伯翳與伯益是一人不疑。而陳杞系家，即敍伯翳與伯益爲二，未知太史公疑而未決邪？抑亦謬誤爾？【考證】俞樾曰：顓頊爲黃帝之孫，女脩既爲顓頊苗裔，則去黃帝遠矣，況大業又其子乎？而少典黃帝之父也，女華爲少典之子，則與黃帝兄弟也。而謂大業得娶之子，以五帝紀及秦紀參觀，其謬殊甚。趙翼曰：史記伯益佐禹，而秦本紀，秦之先大業娶女華生大費，大費佐禹平水土，輔舜馴鳥獸。舜妻以姚之玉女，是曰「栢翳」，而不言「伯益」，是以後人皆以栢翳、伯益爲二人。然使佐大禹平水土者，別有栢翳一人，則尚書載之，當與稷、契、皋陶同列，乃尚書所載有伯益無栢翳，而伯益爲虞，其職若上下草木鳥獸，與史記所云馴鳥獸者適相脗合，則史記平水土馴鳥獸之栢翳，即尚書若上下草木鳥獸之伯益無疑。惟史記之大費不見於尚書。胡應麟據汲冢書有費侯伯益之語，則大費則伯益之封國。史記既云大費即栢翳，而伯益實封於費，可見栢翳即伯益也。又按：國語「嬴，伯翳之後也」。韋昭注「即伯益也」。漢書地理志又曰「秦之先爲伯益，佐禹治水，爲舜虞官」。則栢翳、伯益之爲一人，尤明白可證。蓋「翳」與「益」聲相近之訛也。梁氏志疑亦以伯翳爲伯益，其說更詳。愚按：古重氏族，託名聖賢，以華其所自出者，不獨嬴秦。其爲顓頊之裔，既已不可知，伯益、栢翳異同，不問而可也。

〔四〕【索隱】游，音旒。謂賜以皁色旌旆之旒，色與玄玉色副，言其大功成也。然其事亦當有所出。

〔五〕【索隱】出猶生也。言爾後嗣繁昌，將大生出子孫也。故左傳亦云「晉公子，姬出也」。【考證】中井積德曰：出，猶興也。

〔六〕【集解】徐廣曰：「皇甫謐云，賜之玄玉，妻以姚姓之女也。」【考證】朱亦棟曰：禮有「請君玉女」之文，鄭注「言玉女者，美言之也」。愚按：「乃妻之」以下，記事之文。「玉」字疑衍。集解「賜之玄玉」，上文「錫玄玉」集解誤併於此，說詳于李笠訂補。

〔七〕【考證】「拜受」二字承賜皁游。

大費生子二人：一曰大廉，實鳥俗氏；二曰若木，實費氏。〔一〕其玄孫曰費昌，子孫或在中國，或在夷狄。〔二〕費昌當夏桀之時，去夏歸商，爲湯御以敗桀於鳴條。大廉玄孫曰孟戲、中衍，〔三〕鳥身人言。〔四〕帝太戊聞而卜之使御，吉，遂致使御，而妻之。〔五〕自太戊以下，中衍之後，遂世有功，〔六〕以佐殷國，故嬴姓多顯，遂爲諸侯。

〔一〕【索隱】以仲衍鳥身人言，故爲鳥俗氏。俗，一作「浴」。若木以王父字爲費氏也。【考證】李笠曰：周本紀「檿弧箕服」，亦當與此同義。詩頍弁「實維何」，鄭箋「實猶是也」。楚詞抽思「實沛徂兮」，王注「實猶是也」。

〔二〕【索隱】殷紂時費仲，即昌之後也。

〔三〕【索隱】舊解以孟戲、仲衍是一人，今以孟、仲分字，當是二人名也。

〔四〕【正義】身體是鳥，而能人言。又云，口及手足似鳥也。【考證】楓、三、南本「言」作「首」。梁玉繩曰：「鳥身」

上似脱「仲衍」二字。

〔五〕【考證】楓、三、南本「吉」下有「左右」二字。三、南本「致」作「置」。

〔六〕【正義】謂費昌及仲衍。【考證】御覽引無「遂」字。正義「費昌及」三字可削。

其玄孫曰中潏，在西戎保西垂。生蜚廉。〔一〕蜚廉生惡來。惡來有力，〔二〕蜚廉善走，父子俱以材力事殷紂。周武王之伐紂，并殺惡來。是時蜚廉爲紂石北方，〔三〕還無所報，爲壇霍太山而報，〔四〕得石棺，〔五〕銘曰「帝令處父不與殷亂，賜爾石棺以華氏」。〔六〕死，遂葬於霍太山。〔七〕蜚廉復有子曰季勝。〔八〕季勝生孟增。孟增幸於周成王，是爲宅皋狼。〔九〕皋狼生衡父，衡父生造父。〔一〇〕造父以善御幸於周繆王，得驥、温驪、〔一一〕驊騮、〔一二〕騄耳之駟，〔一三〕西巡狩，樂而忘歸。〔一四〕徐偃王作亂，〔一五〕造父爲繆王御，長驅歸周，一日千里，以救亂。〔一六〕繆王以趙城封造父，造父族由此爲趙氏。〔一七〕自蜚廉生季勝已下五世至造父，別居趙。趙衰其後也。惡來革者，蜚廉子也，蚤死。〔一八〕有子曰女防。女防生旁皋，旁皋生太几，太几生大駱，〔一九〕大駱生非子。以造父之寵，皆蒙趙城姓趙氏。〔二〇〕

〔一〕【集解】徐廣曰：「潏，一作『滑』。」【正義】中，音仲。潏，音決。宋衷注世本云，仲滑生飛廉。

〔二〕【集解】晏子春秋曰：「手裂虎兕。」

〔三〕【集解】徐廣曰：「皇甫謐云，作石椁於北方。」【索隱】「石」下無字則不成文意，亦無所見，必是史記本脱。皇甫謐尚得其説。徐雖引之，而竟不云是脱何字，專質之甚也。【正義】爲，于僞反。劉伯莊云：「霍太山，紂都之北也。霍太山，在晉州霍邑縣。」按：在衛州朝歌之西方也。【考證】「石」當作「使」。梁玉繩曰：水經汾水注述此事云「飛廉先爲紂使北方」，御覽引史記亦曰「時飛廉爲紂使北方」，傳寫誤「使」爲「石」。洪頤煊、沈濤、姚範、張文虎説同。

〔四〕【集解】地理志，霍太山在河東彘縣。

〔五〕【正義】紂既崩，無所歸報，故爲壇就霍太山而祭紂，報云作得石槨。【考證】蜚廉築土爲壇，偶土中得石棺，石棺與紂不涉。

〔六〕【索隱】蜚廉別號。【考證】中井積德曰：處父是字。沈濤曰：御覽引作「不與發亂」，發，武王名也。言不與周武之難耳。愚按：孟子云「驅飛廉於海隅戮之」，與此異。

〔七〕【集解】皇甫謐云：「去彘縣十五里有冢，常祠之。」【索隱】言處父至忠，國滅君死，而不忘臣節，故天賜石棺，以光華其族。事蓋非實，譙周深所不信。

〔八〕【正義】音升。

〔九〕【正義】地理志云，西河郡皋狼縣也。按：孟增居皋狼而生衡父。【考證】中井積德曰：宅皋狼是號。

〔一〇〕【考證】「皋」上當有「宅」字。

〔一一〕【集解】徐廣曰：「温，一作『盜』。」駰案：郭璞云「爲馬細頸。驪，黑色。」【索隱】温，音盜。徐廣亦作「盜」。鄒誕生本作「駣」，音陶。劉氏音義云「盜驪，騧驪也。騧，淺黃色」。八駿既因色爲名，騧驪爲得之也。【考證】南本重「穆王」二字。「温」當從一本作「盜」，世家及穆天子傳、列子周穆王、後漢東夷傳李賢注可證，盜乃淺青色。

〔一二〕【集解】郭璞曰：「色如華而赤。今名馬驃赤者爲棗騮。騮，馬赤也。」

〔一三〕【集解】郭璞曰：「紀年云『北唐之君，來見以一驪馬，是生騄耳』。八駿皆因其毛色以爲名號。」駰案：穆天子傳，穆王有八駿之乘，此紀不具者也。【索隱】按：穆王傳曰，赤驥、盜驪、白義、渠黃、驊騮、踰輪、騄耳、山子。【正義】騄音録。

〔一四〕【集解】郭璞曰：「紀年云，穆王十七年，西征於崑崙丘，見西王母。」【正義】括地志云：「崑崙山，在肅州酒泉縣南八十里。十六國春秋云，前涼張駿酒泉守馬岌上言，酒泉南山，即崑崙之丘也，周穆王見西王母，樂而忘歸，即謂此山。有石室玉堂，珠璣鏤飾，煥若神宮。」按：肅州，在京西北二千九百六十里，即小崑崙也，非河源出處者。

〔一五〕【集解】地理志曰，臨淮有徐縣，云故徐國。尸子曰：「徐偃王有筋而無骨。」駰謂號偃由此。【正義】括地志云：「大徐城，在泗州徐城縣北三十里，古徐國也。博物志云，徐君宮人有娠而生卵，以爲不祥，棄於水濱洲。獨孤母有犬鵠蒼，銜所棄卵以歸，覆煖之，乃成小兒。生時正偃，故以爲名。宮人聞之，更取養之。及長，襲爲徐君。後鵠蒼臨死，生角而九尾，化爲黃龍也。鵠蒼或名后蒼。」括地志又云：「徐城，在越州鄮縣東南入海二百里。夏侯志云，翁洲上有徐偃王城。傳云，昔周穆王巡狩，諸侯共尊偃王，穆王聞之，令造父御，乘騕褭之馬，日行千里，自還討之。或云，命楚王帥師伐之，偃王乃於此處立城以終。」

〔一六〕【正義】古史考云：「徐偃王與楚文王同時，去周穆王遠矣。且王者行有周衛，豈得救亂而獨長驅日行千里乎？」並言此事非實。按：年表，穆王元年去楚文王元年三百一十八年矣。【考證】韓非子五蠹篇云：「徐偃王處漢東，地方五百里，行仁義，割地而朝者三十有六國。荆文王恐其害己也，舉兵伐徐，遂滅之。」淮南子人間訓所云略同。據此則滅徐者楚文王，非周穆王也。而此紀及趙世家云，徐偃王作亂，造父御周穆王，攻徐破之。楚世家亦不載文王伐徐事，至後漢東夷傳則云「偃王處潢池東，地方五百里」，「陸地而朝者三十有六國，穆王後得驥騄之乘，乃使造父御，以告楚令伐徐，一日而至。於是楚文王大舉兵而滅之，偃王仁而無權，不忍鬬其人，故致於敗。乃北走彭城武原縣東山下，百姓隨之者以萬數，因名其山爲徐山」。於是周穆、楚文、造父三人悉與徐偃事。韓愈衢州徐偃王廟碑亦本此爲說。崔述曰：前乎穆王者，有魯公之費誓，曰「徂茲淮夷，徐戎並興」。後乎穆王者，有宣王之常武，曰「震驚徐方，徐方來庭」。則是徐本戎也，與淮夷相倚爲邊患，叛服不常，其來久矣，非能行仁義以服諸侯，亦非因穆王遠遊而始爲亂也。且楚文王立於周莊王之八年，上距共和之初已一百五十餘年，自穆王至是不下三百年，而安能與之共伐徐乎？故張氏史記正義言此事非實矣，蓋穆王本巡遊無度者，故傳稱「周行天下，將皆有車轍馬跡焉」。後世稱造父者，欲神其技，因取偃王之事附會之，以見其有救亂之功；稱偃王者，欲表其美，因又取穆王之事附會，以爲能行仁義而諸侯歸之耳。初未暇計其乖舛於事理，刺謬於經傳也。韓子之文，雖出於酬應，不得已而作，然采邪說以惑後世，亦非大賢所宜爲也。愚按：崔說極確。

〔一七〕**【集解】**徐廣曰：「趙城在河東永安縣。」**【正義】**括地志云：「趙城，今晉州趙城縣是。本彘縣地，後改曰永安，即造父之邑也。」**【考證】**今山西平陽趙城縣西南。

〔一八〕**【考證】**余有丁曰：按惡來革者豈即惡來耶？但不宜復曰「蜚廉子」，既爲武王誅死，又不宜曰「早死」。

〔一九〕**【考證】**梁玉繩曰：秦詩譜疏引此，「女防」作「女妨」，人表同。

〔二〇〕**【考證】**蒙，昌也。梁玉繩曰：蓋秦趙同祖，或可互稱，故陸賈傳曰「秦任刑法不變，卒滅趙氏」。漢書武五子傳曰「趙氏無炊火焉」。楚世家、淮南子人間、泰族二訓，稱始皇爲趙政。

非子居犬丘，〔一〕好馬及畜，善養息之。〔二〕犬丘人言之周孝王，孝王召使主馬于汧、渭之閒，馬大蕃息。〔三〕孝王欲以爲大駱適嗣。申侯之女爲大駱妻，生子成爲適。申侯乃言孝王曰：「昔我先酈山之女，爲戎胥軒妻，生中潏，〔四〕以親故歸周，保西垂，西垂以其故和睦。今我復與大駱妻，生適子成。申、駱重婚，西戎皆服，所以爲王。王其圖之。」〔五〕於是孝王曰：「昔伯翳爲舜主畜，畜多息，故有土，賜姓嬴。今其後世亦爲朕息馬，朕其分土爲附庸。」邑之秦，使復續嬴氏祀，〔六〕號曰秦嬴。亦不廢申侯之女子爲駱適者，以和西戎。〔七〕秦嬴生秦侯。秦侯立十年卒。生公伯。公伯立三年卒。生秦仲。

〔一〕【集解】徐廣曰：「今槐里也。」【正義】括地志云：「犬丘故城，一名槐里，亦曰廢丘，在雍州始平縣東南十里。地理志云，扶風槐里縣，周曰犬丘，懿王都之，秦更名廢丘，高祖三年更名槐里也。」

〔二〕【正義】好，火到反。畜，許救反。

〔三〕【正義】汧，音牽。言於二水之閒，在隴州以東。

〔四〕【正義】申侯之先，娶於酈山。胥軒，仲衍曾孫也。【考證】岡白駒曰：申侯之先人嘗居酈山者之女。中井積德曰：酈山蓋先侯之名號。

〔五〕【正義】重，直龍反。言申駱重婚，西戎皆從，所以得爲王。王即孝王。【考證】岡白駒曰：爲，去聲。李笠曰：正義「得」字衍。

〔六〕【集解】徐廣曰：「今天水隴西縣秦亭也。」【正義】括地志云：「秦州清水縣，本名秦，嬴姓邑。十三州志云，秦亭，秦谷是也。周太史儋云『始周與秦國合而別』，故天子邑之秦。」

〔七〕【考證】古鈔、南本「駱」上有「大」字。

秦仲立三年，周厲王無道，諸侯或叛之。西戎反王室，滅犬丘大駱之族。周宣王即位，〔一〕乃以秦仲爲大夫，誅西戎。西戎殺秦仲。秦仲立二十三年死於戎。〔二〕有子五人，其長者曰莊公。〔三〕周宣王乃召莊公昆弟五人，與兵七千人，使伐西戎，破之。於是復予秦仲後及其先大駱地犬丘，并有之，爲西垂大夫。〔四〕

〔一〕【集解】徐廣曰：「秦仲之十八年也。」

〔二〕【集解】毛詩序曰：「秦仲始大，有車馬禮樂侍御之好也。」

〔三〕【考證】梁玉繩曰：襄公始爲諸侯，襄公之先，不過大夫而已。稱莊公者，詩秦風譜疏云「蓋追謚之」，理或然也。或曰，承非子之初封，僭稱爲公，猶非子之稱秦侯耳。

〔四〕【正義】注水經云：「秦莊公伐西戎，破之，周宣王與大駱犬丘之地，爲西垂大夫。」括地志云：「秦州上邽縣西南九十里，漢隴西郡〔西〕縣是也。」【考證】「復予」以下十六字一氣讀，言賜以秦仲舊封，及大駱所有犬丘之地，使并有之也。

莊公居其故西犬丘，生子三人，其長男世父。世父曰：「戎殺我大父仲，我非殺戎王，則不敢入邑。」遂將擊戎，讓其弟襄公。〔一〕襄公爲太子。莊公立四十四年卒。太子襄公代立。襄公元年，以女弟繆嬴爲豐王妻。〔二〕襄公二年，〔三〕戎圍犬丘世父，世父擊之，爲戎人所虜。〔四〕歲餘，復歸世父。七年春，周幽王用褒姒廢太子，立褒姒子爲適，數欺諸侯，諸侯叛之。西戎犬戎與申侯伐周，殺幽王酈山下。而秦襄公將兵救周，戰甚力，有功。周避犬戎難，東（涉）〔徙〕雒邑，〔五〕襄公以兵送周平王。平王封襄公爲諸侯，賜之岐以西之地。曰：「戎無道，侵奪我岐、豐之地，秦能攻逐戎，即有其地。」與誓封爵之。襄公於是始國，與諸侯通使聘享之禮，乃用騮駒、〔六〕黃牛、羝羊各三，祠上帝西畤。〔七〕十二年，伐戎而至岐，卒。生文公。

〔一〕【考證】錢大昕曰：據此則周未東遷之日，戎已僭王號，如徐偃王、楚句亶王、鄂王、越章王之類，其後有亳王、義渠王、獂王，皆戎種。愚按：「戎王」之「王」，猶言長，非「帝王」之「王」。

〔二〕【考證】張文虎曰：宋本無「元年以」三字。凌稚隆曰：周無豐王，閩本作「幽王」，蓋「幽」、「豐」字相近，而又適其時，作「幽」似矣。然幽王妻申后，何以有繆嬴？周廣業曰：豐王疑是戎王之號，荐居岐豐，因稱豐王，與亳王一例，非幽王也。上下文周厲王、周宣王、周幽王、周平王皆連「周」字，知是必非幽王。秦襄以女弟妻戎王，鄭武公妻胡之計耳。愚按：後説是。

〔三〕【正義】括地志云：「故汧城，在隴州汧源縣東南三里。帝王世紀云秦襄公二年徙都汧，即此城。」

〔四〕【考證】梁玉繩曰：「世父」二字衍。

〔五〕【正義】周平王徙居王城，即雒誥云「我卜澗水東，瀍水西」者也。

〔六〕【集解】徐廣曰：「赤馬黑鬣曰騮。」

〔七〕【集解】徐廣曰：「年表云，立西畤，祠白帝。」【索隱】襄公始列爲諸侯，自以居西，西，縣名，故作西畤祠白帝。畤，止也，言神靈之所依止也。亦音市，謂爲壇以祭天也。【考證】梁玉繩曰：按年表及封禪書，「各三」當作「各一」，「上帝」當作「白帝」。愚按：六國表序云「秦襄公始封爲諸侯，作西畤用事上帝，僭端見矣」，與此紀合，則不改作「白」。但五行、五帝之説始盛於戰國，春秋之前未之有也。秦之西畤、鄜畤、密畤，亦止爲壇祭神，猶中土諸侯祭社稷耳，其曰祠上帝、祠白帝黄帝者，蓋後來附會之説，何必問其異同。

文公元年，居西垂宫。〔一〕三年，文公以兵七百人東獵。四年，至汧渭之會。〔二〕曰：「昔周邑我先秦嬴於此，後卒獲爲諸侯。」乃卜居之，占曰吉，〔三〕即營邑之。十年，初爲鄜畤，〔四〕用三牢。十三年，初有史以紀事，民多化者。十六年，文公以兵伐戎，戎敗走。於是文公遂收周餘民有之，地至岐，岐以東獻之周。〔五〕十九年，得陳寶。〔六〕二十年，法初有三族之罪。〔七〕

二十七年，伐南山大梓、豐、大特。〔八〕四十八年，文公太子卒，賜謚爲竫公。〔九〕竫公之長子爲太子，是文公孫也。五十年，文公卒，葬西山。〔一〇〕竫公子立，是爲寧公。〔一一〕

〔一〕【正義】即上西縣是也。

〔二〕【考證】岡白駒曰：會，二水之所會同。

〔三〕【正義】括地志云：「郿縣故城，在岐州郿縣東北十五里。秦紀云秦文公東獵汧、渭之會，卜居之，乃營邑焉，即此城也。」【考證】南本「卒」下有「以」字。

〔四〕【集解】徐廣曰：「鄜縣，屬馮翊。」【索隱】音敷，亦縣名。於鄜地作畤，故曰鄜畤。故封禪書曰「秦文公夢黃蛇自天下屬地，其口止於鄜衍」，史敦以爲神，故立畤也。【正義】括地志云：「三畤原，在岐州雍縣南二十里。封禪書云，秦文公作鄜畤，襄公作西畤，靈公作吳陽上畤，並此原上，因名也。」

〔五〕【考證】孔穎達曰：「按終南之山，在岐之東南，大夫之戒襄公，已引終南爲喻，則襄公亦得岐東，非唯自岐以西也。如本紀之言，文公獻岐東於周，則秦之東境終不過岐，而春秋之時，秦境東至於河。明襄公救周即得之矣，本紀之言不可信也。」梁玉繩曰：終南隔渭相望，詩人起興，不必定是時得岐東。秦地至河，在晉惠公獻地後，乃穆公創霸時事，左傳及本紀甚明，不得言襄公救周即得之矣。至獻岐東之說，或者秦獻之，而周不能有，遂仍入于秦乎？

〔六〕【索隱】按：漢書郊祀志云「文公獲若石云，于陳倉北阪城祠之，其神來，若雄雉，其聲殷殷云，野雞夜鳴，以一牢祠之，號曰陳寶」。又臣瓚云「陳倉縣有寶夫人祠，歲與葉君神會，祭于此者也」。蘇林云「質如石，似肝」。云，語辭。【正義】括地志云：「寶雞神，在岐州陳倉縣東二十里故陳倉城中。晉太康地志云『秦文公時，陳倉人獵得獸，若彘，不知名，牽以獻之。逢二童子，童子曰：「此名爲媦，常在地中，食死人腦。」即欲殺之，拍捶其首。媦亦語曰：「二童子名陳寶，得雄者王，得雌者霸。」陳倉人乃逐二童子，化爲雉，雌上陳倉北阪，爲石，秦祠之。』搜神記云，其雄者飛至南陽，其後光武起於南陽，皆如其言也。」

〔七〕【集解】張晏曰：「父母、兄弟、妻子也。」如淳曰：「父族、母族、妻族也。」【考證】余有丁曰：秦法自來慘刻，蓋夷狄之故俗也。黄淳耀曰：三族之罪，始於秦文公，而商鞅因之。漢祖名爲除秦苛政，然始定天下，即族信、越，文帝甫除收孥相坐律令，旋族新垣平，是後武帝數興大獄，而秦法遂終漢世不變。吾故謂漢非雜霸也，雜秦耳。嗚呼，秦之遺孽毒，甚矣哉！

〔八〕【集解】徐廣曰：「今武都故道有怒特祠，圖大牛，上生樹，本有牛從木中出，後見於豐水之中。」【正義】括地志云：「大梓樹，在岐州陳倉縣南十里倉山上。録異傳云『秦文公時，雍南山有大梓樹，文公伐之，輒有大風雨，樹生合不斷。時有一人病，夜往山中，聞有鬼語樹神曰：「秦若使人被髪，以朱絲繞樹伐汝，汝得不困耶？」樹神無言。明日，病人語聞，公如其言，伐樹，斷，中有一青牛，出，走入豐水中。其後牛出豐水中，使騎擊之，不勝。有騎墮地，復上，髪解，牛畏之，入不出，故置髦頭。漢、魏、晉因之。武都郡立怒特祠，是大梓牛神也。』」按：今俗畫青牛障是。【考證】大梓、豐、大特，蓋戎名。

〔九〕【集解】徐廣曰：「文公之四十四年，魯隱之元年。」【考證】古鈔本「竫」作「静」。俞樾曰：太子而爵之以公，非禮也，當時諸侯所未有也。下文又云，哀公卒，太子夷公蚤死，不得立，立夷公子，是爲惠公。愚按：恐是秦史夸言。

〔一〇〕【集解】徐廣曰：「皇甫謐云，葬於西山，在今隴西之西縣。」【考證】楓、三、南本「西」上有「岐」字。

〔一一〕【集解】徐廣曰：「一作『曼』。」【考證】梁玉繩曰：始皇紀末秦記「寧公」作「憲公」，漢人表同，即索隱於秦記引秦本紀亦作「憲公」，則「寧」字以形近致譌，此與年表並當改爲「憲公」。張文虎曰：詩秦風疏、水經注、册府元龜引史皆作「寧公」，則作「寧」之本已久。

寧公二年，公徙居平陽。〔一〕遣兵伐蕩社。〔二〕三年，與亳戰，亳王奔戎，遂滅蕩社。〔三〕四年，魯公子翬弒其君隱公。〔四〕十二年，伐蕩氏，取之。寧公生十歲立，立十二年卒，葬西山。〔五〕生子三人，長男武公爲太子，武公弟德公，同母。魯姬子生出子。〔六〕寧公卒，大庶長弗忌、威壘、三父，廢太子而立出子爲君。〔七〕出子六年，三父等復共令人賊殺出子。出子生五歲立，立六年卒。三父等乃復立故太子武公。

〔一〕【集解】徐廣曰：「郿之平陽亭。」【正義】帝王世紀云，秦寧公都平陽。按：岐山縣有陽平鄉，鄉內有平陽聚。括地志云：「平陽故城，在岐州岐山縣西四十六里，秦寧公徙都之處。」

〔二〕【集解】徐廣曰：「蕩，音湯。社，一作『杜』。」【索隱】西戎之君，號曰亳王，蓋成湯之胤。其邑曰蕩社。徐廣云一作「湯杜」，言湯邑在杜縣之界，故曰湯杜也。【正義】括地志云：「雍州三原縣有湯陵。又有湯臺，在始平縣西北八里。」按：其國蓋在三原始平之界矣。【考證】梁玉繩曰：「蕩」即「湯」，古字通。西戎亳王號湯，湯在杜縣，後人以「杜」字注其下，混入正文，又譌爲「社」。

〔三〕【集解】皇甫謐云：「亳王號湯，西夷之國也。」

〔四〕【正義】翬音暉，即羽父也。【考證】左傳隱十一年。

〔五〕【正義】括地志云：「秦寧公墓，在岐州陳倉縣西北三十七里秦陵山。帝王世紀云，秦寧公葬西山大麓，故號秦陵山也。」按：文公亦葬西山，蓋秦陵山也。【考證】楓、三、南本「西」上有「岐」字。

〔六〕【正義】德公母號魯姬子。【考證】林伯桐曰：「武公弟德公同母」爲句，「魯姬子生出子」爲句，謂兩公與出子不同母也。正義乃以魯姬子爲德公母，恐未必然。愚按：楓、三本「魯」作「曾」。

〔七〕【正義】壘，音力追反。【考證】岡白駒曰：大庶長、威壘，官名。弗忌、三父，人名。

武公元年，伐彭戲氏，〔一〕至于華山下，〔二〕居平陽封宫。〔三〕三年，誅三父等，而夷三族，以其殺出子也。〔四〕鄭高渠眯殺其君昭公。〔五〕十年，伐邽、冀戎，初縣之。〔六〕十一年，初縣杜、鄭。〔七〕滅小號。〔八〕

〔一〕【正義】戲，音許宜反，戎號也。蓋同州彭衙故城是也。

〔二〕【正義】即華嶽之下也。

〔三〕【正義】宫名，在岐州平陽城内也。

〔四〕【考證】凌稚隆曰：夷三族，與上「初有三族之罪」相呼應。

〔五〕【索隱】春秋魯桓公十七年左傳作「高渠彌」也。

〔六〕【集解】地理志隴西有上邽縣。應劭曰：「即邽戎邑也。」冀縣屬天水郡。【考證】姚鼐曰：周之制，王所居曰「國中」，分命大夫所居曰「都鄙」。自國而外，有曰「家稍」者矣，曰「邦縣」者矣，曰「邦都」者矣，而統名之，皆「都鄙」也。凡齊、魯、衛、鄭之國，率同王朝都鄙之制。蓋周法，中原侯服，疆以周索，國近蠻夷者，乃疆以戎索。故齊、魯、衛、鄭，名同於周，而晉、秦、楚，乃不同於周，不曰「都鄙」曰「縣」，然始者有縣而已，尚無郡名。

〔七〕【集解】地理志，京兆有鄭縣、杜縣也。【正義】括地志云：「下杜故城，在雍州長安縣東南九里，古杜伯國。華州鄭縣也。毛詩譜云，鄭國者，周畿内之地。宣王封其弟於咸林之地，是爲鄭桓公。」按：秦得皆縣之。

〔八〕【集解】班固曰，西號在雍州。【正義】號，音古伯反。括地志云：「故號城，在岐州陳倉縣東四十里。次西十餘里又有城，亦名號城。輿地志云，此號，文王母弟號叔所封，是曰西號。」按：此號滅時，陜州之號猶謂之小號。又云，小號，羌之別種。【考證】洪亮吉曰：西號不滅於秦，輿地志誤，正義謂是羌之別種，較是。

十三年，齊人管至父、連稱等殺其君襄公，而立公孫無知。〔一〕晉滅霍、魏、耿。〔二〕齊雍廩殺無知、管至父等，而立齊桓公。〔三〕齊、晉爲彊國。

〔一〕【考證】館本考證云：「左傳弒襄公，秦武公十二年事，與年表同，與此異。」

〔二〕【索隱】春秋魯閔公元年左傳云「晉滅耿，滅魏，滅霍」，此不言魏，史闕文耳。又傳曰：「賜畢萬魏，賜趙夙耿。」杜預注曰：「平陽皮氏縣東南有耿鄉，永安縣東北有霍太山。三國皆姬姓。」【正義】括地志云：「霍，晉州霍邑縣，又春秋時霍伯國。韋昭云，霍，姬姓也。」括地志云：「故耿城，今名耿倉城，在絳州龍門縣東南十二里，故耿國也。都城記云，耿，嬴姓國也。」【考證】館本考證云：「晉世家獻公之十六年，滅霍、魏、耿，年表是年爲秦成之三年，此作武公十三年，相隔二十四年。」張文虎曰：當錯簡。錢泰吉曰：據索隱，則史本無「魏」字，正義但釋霍、耿，則所見本亦同。

〔三〕【正義】雍，於宮反。廩，力甚反。是雍林邑人姓名也。【考證】王念孫曰：齊世家云「齊君無知游於雍林。雍林人嘗有怨無知，及其往游，雍林人襲殺無知」，是史公以雍林爲邑名，此文亦作「雍林人」，後人依左傳改之也。正義曰「雍林邑人」，此正釋「雍林人」三字也。正義「姓名」二字，此亦後人所加。

十九年，晉曲沃始爲晉侯。〔一〕齊桓公伯於鄄。〔二〕

〔一〕【索隱】晉穆侯少子成師居曲沃，號曲沃桓叔，至武公稱，滅晉侯緡，始爲晉君也。【考證】左傳繫之魯莊十六年，即秦武二十年事。

〔二〕【正義】伯音霸。【考證】莊十五年左傳。

二十年，武公卒，葬雍平陽。初以人從死，從死者六十六人。有子一人，名曰白。白不立，封平陽。〔一〕立其弟德公。

〔二〕【正義】即雍平陽也。平陽時屬雍，並在岐州。解在上也。

德公元年，初居雍城大鄭宮。〔一〕以犧三百牢祠鄜畤。卜居雍。後子孫飲馬於河。〔二〕梁伯、芮伯來朝。〔三〕二年，初伏，〔四〕以狗禦蠱。〔五〕德公生三十三歲而立，立二年卒。生子三人：長子宣公，中子成公，少子穆公。長子宣公立。

〔一〕【集解】徐廣曰：「今縣在扶風。」【正義】括地志云：「岐州雍縣南七里，故雍城，秦德公大鄭宮城也。」

〔二〕【正義】卜居雍之後，國益廣大，後代子孫得東飲馬於龍門之河。【考證】封禪書索隱曰：「百當作『白』，秦君西祀少昊，牲尚白。」「祭郊本特牲，不可用三百牢以祭天。」徐孚遠曰：吳子徵會百牢，秦人僭侈，未必臻特牲之禮，「百」字不爲誤也。愚按：秦列諸侯，歷年未久，其志雖大，亦不過欲飲馬於河耳，何至僭擬天子？況以三百牢祭神，三代所無。「百」字蓋衍文。襄公祠西畤，用騮駒、黄牛、羝羊各一，文公祠鄜畤，用三牢，既見上文。中井積德曰：子孫飲河，是卜占之辭。愚按：是伏後段晉君獻河西地。

〔三〕【索隱】梁，嬴姓。芮，姬姓。梁國在馮翊夏陽。芮國在馮翊臨晉。【正義】括地志云：「南芮鄉故城，在同州朝邑縣南三十里，又有北芮城，皆古芮伯國。鄭玄云，周同姓之國，在畿内，爲王卿士者。左傳云，桓公三年，芮伯萬之母芮姜，惡芮伯之多寵人，故逐之，出居魏。」今按：〔陝〕州芮城縣界有芮國城，蓋是殷末虞芮爭田之芮國是也。【考證】梁，嬴姓。僖六年左傳郤芮曰「梁近秦而幸焉」是也。其十九年亡，秦得其地以爲邑，曰「少梁」。文十一年，晉人取少梁，即是。今陝西同州府韓城縣東二十二里有少梁城。芮，姬姓，今同州府朝邑縣有芮故城。

〔四〕【集解】孟康曰：「六月伏日初也，周時無，至此乃有之。」【正義】六月三伏之節，起秦德公爲之，故云初伏。伏者，隱伏避盛暑也。曆忌釋云：「伏者何？以金氣伏藏之日也。四時代謝，皆以相生：立春，木代水，水生木；立夏，火代木，木生火；立冬，水代金，金生水；立秋，以金代火，故至庚日必伏。庚者金，故曰伏也。」【考證】中井積德曰：當時未有五行生尅之説，正義曆忌釋當削。

〔五〕【集解】徐廣曰：「年表云，初作伏，祠社，磔狗邑四門也。」【正義】蠱者，熱毒惡氣，爲傷害人，故磔狗以禦之。年表云「初作伏，祠社，磔狗邑四門」。按：磔，禳也。狗，陽畜也。以狗張磔於郭四門，禳卻熱毒氣也。左傳云，皿蟲爲蠱。顧野王云，穀久積，變爲飛蟲也。

宣公元年，衛、燕伐周，〔一〕出惠王，立王子穨。〔二〕三年，鄭伯、虢叔〔三〕殺子穨而入惠王。〔四〕四年，作密畤，〔五〕與晉戰河陽，勝之。〔六〕十二年，宣公卒。生子九人，莫立，立其弟成公。

〔一〕【正義】衛，惠公都，即今衛州也。燕，南燕也。周，天王也。括地志云：「滑州故城，古南燕國。應劭云，南燕，姞姓之國，黄帝之後。」

〔二〕【考證】莊公十九年左傳，即秦惠公二年事。

〔三〕【正義】括地志云：「洛州汜水縣古東虢國，亦鄭之制邑，漢之成皋，即周穆王虎牢城。左傳云，宫之奇曰『虢仲虢叔，王季之穆也』。」

〔四〕【考證】莊廿一年左傳，即惠公四年事。

〔五〕【正義】括地志云：「漢有五畤，在岐州雍縣南，則鄜畤、吴陽上畤、下畤、密畤、北畤。秦文公夢黄蛇自天而下，屬地，其口止於鄜衍，作畤，郊祭白帝曰鄜畤。秦宣公作密畤於渭南，祭青帝。秦靈公作吴陽上畤，祭黄帝，作下畤，祠炎帝。漢高帝曰『天有五帝，今四，何也？待我而具五』。遂立黑帝曰北畤，是也。」

〔六〕【考證】河陽之戰，春秋傳、晉世家、年表皆不載。

成公元年，梁伯、芮伯來朝。〔一〕齊桓公伐山戎，次于孤竹。〔二〕

〔一〕【正義】括地志云：「同州韓城縣南二十二里少梁故城，古少梁國。都城記云，梁伯國，嬴姓之後，與秦同祖。秦穆公二十年滅之。」

〔二〕【正義】括地志云：「孤竹故城，在平州盧龍縣十二里，殷時諸侯竹國也。」【考證】莊三十年春秋經，齊人伐山戎。國語齊語，桓公北伐山戎，斬孤竹。

成公立四年卒。子七人，莫立，立其弟繆公。〔一〕

〔一〕【索隱】秦自宣公已上，皆史失其名。今按系本、古史考，得繆公名任好。【考證】古鈔、楓、南本「子」上有「生」字。穆公名任好，見下文，又見文六年左傳。

繆公任好元年，自將伐茅津，勝之。〔一〕四年，迎婦於晉，晉太子申生姊也。其歲，齊桓公伐楚至邵陵。〔二〕

〔一〕【正義】劉伯莊云：「茅津，戎號也。」括地志云：「茅津及茅城，在陝州河北縣西二十里。注水經云，茅亭，茅戎號。」

〔二〕【考證】僖四年春秋經、傳。

五年，晉獻公滅虞、虢，虜虞君與其大夫百里傒，以璧馬賂於虞故也。既虜百里傒，以爲秦繆公夫人媵於秦。〔一〕百里傒亡秦走宛，〔二〕楚鄙人執之。繆公聞百里傒賢，欲重贖之，恐楚人不與，乃使人謂楚曰：「吾媵臣百里傒在焉，請以五羖羊皮贖之。」楚人遂許與之。〔三〕當是時，百里傒年已七十餘。〔四〕繆公釋其囚，與語國事。謝曰：「臣亡國之臣，何足問！」繆公曰：「虞君不用子，故亡，非子罪也。」固問，語三日，繆公大説，授之國政，號曰五羖大夫。百里傒讓曰：「臣不及臣友蹇叔，蹇叔賢而世莫知。臣常游困於齊，而乞食⿰飠至人，蹇叔收臣。〔五〕臣因而欲事齊君無知，蹇叔止臣，臣得脱齊難，遂之周。周王子穨好牛，臣以養牛干之。及穨欲用臣，蹇叔止臣，臣去，得不誅。事虞君，蹇叔止臣。臣知虞君不用臣，臣誠私利禄爵，且留。再用其言，得脱；一不用，及虞君難：是以知其賢。」於是繆公使人厚幣迎蹇叔，以爲上大夫。

〔一〕【考證】南本、宋本無「以璧賂於虞故也既虜百里傒」十二字。晉滅虞、虢，僖五年左傳。梁玉繩曰：孟子言百里奚知虞公之不可諫而去之秦。知虞公之將亡而先去之，安得被執爲媵之事。被執爲媵者，虞大夫井伯也。史誤合爲一人，故于晉世家連書井伯、百里奚，而于此紀以百里奚替井伯。

〔二〕【集解】地理志，南陽有宛縣。【正義】宛，於元反，今鄧州縣。

〔三〕【考證】梁玉繩曰：後漢書、文選注引韓詩外傳、論衡並言秦大夫禽息薦百里奚，當是也。此言繆公贖于楚，吕氏春秋慎人篇言公孫枝以五羊皮買之而獻諸穆公，説苑臣術篇言賈人買以五羖羊皮，使將鹽車，與萬章自鬻秦，皆好事者爲之，言人人殊，不足辨已。戰國時，造詞以誣聖賢，何所不有。

〔四〕【考證】年已七十餘，本於孟子。

〔五〕【集解】徐廣曰：「⿰飠至，一作『銍』。」【正義】銍，音珍栗反。銍，地名，在沛縣。【考證】楓、三、南本「常」作「嘗」。

秋，繆公自將伐晉，戰於河曲。〔一〕晉驪姬作亂，太子申生死新城，〔二〕重耳、夷吾出犇。〔三〕

〔一〕【集解】徐廣曰：「一作『西』。」駰按：公羊傳曰「河千里而一曲也」。服虔曰「河曲，晉地」。杜預曰「河曲在蒲阪南」。【正義】按：河曲在華陰縣界也。【考證】梁玉繩曰：春秋河曲之戰，在魯文十二年，乃秦康公時事，下文書之。「秋穆公」以下十一字衍文。

〔二〕【正義】韋昭云：「曲沃，新爲太子城。」括地志云：「絳州曲沃縣，有曲沃故城，士人以爲晉曲沃新城。」

〔三〕【正義】重耳奔翟，夷吾奔少梁也。【考證】僖四年左傳，十二月戊申，縊於新城，即穆公四年事，此書于五年，蓋依春秋經。

九年，齊桓公會諸侯於葵丘。〔一〕

〔一〕【正義】括地志云：「葵丘，在曹州考城縣東南一里一百五十步郭內，即桓公會處。又青州臨淄縣有葵丘，即傳連稱、管至父所戍處。」

晉獻公卒。〔一〕立驪姬子奚齊，其臣里克殺奚齊。荀息立卓子，〔二〕克又殺卓子及荀息。夷吾使人請秦求入晉。於是繆公許之，使百里傒將兵送夷吾。夷吾謂曰：「誠得立，請割晉之河西八城與秦。」〔三〕及至，已立，而使丕鄭謝秦，背約，不與河西城，而殺里克。〔四〕丕鄭聞之，恐，因與繆公謀曰：「晉人不欲夷吾，實欲重耳。今背秦約而殺里克，皆呂甥、郤芮之計也。願君以利急召呂、郤，呂、郤至，則更入重耳便。」繆公許之，使人與丕鄭歸，召呂、郤。呂、郤等疑丕鄭有閒，乃言夷吾殺丕鄭。丕鄭子丕豹奔秦，說繆公曰：「晉君無道，百姓不親，可伐也。」繆公曰：「百姓苟不便，何故能誅其大臣？能誅其大臣，此其調也。」〔五〕不聽，而陰用豹。〔六〕

〔一〕【考證】「九年」以下僖九年春秋經傳。

〔二〕【集解】徐廣曰：「一作『倬』。」

〔三〕【正義】謂同、華等州地。【考證】左傳、國語無百里奚送夷吾事。「河西八城」作「河外列城五」。

〔四〕【考證】古鈔本「城」作「地」，南本無「城」字。

〔五〕【正義】調，音徒聊反。言能誅大臣丕鄭，云是夷吾於百姓調和也。劉伯莊音徒弔反。按：調，選也。邪臣誅，忠臣用，是夷吾能調選。兩通也。【考證】岡白駒曰：調，取調和之義爲是。

〔六〕【考證】「立驪姬子」以下，見僖九年、十年左傳。國語晉語小異。徐孚遠曰：丕鄭已死，是晉無内應，晉未可以間也，故穆公益厚晉以驕之。

十二年，齊管仲、隰朋死。〔一〕

〔一〕【考證】南本「十二」作「十三」。據齊世家及年表，管仲、隰朋死於秦穆十五年。

晉旱，來請粟。丕豹説繆公勿與，因其饑而伐之。繆公問公孫支，〔一〕支曰：「饑穰更事耳，不可不與。」問百里傒，傒曰：「夷吾得罪於君，其百姓何罪？」於是用百里傒、公孫支言，卒與之粟。以船漕車轉，自雍相望至絳。〔二〕

〔一〕【集解】服虔曰：「秦大夫公孫子桑。」

〔二〕【集解】賈逵曰：「雍，秦國都；絳，晉國都也。」【考證】梁玉繩曰：「晉旱」上失書「十三年」。愚按：南本「車轉」上有「以」字。「晉旱」以下采國語晉語。僖十三年左傳以百里奚言爲穆公自謂。

十四年，秦饑，請粟於晉。晉君謀之羣臣。虢射曰：「因其饑伐之，可有大功。」晉君從之。〔一〕十五年，興兵將攻秦。繆公發兵，使丕豹將，自往擊之。九月壬戌，與晉惠公夷吾合戰於韓地。〔二〕晉君弃其軍，與秦争利，還而馬鷙。〔三〕繆公與麾下馳追之，不能得晉君，反爲晉軍所圍。晉擊繆公，繆公傷。〔四〕於是岐下食善馬者三百人，馳冒晉軍，晉軍解圍，遂脱繆公而反，生得晉君。初，繆公亡善馬，岐下野人共得而食之者三百餘人，〔五〕吏逐得，欲法之。繆公曰：「君子不以畜産害人。吾聞食善馬肉不飲酒，傷人。」乃皆賜酒而赦之。三百人者，聞秦擊晉，皆求從，從而見繆公窘，亦皆推鋒争死，以報食馬之德。〔六〕於是繆公虜晉君以歸，令於國，「齊宿，吾將以晉君祠上帝」。周天子聞之，曰「晉我同姓」，爲請晉君。〔七〕夷吾姊亦爲繆公夫人，夫人聞之，乃衰絰跣曰：「妾兄弟不能相救，以辱君命。」〔八〕繆公曰：「我得晉君以爲功，今天子爲請，夫人是憂。」乃與晉君盟，許歸之，更舍上舍，而饋之七牢。〔九〕十一月，歸晉君夷吾，夷吾獻其河西地，使太子圉爲質於秦。秦妻子圉以宗女。是時秦地東至河。〔一〇〕

〔一〕【正義】射，音石也。【考證】梁玉繩曰：晉世家亦云，惠公用虢射謀，不與秦粟，而發兵伐之。攷内、外傳，晉但不與粟而已，未嘗有因饑伐秦之事。公之伐晉爲其三施無報，豈因晉來攻而秦擊之乎？且未嘗使丕豹將也。且秦饑請粟在十四年冬，戰于韓原在十五年九月，寧有兵閲四時而始交戰者。此及世家皆誤。

〔二〕【正義】左傳云：僖公十五年，秦晉戰于韓原，秦獲晉侯以歸。括地志云：「韓原，在同州韓城縣西南十八里。」十六國春秋云，魏顆夢父結草抗秦將杜回，亦在韓原。」

〔三〕【正義】鷙，音致，又敕利反。國語云：「晉師潰，戎馬還濘而止。」韋昭云：「濘，深泥也。」【考證】鷙，疑當作「縶」。

〔四〕【考證】事詳僖十五年左傳。國語晉語少異。

〔五〕【正義】括地志云：「野人塢，在岐州雍縣東北二十里。」按：野人盗馬食處，因名焉。

〔六〕【考證】「於是岐下」以下采吕氏春秋愛士篇。

〔七〕【考證】梁玉繩曰：內、外傳，秦有殺惠公之議，而無祀上帝之語，此與晉世家並非。徐孚遠曰：左傳無周請晉君之文。初獲晉君，亦未能遽及，當是穆姬力也。

〔八〕【考證】楓、三、南本「跣」下有「行」字，「救」作「教」，義長。

〔九〕【集解】賈逵曰：「諸侯雍餼七牢，牛一，羊一，豕一，爲一牢也。」

〔一〇〕【正義】晉河西八城入秦，秦東境至河，即龍門河也。【考證】「晉君夷吾姊」以下采僖十五年左傳、國語晉語。但「天子爲請」四字，二書無之。中井積德曰：據左傳，穆公以其女妻子圉也，「宗」字恐謬。梁玉繩同。

十八年，齊桓公卒。〔一〕二十年，秦滅梁、芮。〔二〕

〔一〕【考證】僖十八年春秋經，齊侯小白卒，秦穆十七年事。

〔二〕【正義】梁、芮國皆在同州。秦得其地，又滅二國之君。【考證】館本考證云：「僖十九年左傳，秦取梁，年表亦載入秦穆十九年。」愚按：春秋經、傳不記秦滅芮之事。

二十二年，晉公子圉聞晉君病，曰：「梁，我母家也，而秦滅之。我兄弟多，即君百歲後，秦必留我，而晉輕，亦更立他子。」〔一〕子圉乃亡歸晉。二十三年，晉惠公卒，子圉立爲君。秦怨圉亡去，乃迎晉公子重耳於楚，而妻以故子圉妻。〔二〕重耳初謝，後乃受。繆公益禮厚遇之。二十四年春，秦使人告晉大臣，欲入重耳。晉許之，於是使人送重耳。二月，重耳立爲

晉君，是爲文公。文公使人殺子圉。子圉是爲懷公。〔三〕

〔一〕【正義】子圉母，梁伯之女也。【考證】楓、三、南本「他」作「也」，無「子」字。

〔二〕【考證】南本「怨」下有「子」字。

〔三〕【考證】「二十三年」以下采僖二十三年、二十四年左傳，國語晉語。李笠曰：「是爲懷公」四字疑在「子圉立爲君」之下，與「重耳立爲晉君，是爲文公」語相似。後人誤移於此，而衍「子圉」二字耳。愚按：子圉未定爲君，故附記謚號於後耳，非錯簡也。

其秋，周襄王弟帶以翟伐王，王出居鄭。〔一〕二十五年，周王使人告難於晉、秦。秦繆公將兵，助晉文公入襄王，殺王弟帶。〔二〕二十八年，晉文公敗楚於城濮。〔三〕三十年，繆公助晉文公圍鄭。〔四〕鄭使人言繆公曰：「亡鄭厚晉，於晉而得矣，而秦未有利。晉之彊，秦之憂也。」繆公乃罷兵歸。晉亦罷。〔五〕三十二年冬，晉文公卒。〔六〕

〔一〕【正義】王居于氾邑也。【考證】僖廿四年左傳。

〔二〕【考證】梁玉繩曰：僖廿五年左傳云「晉侯辭秦師而下」，晉語云「秦將納之，則失周矣」，是秦未嘗助晉納王也。晉世家與左傳合，此誤。

〔三〕【正義】衛地也，今濮州。【考證】僖二十八年春秋經、傳。

〔四〕【正義】左傳云，僖公三十年，晉侯、秦伯圍鄭。杜預云：「文公過鄭，鄭不禮之。」

〔五〕【考證】僖三十年左傳。李笠曰：上「而」字與「則」同。

〔六〕【考證】僖三十二年春秋經、傳。

鄭人有賣鄭於秦曰：「我主其城門，鄭可襲也。」〔一〕繆公問蹇叔、百里傒，對曰：「徑數國，千里而襲人，希有得利者。且人賣鄭，庸知我國人不有以我情告鄭者乎？不可。」繆公曰：「子不知也，吾已決矣。」遂發兵，使百里傒子孟明視，蹇叔子西乞術及白乙丙將兵。行日，百里傒、蹇叔二人哭之。〔二〕繆公聞，怒曰：「孤發兵，而子沮哭吾軍，何也？」〔三〕二老曰：「臣非敢沮君軍。軍行，臣子與往；〔四〕臣老，遲還，恐不相見，故哭耳。」二老退，謂其子曰：「汝軍即敗，必於殽阨矣。」〔五〕三十三年春，秦兵遂東，更晉地過周北門。周王孫滿曰：「秦師無禮，不敗何待！」〔六〕兵至滑，〔七〕鄭販賣賈人弦高持十二牛將賣之周，〔八〕見秦兵，恐死虜，因獻其牛曰：「聞大國將誅鄭，鄭君謹修守御備，使臣以牛十二勞軍士。」〔九〕秦三將軍相謂曰：「將襲鄭，鄭今已覺之，往無及已。」滅滑。滑，晉之邊邑也。〔一〇〕

〔一〕【考證】梁玉繩曰：賣鄭者，即戍鄭之秦大夫杞子，而此與晉世家以爲鄭人，何也？

〔二〕【考證】楓、三、南本「日」上重「行」字。

〔三〕【正義】沮，自呂反。沮，毁也。左傳云蹇叔哭之曰：「孟子，吾見師之出，不見其入也。」【考證】張文虎曰：御覽引「聞」下有「而」字。沮，止也。

〔四〕【正義】與，音預。

〔五〕【正義】殽，音胡交反。阨，音厄。春秋云，魯僖公三十三年，晉人及姜戎敗秦師于殽。括地志云：「三殽山，又名嶔岑山，在洛州永寧縣西北二十里，即古之殽道也。」【考證】「三十二年」以下采僖三十二年左傳，參以公、穀二傳。王若虛曰：秦穆公伐鄭之役，考之左傳，其諫而止之，哭而送其子者，獨蹇叔而已，故晉原軫曰「秦違蹇叔，而以貪勤民」，穆公曰「孤違蹇叔，以辱二三子」，何嘗有百里奚預其間哉？而司馬遷記此，以爲二老同辭，不知其何據也。左氏云，公召孟明視、西乞術、白乙丙使出師，又云蹇叔之子與師，蹇叔謂孟子曰「孟子，吾見師之出，而不見其入也」，哭送其子曰「吾收爾骨焉」。蓋孟明輩自爲將帥，而蹇叔之子，則士卒之屬也，此亦不相涉。而遷以孟明爲百里奚子，西乞、白乙爲蹇叔子，又何耶？梁玉繩曰：史公叙襲鄭之事，依公、穀，故與左傳異，然公、穀但云二老哭送其子而已，未嘗謂三師即其子也。鳳曾叙曰：「遲」之言「比」也。高祖紀「黎明」，索隱「黎猶比也，謂比至天明也。漢書作『遲』」。遲與黎相近，故義亦相通。「遲明」即「比明」，知「遲還」即「比還」矣。

〔六〕【正義】左傳云：「秦師過周北門，左右免冑而下，超乘者三百乘。王孫滿尚幼，觀之，言於王曰：『秦師輕而無禮，必敗。』」杜預云：「王城北門也。謂過天子門，不卷甲束兵。超乘，示勇也。」【考證】李笠曰：更，過也。漢書張騫傳「欲通使，道必更匈奴中」，司馬相如傳「丹水更其南」，義同。愚按：楓、三、南本無「北門」二字。

〔七〕【正義】滑，爲八反。括地志云：「緱氏故城，在洛州緱氏縣東二十五里，滑伯國也。韋昭云姬姓小國也。」

〔八〕【集解】弦高，人姓名。【正義】賣，麥卦反。賈音古。左傳作「商人」也。【考證】張文虎曰：「販賣」二字疑衍。中井積德曰：據左傳，弦高所贈十二牛耳，其所齎蓋不止於此。

〔九〕【考證】恐死虜，非事實。淮南子云，弦高謂「凡襲國者，以爲無備也，今示以知其情，必不敢進」。

〔一〇〕【考證】梁玉繩曰：穀梁傳曰「滑，國也」。考春秋莊十六年，滑伯始見于經，至此即爲秦所滅，故經書「秦人入滑」。愚按：楓本「滅」上有「遂」字。

當是時，晉文公喪尚未葬。太子襄公怒曰：「秦侮我孤，因喪破我滑。」遂墨衰絰，發兵遮秦兵於殽，擊之，大破秦軍，無一人得脱者。虜秦三將以歸。文公夫人，秦女也，〔一一〕爲秦三囚將請曰：「繆公之怨此三人，入於骨髓，願令此三人歸，令我君得自快烹之。」〔二〕晉君許之，歸秦三將。三將至，繆公素服郊迎，嚮三人哭曰：「孤以不用百里傒、蹇叔言，以辱三子，三子何罪乎？子其悉心雪恥毋怠。」遂復三人官秩如故，愈益厚之。〔三〕

〔一〕【集解】服虔曰：「繆公女。」【考證】南本「文公」上有「晉」字。

〔二〕【考證】南本「三人」上無「此」字。程一枝曰：繆公未卒，不宜以謚稱。

〔三〕【考證】「三十三年」以下采僖三十三年左傳。左傳「用」下無「百里傒」三字，說見前。雪音刷，洗也。

三十四年，楚太子商臣弑其父成王代立。〔一〕

〔一〕【考證】文元年春秋經、傳。

繆公於是復使孟明視等將兵伐晉，戰于彭衙。秦不利，引兵歸。〔一〕

〔一〕【集解】杜預曰：「馮翊郃陽縣西北有衙城。」【正義】括地志云：「彭衙故城，在同州白水縣東北六十里。」【考證】文二年春秋經，晉侯及秦師戰于彭衙，秦師敗績，即穆公三十五年事，年表同，此差一年。

戎王使由余於秦。〔一〕由余，其先晉人也，亡入戎，能晉言。聞繆公賢，故使由余觀秦。秦繆公示以宮室積聚。由余曰：「使鬼爲之，則勞神矣。使人爲之，亦苦民矣。」繆公怪之，問曰：「中國以詩書禮樂法度爲政，然尚時亂，今戎夷無此，何以爲治，不亦難乎？」由余笑曰：「此乃中國所以亂也。夫自上聖黃帝作爲禮樂法度，身以先之，僅以小治。及其後世，日以驕淫。阻法度之威，以責督於下，下罷極，則以仁義怨望於上，〔二〕上下交爭怨，而相篡弑，至於滅宗，皆以此類也。夫戎夷不然。上含淳德以遇其下，下懷忠信以事其上，一國之政，猶一身之治，不知所以治，此真聖人之治也。」〔三〕於是繆公退而問内史廖曰：〔四〕「孤聞鄰國有聖人，敵國之憂也。今由余賢，寡人之害，將奈之何？」〔五〕内史廖曰：「戎王處辟匿，未聞中國之聲。君試遺其女樂，以奪其志，爲由余請，以疏其閒，留而莫遣，以失其期。戎王怪之，必疑由余。君臣有閒，乃可虜也。且戎王好樂，必怠於政。」〔六〕繆公曰：「善。」因與由余曲席而坐，傳器而食，〔七〕問其地形與其兵勢，盡詧，而後令内史廖以女樂二八遺戎王。戎王受而説之，終年不還。於是秦乃歸由余。由余數諫不聽，繆公又數使人閒要由余，由余遂去降秦。繆公以客禮禮之，問伐戎之形。〔八〕

〔一〕【正義】戎人姓名。

〔二〕【正義】罷，音皮。

〔三〕【考證】司馬光曰：是特老莊之徒，設爲此言以詆先王之法，太史公遂以爲實而載之，過矣。愚按：韓非子十過篇云，穆公問由余以古之人主得國失國之故，由余對曰「常以儉得之，以奢失之」云云。韓詩外傳第九、説苑反質篇所記略同，皆與此紀異。

〔四〕【集解】漢書百官表曰：「内史，周官也。」【考證】外傳作「内史王繆」。

〔五〕【考證】楓、三、南本無「賢」字。

〔六〕【集解】徐廣曰：「奪，一作『徇』。」【考證】楓、三、南本「虜」作「慮」。

〔七〕【正義】按：牀在穆公左右，相連而坐，謂之曲席也。【考證】中井積德曰：席，一縱一横，相連如矩謂曲席，當時未設牀。李笠曰：折席而坐，令近己也。傳食而食，則推食食我之意。

〔八〕【正義】韓安國云「秦穆公都，地方三百里，并國十四，辟地千里」，隴西、北地郡是也。【考證】「繆公退」以下本于韓非子十過篇，又見呂氏春秋壅塞、不苟篇、韓詩外傳九、說苑反質篇。漢書藝文志雜家有由余三篇。張文虎曰：正義「韓安國云」二十八字見漢書韓安國傳，原脱「安」字，今補。案所引與伐戎全不相涉，疑當注後文「開地千里」下，錯簡在此。

三十六年，繆公復益厚孟明等，使將兵伐晉，渡河焚船，大敗晉人，取王官及鄗，以報殽之役。晉人皆城守不敢出。〔一〕於是繆公乃自茅津渡河，〔二〕封殽中尸，〔三〕發喪哭之三日。乃誓於軍曰：「嗟！士卒聽無譁，余誓告汝。古之人，謀黄髮番番，則無所過。」〔四〕以申思不用蹇叔、百里奚之謀，故作此誓，令後世以記余過。〔五〕君子聞之，皆爲垂涕，曰：「嗟乎！秦繆公之與人周也，卒得孟明之慶。」〔六〕

〔一〕【集解】徐廣曰：「左傳『鄗』作『郊』。」駰案：服虔曰「皆晉地，不能有。」【正義】鄗，音郊。左傳作「郊」。杜預云：「書取，言易也。」括地志云：「王官故城，在同州澄城縣西北九十里。又云南郊故城，在縣北十七里。又有北郊故城，又有西郊古城。左傳云文公三年，秦伯伐晉，濟河焚舟，取王官及郊也。」括地志云：「蒲州猗氏縣南二里又有王官故城，亦秦伯取者。」上文云「秦地東至河」，蓋猗氏王官是也。【考證】楓、三、南本「孟明」下有「視」字，「船」上有「晉」字。

〔二〕【集解】徐廣曰：「茅津，在大陽。」【正義】自茅津南渡河也。括地志云：「茅津，在陝州河北縣、大陽縣。」

〔三〕【集解】賈逵曰：「封，識之。」【正義】左傳云：「秦伯伐晉，濟河焚舟，晉人不出，遂自茅津濟，封殽尸而還。」杜預云：「封，埋藏也。」【考證】「三十六年」以下采文三年左傳。

〔四〕【正義】番，音婆。字當作「皤」。皤，白頭貌，言髮白而更黄，故云黄髮番番。以申思，謂蹇叔、百里奚也。

【考證】尚書秦誓「人謀」作「謀人」。館本考證云：「此誤倒。」張文虎曰：正義「以申思」三字，疑涉下正文而誤衍。

〔五〕【考證】書秦誓序云「秦穆公伐鄭，晉襄公帥師敗諸崤，還歸作秦誓」，與此異。梁玉繩曰：秦誓書序謂敗崤還歸而作，先儒多從之，而史公繫于封殽尸之後，通鑑前編因以爲說。攷古質疑謂史誤，四書釋地又續云：「王伯厚亦莫能折衷，但云二書各不同。以左傳考之，當作于僖三十三年夏，秦伯素服郊次，鄉師而哭之日，不作文三年夏封殽尸，將霸西戎之時。蓋霸西戎，則其志業遂矣，豈復作悔痛之詞哉。」

〔六〕【集解】服虔曰：「周，備也。」【考證】「君子聞之」以下，文三年左傳，但無「皆爲垂涕」數字。王若虛曰：按左氏曰「君子是以知秦穆之爲君也，舉人之周也，與人之壹也」。至于孟明、子桑，皆有贊美之詞。凡左氏所謂君子者，蓋假之爲褒貶之主，而非指乎當時之士也，安有所謂聞之垂涕者哉。

三十七年，秦用由余謀伐戎王，益國十二，開地千里，遂霸西戎。〔一〕天子使召公過賀繆公以金鼓。三十九年，繆公卒，葬雍。〔二〕從死者百七十七人，秦之良臣子輿氏三人，名曰奄息、仲行、鍼虎，亦在從死之中。〔三〕秦人哀之，爲作歌黄鳥之詩。〔四〕君子曰：「秦繆公廣地益國，東服彊晉，西霸戎夷，然不爲諸侯盟主，亦宜哉。死而弃民，收其良臣而從死。且先王崩，尚猶遺德垂法，況奪之善人良臣，百姓所哀者乎？是以知秦不能復東征也。」〔五〕繆公子四十人，其太子罃代立，是爲康公。

〔一〕【考證】韓非子十過篇「兼國十二，開地千里」，文三年左傳「遂霸西戎」。史李斯傳「十二」作「二十」，未知孰是。

〔二〕【集解】皇覽曰：「秦繆公冢，在櫜泉宮祈年觀下。」【正義】廟記云：「櫜泉宮，秦孝公造。祈年觀，德公起。」

蓋在雍州城內。」括地志云：「秦穆公冢，在岐州雍縣東南二里。」

〔三〕【正義】毛萇云：「良，善也，三善臣也。」左傳云：「子車氏之三子。」杜預云：「子車，秦大夫也。」行，音胡郎反。鍼，音其廉反。應劭云：「秦穆公與羣臣飲，酒酣，公曰『生共此樂，死共此哀』。於是奄息、仲行、鍼虎許諾。及公薨，皆從死。黄鳥詩所爲作也。」杜預云：「以人葬爲殉也。」括地志云：「三良冢，在岐州雍縣一里故城內。」【考證】張文虎曰：詩秦風黄鳥疏引「百七十七人」作「百七十人」，與年表合。

〔四〕【考證】詩、黄鳥序云：「黄鳥，哀三良也，國人刺穆公以人從死。」

〔五〕【考證】「三十九年」以下，文六年左傳。葬雍，從死者百七十七人，蓋以秦記補。顧炎武曰：秦至孝公而天子致伯，諸侯畢賀，其後始皇遂并天下，左氏此言不驗，史公何以并録之乎？

康公元年。往歲繆公之卒，晉襄公亦卒；襄公之弟名雍，秦出也，在秦。〔一〕晉趙盾欲立之，使隨會來迎雍，〔二〕秦以兵送至令狐。〔三〕晉立襄公子，而反擊秦師，秦師敗，隨會來奔。〔四〕二年，秦伐晉，取武城，報令狐之役。〔五〕四年，晉伐秦，取少梁。〔六〕六年，秦伐晉，取羈馬。戰於河曲，大敗晉軍。〔七〕晉人患隨會在秦爲亂，乃使魏讎餘詳反，合謀會，詐而得會，會遂歸晉。〔八〕康公立十二年卒，子共公立。〔九〕

〔一〕【正義】雍母，秦女，故言秦出也。【考證】洪亮吉曰：案左傳，公子雍母曰杜祁，則非秦出可知。遷誤。

〔二〕【正義】韋昭云：「晉正卿士蔿之孫，成伯之子季武子也。食采於隨、范，故曰隨會，或曰范會。季，范子字也。」

〔三〕【集解】杜預曰：「在河東。」【正義】令，音零。括地志云：「令狐故城，在蒲州猗氏縣界十五里也。」

〔四〕【考證】「往歲」以下采文六年、七年左傳。

〔五〕【正義】括地志云：「故武城，一名武平城，在華州鄭縣東北十三里也。」【考證】文八年左傳。諸本「取」作「於」，今從吳春照校本。

〔六〕【正義】前入秦，後歸晉，今秦又取之。【考證】文十年左傳。

〔七〕【集解】服虔曰：「羈馬，晉邑也。」【考證】文十二年左傳。梁玉繩曰：左傳云「戰交綏，秦師夜遁」，此以爲「大敗晉軍」，妄矣。年表及晉世家言大戰，亦非。

〔八〕【集解】服虔曰：「魏讎餘，晉之魏邑大夫。」【正義】讎，音受。又作「犨」，音同。詳音羊。【考證】文十三年，左傳作「晉人患秦用士會」，表在秦康公七年。館本考證云：「左傳及晉世家『讎餘』作『壽餘』。」梁玉繩曰：壽、讎古通用。

〔九〕【索隱】名貑。十代至靈公，又並失名。【考證】共公，春秋名稻，年表名和，索隱疑誤。

共公二年，晉趙穿弒其君靈公。〔一〕三年，楚莊王彊，北兵至雒，問周鼎。〔二〕共公立，五年卒，〔三〕子桓公立。

〔一〕【考證】宣二年左傳。

〔二〕【考證】宣三年左傳。

〔三〕【考證】館本考證云：「春秋，宣四年『秦伯稻卒』，則共公立四年，非五年矣。」梁玉繩曰：年表及秦記並作「五年」，史誤以秦桓元年爲共公五年爾。

桓公三年，晉敗我一將。〔一〕十年，楚莊王服鄭，北敗晉兵於河上。當是之時，楚霸，爲會盟，合諸侯。〔二〕二十四年，晉厲公初立，與秦桓公夾河而盟。歸而秦倍盟，與翟合謀擊晉。二十六年，晉率諸侯伐秦，秦軍敗走，追至涇而還。〔三〕桓公立，二十七年卒，〔四〕子景公立。〔五〕

〔一〕【考證】梁玉繩曰：案晉世家作「虜秦將赤」。攷年表，書「獲諜」，即左傳宣八年殺秦諜之事也。索隱云「赤即斥，謂斥候之人。彼諜即此赤也」。然既稱爲諜，不得號曰將。欲稱爲將，不得復曰赤。豈秦將名赤者，詐爲細作，而被晉獲之歟。史必別有所據，故紀、表、世家所書各異，蓋互見耳。

〔二〕【考證】宣十二年春秋經、傳。梁玉繩曰：「十年」乃「七年」之譌。

〔三〕【考證】成十一年、十三年左傳。

〔四〕【考證】成十四年春秋經。

〔五〕【集解】徐廣曰：「世本云景公名后，伯車也。」【索隱】景公已下，名又錯亂，始皇本紀作哀公。【考證】梁玉繩曰：史誤桓之一年以益共公，故作「二十七」，其實二十八年也，紀、表俱誤。桓、景之名，春秋、史記皆失書。集解、索隱皆引世本謂景公名后字伯車，則誤甚。攷左傳，景公母弟鍼字伯車，又字后子，安得移作景公名。又「景公」索隱引始皇紀作「哀公」，而始皇紀無「哀公」之文，況秦別自有哀公乎？蓋秦記誤稱景公爲僖公，小司馬欲兩存之，復誤以「僖」作「哀」爾。

景公四年，晉欒書弒其君厲公。〔一〕十五年，救鄭，敗晉兵於櫟。〔二〕是時晉悼公爲盟主。十八年，晉悼公彊，數會諸侯，率以伐秦。敗秦軍，秦軍走。晉兵追之，遂渡涇，至棫林而還。〔三〕二十七年，景公如晉，與平公盟，已而背之。〔四〕三十六年，楚公子圍弒其君而自立，是爲靈王。〔五〕景公母弟后子鍼有寵，〔六〕景公母弟富，或譖之，〔七〕恐誅，乃奔晉，車重千乘。晉平公曰：「后子富如此，何以自亡？」對曰：「秦公無道，畏誅，欲待其後世乃歸。」〔八〕三十九年，楚靈王彊，會諸侯於申，爲盟主，殺齊慶封。〔九〕景公立四十年卒，子哀公立。〔一〇〕后子復來歸。〔一一〕

秦哀公八年，楚公子弃疾弒靈王而自立，是爲平王。〔一〕十一年，楚平王來求秦女爲太子建妻。至國，女好，而自娶之。〔二〕十五年，楚平王欲誅建，建亡，〔三〕伍子胥奔吳。〔四〕晉公室卑，而六卿彊，欲内相攻，是以久秦、晉不相攻。三十一年，吳王闔閭與伍子胥伐楚，楚王亡

〔一〕【考證】成十八年經傳。

〔二〕【集解】杜預曰：「晉地也。」【正義】櫟，音歷。括地志云：「洛州陽翟縣古櫟邑也。」【考證】襄十一年左傳。

〔三〕【集解】徐廣曰：「棫，音域。」駰案：杜預曰「秦地也」。【考證】館本考證云：是役也，襄十四年左傳，諸侯之師「濟涇而次，秦人毒涇上流，師人多死」，晉之諸帥不和，「謂之遷延之役」。此云「敗秦軍，秦軍走」，年表亦然，與左傳相反。愚按：晉世家同誤。

〔四〕【考證】館本考證云：「三傳無此盟。」愚按：年表繫之景公二十九年，依左傳在二十八年，且非公自行也。說詳于梁氏志疑。

〔五〕【考證】昭元年左傳。

〔六〕【正義】鍼，音鉗。

〔七〕【考證】楓、三、南本無「景公母弟」四字，蓋上文複衍。「富」字屬上，家富也。

〔八〕【考證】昭元年左傳「或譖之」作「其母曰弗去懼選」，「晉平公」作「趙文子」。

〔九〕【正義】申，在鄧州南陽縣北三十里。【考證】昭四年左傳。

〔一〇〕【索隱】始皇本紀作「㻫公」。【考證】今本始皇紀作「畢」。

〔一一〕【考證】昭五年春秋經、傳。

奔隨，吴遂入郢。楚大夫申包胥來告急，〔五〕七日不食，日夜哭泣。〔六〕於是秦乃發五百乘救楚，敗吴師。吴師歸，楚昭王乃得復入郢。〔七〕哀公立三十六年卒。〔八〕太子夷公，夷公蚤死，不得立，立夷公子，是爲惠公。〔九〕

〔一〕【考證】梁玉繩曰：昭十三年春秋，弑靈王者是公子比，而史於秦紀及魯、蔡、曹、陳、衛、宋、鄭八世家皆稱弃疾，斯乃史公特筆。雖與春秋異詞，不免背經信傳，而于誅首惡之旨固合，故小司馬於吴世家云「史記以平王遂有楚國，故曰弃疾弑君；春秋以子干爲王，故曰比弑其君。彼此各有意義也」。

〔二〕【考證】梁玉繩曰：年表及楚世家在平王二年，爲秦哀公十年，此在十一年，並誤。考左傳在魯昭十九年，此秦哀十四年也。

〔三〕【正義】太子建亡之鄭，鄭殺之。

〔四〕【考證】昭二十年左傳。

〔五〕【正義】包胥，姓公孫，封於申，故號申包胥。左傳云：「申包胥如秦乞師，曰：『吴爲封豕長蛇，以荐食上國，虐始於楚。寡君失守社稷，越在草莽，使下臣告急曰，夷德無厭，若鄰於君，疆場之患也。逮吴之未定，君其取分焉。若楚之遂亡，君之土也。若以君靈撫之，世以事君。』」

〔六〕【正義】左傳云：「申包胥對秦伯曰『寡君越在草莽，未獲所伏，下臣何敢即安』。立依於庭牆而哭，日夜不絶聲，勺飲不入口，七日。秦哀公爲賦無衣，九頓首而坐。秦師乃出。」

〔七〕【正義】左傳魯定公五年，秦子蒲、子虎帥車五百乘以救楚，敗吴師於軍祥。【考證】定四年、五年左傳。楚王復郢，秦哀公三十一年事。

〔八〕【考證】定九年春秋經、傳。

〔九〕【考證】楓、三、南本「太子」下不重「夷公」。「夷公子」作「其子」。

惠公元年，孔子行魯相事。〔一〕五年，晉卿中行、范氏反晉，晉使智氏、趙簡子攻之，范、中行氏亡奔齊。〔二〕惠公立，十年卒，〔三〕子悼公立。

〔一〕【考證】定十年左傳云「夏，公會齊侯于祝其，實夾谷。孔丘相」。杜預云：「相會儀也。」梁玉繩曰：相乃儐相，非當國爲相也。此紀及吳、齊、晉、楚、魏五世家，伍子胥傳，並誤。

〔二〕【考證】梁玉繩曰：此所書有三誤。事在惠公四年，非五年事，一也；伐范、中行者，知、韓、魏三家，趙簡子已奔晉陽，並不與攻范、中行氏，二也；范、中行之奔齊，在秦悼公二年，首尾相去八歲，是時但奔朝歌耳，三也。

〔三〕【考證】哀三年春秋經。館本考證云：「春秋，惠公在位九年，此與年表及始皇本紀皆作『十年』。」

悼公二年，齊臣田乞弑其君孺子，立其兄陽生，是爲悼公。〔一〕六年，吳敗齊師。齊人弑悼公，立其子簡公。〔二〕九年，晉定公與吳王夫差盟，爭長於黄池，卒先吳。吳彊，陵中國。〔三〕十二年，齊田常弑簡公，立其弟平公，常相之。〔四〕十三年，楚滅陳。〔五〕秦悼公立十四年卒，〔六〕子厲共公立。孔子以悼公十二年卒。〔七〕

〔一〕【考證】哀六年左傳。

〔二〕【考證】梁玉繩曰：哀十年左傳，乃齊敗吳師。張文虎曰：吳、齊世家並與左同，此「吳」、「齊」互錯。

〔三〕【集解】徐廣曰：「外傳云，吳王先歃。」【考證】外傳、國語吳語。哀十三年左傳云「先晉人」，與此異。中井積德曰：此及晉世家云「先吳」，據國語也。吳世家云「長晉」，據左傳也，宜從一。

〔四〕【考證】楓、三、南本「平公」下有「田」字。愚按：哀十四年左傳。館本考證云，事在秦悼十年，此作「十二年」，與左傳及年表不合。

〔五〕【考證】哀十七年左傳、陳世家爲陳湣二十四年事，與此紀合。年表繫之秦悼十二年、陳湣二十三年，恐誤。

〔六〕【考證】梁玉繩曰：悼公享國十五年，秦記可證，史謬加惠公在位九年爲十年，遂減悼公十五年爲十四年，此與表同誤。

〔七〕【考證】孔子卒，哀十六年，左氏經傳。

厲共公二年，蜀人來賂。〔一〕十六年，壍河旁。以兵二萬伐大荔，取其王城。〔二〕二十一年，初縣頻陽。〔三〕晉取武成。〔四〕二十四年，晉亂，殺智伯，分其國與趙、韓、魏。〔五〕二十五年，智開與邑人來奔。〔六〕三十三年，伐義渠，虜其王。〔七〕三十四年，日食。厲共公卒，子躁公立。

〔一〕【考證】年表又云楚人來賂，六年義渠來賂，十四年，晉人、楚人來賂。俞樾曰：不以聘問禮來，而曰「來賂」，先王輕財重禮之意不復存矣。春秋所以爲戰國也。愚按：賂猶言獻也，蓋秦人語，俞說拘。

〔二〕【集解】徐廣曰：「今之臨晉也。臨晉有王城。」【正義】荔，音戾。括地志云：「同州東三十里朝邑縣東三十步，故王城。大荔近王城邑。」

〔三〕【集解】地理志，馮翊有頻陽縣。【正義】括地志云：「頻陽故城，在雍州同官縣界，古頻陽縣城也。」

〔四〕【考證】古鈔、楓、三、南本「武成」作「武城」。

〔五〕【考證】趙策、韓非子十過。梁玉繩曰：智伯不可言國，當改曰「分其邑」。愚按：當改曰趙韓魏殺智伯分其邑。

〔六〕【集解】徐廣曰：「一本二十六年，城南鄭也。」【正義】開，智伯子。伯被趙襄子等滅其國，其子與從屬來奔秦。【考證】張照曰：智伯死無後，又史載唯輔果在，正義以開爲智伯子，無據，蓋智伯之族。

〔七〕【集解】應劭曰：「義渠，北地也。」【正義】括地志云：「寧、慶二州，春秋及戰國時爲義渠戎國之地也。」

躁公二年，南鄭反。〔一〕十三年，義渠來伐，至渭南。〔二〕十四年，躁公卒，立其弟懷公。〔三〕

〔一〕【正義】南鄭，今梁州所理縣也。春秋及戰國時，其地屬於楚也。【考證】水經注，鄭桓公死于犬戎，其民南奔，故稱南鄭，即漢中郡。呂祖謙曰：秦惠王始取楚漢中，置漢中郡，今躁公時書「南鄭反」，豈地之得失無常，其先嘗屬秦與？黄式三曰：據六國表，厲共公二十六年城南鄭，南鄭特漢中郡之一隅耳。

〔二〕【考證】盧文弨曰：渭南，六國表作「渭陽」。水北曰陽，若據表則「渭南」爲非矣。

〔三〕【索隱】厲共公子也。生昭太子，未立而卒。太子之子，是爲靈公。

懷公四年，庶長鼂與大臣圍懷公，懷公自殺。〔一〕懷公太子曰昭子，蚤死，大臣乃立太子昭子之子，是爲靈公。〔二〕靈公，懷公孫也。

〔一〕【正義】長，丁丈反。鼂，竹遥反。鼂，人名也。劉伯莊音潮。

〔二〕【索隱】生獻公也。

靈公六年，晉城少梁，秦擊之。〔一〕十三年，城籍姑。〔二〕靈公卒，子獻公不得立，〔三〕立靈公季父悼子，是爲簡公。簡公，昭子之弟，而懷公子也。〔四〕

〔一〕【考證】表「晉」作「魏」，戰在七年。呂祖謙曰：出師在六年，而戰在七年。

〔二〕【正義】括地志云：「籍姑故城，在同州韓城縣北三十五里。」【考證】梁玉繩曰：靈公在位止十年，即卒于城籍姑之歲也，安得十三年乎？「三」字衍。

〔三〕【索隱】獻公，名師隰。

〔四〕【索隱】簡公，昭之弟，而懷公子。簡公，懷公弟，靈公季父也。始皇本紀云靈公生簡公，誤也。又紀年云，簡公九年卒，次敬公立，十二年卒，乃立惠公。【正義】劉伯莊云簡公是昭子之弟，懷公之子，厲公之孫。今史記謂簡公是厲公子者，抄寫之誤。【考證】簡公昭子之弟，而懷公子也，楓、三、南本作「厲公子而懷公弟也」。張文虎曰：正義「史記」字當作「秦記」，「厲公」當作「靈公」。

簡公六年，令吏初帶劍。〔一〕塹洛，城重泉。〔二〕十六年卒，〔三〕子惠公立。

〔一〕【正義】春秋官吏各得帶劍。

〔二〕【集解】地理志，重泉縣屬馮翊。【正義】重，直龍反。括地志云：「重泉故城，在同州蒲城縣東南四十五里也。」【考證】陳仁錫曰：表在七年。

〔三〕【集解】徐廣曰：「表云十五年也。」【考證】秦記亦云在位十五年，此誤。

惠公十二年，子出子生。〔一〕十三年，伐蜀，取南鄭。〔二〕惠公卒，出子立。

〔一〕【考證】梁玉繩曰：表謂十一年生，未知孰是，但秦之先已有出子矣，不應復以稱惠太子，表並秦記稱爲出公，是也。世本作「少主」。呂氏春秋作「小主」。

〔二〕【考證】紀、表前此書「秦城南鄭」及「南鄭反」矣，則南鄭非蜀土也。程一枝曰：史表「蜀取我南鄭」，當從史表爲是。

出子二年，庶長改迎靈公之子獻公于河西而立之。〔一〕殺出子及其母，沈之淵旁。〔二〕秦以往者數易君，君臣乖亂，故晉復彊，奪秦河西地。〔三〕

〔一〕【正義】西者，秦州西縣，秦之舊地，時獻公在西縣，故迎立之。【考證】楓、三、南本「改」作「政」。中井積德曰：本文明言河西，注何去「河」字而解之？王念孫曰：如正義，則正文「西」上本無「河」字，蓋涉下文而衍。漢書地理志，西縣屬隴西郡，故城在今秦州西南。

〔二〕【考證】錢大昕曰：呂氏春秋當賞篇「秦小主夫人用奄變，羣賢不說自匿，百姓鬱怨非上。公子連亡在魏，聞之欲入，從鄭所之塞，右主然守塞，弗入」。「去入翟，從焉氏塞，菌改入之。夫人聞之大駭，令吏興卒」。「皆曰『往擊寇』，中道因變。曰『非擊寇也，迎主君也』，公子連因與卒來，至雍圍夫人，夫人自殺，公子連立，是爲獻公」。不韋言秦事必可信，小主者即出子，菌改者庶長改也。呂氏祖謙言：獻公名連，而索隱云名師隰，未知所本。

〔三〕【正義】奪前所上八城也。

獻公元年，止從死。〔一〕二年，城櫟陽。〔二〕四年正月庚寅，孝公生。十一年，周太史儋見獻公曰：「周故與秦國合而別，別五百歲復合，合七十七歲而霸王出。」〔三〕十六年，桃冬花。十八年，雨金櫟陽。〔四〕二十一年，與晉戰於石門，〔五〕斬首六萬，天子賀以黼黻。〔六〕二十三年，與魏晉戰少梁，虜其將公孫痤。〔七〕二十四年，獻公卒，〔八〕子孝公立，年已二十一歲矣。〔九〕

〔一〕【集解】徐廣曰：「丁酉」。

〔二〕【集解】徐廣曰：「徙都之，今萬年是也。」【正義】括地志云：「櫟陽故城，一名萬年城，在雍州東北百二十里。櫟陽，漢七年分櫟陽城內爲萬年縣，隋文帝開皇三年遷都於龍首川，今京城也，改萬年爲大興縣。至唐武德元年，又改曰萬年，置在州東七里。」【考證】櫟陽故城，今陝西府臨潼縣東北。

〔三〕【考證】太史儋言，又見周紀、封禪書、老子傳，他書無所見。古鈔、南本「合」下無「七」字。吴春照曰此當衍。

〔四〕【正義】言雨金於秦國都，明金瑞見也。【考證】梁玉繩曰：案封禪書，前靈公作上下時，獻公此年又作畦時，紀中諸時皆書，而缺三時，何耶？表亦失書。

〔五〕【正義】括地志云：「堯門山，俗名石門，在雍州三原縣西北三十三里。上有路，其狀若門。故老云，堯鑿山爲門，因名之。武德年中，於此山南置石門縣，貞觀年中，改爲雲陽縣。」

〔六〕【集解】周禮曰：「白與黑謂之黼，黑與青謂之黻。」【考證】爾雅釋器云：「斧謂之黼。」郭注云：「黼文如斧，黻文如兩己相背。」書益稷傳云「黼，若斧形也。黻爲兩己相背」，孔疏引孫炎爾雅注亦云「黼文若斧形，蓋半白半黑，似斧刃白而身黑。黼，謂刺繡爲己字相背，以青黑線繡」。三說略同，蓋起於魏晉之世。而漢書韋賢傳顏注云「紱，畫爲亞文。亞，古弗字也」。其說與古不同。阮元鐘鼎款識據顏説謂「亞」當作「□」，云古畫黻作□形，明兩弓相背，非兩己相背也。兩弓相背，義取于物，與斧同類，兩己之己，何物邪？得非兩弓相沿之誤與。漢書注語必有師傳，非師古所創，其説甚確。

〔七〕【正義】在戈反。【考證】古鈔、南本無「魏」字。王念孫曰：「魏」字後人所加也。與晉戰少梁者，晉即魏也，三家分晉，魏得晉之故都，故魏自稱「晉國」，而韓趙則否。俞樾曰：共魏晉，猶言殷商。愚按：王說是，下文云「與晉戰雁門」。館本考證云：虜其將公孫痤，魏世家同，六國表作「虜其太子」，趙世家作「太子痤」。黄式三曰：秦、魏表兩言太子，是也。趙世家「虜其太子痤魏，敗我澮」，「痤」、「魏」二字倒，秦紀、魏世家云「虜公孫痤」，亦譌，蓋後人竄改之，而益其譌耳。公叔痤，非公孫痤也。明年痤病死，非虜死也。愚按：黄說未得，是役所虜太子與公孫痤也。公孫痤與公叔痤別人，太子非申。申，太子見虜，代立也。

〔八〕【集解】徐廣曰：「表云二十三年。」【考證】表與秦記合，是。

〔九〕【索隱】名渠梁。

孝公元年，〔一〕河山以東，彊國六。與齊威、楚宣、魏惠、燕悼、韓哀、趙成侯並。淮泗之閒，小國十餘。〔二〕楚、魏與秦接界。〔三〕魏築長城，自鄭濱洛，以北有上郡。楚自漢中，南有巴、黔中。〔四〕周室微，諸侯力政，争相併。秦僻在雍州，不與中國諸侯之會盟，夷翟遇之。孝公於是布惠，振孤寡，招戰士，明功賞。下令國中曰：「昔我繆公自岐、雍之閒，修德行武，東平晉亂，以河爲界，西霸戎翟，廣地千里，〔五〕天子致伯，諸侯畢賀，爲後世開業，甚光美。會往者厲、躁、簡公、出子之不寧，國家内憂，未遑外事，三晉攻奪我先君河西地，諸侯卑秦，醜莫大焉。獻公即位，鎮撫邊境，徙治櫟陽，且欲東伐，復繆公之故地，脩繆公之政令。寡人思念先君之意，常痛於心。賓客羣臣，有能出奇計彊秦者，吾且尊官，與之分土。」於是乃出兵，東圍陝城，西斬戎之獂王。〔六〕

〔一〕【集解】徐廣曰：「庚申也。」

〔二〕【正義】並，白浪反。謂淮泗二水。【考證】楓、三、南本「國六」作「六國」，「與」作「興」，義長。錢大昕曰：是時燕乃文侯，非悼公；韓乃懿公，非哀公。正義「並」讀爲白浪反，屬下「淮泗之間」爲句，亦非。胡三省曰：小國，謂魯、宋、邾、滕、薛等國。

〔三〕【正義】楚北及魏西，與秦相接，北自梁州漢中郡，南有巴、渝，過江南有黔中、巫郡也。魏西界與秦相接，南自華州鄭縣，西北過渭水，濱洛水東岸，向北有上郡鄜州之地，皆築長城，以界秦境。洛即漆沮水也。

〔四〕【考證】陳仁錫曰：一本「巴」作「巫」。巴地屬秦，非屬楚也。

〔五〕【正義】河，即龍門河也。

〔六〕【集解】地理志天水有獂道縣。應劭曰：「獂，戎邑，音桓。」

衛鞅聞是令下，西入秦，因景監求見孝公。〔一〕

〔一〕【正義】監，甲暫反，閹人也。

二年，天子致胙。

三年，衛鞅説孝公變法脩刑，内務耕稼，外勸戰死之賞罰，〔一〕孝公善之。甘龍、杜摯等弗然，相與争之。卒用鞅法，百姓苦之；居三年，百姓便之。乃拜鞅爲左庶長。其事在商君語中。〔二〕

〔一〕【考證】「罰」字衍。

〔二〕【考證】洪邁曰：七國虎争，天下莫不招四方游士。然六國所用相，皆其宗族及國人，如齊之田忌、田嬰、田文，韓之公仲、公叔，趙之奉陽、平原君，魏王至以太子爲相。獨秦不然，始與謀國開伯業者，魏人公孫鞅也，其他若樓緩趙人，張儀、魏冉、范雎皆魏人，蔡澤燕人，吕不韋韓人，李斯楚人，皆委國而聽之不疑，卒之所以有天下者，諸人之力也。

七年，與魏惠王會杜平。〔一〕八年，與魏戰元里，有功。〔二〕十年，衛鞅爲大良造，將兵圍魏安邑，降之。〔三〕十二年，作爲咸陽，〔四〕築冀闕，〔五〕秦徙都之。并諸小鄉聚，〔六〕集爲大縣，縣一令，〔七〕三十一縣。〔八〕爲田開阡陌。〔九〕東地渡洛。〔一〇〕十四年，初爲賦。〔一一〕十九年，天子致伯。〔一二〕二十年，諸侯畢賀。秦使公子少官率師會諸侯逢澤，朝天子。〔一三〕

〔一〕【正義】在同州澄城縣界也。【考證】吕祖謙曰：魏是時未稱王。

〔二〕【正義】祁城在同州澄城縣界。【考證】史云元里，正義注祁城，何也？文亦與上文「杜平」注同。

〔三〕【集解】地理志曰河東有安邑縣。【正義】括地志云：「安邑故城，在絳州夏縣東北十五里，本夏之都。」【考證】此及商君傳皆言伐魏降安邑，安邑魏都也。魏世家，惠王三十一年，自安邑徙大梁，此時豈有安邑降秦之事？通鑑刪之，胡注辯之審矣。梁玉繩曰：「安邑」二字乃「固陽」之誤。據表及魏世家，惠王十九年「築長城塞固陽」，二十年「秦商鞅圍固陽降之」，即此事也。固陽之役，必圍在秦孝十年，而降在十一年。黃式三曰：「固陽」當作「襄陵」。諸侯圍襄陵，見魏世家及表。鞅伐魏，見秦紀及表與商君傳。通鑑分爲二事，實一事也。愚按：襄陵之役，史曰「諸侯」，不曰「衛鞅」，曰「圍」，不曰「降」，則梁説近是。

〔四〕【正義】括地志云：「咸陽故城，亦名渭城，在雍州咸陽縣東十五里，京城北四十五里，即秦孝公徙都之者。今咸陽縣，古之杜郵，白起死處。」【考證】今西安府咸寧縣東有渭城故城，秦所都咸陽。

〔五〕【正義】劉伯莊云：「冀，猶記事。闕，即象魏也。」【考證】「冀」讀爲「魏」。汪中曰：天子諸侯，宮城皆四周，闢其南爲門，城至此而闕，故謂之「闕」。春秋僖公二十一年「鄭伯享王於闕西辟」，大戴禮保傅篇「過闕則下」是也。又謂之「闕門」，穀梁桓公三年傳「諸母不出闕門」，史記魏世家「臣在闕門之外」。庫門在外，路門在中，二門之中，亦謂之「中闕」，扁鵲倉公傳「出見扁鵲於中闕」是也。其異名，魯周公世家「煬公築茅闕門」，秦本紀「孝公築冀闕」是也。闕巍然而高，故謂之「巍闕」，莊子讓王篇「心居乎巍闕之下」是也。

〔六〕【正義】萬二千五百家爲鄉。聚，猶村落之類也。【考證】中井積德曰：既曰「小鄉」，必無定數，只大於聚耳。

〔七〕【集解】漢書百官表曰：「縣令長皆秦官。萬户以上爲令，秩千石至六百石；減萬户爲長，秩五百石至三百石。皆有丞尉。」【考證】集解所述漢時之制，秦孝未必如此。

〔八〕【考證】諸本「三」作「四」，今從古鈔本，與年表、商君傳合。俞樾曰：古「三」、「四」字多積畫，往往致誤。

〔九〕【索隱】風俗通曰：「南北曰阡，東西曰陌。河東以東西爲阡，南北爲陌。」【考證】朱熹曰：説者之意，皆以「開」爲「開置」之「開」，言秦廢井田而始置阡陌也。按阡陌，舊説以爲田間之道，蓋因田之疆畔，制其廣狹，辨其橫從，以通人物之往來，即周禮所謂「遂上之徑，溝上之畛，洫上之涂，澮上之道」也。然風俗通云「南北曰阡，東西曰陌」。又曰「河東以東西爲阡，南北爲陌」。二説不同。今以遂人田畝夫家之數考之，當以後説爲正。蓋陌之爲言百也，遂洫從，而徑涂亦從，則遂間百畝，洫間百夫，而徑涂爲百矣；阡之爲言千也，溝澮横，而畛道亦横，則溝間千畝，澮閒千夫，而畛道爲阡矣。阡陌之名，由此而得。至於萬夫有川，而川上之路，周於其外，與夫匠人井田之制，遂溝洫澮亦皆四周，則阡陌之名，疑亦因横從而命之也。然遂廣二尺，溝四尺，洫八尺，澮二尋則丈有六尺矣，徑容牛馬，畛容大牛，涂容乘牛，一軌道，二軌路，三軌則幾二丈矣。此其水陸占地，不得爲田者頗多，所以正經界止侵争，時畜洩備水旱，爲永久之計。商君以急刻之心，行苟且之政，但見田爲阡陌所束，而耕者限於百畝，則病其人力之不盡；但見阡陌之占地太廣，而不得爲田者多，則病其地利之有遺。又當世衰法壞之際，歸授之際，必有煩擾欺隱之姦，而阡陌之地，切近民田，又必有陰據自私，而税不入於公上者，是以盡開阡陌，悉除禁限，而聽民兼并買賣，以盡人力，墾闢棄地，悉爲田疇，不使有尺寸之遺，以盡地利。使民有田，即爲永業，而不復歸授，以絶煩擾欺隱之姦；使地皆爲田，田皆出税，以覈陰據自私之幸。此其爲計，正猶楊炎疾浮户之弊，破租庸以爲兩税，蓋一時之害雖除，而千古聖賢傳授精微之意，於此盡矣。故秦紀、鞅傳皆云「爲田開阡陌封疆，而賦税平」，蔡澤亦曰「決裂阡陌，以静生民之業，而一其俗」。所謂「開」者破壞剗削之意，而非創置建立之名。所謂「阡陌」乃三代井田之舊，而非秦之所置矣。所謂「賦税平」者，以無欺隱竊據之姦也。所謂「静生民之業」者，以無歸授取予之煩也。

〔一〇〕【考證】顧棟高曰：秦與晉以河爲界，河以東爲晉，河以西爲秦。然秦當春秋時，疆域褊小，非特隔于函關之外，爲晉所限隔而不得出也。攷史記，繆公立五年，而晉獻滅虞、虢，是時新立，初起岐、雍，基業未固，而晉武、獻已絶盛，滅虢而桃林已舉，秦之門户在晉肘腋中矣。後晉文公初伯，攘白狄，開西河，魏得之而爲西河、上郡。白狄之地，爲今陝西延安府，東去山西黄河界四百五十里。至戰國惠王六年，魏始納陰晉，八年納河西地，十年納上郡十五縣。陰晉，今華陰縣。河西，孔氏曰同、丹二州。丹州，今延安府宜川縣。

上郡爲延安以北。又惠公之世韓之戰曰「寇深矣，若之何？」可見晉之幅員廣遠，斗入陝西内地，不始于文公時。此亦可爲秦、晉疆域之一證也。故終穆公之世，未嘗一日忘東向，其援立惠公也，實貪河内列城之賂，蓋欲圖虢之故地，以爲東出之謀。既而韓之戰，秦始征晉河東，未幾復屬于晉，秦之不得志于晉可知也。迨初立文公，秦欲納王，而晉辭秦師獨下，文公梟雄，賴秦之力，而實陰忌之，必不使勤王之舉得分其功。晉之抑秦，又可知也。至其季年，日暮途遠，背晉與鄭盟，已復襲鄭，懸軍深入，年老知昏，而穆公之始終不忘東向，其情蓋汲汲矣。其後絶晉，日尋干戈，少梁、北徵、彭衙、刳首，迭有勝負，然終不能越河東一步，蓋有桃林以塞秦之門户，而河西之地，復犬牙于秦之境内，秦之聲息，晉無不知。二百年來秦人屏息而不敢出氣者，以此故也。至孝公發憤東向渡洛，魏人納地恐後，而河西始悉爲秦有。吴起去西河而泣，豈無故哉？

〔二〕**【集解】**徐廣曰：「制貢賦之法也。」**【索隱】**譙周云：「初爲軍賦也。」**【考證】**胡三省曰：井田既廢，則周什一之法不復用，蓋計畝而爲賦税之法。

〔三〕**【正義】**伯，音霸，又如字。孝公十九年，天子始封爵爲霸，即太史儋云「合七十七歲而霸王出」之年，故天子致伯。桓譚新論云：「夫上古稱三皇、五帝，而次有三王、五伯，此天下君之冠首也。故言三皇以道理，而五帝用德化；三王由仁義，五伯以權智。其説之曰，無制令刑罰，謂之皇；有制令而無刑罰，謂之帝；賞善誅惡，諸侯朝事，謂之王；興兵約盟，以信義矯世，謂之伯。」

〔三〕**【集解】**徐廣曰：「開封東北有逢澤。」**【正義】**括地志云：「逢澤亦名逢池，在汴州浚儀縣東南十四里。」**【考證】**年表「逢澤」作「澤」，蓋訛脱。

二十一年，齊敗魏馬陵。〔一〕

〔一〕**【正義】**虞喜志林云：「濮州甄城縣東北六十餘里有馬陵，澗谷深峻，可以置伏。」按：龐涓敗即此也。

二十二年，衛鞅擊魏，虜魏公子卬。封鞅爲列侯，號商君。〔一〕

〔一〕【正義】商，今商洛縣，在商州東八十九里，鞅所封也。契所封地。

二十四年，與晉戰鴈門，〔一〕虜其將魏錯。〔二〕

〔一〕【索隱】紀年云，與魏戰岸門，此云「鴈門」，恐聲誤也。又下云「敗韓岸門」，蓋一地也。尋秦與韓、魏戰，不當遠至鴈門也。【正義】括地志云：「岸門，在許州長社縣西北二十八里，今名西武亭。」【考證】據正義，張本正作「岸門」。岸門戰，年表係于孝公二十三年。

〔二〕【正義】七故反。

孝公卒，子惠文君立。〔一〕是歲，誅衛鞅。鞅之初爲秦施法，〔二〕法不行，太子犯禁。鞅曰：「法之不行，自於貴戚。君必欲行法，先於太子。太子不可黥，黥其傅師。」〔三〕於是法大用，秦人治。及孝公卒，太子立，宗室多怨鞅，鞅亡，因以爲反，而卒車裂以徇秦國。〔四〕

〔一〕【索隱】名駟。

〔二〕【正義】爲，于僞反。

〔三〕【考證】「可」下「黥」字，楓、三本作「黜」，「傅師」作「師傅」。

〔四〕【集解】徐廣曰：「商君爲法於秦，戰斬一首賜爵一級，欲爲官者五千石。其爵名，一爲公士，二上造，三簪褭，四不更，五大夫，六官大夫，七公大夫，八公乘，九五大夫，十左庶長，十一右庶長，十二左更，十三中更，十四右更，十五少上造，十六大上造，十七駟車庶長，十八大庶長，十九關内侯，二十徹侯。」【考證】古鈔本「反」下無「而卒」二字。吴春照曰：宋板亦無。徐孚遠曰：以其亡也，因坐之以反罪，明商君無二心於秦也。姚範曰：紀無錫爵之文，注引此未詳。又「欲爲官者五千石」，漢書百官志無此文。中井積德曰：注

「五千石」似太重，疑「千」當作「十」。姚鼐曰：今漢書百官表中脱「爲官者」句。韓非子定法篇「斬一首者爵一級，欲爲官者爲五十石之官；斬二首者爵二級，欲爲官者爲百石之官」。然則裴注「千」字「十」之誤也。

惠文君元年，楚、韓、趙、蜀人來朝。二年，天子賀。三年，王冠。〔一〕四年，天子致文武胙。齊、魏爲王。〔二〕

〔一〕【正義】冠音館。禮記云，年二十行冠禮也。【考證】梁玉繩曰：惠文稱王在十三年，此與表俱于前三年書王冠，雖是追書，於史例不合。

〔二〕【索隱】齊威王、魏惠王。【考證】館本考證云：齊威二十六年，自稱爲王，以令天下。于秦爲孝公九年，此因魏連言之耳。

五年，陰晉人犀首爲大良造。〔一〕六年，魏納陰晉，陰晉更名寧秦。〔二〕七年，公子卬與魏戰，虜其將龍賈，斬首八萬。〔三〕八年，魏納河西地。九年，渡河，取汾陰、皮氏。〔四〕與魏王會應。〔五〕圍焦，降之。〔六〕十年，張儀相秦。魏納上郡十五縣。〔七〕十一年，縣義渠。〔八〕歸魏焦、曲沃。〔九〕義渠君爲臣。更名少梁曰夏陽。十二年，初臘。〔一〇〕十三年四月戊午，魏君爲王。韓亦爲王。〔一一〕使張儀伐取陜，出其人與魏。〔一二〕

〔一〕【集解】犀首，官名。姓公孫，名衍。【索隱】官名，若虎牙之類。姓公孫，名衍，魏人也。【正義】犀音西。地理志云，華陰縣，故陰晉，秦惠王五年更名寧秦，高祖八年更名華陰。

〔二〕【集解】徐廣曰：「今之華陰也。」【考證】張文虎曰：中統、游本不重「陰晉」二字。

〔三〕【考證】秦無公子卬，當「公孫衍」之譌，蘇秦傳作「犀首」。魏世家「八萬」作「四萬五千」，爲襄五年事，即秦惠八年，而年表爲惠文五年事。梁玉繩曰：此即所謂雕陰之戰也。當從魏世家爲是。斬首之數，亦宜依世家。蓋秦尚首功，紀仍秦史之虚語耳。余因攷之，秦獻公廿一年與晉戰，斬首六萬。孝公八年與魏戰，斬首七千。惠文王八年與魏戰，斬首四萬五千。後七年與韓、趙戰，斬首八萬。十一年敗韓岸門，斬首萬。十三年擊楚丹陽，斬首八萬。武王四年拔韓宜陽，斬首六萬。昭襄王六年伐楚，斬首二萬七千，復伐楚，斬二萬。十四年攻韓、魏，斬二十四萬。廿七年擊趙，斬三萬。三十二年破魏將暴鳶，斬四萬。三十三年又伐魏，斬四萬。三十四年破魏將芒卯，斬十三萬，沈河二萬。四十三年攻韓，斬五萬。四十七年破趙長平，坑卒四十五萬。五十年攻晉軍，斬首六千，流死河二萬人。五十一年攻韓，斬四萬，攻趙，斬九萬。始皇二年攻卷，斬首三萬。十三年攻趙，斬首十萬。計共一百六十六萬八千人，而史所缺略不書者，尚不知凡幾。從古殺人之多，未有無道如秦者也。

〔四〕【集解】地理志，二縣屬河東。【正義】渡河東取之。括地志云：「汾陰故城，俗名殷湯城，在蒲州汾陰縣北也。皮氏，在絳州龍門縣西一百八十步，即古皮氏城也。」

〔五〕【正義】應，乙陵反。括地志云：「故應城，因應山爲名，古之應國，在汝州魯山縣東三十里。左傳云『邘、晉、應、韓，武之穆也』。」

〔六〕【正義】括地志云：「焦城，在陝州城内東北百步，因焦水爲名。周同姓所封，左傳云虞、虢、焦、滑、霍、陽、韓、魏，皆姬姓也。」杜預云，八國皆爲晉所滅。按：武王克商，封神農之後于焦，而後封姬姓也。【考證】梁玉繩曰：秦兼降曲沃，故後三年，歸魏焦、曲沃也。愚按：年表魏襄五年「秦圍我焦、曲沃」，即秦惠文八年。至此降之也。

〔七〕【正義】今鄜、綏等州也。魏前納陰晉，次納同、丹二州，今納上郡，而盡河西濱洛之地矣。

〔八〕【正義】地理志云，北地郡義渠道，秦縣也。括地志云：「寧、原、慶三州，秦北地郡，戰國及春秋時，爲義渠戎國之地，周先公劉、不(窟)〔窋〕居之，古西戎也。」【考證】義渠，西戎國名。今甘肅寧縣西北，有義渠故城。杭世駿曰：此時義渠不得爲縣，犀首傳云「其後五國伐秦，陰以文繡千純、婦人百人遺義渠君，義渠君起兵，襲大敗秦李伯下」，若義渠已爲縣，秦必更置令長，何至十年之後反爲所敗？沈家本曰：疑「縣」乃「伐」字之誤。

〔九〕【正義】括地志云：「曲沃，在陝州〔陝〕縣西南三十二里，因曲沃水爲名。」按：焦、曲沃二城相近，本魏地，適屬秦，今還魏，故言歸也。

〔一〇〕【正義】臘，盧盍反，十二月臘日也。秦惠文王始效中國爲之，故云初臘。獵禽獸，以歲終祭先祖，因立此日也。風俗通云：「禮傳云『夏曰嘉平，殷曰清祀，周曰蜡，漢改曰臘。』禮曰『天子大蜡八，伊耆氏始爲蜡。』蜡者，索也。歲十二月，合聚萬物而索饗之。」【考證】吳翌鳳曰：鄭康成、蔡邕謂臘即周之蜡祭，和峴亦云，蜡者臘之別名。余攷玉燭寶典云「(蠟)〔臘〕祭先祖，蜡祭百神」，則臘與蜡異。蜡祭因饗農，以終歲勤動而息之也；臘者獵也，獵取禽獸以祭先祖，重本始也。二祭寓意不同，所以臘于廟，蜡于郊。唐貞觀制，丑蜡百神，卯祭社稷，辰臘家廟。開元定禮，始蜡臘同日。宋初仍分，其後依和峴議，三祭同用戌日。

〔一一〕【正義】魏襄王、韓宣惠王也。【考證】梁玉繩曰：魏惠稱王，在惠文四年，此紀書之，而是年紀與秦表復書「魏君爲王」，何歟？蓋是年秦惠稱王，故書月書日以別之，「魏」字乃「秦」字之誤，燕世家書「燕君爲王」，是其例也。若表中「魏」字乃羨文，表例但書君爲王也，不然魏君爲王，何以入於秦表也？至韓宣惠爲王，在秦惠後元二年，誤書于是年耳。愚按：亦爲王，連言之耳。

〔一二〕【考證】梁玉繩曰：案表及儀傳，事在惠文後元年，此誤書于十三年。

十四年，更爲元年。〔一〕二年，張儀與齊、楚大臣會齧桑。〔二〕三年，韓、魏太子來朝。張儀相魏。五年，王游至北河。〔三〕七年，樂池相秦。〔四〕韓、趙、魏、燕、齊帥匈奴共攻秦。秦使庶長疾與戰修魚，虜其將申差，〔五〕敗趙公子渴、韓太子奐，斬首八萬二千。〔六〕八年，張儀復相秦。九年，司馬錯伐蜀，滅之。〔七〕伐取趙中都、西陽。〔八〕十年，韓太子蒼來質。〔九〕伐取韓石章。〔一〇〕伐敗趙將泥。〔一一〕伐取義渠二十五城。〔一二〕十一年，樗里疾攻魏焦，降之。敗韓岸門，斬首萬，其將犀首走。〔一三〕公子通封於蜀。〔一四〕燕君讓其臣子之。〔一五〕十二年，王與梁王會臨晉。庶長疾攻趙，虜趙將莊。〔一六〕張儀相楚。十三年，庶長章擊楚於丹陽，虜其將屈匄，斬首八萬，又攻楚漢中，取地六百里，置漢中郡。楚圍雍氏，〔一七〕秦使庶長疾助韓而東攻齊，到滿助魏攻燕。〔一八〕十四年，伐楚，取召陵。丹、犂臣，蜀相壯殺蜀侯來降。〔一九〕

〔一〕【考證】前年稱王，故改元也。何焯曰：改元始此。

〔二〕【考證】梁玉繩曰：案此及表及儀傳皆缺書魏，楚世家云「張儀與齊魏相盟」，是也。齊、魏二世家，但言諸侯執政而已。

〔三〕【集解】徐廣曰：「戎地，在河上。」【正義】按：王游觀北河，至靈、夏州之黄河也。

〔四〕【正義】樂，音岳。池，徒何反。裴氏音池也。【考證】古鈔、南本「池」作「陀」，與正義合。

〔五〕【正義】修魚，韓邑也。年表云，秦敗我修魚，得韓將軍申差。

〔六〕【考證】梁玉繩曰：此事諸處所載互有不同，余詳較之，攻秦者，實燕、楚、趙、魏、韓、齊六國，而匈奴不與也。攷楚世家云「六國攻秦，楚懷王爲從長」。楚爲從長，所書自當不謬，大事記據之，是也。此紀不及楚，年表及燕世家不及齊，趙世家但言與韓魏擊秦，魏世家及犀首傳但言五國攻秦，樂毅傳不及燕楚，韓世家並略之，皆錯失不足憑。而賈生過秦論又稱「九國之師」，豈攻秦一役，宋、衛、中山共以兵從，如匈奴之屬六國歟？是時義渠亦伐秦，若并數之，則爲十一國矣。秦之戰敗韓、趙，在次年，秦惠八年。不與攻秦同歲，年表各世家可證，此紀并入七年，誤。蓋六國雖同出師，不相應領，故惟韓、趙戰秦。韓、趙既敗，四國遂引歸不戰，而齊乘趙、魏之弊，復敗之于觀澤，齊真叵測哉！韓公子渴、太子奐乃是主帥，申差特韓之一將爾，以後文韓太子蒼推之，知奐已死矣，意彼時渴、奐均敗没，申差其生獲者也。然韓世家謂秦虜鯁、申差，則生獲不止一將，乃何以此紀既失書鯁，又混稱虜其將申差，幾莫辨爲趙將爲韓將，六國表及張儀傳皆云「八萬」，此紀增多二千，紀仍秦史之舊，而秦尚首功，虛加其級耳。愚按：戰國策校注亦有此説。

〔七〕【索隱】蜀，西南夷。舊有君長，故昌意娶蜀山氏女也。其後有杜宇，自立爲王，號曰望帝。蜀王本紀曰：「張儀伐蜀，蜀王開戰不勝，爲儀所滅也。」

〔八〕【集解】地理志太原有中都縣。【正義】括地志云：「中都故縣，在汾州平遥縣西十二里，即西都也。西陽即中陽也，在汾州隰城縣東十里。地理志云西都、中陽，屬西河郡。」此云「伐取趙中都西陽」。趙世家云「秦即取我西都及中陽」。年表云「秦惠文王後元九年，取趙中都、西陽、安邑。趙武靈王十年，秦取中都安陽」。本紀、世家、年表，其縣名異，年歲實同，所伐唯一處，故具録之，以示後學。【考證】梁玉繩曰：「中都西陽」當依趙世家作「西都中陽」。漢志，地屬西河郡，若中都屬太原，西陽屬山陽，未可相混。此與表同誤。愚按：楓、三、南本「西陽」作「雲陽」。

〔九〕【考證】館本考證云：韓世家在宣惠十九年，即秦惠後十一年。梁玉繩曰：當在破岸門後。

〔一〇〕【正義】韓地名。

〔一一〕【集解】徐廣曰：「將，一作『莊』。」【正義】趙將名也。

〔一二〕【考證】表在十一年。

〔一三〕【考證】楓、三、南本「萬」上有「二十」二字。梁玉繩曰：「其將犀首走」五字當在「降之」句下。犀首魏官，即公孫衍，與韓無涉，故魏表及魏世家云「走犀首岸門」。

〔一四〕【集解】徐廣曰：「是歲王赧元年。」【索隱】華陽國志曰：「赧王元年，秦惠王封子通國爲蜀侯，以陳莊爲相。」徐廣所云，亦據國志而言之。【考證】表在十二年，「通」作「繇通」。中井積德曰：通之封，蓋受采於蜀地耳，非爲蜀侯也，華陽國志蓋謬。

〔一五〕【考證】事在後九年，此誤書于後十一年。

〔一六〕【考證】樗里子傳作「壯豹」，趙世家及表作「趙莊」。

〔一七〕【考證】庶長章，即魏章。梁玉繩曰：雍氏之役，莫定何年，六國表不書也，楚世家不書也，惟周秦二紀，及齊韓二世家、甘茂傳書之，然時已各殊，事頗不合，秦紀書于惠文王後十三年，與齊世家書于湣王十二年同，是周赧王三年。韓世家書于襄王十二年，是赧王十五年。皆誤也。而注國策、注史記者不復詳攷，遂謂楚兩度圍韓雍氏，以赧王三年爲前所圍，取秦與韓敗楚丹陽事當之。以赧王十五年爲後所圍，取秦敗楚新城事當之。夫丹陽之與雍氏相去遠矣，策及傳稱秦宣太后，攷赧王三年爲惠文後十三年，惠文未薨，昭王未立，安得有宣太后耶？新城之與雍氏亦甚遠矣，策及世家稱甘茂，攷茂之懼讒出奔，在秦昭元年，而赧王十五年爲昭王七年，茂久去秦相位，尚何收璽之言哉？蓋注者之誤，由于策、記錯亂，因生此異端耳。其實圍雍氏止有一役，楚未嘗再舉，策記未免交混。而其事非丹陽新城也，其時非赧王三年、十五年也。周紀、茂傳固可據也。周紀書于赧王八年之後，次年即秦昭元年，故茂傳云，昭王新立，太后楚人，不肯救韓，茂爲言于王，乃下師殽以救之。而救韓之師，傳叙茂伐魏蒲坂之先，蒲坂未拔，茂亡奔齊，皆昭王元年事也。然則圍雍一役，其在赧王九年，秦昭元年，韓襄六年，楚懷二十三年乎？黄式三曰：梁氏之說，于甘茂傳雖合，而於韓世家之文究不可解。馬氏繹史云楚圍雍氏有三：其一則秦惠王後十三年，秦、韓敗楚屈匄于丹陽，楚王怨韓而圍雍氏，在赧王三年；其二則秦武王死，昭王新立，戰國策韓令使者求救于秦，與甘茂傳所言，即此役也；其三則韓襄王十二年，公子咎與蟣蝨爭國，遂令楚圍雍氏，在赧王十五年。宜從馬説。

〔一八〕【正義】滿，或作「蒲」。秦將姓名也。【考證】按表及韓世家，乃助魏攻齊耳，是時無韓伐齊事。

〔一九〕【集解】徐廣曰：「壯，一作『狀』。」【正義】丹、犂，二戎號也。臣伏於蜀。蜀相殺蜀侯，并丹、犂二國降秦。在蜀西南姚府管内，本西南夷，戰國時蜀、滇國，唐初置犂州、丹州也。【考證】方苞曰：言丹、犂二國臣屬於秦也，與下「蜀相壯殺蜀侯來降」、「韓、魏、齊、楚、越皆賓從」，立文正相類。據正義「丹、犂臣蜀」爲句，則下云「相壯」，不知何國之相，且二國臣蜀，亦無爲載於秦史。愚按：張儀傳及秦策云「司馬錯定蜀，蜀王更號爲侯，而使陳莊相」。據此則是紀所云蜀相莊，即陳莊。其所殺蜀侯，非蜀王則蜀王子，非秦所封公子通也。

惠王卒，〔一〕子武王立。〔二〕韓、魏、齊、楚、越皆賓從。〔三〕

〔一〕【考證】顧炎武曰：古人謚二字三字，而後人相沿。止稱一字者，衛之叡聖武公止稱武公，貞惠文子止稱公叔文子，晉趙獻文子止稱文子，魏惠成王止稱惠王，楚頃襄王止稱襄王，秦惠文王止稱惠王，悼武王止稱武王，昭襄王止稱昭王，莊襄王止稱莊王，韓昭釐侯止稱昭侯，宣惠王止稱宣王，趙悼襄王止稱襄王。

〔二〕【索隱】名蕩。【考證】秦記作「悼武」。

〔三〕【集解】徐廣曰：「越，一作『趙』。」【考證】張文虎曰：越爲楚成王所破久矣，作「趙」是。

武王元年，與魏惠王會臨晉。〔一〕誅蜀相壯。張儀、魏章皆東出之魏。伐義渠、丹、犂。

南公揭卒。〔二〕二年，初置丞相，樗里疾、甘茂爲左右丞相。〔三〕張儀死於魏。三年，與韓襄王會臨晉外。〔四〕樗里疾相韓。〔五〕武王謂甘茂曰：「寡人欲容車通三川，窺周室，死不恨矣。」〔六〕其秋，使甘茂、庶長封伐宜陽。〔七〕四年，拔宜陽，〔八〕斬首六萬。涉河，城武遂。〔九〕魏太子來朝。武王有力，好戲。力士任鄙、烏獲、孟説皆至大官。王與孟説舉鼎，絶臏。〔一〇〕八月，武王死。族孟説。〔一一〕武王取魏女爲后，無子。立異母弟，是爲昭襄王。〔一二〕昭襄母，楚人，姓羋氏，號宣太后。〔一三〕武王死時，昭襄王爲質於燕，燕人送歸，得立。〔一四〕

〔一〕【集解】徐廣曰：「表云哀王。」【正義】按：魏惠王卒已二十五年矣。【考證】「惠王」當作「襄王」，年表所謂哀王也。

〔二〕【考證】未知何人。

〔三〕【集解】應劭曰：「丞者，承也。相，助也。」

〔四〕【正義】外，謂臨晉城外。「外」字一作「水」。

〔五〕【考證】無疾相韓事，史文疑有誤。

〔六〕【考證】安井衡曰：車通三川者，欲容車之廣，通三川之路也，不必須廣。愚按：三川，伊水、洛水、河水。

〔七〕【正義】在河南府福昌縣東十四里，故韓城是也。此韓之大郡，伐取之，三川路乃通也。【考證】宜陽，河南宜陽縣。

〔八〕【考證】「武王謂」以下采秦策。

〔九〕【集解】徐廣曰：「韓邑也。」【正義】按：此邑本屬韓，近平陽。韓世家云「貞子居平陽，九世至哀侯，徙鄭」。楚世家云「而韓猶服事秦者，以先王墓在平陽」。而秦之武遂去之七十里，故知近平陽。

〔一〇〕【集解】徐廣曰：「一作『脉』。」【正義】臏，音頻忍反。絶，斷也。臏，脛骨也。【考證】烏獲見商君書、孟子，先於秦武。蓋稱力士爲「烏獲」，猶稱相馬者爲「伯樂」，稱治疾者爲「扁鵲」，秦武力士，必別有姓名。

〔一一〕【集解】皇覽曰：「秦武王冢，在扶風安陵縣西北，畢陌中大冢是也。人以爲周文王冢，非也。周文王冢在杜中。」【正義】括地志云：「秦悼武王陵，在雍州咸陽縣西北十五里也。」【考證】甘茂傳云「武王至周而卒于周」，與此紀異。張文虎曰：水經渭水注引秦本紀「武王三年，渭水赤三日。秦昭王三十四年，渭水又大赤三日」。漢書五行志亦有此文，引作「史記曰」，今惟上一條見秦記，而本紀皆無之，豈佚文與？

〔一二〕【索隱】名則，一名稷。

〔一三〕【考證】羋音美。秦蕙田曰：詩大雅大明「太任有身，生此文王」，思齊「太姒嗣徽音」。孔氏曰，尊加於婦，故謂之太，此稱「太」之正義也。後人「太后」之稱，實始於此。

〔一四〕【考證】趙世家云「趙王使代相趙固迎公子稷於燕，送歸，立爲秦王，是爲昭王」。

昭襄王元年，嚴君疾爲相。〔一〕甘茂出之魏。〔二〕二年，彗星見。〔三〕庶長壯與大臣、諸侯、公子爲逆，皆誅。〔四〕及惠文后皆不得良死。〔五〕悼武王后出歸魏。三年，王冠。與楚王會黄棘，〔六〕與楚上庸。〔七〕四年，取蒲阪。〔八〕彗星見。五年，魏王來朝應亭，〔九〕復與魏蒲阪。六年，蜀侯煇反，〔一〇〕司馬錯定蜀。庶長奂伐楚，斬首二萬。涇陽君質於齊。〔一一〕日食晝晦。七年，拔新城。〔一二〕樗里子卒。八年，使將軍羋戎攻楚，取新市。〔一三〕齊使章子，魏使公孫喜，韓使暴鳶共攻楚方城，取唐昧。〔一四〕趙破中山，其君亡，竟死齊。〔一五〕魏公子勁、韓公子長爲諸侯。〔一六〕九年，孟嘗君薛文來相秦。〔一七〕奂攻楚，取八城，殺其將景快。〔一八〕十年，楚懷王入朝秦，秦留之。〔一九〕薛文以金受免。〔二〇〕樓緩爲丞相。十一年，齊、韓、魏、趙、宋、中山五國共攻秦，〔二一〕至鹽氏而還。〔二二〕秦與韓、魏河北及封陵以和。〔二三〕彗星見，楚懷王走之趙，趙不受，還之秦，即死，歸葬。〔二四〕十二年，樓緩免，穰侯魏冄爲相。〔二五〕予楚粟五萬石。

〔一〕【正義】蓋封蜀郡嚴道縣，因號嚴君。疾名也。【考證】即樗里疾。

〔二〕【考證】梁玉繩曰：案傳茂奔齊，復至楚而終于魏，此言茂出之魏，恐是「齊」之誤。大事記曰「時，方伐魏，自魏而奔齊也」。

〔三〕【正義】彗，似歲反，又先到反。

〔四〕【考證】古鈔本無「侯」字。通鑑亦無，穰侯傳集解引秦本紀無「諸侯」二字。

〔五〕【集解】徐廣曰：「迎歸於楚者。」【考證】胡三省曰：惠文后，昭王嫡母也。死于正命曰良死。

〔六〕【正義】棘，紀力反。蓋在房、襄二州也。【考證】今河南新野縣東北。

〔七〕【集解】地理志，漢中有上庸縣。【正義】括地志云：「上庸，今房州竹邑縣及金州是也。」

〔八〕【正義】括地志云：「蒲阪故城，在蒲州河東縣南二里，即堯舜所都也。」

〔九〕【集解】徐廣曰：「魏世家云會臨晉。」【正義】應，音乙陵反。【考證】梁玉繩曰：應亭，「臨晉」之誤，年表、魏世家可徵。

〔一〇〕【索隱】煇音暉。華陽國志曰：「秦封王子煇爲蜀侯。蜀侯祭，歸胙於王，後母疾之，加毒以進，王大怒，使司馬錯賜煇劍。」此煇不同也。【考證】蜀侯煇疑非秦公子，蓋前蜀侯子弟，華陽國志不足據也。

〔一一〕【索隱】名市。【考證】館本考證云：「田完世家及年表俱在秦昭七年，此入六年。」

〔一二〕【正義】楚世家云：「懷王二十九年，秦復伐楚，大破楚軍，楚軍死二萬，殺我將軍景缺。」年表云：「秦敗我襄城，殺景缺。」括地志云：「許州襄城縣，即古新城縣也。」按世家、年表，則「新」字誤作「襄」字。【考證】「年」下當有「楚」字。

〔一三〕【集解】晉地記曰：「江夏有新市縣。」

〔一四〕【索隱】暴鳶，韓將姓名。【考證】館本考證云：楚世家，懷王「二十八年，韓乃與齊、魏共攻楚，殺楚將唐眛，取我重丘而去」。年表、各世家俱同，是年于秦昭爲六年，此誤書于八年。愚按：「眛」字宜从「目」，荀子議兵篇、呂子處方篇作「蔑」。

〔一五〕【考證】館本考證云：趙世家及年表，攻中山，在秦昭六年，滅中山，在秦昭十二年。田完世家同。此叙入八年内。

〔一六〕【索隱】別封之邑，比之諸侯，猶商君、趙長安君然。

〔一七〕【考證】館本考證云：「年表及田完世家，薛文相秦，在秦昭八年。」

〔一八〕【考證】六國表、楚世家「景快」並作「景缺」，上文「拔新城」正義引同。今本惟此文作「景快」，各本皆同。或傳寫誤。然殺景缺在昭襄七年，而此在九年，疑是錯簡，抑別有景快耶？

〔一九〕【考證】陳仁錫曰：懷王入秦，在八年。

〔二〇〕【正義】金受，秦丞相姓名。免，奪其丞相。【考證】方苞曰：九年薛文來相秦，十年免，中間無金受相秦事。金受名別無所見，恐傳寫之誤。蓋薛文以受金免，而樓緩代相耳。張文虎曰：「金」、「受」疑倒。梁玉繩曰：攷孟嘗君傳，秦昭王以爲相，人或説昭王曰：「孟嘗君相秦，必先齊而後秦，秦其危矣。」於是昭王乃止，囚孟嘗君。疑金受是説昭王之人。又文之免相在九年，此誤在十年。中井積德同梁説。愚按：楓山本無「薛文」二字，「以金受」未詳，闕疑可也。

〔一一〕【正義】蓋中山此時屬趙，故云五國也。

〔一二〕【集解】徐廣曰：「鹽，一作『監』。」【正義】括地志云：「鹽故城，一名司鹽城，在蒲州安邑縣。」按：掌鹽池之官，因稱氏。

〔一三〕【正義】年表云：「秦與魏封陵，與韓武遂以和。」按：河外陝、虢、曲沃等地。封陵在古蒲阪縣西南河曲之中。武遂近平陽地也。【考證】梁玉繩曰：此紀有五誤。伐秦止韓、魏、齊，策所云「三國攻秦」者，六國表、孟嘗傳同，乃此增趙、宋、中山爲五國，一也；攻秦臨函谷關，策所云「入函谷」者，韓、魏、田完世家、孟嘗傳同，乃此謂至鹽氏，二也；秦和三國，以武遂與韓，封陵與魏，齊城與齊，策所云「秦以三城講于三國」者，乃此及表不言齊，田完世家亦不言與我齊城，反載與韓河外，又不及魏，三也；武遂、封陵在河外，故三國世家俱稱河外，策作「河東」，此作「河北」，蓋自秦言之曰東，自三國言之曰北，而統言之曰河外，而此以爲「河北封陵」，四也；是役在秦昭九年，乃此書于十一年，五也。又伐秦講和，本一時事，而表與各世家分伐秦在秦昭九年，講和在十一年，尤誤。大事記糾之矣。依本文是六國，亦一誤也。

〔一四〕【考證】懷王亡趙，在秦昭十年。

〔一五〕【正義】括地志云：「穰，鄧州所理縣，即古穰侯國。」

十三年，向壽伐韓，取武始。〔一〕左更白起攻新城。〔二〕五大夫禮出亡奔魏。〔三〕任鄙爲漢中守。〔四〕十四年，左更白起攻韓、魏於伊闕，〔五〕斬首二十四萬，虜公孫喜，拔五城。〔六〕十五年，大良造白起攻魏，取垣，〔七〕復予之。〔八〕攻楚，取宛。十六年，左更錯取軹及鄧。〔九〕冄免。〔一〇〕封公子市宛，公子悝鄧，魏冄陶，爲諸侯。〔一一〕十七年，城陽君入朝，及東周君來朝。〔一二〕秦以垣爲蒲阪、皮氏。〔一三〕王之宜陽。十八年，錯攻垣、河雍，決橋取之。〔一四〕十九年，王爲西帝，齊爲東帝，皆復去之。呂禮來自歸。齊破宋，宋王在魏，死温。〔一五〕任鄙卒。二十年，〔一六〕王之漢中，又之上郡、北河。二十一年，〔一七〕錯攻魏河内。魏獻安邑，秦出其人，募徙河東，賜爵，赦罪人遷之。〔一八〕涇陽君封宛。〔一九〕二十二年，蒙武伐齊。河東爲九縣。〔二〇〕與楚王會宛。與趙王會中陽。〔二一〕二十三年，尉斯離與三晉、燕伐齊。破之濟西。〔二二〕王與魏王會宜陽，與韓王會新城。〔二三〕二十四年，與楚王會鄢，又會穰。〔二四〕秦取魏安城，至大梁，燕、趙救之，秦軍去。〔二五〕魏冄免相。〔二六〕二十五年，拔趙二城。與韓王會新城，〔二七〕與魏王會新明邑。〔二八〕二十六年，赦罪人遷之穰。侯冄復相。〔二九〕二十七年，錯攻楚。赦罪人遷之南陽。〔三〇〕白起攻趙，取代、光狼城。〔三一〕又使司馬錯發隴西，因蜀攻楚黔中，拔之。〔三二〕二十八年，大良造白起攻楚，取鄢、鄧，〔三三〕赦罪人遷之。二十九年，大良造白起攻楚，取郢爲南郡，楚王走。〔三四〕周君來。王與楚王會襄陵。〔三五〕白起爲武安君。〔三六〕三十年，蜀守若伐楚，取巫郡及江南，爲黔中郡。〔三七〕三十一年，白起伐魏，取兩城。楚人反我江南。〔三八〕三十二年，相穰侯攻魏，至大梁，破暴鳶，斬首四萬，鳶走，魏入三縣請和。三十三年，客卿胡傷攻魏卷、〔三九〕蔡陽、長社，取之。〔四〇〕擊芒卯華陽，破之。〔四一〕斬首十五萬。魏入南陽以和。〔四二〕三十四年，秦與魏、韓上庸地爲一郡，南陽免臣遷居之。三十五年，佐韓、魏、楚伐燕。〔四三〕初置南陽郡。〔四四〕三十六年，客卿竈攻齊，取剛、壽，予穰侯。〔四五〕三十八年，中更胡傷攻趙閼與，不能取。〔四六〕四十年，悼太子死魏，歸葬芷陽。〔四七〕四十一年夏，攻魏，取邢丘、懷。〔四八〕四十二年，安國君爲太子。十月，宣太后薨，葬芷陽酈山。〔四九〕九月，穰侯出之陶。四十三年，武安君白起攻韓，拔九城，斬首五萬。〔五〇〕四十四年，攻韓南郡，取之。〔五一〕五年，五大夫賁攻韓，取十城。〔五二〕葉陽君悝出之國，未至而死。〔五三〕四十七年，秦攻韓上黨，上黨降趙，〔五四〕秦因攻趙，趙發兵擊秦，相距。秦使武安君白起擊，大破趙於長平，四十餘萬盡殺之。〔五五〕四十八年十月，韓獻垣雍。〔五六〕秦軍分爲三軍。〔五七〕武安君歸。王齕將，伐趙武安、皮牢，拔之。〔五八〕司馬梗北定太原，盡有韓上黨。〔五九〕正月，兵罷，復守上黨。其十月，五大夫陵攻趙邯鄲。〔六〇〕四十九年正月，益發卒佐陵。陵戰不善，免，王齕代將。其十月，將軍張唐攻魏，爲蔡尉捐弗守，還斬之。〔六一〕五十年十月，武安君白起有罪，爲士伍，遷陰密。〔六二〕張唐攻鄭，拔之。〔六三〕十二月，益發卒軍汾城旁。〔六四〕武安君白起有罪死。齕攻邯鄲，不拔，去，還奔汾軍。二月餘，攻晉軍，斬首六千，晉、楚流死河二萬人。〔六五〕攻汾城，即從唐拔寧新中，〔六六〕寧新中更名安陽。〔六七〕初作河橋。〔六八〕

〔一〕【集解】地理志，魏郡有武始縣。【正義】括地志云：「武始故城，在洛州武始縣西南十里。」

〔二〕【正義】白起傳云：「白起爲左庶長，將兵擊韓之新城。」括地志云：「洛州伊闕縣，本是漢新城縣，隋文帝改爲伊闕，在洛州南七十里。」【考證】據傳，是年白起未爲左更。

〔三〕【考證】呂禮，秦將。穰侯傳「呂禮奔齊」。孟嘗傳亦有禮相齊事，此誤也。大事記亦以奔魏爲非。

〔四〕【集解】漢書百官表曰：「郡守，秦官。」

〔五〕【正義】括地志云：「伊闕在洛州南十九里。注水經云『昔大禹疏龍門以通水，兩山相對，望之若闕，伊水歷其閒，故謂之伊闕』。」按：今洛南猶謂之龍門也。

〔六〕【考證】梁玉繩曰：上文言魏使公孫喜攻楚，則喜是魏將也，故穰侯傳稱「虜魏將公孫喜」，乃此紀及白起傳不言喜爲何國之將，而六國表書虜喜于韓表中，韓世家謂「使公孫喜攻秦，秦虜喜」，似喜又爲韓將矣。蓋伊闕之役，韓爲主兵，而實使魏之公孫喜將之，故所書不同。

〔七〕【正義】垣音袁。前秦取蒲阪，復以蒲阪與魏，魏以爲垣。今又取魏垣，復與之，後秦以爲蒲阪皮氏。

〔八〕【考證】白起傳但言拔垣。梁玉繩曰：此衍「復予之」三字。

〔九〕【集解】地理志，河内有軹縣，南陽有鄧縣。【正義】括地志云：「故軹城，在懷州濟源縣東南十三里。故鄧城，在懷州河陽縣西三十一里，並六國時魏邑也。」按：二城相連，故云「及」也。

〔一〇〕【考證】館本考證云：「六國表及穰侯傳，冉謝病免相，在昭十五年。」梁玉繩曰：魏冉凡三相三免，紀、表皆不盡書，而紀與傳所書之年亦多舛戾不合。余綜考之，冉初相在昭王十二年，至十五年免，此書冉免于十六年，誤也。再相在十六年，至二十一年免，此紀下文于廿四年書「魏冉免相」者誤也。三相在二十六年，至四十二年免相，出就封邑，傳所謂「免二歲復相秦」者，乃免四歲之誤也。

〔一一〕【索隱】悝號高陵君，初封於彭，昭襄王弟也。【考證】公子市即涇陽君。

〔一二〕【正義】括地志云：「濮州雷澤縣，本漢郕陽縣。古郕伯姬姓之國，周武王封弟季載於郕，其後遷之城陽也。」【考證】梁玉繩曰：成陽君韓人，魏策有之。成、城通用。

〔一三〕【索隱】「爲」當爲「易」，蓋字訛也。【正義】蒲阪，今河東縣也。皮氏故城在絳州龍門縣西一里八十步。【考證】索隱是。

〔一四〕【集解】徐廣曰：「汲冢紀年云，魏哀王二十四年，改宜陽曰河雍，改向曰高平。向在軹之西。」【正義】蓋蒲阪、皮氏又歸魏，魏復以爲垣，今重攻取之也。【考證】正義非是。

〔一五〕【考證】館本考證曰：「田完世家，齊湣三十八年，伐宋，宋王出亡，死于温。魏世家，魏昭十年，齊滅宋，宋王死我温，年表亦同。是年在秦爲昭之二十一年，此入于十九年内。」

〔一六〕【集解】徐廣曰：「秦地有父馬生駒。」【考證】張文虎曰：漢書五行志引史記秦昭王二十年「牡馬生子而死」。紀、表皆無此文，當在二十年下，故集解引徐廣語。二十一年集解徐廣語，史記正文誤入注，又譌「子」爲「牛」。

〔一七〕【集解】徐廣曰：「有牡馬生牛而死。」

〔一八〕【考證】沈家本曰：按昭襄王之赦罪人，遷之以實初地也，始皇之徙謫以實初縣，其策實本於此。

〔一九〕【考證】館本考證云：「十六年已封公子市宛矣，此復封涇陽君，疑有一誤。」

〔二〇〕【考證】梁玉繩曰：蒙恬傳，蒙武乃蒙驁之子，驁事昭王，至始皇四世，則此時擊齊者，必是驁，而非武也。凌稚隆曰：古史「河東」上有「取」字。愚按：河東本魏地，前年入秦，故分爲九縣也，本文自通。

〔二一〕【集解】地理志，西河有中陽縣。

〔二二〕【索隱】尉，秦官。斯離，其姓名。【正義】尉，都尉。斯離，名也。【考證】正義是。梁玉繩曰：伐齊之役，實秦、楚、燕、趙、韓、魏六國也。燕、齊、楚三世家可證。此紀與趙、魏世家失書楚，韓世家上言「與秦攻齊」，孟嘗君傳失書韓、楚，樂毅傳失書秦。愚按：年表亦云燕與秦、三晉擊齊。

〔二三〕【考證】年表及魏、韓世家並作「會西周」。梁玉繩曰：即指河南之宜陽新城也，下同。

〔二四〕【正義】鄾，於建反，又音偃。括地志云：「故偃城，在襄州安養縣北三里，古鄾子之國也。」

〔二五〕【集解】地理志，汝南有安城縣。【正義】括地志云：「安城，在豫州汝陽縣東南十七里。」【考證】本魏策。梁玉繩曰：是年爲燕昭王廿九年，趙惠文王十六年，燕昭新破齊湣，方圍莒，即墨，未下，何暇出兵救魏？而趙時爲秦之細，自守不足，又何敢出一旅，爲魏抗秦。此之不實，了然可知。

〔二六〕【考證】十六年云「冉免」，其後不言冉復相，二十六年忽云「魏冉免相」，當有脫文。説詳于十六年。

〔二七〕【考證】年表、韓世家並云「會兩周閒」。

〔二八〕【考證】凌稚隆曰：新明邑，不詳其邑，或新所取者。

〔二九〕【考證】梁玉繩曰：言遷罪人，不知遷于何地。愚按：古鈔、楓、三、南本「侯」下有「魏」字，據下文「遷之南陽」正義，「穰」字當連上句。上文云「魏冉免相」，「侯」疑「魏」字。

〔三〇〕【正義】南陽及上遷之穰，皆今鄧州也。

〔三一〕【正義】括地志云：「光狼故城，在今澤州高平縣西二十里。」【考證】李笠曰：白起傳正義「二十里」作「二十五里」。

〔三二〕【正義】黔中，今黔府也。【考證】陳子龍曰：後世每從益州取荆者，蓋始此也。

〔三三〕【正義】鄢、鄧二城，並在襄州。【考證】梁玉繩曰：此二十八年楚爲秦所取者，鄢、鄧、西陵三城，紀失書西陵，表失書鄧，楚世家失書鄢、鄧，而白起傳言「拔鄢、鄧五城」，乃拔鄢、鄧、西陵三城之訛。

〔三四〕【正義】括地志云：「郢城，在荆州江陵縣東北六里，楚平王築都之地也。」【考證】今湖北江陵縣東，有故郢城。

〔三五〕【集解】地理志，河東有襄陵縣。【正義】括地志云：「襄陵，在晉州臨汾縣東南三十五里。闞駰十三州志云，襄陵，晉大夫犨邑也。」【考證】梁玉繩曰：是年，秦攻楚取郢，燒其先王墓夷陵，楚襄王兵散，遁保于陳，安得楚與秦爲好會乎？必非二十九年事也。

〔三六〕【正義】言能撫養軍士，戰必剋，得百姓安集，故號武安。故城，在（潞）〔洺〕州武安縣西南五十里。七國時趙邑，即趙奢救閼與處也。【考證】白起爲武安君，穰侯、白起傳皆在秦昭二十九年，表爲三十年，誤。崔適曰：案是名號侯之濫觴也，名號侯之名，始自魏志，武帝紀裴注以爲今之虚封。今案：無封邑，但有名號而已。七國時，或有封邑而別爲名號，如以尉文封廉頗爲信平君；封樂毅於觀津，號曰望諸君；秦相呂不韋封爲文信侯，食河南洛陽十萬户。此如漢世之列侯，而別爲名號者也。或有名號而無封邑，如秦相蔡澤爲剛成君，趙賜趙奢爲馬服君，漢初封劉敬爲奉春君，叔孫通爲稷嗣君，則位下於列侯，始皇本紀謂之倫侯，漢曰關内侯，即名號侯之類也。趙有兩武安君，始蘇秦，終李牧。而秦亦以是名封白起，亦但有名號耳。正義「故號武安」以上是也。「故城」以下又以爲封邑，一名而兩釋之，乖矣。秦攻韓閼與，軍武安西，大爲趙奢所破，在秦昭王三十七年，則前此秦安得有武安以封白起耶？

〔三七〕【正義】華陽國志，張若爲蜀中郡守。括地志云：「巫郡，在夔州東百里。」「黔中故城，在辰州沅陵縣西二十里。江南，今黔府，亦其地也。」【考證】梁玉繩曰：白起及春申君傳言起取之，非蜀守張若，豈伐巫之役，起與若共之與？

〔三八〕【正義】黔中郡，反歸楚。【考證】岡白駒曰：上年秦取江南爲郡，既爲秦有，故曰「反我江南」。

〔三九〕【集解】地理志，河南有卷縣。【正義】卷，音丘袁反。括地志云：「故卷城，在鄭州原武縣西北七里，即衡雍也。」

〔四〇〕【集解】地理志，潁川有長社縣。【正義】括地志云：「蔡陽，今豫州上蔡水之陽，古城，在豫州北七十里。長社故城，在許州良社縣西一里。皆魏邑也。」

〔四一〕【集解】司馬彪曰：「華陽，亭名，在密縣。」【索隱】芒卯，魏將。譙周云孟卯也。【正義】括地志云：「故華城，在鄭州管城縣南三十里。國語云，史伯對鄭桓公，虢、鄶十邑，華其一也。華陽即此城也。」按：是時韓、趙聚兵於華陽攻秦，即此矣。

〔四二〕【集解】徐廣曰：「河内修武，古曰南陽，秦始皇更名河内，屬魏地。荆州之南陽郡，本屬韓地。」【正義】括地志云：「懷獲嘉縣，即古之南陽。杜預云在晉州山南河北，故曰南陽。秦破芒卯軍，斬首十五萬，魏入南陽以和。」【考證】梁玉繩曰：此所書戰最誤，年表、世家、列傳亦誤。攷秦昭三十二年，當魏安釐二年，韓釐廿一年。秦攻魏，拔兩城，軍大梁下，韓使暴鳶救魏，爲秦所敗，鳶走開封，魏與秦溫以和，是秦昭三十二年之戰也。而此云魏入三縣，穰侯傳云割八縣，並誤。蓋二縣秦拔之，一縣魏予之，共止三縣耳。明年，魏背秦，與齊從親，秦使穰侯伐魏，拔四城，斬首四萬，是秦昭三十三年之戰也。而此以斬首四萬并入大梁之役，書于三十二年，誤已。秦昭三十四年，趙、魏攻韓華陽，韓告急于秦，穰侯又與白起、客卿胡陽攻趙、魏以救韓，走魏將芒卯，斬十三萬人，敗趙將賈偃，沈其卒二萬人于河，取魏卷、蔡陽、長社，取趙觀津，魏予秦南陽以和，秦且與趙觀津，益趙以兵伐齊。是秦昭三十四年之戰也，而此在三十三年，誤一。止言客卿胡陽，反遺郤主帥穰侯、大將白起，較之年表、趙世家、白起及春申傳但舉白起，更覺失倫，誤二。斬魏卒十三萬，沈趙卒二萬，乃合趙于魏，作十五萬人，與六國表、魏世家俱非，穰侯傳云十萬亦非，誤三。趙、魏同破，何以單說魏而不及趙，表亦單說魏，又云「得三晉將」，魏世家云「秦破我及韓、趙」，穰侯傳云「攻趙、韓、魏」，白起傳云「得三晉將」，春申傳云「攻韓、魏、趙」。述一事而各異如此，誤四。至暴鳶，國策「暴」作「睪」，其字譌也。韓世家「鳶」作「䳒」，其字同也。芒卯，西周策及韓子說林、顯學、淮南氾論作「孟卯」，音之轉也。而韓子外儲說左作「昭卯」，呂覽應言作「孟邛」，皆誤。又此紀胡傷兩見，當是傳寫之譌，依穰侯傳作「陽」爲是。趙策作「胡易」，即古「陽」字。

〔四三〕【考證】梁玉繩曰：國策，齊、韓、魏共伐燕，燕使太子請救于楚，楚王使景陽救之。夫楚方救燕，不伐燕，秦亦無伐燕之事，而伐燕是齊、韓、魏，非韓、魏、楚，此與燕世家同誤。

〔四四〕【正義】今鄧州也。前已屬秦，秦置南陽郡，在漢水之北。釋名云：「在中國之南，而居陽地，故以爲名焉。」張衡南都賦云：「陪京之南，居漢之陽。」【考證】今河南南陽。

〔四五〕【正義】括地志云「故剛城，在兖州龔丘縣界。壽，鄆州之縣。」【考證】梁玉繩曰：年表及田完世家皆三十七年，此與穰侯傳在前一年。竈，秦策作「造」，音相近。

〔四六〕【集解】孟康曰：「音焉與，邑名，在上黨涅縣西。」【正義】閼，於達反。與，音預。閼與聚城，一名烏蘇城，在潞州銅鞮縣西北二十里，趙奢破秦軍處。又儀州和順縣，即古閼與城，亦云趙奢破秦軍處。然儀州與潞州相近，二所未詳。又閼與山，在洺州武安縣西南五十里，趙奢拒秦軍於閼與，即山北也。按：閼與山，在武安故城西南，又近武安故城，蓋儀州是所封故地。【考證】河南彰德武安縣。

〔四七〕【集解】徐廣曰：「今霸陵。」【正義】括地志云：「芷陽，在雍州藍田縣西六里。三秦記云，鹿原東有霸川之西阪，故芷陽也。」

〔四八〕【集解】徐廣曰：「邢丘在平皋。」駰案：韓詩外傳，武王伐紂，到于邢丘，勒兵於寧，更名邢丘曰懷，寧曰修武。【正義】括地志云：「平皋故城本邢丘邑，漢置平皋縣，在懷州武德縣東南二十里。故懷城，周之懷邑，在懷州武陟縣西十一里。」【考證】館本考證云：「魏世家安釐王九年『秦拔我懷』，是年爲秦昭之三十九年。十一年拔我郪丘，即秦昭四十一年也。此兩年事并入一年。」梁玉繩曰：「邢丘」當依魏世家作「郪丘」，此與范雎傳同誤。邢丘之地，久入于秦，不待是時，表作「廩丘」，尤誤。

〔四九〕【集解】徐廣曰：「芈氏。」【正義】酈，力知反，在雍州新豐縣南十四里也。【考證】古鈔、南本「十月」作「七月」，此本譌。

〔五〇〕【考證】館本考證云：「白起傳昭王四十三年，白起攻韓陘城，拔五城。韓世家惠王九年，秦拔我陘，城汾旁。」

〔五一〕【考證】錢大昕曰：「南郡」六國表作「南陽」。攷江陵之南郡，楚地，非韓地。當以「南陽」爲是，但昭十六年，拔韓宛城，又魏冉封穰侯，皆南陽郡地，是南陽屬秦已久。至昭王三十九年置南陽郡，何以四十四年攻韓又取南陽？蓋戰國時，大郡或領十數城，非一時所能盡拔，秦雖置南陽郡，尚未全有其地，至此始悉取之。愚按：白起傳亦作「南陽」。

〔五二〕【正義】賁，音奔。五大夫，官。疑賁名也。【考證】五大夫，秦爵。正義「疑」字衍。

〔五三〕【集解】一云「華陽」。【正義】葉，書涉反。【考證】中井積德曰：「葉陽」當作「華陽」。梁玉繩曰：「華」形近「葉」，傳寫致訛，華陽君即昭王舅芈戎，悝乃昭王母弟高陵君，此紀當有脱誤，不然將以芈戎爲公子悝矣。

〔五四〕【考證】上黨，今山西潞安。梁玉繩曰：事在四十五年，趙策、白起傳可證。此因説長平事，而并書于四十七年，非也。

〔五五〕【考證】長平，河南陳州西華縣。古鈔、南本「萬」下有「人」字，「殺」上有「坑」字。

〔五六〕【集解】司馬彪曰：「河南卷縣有垣雍城。」

〔五七〕【考證】白起傳云「秦分軍爲二，王齕攻皮牢，拔之。司馬梗定太原」，則此「三」字疑「二」字訛。

〔五八〕【考證】梁玉繩曰：白起傳言齕攻拔皮牢，不言武安，「武安」二字衍。愚按：古鈔本「皮」上有「攻」字。白起傳正義，皮牢故城，在絳州龍門縣西一里，今河南彰德武安縣西。

〔五九〕【考證】太原，今山西太原。

〔六〇〕【考證】今直隸廣平邯鄲縣。張文虎曰：上四十二年，先書「十月」，後書「九月」，此年先書十月，後書正月，大事記、古文尚書疏證謂秦先世已嘗改十月爲歲首，是也。自此年以後復用夏正，故下文書其十月云云，遂不以爲歲首。而四十九年，先書「正月」，後書「其十月」，文甚明白。梁玉繩志疑乃以四十二年之「十月」爲「七月」之誤，四十八年之「十月」爲衍，考之未審矣。愚按：四十二年之「十月」爲「七月」之誤，古鈔本可證。姚範援鶉堂筆記亦以「十月」、「正月」、「其十月」爲俱譌，張氏未審考之也。

〔六一〕【正義】爲，于僞反。蔡，姓；尉，名。【考證】斬蔡尉。

〔六二〕【集解】如淳曰：「嘗有爵而以罪奪爵，皆稱士伍。」【正義】括地志云：「陰密故城，在涇州鶉觚縣西，即古密須國也。」

〔六三〕【考證】梁玉繩曰：此以所拔之鄭爲舊鄭歟？則即咸林之地，東遷時已屬秦也。以爲新鄭歟？韓徙都于其地，不聞是時韓失國都也。疑是「鄟」字之譌，趙地也。

〔六四〕【正義】括地志云：「臨汾故城，在絳州正平縣東北二十五里，即古臨汾縣城也。」按：汾城，即此城是也。

〔六五〕【集解】徐廣曰：「楚，一作『走』。」【正義】按：此時無楚軍，「走」字是也。【考證】「二月」上添「其後」字看。古鈔本「齕」上有「王」字，「河」下有「者」字。梁玉繩曰：改「楚」作「走」，則「流死」之文不可接。謂「時無楚軍」，尤爲囈語，即楚救邯鄲之兵，始緣秦伐趙邯鄲而救趙，繼緣秦伐魏寧新中而救魏，楚世家稱「救趙至新中」，可證已。愚按：晉即魏也。

〔六六〕【集解】徐廣曰：「寧，〔一〕作『曼』。此趙邑也。」【正義】唐，今晉州平陽，堯都也。括地志云：「寧新中，七國時魏邑，秦昭襄王拔魏寧新中，更名安陽城，即今相州外城是也。」【考證】中井積德曰：唐，張唐也。寧新中，年表及楚世家皆作「新中」。梁玉繩曰：凡言新中者，並脱「寧」字，是魏地，蓋楚、魏救趙，秦還軍而拔魏地也。

〔六七〕【集解】徐廣曰：「魏郡有安陽縣。」【正義】今相州外城古安陽城。【考證】南化本「更」字在「寧」字上。

〔六八〕【正義】此橋在同州臨晉縣東，渡河至蒲州，今蒲津橋也。

五十一年，將軍摎攻韓，取陽城、負黍，〔一〕斬首四萬。攻趙，取二十餘縣，首虜九萬。〔二〕西周君背秦，〔三〕與諸侯約從，將天下鋭兵出伊闕攻秦，令秦毋得通陽城。於是秦使將軍摎攻西周。西周君走來自歸，頓首受罪，盡獻其邑三十六城，口三萬。秦王受獻，歸其君於周。

五十二年，周民東亡，其器九鼎入秦。〔四〕周初亡。〔五〕

〔一〕【正義】今河南府縣也。負黍亭在陽城縣西南三十五里，本周邑，亦時屬韓也。【考證】館本考證云：正義「府」字誤，以唐地理志考之，或應作「告成」二字。

〔二〕【考證】梁玉繩曰：此事非實説，在趙世家。

〔三〕【正義】武公。

〔四〕【正義】器，謂寶器也。禹貢金九牧，鑄鼎於荆山下，各象九州之物，故言九鼎。歷殷至周赧王十九年，秦昭王取九鼎，其一飛入泗水，餘八入於秦中。【考證】陳霆曰：夏后氏之方盛也，以其九州土田之制，貢賦之則，鑄之于鼎，若曰爲後世之法程，夏亡而鼎入于商，商亡而鼎入于周，三代相傳，號稱神器。迨周之季世，七雄僭王，私計得鼎者，可以有天下，若後世得國璽者然，于是争起染指之謀，而周之君臣惴惴，謂夫鼎存而禍隨也，遂陰計毁之，其稱淪入于泗水者，一時詭辭，後世乃傳信之耳。中井積德曰：是時九鼎爲秦之有矣，然未必即輸于咸陽也。

〔五〕【考證】凌稚隆曰：秦稱霸之後，連書曰「天子使召公過賀穆公以金鼓」，曰「天子賀以以黼黻」，曰「天子致胙」，曰「天子致伯」，曰「天子賀」，曰「天子致文武胙」，曰「東周君來朝」，曰「周君來」，曰「西周走來歸」，而結書曰「周初亡」。皆篇中關鍵也。

五十三年，天下來賓。魏後，秦使摎伐魏，取吴城。〔一〕韓王入朝，魏委國聽令。五十四年，王郊見上帝於雍。五十六年秋，昭襄王卒，子孝文王立。〔二〕尊唐八子爲唐太后，〔三〕而合其葬於先王。〔四〕韓王衰絰，入弔祠，諸侯皆使其將相來弔祠視喪事。

〔一〕【集解】徐廣曰：「在大陽。」【正義】括地志云：「虞城故城，在陝州河北縣東北五十里虞山之上。亦名吴山。周武王封弟虞仲於周之北故夏墟吴城，即此城也。」

〔二〕【索隱】名柱，五十三而立，立一年卒，葬壽陵。子莊襄王。

〔三〕【集解】徐廣曰：「八子者，妾媵之號，姓唐。」【正義】孝文王之母也。先死，故尊之。晉灼云：「除皇后，自昭儀以下，秩至百石，凡十四等。」漢書外戚傳云：「八子視千石，比中更。」【考證】俞樾曰：秦孝文王立，尊唐八子爲唐太后，莊襄王立，尊夏姬爲夏太后，後世人主追尊所生者，仿乎此。其始本於春秋妾母之稱夫人，至漢哀帝時有四太后。中井積德曰：不得援漢制解秦官，晉灼非。

〔四〕【正義】以其母唐太后與昭王合葬。

孝文王元年，赦罪人，修先王功臣，褒厚親戚，弛苑囿。〔一〕孝文王除喪，十月己亥即位，三日辛丑卒，子莊襄王立。〔二〕

〔一〕【考證】莊襄王元年，亦大赦罪人。沈家本曰：孝文、莊襄之赦，即爲後世改元肆赦之權輿矣。大赦之名，亦始見於此。愚按：此即位行赦之始。

〔二〕【索隱】名子楚。三十二而立，立三年卒，葬陽陵。紀作「四年」。【考證】梁玉繩曰：孝文之立，書之重，言之複，讀史者或疑爲羨文錯簡，宜衍去「赦罪人」十五字，謂赦罪人等事皆莊襄元年事，增出于孝文元年之下，而「孝文王除喪」、「十月己亥」二語當互易之，移于「孝文元年」之上，蓋既葬而除喪，其時不獨三年之喪久廢，即期年亦不行耳。玆説未知然否。但余攷古者天子崩，太子即位，其別有四：始死，則正嗣子之位，尚書顧命「逆子釗于南門之外，延入于翼室」是也；既殯，則正繼體之位，顧命「王麻冕黼裳入即位」是也；踰年，正改元之位，春秋書「公即位」是也；三年，正踐阼之位，舜格于文祖，及成王免喪，將即政，朝于廟是也。則所謂「子孝文王立」者，正嗣子之位也。昭襄卒于庚戌秋，喪葬之事皆畢，斯數月中，不言既殯正繼體之禮，秦省之而不行也。所謂「孝文王元年」者，正改元之位也，所謂「孝文王除喪十月己亥即位」者，正踐祚之位也。是年歲在辛亥，三年之喪廢，故孝文期年便除，而因以知昭王之卒，必在秋九月，竊意史公緣孝文即位三日便卒，恐後世疑莫能明，特備載當日行事，至今秩然可見，不得以爲羨文錯簡矣。乃閻氏摘「十月己亥」一句，謂孝文已踰二年，史稱享國一年爲誤。莊襄以先君崩年改元，失禮莫大。其辨甚新，殊不知爾時秦尚未以十月爲歲首也。

莊襄王元年，大赦罪人，修先王功臣，施德厚骨肉，而布惠於民。東周君與諸侯謀秦，秦使相國呂不韋誅之，盡入其國。〔一〕秦不絕其祀，以陽人地賜周君，奉其祭祀。〔二〕使蒙驁伐韓，韓獻成皋、鞏。〔三〕秦界至大梁，初置三川郡。〔四〕二年，使蒙驁攻趙，定太原。〔五〕三年，蒙驁攻魏高都、汲，拔之。〔六〕攻趙榆次、新城、狼孟，〔七〕取三十七城。〔八〕四月，日食。四年，王齕攻上黨。〔九〕初置太原郡。〔一〇〕魏將無忌率五國兵擊秦，〔一一〕秦卻於河外。〔一二〕蒙驁敗，解而去。五月丙午，莊襄王卒，子政立，〔一三〕是爲秦始皇帝。

〔一〕【考證】楓、三、南本不重「秦」字。

〔二〕【集解】地理志，河南梁縣有陽人聚。

〔三〕【正義】括地志云：「洛州汜水縣，古之虢國，亦鄭之制邑，又名虎牢，漢之成皋。」鞏，恭勇反，今洛州鞏縣。爾時秦滅東周，韓亦得其地，又獻於秦。【考證】館本考證云：韓世家「秦拔我成皋、滎陽」，不曰獻，年表同。梁玉繩曰：鞏，「滎陽」之誤，鞏爲東周所居，韓安得有之？愚按：蒙恬傳亦云「莊襄王元年，蒙驁伐韓成皋、滎陽，作置三川郡」。

〔四〕【集解】韋昭曰：「有河、洛、伊，故曰三川。」駰案：地理志，漢高祖更名河南郡。

〔五〕【考證】梁玉繩曰：「使蒙驁」八字乃羨文，年表及趙世家、蒙恬傳皆無其事，蓋所謂「攻趙」者，因是年有蒙驁攻趙取三十七城之事也。所謂「定太原」者，因明年有置太原郡之事也。二事下文皆書之，則此爲錯出無疑。況前十二年得韓上黨地，已北定太原矣，此時何煩再定乎？

〔六〕【集解】徐廣曰：「汲，一作『波』。波縣亦在河內。」【正義】汲音急。括地志云：「高都故城，今澤州是。汲故城，在衛州所理汲縣西南二十五里。孟康云漢波縣，今郗城是也。」括地志云：「故郗城在懷州河內縣西三十二里。左傳云，蘇忿生十二邑，郗其一也。」【考證】梁玉繩曰：「三年」二字亦羨文。所書事，表在二年，是已。「汲」字當依徐廣作「波」，蓋秦拔魏汲，在始皇七年也。

〔七〕【正義】括地志云：「榆次，并州縣，即古榆次地也。新城，一名小平城，在朔州善陽縣西南四十七里。狼孟故城，在并州陽曲縣東北二十六里。」

〔八〕【正義】案：取三十七城，并、代、朔三州之地矣。

〔九〕【正義】上黨又反秦，故攻之。【考證】張文虎曰：莊襄無四年，六國表書在三年，此「四年」二字涉上「四月」而衍，觀下文「五月」即接上文「四月」，其證也。梁玉繩曰：前此昭王四十八年盡有上黨地，北定太原。是時何煩再攻？疑前所定者惟降趙之城市邑十七，今所攻者并其餘城而攻拔之，故韓世家云「秦悉拔我上黨」也，紀、表但言攻上黨、擊上黨、拔上黨，似乎複出，而不知是悉拔之，紀、表似欠明。正義謂「上黨又反，故攻之」，臆測之詞，非事實矣。

〔一〇〕【正義】上黨以北皆太原地，即上三十七城也。

〔一一〕【正義】信陵君也。率燕、趙、韓、楚、魏之兵擊秦也。

〔一二〕【正義】蒙驁被五國兵敗，遂解而卻，至於河外。河外，陝、華二州也。

〔一三〕【考證】梁玉繩曰：據始皇紀集解，「政」當作「正」。南化本「午」下有「朔」字。

秦王政立二十六年，初并天下爲三十六郡，號爲始皇帝。〔一〕始皇帝五十一年而崩，〔二〕子胡亥立，是爲二世皇帝。〔三〕三年，諸侯並起叛秦，趙高殺二世，立子嬰。子嬰立月餘，諸侯誅之。遂滅秦。其語在始皇本紀中。

〔一〕【索隱】十三而立，立三十七年崩，葬酈山。

〔二〕【考證】古鈔本「帝」下有「立」字。南化本無「始皇帝」三字。中井積德曰：始皇十三而立，在位三十七年而死，年正五十矣。「一」字蓋衍，梁玉繩說同。張文虎曰，疑本作「年五十而崩」，衍「一」字，又誤倒耳。錢大昕曰，「五」當作「立」，始皇爲帝十一年耳。依古鈔本，錢說是。

〔三〕【索隱】十二年立。紀云二十一立，三年葬宜春。秦自襄公至二世，凡六百一十七歲。此實本紀，而注別舉之，以非本文耳。【考證】張文虎曰：秦襄元年甲子至二世三年甲午，凡五百七十一年。索隱「六」當作「五」，「一」、「七」二字當互易，單本索隱作「二十七」，更誤矣。錢泰吉曰：索隱「注」字不知何所指，疑有集解而缺失也。

太史公曰：秦之先爲嬴姓。〔一〕其後分封，以國爲姓，〔二〕有徐氏、郯氏、莒氏、終黎氏、〔三〕運奄氏、菟裘氏、將梁氏、黃氏、江氏、脩魚氏、白冥氏、蜚廉氏、秦氏。然秦以其先造父封趙城，爲趙氏。

〔一〕【考證】中井積德曰：秦女嫁諸侯稱嬴姓，如晉穆嬴是也。然則秦姓嬴而氏趙也。漢以來姓氏混淆，史公之言欠明曉。

〔二〕【考證】梁玉繩曰：史公混姓氏爲一，故凡氏皆謂之姓，而夏、殷、秦三紀之論並誤，云「以國爲姓」，其實氏也。然其所載諸氏，亦不盡以國，如殷之目夷、秦之飛廉，是以名爲氏者，終黎、菟裘，以邑爲氏者，國云乎哉？

〔三〕【集解】徐廣曰：「世本作『鍾離』。」應劭曰：「氏姓譜云有姓終黎者是。」

【索隱述贊】柏翳佐舜，早旂是旌。蜚廉事紂，石槨斯營。造父善馭，封之趙城。非子息馬，厥號秦嬴。禮樂射御，西垂有聲。襄公救周，始命列國。金祠白帝，龍祚水德。祥應陳寶，妖除豐特。里奚致霸，衛鞅任刻。厥後吞并，卒成凶慝。

史記會注考證卷六

秦始皇本紀第六

史記六

【考證】史公自序云：「始皇既立，并兼六國，銷鋒鑄鐻，維偃干革，尊號稱帝，矜武任力；二世受運，子嬰降虜。作始皇本紀第六。」愚按：始皇之時，史職不廢。蕭何所收圖籍，史公或及觀之，故此紀特詳。楊慎曰：始皇、二世紀，始見太史公筆力。

秦始皇帝者，秦莊襄王子也。〔一〕莊襄王爲秦質子於趙，〔二〕見呂不韋姬，悦而取之，〔三〕生始皇。以秦昭王四十八年正月生於邯鄲。及生，名爲政，姓趙氏。〔四〕年十三歲，莊襄王死，政代立爲秦王。〔五〕當是之時，秦地已并巴、蜀、漢中，越宛有郢，置南郡矣；北收上郡以東，有河東、太原、上黨郡；東至滎陽，滅二周，置三川郡。呂不韋爲相，封十萬户，號曰文信侯。招致賓客游士，欲以并天下。李斯爲舍人。〔六〕蒙驁、王齮、〔七〕麃公等爲將軍。〔八〕王年少，初即位，委國事大臣。

〔一〕【索隱】莊襄王者，孝文王之中子，昭襄王之孫也，名子楚。按：戰國策本名子異，後爲華陽夫人嗣，夫人楚人，因改名子楚也。

〔二〕【正義】質，音致。國彊欲待弱之來相事，故遣子及貴臣爲質，如上音。國弱懼其侵伐，令子及貴臣往爲質，音直實反。又二國敵亦爲交質，音致。左傳云周鄭交質，王子狐爲質於鄭，鄭公子忽爲質於周，是也。【考證】中井積德曰：「質」字，不因强弱異音義，正義非。

〔三〕【索隱】按：不韋傳云不韋，陽翟大賈也。其姬邯鄲豪家女，善歌舞，有娠而獻於子楚。【考證】姬者周姓，古時男子稱氏，婦人稱姓，齊姜、宋子亦猶然也。姬是貴盛之族，故後世以爲婦人美稱。梁玉繩曰：稱妾爲姬，其誤始于周末，史公亦隨俗書之。

〔四〕【集解】徐廣曰：「一作『正』。」宋忠云：「以正月旦生，故名正。」【索隱】系本作「政」，又生於趙，故曰趙政。一曰秦與趙同祖，以趙城爲榮，故姓趙氏。【正義】正音政，「周正建子」之「正」也。始皇以正月旦生於趙，因爲政，後以始皇諱故音征。【考證】顧炎武曰：姓氏之稱，太史公始混而爲一。故本紀於秦始皇則曰「姓趙氏」，於漢高祖曰「姓劉氏」。愚按：秦紀曰「周繆王以趙城封造父，造父族由此爲趙氏」。是秦之所以氏趙。淮南人間訓「秦王趙政，兼吞天下而亡」，高誘注「始皇生於趙，故曰趙政」，與索隱前説皆非。中井積德曰：注「正月」之下加「旦」字，恐臆斷。夫名正者，以月不以日。

〔五〕【考證】顧炎武曰：天之行謂之歲，人之行謂之年，古人但曰年幾何，不言歲也。變之自太史公始。梁玉繩瞥記引錢廣伯云：孟子「鄉人長於伯兄一歲」，趙策「太后曰『年幾何矣』？對曰『十五歲矣』」，則言歲不始太史公。

〔六〕【集解】文穎曰：「主廄內小吏官名。或曰，侍從賓客，謂之舍人也。」【考證】中井積德曰：李斯是文信侯之舍人，非秦王之臣。後事秦王，則爲長史矣。陪臣往往稱舍人，非職掌定名。

〔七〕【集解】徐廣曰：「一作『齕』。」【索隱】蒙驁，齊人，蒙武之父，蒙恬之祖。王齮即王齕，昭王二十九年代大夫陵伐趙者。【正義】齮，魚綺反。劉伯莊云音綺。後同。【考證】作「齕」是也。

〔八〕【集解】應劭曰：「麃，秦邑。」【索隱】麃公蓋麃邑公，史失其姓名。【正義】麃，彼苗反，蓋秦之縣邑。大夫稱公，若楚制。【考證】沈濤曰：漢韓勑碑陰有故涿郡太守魯麃次公，故樂安相魯麃季公。秦、漢時自有麃姓，史特失其名耳。公，如「樅公」、「泄公」之「公」。

晉陽反，元年，將軍蒙驁擊定之。〔一〕二年，麃公將卒攻卷，斬首三萬。〔二〕三年，蒙驁攻韓，取十三城。王齮死。〔三〕十月，將軍蒙驁攻魏氏暘、有詭。〔四〕歲大饑。四年，拔暘、有詭。三月軍罷。秦質子歸自趙，趙太子出歸國。十月庚寅，蝗蟲從東方來，蔽天。〔五〕天下疫。百姓内粟千石，拜爵一級。〔六〕五年，將軍驁攻魏，定酸棗、〔七〕燕、虚、長平、〔八〕雍丘、山陽城，〔九〕皆拔之，取二十城。〔一〇〕初置東郡。冬雷。六年，韓、魏、趙、衛、楚共擊秦，取壽陵。秦出兵，五國兵罷。〔一一〕拔衛，迫東郡，其君角率其支屬徙居野王，阻其山以保魏之河内。〔一二〕七年，彗星先出東方，見北方，五月，見西方。〔一三〕將軍驁死。以攻龍、孤、慶都，〔一四〕還兵攻汲。〔一五〕彗星復見西方，〔一六〕十六日，夏太后死。〔一七〕八年，王弟長安君成蟜〔一八〕將軍擊趙，反，〔一九〕死屯留，〔二〇〕軍吏皆斬死，遷其民於臨洮。〔二一〕將軍壁死，〔二二〕卒屯留、蒲鶮反，戮其屍。〔二三〕河魚大上，〔二四〕輕車重馬，東就食。〔二五〕

〔一〕【考證】張文虎曰：合刻本每年提行，後人取便檢閱耳。舊刻、游本皆連前文，毛本此紀亦連。

〔二〕【正義】將，子匠反。卒，子必反。卷，丘員反。【考證】梁玉繩曰：秦昭三十四年，已取魏卷，何煩此時攻之？疑「卷」字誤。愚按：古鈔、南本「卷」作「權」。

〔三〕【考證】表「十三城」作「十二城」。蒙恬傳、韓世家同此紀。

〔四〕【集解】徐廣曰：「暘，音場。」【索隱】音暢，魏之邑名。

〔五〕【考證】表「十月」作「七月」。程一枝曰：今本「七」作「十」，誤。黄式三曰：十月無蝗。

〔六〕【考證】内粟拜爵始此。徐孚遠曰：秦人重爵，除吏復家，故不輕賜爵。漢則賜民多矣，然亦稍輕，不得爲吏也。入粟千石，比一首級，其重爵可見。方苞曰：平準書「民多買復及五大夫，徵發之士益鮮」，則民納粟拜爵，求免徵發也。

〔七〕【集解】地理志，陳留有酸棗縣。【正義】括地志云：「酸棗故城在滑州酸棗縣北十五里古酸棗縣南。」

〔八〕【集解】徐廣曰：「一作『干』。」駰案：地理志，汝南有長平縣也。【索隱】二邑名。春秋桓十二年「會于虚」，又戰國策曰「拔燕酸棗、虚、桃人」，桃人亦魏邑，虚地今闕，蓋與諸縣相近。按：今東郡燕縣東三十里，有故桃城，則亦非遠。【正義】燕，烏田反。括地志云：「南燕城，古燕國也，滑州胙城縣是也。姚虚在濮州雷澤縣東十三里。孝經援神契云帝舜生於姚墟，即東郡也。長平故城，在陳州宛丘縣西六十六里。」

〔九〕【集解】地理志，陳留有雍丘縣，河内有山陽縣。【正義】雍，於用反，汴州縣。

〔一〇〕【考證】蒙恬傳但云：「攻魏取二十城。」梁玉繩曰：春申君傳上秦昭王書，有「拔燕、虚、酸棗」之語，則此三城已于前三十餘年取之矣。或者是時因拔長平、雍丘、山陽，而復定三城之疆界與？

〔一一〕【正義】徐廣云：「壽陵，在常山。」按：本趙邑也。【考證】館本考證云：趙世家悼襄王元年「龐煖將趙、楚、魏、(楚)〔燕〕之鋭師攻秦蕞，不拔」。此云「取壽陵」，所將之師，一作「衛」，一作「燕」，亦不同。翟灝曰：衛微弱僅存，被秦迫逐，徙居野王，將救亡不暇，何敢攻秦？蓋燕、楚、趙、魏、韓五國伐秦耳。此紀誤以「衛」

替「燕」，而趙世家誤脱「韓」也。至取壽陵之説，更非無論。不勝而罷，未嘗取秦寸土，而五國所攻者，乃新豐之蕞，非壽陵也。

〔一二〕【考證】館本考證云：此是衛元君十二年，不名角。沈家本曰：「角」字疑衍。姚範曰：白起於昭王時已降韓之野王矣，此蓋秦人徙衛君於野王，觀世家甚明。梁玉繩曰：河内之地，秦未全有，故曰魏之河内。

〔一三〕【正義】彗，音似歲反。見，並音行練反。孝經内記云：「彗出北斗，兵大起。彗在三台，臣害君。彗在太微，君害臣。彗在天獄，諸侯作亂。所指其處大惡。彗在日旁，子欲殺父。」

〔一四〕【集解】徐廣曰：「慶，一作『鹿』。」【正義】括地志云：「定州恒陽縣西南四十里有白龍水，又有挾龍山。又定州唐縣東北五十四里有孤山，蓋都山也。帝王紀云，望堯母慶都所居。張晏云，堯山在北，堯母慶都山在南，相去五十里，北登堯山，南望慶都山也。注水經云『望都故城東，有山，不連陵，名之曰孤』。孤、都聲相近，疑即都山，孤山及望都故城三處相近。」【考證】李笠曰：此語倒裝，謂將軍驁以攻龍、孤、慶都死也。

〔一五〕【考證】中井積德曰：四字屬上句。

〔一六〕【正義】復，扶當反。見，行見反。

〔一七〕【索隱】莊襄王所生母。【正義】子楚母也。【考證】梁玉繩曰：「死」當依表作「薨」。

〔一八〕【正義】蟜，音紀兆反。成蟜者長安君名也，號爲長安君。

〔一九〕【正義】將，如字。將，猶領也。又子匠反。

〔二〇〕【正義】括地志云：「屯留故城，在潞州長子縣東北三十里，漢屯留，〔留〕吁國也。」

〔二一〕【索隱】臨洮，在隴西。【正義】臨洮水，故名臨洮。洮州，在隴右，去京千五百五十一里。言屯留之民被成蟜略，衆共反，故遷之於臨洮郡也。

〔二二〕【正義】壁，邊覓反。言成蟜自殺壁壘之内。

〔三〕【集解】徐廣曰：「鶮，一作『鷊』。屯留、蒲鷊，皆地名也。壁于此地，時士卒死者皆戮其屍。」【索隱】高誘云，屯留，上黨之縣名。謂成蟜爲將軍而反，秦兵擊之，而蟜壁於屯留而死。屯留、蒲鶮二邑之反卒，雖死猶皆戮其屍。鶮，古「鶴」字。【正義】卒，子忽反。鶮，音高，注同。蒲、鶮皆地名。【考證】此節文義難解，注亦欠明。錢大昕曰：辟與蒲鶮皆似人名。辟乃討成蟜之將軍，辟死而部卒又叛，因更戮其屍耳。梁玉繩瞥記引許周生云：「反」下衍「死」字，漢志無。王弟長安君成蟜將軍擊趙，反屯留，軍吏皆斬，遷其民於臨洮，此爲一事。據漢書五行志所引止此，可證。以下別爲一事。壁當將兵在外者，前所衍「死」字疑當在「蒲鶮反」下。將軍辟死，卒屯留，蒲鶮反，戮其屍，蓋蒲鶮屯留人，聞遷屯留民，懼禍及己，故因將軍之死而反。反亦即死，故戮其屍也。愚按：徐氏測義、館本考證、梁氏志疑皆有別解，錢、許二說較長。

〔四〕【索隱】謂河水溢，魚大上平地，亦言遭水害也。即漢書五行志劉向所謂「豕蟲之孽」。明年，嫪毐誅。魚，陰類，小人象。【正義】始皇八年，黄河之魚西上入渭。渭，渭水也。漢書五行志云「魚者陰類，臣民之象也」。十七年，滅韓。二十六年，盡并天下。自滅韓至并天下，蓋十年矣。周本紀云「十年，數之紀也。天之所棄，不過其紀」。明關東後屬秦，其象類先見也。

〔五〕【集解】徐廣曰：「一無此『重』字。」【索隱】言河魚大上，秦人皆輕車重馬，並就食於東。言往河旁食魚也。一云，河魚大上爲災，人遂東就食，皆輕車重馬而去。【考證】洪水汎濫，民不能居，皆輕車重馬，東徙就食也。

嫪毐封爲長信侯。予之山陽地，令毐居之。〔一〕宮室、犬馬、衣服、苑囿、馳獵恣毐。事無小大，皆決於毐。又以河西太原郡更爲毐國。〔二〕九年，彗星見，或竟天。攻魏垣、蒲陽。〔三〕四月，上宿雍。〔四〕己酉，王冠帶劍。〔五〕長信侯毐作亂而覺，矯王御璽及太后璽，以發縣卒及衛卒、官騎、戎翟君公舍人，〔六〕將欲攻蘄年宮爲亂。〔七〕王知之，令相國昌平君、昌文君發卒攻毐。戰咸陽，斬首數百，皆拜爵，及宦者皆在戰中，亦拜爵一級。〔八〕毐等敗走。即令國中：有生得毐賜錢百萬，殺之五十萬。盡得毐等。衛尉竭、〔九〕內史肆、佐弋竭、〔一〇〕中大夫令齊等〔一一〕二十人皆梟首。〔一二〕車裂以徇，滅其宗。〔一三〕及其舍人，輕者爲鬼薪。〔一四〕及奪爵遷蜀四千餘家，家房陵。〔一五〕四月，寒凍有死者。〔一六〕楊端和攻衍氏。〔一七〕彗星見西方，又見北方，從斗以南八十日。十年，〔一八〕相國呂不韋坐嫪毐免。桓齮爲將軍。齊、趙來置酒。齊人茅焦說秦王曰：「秦方以天下爲事，而大王有遷母太后之名，恐諸侯聞之，由此倍秦也。」秦王乃迎太后於雍，而入咸陽，〔一九〕復居甘泉宮。〔二〇〕

〔一〕【索隱】嫪，姓；毐，字。按：漢書嫪氏出邯鄲。王劭云「賈侍中說秦始皇母予嫪毐淫，坐誅，故世人罵淫曰『嫪毐』也」。【正義】嫪毐，上躬虬反，下酷改反。予，音與。括地志云：「山陽故城，在懷州修武縣西北大行山東南。」

〔二〕【集解】徐廣曰：「河，一作『汾』。」

〔三〕【正義】垣作「垣」。垣，音袁。括地志云：「故垣城，漢縣治，本魏王垣也，在絳州垣縣西北二十里。蒲邑故城，在隰州縣北四十五里。在蒲水之北，故言蒲陽。即晉公子重耳所居邑也。」【考證】梁玉繩曰：六國表、魏世家作垣、蒲陽、衍三城，此脫書「衍」。然攷秦昭十八年取魏垣，是河東之垣也。而春申君傳上昭王書，又有「并蒲衍首垣」之語，是開封之長衍也。則垣有兩地，已與衍俱爲昭王所拔，奚待始皇九年復攻？此與年表、世家同誤。蓋此時但當言攻魏蒲陽耳。「垣」與「衍」皆屬羨文。

〔四〕【集解】蔡邕曰：「上者尊位所在也。」駰案：司馬遷記事，常言「帝」則依違但言「上」，不敢媟言，尊尊之意也。【考證】張文虎曰：上下文皆稱「王」，此不當忽稱「上」，「上」蓋「王」之爛文。

〔五〕【集解】徐廣曰：「年二十二。」【正義】冠音灌。禮記云，年二十而冠。按：年二十一也。【考證】秦紀于二十二歲冠，蓋變禮也。徐廣云「二十二」者，以踰年改元計也。正義云「二十一」者，以當年改元計也。徐說爲是。

〔六〕【集解】蔡邕曰：「御者，進也。凡衣服加於身，飲食入於口，妃妾接於寢，皆曰御。御之親愛者曰幸。璽者，印信也。天子璽，白玉、螭虎鈕。古者尊卑共之。月令曰『固封璽』，左傳曰『季武子璽書，追而與之』，此諸侯大夫印稱璽也。」衛宏曰：「秦以前，民皆以金玉爲印，龍虎鈕，唯其所好。秦以來，天子獨以印稱璽，又獨以玉，羣臣莫敢用。」【正義】崔浩云：「李斯磨和璧作之，漢諸帝世傳服之，謂『傳國璽』。」韋曜吳書云，璽方四寸，上句，交五龍，文曰「受命于天，既壽永昌」。漢書云文曰「昊天之命，皇帝壽昌」。按：二文不同。漢書元后傳云，王莽令王舜逼太后取璽玉，太后怒投地，其角小缺。吳志云，孫堅入洛，掃除漢陵廟，軍於甄官(并)〔井〕得璽，後歸魏。晉懷帝永嘉五年六月，帝蒙塵平陽，璽入前趙劉聰。至東晉成帝咸和四年，石勒滅前趙得璽。穆帝永和八年，石勒爲慕容俊滅，濮陽大守戴施入鄴得璽，使何融送晉。傳宋，宋傳南齊，南齊傳梁。梁傳至天正二年，侯景破梁，至廣陵，北齊將辛術定廣陵得璽，送北齊。至周建德六年正月平北齊，璽入周。周傳隋，隋傳唐也。卒，子忽反，下同。【考證】中井積德曰：不可以漢制解秦文。又曰：正義「李斯」以下始皇稱帝以後事，不可以解秦王時事。又曰：正義「永和八年」下「石勒」訛，是時石勒死已十八年矣。錢大昕曰：慕容俊即慕容儁，是歲儁滅冉閔，非石勒也。張照曰：梁無「天正」年號，侯景破梁，爲簡文帝大寶元年，則「天正」是「大寶」之誤。

〔七〕【集解】地理志，蘄年宮在雍。【正義】蘄，巨衣反。括地志云：「蘄年宮在岐州城西故城內。」

〔八〕【索隱】昌平君，楚之公子，立以爲相，後徙於郢，項燕立爲荆王，史失其名。昌文君名亦不知也。【正義】括地志云：「咸陽故城，亦名渭城，在雍州北五里今咸陽縣東十五里。秦孝公已下並都此城。始皇鑄金人十二於咸陽，即此也。」【考證】李笠曰：「者」下「皆」字疑涉上句誤衍。

〔九〕【集解】漢書百官表曰：「衛尉，秦官。」

〔一〇〕【集解】漢書百官表曰：「秦時少府有佐弋，漢武帝改爲佽飛，掌弋射者。」【正義】弋，音翊。

〔一一〕【正義】令，力政反。中大夫令，秦官也。齊，名也。

〔一二〕【集解】縣首於木上曰梟。【正義】梟，古堯反。懸首於木上曰梟。【考證】梟首始見乎此。

〔一三〕【正義】說苑云：「秦始皇太后不謹，幸郎嫪毐，始皇取毐四支車裂之，取兩弟撲殺之，取太后遷之咸陽宮。下令曰：『以太后事諫者戮而殺之，蒺藜其脊。』諫而死者二十七人。茅焦乃上說曰：『齊客茅焦，願以太后事諫。』皇帝曰：『走告，若不見闕下積死人耶？』使者問焦。焦曰：『陛下車裂假父，有嫉妬之心；囊撲兩弟，有不慈之名；遷母咸陽，有不孝之行；蒺藜諫士，有桀紂之治。天下聞之盡瓦解，無向秦者。』王乃自迎太后歸咸陽，立茅焦爲傅，又爵之上卿。」括地志云：「茅焦，滄州人也。」【考證】秦本紀、商君傳並云「秦惠王車裂商君以徇」，蓋古轘刑之遺。轘刑見于周禮及左傳。

〔一四〕【集解】應劭曰：「取薪給宗廟，爲鬼薪也。」如淳曰：「律說鬼薪作三歲。」【正義】言毐舍人，罪重者已刑戮，輕者罰徒役三歲。【考證】鬼薪，始見于此。

〔一五〕【正義】括地志云：「房陵，即今房州房陵縣，古楚漢中郡地也，是巴蜀之境。地理志云，房陵縣屬漢中郡，在益州部，接東南一千三百一十里也。」【考證】崔適曰：依下文「迎太后於雍」，「房陵」下當有「遷太后於雍」五字。

〔一六〕【正義】四月，建巳之月，孟夏寒凍，民有死者，以秦法酷急，則天應之而史書之。故尚書洪範云「急常寒若」，孔注云「君行急則常寒順之」。【考證】梁玉繩曰：上文已書四月，則此爲重出，豈因寒不以時，重書以見異耶？史詮云「當更曰『是月』」。

〔一七〕【索隱】端和，秦將。衍氏，魏邑。【正義】衍，羊善反。在鄭州。

〔一八〕【集解】徐廣曰：甲子。

〔一九〕【集解】説苑曰：「始皇帝立茅焦爲傅，又爵之上卿。太后大喜曰『天下亢直，使敗復成，安秦社稷，使妾母子復相見者，茅君之力也』。」【考證】集解引説苑正諫篇。天下亢直，説苑作「亢枉令直」。

〔二〇〕【集解】徐廣曰：「表云，咸陽南宮也。」【考證】秦紀及三輔黃圖皆云始皇二十七年作甘泉宮。徐説可從。今本表闕「南宮」二字。

大索，逐客。李斯上書説，乃止逐客令。〔一〕李斯因説秦王，請先取韓以恐他國，於是使斯下韓。韓王患之，與韓非謀弱秦。大梁人尉繚來説秦王曰：「以秦之彊，諸侯譬如郡縣之君，臣但恐諸侯合從，翕而出不意，此乃智伯、夫差、湣王之所以亡也。〔二〕願大王毋愛財物，賂其豪臣，以亂其謀，不過亡三十萬金，則諸侯可盡。」〔三〕秦王從其計，見尉繚亢禮，衣服食飲與繚同。〔四〕繚曰：「秦王爲人，蜂準長目，摯鳥膺，豺聲，少恩而虎狼心，〔五〕居約，易出人下，〔六〕得志亦輕食人。〔七〕我布衣，然見我常身自下我。誠使秦王得志於天下，天下皆爲虜矣。不可與久游。」乃亡去。秦王覺，固止，以爲秦國尉，〔八〕卒用其計策。而李斯用事。

〔一〕【考證】事發於韓人鄭國鑿渠。李斯所以有取韓之議，詳見河渠書、李斯傳。

〔二〕【考證】崔適曰：尉僚以官爲姓。愚按：漢書藝文志雜家有尉僚二十九篇，蓋此人作。隋志雜家尉繚子五卷，梁惠王時人，與此別人。張文虎曰：御覽引「彊」下「諸」上，有「視」字。李笠曰：御覽七百二十九引無「翕」字。「翕」疑即「合」字之複出耳。

〔三〕【考證】沈欽韓曰：秦策有頓弱，說秦王資萬金，東遊韓魏入其將相，北遊燕趙而殺李牧，正與尉繚謀同。頓弱與尉繚乃一人，記異耳。呂祖謙曰：尉繚之計，與李斯同。前此，唐雎之散合，後此，陳平之間項羽，以金啗之術，每用每中。

〔四〕【考證】亢禮，敵等之禮。

〔五〕【集解】徐廣曰：「蜂，一作『隆』。」【正義】蜂，孚逢反。準，章允反。蜂，蠆也，高鼻也。文穎曰：「準，鼻也。」鷙鳥，鶻。膺突向前，其性悍勇。

〔六〕【正義】易，以豉反。言始皇居儉約之時，易以謙卑。【考證】易，猶輕也。約，窮困也。論語：「不仁者不可以久處約。」

〔七〕【正義】言始皇得天下之志，亦輕易而啖食於人。【考證】得志，得志於天下也。中井積德曰：「得志」是「居約」之反。輕，猶易也。皆川愿曰：輕食人，言與久游，則必爲其所害也。

〔八〕【正義】若漢太尉、大將軍之比也。【考證】張文虎曰：御覽引「布衣」下有「也」字。「固止」下有「之」字。

十一年，王翦、桓齮、楊端和攻鄴，取九城。王翦攻閼與、橑楊，〔一〕皆并爲一軍。翦將十八日，軍歸斗食以下，什推二人從軍。〔二〕取鄴、安陽，桓齮將。〔三〕十二年，文信侯不韋死，竊葬。〔四〕其舍人臨者，晉人也，逐出之；〔五〕秦人六百石以上，奪爵，遷；〔六〕五百石以下，不臨，遷，勿奪爵。〔七〕自今以來，操國事不道如嫪毐、不韋者籍其門，視此。〔八〕秋，復嫪毐舍人遷蜀者。當是之時，天下大旱，六月至八月乃雨。

〔一〕【集解】徐廣曰：「橑，音老，在并州。」【正義】漢表在清河。十三州志云：「橑陽，上黨西北百八十里也。」

〔二〕【集解】漢書百官表曰：「百石以下有斗食，佐史之秩。」【索隱】言王翦爲將，諸軍中皆歸斗食以下無功佐史，什中唯推擇二人令從軍耳。【正義】一曰，得斗粟爲料。【考證】中井積德曰：斗食，計日給幾斗粟也。亦自有多寡，非一日限一斗。徐孚遠曰：此言翦能將寡也，至其伐楚，又用三十萬，蓋地所宜，伐國與拔城不同故也。愚按：古鈔、南本「翦」上有「王」字。

〔三〕【考證】梁玉繩曰：此所敍攻取之事，錯雜不明。蓋是役也，王翦爲主將，桓齮爲次將，楊端和爲末將，并軍伐趙，攻鄴未得，先取九城。王翦遂別攻閼與、橑陽，而留桓齮攻鄴。齮既取鄴，翦復令齮攻橑陽，已獨攻閼與，皆取之，故又言取鄴、橑陽，桓齮將也。安陽，當作「橑陽」，必傳寫之誤，安陽即魏寧新中，無論本非趙地，且前廿餘年已爲昭王拔之矣。再考王翦傳但言「破閼與，拔九城」，而不及鄴、橑陽，足見取鄴、橑陽是齮而非翦，政與紀合。表于趙書曰「秦拔我閼與、鄴，取九城」，而失書「橑陽」；于秦表書曰「王翦擊鄴、閼與，取九城」，就前半事言之，而亦失書取鄴、橑陽。至燕世家稱「拔鄴九城」，趙世家僅稱「拔鄴」，則更屬疏脱。

〔四〕【索隱】按：不韋飲鴆死，其賓客數千人，竊共葬於洛陽北芒山。

〔五〕【正義】臨，力禁反，臨哭也。若是三晉之人，逐出令歸也。

〔六〕【正義】上音時掌反。若是秦人哭臨者，奪其官爵，遷移於房陵。

〔七〕【正義】若是秦人，不哭臨不韋者，不奪官爵，亦遷移於房陵。【考證】亦承「舍人」。中井積德曰：秦人皆遷之也，但六百石以上，臨者奪爵，不臨者不奪爵，五百石以下，臨不臨，皆遷之也。顧炎武曰：五百石以下，秩卑任淺，故但遷而不奪爵。

〔八〕【集解】徐廣曰：「門，一作『文』。」【索隱】謂籍没其一門，皆爲徒隸，後並視此爲常故也。【正義】籍録其子孫，禁不得仕宦。【考證】視，比也。中井積德曰：籍其門。正義非。

十三年，桓齮攻趙平陽，〔一〕殺趙將扈輒，斬首十萬。〔二〕王之河南。正月，彗星見東方。十月，桓齮攻趙。十四年，攻趙軍於平陽，取宜安，破之，殺其將軍。〔三〕桓齮定平陽、武城。〔四〕韓非使秦，秦用李斯謀，留非，非死雲陽。〔五〕韓王請爲臣。

〔一〕【正義】括地志云：「平陽故城，在相州臨漳縣西二十五里。」又云：「平陽，戰國時屬韓，後屬趙。」【考證】梁玉繩曰：此平陽在魏郡鄴縣，續志可證。

〔二〕【正義】扈，音户。輒，張獵反，趙之將軍。

〔三〕【正義】括地志云：「宜安故城，在常山槀城縣西南二十五里也。」

〔四〕【正義】即貝州武城縣外城是也。七國時趙邑。【考證】館本考證云：趙世家，趙遷「三年，趙攻赤麗、宜安，李牧率師與戰肥下，却之」，李牧傳「乃以牧爲大將軍，擊秦軍於宜安，大破秦軍，走秦將桓齮」，與此齟齬。梁玉繩曰：此秦史誣詞，史公未之改爾。赤麗、宜安，攻而未拔，則桓齮所定者，只前年攻得之平陽、武城而已。紀、表不言攻赤麗，略之也。秦表云「桓齮定平陽、武城、宜安」，趙表云「秦拔我宜安」，並誤仍秦史。故彼此牴牾，多不齊一。秦表宜衍「宜安」二字，趙表當改「拔」作「攻」字。

〔五〕【正義】括地志云：「雲陽城，在雍州雲陽縣西八十里，秦始皇甘泉宮在焉。」

十五年，大興兵，一軍至鄴，一軍至太原，取狼孟。〔一〕地動。十六年九月，發卒受地韓南陽，假守騰。〔二〕初令男子書年。〔三〕魏獻地於秦。秦置麗邑。〔四〕十七年，内史騰攻韓，得韓王安，盡納其地，〔五〕以其地爲郡，命曰潁川。地動。華陽太后卒。〔六〕民大饑。

〔一〕【集解】地理志，太原有狼孟縣。【考證】梁玉繩曰：表亦言「取狼孟番吾」。考狼孟已于莊襄二年取之，何待始皇十五年大兵攻取乎？而趙世家及李牧傳並稱牧破秦軍于番吾，則表言取番吾亦妄，蓋又仍秦史而誤者也。

〔二〕【正義】假，格雅反。守，音狩。【考證】方苞曰：「發卒受韓南陽地，而使內史騰爲假守也。」趙翼曰：「秦漢時，官吏攝事者皆曰假，蓋言借也。史記秦皇紀『發卒受地于韓南陽，假守騰』，又項羽殺宋義，諸將因立羽爲假上將軍，陳涉『以吳叔爲假王監諸將』，擊秦，『景駒自立爲楚假王』，尉佗以法誅秦吏，『以其黨爲假守』，韓信破齊，請『爲假王鎮之』，皆是。」

〔三〕【考證】皆川愿曰：「秦當時苛徵丁役者可以見也。」

〔四〕【正義】麗，力知反。括地志云：「雍州新豐縣，本周時驪戎邑。左傳云晉獻公伐驪戎，杜注云在京兆新豐縣，其後秦滅之以爲邑。」

〔五〕【正義】韓王安之九年，秦盡滅之。

〔六〕【考證】「卒」當依表作「薨」。

十八年，〔一〕大興兵攻趙，王翦將上地，下井陘，〔二〕端和將河內，羌瘣伐趙，〔三〕端和圍邯鄲城。〔四〕十九年，王翦、羌瘣盡定取趙地，東陽得趙王。〔五〕引兵欲攻燕，屯中山。秦王之邯鄲，諸嘗與王生趙時母家有仇怨，皆阬之。〔六〕秦王還，從太原、上郡歸。始皇帝母太后崩。〔七〕趙公子嘉率其宗數百人之代，自立爲代王，東與燕合兵，軍上谷。〔八〕大饑。

〔一〕【集解】徐廣曰：「巴郡出大人，長二十五丈六尺。」

〔二〕【集解】服虔曰：「井陘，山名，在常山。今爲縣。音刑。」【正義】上郡上縣，今綏州等是也。【考證】崔適曰：據正義，「上地」當曰「上郡」。

〔三〕【正義】瘣，胡罪反。

〔四〕【考證】梁玉繩曰：此必有錯簡缺文，蓋三將攻趙，王翦將上地下井陘，楊端和將河內圍邯鄲城，羌瘣獨缺，只「伐趙」二字，而錯出于「端和將河內」句下也。「圍邯鄲城」上，又重出「端和」二字。愚按：楓、三、南本，「趙」作「代」。

〔五〕【索隱】趙王遷也。【正義】趙幽繆王遷八年，秦取趙地至平陽。平陽，在貝州歷亭縣界。遷王於房陵。【考證】據正義，「東陽」當作「平陽」。

〔六〕【考證】徐孚遠曰：異人在趙，後以不韋畫策得歸，而秦皇母子尚留趙，趙人遇之不善，故有舊怨也。

〔七〕【考證】梁玉繩曰：此當書「秦王母太后薨」，是時秦未稱帝。又紀文前後皆稱秦王，不應忽云始皇帝，表作「帝太后」，亦非。

〔八〕【考證】今直隸宣化東延慶州。

二十年，燕太子丹患秦兵至國，恐，使荊軻刺秦王。秦王覺之，體解軻以徇，〔一〕而使王翦、辛勝攻燕。燕、代發兵擊秦軍，秦軍破燕易水之西。二十一年，王賁攻薊。〔二〕乃益發卒詣王翦軍，遂破燕太子軍，取燕薊城，得太子丹之首。燕王東收遼東而王之。〔三〕王翦謝病老歸。〔四〕新鄭反。昌平君徙於郢。大雨雪，深二尺五寸。〔五〕

〔一〕【正義】解，紅買反。【考證】體解亦一刑，後世凌遲之刑本此。

〔二〕【正義】賁，音奔。【考證】梁玉繩曰：年表及王翦傳「王賁擊楚」，此言「攻薊」，明是「荊」字之譌，時賁父翦方定燕薊也。

〔三〕【正義】王，于放反。

〔四〕【考證】凌稚隆曰：王翦本傳，歸老頻陽。

〔五〕【正義】雨，于遇反。

二十二年，王賁攻魏，引河溝灌大梁，大梁城壞，其王請降，盡取其地。〔一〕

〔一〕【索隱】魏王假也。

二十三年，秦王復召王翦，彊起之，使將擊荆。取陳以南至平輿，虜荆王。〔一〕秦王游至郢、陳。荆將項燕立昌平君爲荆王，反秦於淮南。〔二〕二十四年，王翦、蒙武攻荆，破荆軍，昌平君死，項燕遂自殺。〔三〕

〔一〕【集解】地理志，汝南有平輿縣。【索隱】荆王，負芻也。楚稱荆者，以避莊襄王諱，故易之也。【正義】秦號楚爲荆者，以莊襄王名子楚諱之，故言荆也。輿，音餘。平輿，豫州縣也。

〔二〕【集解】徐廣曰：「淮，一作『江』。」【正義】昌平也。楚淮北之地盡入於秦。【考證】徐廣一本似是。

〔三〕【考證】梁玉繩曰：六國表、楚世家、蒙恬傳皆言始皇二十三年殺項燕，二十四年虜楚王負芻，王翦傳亦以虜楚王在殺項燕之後。獨此言二十三年虜荆王，二十四年項燕自殺，而又有項燕立昌平君一節。余詳考之，此紀實誤。昌平君雖楚之公子，而久居于秦，嘗爲秦相國，定嫪毐之亂，其時徙居郢，項燕安所得而立之？負芻竄處壽春，未曾親歷戎行，何遽被虜？而項燕爲楚名將，燕不死，楚不滅，誰謂項燕後楚死乎？項羽紀、六國表、王翦、蒙恬傳俱説項燕是王翦殺之，索隱引楚漢春秋同，惟此以爲自殺，亦屬牴牾。竊意王翦擊破楚軍殺項燕時，昌平君在郢，楚之諸將必有敗逃于郢者。昌平君知項燕已死，楚淮北之地盡失，難以圖存，藉舊將之依附，僭立爲王，以成犄角之勢。適秦王游至郢陳，謀欲襲之，遂反江南。而王翦等已破楚虜負芻，計不果行，昌平君自殺。是情事之明白可料者，寧有如紀所載耶？然則宜何以書？當云「二十三年秦王復召王翦彊起之，使將擊荆，取陳以南至平輿，殺項燕。秦王游至郢陳，荆將立昌平君爲荆王，反秦于江南。二十四年，王翦、蒙武攻荆，破荆軍，虜荆王，昌平君遂自殺」。

二十五年，大興兵，使王賁將，攻燕遼東，得燕王喜。〔一〕還攻代，虜代王嘉。王翦遂定荆江南地，〔二〕降越君，置會稽郡。〔三〕五月，天下大酺。〔四〕

〔一〕【正義】燕王喜之五十三年，燕亡。

〔二〕【正義】言王翦遂平定楚及江南地。降越君，置爲會稽郡。

〔三〕【正義】降，閑江反。楚威王已滅，其餘自稱君長，今降秦。

〔四〕【集解】服虔曰：「酺，音蒲。」文穎曰：「酺，周禮族師掌春秋祭酺，爲人物災害之神。」蘇林曰：「陳留俗，三月上巳水上飲食爲酺。」【正義】天下歡樂，大飲酒也。秦既平韓、趙、魏、燕、楚五國，故天下大酺也。【考證】中井積德曰：平時群飲有禁，故有慶而後得群飲，是爲酺，皆上命所賜。

二十六年，齊王建與其相后勝發兵守其西界，不通秦。〔一〕秦使將軍王賁從燕南攻齊，得齊王建。〔二〕

〔一〕【正義】勝，音升。齊相姓名。

〔二〕【索隱】六國皆滅也。十七年得韓王安，十九年得趙王遷，二十二年魏王假降，二十三年虜荆王負芻，二十五年得燕王喜，二十六年得齊王建。【正義】齊王建之三十四年，齊國亡。

秦初并天下，令丞相、御史曰：〔一〕「異日韓王納地效璽，請爲藩臣，〔二〕已而倍約，與趙、魏合從畔秦，故興兵誅之，虜其王。寡人以爲善，庶幾息兵革。〔三〕趙王使其相李牧來約盟，故歸其質子。〔四〕已而倍盟反我太原，故興兵誅之，得其王。趙公子嘉乃自立爲代王，故舉兵擊滅之。魏王始約服入秦，已而與韓、趙謀襲秦，秦兵吏誅，遂破之。〔五〕荆王獻青陽以西，〔六〕已而畔約擊我南郡，故發兵誅得其王，遂定其荆地。〔七〕燕王昏亂，其太子丹乃陰令荆軻爲賊，兵吏誅，滅其國。齊王用后勝計，絶秦使，欲爲亂，兵吏誅，虜其王，平齊地。寡人以眇眇之身，興兵誅暴亂，賴宗廟之靈，六王咸伏其辜，天下大定。〔八〕今名號不更，無以稱成功傳後世。其議帝號。」丞相綰、御史大夫劫、廷尉斯等皆曰：〔九〕「昔者五帝，地方千里，其外侯服夷服，諸侯或朝或否，天子不能制。〔一〇〕今陛下興義兵，誅殘賊，平定天下，海内爲郡縣，法令由一統，〔一一〕自上古以來未嘗有，五帝所不及。臣等謹與博士議曰：〔一二〕『古有天皇，有地皇，有泰皇，泰皇最貴。』〔一三〕臣等昧死上尊號，王爲『泰皇』。命爲『制』，令爲『詔』，〔一四〕天子自稱曰『朕』。」〔一五〕王曰：「去『泰』著『皇』，采上古『帝』位號，號曰『皇帝』。他如議。」〔一六〕制曰：「可。」〔一七〕追尊莊襄王爲太上皇。〔一八〕制曰：「朕聞太古有號毋謚，中古有號，死而以行爲謚。〔一九〕如此則子議父，臣議君也，甚無謂，朕弗取焉。自今已來，除謚法。朕爲始皇帝，後世以計數，二世三世至于萬世，傳之無窮。」〔二〇〕

〔一〕【正義】令，力政反。乃令之赦令赦書。

〔二〕【正義】效，猶至見。【考證】效，猶呈也，致也。

〔三〕【考證】「寡人以爲善庶幾息兵革」十字移上文「請爲藩臣」下，文理便明。

〔四〕【正義】質，音致。

〔五〕【考證】張文虎曰：「誅遂」疑衍。李笠曰：下文「故發兵誅得其王」，與此同。「誅」字斷句。誅，謂聲其罪而伐之，張説未確。

〔六〕【集解】漢書鄒陽傳曰：「越水長沙，還舟青陽。」張晏曰：「青陽，地名。」蘇林曰：「青陽，長沙縣是也。」

〔七〕【考證】王念孫曰：「定」下「其」字，涉上句而衍。

〔八〕【考證】楓、三、南本「靈」上有「神」字。尚書顧命云：「眇眇予末小子，其能而亂四方以敬忌天威」，此文所本。漢文帝詔云「朕獲保宗廟，以微眇之身，託于士民君王之上」，又云「朕獲保宗廟，以眇眇之身，託于天下君王之上」，皆本於此文。遂爲後世制詔套語。

〔九〕【集解】漢書百官表曰：「御史大夫，秦官。」應劭曰：「侍御史之率，故稱大夫也。」漢書百官表曰：「廷尉，秦官。」應劭曰：「聽獄必質諸朝廷，與衆共之，兵獄同制，故稱廷尉。」【索隱】綰姓王。劫姓馮。

〔一〇〕【考證】皆川愿曰：此言五帝地陿，而其威權亦未能全制海内。雖出一時貶辭，而其實不必皆虚妄。

〔一一〕【集解】蔡邕曰：「陛，階也，所由升堂也。天子必有近臣立於陛側，以戒不虞。謂之『陛下』者，羣臣與天子言，不敢指斥，故呼在陛下者與之言，因卑達尊之意也。上書亦如之。」【正義】郡，人所羣聚也。【考證】諱非存韓。李斯諫逐客書已用「陛下」稱，蓋秦人語。

〔一二〕【集解】漢書百官表曰：「博士，秦官，掌通古今。」

〔一三〕【索隱】按：天皇、地皇之下，即云泰皇，當人皇也。而封禪書云「昔者太帝使素女鼓瑟而悲」，蓋三皇已前稱泰皇。一云泰皇，太昊也。【考證】中井積德曰：索隱「封禪書」當削。愚按：天皇、地皇、泰皇，後人假設之名，非實有其人也。

〔一四〕【集解】蔡邕曰：「制書，帝者制度之命也，其文曰『制』。詔，詔書。詔，告也。」【正義】令，音力政反。制詔，三代無文，秦始有之。【考證】昧、冒通，言冒死進言，謙辭也。戰國策「臣昧死望見大王，言所以舉」。秦、漢以後爲上書套語。

〔一五〕【集解】蔡邕曰：「朕，我也。古者上下共稱之，貴賤不嫌，則可以同號之義也。皋陶與舜言『朕言惠，可底行』。屈原曰『朕皇考』。至秦然後天子獨以爲稱。漢因而不改。」

〔一六〕【正義】去，音丘呂反。

〔一七〕【集解】蔡邕曰：「羣臣有所奏請，尚書令奏之，下有司曰『制』，天子荅之，曰『可』。」

〔一八〕【集解】漢高祖尊父曰太上皇，亦放此也。【考證】顧炎武曰：始皇追尊莊襄王爲太上皇，是死而追尊之號，猶周曰「太王」也。漢則以爲生號，而後代因之。胡三省曰：「太上」者極尊之號也。

〔一九〕【集解】謚法，周公所作。

〔二〇〕【正義】數，色主反。

始皇推終始五德之傳，〔一〕以爲周得火德，秦代周，德從所不勝。〔二〕方今水德之始，〔三〕改年始朝賀，皆自十月朔。〔四〕衣服旄旌節旗皆上黑。〔五〕數以六爲紀，符、法冠皆六寸，而輿六尺，六尺爲步，乘六馬。〔六〕更名河曰德水，以爲水德之始。〔七〕剛毅戾深，事皆決於法，刻削毋仁恩和義，然後合五德之數。〔八〕於是急法，久者不赦。〔九〕

〔一〕【集解】鄭玄曰：「音亭傳。」【索隱】音張戀反。傳，次也。謂五行之德始終相次也。漢書郊祀志曰：「齊人鄒子之徒，論著終始五德之運，始皇采用。」

〔二〕【正義】勝，申證反。秦以周爲火德，能滅火者水也，故稱從其所不勝於秦。【考證】俞樾曰：五德更王，古有二說。漢書律曆志載三統曆曰，唐，火德；虞，土德；夏，金德；商，水德；周，木德。此一說也。文選齊安陸昭王碑注引鄒子曰，五德從所不勝，虞土，夏木，殷金，周火。又一說也。沈約宋書曆志曰「五德更王，有二家之說。鄒衍以相勝立體，劉向以相生爲義」。蓋二說之不同如此。秦自謂以水德，此相勝之說。周火，故秦水也。中井積德曰：火不克水，故以周所不能勝立爲秦德也。正義失原委。

〔三〕【索隱】封禪書曰秦文公獲黑龍，以爲水瑞，秦始皇帝因自謂爲水德也。【考證】胡三省曰：所謂終始五德之運者，伏羲以木德王；木生火，故神農以火德王；火生土，故黄帝以土德王；土生金，故少昊以金德王；金生水，故顓頊以水德王；水生木，故帝嚳又以木德王；木又生火，故帝堯以火德王；火又生土，故帝舜以土德王；土又生金，故夏以金德王；金又生水，故商以水德王；水又生木，故周以木德王。是五行之終而復始也。鄒衍以爲周得火德，蓋以火流王屋，爲周受命之符，且服色尚赤故也。就衍之説以爲終始，秦當以土爲行。今始皇以水勝火，自以水爲行，所謂推五勝也。漢初以土爲行，蓋祖衍之説也。王鳴盛曰：五運相代，取相生，不取相尅。周木德也，木生火，秦人應以火德王，乃始皇本紀云「始皇推始終五德之傳，以爲周得火德，秦代周德，從所不勝」。而用水德，遂以十月爲正。誤以周爲火，又誤以相生爲相尅，又誤以五德改正朔。一事而三誤，秦人不學如此。至漢則繼周，不繼秦，故用火德尚赤。又曰：張蒼傳蒼推漢爲水德，是承秦而不改。公孫臣又上書謂漢當用土德，是亦承秦言之，以秦人應火德故耳，無如秦已誤用水矣，奈何漢又用土乎？抑或又誤用相尅之説乎？皆非也。愚按：五行之名，自古有之，書甘誓「威侮五行」，未詳其目。洪範「五行，一曰水，二曰火，三曰木，四曰金，五曰土」。孫子虛實篇「五行無常勝」。但五德始終之説，則自鄒衍始。事已非古，於理亦無所取，何必問秦德之爲水爲木？王説甚拘。

〔四〕【正義】周以建子之月爲正，秦以建亥之月爲正，故其年始用十月而朝賀。【考證】中井積德曰：秦唯改年始，以十月爲年首而已，其月數則用夏正。

〔五〕【正義】旌，音精。旄，音毛。旗，音其。周禮云：「析羽爲旌，熊虎爲旗。」旄節者，編毛爲之，以象竹節，漢書云「蘇武執節，在匈奴牧羊，節毛盡落」，是也。韋昭云：「節者，山國用人節，澤國用龍節，皆以金爲之。道路以旌節，門關用符節，都鄙用管節，皆用竹爲之。」以水德屬北方，故上黑。【考證】據正義，「旄旌節旗」當作「旄節旌旗」。

〔六〕【集解】張晏曰：「水北方黑，終數六，故以六寸爲符，六尺爲步。」瓚曰：「水數六，故以六爲名。」譙周曰：「步以人足爲數，非獨秦制然。」【索隱】管子司馬法皆云六尺爲步。譙周以爲步以人足，非獨秦制。又按：禮記王制曰「古者八尺爲步」，今以周尺六尺四寸爲步，步之尺數亦不同。

〔七〕【考證】南本「始」作「治」。

〔八〕【索隱】水主陰，陰刑殺，故急法刻削，以合五德之數。

〔九〕【考證】久，謂犯罪不發覺年久也。

丞相綰等言：「諸侯初破，燕、齊、荆地遠，不爲置王，毋以填之。〔一〕請立諸子，唯上幸許。」始皇下其議於羣臣，羣臣皆以爲便。廷尉李斯議曰：「周文、武所封，子弟同姓甚衆，然後屬疏遠，相攻擊如仇讎，諸侯更相誅伐，周天子弗能禁止。今海内賴陛下神靈一統，皆爲郡縣，〔二〕諸子功臣，以公賦稅重賞賜之，甚足易制。天下無異意，〔三〕則安寧之術也。置諸侯不便。」始皇曰：「天下共苦戰鬭不休，以有侯王。賴宗廟，天下初定，又復立國，是樹兵也，而求其寧息，豈不難哉！〔四〕(延)〔廷〕尉議是。」

〔一〕【正義】爲，于僞反。

〔二〕【考證】顧炎武曰：漢書地理志言秦并兼天下，以爲周制微弱，終爲諸侯所喪，故不立尺土之封，分天下爲郡縣。後之文人祖述其説，以爲廢封建立郡縣皆始皇之所爲也。以余觀之，殆不然。左傳僖三十三年，晉襄公以「再命命，先茅之縣賞胥臣」。宣公十一年，楚子縣陳。十二年，鄭伯逆楚子之辭曰「使改事君，夷于九縣」。十五年，晉侯「賞士伯以瓜衍之縣」。成公六年，韓獻子曰「成師以出，而敗楚之二縣」。襄公二十六年，蔡聲子曰「晉人將與之縣，以比叔向」。三十年，「絳縣人或年長矣」。昭公三年，范、韓二宣子曰「晉之別縣，不惟州」。五年，薳啓彊曰「韓賦七邑，皆成縣也」。又曰，因其十家九縣，其餘四十縣。十年，叔向曰「陳人聽命而遂縣之」。二十八年，晉「分祁氏之田，以爲七縣，分羊舌氏之田以爲三縣」。哀公十七年，子穀曰「彭仲爽申俘也，文王以爲令尹，實縣申、息」。晏氏春秋「昔我先君桓公，予管仲狐與穀，其縣十七」。説苑景公「使吏致千家之縣一於晏子」。戰國策知過言於智伯曰「破趙，則封二子者各萬家之縣一」。史記秦本紀武公「十年，伐邽、冀戎，初縣之。十一年，初縣杜鄭」，吴世家王餘祭三年，予慶封朱方之縣。則當春秋之世，滅人之國者，固已爲縣矣。史記吴王發九郡兵伐齊，范蜎對楚王曰「楚南塞雁門而郡江東」，甘茂言於秦王曰「宜陽大縣，名曰縣，其實郡也」。春申君言於楚王曰「淮北地邊齊，其事急，請以爲郡，便」，匈奴傳言趙武靈王「置雲中、雁門、代郡」，燕「置上谷、漁陽、右北平、遼東、遼西郡以拒胡」。又言「魏有河西、上郡，以與戎界邊」。則當七國之世，而固已有郡矣。吴起爲西河守，馮亭爲上黨守，李伯爲代郡守，西門豹爲鄴令，韓有南陽假守，魏有安邑令。蘇代曰「請以三萬户之都封太守，千户封縣令，而齊威王朝諸縣令長七十二人，則六國之未入於秦，而固先爲守令長矣」。故史言樂毅「下齊七十餘城皆爲郡縣」，而齊湣王遺楚懷王書曰「四國爭事秦，則楚爲郡縣矣」，張儀説燕昭王曰「今時趙之於秦，猶郡縣也」，安得謂至始皇而始罷侯置守邪？

〔三〕【正義】易，音以職反。【考證】足，猶可也。孟子盡心篇「五母雞，二母彘，無失其時，老者足以無失肉」。〔正義「以職反」當作「以熾反」。

〔四〕【考證】楓山、三條本「兵」下有「本」字。

分天下以爲三十六郡，〔一〕郡置守、尉、監。〔二〕更名民曰「黔首」。〔三〕大酺。〔四〕收天下兵，聚之咸陽，銷以爲鍾鐻、金人十二，重各千石，置廷宫中。〔五〕一法度衡石丈尺。車同軌。書同文字。〔六〕地東至海暨朝鮮，〔七〕西至臨洮、羌中，〔八〕南至北嚮户，〔九〕北據河爲塞，並陰山至遼東。〔一〇〕徙天下豪富於咸陽十二萬户。諸廟及章臺、上林皆在渭南。秦每破諸侯，寫放其宫室，作之咸陽北阪上，〔一一〕南臨渭，自雍門以東至涇、渭，〔一二〕殿屋複道，周閣相屬。〔一三〕所得諸侯美人鍾鼓，以充入之。〔一四〕

〔一〕【集解】三十六郡者，三川、河東、南陽、南郡、九江、鄣郡、會稽、潁川、碭郡、泗水、薛郡、東郡、琅邪、齊郡、上谷、漁陽、右北平、遼西、遼東、代郡、鉅鹿、邯鄲、上黨、太原、雲中、九原、鴈門、上郡、隴西、北地、漢中、巴郡、蜀郡、黔中、長沙凡三十五，與内史爲三十六郡。【正義】風俗通云：「周制，天子方千里，分爲百縣，縣有四郡，故左傳云上大夫受縣，下大夫受郡。秦始皇初置三十六郡，以監縣也。」【考證】梁玉繩曰：始皇置閩中、南海、桂林、象郡皆在二十六年後，不在三十六郡内，則所謂三十六郡者，據漢志，一曰河東，二曰太原，三曰上黨，四曰三川，五曰東郡，六曰潁川，七曰南陽，八曰南郡，九曰九江，十曰泗水，十一曰鉅鹿，十二曰齊郡，十三曰琅邪，十四曰會稽，十五曰漢中，十六曰蜀郡，十七曰巴郡，十八曰隴西，十九曰北地，二十曰上郡，二十一曰九原，二十二曰雲中，二十三曰鴈門，二十四曰代郡，二十五曰上谷，二十六曰漁陽，二十七曰右北平，二十八曰遼西，二十九曰遼東，三十曰邯鄲，三十一曰碭郡，三十二曰薛，三十三曰長沙，尚缺三郡，以（續）續郡國志校之，則秦有鄣郡、黔中郡。夫前志無黔中，誠爲脱漏，足以補郡數之缺，而鄣非秦郡，劉敞辨之甚悉。是尚缺二郡也，因有以郯郡充其數者，本于應劭，而郯非秦郡，劉攽又辨之。更有以楚郡充其數者，本于楚世家，而無楚郡，集解已糾其誤，胡三省通鑑注曾辨之，烏得妄稱爲秦郡哉！然則所缺二郡何在？曰：内史自當在三十六郡之内，集解明言郡凡三十五，與内史爲三十六，蓋準諸侯王表例也。其所缺一郡，余以水經卷十三廣陽薊縣注云「秦始皇滅燕以爲廣陽郡，漢高帝封盧綰爲燕國」，于是三十六郡之數始備，而自孟堅以來，均失去廣陽一郡，真不可解。

〔二〕【集解】漢書百官表曰：「秦郡守，掌治其郡；有丞、尉，掌佐守典武職甲卒；監御史，掌監郡。」

〔三〕【集解】應劭曰：「黔，亦黎黑也。」【考證】亦本色尚黑之義。吕氏春秋振亂、懷寵、大樂諸篇，李斯諫逐客書，及禮記祭義、黄帝内經已用「黔首」字，則此稱不始於秦始二十六年，是歲徧及海内也。

〔四〕【考證】解見二十五年紀。

〔五〕【集解】應劭曰：「古者以銅爲兵。」徐廣曰：「鐻音巨。」【索隱】按：二十六年有長人見于臨洮，故銷兵器，鑄而象之。謝承後漢書「銅人翁仲，翁仲其名也」。三輔舊事「銅人十二，各重三十四萬斤。漢代在長樂宫門前」。董卓壞其十爲錢，餘二猶在。石季龍徙之鄴，苻堅又徙長安而銷之也。【正義】漢書五行志云：「二十六年，有大人，長五丈，足履六尺，皆夷狄服，凡十二人，見于臨洮，故銷兵器，鑄而象之。」謝承後漢書云「銅人翁仲其名也」。三輔舊事云「聚天下兵器，鑄銅人十二，各重二十四萬斤。漢世在長樂宫門」。魏志董卓傳云：「椎破銅人十及鍾鐻，以鑄小錢。」關中記云：「董卓壞銅人，餘二枚，徙清門裏。魏明帝欲將詣洛，載到霸城，重不可致。後石季龍徙之鄴，苻堅又徙入長安而銷之。」英雄記云：「昔大人見臨洮而銅人鑄，至董卓而銅人毁也。」【考證】周禮考工記云：「五分其金，而錫居一，謂之斧斤之齊；四分其金而錫居一，謂之戈戟之齊；參分其金而錫居一，謂之大刃之齊。」説者以金爲赤銅。左傳僖公十八年云「鄭伯始朝于楚。楚子賜之金，既而悔之，與之盟曰『無以鑄兵』！故以鑄三鐘」。趙策曰，趙襄子曰「矢足矣，吾銅少，若何？」張孟談曰「臣聞董子之治晉陽也，公宮之室，皆以錬銅爲柱質，請發而用之，則有餘銅矣」。是古代以銅鑄兵明證，漢書韓延壽傳「延壽取宮銅物，候月蝕，鑄作刀劍鉤鐔」，陶弘景刀劍録云「吴王孫權，以黄武五年採武昌銅鐵，作千口劍萬口刀」，據此以銅造兵，漢魏猶然。韓非子五蠹篇云「共工之戰，鐵銛距者及乎敵，鎧甲不堅者傷乎體」，吕氏春秋貴卒篇云「趙氏攻中山，中山之人多力者曰，吾丘鳩，衣鐵甲，操鐵杖，而所擊無不碎，所衝無不陷」，史記范雎傳云「楚之人，鐵劍利，而倡優拙」，是昔時未嘗不以鐵造兵。中井積德曰：千石，是十二萬斤，與注不合。梁玉繩曰：正義引三輔舊事云「銅人各二十四萬斤」，攷黄圖云「鍾鐻高三丈，鍾小者皆千石」。則知千石者鍾鐻重數，史誤并之，又失書金人之重耳。愚按：凌稚隆引一本云「廷宫」作「宫廷」，與御覽、文選注所引合，通鑑、秦紀亦作「宫廷」。又按：始皇銷兵，學周武放牛馬也。鑄十二金人，傚夏禹鑄九鼎也。

〔六〕【考證】顧炎武曰：春秋以上，言文不言字。左傳「於文止戈爲武」、「故文反正爲乏」、「於文皿蟲爲(蠱)〔蠱〕」，及論語「史闕文」、中庸「書同文」之類，並不言字。易「女子貞，不字，十年乃字」，詩「牛羊腓字之」，左傳「其僚無子，使字敬叔」，皆訓爲乳。書康誥「于父不能字厥子」，左傳「樂王鮒字而敬」，小事大，大字小，亦取愛養之義。唯儀禮士冠禮「賓字之」，禮記郊特牲「冠而字之，敬其名也」，與文字之義稍近，亦未嘗謂文爲字也。以文爲字，乃始於史記。秦始皇琅邪臺石刻曰「同書文字」，説文序云「依類象形謂之文，形聲相益謂之字，文者物象之本，字者孳乳而生」，周禮「外史，掌達書名於四方」，注云「古曰名，今曰字」。儀禮聘禮注云「名，書文也，今謂之字」，此則字之名自秦而立，自漢而顯也與。愚按：文字事物之名，故稱曰名，字猶名也，故又稱曰字。禮記郊特牲「冠而字之，敬其名也」，老子「吾不知其名，字之曰道，强爲之名曰大」，名、字二字義近。許慎説文序以字爲孳乳之義，疑是附會之説。

〔七〕【正義】暨，其記反。朝，音潮。鮮，音仙。海，謂渤海，南至揚、蘇、台等州之東海也。暨，及也。東北朝鮮國。括地志云：「高驪治平壤城，本漢樂浪郡王險城，即古朝鮮也。」

〔八〕【正義】洮，吐高反。括地志云：「臨洮郡，即今洮州，亦古西羌之地，在京西千五百五十一里，羌中從臨洮西南，芳州扶松府以西，並古諸羌地也。」【考證】臨洮，秦縣，今甘肅鞏昌岷州是，以地臨洮水名。

〔九〕【集解】吴都賦曰：「開北户以向日。」劉逵曰：「日南之北户，猶日北之南户也。」【考證】盧文弨曰：北户，地名，見爾雅。此下琅琊臺頌亦有「南盡北户」之語，「鄉」字衍。愚按：據集解，裴本無。

〔一〇〕【集解】地理志西河有陰山縣。【正義】塞，先代反。並，白浪反。謂靈、夏、勝等州之北。黄河、陰山在朔州北塞外。從河傍陰山，東至遼東，築長城爲北界。【考證】今盛京奉天東南境及錦州東北境，皆秦遼東郡地。

〔一一〕【集解】徐廣曰：「在長安西北，漢武時，别名渭城。」【正義】今咸陽縣北阪上。【考證】葉昌熾曰：韓非子，衛靈公召師涓而告之曰「有鼓新聲者，其狀似鬼神，王爲聽而寫之」。國語「王命工，以良金寫范蠡之狀」，史記秦始皇紀「寫放其宫室，作之咸陽北阪上」，蘇秦傳「宋王無道，爲木人皆寫寡人」，新序「葉公子高好龍，鉤以寫龍，鑿以寫龍，屋室雕文以寫龍」，周髀經「笠以寫天」，以上諸書，顧氏日知録舉以爲「寫」字訓「書」之證，不知此非「寫」字，乃「象」字之駁文也。北朝造「象」，凡「象」字皆省筆作「象」，或變文作「為」，其形似「寫」，因而誤釋爲「寫」字。岡白駒曰：寫，輸也，與下文「寫蜀、荆材」同。言解析其宫室，以車輸之也。愚按：「寫」當作「象」，葉説爲長。放，依倣也，建如舊制也。「寫蜀、荆材」，義自别，説見下文。

〔一二〕【集解】徐廣曰：「雍門在高陵縣。」【正義】今岐州雍縣東。

〔一三〕【正義】複，音福。屬，之欲反。廟記云：「北至九嵏、甘泉，南至長揚、五柞，東至河，西至汧渭之交，東西八百里，離宫别館相望屬也。木衣綈繡，土被朱紫，宫人不徙。窮年忘歸，猶不能遍也。」【考證】複道，築起爲道，不與民庶相雜。上下有道，故謂之複。周閣，周馳架木，爲棚而行。

〔一四〕【正義】三輔舊事云：「始皇表河以爲秦東門，表汧以爲秦西門，表中外殿觀百四十五，後宮列女萬餘人，氣上衝于天。」

二十七年，始皇巡隴西、北地，〔一〕出雞頭山，〔二〕過回中焉。〔三〕作信宮渭南，已更命信宮爲極廟，象天極。〔四〕自極廟道通酈山，作甘泉前殿。築甬道，自咸陽屬之。〔五〕是歲，賜爵一級。治馳道。〔六〕

〔一〕【正義】隴西，今隴右；北地，今寧州也。

〔二〕【正義】括地志云：「雞頭山，在成州上祿縣東北二十里，在京西南九百六十里。酈元云，蓋大隴山異名也。後漢書隗囂傳云『王莽塞雞頭』，即此也。」按：原州平高縣西百里亦有笄頭山，在京西北八百里，黃帝鷄山之所。

〔三〕【集解】應劭曰：「回中在安定高平縣。」孟康曰：「回中在北地。」【正義】括地志云：「回中宮，在岐州雍縣西四十里。」言始皇欲西巡隴西之北，從咸陽向西北，出寧州，西南行至成州，出鷄頭山，東還，過岐州回中宮。【考證】今甘肅臨洮、鞏昌諸地，即秦隴西郡。慶陽諸地，即北地郡。鷄頭山，在今平涼平涼縣。回中宮，鳳翔隴州西北，今曰回城。

〔四〕【索隱】爲宮廟象天極，故曰極廟。天官書曰「中宮曰天極」，是也。【考證】信宮即長信宮，在今咸陽縣境。

〔五〕【集解】應劭曰：「築垣牆如街巷。」【正義】築，音竹。甬，音勇。應劭云：「謂於馳道外築牆，天子於中行，外人不見。」

〔六〕【集解】應劭曰：「馳道，天子道也，道若今之中道然。」漢書賈山傳曰：「秦爲馳道於天下，東窮燕齊，南極吳楚，江湖之上，濱海之觀畢至。道廣五十步，三丈而樹，厚築其外，隱以金椎，樹以青松。」

二十八年，始皇東行郡縣，上鄒嶧山。〔一〕立石，與魯諸儒生議，刻石頌秦德，議封禪望祭山川之事。〔二〕乃遂上泰山，〔三〕立石，封，祠祀。〔四〕下，風雨暴至，休於樹下，因封其樹爲五大夫。〔五〕禪梁父。〔六〕刻所立石，其辭曰：〔七〕

〔一〕**【集解】**韋昭曰：「鄒，魯縣，山在其北。」**【正義】**上，時掌反。鄒，側留反。嶧音亦。國系云：「邾嶧山亦名鄒山，在兗州鄒縣南三十二里。魯穆公改『邾』作『鄒』，其山遂從『邑』變。山北去黄河三百餘里。」**【考證】**鄒嶧山又曰嶧山，在今山東兗州府鄒縣東南。王昶曰：水經注始皇觀禮于魯，登此山，命李斯大篆勒銘山嶺，名曰「書門」。太平寰宇記「李斯所刻石嶺，名曰書門。始皇乘羊車登之，其路猶在」，即刻石所也。原石久毀，世所傳皆後人摹本。陳仁錫曰：始皇巡狩立石頌德，凡七處，太史公載其六，獨鄒嶧不載，何也？其辭云「皇帝立國，維初在昔，嗣世稱王。討伐亂逆，威動四極，武義直方。戎臣奉詔，經時不久，滅六暴强。廿有六年，上薦高號，孝道顯明。既獻太成，乃降專惠，親巡遠方。登于嶧山，羣臣從者，咸思悠長。追念亂世，分土建邦，以開事理。攻戰日作，流血於野，自太古始。世无萬數，陁及五帝，莫能禁止。迺今皇帝，一家天下，兵不復起。災害滅除，黔首康定，利澤長久。羣臣誦畧，刻此樂石，以著經紀」。盧文弨曰：案此文似有誤脱，嶧山刻石乃七篇中之第一篇也，史公必不特删此篇。疑此「上鄒嶧山」下，即當云「刻石頌秦德」，便接以其辭曰云云，如後數篇之式。頌文之後，接以與魯諸儒生議封禪望祭山川之事。其「立石」二字，與「議刻石」之「議」字、「立石封」之「石」字，亦係誤衍。觀張晏、臣瓚之説，可見本無「石」字。

〔二〕**【正義】**晉太康地記云：「爲壇於太山以祭天，示增高也。爲墠於梁父以祭地，示增廣也。祭尚玄酒而俎魚。墠皆廣長十二丈。壇高三尺，階三等。而樹石太山之上，高三丈一尺，廣三尺，秦之刻石云。」

〔三〕**【正義】**泰山，一曰岱宗，東嶽也，在兗州博城縣西北三十里。山海經云：「泰山其上多玉，其下多石。」郭璞云：「從泰山下至山頭，百四十八里三百步。」道書福地記云：「泰山高四千九百丈二尺，周迴二千里，多芝草玉石，長津甘泉仙人室。又有地獄六，曰鬼神之府，從西上下有洞天，周迴三千里，鬼神考讁之府。」

〔四〕【集解】服虔曰：「增天之高，歸功於天。」張晏曰：「天高不可及，於泰山上立封禪而祭之，冀近神靈也。」瓚曰：「積土爲封。謂負土於泰山上，爲壇而祭之。」

〔五〕【正義】封，一作「復」，音福。【考證】五大夫，秦爵九等。

〔六〕【集解】服虔曰：「禪，闡廣土地也。」瓚曰：「古者聖王封泰山，禪亭亭，或梁父，皆泰山下小山。除地爲墠，祭於梁父。後改『墠』曰『禪』。」【正義】父音甫。在兖州泗水縣北八十里。

〔七〕【索隱】其詞每三句爲韻，凡十二韻。下之罘、碣石、會稽三銘皆然。

皇帝臨位，作制明法，臣下脩飭。〔一〕二十有六年，〔二〕初并天下，罔不賓服。親巡遠方黎民，〔三〕登茲泰山，周覽東極。從臣思迹，〔四〕本原事業，祇誦功德。〔五〕治道運行，諸產得宜，皆有法式。大義休明，垂于後世，順承勿革。皇帝躬聖，既平天下，不懈於治。夙興夜寐，建設長利，〔六〕專隆教誨。訓經宣達，遠近畢理，咸承聖志。貴賤分明，男女禮順，慎遵職事。昭隔內外，〔七〕靡不清淨，施于後嗣。化及無窮，遵奉遺詔，永承重戒。〔八〕

〔一〕【正義】飭，音勑。

〔二〕【考證】洪邁曰：按秦始皇凡刻石頌德之辭，皆四字一句。泰山辭曰「皇（位）〔帝〕臨位」，「二十有六年」，琅邪臺頌曰「維二十九年，時在中春」，東觀頌曰「維二十九年，皇帝春游」，會稽頌曰「德惠脩長，三十有七年」，此史記所載，每稱年者，輒五字一句。嘗得泰山辭石本，乃書爲「廿有六年」，其餘皆如是，太史公誤易之，或後人傳寫之訛耳。其實四字句也。梁玉繩曰：之罘銘有三字句，有五字句，琅邪銘有五字、六字句，有七字、九字句，豈盡四字爲一句哉？愚按：古書二十作「廿」，三十作「卅」，不獨秦碑，洪氏專就泰山碑而言。

〔三〕【考證】中井積德曰：「黎民」二字疑衍。梁玉繩曰：始皇更名民曰「黔首」，故諸銘中皆稱黔首，不應泰山刻石忽言「黎民」。且銘皆四言，亦不應此獨六字爲句，疑有誤。金石録謂「劉跂至泰山，見其碑摸之，乃作『親𨊠遠黎』」。未知信否？𨊠，即「巡」之異文。

〔四〕【正義】從，財用反。【考證】岡白駒曰：不欲湮没，所以録功也。

〔五〕【正義】祇，音脂。

〔六〕【正義】長，直良反。

〔七〕【集解】徐廣曰：「隔，一作『融』。」

〔八〕【考證】聶劍光曰：秦篆刻石，先是在嶽頂玉女池上，後移置碧霞元君祠之東廡，石高四尺，四面廣狹不等，載始皇銘辭及二世詔書，世傳爲李斯篆，字徑二寸五分。宋人劉跂親爲摩拓，得字二百二十三，近年摹本，僅存「臣斯」以下二十九字，末有明北平許□隸書跋。乾隆五年廟災，碑遂亡。楊慎曰：老子「明道若昧」章，皆三句爲韻，李斯刻石文體，亦有所祖也。

於是乃並勃海以東，〔一〕過黃、腄，〔二〕窮成山，登之罘，〔三〕立石頌秦德焉而去。

〔一〕【正義】並，白浪反。勃，作「渤」，蒲忽反。

〔二〕【集解】地理志，東萊有黃縣、腄縣。【正義】腄，逐瑞反。字或作「陲」。括地志云：「黃縣故城，在萊州黃縣東南二十五里，古萊子國也。牟平縣城在黃縣南百三十里。十三州志云，牟平縣，古腄縣也。」

〔三〕【集解】地理志，之罘山在腄縣。【正義】罘，音浮。括地志云：「在萊州文登縣東北百八十里。成山，在文登縣西北百九十里。」窮，猶登極也。封禪書云：「八神，五曰陽主，祠之罘；七曰日主，祠成山，成山斗入海。」又云：「之罘山在海中。文登縣，古腄縣也。」

南登琅邪，大樂之，留三月。〔一〕乃徙黔首三萬户琅邪臺下，〔二〕復十二歲。〔三〕作琅邪臺，〔四〕立石刻，頌秦德，明得意。曰：〔五〕

〔一〕【正義】今兖州東沂州、密州，即古琅邪也。【考證】琅邪，山名，在今山東青州府諸城縣東南。

〔二〕【集解】地理志，越王句踐嘗治琅邪縣，起臺館。【索隱】山海經，琅邪臺在渤海間。蓋海畔有山，形如臺，在琅邪，故曰琅邪臺。【正義】括地志云：「密州諸城縣東南百七十里有琅邪臺，越王句踐觀臺也。臺西北十里有琅邪。故吴越春秋云：『越王句踐二十五年，徙都琅邪，立觀臺以望東海，遂號令秦、晉、齊、楚，以尊輔周室，歃血盟。』即句踐起臺處。」括地志云：「琅邪山，在密州諸城縣東南百四十里。始皇立層臺於山上，謂之琅邪臺，孤立衆山之上。秦王樂之，留三月，立石山上，頌秦德也。」【考證】梁玉繩曰：水經注、御覽「三萬」作「二萬」。張文虎曰：「琅邪臺下」，「臺」字疑誤，水經注、郡縣志並作「山」。又曰：水經注述此事，與史略同，而較詳，但不云史記。郡縣志引史記卻與彼文同，疑今史文有缺佚。中井積德曰：正義再引括地志，乃有七十里、四十里之差，下文皆不同，豈所引書名有誤耶？

〔三〕【正義】復，音福。復三萬户徙臺下者。【考證】沈家本曰：秦漢徙民有二端，如秦時成蟜、嫪毐、吕不韋諸事，有罪所遷者也。至二十八年之徙，因樂其地。三十五年，除道道九原抵雲陽，塹山堙谷，直通之，作阿房宫，或作麗山，因徙三萬家麗邑，五萬家雲陽，亦與有罪而遷者不同。漢代徙民亦如是。

〔四〕【正義】今琅邪臺。

〔五〕【索隱】二句爲韻。【考證】凌稚隆曰：一本無「刻」字。張文虎曰：御覽引無。

維二十八年，〔一〕皇帝作始。端平法度，萬物之紀。以明人事，合同父子。聖智仁義，顯白道理。東撫東土，以省卒士。〔二〕事已大畢，乃臨于海。皇帝之功，勤勞本事。上農除末，黔首是富。普天之下，摶心揖志。〔三〕器械一量，〔四〕同書文字。日月所照，舟輿所載。皆終其命，莫不得意。應時動事，是維皇帝。匡飭異俗，陵水經地。〔五〕憂恤黔首，朝夕不懈。除疑定法，咸知所辟。〔六〕方伯分職，諸治經易。〔七〕舉錯必當，莫不如畫。〔八〕皇帝之明，臨察四方。尊卑貴賤，不踰次行。〔九〕姦邪不容，皆務貞良。細大盡力，莫敢怠荒。遠邇辟隱，專務肅莊。〔一〇〕端直敦忠，事業有常。皇帝之德，存定四極。誅亂除害，興利致福。節事以時，諸產繁殖。黔首安寧，不用兵革。〔一一〕六親相保，終無寇賊。驩欣奉教，盡知法式。六合之內，皇帝之土。〔一二〕西涉流沙，南盡北户。東有東海，北過大夏。〔一三〕人迹所至，無不臣者。功蓋五帝，澤及牛馬。莫不受德，各安其宇。

〔一〕**【考證】**二十，當作「廿」，下同。八，一本作「六」。今從吳春照校本。

〔二〕**【正義】**省，山井反。卒，子忽反。**【考證】**岡白駒曰：卒士，即士卒也。云卒士，協韻耳。

〔三〕**【索隱】**摶，古「專」字。左傳云：「如琴瑟之摶壹。」揖，音集。**【考證】**錢大昕曰：「摶」當作「嫥」。説文「嫥，壹也」。輯，古「揖」字。書「輯五瑞」，史記作「揖」。

〔四〕**【正義】**内成曰器，甲胄兜鍪之屬。外成曰械，戈矛弓戟之屬。壹量者，同度量也。**【考證】**中井積德曰：器械通於諸器，不特軍器。岡白駒曰：一量，一制也。

〔五〕**【正義】**陵，作「淩」，歷也。經，界也。**【考證】**中井積德曰：經亦歷也。愚按：經、徑通。

〔六〕**【正義】**音避。

〔七〕【正義】易，音以豉反。言方伯分職治，所理常在平易。【考證】方伯，蓋斥郡守也。中井積德曰：方伯當時無所當，蓋飾辭之失倫者。夫郡守焉得稱方伯？又曰：經，疑當作「徑」。

〔八〕【正義】畫，音户卦反。謂政理齊整，分明若畫，無邪惡。【考證】方苞曰：畫當音劃，與「較若畫一」之義同。

〔九〕【正義】音胡郎反。

〔一〇〕【正義】辟，匹亦反。

〔一一〕【正義】協韵音棘。

〔一二〕【考證】皆川愿曰：六合之内，今皆爲皇帝之土，下因證其實。

〔一三〕【索隱】夏，協韵音户。下「無不臣者」，音渚。「澤及牛馬」，音姥。【正義】流沙解見夏紀。杜預云：「大夏，太原晉陽縣。」按：在今并州，「遷實沈於大夏，主參」，即此也。【考證】錢大昕曰：大夏，周書王命解「正北空同、大夏」，大宛傳「張騫自月氏至大夏」，即其地也。始皇立石，誇聲教之遠，豈近取晉陽之地乎？正義非也。

維秦王兼有天下，立名爲皇帝。〔一〕乃撫東土，至于琅邪。列侯武城侯王離、列侯通武侯王賁、〔二〕倫侯建成侯趙亥、倫侯昌武侯成、倫侯武信侯馮毋擇、〔三〕丞相隗狀、〔四〕丞相王綰、卿李斯、卿王戊、五大夫趙嬰、五大夫楊樛從，〔五〕與議於海上。曰：〔六〕「古之帝者，地不過千里，〔七〕諸侯各守其封域，或朝或否，相侵暴亂，殘伐不止。猶刻金石，以自爲紀。古之五帝三王，知教不同，法度不明，假威鬼神，以欺遠方，〔八〕實不稱名，故不久長。〔九〕其身未殁，諸侯倍叛，法令不行。今皇帝并一海内，以爲郡縣，天下和平。昭明宗廟，體道行德，尊號大成。羣臣相與誦皇帝功德，刻于金石，以爲表經。」

〔一〕【考證】盧文弨曰：「維秦兼有天下」以下，乃頌後之跋，雖末亦作韻語，究不可聯頌爲一篇。中井積德曰：「維秦王」至「以爲表經」數十句，蓋琅邪銘之序，當在上文「維廿八年」之上，蓋傳録者誤耳，非太史公之舊。方苞曰：後世碑銘有序，本此。載群臣之議，故繫後。泰山石刻無後語者，封祠祀天，不敢列群臣名爵也。下諸銘無後語者，舉一以例其餘也。愚按：方説是。

〔二〕【集解】張晏曰：「列侯者見序例。」【考證】梁玉繩曰：離爲賁子，何以敘于上？

〔三〕【索隱】倫侯，爵卑於列侯，無封邑者。倫，類也，亦列侯之類。【考證】俞樾曰：秦有列侯，又有倫侯，倫侯之名止見於此銘。中井積德曰：倫侯是關内侯之類，然當時列侯亦無封邑，注謬。方苞曰：成獨不具姓，疑秦之同姓也。

〔四〕【索隱】隗姓，狀名。有本作「林」者，非。顔之推云：「隋開皇初，京師穿地得鑄秤權，有銘，云始皇時量器，丞相隗狀、王綰二人列名，其作『狀貌』之字，時令校寫，親所按驗。」王劭亦云然。斯遠古之證也。【正義】隗，音五罪反。【考證】諸本史文「隗狀」作「隗林」。索隱「狀名」作「林名」，「作林」作「作狀」。沈濤曰：隗林，索隱本亦作「隗狀」，云「有作『林』者，非」，故引顔、王二家之説以證是「狀」非「林」。今本「林」、「狀」二字，傳寫互易，遂矛盾不可通矣。今據沈説訂正。顔氏之説，見顔氏家訓書證篇。

〔五〕【正義】樛，音居虯反。【考證】洪亮吉曰：此序列侯、倫侯，始及丞相。漢書霍光傳首列丞相暨將軍、御史大夫，始及列侯，可見二代法式不同處。

〔六〕【正義】從與，上才用反，下音預。言王離以下十人從始皇，咸與始皇議功德於海上，立石於琅邪臺下，十人名字並刻頌。【考證】正義上句「從」字屬下讀，非是。中井積德曰：正義「咸與始皇」四字謬，宜言「相與」。

〔七〕【正義】此頌前後序，兩句爲韻，此三句爲韻。過音戈，千里謂王畿。

〔八〕【正義】言五帝、三王假借鬼神之威，以欺服遠方之民，若萇弘之比也。

〔九〕【正義】稱，尺證反。

既已，齊人徐市等上書，〔一〕言海中有三神山，名曰蓬萊、方丈、瀛洲，僊人居之。〔二〕請得齋戒，與童男女求之。於是遣徐市發童男女數千人，入海求僊人。〔三〕

〔一〕【考證】市，即「芾」字，與「韍」同。各本作「市井」之「市」，譌。淮南王傳作「徐福」，福、市一聲之轉。

〔二〕【正義】漢書郊祀志云：「此三神山者，其傳在渤海中，去人不遠，蓋曾有至者，諸仙人及不死之藥皆在焉。其物禽獸盡白，而黃金白銀爲宮闕。未至，望之如雲；及至，三神山乃居水下；臨之，患且至，風輒引船而去，終莫能至云。世主莫不甘心焉。」【考證】燕人宋無忌，羨門子高之徒，稱有仙道形，解銷化之術，自齊威、宣、燕昭王皆信之，使人入海，求蓬萊、方丈、瀛洲，云此三神山在渤海中，諸仙人及不死藥皆在焉，事詳封禪書。至此徐市等又言之。

〔三〕【正義】括地志云：「亶洲在東海中，秦始皇使徐福將童男女入海求仙人，正在此洲，共數萬家，至今洲上人有至會稽市易者。吳人外國圖云，亶洲去琅邪萬里。」

始皇還，過彭城，〔一〕齋戒禱祠，欲出周鼎泗水。使千人沒水求之，弗得。〔二〕乃西南渡淮水，之衡山、〔三〕南郡。浮江，〔四〕至湘山祠。〔五〕逢大風，幾不得渡。上問博士曰：「湘君何神？」博士對曰：「聞之堯女，舜之妻，而葬此。」〔六〕於是始皇大怒，使刑徒三千人皆伐湘山樹，赭其山。〔七〕上自南郡由武關歸。〔八〕

〔一〕【正義】彭城，徐州所理縣也。州東外城，古之彭國也。搜神記云，陸終弟三子曰籛鏗，封於彭，爲商伯。外傳云，殷末滅彭祖氏。

〔二〕【考證】沈家本曰：按秦紀，昭襄王五十二年，九鼎入秦。正義「秦昭取九鼎，其一飛入泗水，餘八入于秦中」。正義所稱，未知何本。始皇所求，蓋九鼎之一耳。水經泗水注稱周顯王四十二年「九鼎淪没泗淵，秦始皇使數千人没水求之，不得」，蓋據漢書郊祀志也。然赧王時，九鼎入秦，則顯王時無淪没泗淵之事。愚按：此亦一説，説又見封禪書。

〔三〕【正義】括地志云：「衡山，一名岣嶁山，在衡州湘潭縣西四十一里。」岣，音苟。嶁，音樓。

〔四〕【正義】南郡，今荆州也。言欲向衡山，即西北過南郡，入武關至咸陽。

〔五〕【正義】括地志云：「黄陵廟，在岳州湘陰縣北五十七里，舜二妃之神。二妃冢，在湘陵北一百六十里青草山上。盛弘之荆州記云，青草湖南有青草山，湖因山名焉。列女傳云，舜陟方，死於蒼梧。二妃死於江湘之間，因葬焉。」按：湘山者，乃青草山。山近湘水，廟在山南，故言湘山祠。

〔六〕【索隱】列女傳亦以湘君爲堯女。按：楚詞九歌有湘君、湘夫人。夫人是堯女，則湘君當是舜。今此文以湘君爲堯女，是總而言之。

〔七〕【正義】赭，音者。

〔八〕【集解】應劭曰：「武關，秦南關，通南陽。」文穎曰：「武關，在析西百七十里弘農界。」【正義】括地志云：「故武關，在商州商洛縣東九十里，春秋時少習也。杜預云，少習，商縣武關也。」【考證】武關，今陝西商州。

二十九年，始皇東游至陽武博狼沙中，爲盜所驚。〔一〕求弗得，乃令天下大索十日。〔二〕

〔一〕【集解】地理志，河南陽武縣有博狼沙。【正義】狼，音浪。【考證】今河南懷寧陽武縣。

〔二〕【考證】事詳留侯世家。

登之罘，刻石。其辭曰：〔一〕

〔一〕【索隱】三句爲韵，凡十二韵。

維二十九年，時在中春，〔一〕陽和方起。皇帝東游，巡登之罘，臨照于海。從臣嘉觀，〔二〕原念休烈，追誦本始。大聖作治，建定法度，顯箸綱紀。外教諸侯，光施文惠，明以義理。六國回辟，貪戾無厭，虐殺不已。〔三〕皇帝哀衆，遂發討師，〔四〕奮揚武德。義誅信行，威燀旁達，莫不賓服。〔五〕烹滅彊暴，振救黔首，周定四極。普施明法，經緯天下，永爲儀則。大矣哉！宇縣之中，〔六〕承順聖意。〔七〕羣臣誦功，請刻于石，表垂于常式。〔八〕

〔一〕【正義】中，音仲。古者帝王巡狩，常以中月。

〔二〕【正義】從，才用反。觀，音琯。

〔三〕【正義】辟，必亦反。厭，於廉反。

〔四〕【考證】盧文弨曰：哀衆，當「哀鰥」之譌。鰥與矜古通用。漢書贊于定國「哀鰥哲獄」，亦即謂哀矜也。

〔五〕【集解】徐廣曰：「燀，充善反。」【考證】熾也。

〔六〕【集解】宇，宇宙。縣，赤縣。【考證】中井積德曰：上下皆三句一韻，則此「大矣哉」宜作一句，但上少一字，蓋脱去。

〔七〕【索隱】協韵音憶。

〔八〕【考證】盧文弨曰：「表垂于常式」，當有一字誤衍。愚按：碣石銘曰「請刻此石，垂著儀矩」，會稽銘云「請刻此石，光垂休銘」，則此「垂」下「于」字當衍。

其東觀曰：〔一〕

〔一〕【考證】觀，如孟子「觀於轉附」之「觀」。東觀，東巡也。

維二十九年，皇帝春游，覽省遠方。逮于海隅，遂登之罘，昭臨朝陽。觀望廣麗，從臣咸念，原道至明。聖法初興，清理疆內，外誅暴彊。武威旁暢，振動四極，禽滅六王。闡并天下，甾害絕息，永偃戎兵。皇帝明德，經理宇內，視聽不怠。〔一〕作立大義，昭設備器，咸有章旗。職臣遵分，各知所行，事無嫌疑。黔首改化，遠邇同度，臨古絕尤。常職既定，後嗣循業，長承聖治。羣臣嘉德，祗誦聖烈，請刻之罘。

〔一〕【索隱】怠，協旗、疑韵，音銅綦反。故國語范蠡曰「得時不怠，時不再來」，亦以怠與臺爲韻。【考證】張文虎曰：越語范蠡語以怠、來、災、之爲韻，無「臺」字，索隱「臺」字當作「來」，凌本作「時」，亦非。

旋遂之琅邪，道上黨入。〔一〕

〔一〕【索隱】道，猶從也。【考證】上黨，今山西潞安。

三十年，無事。〔一〕

〔一〕【考證】春秋之法，雖無事，猶必書孟月。史記周以後本紀，是年無事，則并年逸之，獨始皇紀三十年、呂后紀三年特書曰無事，此史公創例，全書亦不多見。

三十一年，〔一〕十二月，更名臘曰「嘉平」。〔二〕賜黔首里六石米，二羊。始皇爲微行咸陽，〔三〕與武士四人俱，夜出逢盜蘭池，見窘，武士擊殺盜，關中大索二十日。〔四〕米石千六百。

〔一〕【集解】徐廣曰：「使黔首自實田也。」【考證】是下文「賜黔首里六石米」集解，錯簡。

〔二〕【集解】太原真人茅盈内紀曰：「始皇三十一年九月庚子，盈曾祖父濛，乃於華山之中，乘雲駕龍，白日升天。先是其邑謡歌曰『神仙得者茅初成，駕龍上升入泰清，時下玄洲戲赤城，繼世而往在我盈，帝若學之臘嘉平』。始皇聞謡歌而問其故，父老具對此仙人之謡歌，勸帝求長生之術。於是始皇欣然乃有尋仙之志，因改臘曰『嘉平』。」【索隱】廣雅曰：「夏曰『清祀』，殷曰『嘉平』，周曰『大蜡』，亦曰『臘』，秦更曰『嘉平』。」蓋應歌謡之詞而改從殷號也。道書茅濛字初成，今此云「茅濛初成」者，爲神仙之道，其意失也。蓋由裴氏所引不明，或後人增益「濛」字，遂令七言之詞有衍爾。【考證】秦本紀云，惠文王十二年初臘。據索隱、集解所引謡歌，「茅」下當有「濛」字，蓋又後人所删。

〔三〕【集解】張晏曰：「若微賤之所爲，故曰微行也。」

〔四〕【集解】地理志，渭城縣有蘭池宫。【正義】括地志云：「蘭池陂，即古之蘭池，在咸陽縣界。秦記云『始皇都長安，引渭水爲池，築爲蓬、瀛，刻石爲鯨，長二百丈』。逢盜之處也。」【考證】武士始見史文，盜蓋六國遺臣，張良之類，史失其名。館本考證云：秦記，本名三秦記，正義「秦記」，或本作「三秦記」，而脱「三」字。

三十二年，始皇之碣石，使燕人盧生求羨門高誓。〔一〕刻碣石門。〔二〕壞城郭，決通隄防。〔三〕其辭曰：〔四〕

〔一〕【集解】韋昭曰：「羨門，古仙人。」【正義】高誓，亦古仙人。【考證】梁玉繩曰：封禪書羨門子高，與郊祀志羨門高是一人名。張揖司馬相如傳注云「碣石山上仙人也」。分羨門、高誓爲二人，大誤。張文虎曰：梁説是。然「誓」字不可解，非衍即誤，或有脱文。

〔二〕【集解】徐廣曰：「一作『盟』。」【考證】顧炎武曰：始皇刻石之處凡六，史記書之甚明。於鄒嶧山則上云「立石」，下云「刻石頌秦德」；於泰山則上云「立石」，下云「刻所立石」；於之罘，則二十八年云「立石」，二十九年云「刻石」；於琅邪則云「立石刻頌秦德」；於會稽則云「立石刻頌秦德」；無不先言「立」，後言「刻」者。惟於碣石則云「刻碣石門」，門自是石，不須立也，古人作史，文字之密如此。

〔三〕【考證】楓、三本「壞」上有「毀」字。愚按：七字衍文，銘辭誤入史文也。

〔四〕【正義】此一頌，三句爲韵。

遂興師旅，誅戮無道，爲逆滅息。武殄暴逆，文復無罪，〔一〕庶心咸服。惠論功勞，賞及牛馬，恩肥土域。皇帝奮威，德并諸侯，初一泰平。墮壞城郭，決通川防，〔二〕夷去險阻。地勢既定，黎庶無繇，〔三〕天下咸撫。男樂其疇，女修其業，事各有序。惠被諸產，久並來田，〔四〕莫不安所。羣臣誦烈，請刻此石，垂著儀矩。〔五〕

〔一〕【集解】徐廣曰：「復，一作『優』。」【正義】復，音福。言秦以武力能殄息暴逆，以文訓道，令無罪失，故復除之。【考證】沈端蒙曰：「遂興師」上有缺文。中井積德曰：復是平反之義。

〔二〕【正義】墮，音許規反。壞，音怪。墮，毀也。壞，坼也。言始皇毀坼關東諸侯舊城郭也。夫自頹曰壞，音户怪反。【考證】中井積德曰：「皇帝奮威」至「泰平」三句，亦似鶻突，且韻不諧，蓋篇首之脱文，錯在此也。豈「泰平」之文訛而失韵邪？抑更脱三句而韻不諧邪？

〔三〕【正義】音遥。

〔四〕【集解】徐廣曰：「久，一作『分』。」

〔五〕【考證】世傳宋徐鼎臣臨秦碣石頌，首尾完具，與史次第不同，蓋後人僞託。孫詒讓籀膏述林論之云：徐鼎臣臨秦碣石頌，盛行于世。是頌，宋以來金石家未箸録者。頌文凡百有十字，以校史記秦始皇本紀所載，文幾倍之，如首有「皇帝建國，德平諸侯，初平泰壹。卅有二年，巡登碣石，照臨四極。從臣羣作，上頌高號，爰念休烈，戎臣奮威」十句。末又有二世詔書及李斯、馮去疾奏七十九字，與泰山、嶧山、琅邪臺諸刻同。本紀則惟有「皇帝建國」以下三句，然不在首，而在第三韻「恩肥土域」後，又「建國」作「奮威」，「初平泰壹」作「初一泰平」，餘則並無之。其本紀所有而字異者，如「遂興師旅」下，此無「誅戮無道」四字；「爲逆滅息」，「爲」，此作「大」；「武殄暴逆」，「逆」，此作「强」；「庶心咸服」，「服」，此作「𠬝」；「隳壞城郭」，「隳」，此作「陸」；「黎庶無繇」，「黎」，此作「黔」，「無」，此作「无」；「女修其業」，「修」，此作「脩」；「羣臣誦烈」，「烈」，此作「略」；「垂著儀矩」，「著」，此作「箸」，「矩」，此作「巨」。又「賞及牛馬，恩肥土域」兩句，此上下互易，並與大史公所見不同。又説文又部「乁」，「秦刻石『及』如此」，此頌仍作「及」，與説文不合。然鄭文寶所摹嶧山碑已如此，鄭本亦出徐摹，阮文達兩浙金石志疑爲鼎臣所改，未知其審也。考始皇巡行天下，刻石者凡六，今惟琅邪臺原石尚存，泰山殘石，乾隆間爲火所焚，今所存止十字，之罘石刻，宋時歐陽永叔、趙德甫、王象之、陳思諸人皆見之，今則莫知其存否，嶧山、會稽兩石久佚，然世間尚有重摹本。蓋以上五石，雖存佚顯晦不同，而後人皆嘗得其搨本。至碣石則不然，禹貢舊蹟，自六朝時已不可攷，故酈道元水經河水注「漢司空王横言『往者天嘗連雨，東北風，海水溢西南，出侵數百里』，張揖云『碣石在海中』，蓋淪於海水也，昔燕、齊遼曠，分置營州，今城届海濱，海水北侵，城垂淪者半」，王横之言，信而有徵，碣石入海，非無證矣」。據此是納河故壤，早淪東勃，而嬴氏遺刻，乃巍然獨在人世，趙宋時猶得傳其搨本，此事之所必無者。況此本載鼎臣自跋，稱端拱元年奉敕臨，而此書在宋時，當藏御府，而宣和書譜載鼎臣篆書七種，亦無是頌。然則諸家紛紛傳刻，其果可信耶？

因使韓終、侯公、石生求仙人不死之藥。始皇巡北邊，從上郡入。〔二〕燕人盧生，使入海

還，〔二〕以鬼神事，因奏録圖書，曰「亡秦者胡也」。〔三〕始皇乃使將軍蒙恬發兵三十萬人北擊胡，略取河南地。〔四〕

〔一〕【考證】上郡，今陝西延安綏德州。

〔二〕【正義】使，音所吏反。

〔三〕【集解】鄭玄曰：「胡，胡亥，秦二世名也。秦見圖書，不知此爲人名，反備北胡。」【考證】淮南子人間訓云：「秦皇挾録圖見其傳曰『亡秦者胡也』，因發卒五十萬，使蒙公、楊翁子將築脩城，西屬流沙，北繫遼水，東結朝鮮，中國内郡，輓車而餉之。」胡三省曰：録圖書，如後世讖緯之書。中井積德曰：讖文元無所斥，所以爲胡亥者，亦後人所解謎，此不當以爲註釋。愚按：始皇欲擊胡，託言圖讖以爲口實耳。

〔四〕【正義】今靈、夏、勝等州，秦略取之。【考證】河套内，今斯爾多斯旗。

三十三年，發諸嘗逋亡人、贅壻、賈人，略取陸梁地，〔一〕爲桂林、象郡、南海，〔二〕以適遣戍。〔三〕西北斥逐匈奴，自榆中並河，以東屬之陰山，〔四〕以爲三十四縣，〔五〕城河上爲塞。又使蒙恬渡河取高闕、陶山、北假中，〔六〕築亭障以逐戎人，徙謫實之初縣。〔七〕禁不得祠。明星，出西方。〔八〕三十四年，適治獄吏不直者，築長城及南越地。〔九〕

〔一〕【集解】瓚曰：「贅，謂居窮有子，使就其婦家爲贅壻。」【索隱】謂南方之人，其性陸梁，故曰陸梁。【正義】嶺南之人，多處山陸，其性强梁，故曰陸梁。【考證】胡三省曰：班表，漢高帝功臣有陸量侯佚須無，詔以爲列諸侯，自置吏令長，受令長沙王。如淳曰「陸量，秦始皇本紀所謂陸梁地也」。

〔二〕【集解】韋昭曰：「桂林，今鬱林是也。象郡，今日南。」【正義】南海，即廣州南海縣。【考證】桂林，今廣西南寧、廣遠二府。象郡，今安南國。南海，今廣東廣州、肇慶、潮州。

〔三〕【集解】徐廣曰：「五十萬人守五嶺。」【正義】適，音直革反。戍，守也。廣州記云：「五嶺者，大庾、始安、臨賀、揭楊、桂陽。」輿地志云：「一曰臺嶺，亦名塞上，今名大庾；二曰騎田；三曰都龐；四曰萌諸；五曰越嶺。」

〔四〕【集解】徐廣曰：「榆中，在金城。陰山，在五原北。」服虔曰：「並，音傍。傍，依也。」【正義】屬，之欲反。按：五原，今勝州也。【考證】榆中，今河套北吴喇特旗。張文虎曰：水經河水注「陰山」作「陶山」，引徐廣史記音義曰「陶山，在五原北」，是酈氏所據史文及注並作「陶」，今史本作「陰」，而音義止存下四字。案：蒙恬列傳集解引徐廣曰「五原西安陽縣北有陰山，陰山在河南，陽山在河北」。陶、陰形近易混，此「陶」本當作「陰」，後人改之。今戴校本水經注兩「陶」字亦並改「陰」。

〔五〕【考證】梁玉繩曰：表作「四十四縣」，匈奴傳同，此誤。

〔六〕【集解】晉灼曰：「王莽傳云『五原北假，膏壤殖穀』。北假，地名也。」【索隱】高闕，山名；北假，地名。近五原。【正義】高闕，山名，在五原北。兩山相對若闕，甚高，故言高闕。酈元注水經云：「黄河逕河目縣，故城西縣，在北假中。」北假地名，按河目縣屬勝州，今名河北。漢書地理志云，屬五原郡。【考證】張文虎曰：水經河水注引作「據陽山、北假中」。案：蒙恬傳云「於是度河，據陽山」，匈奴傳云「又渡河，據陽山、北假中」，二文相同，與河水注合。據上文「並河以東，屬之陰山」，是在河南。此云「渡河取高闕」，是在河北，正與徐廣「陰山在河南，陽山在河北」説合。然則此文當作「陽山」。

〔七〕【索隱】徙有罪而謫之，以實初縣，即上「自榆中屬陰山，以爲三十四縣」，是也。故漢七科謫亦因於秦。【考證】沈家本曰：按此亦有罪而遷，爲實邊計。高帝十一年詔云「秦徙中縣之民南方三郡，使與百粤雜處」，即此事也。此策漢亦用之，後世言實邊者，多主此策。

〔八〕【集解】徐廣曰：「皇甫謐云，彗星見。」【考證】姚範曰：明星即靈星。封禪書令天下立靈星祠，當是前祠，而秦皇廢之也。「出」上脱一「星」字，故注引皇甫謐以證星爲彗星也。

〔九〕【正義】謂戍五嶺，是南方越也。【考證】楓、三本「地」作「城」。

始皇置酒咸陽宫，博士七十人前爲壽。僕射周青臣進頌曰：〔一〕「他時秦地不過千里，賴陛下神靈明聖，平定海内，放逐蠻夷，日月所照，莫不賓服。以諸侯爲郡縣，人人自安樂，無戰争之患，傳之萬世。自上古不及陛下威德。」始皇悦。博士齊人淳于越進曰：「臣聞殷、周之王千餘歲，〔二〕封子弟功臣，自爲枝輔。今陛下有海内，而子弟爲匹夫，卒有田常、六卿之臣，無輔拂，何以相救哉？〔三〕事不師古而能長久者，非所聞也。今青臣又面諛以重陛下之過，非忠臣。」〔四〕始皇下其議。丞相李斯曰：「五帝不相復，三代不相襲，各以治。非其相反，時變異也。今陛下創大業，建萬世之功，固非愚儒所知。且越言，乃三代之事，何足法也？異時諸侯並争，厚招游學。今天下已定，法令出一，百姓當家則力農工，士則學習法令辟禁。〔五〕今諸生不師今而學古，以非當世，惑亂黔首。丞相臣斯昧死言：古者天下散亂，莫之能一，是以諸侯並作，語皆道古以害今，飾虚言以亂實，人善其所私學，以非上(上)〔之〕所建立。〔六〕今皇帝并有天下，别黑白而定一尊。私學而相與非法教，〔七〕人聞令下，則各以其學議之，入則心非，出則巷議，夸主以爲名，異取以爲高，率羣下以造謗。〔八〕如此弗禁，則主勢降乎上，黨與成乎下。禁之便。臣請史官非秦記，皆燒之。非博士官所職，天下敢有藏詩、書、百家語者，悉詣守尉雜燒之。有敢偶語詩、書者，弃市。〔九〕以古非今者族。吏見知不舉者與同罪。〔一〇〕令下三十日不燒，黥爲城旦。〔一一〕所不去者，醫藥、卜筮、種樹之書。若欲有學法令，以吏爲師。」〔一二〕制曰：「可。」〔一三〕

〔一〕【集解】漢書百官表曰：「僕射，秦官。古者重武，官有主射以督課之。」應劭曰：「僕，主也。」【正義】射，音夜。

〔二〕【考證】梁玉繩曰：李斯傳亦載淳于越此語。商六百四十餘祀，周八百七十餘年，何言千餘歲乎？

〔三〕【正義】拂，蒲筆反。【考證】田常弒齊君，六卿分晉。張文虎曰：治要、御覽、班馬字類引「拂」作「弼」，李斯傳同。愚按：楓、三本亦作「弼」。

〔四〕【考證】以忠責臣，見君臣之分，至此益嚴。

〔五〕【正義】令，力性反。辟，音避。

〔六〕【集解】徐廣曰：「私，一作『知』。」

〔七〕【考證】錢大昕曰：李斯傳「別」作「辨」。古書「辨」與「別」通。愚按：李斯傳云「陛下并有天下，辨白黑而定一尊，而私學乃相與非法教之制」，與此文小異。

〔八〕【正義】夸，(曰)〔口〕瓜反。【考證】張文虎曰：李斯傳「取」作「趣」，册府元龜作「趨」。

〔九〕【集解】應劭曰：「禁民聚語，畏其謗己。」【正義】偶，對也。【考證】棄市，始見史文。周禮秋官掌戮「凡殺人者，踣諸市，肆之三日，刑盜于市」，禮記王制「刑人於市，與衆棄之」，行刑於市久矣。

〔一〇〕【考證】酷吏傳趙禹「與張湯論定諸律令，作見知，吏傳得相監司」，蓋本秦法也。

〔一一〕【集解】如淳曰：「律說『論決爲髡鉗，輸邊築長城，晝日伺寇虜，夜暮築長城』。城旦，四歲刑。」【考證】城旦，始見于此。漢書惠紀注，應劭曰「城旦者，旦起行治城，四歲刑」。蓋漢因秦制。

〔一二〕【集解】徐廣曰：「一無『法令』二字。」【考證】王念孫曰：欲有，當作「有欲」。「法令」下當有「者」字。李斯傳作「若有欲學者」，通鑑秦紀作「若有欲學法令者」。

〔一三〕【考證】韓非子五蠹篇云：「明主之國，無書簡之文，以法爲教；無先王之語，以吏爲師。」和氏篇云「商君教孝公燔詩、書而明法令」，蓋李斯殺韓非而用其言。章學誠曰：三代盛時，天下之學，無不以吏爲師，周官三百六十，天人之學備矣。其守官舉職而不墜天工者，皆天下之師資也。東周以還，君師政教不合於一，於是人之學術不盡出於官司之典守。秦人以吏爲師，始復古制，而人乃狃於所習，轉以秦人爲非耳。秦之悖於古者多矣，猶有合於古者，以吏爲師也。胡三省曰：秦之焚書，焚天下之人所藏之書耳。其博士官所藏則故在，項羽燒秦宮室，始併博士所藏者焚之，此所以後之學者，咎蕭何不能於收秦圖書之日併收之也。

三十五年，除道，道九原抵雲陽，塹山堙谷直通之。〔一〕於是始皇以爲咸陽人多，先王之宮廷小；吾聞周文王都豐，武王都鎬，豐、鎬之閒，帝王之都也。乃營作朝宮渭南上林苑中。先作前殿阿房，〔二〕東西五百步，南北五十丈，上可以坐萬人，下可以建五丈旗。〔三〕周馳爲閣道，自殿下直抵南山。〔四〕表南山之顛以爲闕。爲復道，自阿房渡渭，屬之咸陽，以象天極閣道，絶漢抵營室也。〔五〕阿房宮未成；成，欲更擇令名名之。作宮阿房，故天下謂之阿房宮。隱宮徒刑者七十餘萬人，乃分作阿房宮，或作麗山。〔六〕發北山石椁，乃寫蜀、荆地材，皆至。〔七〕關中計宮三百，關外四百餘。〔八〕於是立石東海上朐界中，以爲秦東門。〔九〕因徙三萬家

麗邑，五萬家雲陽，皆復不事十歲。〔一〇〕

〔一〕【集解】地理志，五原郡有九原縣。徐廣曰：「表云，道九原通甘泉。」【考證】從榆林北，南至陝西汾州淳化縣。

〔二〕【正義】房，白郎反。括地志云：「秦阿房宮亦曰阿城，在雍州長安縣西北二十四里。」按：宮在上林苑中，雍州郭城西南面，即阿房宮城東面也。顏師古云「阿，近也。以其去咸陽近，且號阿房」。【考證】阿房，在陝西長安西北。中井積德曰：阿房是山名，下文自明，何須鑿解。

〔三〕【索隱】此以其形名宮也，言其宮四阿旁廣也，故云下可建五丈之旗也。阿房後爲宮名。【正義】三輔舊事云：「阿房宮，東西三里，南北五百步，庭中可受萬人。又鑄銅人十二於宮前。阿房宮以慈石爲門，阿房宮之北闕門也。」

〔四〕【考證】閣道，架木爲棚於苑囿中以行車者，蓋象天閣道。南山在西安南，自終南太白連延至商嶺皆是，此言在長安者。

〔五〕【索隱】謂爲複道，渡渭屬咸陽，象天文閣道，絶漢抵營室也。常考天官書曰「天極紫宮後十七星，絶漢抵營室，曰閣道」。【考證】復道，治要、御覽作「複道」。

〔六〕【正義】餘刑，見於市朝。宮刑，一百日隱於蔭室，養之乃可，故曰隱宮，下蠶室是。【考證】中井積德曰：隱宮徒刑，已被宮刑更徒作者。治要「人」下無「乃」字，「麗」作「驪」，下同。

〔七〕【考證】何焯曰：「楟」字疑衍。胡三省曰：孟康云「寫，四夜反。舍車解馬爲寫，或作『卸』」。余謂此非舍車解馬之「卸」，即前「寫放宮室」之「寫」。何焯曰：寫，當輸寫之意，運其材也。方苞曰：寫者移彼而置此也，禮「器之溉者不寫」。

〔八〕【考證】關中記云：東自函關，西至隴關，二關之間謂之關中。

〔九〕【考證】班志「東海郡朐縣，今江蘇海州」。

〔一〇〕【正義】麗，音離。【考證】臨潼縣東有驪戎城。秦驪邑，漢改曰新豐。

盧生說始皇曰：「臣等求芝奇藥仙者常弗遇，類物有害之者。方中人主時爲微行，以辟惡鬼，惡鬼辟，真人至。〔一〕人主所居而人臣知之，則害於神。真人者，入水不濡，入火不爇，陵雲氣，與天地久長。〔二〕今上治天下，未能恬倓。〔三〕願上所居宮，毋令人知，然后不死之藥殆可得也。」於是始皇曰：「吾慕真人，自謂『真人』，不稱『朕』。」乃合咸陽之旁二百里內宮觀二百七十，復道甬道相連，帷帳鐘鼓美人充之，各案署不移徙。行所幸，有言其處者罪死。始皇帝幸梁山宮，〔四〕從山上見丞相車騎衆，弗善也。中人或告丞相，丞相後損車騎。始皇怒曰：「此中人泄吾語。」案問莫服。當是時，詔捕諸時在旁者，皆殺之。自是後，莫知行之所在。聽事，羣臣受決事，悉於咸陽宮。

〔一〕【考證】方，仙方也。

〔二〕【正義】爇，而說反。【考證】莊子太宗師云，古之真人「登高不慄，入水不濡，入火不熱，是其知之能登假於道也若此」，齊物論云「至人神矣，大澤焚而不能熱，河漢沍而不能寒，疾雷破山，風振海而不能驚。若然者，乘雲氣，騎日月，而游於四海之外」，盧生神仙之說，蓋自道家一變。

〔三〕【考證】「恬淡」亦道家之言。

〔四〕【集解】徐廣曰：「在好畤。」【正義】括地志云：「俗名望宮山，在雍州好畤縣西十二里。北去梁山九里。秦始皇起從山上見丞相車騎衆弗善，即此山也。」

侯生、盧生相與謀曰：〔一〕「始皇爲人天性剛戾自用，起諸侯并天下，意得欲從，以爲自古莫及己。專任獄吏，獄吏得親幸。博士雖七十人，特備員弗用。〔二〕丞相諸大臣皆受成事，倚辨於上。上樂以刑殺爲威，〔三〕天下畏罪持祿，莫敢盡忠。上不聞過而日驕，下懾伏謾欺以取容。秦法不得兼方，不驗輒死。〔四〕然候星氣者至三百人，皆良士，畏忌諱諛，不敢端言其過。〔五〕天下之事無小大，皆決於上。上至以衡石量書，日夜有呈，不中呈不得休息。〔六〕貪於權勢至如此，未可爲求仙藥。」於是乃亡去。始皇聞亡，乃大怒曰：「吾前收天下書，不中用者盡去之。悉召文學方術士甚衆，欲以興太平，方士欲練以求奇藥。〔七〕今聞韓衆去不報，〔八〕徐市等費以巨萬計，終不得藥，徒姦利相告日聞。〔九〕盧生等吾尊賜之甚厚，今乃誹謗我，以重吾不德也。諸生在咸陽者，吾使人廉問，或爲訞言以亂黔首。」〔一〇〕於是使御史悉案問諸生，〔一一〕諸生傳相告引，乃自除。犯禁者四百六十餘人，皆阬之咸陽，使天下知之以懲後。〔一二〕益發謫徙邊。〔一三〕始皇長子扶蘇諫曰：「天下初定，遠方黔首未集。諸生皆誦法孔子，今上皆重法繩之，臣恐天下不安。唯上察之。」始皇怒，使扶蘇北監蒙恬於上郡。〔一四〕

〔一〕【集解】説苑曰：「韓客侯生也。」

〔二〕【考證】張文虎曰：吴校宋板無「雖」字。愚按：慶長本亦無。

〔三〕【正義】樂，五孝反。【考證】樂，音洛。

〔四〕【集解】徐廣曰：「兼方，一云『并力』。」【正義】言秦施法不得兼方者，令民之有方伎，不得兼兩齊，試不驗，輒賜死。言法酷。【考證】岡白駒曰：秦法，凡方士不得兼兩伎。

〔五〕【考證】「然」猶「而」也。岡白駒曰：酷政，謫見於天，然候星氣者三百之多，皆雖良士，不敢正言其過。

〔六〕【集解】石，百二十斤。【正義】衡，秤衡也。言表牋奏請，秤取一石，日夜有程期，不滿不休息。中，竹仲反。【考證】楓、三本「呈」作「程」。中井積德曰：石，權名。衡石，猶言權衡也。岡白駒曰：漢刑法志云，始皇「晝斷獄，夜理書，自程決事，日縣石之一」。言省讀文書，日以百二十斤爲程。愚按：是但言有定程耳。

〔七〕【集解】徐廣曰：「一云『欲以練求』。」

〔八〕【正義】衆，音終。

〔九〕【集解】徐廣曰：「聞，一作『閒』。」

〔一〇〕【考證】胡三省曰：廉，察也。

〔一一〕【考證】胡三省曰：秦置御史，掌討姦猾治大獄，御史大夫統之。

〔一二〕【考證】胡三省曰：傳相告引者，謂甲引乙，乙復引丙也。方苞曰：引他人，乃得自除己罪也。鄭樵曰：陸賈秦之巨儒也，酈食其秦之儒生也，叔孫通秦時以文學召，待詔博士數歲，陳勝起，二世召博士諸儒生三十餘人而問其故，皆引春秋之義故對，是秦時未嘗不用儒生與經學也。況叔孫通降漢時，有弟子百餘人，齊魯之風亦未嘗替，故項羽既亡之後，而魯爲守節禮義之國，則知秦時未嘗廢儒，而始皇所阬者蓋一時議論不合者耳。敖英曰：始皇坑儒，説者謂設爲陷阱而殺之，余謂只是掩其不知而加害也，非真掘土爲坑也。不爾，白起坑趙降卒四十萬於長平，設使掘土爲坑，若是其廣大，彼降卒寧不知之？又寧肯帖然束手而就死乎？

〔一三〕【集解】徐廣曰：「表云，徙於北河、榆中，耐徙三處。拜爵一級。」【考證】沈家本曰：集解引年表非也，彼是三十六年事，此言「徙」，實永戍也。

〔一四〕【正義】括地志云：「上郡故城，在綏州上縣東南五十里，秦之上郡城也。」

三十六年，熒惑守心。有墜星下東郡，至地爲石，〔一〕黔首或刻其石曰「始皇帝死而地分」。始皇聞之，遣御史逐問，莫服。盡取石旁居人誅之，因燔銷其石。始皇不樂，使博士爲仙真人詩，及行所游天下，傳令樂人謌弦之。〔二〕秋，使者從關東，夜過華陰平舒道，〔三〕有人持璧遮使者曰：「爲吾遺滈池君。」〔四〕因言曰：「今年祖龍死。」〔五〕使者問其故，因忽不見，置其璧去。使者奉璧具以聞。始皇默然良久，曰：「山鬼固不過知一歲事也。」退言曰：「祖龍者，人之先也。」〔六〕使御府視璧，乃二十八年行渡江所沈璧也。於是始皇卜之，卦得游徙吉。〔七〕遷北河、榆中三萬家。〔八〕拜爵一級。

〔一〕【集解】徐廣曰：「表云，石晝隕。」

〔二〕【正義】傳，逐戀反。令，力呈反。【考證】方苞曰：及行所遊天下，謂行遊天下。所歷之地，皆爲詩紀之也。

〔三〕【正義】括地志云：「平舒故城，在華州華陰縣西北六里。水經注云『渭水又東經平舒北，城側枕渭濱，半破淪水，南面通衢。昔秦之將亡也，江神送璧於華陰平舒道，即其處也』。」【考證】南本「東」下有「來」字。王念孫曰：文選注引作「鄭使者從關東來」，初學記引作「鄭客從關東來」，漢書五行志同，皆有「鄭」字、「來」字。張文虎曰：王謂當有「來」字，是也。下文云「謁者從東方來」，句法一例。

〔四〕【集解】服虔曰：「水神也。」張晏曰：「武王居鎬，鎬池君則武王也。武王伐商，故神云始皇荒淫若紂矣，今亦可伐也。」孟康曰：「長安西南有滈池。」【索隱】按：服虔云水神，是也。江神以璧遺滈池之神，告始皇之將終也。且秦水德王，故其君將亡，水神先自相告也。【正義】遺，庾季反。鎬，湖老反。括地志云：「鎬水源出雍州長安縣西北鎬池。酈元注水經云『鎬水承鎬池，北流入渭』。今按：鎬池水流入來通渠，蓋酈元誤矣。」張晏云：「武王居鎬，鎬池君則武王也。伐商，故神云始皇荒淫若紂矣，今武王可伐矣。」【考證】是惡始皇者，欺瞞以懼之耳。所遺之璧，亦恐非渡江所沈也，但鎬池君則似斥水神。

〔五〕【集解】蘇林曰：「祖，始也。龍，人君象。謂始皇也。」服虔曰：「龍人之先象也，言王亦人之先也。」應劭曰：「祖，人之先。龍，君之象。」【考證】梁玉繩曰：今年，搜神記作「明年」，初學記、文選注引史文正作「明年」。愚按：漢書五行志、春秋後語作「今年」。祖龍，蘇說是。

〔六〕【考證】頹墮委靡，無復豪邁氣象，始皇至此稍衰。顧炎武曰：山鬼固不過知一歲事也，其時秋，歲將盡矣，今年不驗則不驗矣，山鬼豈知來年之事哉？「退言曰，祖龍者人之先也」，謂祖乃亡者之辭，無與我也。皆惡言死之意。

〔七〕【考證】楓、三本「吉」作「居」。

〔八〕【正義】謂北河勝州也。榆中，即今勝州榆林縣也。言徙三萬家以應卜卦游徙吉也。【考證】余有丁曰：游徙是巡遊，爲次年出游張本。愚按：遷三萬家，自是別事，非關卜占。

三十七年十月癸丑，始皇出游。〔一〕左丞相斯從，右丞相去疾守。少子胡亥愛慕請從，上許之。〔二〕十一月，行至雲夢，〔三〕望祀虞舜於九疑山。〔四〕浮江下，觀籍柯，渡海渚，〔五〕過丹陽，〔六〕至錢唐。〔七〕臨浙江，〔八〕水波惡，乃西百二十里從狹中渡。〔九〕上會稽，祭大禹。〔一〇〕望于南海而立石，刻頌秦德。其文曰：〔一一〕

〔二〕【考證】郎瑛曰：史記秦漢紀年，皆以十月起，漸次及於正月，而當閏之歲，歸餘於終，又皆爲後九月，可見秦及漢初但改歲首，而未改月次。蓋以建亥之月爲正朔，而建寅之月仍爲正月也。愚按：秦建亥矣，而史記、始皇「三十一年十二月，更獵曰『嘉平』」，夫臘必建丑月也，秦以亥正，則臘爲三月而云十二月者，則寅月起數，秦未嘗改也。至三十七年，書「十月癸丑，始皇出游」，「十一月行至雲夢」，繼書「七月丙寅始皇崩」，「九月葬酈山」，先書「十月」「十二月」，而繼書「七月」「九月」者，知其以十月爲正朔，而寅月起數未嘗改也。漢初仍秦正，亦書曰「元年冬十月」，則正朔改，而月數仍不改也。郎說蓋有所據。趙翼曰：周以建子爲正朔，即以子月爲正月。不惟月數改，春夏秋冬之名亦隨月數而改，春秋所書可證。周既以建子爲正月，則秦改建亥爲正朔，亦即以亥月爲正月可知也，則史記、漢書於秦及漢初紀年，皆從十月起。顏師古謂遷等以夏正追敍前事者，信不謬也。大初改曆，本史遷及洛下閎建議，故既改從夏正之後，遂以夏正追敍前事，而以秦漢之春正月爲冬十月也。不然，則豈一歲之首以冬十月起數者乎？其說非也。

〔三〕【考證】御覽引「上」作「始皇」。

〔三〕【考證】雲夢，澤名，在湖北安陸縣南。

〔四〕【正義】括地志云：「九疑山在永州唐興縣東南一百里。皇覽冢墓記云，舜冢在零陵郡營浦縣九疑山。」言始皇至雲夢望祭虞舜於九疑山也。

〔五〕【正義】括地志云：「舒州同安縣東。」按：舒州在江中，疑「海」字誤，即此州也。【考證】海渚，安徽相城縣。

〔六〕【正義】括地志云：「丹陽郡，故在潤州江寧縣東南五里，秦兼并天下，以爲鄣郡也。」【考證】江蘇江寧縣。

〔七〕【正義】錢唐，今杭州縣。【考證】浙江杭州府。

〔八〕【集解】晉灼曰：「其流東至會稽山陰而西折，故稱。浙音折。」

〔九〕【集解】徐廣曰：「蓋在餘杭也。顧夷曰『餘杭者，秦始皇至會稽經此，立爲縣』。」【考證】杭州富春縣。

〔一〇〕【正義】上，音上掌反。越州會稽山上，有夏禹穴及廟。【考證】祀虞舜祭大禹，始皇未嘗不重古聖人也。

〔一一〕【索隱】望于南海而刻石。三句爲韵，凡二十四韵。【正義】此二頌，三句爲韵。其碑見在會稽山上。其文及書皆李斯，其字四寸，畫如小指，圓鐫。今文字整頓，是小篆字。

皇帝休烈，平一宇內，德惠脩長。〔一〕三十有七年，親巡天下，周覽遠方。〔二〕遂登會稽，宣省習俗，黔首齋莊。羣臣誦功，本原事迹，追首高明。〔三〕秦聖臨國，始定刑名，顯陳舊章。〔四〕初平法式，審別職任，以立恒常。〔五〕六王專倍，貪戾慠猛，率衆自彊。〔六〕暴虐恣行，負力而驕，數動甲兵。〔七〕陰通閒使，以事合從，〔八〕行爲辟方。內飾詐謀，外來侵邊，〔九〕遂起禍殃。義威誅之，殄熄暴悖，亂賊滅亡。〔一〇〕聖德廣密，六合之中，被澤無疆。皇帝并宇，兼聽萬事，遠近畢清。運理羣物，考驗事實，各載其名。貴賤並通，善否陳前，靡有隱情。飾省宣義，〔一一〕有子而嫁，倍死不貞。〔一二〕防隔內外，禁止淫泆，男女絜誠。夫爲寄豭，〔一三〕殺之無罪，〔一四〕男秉義程。妻爲逃嫁，〔一五〕子不得母，〔一六〕咸化廉清。大治濯俗，天下承風，蒙被休經。皆遵度軌，和安敦勉，莫不順令。〔一七〕黔首脩絜，人樂同則，〔一八〕嘉保太平。後敬奉法，常治無極，輿舟不傾。從臣誦烈，請刻此石，光垂休銘。〔一九〕

〔一〕【索隱】脩亦長也，重文耳。王劭按張徽所録會稽南山秦始皇碑文，「脩」作「攸」。

〔二〕【考證】「三十」當作「卅」。

〔三〕【索隱】今檢會稽刻石文「首」字作「道」，雅符人情也。【考證】楓、三本，淩引一本，「首」作「守」。

〔四〕【正義】作「彰」，音章。碑文作「畫璋」也。【考證】三、南本「秦」作「泰」。

〔五〕【考證】梁玉繩曰：文帝名恒，何以不諱？張文虎曰：册府元龜引「恒常」作「典常」。

〔六〕【正義】碑文作「率衆邦强」。【考證】專，專横。倍，讀爲「陪」，背也。

〔七〕【正義】行，寒彭反。數，音朔。

〔八〕【正義】閒，紀莧反，又如字。使，所吏反。合，音閤。從，子容反。

〔九〕【索隱】刻石文「詐謀」作「謀詐」。【正義】行，下孟反。辟，匹亦反。【考證】方，讀爲「放」。孟子「放辟邪次」。

〔一〇〕【集解】徐廣曰：「熄，音息。」【正義】殄，田典反。暴，白報反。悖，音背。

〔一一〕【集解】徐廣曰：「省，一作『非』。」【正義】飾，音式。省，山景反。飾，謂文飾也。省，過也。【考證】飾、飭通。中井積德曰：「省」當作「眚」。朱錦綬曰：省、眚同音假借。書洪範「王省維歲」，宋世家引作「王眚」，公羊莊二十二年「肆大省」，左、穀作「眚」。周禮大司徒「眚禮」，注「殺禮也」。省、眚通用。余有丁曰：左傳「不一眚掩大德」。眚，過失也。

〔一二〕【正義】謂夫死有子，棄之而嫁。【考證】岡白駒曰：背死夫而不貞。

〔一三〕【索隱】豭，牡猪也。言夫淫他室者，寄豬之豭也。豬音加。【考證】左傳定公十四年，衛公爲夫人南子召宋朝，太子蒯聵過宋野。野人歌之曰「既定爾婁豬，盍歸吾艾豭」？蓋以豕比淫夫蕩婦，其所由來久矣。

〔一四〕【考證】淩稚隆曰：碑文作「无辜」。中井積德曰：「罪」當作「辜」，是處本閒別韻也，後人蓋欲循上韻，故前却數句，遂致不通耳。

〔一五〕【正義】謂棄夫而逃嫁於人。

〔一六〕【正義】言妻棄夫逃嫁，子乃失母。【考證】沈家本曰：正義非。此言妻逃嫁者，子不得復以爲母，故下接云「咸化廉清」，與上文「夫爲寄豭，殺之無罪，男秉義程」文法一律。

〔一七〕【正義】力呈反。【考證】顧炎武曰：秦始皇刻石凡六，皆鋪張其滅六王并天下之事。其言黔首風俗，在泰山則云「男女禮順，慎遵職事。昭隔内外，靡不清浄」，在碣石門則曰「男樂其疇，女脩其業」，如此而已。惟會稽一刻，其辭曰「飾省宣義，有子而嫁，倍死不貞。防隔内外，禁止淫泆，男女絜誠。夫爲寄豭，殺之無罪，男秉義程。妻爲逃嫁，子不得母，感化廉清」，何其繁而不殺也。考之國語，自越王勾踐棲會稽之後，惟恐國人之不蕃，故令「壯者無取老婦，老者無取壯妻。女子十七不嫁，其父母有罪。丈夫二十不取，其父母有罪。生丈夫，二壺酒一犬；生女子，二壺酒一豚。生子三人，公與之母；生二人，公與之餼」，内傳子胥之言亦曰「越十年生聚」。吴越春秋至謂勾踐以寡婦淫泆過犯，皆輸山上，士有憂思者，令游山上以喜其思。當其時，蓋欲民之多，而不復禁其淫泆。傳至六國之末，其風猶在，故始皇爲之厲禁，而特著於刻石之文，以此與滅六王并天下之事並提而論，且不著之於燕、齊，而獨著之於越。然則秦之任刑雖過，而其防民正俗之意，固未始異於三王也。漢興以來，承用秦法，以至今日多矣，世之儒者言及於秦，即以爲亡國之法，亦未之深考乎？

〔一八〕【正義】樂，音岳。【考證】李笠曰：樂，讀如「憂樂」之「樂」。方苞曰：人喜法則之畫一。

〔一九〕【正義】從，音才用反。烈，美也。所隨巡從諸臣，咸誦美，請刻此石。

還過吴，從江乘渡，並海上，北至琅邪。〔一〕方士徐市等入海求神藥，數歲不得，費多，恐譴，乃詐曰：「蓬萊藥可得，然常爲大鮫魚所苦，故不得至，〔二〕願請善射與俱，見則以連弩射之。」始皇夢與海神戰，如人狀。問占夢博士，曰：「水神不可見，以大魚蛟龍爲候。〔三〕今上禱祠備謹，而有此惡神，當除去，而善神可致。」〔四〕乃令入海者齎捕巨魚具，而自以連弩候大魚出射之。自琅邪北至榮、成山，弗見。〔五〕至之罘，見巨魚，射殺一魚。遂並海西。

〔一〕【集解】地理志，丹陽有江乘縣。【索隱】地理志，丹陽有江乘縣。【正義】乘，音時升反。江乘故縣，在潤州句容縣北六十里，本秦舊縣也。渡，謂濟渡也。【考證】吳，江蘇蘇州。江乘，江蘇句容縣。楓、三本「並」作「旁」。

〔二〕【正義】鮫，音交。苦，音苦故反。

〔三〕【考證】岡白駒曰：海神不可見，大魚蛟龍即海神也。

〔四〕【考證】楓、三本「備」作「慎」。

〔五〕【正義】榮成山，即成山也，在萊州。【考證】顧炎武曰：「榮成」當作「勞成」，勞即勞山，成即盛山。齊之東偏，環以大海，海岸之上，莫大於勞、成二山，故始皇登之。何焯曰：王充論衡引此正作「勞成山」。

至平原津而病。〔一〕始皇惡言死，羣臣莫敢言死事。上病益甚，乃爲璽書賜公子扶蘇曰：「與喪會咸陽而葬。」書已封，在中車府令趙高行符璽事所，未授使者。〔二〕七月丙寅，始皇崩於沙丘平臺。〔三〕丞相斯爲上崩在外，恐諸公子及天下有變，乃秘之不發喪。棺載轀涼車中，〔四〕故幸宦者參乘，所至上食。百官奏事如故，宦者輒從轀涼車中可其奏事。獨子胡亥、趙高及所幸宦者五六人知上死。趙高故嘗教胡亥書及獄律令法事，胡亥私幸之。高乃與公子胡亥、丞相斯陰謀，破去始皇所封書賜公子扶蘇者，〔五〕而更詐爲丞相斯受始皇遺詔沙丘，立子胡亥爲太子。更爲書，賜公子扶蘇、蒙恬，數以罪，共賜死。〔六〕語具在李斯傳中。行遂從井陘抵九原。〔七〕會暑，上轀車臭，乃詔從官，令車載一石鮑魚以亂其臭。〔八〕

〔一〕【集解】徐廣曰：「渡河而西。」【正義】今德州平原縣南六十里，有張公故城，城東有水津焉，後名張公渡，恐此平原郡古津也。漢書公孫弘平津侯，亦近此。蓋平津即此津，始皇渡此津而疾。【考證】山東濟南平原縣。

〔二〕【集解】伏儼曰：「中車府令，主乘輿路車。」【考證】胡三省曰：班書百官表「太僕，秦官」，其屬有車府令。

〔三〕【集解】徐廣曰：「年五十。沙丘去長安二千餘里。趙有沙丘宮，在鉅鹿，武靈王之死處。」【正義】括地志云：「沙丘臺，在邢州平鄉縣東北二十里。又云，平鄉縣東北四十里。」按：始皇崩在沙丘之宮，平臺之中。邢州去京一千六百五十里。【考證】直隸順德平鄉縣。

〔四〕【正義】爲，于僞反。棺，音館。又古患反。【考證】孟康曰：轀涼車，如衣車，閉之則溫，開之則涼，故名。

〔五〕【正義】去，丘吕反。

〔六〕【正義】數，音色具反。

〔七〕【集解】徐廣曰：「井陘，在常山。」【正義】抵，丁禮反。抵，至也。從沙丘至勝州三千里。【考證】井陘，直隸正定井陘縣。顧炎武曰：始皇崩於沙丘，乃又從井陘抵九原，然後從直道以至咸陽，回繞三四千里而歸者，蓋始皇先使蒙恬通道，自九泉抵甘泉，塹山湮谷，千八百里，若徑歸咸陽，不果行游，恐人疑揣，故載轀輬而北行。但欲以欺天下，雖君父之尸臭腐車中而不顧，亦殘忍無人心之極矣。

〔八〕【正義】鮑，白卯反。【考證】百二十斤曰石。

行從直道至咸陽，發喪。〔一〕太子胡亥襲位，爲二世皇帝。九月，葬始皇酈山。始皇初即位，穿治酈山。及并天下，天下徒送詣七十餘萬人，穿三泉，下銅而致椁。〔二〕宮觀百官、奇器珍怪，徙臧滿之。〔三〕令匠作機弩矢，有所穿近者輒射之。以水銀爲百川江河大海，機相灌輸，〔四〕上具天文，下具地理。以人魚膏爲燭，度不滅者久之。〔五〕二世曰：「先帝後宮非有子者，出焉不宜。」皆令從死，死者甚衆。葬既已下，或言工匠爲機，臧皆知之，臧重即泄。大事畢，已臧，閉中羨，〔六〕下外羨門，〔七〕盡閉工匠臧者，無復出者。樹草木以象山。〔八〕

〔一〕【考證】胡三省曰：直道，即三十五年蒙恬所除者。吴裕垂曰：周自春秋以來，列侯互相并吞，無歲不戰，無國不争，日甚一日。至於七國，生靈之塗炭，數百年於兹矣，不有天下才出而一之，禍亂豈有已時乎？秦始皇帝真膺運而特出者與？天何不延彼遐齡而俾爾克昌厥後也？夫以始皇開國之宏規，誠得公子扶蘇而嗣之，寬以濟猛，文以守成，與儒生誦法孔子，搜括遺書，表六經而徵四皓，薄税斂而黜刑名，更張者數載，休養者數載，陶淑者又數載，禮樂教化之隆，胥將拭目而俟也。所謂事半而功倍者，此其時矣。維時勒諸金石，播之管絃，於收兵器，一干戈之載戢也；於鑄金人，一三緘之遺範也；於因沙門，將黜邪以崇正也；於築長城，正王公設險守國也；於衡石量書，正乾綱獨攬，兢業萬幾也。其於沙邱之崩，殆所謂陟方乃死者與？至於罷封建置郡縣，則又因時制宜，更非泥古者可同年而語也。楚項雖强，將何所用其力？漢高雖智，將何所用其謀？數傳而後，頌其詩，讀其書，稽其制作，覽其規模，論古者又何所置其議？扶蘇而不獲嗣，始皇之不幸也，抑亦天下黔首之大不幸也，豈天心而不厭亂也耶？

〔二〕【集解】徐廣曰：「銅，一作『錮』。錮，鑄塞。」【正義】顏師古云：「三重之泉，言至水也。」【考證】梁玉繩曰：作「錮」者是也。劉向説此事云「下錮三泉」。胡三省曰「治銅錮塞之也」。

〔三〕【正義】言冢内作宫觀及百官位次，奇器珍怪，徙滿冢中。臧，才浪反。

〔四〕【正義】灌，音館。輸，音戍。

〔五〕【集解】徐廣曰：「人魚，似鮎四脚。」【正義】廣志云：「鯢魚聲如小兒啼，有四足，形如鱧，可以治牛，出伊水。」異物志云：「人魚似人形，長尺餘。不堪食。皮利於鮫魚，鋸材木入項上，有小穿，氣從中出。秦始皇冢中以人魚膏爲燭，即此魚也。出東海中，今台州有之。」按：今帝王用漆燈冢中，則火不滅。度，音田洛反。

〔六〕【正義】音延，下同。謂冢中神道。

〔七〕【考證】岡白駒曰：冢中神道中外門，皆吊門也，故曰「下」。

〔八〕【集解】皇覽曰：「墳高五十餘丈，周迴五里餘。」【正義】關中記云：「始皇陵在驪山。泉本北流，障使東西流。有土無石，取大石於渭山諸山。」括地志云：「秦始皇陵，在雍州新豐縣西南十里。」【考證】中井積德曰：正義「渭山」之「山」字訛，蓋是「南」「北」字矣。館本考證云：「或是『城』字。」

二世皇帝元年，年二十一。〔一〕趙高爲郎中令，任用事。〔二〕二世下詔，增始皇寢廟犧牲及山川百祀之禮。令羣臣議尊始皇廟。羣臣皆頓首言曰：「古者天子七廟，諸侯五，大夫三，雖萬世世不軼毀。〔三〕今始皇爲極廟，〔四〕四海之内皆獻貢職，增犧牲，禮咸備，毋以加。先王廟或在西雍，或在咸陽。〔五〕天子儀當獨奉酌祠始皇廟。〔六〕自襄公已下軼毀，所置凡七廟。羣臣以禮進祠，以尊始皇廟爲帝者祖廟。皇帝復自稱『朕』。」〔七〕

〔一〕【集解】徐廣曰：「表云，十月戊寅，大赦罪人。」

〔二〕【集解】漢書百官表曰：「郎中令，秦官，掌宮殿門户。」

〔三〕【正義】軼，徒結反。【考證】盧文弨曰：「雖萬世世不軼毀」七字，當移「今始皇爲極廟」之下，誤倒。錢大昕曰：「軼」與「迭」通。

〔四〕【考證】俞樾曰：極廟，始皇二十七年所立，亦曰「大極廟」。漢代諸帝，身存而豫立廟，本乎此。

〔五〕【正義】雍，於用反。西雍，在咸陽西，今岐州雍縣故城是也。又一云西雍，雍西縣也。

〔六〕【考證】王念孫曰：「酌」當作「酎」。漢制以八月嘗酎，蓋本於秦。

〔七〕【考證】始皇初自稱朕，中自稱真人，於是復舊稱。

二世與趙高謀曰：「朕年少，初即位，黔首未集附。先帝巡行郡縣，以示彊，威服海內。今晏然不巡行，即見弱，毋以臣畜天下。」春，二世東行郡縣，李斯從。到碣石，並海，南至會稽，而盡刻始皇所立刻石，石旁著大臣從者名，以章先帝成功盛德焉：〔一〕

〔一〕【正義】著，丁略反。

皇帝曰：「金石刻，盡始皇帝所爲也。今襲號，而金石刻辭不稱始皇帝，〔一〕其於久遠也，如後嗣爲之者，不稱成功盛德。」〔二〕丞相臣斯、臣去疾、御史大夫臣德昧死言：〔三〕「臣請具刻詔書刻石，因明白矣。臣昧死請。」制曰：「可。」〔四〕

〔一〕【正義】稱，尺證反。【考證】楓、三本「盡」作「書」，屬上讀。方苞曰：稱，平聲，正義誤。

〔二〕【正義】二世言始滅六國，威振古今，自五帝三王未及。既已襲位，而見金石盡刻其頌，不稱始皇成功盛德甚遠矣。【考證】方苞曰：金石刻詞，當始皇時，止稱「皇帝」，今易世不稱始皇，則久遠之後，如後嗣爲之也。使人疑後嗣所爲，則不稱始皇之成功盛德也。「成」上「稱」，上聲。中井積德説同。

〔三〕【集解】徐廣曰：「去疾，姓馮。」【正義】去，丘呂反。

〔四〕【考證】盧文弨曰：「皇帝曰」至「制曰可」，此即石旁所刻之辭也。上敍其事云「盡刻始皇所立刻石，石旁著大臣從者名，以章先王成功盛德焉」，此則備載其文，非兩事也。今石刻猶有可見者，信與此合，前後皆稱「二世」，此稱「皇帝」，其非別發端可見。

遂至遼東而還。

於是二世乃遵用趙高申法令。〔一〕乃陰與趙高謀曰：「大臣不服，官吏尚彊，及諸公子必與我爭，爲之柰何？」高曰：「臣固願言而未敢也。先帝之大臣，皆天下累世名貴人也，積功勞，世以相傳久矣。今高素小賤，陛下幸稱舉，令在上位管中事。大臣鞅鞅，特以貌從臣，其心實不服。今上出，不因此時案郡縣守尉有罪者誅之，上以振威天下，下以除去上生平所不可者。〔二〕今時不師文而決於武力，願陛下遂從時毋疑，即羣臣不及謀。〔三〕明主收舉餘民，賤者貴之，貧者富之，遠者近之，則上下集而國安矣。」二世曰：「善。」乃行誅大臣及諸公子，以罪過連逮少近官三郎，無得立者。〔四〕而六公子戮死於杜，〔五〕公子將閭昆弟三人囚於內宮，議其罪獨後。二世使使令將閭曰：「公子不臣，罪當死，吏致法焉。」將閭曰：「闕廷之禮，吾未嘗敢不從賓贊也；廊廟之位，吾未嘗敢失節也；受命應對，吾未嘗敢失辭也。何謂不臣？願聞罪而死。」使者曰：「臣不得與謀，奉書從事。」將閭乃仰天大呼天者三，曰：「天乎！吾無罪！」昆弟三人皆流涕，拔劍自殺。宗室振恐。羣臣諫者以爲誹謗，大吏持祿取容，黔首振恐。

〔一〕【考證】遵，治要引作「尊」。陳仁錫曰：洞本作「尊」。

〔二〕【考證】「不」字上疑脱「何」字。

〔三〕【考證】治要「謀」下有「矣」字。

〔四〕【索隱】逮，訓及也。謂連及俱被捕，故云連逮。少，小也。近，近侍之臣。三郎，謂中郎、外郎、散郎。【正義】漢書百官表云有議郎、中郎、散郎，又有左右三將，謂郎中、車郎、户郎。【考證】中井積德曰：逮，仍是「逮捕」之「逮」，不當訓「及」。沈家本曰：漢書惠帝紀「中郎、郎中，滿六歲爵三級，四歲二級。外郎，滿六歲二級」，蘇林云「外郎，散郎也」。然則三郎者，中郎、郎中、外郎，舊注皆非。愚按：秦制未必與漢制同，姑書以備考。古鈔、楓、三、南本「立」作「脱」。

〔五〕【考證】李斯傳云：「公子十二人，僇死咸陽市，十公主矺死於杜」，與此異。

四月，二世還至咸陽，曰：「先帝爲咸陽朝廷小，故營阿房宮。爲室堂未就，會上崩，罷其作者，復土酈山。酈山事大畢，〔一〕今釋阿房宮弗就，則是章先帝舉事過也。」復作阿房宮，外撫四夷，如始皇計。盡徵其材士五萬人，爲屯衛咸陽，令教射。〔二〕狗馬禽獸，當食者多，〔三〕度不足，下調郡縣，〔四〕轉輸菽粟芻藁，皆令自齎糧食，咸陽三百里内，不得食其穀。〔五〕用法益刻深。

〔一〕【正義】復土，謂出土爲陵，既成，還復其土，故言復土。【考證】中井積德曰：大畢，謂略畢也。

〔二〕【正義】材士，謂材官蹶張之士。

〔三〕【正義】謂材士及狗馬。

〔四〕【正義】度，田洛反。下，行嫁反。調，田弔反。謂下令調斂也。

〔五〕【考證】方苞曰：轉輸之人皆自齎糧，不得食咸陽三百里内穀也。中井積德曰：咸陽三百里内，百姓不得食其所種穀，以上供之闕乏也，與上文不相連。愚按：後説是。

七月，戍卒陳勝等反故荆地，爲「張楚」。〔一〕勝自立爲楚王，居陳，遣諸將徇地山東。〔二〕郡縣少年苦秦吏，皆殺其守尉令丞反，以應陳涉，相立爲侯王，合從西鄉，名爲伐秦，不可勝數也。謁者使東方來，以反者聞二世。〔三〕二世怒，下吏。後使者至，上問，對曰：「羣盜，郡守尉方逐捕，今盡得，不足憂。」上悦。武臣自立爲趙王，魏咎爲魏王，田儋爲齊王。沛公起沛。項梁舉兵會稽郡。〔四〕

〔一〕【集解】李奇曰：「張大楚國也。」【正義】勝音升。【考證】陳涉世家云：「陳涉立爲王，號爲張楚。」張楚即國號。

〔二〕【考證】陳，河南陳州。

〔三〕【集解】漢書百官表曰：「謁者，秦官，掌賓贊受事。」【考證】治要無「二世」二字，通鑑亦無。

〔四〕【集解】服虔曰：「儋，音負擔。」【考證】沛，江蘇徐州沛縣。

二年冬，陳涉所遣周章等將西至戲，兵數十萬。〔一〕二世大驚，與羣臣謀曰：「奈何？」少府章邯曰：〔二〕「盜已至，衆彊，今發近縣不及矣。酈山徒多，請赦之，授兵以擊之。」二世乃大赦天下，使章邯將，擊破周章軍而走，遂殺章曹陽。〔三〕二世益遣長史司馬欣、董翳佐章邯擊盜，殺陳勝城父，〔四〕破項梁定陶，〔五〕滅魏咎臨濟。〔六〕楚地盜名將已死，章邯乃北渡河，擊

趙王歇等於鉅鹿。〔七〕

〔一〕【集解】應劭曰：「戲，弘農湖西界也。」孟康曰：「水名，今戲亭是也。」蘇林曰：「邑名，在新豐東南三十里。」【正義】戲，音許宜反。括地志云：「戲水，源出雍州新豐縣西南驪山。水經注云，戲水出驪山馮公谷，東北流。今新豐縣東北十一里，戲水當官道，即其處。」【考證】陝西西安臨潼縣。

〔二〕【集解】漢書百官表曰：「少府，秦官。」應劭曰：「掌山澤陂池之稅，名曰禁錢，以給私養，自別爲藏。少者小也，故稱少府。」【正義】邯，胡甘反。

〔三〕【集解】晉灼曰：「亭名，在弘農東十三里。魏武帝改曰好陽。」【正義】括地志云：「曹陽故亭，一名好陽亭，在陝州桃林縣東南十四里，即章邯殺周文處。」【考證】楓、三本「遂」作「逐」。梁玉繩曰：案陳涉世家曹陽乃章邯復敗周章之地，非章死之地。章自剄死，非被殺也。

〔四〕【正義】父，音甫。括地志云：「城父，亳州所理縣。」【考證】安徽潁州蒙城縣。

〔五〕【正義】今曹州定陶縣。【考證】山東曹州定陶縣。

〔六〕【正義】今齊州縣。【考證】河南開封臨濟縣。

〔七〕【正義】括地志云：「邢州平鄉縣城，本鉅鹿，離圍趙王歇即此城。」【考證】直隸順德平鄉縣。正義「離」上當有「王」字。

趙高說二世曰：「先帝臨制天下久，故羣臣不敢爲非、進邪說。〔一〕今陛下富於春秋，初即位，柰何與公卿廷決事？事即有誤，示羣臣短也。天子稱朕，固不聞聲。」〔二〕於是二世常居禁中，與高決諸事。〔三〕其後公卿希得朝見，盜賊益多，而關中卒發東擊盜者毋已。右丞相去疾、左丞相斯、將軍馮劫進諫曰：「關東羣盜並起，秦發兵誅擊，所殺亡甚衆，然猶不止。盜多，皆以戍漕轉作事苦，賦稅大也。〔四〕請且止阿房宮作者，減省四邊戍轉。」〔五〕二世曰：「吾聞之韓子曰：『堯舜采椽不刮，茅茨不翦，〔六〕飯土塯，啜土形，〔七〕雖監門之養，不觳於此。〔八〕禹鑿龍門，通大夏，〔九〕決河亭水放之海，〔一〇〕身自持築臿，脛毋毛，〔一一〕臣虜之勞，不烈於此矣。』〔一二〕凡所爲貴有天下者，得肆意極欲，主重明法，下不敢爲非，以制御海内矣。〔一三〕夫虞、夏之主，貴爲天子，親處窮苦之實，以徇百姓，尚何於法？〔一四〕朕尊萬乘，毋其實，吾欲造千乘之駕，萬乘之屬，充吾號名。且先帝起諸侯兼天下，天下已定，外攘四夷，以安邊竟，〔一五〕作宮室以章得意，而君觀先帝功業有緒。今朕即位二年之閒，羣盜並起，君不能禁，又欲罷先帝之所爲，是上毋以報先帝，次不爲朕盡忠力，何以在位？」〔一六〕下去疾、斯、劫吏，案責他罪。去疾、劫曰：「將相不辱。」自殺。〔一七〕斯卒囚，就五刑。〔一八〕

〔一〕**【考證】**楓、三本「非」下有「而」字。

〔二〕**【索隱】**一作「固聞聲」。言天子常處禁中，臣下屬望纔有兆朕，聞其聲耳，不見其形也。**【考證】**王念孫曰：一本及小司馬説是也。李斯傳記高之言曰「天子所以貴者，但以聞聲，羣臣莫得見其面，故號曰『朕』」，是其證。愚按：若從王説，則「固」字不可解。紀、傳各依其文解之可也。

〔三〕**【集解】**蔡邕曰：「禁中者門戶有禁，非侍御者不得入，故曰禁中。」

〔四〕**【考證】**胡三省曰：戍，征戍也。漕，水運也。轉，陸運也。作，役作也。事苦，言其事勞苦也。

〔五〕**【正義】**省，上色反。**【考證】**楓、南本「減省」作「省滅」。張文虎曰：減省，史本作「省滅」，正義「省，上色反」，本作「上色景反」，合刻者誤删之，今本又「省」、「減」倒，遂不可通。梁玉繩曰：案李斯傳，諸侯叛秦，斯數欲請閒，二世不許而責問之，斯阿意求容，以督責之術對。而紀云去疾、斯、劫進諫，必紀誤也。

〔六〕【索隱】采，木名。刮音括。【考證】胡三省曰：采椽者，蓋自山采來之椽，因而用之。不施斧斤，示樸也。愚按：韓非子五蠹篇「刮」作「劉」。

〔七〕【集解】徐廣曰：「吕静云，飯器謂之簋。」如淳曰：「土形，飯器之屬，瓦器也。」【索隱】塯，如字，一音鏤。一作「簋」。形，飯器以瓦爲之。【考證】李斯傳「塯」作「甂」，「形」作「鉶」。錢大昕曰：古文「簋」與「甂」同，讀如「几」。

〔八〕【索隱】謂監門之卒。養即卒也，有斯養卒。觳音學，謂盡也。又古學反。【正義】養，以讓反。觳，又苦角反。爾雅云：「觳，盡也。」言堯舜采椽不刮，茅次不翦，飯土塯，啜土形，雖監守門之人，供養亦不盡此之疏陋也。【考證】養，供養，與下文「勞」字對言，索隱非。王念孫曰：觳，薄也。韓子作「雖監門之服養，不虧於此矣」。方苞曰：莊子天下篇「其生也勤，其死也薄，其道太觳」，注「無潤澤」也，蓋粗薄之義。

〔九〕【正義】括地志云：「大夏，今并州晉陽及汾、絳等州是。昔高辛氏子實沈居之，西近河。」言禹鑿龍門，河水道得大通，并州之地不壅溢也。

〔一〇〕【正義】亭，平也。又云「決亭壅之水」。【考證】楓、三、南本「亭」作「停」。

〔一一〕【正義】臿，音初洽反。築，牆杵也。臿，鍬也。爾雅云：「鍬謂之臿。」

〔一二〕【正義】烈，美也。言臣虜之勞，猶不美於此矣。又烈，酷也。禹鑿龍門，通大夏道，決黄河洪水放之海，身持鍬杵，使膝脛無毛，賤臣奴虜之勤勞，不酷烈於此辛苦矣。【考證】依上文，「臣虜」上當有「雖」字，韓子亦有。以上見韓子五蠹篇，文字小異。「烈」字，正義後説是，韓子作「苦」。

〔一三〕【正義】重，直拱反。【考證】胡三省曰：主重，猶言居重也。

〔一四〕【考證】何於，於何也，倒裝。

〔一五〕【正義】音境。

〔一六〕【正義】爲，于僞反。

〔一七〕【考證】岡白駒曰：禮，將相不辱，今下吏，是辱也。

〔一八〕【正義】卒，子律反。囚，在由反。謂禁錮也。【考證】「就五刑」三字疑衍。與下文「案殺」複。梁玉繩曰：案李斯傳，斯就五刑，因趙高之譖，此謂因諫被誅，誤。

三年，章邯等將其卒圍鉅鹿，楚上將軍項羽將楚卒往救鉅鹿。冬，趙高爲丞相，竟案李斯殺之。夏，章邯等戰數卻，二世使人讓邯，邯恐，使長史欣請事。趙高弗見，又弗信。欣恐，亡去。高使人捕追，不及。欣見邯曰：「趙高用事於中，將軍有功亦誅，無功亦誅。」項羽急擊秦軍，虜王離，邯等遂以兵降諸侯。八月己亥，〔一〕趙高欲爲亂，恐羣臣不聽，乃先設驗，持鹿獻於二世曰：「馬也。」二世笑曰：「丞相誤邪？謂鹿爲馬。」問左右，左右或默，或言馬，以阿順趙高。或言鹿者，〔二〕高因陰中諸言鹿者以法。後羣臣皆畏高。

〔一〕【集解】徐廣曰：「一作『卯』。」

〔二〕【考證】王念孫曰：「者」字因下文而誤衍。羣書治要、漢書文苑傳注、太平御覽引此並無「者」字。愚按：「或」下當有「有」字。太平御覽四百九十四引陸賈新語云「秦二世之時，趙高駕鹿而從行，王曰『丞相何爲駕鹿？』高曰『馬也』。王曰『丞相誤耶？以鹿爲馬也』。高曰『乃馬也，陛下以臣之言爲不然，願問群臣』。群臣半言馬，半言鹿。當此之時，秦王不敢信其目，而從邪臣之言。鹿與馬之異形，乃衆人之所知也，然不能别其是非，況於闇昧之事乎？」今本新語辨惑篇略同，其所傳與史異。

高前數言「關東盜毋能爲也」，及項羽虜秦將王離等鉅鹿下而前，章邯等軍數卻，上書請益助，燕、趙、齊、楚、韓、魏皆立爲王，自關以東，大氐盡畔秦吏應諸侯，〔一〕諸侯咸率其衆西鄉。沛公將數萬人，已屠武關，使人私於高，〔二〕高恐二世怒，誅及其身，乃謝病不朝見。二世夢白虎齧其左驂馬，殺之，心不樂，怪問占夢。卜曰：「涇水爲祟。」〔三〕二世乃齋於望夷宮，〔四〕欲祠涇，沈四白馬。使使責讓高以盜賊事。〔五〕高懼，乃陰與其壻咸陽令閻樂、其弟趙成謀曰：「上不聽諫，今事急，欲歸禍於吾宗。吾欲易置上，更立公子嬰。子嬰仁儉，百姓皆載其言。」使郎中令爲內應，〔六〕詐爲有大賊，令樂召吏發卒追，劫樂母置高舍。〔七〕遣樂將吏卒千餘人至望夷宮殿門，縛衛令僕射，曰：「賊入此，何不止？」衛令曰：「周廬設卒甚謹，安得賊敢入宮？」〔八〕樂遂斬衛令，直將吏入，行射。郎宦者大驚，或走或格，格者輒死，死者數十人。郎中令與樂俱入射上幄坐幃。〔九〕二世怒召左右，左右皆惶擾不鬭。旁有宦者一人，侍不敢去。二世入內謂曰：「公何不蚤告我？乃至於此！」宦者曰：「臣不敢言，故得全。使臣蚤言，皆已誅，安得至今？」閻樂前即二世數曰：「足下驕恣，誅殺無道，天下共畔足下，足下其自爲計。」〔一〇〕二世曰：「丞相可得見否？」樂曰：「不可。」二世曰：「吾願得一郡爲王。」弗許。又曰：「願爲萬户侯。」弗許。曰：「願與妻子爲黔首，比諸公子。」閻樂曰：「臣

受命於丞相，爲天下誅足下，足下雖多言，臣不敢報。」麾其兵進。二世自殺。〔一一〕

〔一〕【正義】氏，丁禮反。氐猶略。

〔二〕【考證】高紀云「沛公降析、酈，遣魏人寧昌使秦」，蓋亦此事。俞樾曰：望夷之事，趙高固受計於沛公也。高本趙之疏屬，索隱謂高痛其國爲秦所滅，誓欲報讎，卒殺秦子孫，而亡其天下，未爲無據。愚按：高祖雖智，豈得一介之使，能使趙高行望夷之事乎？俞説甚鑿。又按：高紀沛公屠武關在趙高弑二世之後，與此不同，通鑑從此紀。

〔三〕【正義】雖遂反。

〔四〕【集解】張晏曰：「望夷宫，在長陵西北長平觀道東，故亭處是也。臨涇水作之，以望北夷。」【正義】括地志云：「秦望夷宫，在雍州咸陽縣東南八里。張晏云，臨涇水作之，望北夷。」

〔五〕【考證】盗賊言叛人。梁玉繩曰：此言二世因夢祀涇，故齋望夷，而李斯傳謂二世射殺行人于上林，故高令出居望夷以禳之，兩處異詞，未知孰是。

〔六〕【集解】徐廣曰：「一云郎中令趙成。」【考證】洪亮吉曰：郎中令非趙成，別是一人。方苞曰：使郎中令爲内應，與李斯傳異，蓋傳聞不一，無所據以徵其信，故並存不廢。

〔七〕【考證】治要「召吏發卒」作「召發吏卒」。徐孚遠曰：既與閻樂謀，又云「劫樂母置高舍」，將樂尚有貳心，此首罪狀高，又明其同惡寡也。愚按：以母爲質耳。

〔八〕【集解】西京賦曰：「徼道外周，于廬内傅。」薛綜曰：「士傅宫外，内爲廬舍，晝則巡行非常，夜則警備不虞。」【考證】胡廣曰：周廬者，衛士於周垣内爲區廬。

〔九〕【考證】胡三省曰：上下四旁悉周曰幄。幃，單帳也。

〔一〇〕【集解】蔡邕曰：「羣臣士庶相與言，曰殿下、閣下、足下、侍者、執事，皆謙類。」【考證】不曰「陛下」曰「足下」，輕侮之辭。

〔一一〕【考證】與左氏所記崔杼弑齊莊事，問答詞氣相似。庸主末路，若合符節。梁玉繩曰：李斯傳言趙高親劫二世。

閻樂歸報趙高，趙高乃悉召諸大臣公子，告以誅二世之狀。〔一〕曰：「秦故王國，始皇君天下，故稱帝。今六國復自立，秦地益小，乃以空名爲帝不可。宜爲王如故。」便立二世之兄子公子嬰爲秦王。〔二〕以黔首葬二世杜南宜春苑中。令子嬰齋，當廟見受玉璽。齋五日，子嬰與其子二人謀曰：「丞相高殺二世望夷宮，恐羣臣誅之，乃詳以義立我。〔三〕我聞趙高乃與楚約，滅秦宗室而王關中。今使我齋見廟，此欲因廟中殺我。我稱病不行，丞相必自來，來則殺之。」高使人請子嬰數輩，子嬰不行，高果自往曰：「宗廟重事，王奈何不行？」子嬰遂刺殺高於齋宮，三族高家，以徇咸陽。〔四〕子嬰爲秦王四十六日，〔五〕楚將沛公破秦軍入武關，遂至霸上，〔六〕使人約降子嬰。子嬰即係頸以組，白馬素車，〔七〕奉天子璽符，降軹道旁。〔八〕沛公遂入咸陽，封宮室府庫，還軍霸上。居月餘，諸侯兵至，項籍爲從長，〔九〕殺子嬰及秦諸公子宗族。遂屠咸陽，燒其宮室，虜其子女，收其珍寶貨財，諸侯共分之。滅秦之後，各分其地爲三，名曰雍王、塞王、翟王，號曰三秦。項羽爲西楚霸王，主命分天下王諸侯，秦竟滅矣。後五年，天下定於漢。

〔二〕【考證】梁玉繩曰：李斯傳言高自佩璽上殿，意圖篡位，因殿欲壞者三，高乃召子嬰立之。與紀亦異，當是謀篡後，告大臣公子而立嬰也。

〔三〕【考證】俞樾曰：本紀以子嬰爲始皇之孫，李斯傳以爲始皇之弟，蓋不可考，而徐廣又以爲始皇之弟子，未知何據。中井積德曰：子嬰蓋二世之兄也，恐太史公傳聞之謬。夫謂扶蘇爲長子，則二世之兄，非長子明矣。計其年數，不得有其子長與是謀也，且始皇之孫宜稱公孫，不得稱公子。或「兄子」之「子」字，傳寫者誤增之也。

〔三〕【集解】詳，音羊。

〔四〕【考證】吴裕垂曰：司馬貞云「高本趙諸公子，痛其國爲秦所滅，誓欲報讎，乃自宫以進，卒至殺秦子孫，而亡其天下，謂高以勾踐事吴之心，爲張良報讎之舉云」。案：趙高若克如慕容垂之屈事苻秦，心存再造，值山東兵起之日，盡收關中精鋭，將之而東，擇立趙後，與諸侯合從，明示以報讐雪恥之心，布告天下，反旆而入咸陽，克復舊服，并王雍冀，誰曰不宜？乃志非存趙，託故君而賊新君，此固豫讓所不屑也。而擬之勾踐、張良，其謂之何？嗚呼，奸惡如高，爲之君者，不亦難乎！夫始皇二十餘子，而周巡天下，胡亥獨從，必高之深謀也。琅邪弗豫，環禱山川，而特遣蒙毅，必高之妙用也。高以中車府令兼行符璽，沙邱病篤，賜書冢子，而特令高爲之，高亦權重矣。假令始皇不果死，扶蘇得侍養，高之大事去矣。扶蘇而窮究姦謀，嚴治逆黨，則高其首誅與？此權姦所爲寒心也。吾固疑始皇之不得其死也，又何論於二世之見弑哉？

〔五〕【考證】李斯傳「子嬰立三月」。

〔六〕【集解】應劭曰：「霸水上地名，在長安東三十里。古名滋水，秦穆公更名霸水。」【考證】霸上即白鹿原。在西安府咸寧縣東。集解「滋水」上，楓、三本有「曰」字。

〔七〕【集解】應劭曰：「組者天子韍也。係頸者，言欲自殺也。素車白馬，喪人之服也。」【考證】組，絛也。

〔八〕【集解】徐廣曰：「在霸陵。」駰案：蘇林曰「亭名，在長安東十三里」。【考證】軹道在今咸陽縣東北。吳裕垂曰：周自諸侯立黨五霸迭興，天下之分久矣，久則難合，合亦難於持久，何也？六國立國，近者二百餘年，遠者八百餘年，其蓄積之饒富，士馬之精强，關塞之險阻，守禦之完備，皆根深蒂固，確乎其不可拔。而且英君世出，謀臣良將，代不乏人，賢才樂爲之用，世臣各自爲守，軍民各自效死，非比烏合之衆，新造之邦，一辯士可下，一戰勝可滅者，雖以始皇之雄才大畧，以次削平，然强宗如田氏，世族如張氏，將種如項氏，一時遺臣孽子，憫宗社之傾覆，痛君父之死亡，志切報讐，心存再造，奸人因之，冒姓盜名，奮臂一呼，豪傑響應，各欲南面稱孤，假立人後以從民望者，不可勝數。一統之天下，僅一傳而還爲戰國，非始皇之法制，不足與守成，功業不可以久大也。久分難合，合亦難於久也。及項王主約不平，田榮起齊，彭越起梁，陳餘起趙，天下又大亂，漢祖因之還定三秦，率諸侯伐楚，使韓信破趙、平燕、襲齊，漢業垂成，蒯通猶數以三分鼎足之説，蠱惑元勳，可見天下不亂，策士無所用其權謀也。況在六國初亡之際，諸王遺孽，各欲扶義而起，恢復宗邦，挾策説遊之徒，惟恐天下不亂，十倍於蒯通之儔乎？假令前無始皇爲之兼并，項王爲之屠阬，天心猶未悔禍，漢祖總能出而一之，分王諸子，而繼體沈湎，君相同殞，諸吕專兵於中，諸王稱兵於外，七國苗裔乘釁而動，建義以號召，藉雪恥以名師，天下事未可知也。漢祚之永，豈漢祖之創業垂統，遠踰始皇哉。戰國七，并爲一，六王之骨肉未寒，人心思亂，故其勢不長。秦甫滅，楚復争，中原之塗炭已極，人心厭亂，故其功可久。王莽之篡天下，不知幾人稱帝，幾人稱王，卒爲光武所并者，久合難分，分亦易於復合也。始皇當久分難合之局，首爲混一，其享國不永也宜哉。

〔九〕【索隱】謂合關東爲從長也。

太史公曰：秦之先伯翳，嘗有勳於唐、虞之際，受土賜姓。及殷、夏之閒微散。至周之衰，秦興，邑于西垂。自繆公以來，稍蠶食諸侯，竟成始皇。始皇自以爲功過五帝，地廣三王，而羞與之侔。善哉乎賈生推言之也！〔一〕曰：

〔一〕【考證】中井積德曰：賈生之論，多失事實，瑕疵極多，子長之善之何也？梁玉繩曰：此所載過秦論，與賈誼書字句多異，必史公略爲裁換耳。

秦并兼諸侯，山東三十餘郡，〔一〕繕津關，據險塞，修甲兵而守之。然陳涉以戍卒散亂之衆數百，奮臂大呼，不用弓戟之兵，鉏櫌白梃，〔二〕望屋而食，〔三〕橫行天下。〔四〕秦人阻險不守，關梁不闔，長戟不刺，彊弩不射。楚師深入，戰於鴻門，曾無藩籬之艱。〔五〕於是山東大擾，諸侯並起，豪俊相立。〔六〕秦使章邯將而東征，章邯因以三軍之衆要市於外，以謀其上。羣臣之不信，可見於此矣。〔七〕子嬰立，遂不寤。藉使子嬰有庸主之材，僅得中佐，山東雖亂，秦之地可全而有，宗廟之祀未當絶也。

〔一〕【考證】顧炎武曰：古之所謂山東者，蓋自函谷關以東，非若今之但以齊魯爲山東也。

〔二〕【集解】徐廣曰：「櫌，田器，音憂。」【索隱】徐以櫌爲田器，非也。孟康以櫌爲鉏柄，蓋得其近也。

〔三〕【索隱】言其兵蠶食天下，不裹糧而行。

〔四〕【索隱】謂輕前敵，不部伍旅進也。舞陽侯曰「橫行匈奴中」，是也。【考證】橫行，謂縱橫在意也。

〔五〕【考證】此深入，謂周章之師。

〔六〕【集解】駰案：鶡冠子曰「德萬人者謂之俊，德千人者謂之豪，德百人者謂之英」。【索隱】謂武臣、田儋、魏豹之屬。

〔七〕【索隱】此評失也。章邯之降，由趙高用事，不信任軍將，一則恐誅，二則楚兵既盛，王離見虜，遂以兵降耳。非三軍要市於外以求封明矣。要，平聲。【考證】中井積德曰：此論没章邯破周文、誅陳涉、殺項梁等之勳績，而直稱其「要市」，大失其事實，且邯非不信之人，亦不得已也。

秦地被山帶河以爲固，四塞之國也。〔一〕自繆公以來至於秦王，二十餘君，〔二〕常爲諸侯雄。豈世世賢哉？其勢居然也。〔三〕且天下嘗同心并力而攻秦矣。當此之世，賢智並列，良將行其師，賢相通其謀，〔四〕然困於阻險而不能進，秦乃延入戰而爲之開關，百萬之徒逃北而遂壞。豈勇力智慧不足哉？形不利，勢不便也。〔五〕秦小邑并大城，〔六〕守險塞而軍，高壘毋戰，閉關據阨，荷戟而守之。諸侯起於匹夫，以利合，非有素王之行也。〔七〕其交未親，其下未附，名爲亡秦，其實利之也。彼見秦阻之難犯也，必退師。安土息民，以待其敝，〔八〕收弱扶罷，以令大國之君，不患不得意於海内。貴爲天子，富有天下，而身爲禽者，其救敗非也。

〔一〕【考證】中井積德曰：子嬰立四十六日而沛公既入關，寤亦當如何？當是時欲閉關自守，豈可得哉？且子嬰未見其不寤之實。又曰：四十六日之間，豈能及于此哉？其誅趙高，可以爲多矣。班固嘗非賈之論。

〔二〕【考證】梁玉繩曰：「秦王」當作「始皇」，下同。愚案：陳涉世家並作「始皇」。

〔三〕【考證】「其勢」上添「而」字看。「居然」猶「安然」也。

〔四〕【考證】楓、三、南本，凌引一本，「世」作「時」。

〔五〕【考證】以上引往事，以下漸又入子嬰。

〔六〕【集解】徐廣曰：「大，一作『小』。」

〔七〕【考證】素王，無位而有王德者。莊子天道篇「虛静恬澹，以之處下，玄聖素王之道也」。

〔八〕【索隱】賈誼書「安」作「案」。

秦王足己不問，遂過而不變。二世受之，因而不改，暴虐以重禍。子嬰孤立無親，危弱無輔。三主惑，而終身不悟。亡不亦宜乎？〔一〕當此時也，世非無深慮知化之士也，〔二〕然所以不敢盡忠拂過者，〔三〕秦俗多忌諱之禁，忠言未卒於口，而身爲戮没矣。故使天下之士傾耳而聽，重足而立，拑口而不言。是以三主失道，忠臣不敢諫，智士不敢謀，天下已亂，姦不上聞，豈不哀哉！先王知雍蔽之傷國也，故置公卿大夫士，以飾法設刑而天下治。〔四〕其彊也，禁暴誅亂而天下服。其弱也，五伯征而諸侯從。其削也，内守外附而社稷存。故秦之盛也，繁法嚴刑而天下振；及其衰也，百姓怨望而海内畔矣。〔五〕故周五序得其道，而千餘歲不絶。〔六〕秦本末並失，故不長久。由此觀之，安危之統，相去遠矣。野諺曰「前事之不忘，後事之師也」。是以君子爲國，觀之上古，驗之當世，參以人事，察盛衰之理，審權勢之宜，去就有序，變化有時，〔七〕故曠日長久，而社稷安矣。〔八〕

〔一〕【考證】三主，始皇、二世、子嬰。中井積德曰：孤立危弱，蓋非子嬰之罪。子嬰之惑，亦未見事實。

〔二〕【考證】何焯曰：對前「僅得中佐」說。下文云「變化有時」。

〔三〕【考證】拂讀爲「佛」。

〔四〕【考證】治要「飾」作「飭」。

〔五〕【考證】南本、治要無「望」字。

〔六〕【索隱】賈誼書「五」作「王」。【考證】五序，公、侯、伯、子、男之序。中井積德曰：周無千歲，此失事實。

〔七〕【考證】治要「有時」作「應時」，與宋本史記及賈子新書合。王念孫曰：變化應時，言去彼就此，隨時變化也。

〔八〕【考證】以上蓋過秦論下篇，論秦王子嬰。中井積德曰：太史公所引賈論止於「社稷安矣」，其下蓋後人之附益。

秦孝公據殽函之固，擁雍州之地，君臣固守而窺周室，有席卷天下，〔一〕包舉宇內，囊括四海之意，〔二〕并吞八荒之心。〔三〕當是時，商君佐之，〔四〕內立法度，務耕織，修守戰之備，外連衡而鬬諸侯，〔五〕於是秦人拱手而取西河之外。〔六〕

〔一〕【索隱】按：春秋緯曰，諸侯冰散席卷也。【考證】韋昭曰：崤，謂二殽。函，函谷關也。

〔二〕【集解】張晏曰：「括，結囊也。言其能包含天下。」【索隱】注同。【考證】方苞曰：坤六四，括囊，結其口而不出也。此文括囊，如囊之包括也。張文虎曰：單本無「括囊」索隱。

〔三〕【考證】顏師古曰：八荒，八方荒忽極遠之地也。

〔四〕【索隱】商君，衛公孫鞅，仕秦爲左庶長，遂爲秦制法，孝公致霸，封之於商，號商君。【考證】史陳涉世家、漢書陳涉傳、新書、文選「時」下有「也」字。

〔五〕【索隱】戰國策曰：「蘇秦亦爲秦連衡。」高誘曰：「合關東從通之秦，故曰連衡也。」【考證】蘇秦說連衡不用，在秦惠王時。孝公時，未聞有此事。

〔六〕【考證】顔師古曰：拱手，言不勞功力也。愚按：齊策蘇代説閔王章云「齊人伐魏，殺其太子，覆其十萬之軍。魏王大恐，跣行按兵於國，而東次於齊」，當是時，秦王拱受西河之外。

孝公既没，惠王、武王蒙故業，因遺册。〔一〕南兼漢中，西舉巴、蜀，東割膏腴之地，收要害之郡。〔二〕諸侯恐懼，會盟而謀弱秦，不愛珍器重寶肥美之地，〔三〕以致天下之士，合從締交，相與爲一。〔四〕當是時，齊有孟嘗，趙有平原，楚有春申，魏有信陵。〔五〕此四君者，皆明知而忠信，寬厚而愛人，尊賢重士，約從離衡，〔六〕并韓、魏、燕、楚、齊、趙、宋、衛、中山之衆。於是六國之士，〔七〕有寧越、徐尚、蘇秦、杜赫之屬爲之謀，〔八〕齊明、周最、陳軫、昭滑、樓緩、翟景、蘇厲、樂毅之徒通其意，〔九〕吴起、孫臏、帶佗、兒良、王廖、田忌、廉頗、趙奢之朋制其兵。〔一〇〕常以十倍之地，百萬之衆叩關而攻秦。〔一一〕秦人開關延敵，九國之師，逡巡遁逃而不敢進。〔一二〕秦無亡矢遺鏃之費，而天下諸侯已困矣。於是從散約解，爭割地而奉秦。秦有餘力而制其敝，追亡逐北，伏尸百萬，流血漂鹵。〔一三〕因利乘便，宰割天下，分裂河山，彊國請服，弱國入朝。延及孝文王、莊襄王，享國日淺，國家無事。

〔一〕【考證】惠王武王，新書、漢書作「惠文武昭襄」，世家作「惠文王武王昭王」，文選作「惠文武昭」。中井積德曰：下文「九國之師，當昭襄之世」，則爲相應，此削「昭襄」，恐非。愚按：遺册，諸書皆作「遺策」。

〔二〕【考證】新書、文選「收」上有「北」字。

〔三〕【考證】新書、世家、漢書、文選「美」作「饒」。

〔四〕【集解】漢書音義曰：「締，結也。」

〔五〕【考證】新書、世家、漢書、文選「是時」作「此之時」。中井積德曰：「『齊有孟嘗』以下二十餘人，多不並世者，皆任口説出，非有考據。梁玉繩曰：四公子之封號，前哲多不詳注，而正義于春申傳云『四君封號，檢皆不獲，唯平原有地，又非趙境，並蓋號謚』。索隱于魏公子傳云『地理志無信陵，或是鄉邑名』。兩注疏陋之甚。魯頌箋曰『嘗在薛之旁』，裴駰、司馬貞已引之。田文襲父封薛，而兼食嘗邑，故號孟嘗。孟乃其字，猶稱薛文然也。趙勝封于東武城。黄歇初封淮北，後徙吳墟，俱明載本傳。而謂之平原、春申者，是號而非地，故韓子和氏篇言楚莊王有弟春申君。漢朱建及孝景皇后母臧兒皆號平原君也。若魏公子無忌則封于陳留郡之寧陵縣，而號之爲信陵君者也。寧陵爲古葛地，水經注廿三卷『汳水又逕葛城北，故葛伯之國，葛于六國屬魏，魏以封公子無忌號信陵』。此乃確證。

〔六〕【索隱】言孟嘗等四君，皆爲其國共相約結爲從，以離散秦之横。【考證】新書、世家、文選「賢」下有「而」字。

〔七〕【索隱】六國者，韓、魏、趙、燕、齊、楚是也。與秦爲七國，亦謂之七雄。又六國與宋、衛、中山爲九國。其三國蓋微，又前亡。

〔八〕【集解】徐廣曰：「越，一作『經』。或自別有此人，不必寧越也。」【索隱】寧越，趙人，賈誼作「甯越」。徐尚，未詳。蘇秦，東周洛陽人。吕氏春秋「杜赫以安天下説周昭文君」，高誘曰「杜赫，周人也」。【考證】吕氏春秋不廣篇「寧越可謂知用文武矣」，注「寧越趙中牟人」。又博志篇「甯越，中牟之鄙人也」。「十五歲而周威公師之」。梁章鉅曰：徐尚，疑即史記魏世家之外黄徐子説魏太子申以百戰百勝之術者。愚按：杜赫，見吕子春秋諭大篇，又見周策。

〔九〕【索隱】戰國策齊明，東周臣，後仕秦、楚及韓。周最，周之公子，亦仕秦。陳軫，夏人，亦仕秦。昭滑，楚人。樓緩，魏文侯弟，所謂樓子也。蘇厲，秦之弟，仕齊。樂毅本齊臣，入燕，燕昭王以客禮待之，以爲亞卿。翟景，未詳也。【考證】陳涉世家「最」作「冣」。正義云「音聚」。李善文選注引字林云「才勾切」。梁玉繩曰：陳涉世家「昭滑」作「邵滑」，漢書、文選並作「召滑」。甘茂傳亦作「召滑」。沈欽韓曰：召滑，楚策作「卓滑」，齊明説卓滑以伐秦，則滑爲楚相。愚按：李善注文選云，戰國策秦王伐楚，魏王不欲，樓緩謂魏王曰「不與秦攻楚，楚且與秦攻王，王不如令秦楚戰，王交制之」。高誘注「樓緩魏相」。愚按：樓緩又相秦，緩常爲秦，不爲六國，魯仲連傳可徵。故索隱以魏文之弟充之，然賈生所斥必此樓緩，魏文周威王時初封，其弟樓季何得及六國時？王念孫曰：翟景，即戰國策之翟强，楚策云「魏相翟强死」，魏策云「魏王之所用者樓庳、翟强也」，又云「翟强欲合齊、秦外楚」者也。景、强，聲近相通。梁玉繩曰：翟景疑即趙策之翟章。愚按：王、梁二説，未知孰是。

〔一〇〕【索隱】吴起，衛人，事魏文侯爲將。孫臏，孫武之後也。吕氏春秋曰「王廖貴先，兒良貴後」，二人皆天下之豪士。田忌，齊將也。廉頗，趙將也。趙奢，亦趙之將。【考證】王念孫曰：「王廖貴先」以下，見吕氏春秋不二篇，高注未言王廖、兒良爲何國之將。案易林益之臨曰「帶季、兒良，明知權兵，將師合戰，敵不能當，趙魏以彊」，帶季蓋即帶佗。帶佗、兒良爲趙魏將，故曰「趙、魏以彊」，但未知孰爲趙將孰爲魏將耳。愚按：漢書藝文志兵權謀家有兒良一篇，師古云「六國時人」。世家、文選「朋」作「倫」。

〔一一〕【考證】楓、三本，南化本「常」作「嘗」。「叩」當作「卬」，卬、仰通。新書、世家、漢書作「仰」。蘇秦傳云「諸侯之地，五倍於秦，諸侯之卒，十倍於秦」，與此異。

〔一二〕【考證】方苞曰：士言六國齊、楚、燕、趙、韓、魏之臣，師言九國，宋、衛、中山亦間以師從六國也。愚按：新書、世家、文選，「關」下有「而」字。新書、漢書及群書治要無「遁逃」二字。世家、文選無「逡巡」二字，無「遁逃」二字者義長。逡巡，言遲疑不進也。

〔一三〕【集解】徐廣曰：「鹵，楯也。」【考證】世家、漢書「解」作「敗」。中井積德曰：伏尸百萬，史傳絶無所見。

及至秦王，續六世之餘烈，〔一〕振長策而御宇内，〔二〕吞二周而亡諸侯，〔三〕履至尊而制六合，執棰拊以鞭笞天下，威振四海。〔四〕南取百越之地，〔五〕以爲桂林、象郡，百越之君，俛首係頸，委命下吏。乃使蒙恬北築長城而守藩籬，卻匈奴七百餘里，胡人不敢南下而牧馬，〔六〕士不敢彎弓而報怨。於是廢先王之道，焚百家之言，以愚黔首。隳名城，〔七〕殺豪俊，收天下之兵，聚之咸陽，銷鋒鑄鐻，以爲金人十二，以弱黔首之民。〔八〕然後斬華爲城，〔九〕因河爲津，〔一〇〕據億丈之城，臨不測之谿，以爲固。良將勁弩，守要害之處，信臣精卒，陳利兵而誰何。〔一一〕天下以定。秦王之心，自以爲關中之固，金城千里，〔一二〕子孫帝王萬世之業也。

〔一〕【集解】張晏曰：「孝公、惠文王、武王、昭王、孝文王、莊襄王。」【考證】新書、世家、文選「延」作「施」，「秦王」作「始皇」，「續」作「奮」。

〔二〕【考證】顏師古曰：以乘馬爲喻也。

〔三〕【考證】吴枋曰：秦昭王五十一年，滅西周，後七年，莊襄王滅東周。則吞二周，乃始皇之曾祖與父，非始皇也。

〔四〕【集解】徐廣曰：「拊，拍也，音府。一作『槁朴』。」【索隱】賈本論作「槁朴」。【考證】梁玉繩曰：各處皆「棰拊」作「敲朴」。臣瓚云，短曰敲，長曰朴。

〔五〕【集解】韋昭曰：「越有百邑。」【考證】李善曰：音義云「百越非一種，若今言百蠻」。

〔六〕【考證】匈奴傳始皇使蒙恬「擊胡，悉收河南地，因河爲塞」。

〔七〕【集解】應劭曰：「壞堅城，恐人復阻以害己也。」

〔八〕【考證】梁玉繩曰：銷鋒鑄鐻以爲金人十二，各處皆作「銷鋒鍉鑄以爲金人十二」，此作「鑄鐻」，字句雖異，而於義爲備。愚按：新書、世家、漢書、文選「黔首」作「天下」。

〔九〕【集解】徐廣曰：「斬，一作『踐』。」駰案：服虔曰「斷華山爲城」。【索隱】「斬」亦作「踐」，亦出賈本論。又崔浩云：「踐，登也。」【考證】踐，猶據也。

〔一〇〕【考證】南化本、新書、世家、漢書、文選「津」作「池」。

〔一一〕【集解】如淳曰：「何，猶問也。」【索隱】崔浩云：「何或爲『呵』。」漢舊儀：「宿衛郎官，分五夜誰呵，呵夜行者誰也。」何、呵，字同。【考證】中井積德曰：誰何，詰問出入之辭，不必夜。

〔一二〕【索隱】金城，言其實且堅也。韓子曰「雖有金城湯池」，漢書張良亦曰「關中所謂金城千里，天府之國」。【考證】三、南本「以」作「已」，同。

秦王既没，餘威振於殊俗。〔一〕陳涉，甕牖繩樞之子，〔二〕甿隸之人，而遷徙之徒，〔三〕才能不及中人，非有仲尼、墨翟之賢，陶朱、猗頓之富，〔四〕躡足行伍之閒，而倔起什伯之中，〔五〕率罷散之卒，將數百之衆而轉攻秦。〔六〕斬木爲兵，揭竿爲旗，天下雲集響應，贏糧而景從，〔七〕山東豪俊遂並起而亡秦族矣。

〔一〕【考證】西方諸國，稱禹域曰「支那」，又作「震旦」、「真丹」，皆秦字引音，亦可以見秦威振於殊俗也。

〔二〕【集解】服虔曰：「以繩係户樞也。」孟康曰：「瓦甕爲窻也。」【考證】新書、世家、漢書、文選「陳涉」上有「然而」二字，此脱。中井積德曰：繩樞，以繩係户以充樞也。

〔三〕【集解】如淳曰：「甿，古『氓』字。氓，民也。」【考證】各書「徒」下有「也」字。

〔四〕【考證】世家「富」下有「也」字。

〔五〕【集解】漢書音義曰：「首出十長百長之中。」如淳曰：「時皆辟屈在十百之中。」【考證】新書、世家、文選「什伯」作「阡陌」，取義不同。什伯以行伍言，阡陌以畎畝言，什伯義長。

〔六〕【考證】新書、文選、漢書「而」、「轉」二字倒。

〔七〕【考證】贏，當作「蠃」，與「裹」同，包也。新書、漢書「集」作「合」，文選、世家作「會」。新書、文選「嚮」上有「而」字。

且夫天下非小弱也，〔一〕雍州之地，殽函之固，自若也。〔二〕陳涉之位，非尊於齊、楚、燕、趙、韓、魏、宋、衛、中山之君；〔三〕鉏櫌棘矜，〔四〕非銛於句戟長鎩也；〔五〕適戍之衆，非抗於九國之師；〔六〕深謀遠慮，行軍用兵之道，非及鄉時之士也。然而成敗異變，功業相反也。〔七〕試使山東之國與陳涉度長絜大，比權量力，則不可同年而語矣。〔八〕然秦以區區之地，千乘之權，〔九〕招八州而朝同列，百有餘年矣。〔一〇〕然后以六合爲家，殽函爲宫，一夫作難而七廟墮，身死人手，爲天下笑者，何也？仁義不施而攻守之勢異也。〔一一〕

〔一〕【考證】李國翰曰：秦兼有天下，所以非小弱也。

〔二〕【集解】韋昭曰：「殽，謂二殽。函，函谷關也。」

〔三〕【考證】新書、漢書、文選「非」作「不」，下同。新書、世家、文選「君」下有「也」字。

〔四〕【集解】服虔曰：「以鉏柄及棘作矛槿也。」如淳曰：「櫌，椎塊椎也。」【考證】楓、三、南本「櫌」作「耰」。王念孫曰：方言「矜謂之杖」。棘矜，謂伐棘以爲杖，上文所云「斬木爲兵」也。耰音憂。

〔五〕【集解】徐廣曰：「錟，一作『銛』。」駰案：如淳曰「長刃矛也」。又曰：「鉤戟似矛，刃下有鐵，横方上鉤曲也。」鎩，音所拜反。

〔六〕【考證】抗，敵也，當也。新書、世家、文選「師」下有「也」字。

〔七〕【考證】新書、漢書「反」下有「何」字。

〔八〕【集解】漢書音義曰：「『絜束』之『絜』。」【考證】絜，猶度也。

〔九〕【考證】新書、世家、漢書、文選「地」下有「致」字。「千」作「萬」。

〔一〇〕【考證】鄧展曰：招，舉也。蘇林曰：招音翹。愚按：漢書無「矣」字。

〔一一〕【考證】以上過秦論上篇，論始皇。

秦并海内，兼諸侯，南面稱帝，〔一〕以養四海，天下之士，斐然鄉風，若是者何也？〔二〕曰：近古之無王者久矣。周室卑微，五霸既歿，令不行於天下，是以諸侯力政，彊侵弱，衆暴寡，兵革不休，士民罷敝。今秦南面而王天下，是上有天子也。既元元之民冀得安其性命，莫不虚心而仰上，〔三〕當此之時，守威定功，安危之本在於此矣。

〔一〕【集解】徐廣曰：「一本有此篇，無前者『秦孝公』已下，而又以『秦并兼諸侯山東三十餘郡』繼此末也。」【索隱】按：賈誼過秦論，以「孝公」已下爲上篇，「秦兼并諸侯山東三十餘郡」爲下篇。鄒誕生云「太史公删賈誼過秦篇著此論，富其義而省其辭。褚先生增續，既已混殽，而世俗小智不唯删省之旨，合寫本論於此，故不同也」。今頗亦不可分別」。

〔一〕【考證】新書「以養四海」作「以四海養」。「斐」讀爲「靡」。

〔三〕【考證】李笠曰：「既」字，當依新書作「即」，「既」、「即」形近易誤。高祖紀「蕭相國即死」，漢書「即」作「既」。

秦王懷貪鄙之心，行自奮之智，不信功臣，不親士民，廢王道，立私權，禁文書而酷刑法，先詐力而後仁義，以暴虐爲天下始。〔一〕夫并兼者高詐力，安定者貴順權，此言取與守不同術也。秦離戰國而王天下，其道不易，其政不改，是其所以取之，守之者異也。〔二〕孤獨而有之，故其亡可立而待。借使秦王計上世之事，並殷、周之迹，以制御其政，後雖有淫驕之主，而未有傾危之患也。〔三〕故三王之建天下，名號顯美，功業長久。

〔一〕【考證】岡白駒曰：以暴虐爲天下魁首。

〔二〕【考證】新書「守」上有「也」字。「異」上添「宜」字看。

〔三〕【考證】借、籍通，假令之辭。

今秦二世立，天下莫不引領而觀其政。夫寒者利裋褐，而飢者甘糟糠。天下之嗸嗸，新主之資也。此言勞民之易爲仁也。〔一〕鄉使二世有庸主之行，而任忠賢，臣主一心而憂海内之患，縞素而正先帝之過，〔二〕裂地分民，以封功臣之後，建國立君，以禮天下，虛囹圄而免刑戮，除去收帑汙穢之罪，使各反其鄉里，發倉廩散財幣，以振孤獨窮困之士，輕賦少事，以佐百姓之急，約法省刑以持其後，使天下之人皆得自新，更節修行，各慎其身，塞萬民之望，而以威德與天下，天下集矣。即四海之内，皆讙然各自安樂其處，唯恐有變，雖有狡猾之民，無離上之心，則不軌之臣無以飾其智，而暴亂之姦止矣。二世不行此術，而重之以無道，壞宗廟與民，〔三〕更始作阿房宮，〔四〕繁刑嚴誅，吏治刻深，賞罰不當，賦斂無度，天下多事，吏弗能紀，百姓困窮，而主弗收恤。然後姦僞並起，而上下相遁，蒙罪者衆，刑戮相望於道，而天下苦之。自君卿以下，至于衆庶人，懷自危之心，親處窮苦之實，咸不安其位，故易動也。是以陳涉不用湯武之賢，不藉公侯之尊，奮臂於大澤，而天下響應者，其民危也。故先王見始終之變，知存亡之機，是以牧民之道，務在安之而已。天下雖有逆行之臣，必無響應之助矣。故曰「安民可與行義，而危民易與爲非」，此之謂也。貴爲天子，富有天下，身不免於戮殺者，正傾非也。是二世之過也。〔五〕

〔一〕【集解】徐廣曰：「一作『短』，小襦也，音豎。」【索隱】趙岐曰：「褐以毛毳織之，若馬衣。或以褐編衣也。」裋，一音豎。謂褐布豎裁，爲勞役之衣，短而且狹，故謂之短褐，亦曰豎褐。

〔二〕【考證】岡白駒曰：禮記玉藻「縞冠素紕，既祥之冠也」。此言不待三年而改正。【考證】嗷嗷，衆口愁也。

〔三〕【集解】徐廣曰：「一無此上五字。」【考證】治要無此五字。中井積德曰：五字不可解。

〔四〕【考證】梁玉繩曰：謂復作阿房宮也。

〔五〕【考證】以上過秦論中篇，論二世。王鳴盛曰：賈誼新書過秦上、中、下三篇，自「秦孝公」至「攻守之勢異也」爲上篇，自「秦并海内兼諸侯南面稱帝」至「是二世之過也」爲中篇，自「秦兼諸侯山東三十餘郡」至「而社稷安矣」爲下篇。如今本史記司馬遷所采，乃倒其次，以下篇爲上篇，上篇爲中篇，中篇爲下篇矣。又陳涉世家末有「褚先生曰，吾聞賈生之稱曰」云云，即用「秦孝公」至「攻守之勢異也」一段。若果本紀内已有此一段，則兩處重出，不但遷必不如此，即庸陋如褚先生，亦不應至此。再取徐廣及裴駰、司馬貞註詳翫之，則知司馬遷當日實取過秦中、下二篇爲始皇本紀贊，上篇爲陳涉世家贊，而中、下篇亦仍就賈生元次第，未嘗倒其文。班固所見司馬氏元本本如此，徐廣亦見之，本紀贊中「秦孝公」云云至「攻守之勢也」一段，乃魏晉間妄人所益，後人見其與世家贊重出，疑出褚少孫手，於是又妄改世家贊「太史公曰」爲「褚先生曰」。愚案：王説未是。陳涉世家集解裴駰云，班固奏事云「太史公遷取賈誼過秦上、下篇以爲秦始皇本紀、陳涉世家下贊文」，據此，則史公以下篇贊始皇紀，以上篇贊陳涉世家，明矣。下文所引班固奏事所引賈生之言，亦止於過秦下篇，不及中篇，説既見上注。

襄公立，享國十二年。初爲西畤。葬西垂。〔一〕生文公。

〔一〕【索隱】此已下重序列秦之先君立年及葬處，皆當據秦紀爲説，與正史小有不同，今取異説重列於後。襄公，秦仲孫，莊公子，救周，周始命爲諸侯。初爲西畤祠白帝。立十三年死，葬西土。【考證】梁玉繩曰：此篇是秦記，魏了翁古今考謂班固明帝時所得也。史公言秦燒書，獨秦記不滅，故東漢時猶有存者，後人遂并班固語附載本紀之末，以備參證。史詮及丹鉛録並云，古本自「襄公立」以下低兩字別于正文，今本平頭刻，殊失其舊矣。而索隱以爲馬遷重列，則誤也。史以傳信，無一事兩書之理，史記中惟此及酈生傳有之，皆後人附益，非遷史元文，然酈道元尚錯認此記爲遷史，何論小司馬哉？此記簡古有法，先秦文字，不可多見，非他附益者比，故取而校之。黄以周曰：世系爲明帝時賈逵、班固所攷定，故記其時曰「孝明皇帝十七年十月十五日乙丑」。愚按：「襄公」以下，後人所附益，今低一字以（以）別。

文公立，居西垂宮。五十年死，葬西垂。〔一〕生静公。

〔一〕【索隱】作鄜畤，又作陳寶祠。

靜公不享國而死。生憲公。

憲公享國十二年，居西新邑。死葬衙。〔一〕生武公、德公、出子。

〔一〕【集解】地理志云馮翊有衙縣。【索隱】憲公滅蕩社居新邑，葬衙。本紀，憲公徙居平陽，葬西山。【考證】余有丁曰：憲公，秦紀作「寧公」，葬西山。

出子享國六年，居西陵。〔一〕庶長弗忌、威累、參父三人，率賊賊出子鄙衍，葬衙。武公立。

〔一〕【索隱】一云，居西陂，葬衙。本紀不云。

武公享國二十年。居平陽封宮。〔一〕葬宣陽聚東南。〔二〕三庶長伏其罪。德公立。

〔一〕【集解】徐廣曰：「一云居平封宮。」

〔二〕【索隱】紀云葬平陽，初以人從死。【考證】梁玉繩曰：紀作「葬平陽」，豈平陽有宣陽聚乎？

德公享國二年。居雍大鄭宮。生宣公、成公、繆公。葬陽。初伏，以御蠱。〔一〕

〔一〕【索隱】二年初伏。本紀此已下居葬絶不言也。【考證】楓、三本「以」下有「狗」字。

宣公享國十二年。居陽宮。葬陽。〔一〕初志閏月。〔二〕

〔一〕【索隱】四年，作密畤。【考證】楓、三本「陽」作「楊」，下同。

〔二〕【考證】顧炎武曰：宣公以前皆無閏，每三十年多一年，與諸國之史皆不合矣。則秦之所用，何正邪。

成公享國四年，居雍之宮。葬陽。〔一〕齊伐山戎、孤竹。

〔一〕【集解】徐廣曰：「之，一作『走』。」

繆公享國三十九年。天子致霸。葬雍。繆公學著人。〔一〕生康公。

〔一〕【索隱】著，音宁，又音貯，著即宁也。門屏之閒曰宁，謂學於宁門之人。故詩云「俟我於著乎而」，是也。【考證】梁玉繩曰：呂氏春秋尊師篇：穆公學于百里奚、公孫枝，豈其先學于宁門之人乎？

康公享國十二年。居雍高寢。葬竘社。生共公。

共公享國五年，〔一〕居雍高寢。葬康公南。生桓公。

〔一〕【考證】楓、三、南本「共」作「龔」。梁玉繩曰：共公無五年，在位四年也，說在秦紀。

桓公享國二十七年。〔一〕居雍太寢。葬義里丘北。生景公。〔二〕

〔一〕【考證】梁玉繩曰：「七」字當作「八」，說在秦紀。

〔二〕【索隱】一作「僖公」。系本云，名后伯車。

景公享國四十年。居雍高寢，葬丘里南。〔一〕生畢公。〔二〕

〔一〕【正義】丘，一作「二」也。

〔二〕【集解】徐廣曰：「春秋作『哀公』。」【考證】梁玉繩曰：謚法無「畢」字，當依春秋傳作「哀公」，秦紀不誤，此與十二諸侯表稱「襄公」、吳越春秋闔閭內傳作「桓公」同誤。

畢公享國三十六年。〔一〕葬車里北。生夷公。

〔一〕【正義】一作「三十七年」。

夷公不享國。死葬左宮。生惠公。〔一〕

〔一〕【正義】十年，葬車里。元年，孔子行魯相事。

惠公享國十年。葬車里康景。〔一〕生悼公。

〔一〕【考證】楓、三本「康」作「秉」。梁玉繩曰：惠公在位九年，説在秦紀。凌稚隆曰：「康景」二字疑衍，或下有闕文。張文虎曰：上文康公葬竘社，景公葬丘里南，疑車里在康景二墓間，脱「間」字。

悼公享國十五年。〔一〕葬僖公西城雍。〔二〕生刺龔公。〔三〕

〔一〕【正義】雍，本紀作「十四年」。【考證】正義「雍」字疑衍。

〔二〕【考證】凌稚隆曰：秦紀及此記無僖公，疑即景公也。

〔三〕【索隱】一作「厲共公」。【正義】刺，一作「利」。【考證】三條、南化本「刺」作「賴」。梁玉繩曰：秦紀及六國表作「厲共公」，獨此作「刺龔公」，正義又謂「刺」一作「利」。蓋「龔」與「恭」通，即「共」也，謚法有「刺」，與「厲」字義同，音通，而「利」字復因形聲相鄰致譌，猶陳厲公之爲利公爾。

刺龔公享國三十四年。葬入里。〔一〕生躁公、〔二〕懷公。〔三〕其十年，彗星見。

〔一〕【集解】徐廣曰：「一作『人』。」

〔二〕【索隱】又作「趮公」。【正義】十四年，居受寢，葬悼公南也。

〔三〕【正義】四年，葬櫟圉氏。

躁公享國十四年。居受寢。葬悼公南。其元年，彗星見。〔一〕

〔一〕【集解】徐廣曰：「年表云『星晝見』。」

懷公從晉來。享國四年。葬櫟圉氏。〔一〕生靈公。〔二〕諸臣圍懷公，懷公自殺。

〔一〕【考證】梁玉繩曰：以下文「陵圉」、「囂圉」例之，則此「氏」字疑衍。

〔二〕【考證】梁玉繩曰：此與表並言懷公生靈公，必是「生昭子」之誤。秦本紀明言靈公懷公孫，表亦言懷公太子之子爲靈公，即此紀下文固云「靈公昭子子也」。

肅靈公，昭子子也。〔一〕居涇陽。享國十年。葬悼公西。生簡公。

〔一〕【集解】徐廣曰：「懷公生昭子，昭子生靈公。」【索隱】紀年及系本無「肅」字。立十年，表同，紀十二年。【考證】梁玉繩曰：紀表皆作「靈公」。

簡公從晉來。享國十五年。葬僖公西。〔一〕生惠公。其七年，百姓初帶劍。〔二〕

〔一〕【索隱】按：本紀簡公名悼子，即刺龔公之子，懷公弟也。且紀及系本皆以爲然，今此文云「靈公」，謬也。立十六年，葬僖公西。【考證】梁玉繩曰：簡公者，靈公之季父，懷公之子，厲共公之孫。此以簡公爲靈公所生，大誤，亦猶十二侯表以簡公爲惠公子，索隱以簡公爲厲共公子也。

〔二〕【考證】梁玉繩曰：紀表並在簡公六年。

惠公享國十三年。葬陵圉。〔一〕生出公。

〔一〕【索隱】王劭按紀年云「簡公後次敬公，敬公立十三年，乃至惠公」，辭即難憑，時參異說。

出公享國二年。〔一〕出公自殺，葬雍。

〔一〕【索隱】系本謂「少主」。

獻公享國二十三年。〔一〕葬囂圉。生孝公。

〔一〕【集解】徐廣曰：「靈公子。」【索隱】系本稱「元獻公」。立二十二年，表同，紀二十四年。

孝公享國二十四年。〔一〕葬弟圉。生惠文王。其十三年始都咸陽。〔二〕

〔一〕【索隱】本紀十二年。

〔二〕【正義】本紀云「十二年作咸陽，築冀闕」，是十三年始都之。

惠文王享國二十七年。〔一〕葬公陵。〔二〕生悼武王。

〔一〕【索隱】十九而立。

〔二〕【正義】括地志云：「秦惠文王陵，在雍州咸陽縣西北一十四里。」

悼武王享國四年，葬永陵。〔一〕

〔一〕【集解】徐廣曰：「皇甫謐曰葬畢，今按陵西畢陌。」【索隱】系本作「武烈王」。十九而立，立三年。本紀四年。【正義】括地志云：「秦悼武王陵，在雍州咸陽縣西十里，俗名周武王陵，非也。」【考證】梁玉繩曰：惠文、悼武，皆葬于畢，永陵乃陵名，猶前言惠文葬公陵也。

昭襄王享國五十六年。葬茝陽。〔一〕生孝文王。

〔一〕【索隱】十九年而立，葬芷陵也。【正義】括地志云：「秦莊襄王陵，在雍州新豐縣西南三十五里，俗亦謂爲子楚。始皇陵在北，故亦謂爲見子陵。」【考證】楓、三本、南化本「茝」作「芷」。

孝文王享國一年。葬壽陵。生莊襄王。

莊襄王享國三年。葬茝陽。生始皇帝。呂不韋相。

獻公立七年，初行爲市。十年，爲户籍相伍。

孝公立十六年。時桃李冬華。〔一〕

〔一〕【考證】梁玉繩曰：紀于獻公十六年書「桃冬花」，疑一事誤書。

惠文王生十九年而立。〔一〕立二年，初行錢。有新生嬰兒曰「秦且王」。

〔一〕【考證】梁玉繩曰：惠文、悼武、昭襄三君，俱立于十九年，亦奇。

悼武王生十九年而立。立三年，渭水赤三日。

昭襄王生十九年而立。立四年，初爲田開阡陌。〔一〕

〔一〕【考證】梁玉繩曰：此乃孝公十二年事，而以爲昭襄四年，誤矣。

孝文王生五十三年而立。

莊襄王生三十二年而立。立二年，取太原地。莊襄王元年，大赦，脩先王功臣，施德厚骨肉，布惠於民。東周與諸侯謀秦，秦使相國不韋誅之，盡入其國。秦不絶其祀，以陽人地賜周君，奉其祭祀。〔一〕

〔一〕【考證】楓、三本無「祀」字。

始皇享國三十七年，葬酈邑。〔一〕生二世皇帝。始皇生十三年而立。

〔一〕【正義】酈，力知反。

二世皇帝享國三年。葬宜春。〔一〕趙高爲丞相安武侯。二世生十二年而立。〔二〕

〔一〕【正義】括地志云：「秦胡亥陵，在雍州萬年縣南三十四里。」上文「葬以黔首」也。

〔二〕【集解】徐廣曰：「本紀云，二十一。」【考證】楓、三、南本「十二」作「十四」。梁玉繩曰：紀云「二十一立」，此云「十二」，蓋譌倒耳。紀言二十一者，以踰年改元言之。此言二十者，以始皇崩年言之。

右秦襄公至二世六百一十歲。〔一〕

〔一〕【正義】秦本紀自襄公至二世，五百七十六年矣。年表自襄公至二世五百六十一年。三說並不同，未知孰是。【考證】梁玉繩曰：表自襄公元年至二世三年，實五百七十一年，此誤。秦紀索隱、此記正義所說年數亦誤。

孝明皇帝十七年，〔一〕十月十五日乙丑曰：〔二〕

〔一〕【正義】班固典引云，後漢明帝永平十七年，詔問班固：「太史遷贊語中，寧有非邪？」班固上表陳秦過失及賈誼言荅之。

〔二〕【索隱】此已下是漢孝明帝訪班固評賈馬贊中論秦二世亡天下之得失，後人因取其説附之此末。【考證】梁玉繩曰：「孝明」以下，乃班固因有召問遷書，及作典引一節，遂別著此篇，并所得秦記録之，當時必別行於世，後人取入史記，附載于兹，故謂此篇他人作者妄，謂與典引同作者亦妄。何以言之？典引序稱永平，而此云孝明皇帝，是追述前事，非永平時所撰甚審。典引序但稱十七年，而此十七年十月十五日乙丑，若非孟堅自爲，何能悉其日月？典引稱臣，而此云「吾讀秦紀」，則非對君之言可知。愚按：典引見文選。

周曆已移，〔一〕仁不代母。秦直其位，〔二〕呂政殘虐。然以諸侯十三并兼天下，〔三〕極情縱欲，養育宗親。三十七年，兵無所不加，制作政令，施於後王。〔四〕蓋得聖人之威，河神授圖，〔五〕據狼、狐，蹈參、伐，佐政驅除，〔六〕距之稱始皇。〔七〕

〔一〕【正義】周初卜世三十，卜年七百，以五序得其道，故王至三十七，歲至八百六十七。曆數既過，秦并天下，是周曆已移也。

〔二〕【索隱】周曆已移，周亡也。仁不代母，謂周得木德，木生火，周爲漢母也。言曆運之道，仁恩之情，子不代母而王，謂火不代木，言漢不合即代周也。秦值其閏位，得在木火之閒也。此論者之辭也。【正義】始皇以爲周火德，秦代周，從所不勝，爲水德之始也。按：周，木德也，秦，水德也。五行之運，水生木，木生火，火生土，土生金，金生水，所生者爲母，出者爲子。帝王之次，子代母。秦稱水，是母代子，故言若有德之君相代，不母承其子也。直，音值。言秦并天下稱帝，是秦德值帝王之位。【考證】黄以周曰：漢初諸儒，周以木德王，漢繼周統，不繼秦。秦自以爲水德，以母代子不仁，言此者見秦爲閏位，無關帝王正統。其宗社之速亡，不足惜也。

〔三〕【集解】始皇初爲秦王，年十三也。【索隱】吕政者，始皇名政，是吕不韋幸姬有娠，獻莊襄王而生始皇，故云吕政。【考證】「十三」下疑有奪文。

〔四〕【正義】謂置郡縣，壞井田，開阡陌，不立侯王，始爲伏臘；又置丞相、太尉、御史大夫、奉常、郎中令、僕射、廷尉、典客、宗正、少府、中尉、將作詹事、水衡都尉、監守、縣令丞等，皆施於後王，至于隋唐矣。

〔五〕【正義】蓋者疑辭也。言始皇之威，能吞并天下稱帝，疑得聖人之威靈、河神之圖録。

〔六〕【正義】狼，音郎。狼，狐，主弓矢星。天官書云，參伐主斬艾事。言秦據蹈狼、狐、參、伐之氣，驅滅天下。【考證】中井積德曰：狼、參，蓋以分野星次而言。

〔七〕【正義】距之，上音巨。至也。【考證】「之」猶「於」也。

始皇既殁，胡亥極愚，酈山未畢，復作阿房，以遂前策。云「凡所爲貴有天下者，肆意極欲，大臣至欲罷先君所爲」。誅斯、去疾，任用趙高。痛哉言乎！人頭畜鳴。〔一〕不威不伐惡，〔二〕不篤不虚亡，〔三〕距之不得留，殘虐以促期，〔四〕雖居形便之國，猶不得存。

〔一〕【正義】畜，許又反。言胡亥人身有頭面目，能言語，不辨好惡，若六畜之鳴。

〔二〕【正義】五此字爲一句也。

〔三〕【正義】言胡亥藉帝王之威器，殘酷暴虐，滋己惡，惡既深篤，以至滅亡，豈其虚哉。【考證】董份曰：「威」字應前「聖人之威」。「伐」字言不威則不能征伐以奄有天下，蓋指始皇。「惡不篤不虛亡」者，言始皇惡及二世，篤而遂亡也。

〔四〕【考證】距之，猶至於也，證見上文。

子嬰度次得嗣，冠玉冠，佩華紱，車黃屋，從百司謁七廟。〔一〕小人乘非位，莫不怳忽失守，偷安日日，獨能長念卻慮，父子作權，〔二〕近取於户牖之間，竟誅猾臣，爲君討賊。〔三〕高死之後，賓婚未得盡相勞，餐未及下咽，酒未及濡脣，楚兵已屠關中，真人翔霸上，〔四〕素車嬰組，奉其符璽以歸帝者。〔五〕鄭伯茅旌鸞刀，嚴王退舍。〔六〕河決不可復壅，魚爛不可復全。〔七〕賈誼、司馬遷曰：「向使嬰有庸主之才，僅得中佐，山東雖亂，秦之地可全而有，宗廟之祀未當絶也。」〔八〕秦之積衰，天下土崩瓦解，〔九〕雖有周旦之材，無所復陳其巧，〔一〇〕而以責一日之孤，誤哉！〔一一〕俗傳秦始皇起罪，惡胡亥極，得其理矣。〔一二〕復責小子云，秦地可全，〔一三〕所謂不通時變者也。紀季以酅，春秋不名。〔一四〕吾讀秦紀，至於子嬰車裂趙高，未嘗不健其決，憐其志。嬰死生之義備矣。〔一五〕

〔一〕【集解】蔡邕曰：「黃屋者，蓋以黃爲裏。」【正義】上「冠」音綰。紱音拂。從，才用反。

〔二〕【考證】子嬰與其子二人謀，誅趙高也。

〔三〕【正義】爲，于僞反。【考證】猾臣，趙高。

〔四〕【考證】賓，賓客。婚，姻戚。真人，謂高祖。

〔五〕【考證】嬰，縈也。帝者，謂高祖。

〔六〕【集解】公羊傳曰：「楚莊王伐鄭，鄭伯肉袒，左執茅旌，右執鸞刀，以逆莊王，莊王退舍七里。」何休曰：「茅旌鸞刀，祭祀宗廟所用也。執宗廟器者，示以宗廟血食自歸。」【正義】旌，音精。嚴，音莊。【考證】宣公十二年公羊傳。陳沂曰：不曰莊王者，班固避明帝諱。

〔七〕【索隱】宋均曰：「言如魚之爛，從内而出。」

〔八〕【考證】「向使」至「絶也」，賈誼過秦論下篇語。史公采以爲始皇紀贊。桂馥曰：「賈誼司馬遷曰」當作「司馬遷曰賈誼曰」，此與「吾聞之周生曰」一例。愚按：「賈誼、司馬遷曰」，猶言「賈誼、司馬遷並曰」，遷采誼之言，誼之言即遷之意，故云。楓、三、南本「有庸」作「爲庸」。

〔九〕【正義】言秦國敗壞，若屋宇崩積，衆瓦解散也。【考證】土崩，言牆壁崩壞也。

〔一〇〕【考證】黄以周曰：破賈誼、司馬遷僅得中佐、宗廟不絶之説。

〔一一〕【正義】日，音馹。一日之孤，謂子嬰。

〔一二〕【考證】言俗傳云，始皇始爲罪戾，至胡亥惡極矣。此言得其理，安得以爲子嬰罪哉？

〔一三〕【正義】小子亦謂子嬰。【考證】「復」字上添「賈誼司馬遷」五字看。「秦地可全」，亦過秦論下篇之言。

〔一四〕【集解】春秋曰：「紀季以酅入于齊。」公羊傳曰：「何以不名？賢之也。」謂設五廟以存姑姊妹也。」【正義】酅，音户圭反。括地志云：「安平城，在青州臨淄縣東十九里，古紀之酅邑。」帝王紀云，周之紀國，姜姓也。紀侯譖齊哀公於周懿王，王烹之。外傳曰紀侯入爲周士。竹書云，齊襄公滅紀、郱、鄑、郚。」又括地志云：「郱城，在青州臨朐縣東三十里。鄑城，在北海縣東北七十里。郚城，在密州安丘縣界。」郱，音駢。鄑，音訾。按：秦始皇起罪，惡胡亥極，得其理。國既崩絶，箕子、比干尚不能存殷，庸主子嬰焉能救秦之敗？以賈誼、史遷不通時變，不如紀季之深識也。季，紀侯少弟，不書名，故曰紀季。【考證】莊三年公羊傳。「所謂不通時變」以下，班固駁賈、馬。岡白駒曰：齊欲滅紀，紀季深覩存亡之機，故以邑入齊爲附庸，以存宗廟社稷，故書字以賢之。

〔二五〕【集解】徐廣曰：「班固典引曰『永平十七年，詔問臣固，太史遷贊語中，寧有非邪？臣對，賈誼言子嬰得中佐，秦未絶也。此言非是，臣素知之耳』。」【考證】黄以周曰：賈誼、司馬遷之意，子嬰棄宗社，皋浮於二世。班固劣二世，優子嬰，故古今人表於胡亥列下中，子嬰列中下。愚按：孝經「死生之義備矣，孝子之事親終矣」。

【索隱述贊】六國陵替，二周淪亡。并一天下，號爲始皇。阿房雲構，金狄成行。南遊勒石，東瞰浮梁。滈池見遺，沙丘告喪。二世矯制，趙高是與。詐因指鹿，災生噬虎。子嬰見推，恩報君父。下乏中佐，上乃庸主。欲振頽綱，云誰克補。

史記會注考證卷七

項羽本紀第七

史記七

【索隱】項羽崛起，爭雄一朝，假號西楚，竟未踐天子之位，而身首別離，斯亦不可稱本紀，宜降爲世家。【考證】史公自序曰：「秦失其道，豪傑並擾，項梁業之，子羽接之；殺慶救趙，諸侯立之；誅嬰背懷，天下非之。作項羽本紀第七。」張照曰：史法，天子則稱本紀者，蓋祖述馬遷之文，馬遷之前，固無所爲本紀也。但馬遷之意，並非以本紀爲天子之服物采章，若黃屋左纛然，非天子不可用也。特以天下之權之所在，則其人係天下之本，即謂之本紀。若秦本紀，言秦未得天下之先，天下之勢已在秦也。呂后本紀，呂后固亦未若武氏之篡也，而天下之勢，固在呂后，則亦曰本紀也。後世史官，以君爲本紀，臣爲列傳，固亦無可議者，但是宗馬遷之史法而小變之，固不得轉據後以議前也。索隱之説謬矣。馮景曰：作史之大綱，在明統。周有天下，秦滅之，而統在秦；秦有天下，楚項羽滅之，而統在楚；楚滅，而天下之統乃歸漢耳。羽入咸陽殺子嬰，燔秦宮室，於是分裂天下而封王侯，政自己出，號爲「霸王」，位雖不終，然代秦而號令天下，則既五年矣。此五年之統，非羽誰屬哉？則羽宜登本紀，宜列於漢高之前，統在則然，亦作史之例則然。愚按：張、馮説是。

項籍者，下相人也，〔一〕字羽。〔二〕初起時，年二十四。其季父項梁，〔三〕梁父即楚將項燕，〔四〕爲秦將王翦所戮者也。〔五〕項氏世世爲楚將，封於項，〔六〕故姓項氏。

〔一〕【集解】地理志，臨淮有下相縣。【索隱】縣名，屬臨淮。案：應劭云「相，水名，出沛國。沛國有相縣，其水下流，又因置縣，故名下相也」。【正義】括地志云：「相故城，在泗州宿豫縣西北七十里，秦縣。」項，胡講反。籍，秦昔反。【考證】下相，江蘇徐州府宿遷縣西。

〔二〕【索隱】按：下序傳，籍字子羽也。

〔三〕【索隱】按：崔浩云「伯、仲、叔、季，兄弟之次，故叔云叔父，季云季父」。

〔四〕【正義】燕，烏賢反。【考證】楓山、三條本無「即」字。

〔五〕【集解】始皇本紀云：「項燕自殺。」【索隱】此云爲王翦所殺，與楚漢春秋同，而始皇本紀云項燕自殺。不同者，蓋燕爲王翦所圍，逼而自殺，故不同耳。

〔六〕【索隱】地理志有項城縣，屬汝南。【正義】括地志云：「今陳州項城縣城，即古項子國。」【考證】項，陳州府項城縣東北。

項籍少時，學書不成，去，學劍，又不成。項梁怒之。籍曰：「書足以記名姓而已。劍一人敵，不足學，學萬人敵。」於是項梁乃教籍兵法，籍大喜，略知其意，又不肯竟學。〔一〕項梁嘗有櫟陽逮，〔二〕乃請蘄獄掾曹咎書抵櫟陽獄掾司馬欣，以故事得已。〔三〕項梁殺人，與籍避仇於吴中。〔四〕吴中賢士大夫皆出項梁下。每吴中有大繇役及喪，項梁常爲主辦，陰以兵法部勒賓客及子弟，以是知其能。〔五〕秦始皇帝游會稽，渡浙江，〔六〕梁與籍俱觀。籍曰：「彼可取而代也。」梁掩其口曰：「毋妄言，族矣！」梁以此奇籍。〔七〕籍長八尺餘，力能扛鼎，〔八〕才氣過人，雖吴中子弟，皆已憚籍矣。〔九〕

〔一〕【考證】雨森精翁曰：考東方朔傳「書」即文史，言識古人姓名已。一説，書，六書也，如保氏所教。據此則下記姓名，猶曰名刺之用。愚按：後説是。去，猶罷也。何焯曰：漢書藝文志兵法形勢中有項王一篇，而黥布置陣如項籍軍，高祖望而惡之。蓋治兵置陣，是其所長，故能力戰摧鋒，而不足於權謀，故其後往來奔命，卒爲人乘其罷而踣之，所謂略知其意而不竟者也。

〔二〕【索隱】按，逮訓及。謂有罪相連及，爲櫟陽縣所逮録也。故漢史每制獄皆有逮捕也。【正義】櫟，音藥。逮，音代。【考證】中井積德曰：有罪者不論首從，他處傳送謂之逮。張文虎曰：索隱「漢史」恐「漢世」。

〔三〕【集解】蘇林曰：「蘄，音機，縣屬沛國。」應劭曰：「項梁曾坐事，傳繫櫟陽獄，從蘄獄掾曹咎取書與司馬欣。抵，歸；已，止也。」韋昭曰：「抵，至也。謂梁嘗被櫟陽縣逮捕，梁乃請蘄獄掾曹咎書至櫟陽獄掾司馬欣，事故得止息也。」【索隱】按：服虔云「抵，歸也」。韋昭云「抵，至也」。劉伯莊云「抵，相憑託也」。故應劭云「項梁曾坐事繫櫟陽獄，從蘄獄掾曹咎取書與司馬欣。抵，歸；已，息也」。【考證】王維楨曰：一獄掾事非漫載，後皆有故。錢大昭曰：曹咎後爲楚海春侯大司馬。

〔四〕【考證】楓、三本無「中」字。

〔五〕【考證】知其能，項梁知賓客子弟之能也。凌稚隆曰：伏後「以此不任用公」。

〔六〕【索隱】韋昭云：「浙江，在今錢塘。」浙，音「折獄」之「折」。晉灼音逝，非也。蓋其流曲折，莊子所謂「淛河」即其水也。淛、折，聲相近也。【考證】洪頤煊曰：浙江即南江，水經沔水注「地理志曰，江水自石城東出，逕吳國南爲南江」，會稽治吳，浙江在吳縣南，故梁與籍於始皇既渡時，得共觀之。

〔七〕【考證】陳勝曰：「壯士不死即已，死即舉大名耳。王侯將相，寧有種乎？」漢高曰：「嗟乎，大丈夫當如此也。」項羽曰：「彼可取而代也。」三樣詞氣，三樣筆法，史公極力描寫。

〔八〕【集解】韋昭曰：「扛，舉也。」【索隱】說文云：「橫關對舉也。」韋昭云：「扛，舉也。」音江。【考證】中井積德曰：「扛」本對舉之名，然借以狀多力，則獨舉矣。即對舉則常人之任耳。

〔九〕【考證】凌稚隆曰：會稽治吳，故云「吳中子弟」。

秦二世元年七月，陳涉等起大澤中。〔一〕其九月，會稽守通謂梁曰：〔二〕「江西皆反，〔三〕此亦天亡秦之時也。吾聞先即制人，後則爲人所制。〔四〕吾欲發兵使公及桓楚將。」〔五〕是時桓楚亡在澤中。梁曰：「桓楚亡，人莫知其處，獨籍知之耳。」梁乃出誡籍，持劍居外待。梁復入，與守坐曰：「請召籍使受命召桓楚。」守曰：「諾。」梁召籍入。須臾，梁眴籍曰：「可行矣！」〔六〕於是籍遂拔劍斬守頭。項梁持守頭，佩其印綬。門下大驚擾亂，籍所擊殺數十百人。〔七〕一府中皆慴伏，莫敢起。〔八〕梁乃召故所知豪吏，諭以所爲起大事，〔九〕遂舉吳中兵。使人收下縣，得精兵八千人。梁部署吳中豪傑，爲校尉、候、司馬。〔一〇〕有一人不得用，自言於梁。梁曰：「前時某喪，使公主某事，不能辦，以此不任用公。」衆乃皆伏。於是梁爲會稽守，籍爲裨將，徇下縣。〔一一〕

〔一〕【索隱】徐氏以爲在沛郡，即蘄縣大澤中。

〔二〕【集解】徐廣曰：「爾時未言太守。」楚漢春秋曰：「會稽假守殷通。」【正義】守，音狩。漢書云，景帝中二年七月，更郡守爲太守。按：言「假」者，兼攝之也。【考證】中井積德曰：注「假者」，資望輕而未即真耳，非兼攝。

〔三〕【考證】顧炎武曰：大江自歷陽斜北下京口，故有東西之名。今所謂江北，昔之所謂江西也。故晉地理志以廬江、九江自合肥以北至壽春，皆謂之江西。愚按：王鳴盛説同。下文「江東已定」，「渡江而西」，謂渡江西北也。

〔四〕【索隱】按：謂先舉兵能制得人，後則爲人所制。故荀卿子曰「制人之與爲人制也，其相去遠矣。」【考證】俞樾曰：據漢書，則「江西皆反」數言皆項梁謂會稽守語也。守歎曰「聞夫子楚將，世家唯足下耳」。梁曰「吳有奇士桓楚」云云，與史記不同，班固必別有所據。愚按：凌稚隆、齊召南、梁玉繩亦有此説。

〔五〕【正義】張晏云：「項羽殺宋義時，桓楚爲羽使懷王。」

〔六〕【考證】顔師古曰：眴，動目也，音瞬。動目而使之也。

〔七〕【索隱】此不定數也。自百已下或至八十九十，故云數十百。【考證】楓、三本無「綬」字。

〔八〕【索隱】説文云：「慴，失氣也。」音之涉反。【考證】慴，漢書作「讋」。説文「讋，失氣言」。傅毅讀若「慴」。愚按：慴、讋，古通。

〔九〕【考證】楓、三本「乃」作「仍」。

〔一〇〕【考證】顔師古曰：下縣，四面諸縣，非郡所都，故謂之下也。部署，分部而署置之。沈欽韓曰：續志，校尉比二千石，軍司馬比千石，部下有曲。曲，軍候六百石。凌稚隆曰：此伏「八千人」。案：爲後以八千人渡江，及與亭長言江東子弟八千人張本。

〔一一〕【集解】李奇曰：「徇，略也。」如淳曰：「徇，音『撫徇』之『徇』。徇其人民。」

廣陵人召平，〔一〕於是爲陳王徇廣陵，未能下。〔二〕聞陳王敗走，秦兵又且至，乃渡江矯陳王命，〔三〕拜梁爲楚王上柱國。〔四〕曰：「江東已定，急引兵西擊秦。」項梁乃以八千人渡江而西。〔五〕聞陳嬰已下東陽，〔六〕使使欲與連和俱西。陳嬰者，故東陽令史，〔七〕居縣中，素信謹，稱爲長者。東陽少年殺其令相，聚數千人，欲置長，無適用，〔八〕乃請陳嬰。嬰謝不能，遂彊立嬰爲長，縣中從者，得二萬人。少年欲立嬰便爲王，異軍蒼頭特起。〔九〕陳嬰母謂嬰曰：「自我爲汝家婦，未嘗聞汝先古之有貴者。今暴得大名，不祥。不如有所屬，事成猶得封侯，事敗易以亡，非世所指名也。」〔一〇〕嬰乃不敢爲王。謂其軍吏曰：「項氏世世將家，有名於楚。今欲舉大事，將非其人不可。我倚名族，亡秦必矣。」於是衆從其言，以兵屬項梁。項梁渡淮，黥布、蒲將軍亦以兵屬焉。〔一一〕凡六七萬人，軍下邳。〔一二〕

〔一〕【考證】王鳴盛曰：項羽本紀廣陵人召平矯陳涉命封項梁，呂后本紀齊相召平舉兵欲圍王，蕭何世家有故秦東陵侯召平，種瓜城東。三人皆同姓名，非一人。通鑑十三卷胡三省注已言之。楊慎曰：「召平」上有「廣陵人」三字，以別于東陵召平也。杭世駿曰：水經注「廣陵城，楚漢之間，爲東陽郡」，「漢武帝元狩三年曰廣陵」。此紀言廣陵者，蓋史家追書之也。

〔二〕【正義】廣陵，揚州。下，胡嫁反。以兵威服之曰下。【考證】「於是」猶言「當是時」。楓、三本無此二字。

〔三〕【正義】矯，紀兆反。召平從廣陵渡京口江至吳，詐陳王命拜梁。

〔四〕【集解】徐廣曰：「二世之二年正月也。」駰案：應劭曰「上柱國，上卿官，若今相國也」。【考證】楓、三本無「王」字，與漢書合。李笠曰：「王」字衍。

〔五〕【考證】淩稚隆曰：項羽始事，已定江東，渡江而西，故通篇以「東」「西」二字爲眼目。馮班曰：自此一路往西擊秦。

〔六〕【集解】晉灼曰：「東陽縣本屬臨淮郡，漢明帝分屬下邳，後復分屬廣陵。」【索隱】下，音如字。按：以兵威伏之曰下，胡嫁反。彼自歸伏曰下，如字讀。他皆放此。東陽，縣名，屬廣陵也。【正義】括地志：「東陽故城，在楚州盱眙縣東七十里，秦東陽縣城也，在淮水南。」【考證】東陽，安徽泗州天長縣西北。

〔七〕【集解】晉灼曰：「漢儀注云，令吏曰令史，丞吏曰丞史。」【正義】楚漢春秋云，東陽獄史陳嬰。

〔八〕【考證】顔師古曰：適，主也。

〔九〕【集解】應劭曰：「蒼頭特起，言與衆異也。蒼頭，謂士卒皁巾，若赤眉、青領以相別也。」如淳曰：魏君兵卒之號也。戰國策，魏有蒼頭二十萬。【索隱】晉灼曰：「殊異其軍爲蒼頭，謂著青帽。」如淳云：「特起，猶言新起也。」按：爲蒼頭軍特起，欲立陳嬰爲王，嬰母不許嬰稱王，言天下方亂，未知瞻烏所止。【考證】楓、三本無「便」字。蒼頭特起，爲此軍容以示新起特異。皆川愿曰：「欲立嬰便爲王」十二字，一氣讀。中井積德曰：「蒼頭特起」，亦當時相謀之言。又曰：注「蒼頭軍」，恐與此不同。

〔一〇〕【集解】張晏曰：「陳嬰母，潘旌人，墓在潘旌。」【索隱】按：潘旌是邑聚之名，後爲縣，屬臨淮。

〔一一〕【集解】服虔曰：「英布起於蒲地，因以爲號。」如淳曰：「言當陽君、蒲將軍，皆屬項羽，此自更有蒲將軍。」【索隱】按：布姓英，咎繇之後，後以罪被黥，故改姓黥，以應相者之言。韋昭云「蒲，姓也」，是英布與蒲將軍二人，共以兵屬項梁也。故服虔以爲「英布起蒲」，非也。按：黥布初起於江湖之閒。【考證】梁玉繩曰：服虔謂「英布起蒲，因以爲號」。師古、索隱非之，是也。吴斗南以爲棘蒲侯柴武，亦非。此猶高紀之剛武侯，史失其姓名，不知何人也。

〔一二〕【正義】被悲反。下邳，泗水縣也。應劭云：「邳在薛，徙此，故曰下邳。」按：有上邳，故曰下邳。【考證】下邳，江蘇徐州府徐州東。

當是時，秦嘉已立景駒爲楚王，〔一〕軍彭城東，欲距項梁。〔二〕項梁謂軍吏曰：「陳王先首事，戰不利，未聞所在。今秦嘉倍陳王而立景駒，大逆無道。」〔三〕乃進兵擊秦嘉。秦嘉軍敗走，追之至胡陵。〔四〕嘉還戰，一日嘉死，軍降。景駒走死梁地。項梁已并秦嘉軍，軍胡陵，將引軍而西。章邯軍至栗，〔五〕項梁使別將朱雞石、餘樊君與戰。餘樊君死，朱雞石軍敗，亡走胡陵。項梁乃引兵入薛，誅雞石。〔六〕項梁前使項羽別攻襄城，〔七〕襄城堅守不下。已拔，皆阬之。〔八〕還報項梁。項梁聞陳王定死，召諸別將，會薛計事。〔九〕此時沛公亦起沛往焉。

〔一〕【集解】陳涉世家曰：「秦嘉，廣陵人。」文穎曰：「景駒，楚族，景氏，駒名。」【考證】今本陳涉世家作「陵人」，漢書陳勝傳作「凌人」。

〔二〕【正義】括地志云：「徐州彭城縣，古彭祖國也。」言秦嘉軍於此城之東。【考證】彭城，江蘇徐州府。

〔三〕【考證】「大」字諸本無，今據宋本補。

〔四〕【集解】鄧展曰：「今胡陸，屬山陽。漢章帝改曰胡陵。」【考證】胡陵，今山東濟寧州魚臺縣東南。

〔五〕【集解】徐廣曰：「縣名，在沛。」【考證】栗，河南歸德府夏邑縣治。

〔六〕【正義】括地志云：「故薛城，古薛侯國也，在徐州滕縣界，黃帝之所封。左傳曰，定公元年，薛宰云『薛之祖奚仲，居薛，爲夏車正』，後爲孟嘗君田文封邑也。」【考證】薛，山東兗州滕縣東南。

〔七〕【正義】許州襄城縣。【考證】襄城，河南許州襄城縣治。

〔八〕【考證】顏師古曰：陷之於阬，盡殺之。凌稚隆曰：羽初出，即以所拔者阬。太史公首次此，見羽之不足爲也。梁玉繩曰：前此皆稱項籍，此後忽改稱字而不名，何也？高紀則皆稱字。

〔九〕【考證】凌稚隆曰：「聞陳王定死」與上「聞陳王敗走」及「未聞所在」相應。

居鄛人范增，年七十，素居家，好奇計。〔一〕往説項梁曰：「陳勝敗固當。〔二〕夫秦滅六國，楚最無罪。自懷王入秦不反，楚人憐之至今。故楚南公曰〔三〕『楚雖三户，亡秦必楚』也。〔四〕今陳勝首事，不立楚後而自立，其勢不長。今君起江東，楚蠭午之將皆争附君者，以君世世楚將，爲能復立楚之後也。」〔五〕於是項梁然其言，乃求楚懷王孫心，民間爲人牧羊，立以爲楚懷王，〔六〕從民所望也。〔七〕陳嬰爲楚上柱國，封五縣，與懷王都盱台。〔八〕項梁自號爲武信君。

〔一〕【索隱】晉灼音「勦絶」之「勦」。地理志居鄛縣，在廬江郡，音巢，是故巢國，夏桀所奔。荀悦漢紀云：「范增，阜陵人也。」【考證】居家不仕也。

〔二〕【正義】顧著作云：「固宜當應敗也。」當音如字。

〔三〕【集解】徐廣曰：「楚人也，善言陰陽。」駰案：文穎曰「南方老人也」。【索隱】徐廣云：「楚人善言陰陽者，見天文志也。」【正義】虞喜志林云：「南公者，道士，識廢興之數，知亡秦者必於楚。」漢書藝文志云南公十三篇，六國時人，在陰陽家流。

〔四〕【集解】瓚曰：「楚人怨秦，雖三户猶足以亡秦也。」【索隱】臣瓚與蘇林解同。韋昭以爲三户，楚三大姓昭、屈、景也。二説皆非也。按：左氏「以畀楚師于三户」，杜預注云「今丹水縣北三户亭」，則是地名不疑。【正義】按：服虔云「三户，漳水津也」。孟康云「津峽名也，在鄴西三十里」。括地志云「濁漳水又東經葛公亭，北經三户峽，爲三户津，在相州滏陽縣界」。然則南公辨陰陽，識廢興之數，知秦亡必於三户，故出此言。後項羽果度三户津，破章邯軍，降章邯，秦遂亡。是南公之善識。【考證】「三户」者言其少耳，乃虛設之辭。瓚説爲是，若以爲地名，「雖」字不通。

〔五〕【集解】如淳曰：「蠭午，猶言蠭起也。衆蠭飛起，交橫若午，言其多也。」【索隱】凡物交橫爲午，言蠭之起，交橫屯聚也。故劉向傳注云「蠭午，雜沓也」。又鄭玄曰「一縱一橫爲午」。【正義】爲，于僞反。【考證】蠭午，各本作「蠭起」，誤。今依索隱單本，說見王氏讀書雜志。

〔六〕【集解】徐廣曰：「此時二世之二年六月。」【考證】楓、三本「民」上有「在」字。

〔七〕【集解】應劭曰：「以祖謚爲號者，順民望。」【考證】凌稚隆曰：「范增勸項氏，第一事，惟立楚懷王心。不知項世楚將，懷王立，則項當終其身爲驅馳，增謂羽能堪之乎？必不能堪，將置懷王於何地？卒之羽弑懷王，而漢之滅羽，因始終以懷王爲說，是懷王之立，反爲漢地耳。蓋懷王立，則羽不能不弑逆；羽弑逆，則羽不容不滅。然則項之所以失天下，非增勸立懷王一事誤之耶？中井積德曰：「范增之策，非大豪傑所爲也。項梁銳意於成事，亦未暇於熟意，乃爲增所誤耳。凡豪傑崛起之初，未爲衆人所奉戴者，難於自尊，恐失衆心故也，若後漢劉伯升可見已。

〔八〕【集解】鄭玄曰：「音煦怡。」【正義】盱，况于反。眙，以之反。盱眙，今楚州臨淮水，懷王都之。【考證】盱台，安徽泗州盱眙縣東北。

居數月，引兵攻亢父，〔一〕與齊田榮、司馬龍且軍救東阿，〔二〕大破秦軍於東阿。田榮即引兵歸，逐其王假。〔三〕假亡走楚。假相田角亡走趙。角弟田閒故齊將，居趙不敢歸。田榮立田儋子市爲齊王。項梁已破東阿下軍，遂追秦軍，數使使趣齊兵，欲與俱西。〔四〕田榮曰：「楚殺田假，趙殺田角、田閒，乃發兵。」項梁曰：「田假爲與國之王，〔五〕窮來從我，不忍殺之。」趙亦不殺田角、田閒以市於齊。〔六〕齊遂不肯發兵助楚。項梁使沛公及項羽別攻城陽，屠之。〔七〕西破秦軍濮陽東，〔八〕秦兵收入濮陽。沛公、項羽乃攻定陶。〔九〕定陶未下，去西略地至雎丘。〔一〇〕大破秦軍，斬李由。〔一一〕還攻外黃，〔一二〕外黃未下。

〔一〕【正義】亢，音剛，又苦浪反。父，音甫。括地志云：「亢父故城，在兖州任城縣南五十一里。」【考證】楓、三本無「爲」字。亢父，東平縣，今濟寧州東五十里。

〔二〕【正義】且，子余反。括地志云：「東阿故城，在濟州東阿縣西南二十五里，漢東阿縣城，秦時齊之阿也。」【考證】東阿，山東兖州府陽穀縣東北。

〔三〕【考證】歸有光曰：初章邯已殺齊王田儋於臨淄，田假自立爲齊王。

〔四〕【正義】下「使」，色吏反。趣，音促。

〔五〕【集解】如淳曰：「相與交善爲與國，與，黨與也。」【索隱】按：高誘注戰國策云「與國，同禍福之國也」。【考證】楓、三本無「爲」字。

〔六〕【集解】張晏曰：「若市買相貿易以利也。梁救榮難，猶不用命。梁念殺假等，榮未必多出兵，不如依春秋寄公待以禮也，又可以貿易他利以除己害，遂背德可輔假以伐齊，故曰市，貿易也。」晉灼曰：「假，故齊王建之弟，欲令楚殺之以爲己利，而楚保全不殺以買其計，故曰市也。」【索隱】按：張晏云「市，貿易也」。韋昭云「市利於齊也」，故劉氏亦云「市，猶要也」。留田假而不殺，欲以要脅田榮也。【考證】「田閒爲與國之王」數語，田儋傳以爲楚懷王言。顏師古曰：「市」者以角、閒市取齊兵也，直言趙不殺角、閒以求齊兵耳。

〔七〕【正義】括地志云：「濮州雷澤縣，本漢城陽，在州東九十一里。地理志云城陽屬濟陰郡，古郕伯國，姬姓之國。史記周武王封季弟載于郕，其後遷於城之陽，故曰城陽。」【考證】錢大昕曰：「城陽」當作「成陽」，縣名，屬濟陰郡，非齊之城陽國也。梁玉繩曰：史、漢成陽之與城陽往往互書，蓋古字通借，不定是誤，然亦頗淆混矣。愚按：成陽，山東曹州府濮州東南。

〔八〕【正義】括地志云：「濮陽縣，在濮州西八十六里，濮縣也，古昊之國。」按：攻城陽，屠之，西破秦軍濮陽縣也。東即此縣東。【考證】濮陽，直隸大名府開州南。

〔九〕【正義】定陶，曹州城也。從濮陽南攻定陶。【考證】定陶，山東曹州府定陶縣西北。

〔一〇〕【正義】雍丘，今汴州縣也。地理志云「古杞國，武王封禹後於杞，號東樓公，二十一世簡公，爲楚所滅」，即此城也。【考證】雍丘，河南開封府杞縣治。

〔一一〕【集解】應劭曰：「由，李斯子也。」

〔一二〕【正義】括地志云：「故周城，即外黃之地，在雍丘縣東。」張晏曰：「魏郡有内黃縣，故加『外』也。」臣瓚曰：「縣有黃溝，故名。」【考證】外黃，開封府杞縣東。

項梁起東阿，西北至定陶，再破秦軍，〔一〕項羽等又斬李由，益輕秦，有驕色。宋義乃諫項梁曰：「戰勝而將驕卒惰者敗。今卒少惰矣，秦兵日益，臣爲君畏之。」項梁弗聽。乃使宋義使於齊。道遇齊使者高陵君顯。〔二〕曰：「公將見武信君乎？」曰：「然。」曰：「臣論武信君軍必敗。公徐行即免死，疾行則及禍。」秦果悉起兵益章邯，擊楚軍，大破之定陶，項梁死。沛公、項羽去外黃攻陳留，〔三〕陳留堅守，不能下。沛公、項羽相與謀曰：「今項梁軍破，士卒恐。」〔四〕乃與呂臣軍俱引兵而東。〔五〕呂臣軍彭城東，項羽軍彭城西，沛公軍碭。〔六〕

〔一〕【考證】古鈔本、三條本「北」作「比」。王念孫曰：漢書作「比至定陶」，是也。定陶，在東阿之西南，不得言「西北至定陶」也。

〔二〕【集解】張晏曰：顯，名也。高陵，縣名。【索隱】按：晉灼云「高陵，屬琅邪」。【考證】凌稚隆曰：漢紀云「宋義故楚令尹」。

〔三〕【考證】陳留，河南開封府陳留縣。

〔四〕【考證】楓、三本無「能」字。董份曰：項羽不宜自稱季父之名，沛公於羽前亦必不名其季父，「項梁」字誤也。陳仁錫曰：「項梁」當作「武信君」。梁玉繩曰：高紀項羽曰「懷王者，吾家項梁所立」，與此同誤。

〔五〕【考證】何焯曰：一路向西北，而引兵而東，暫以兵敗也。

〔六〕【集解】應劭曰：「碭，屬梁國。」蘇林曰：「碭音唐。」【正義】括地志云：「宋州碭山縣，本漢碭縣也，在宋州東百五十里。」【考證】碭，江蘇徐州府碭山縣南。

章邯已破項梁軍，則以爲楚地兵不足憂，乃渡河擊趙，大破之。當此時趙歇爲王，陳餘爲將，張耳爲相，〔一〕皆走入鉅鹿城。章邯令王離、涉閒圍鉅鹿，〔二〕章邯軍其南，築甬道而輸之粟。〔三〕陳餘爲將，將卒數萬人而軍鉅鹿之北，此所謂河北之軍也。〔四〕

〔一〕【考證】徐孚遠曰：陳餘將兵在外，未入鉅鹿城，此語誤。梁玉繩曰：「陳餘爲將」四字，因下文而衍。

〔二〕【集解】張晏曰：「涉，姓；閒，名。秦將也。」【考證】直隸順德平鄉縣。

〔三〕【集解】應劭曰：「恐敵抄輜重，故築墻垣如街巷也。」

〔四〕【考證】高祖紀亦有此語。岡白駒曰：當時有此成語。

楚兵已破於定陶，懷王恐，從盱台之彭城，并項羽、呂臣軍自將之。以呂臣爲司徒，以其父呂青爲令尹。〔一〕以沛公爲碭郡長，〔二〕封爲武安侯，將碭郡兵。〔三〕

〔一〕【集解】應劭曰：「天子曰師尹，諸侯曰令尹，時去六國尚近，故置令尹。」瓚曰：「諸侯之卿，唯楚稱令尹。時立楚之後，故置官司，皆如楚舊。」

〔二〕【集解】蘇林曰：「長如郡守也。」

〔三〕【考證】高祖紀云：「封項羽爲長安侯，號曰魯公。」漢書高祖紀云：「以羽爲魯公，封長安侯。」

初，宋義所遇齊使者高陵君顯在楚軍，見楚王，〔一〕曰：「宋義論武信君之軍必敗，居數日，軍果敗。兵未戰而先見敗徵，此可謂知兵矣。」王召宋義與計事，而大説之。因置以爲上將軍，項羽爲魯公，爲次將，范增爲末將，救趙。諸別將皆屬宋義，〔二〕號爲卿子冠軍。〔三〕行至安陽，留四十六日，不進。〔四〕項羽曰：「吾聞秦軍圍趙王鉅鹿，疾引兵渡河，楚擊其外，趙應其内，破秦軍必矣。」宋義曰：「不然。夫搏牛之蝱，不可以破蟣蝨。〔五〕今秦攻趙，戰勝則兵罷，我承其敝；不勝，則我引兵鼓行而西，必舉秦矣。〔六〕故不如先鬬秦、趙。夫被堅執鋭，義不如公；坐而運策，公不如義。」因下令軍中曰：「猛如虎，很如羊，〔七〕貪如狼，彊不可使者，皆斬之。」〔八〕乃遣其子宋襄相齊，身送之至無鹽，〔九〕飲酒高會。〔一〇〕天寒大雨，士卒凍飢。項羽曰：「將戮力而攻秦，久留不行。今歲饑民貧，士卒食芋菽，〔一一〕軍無見糧，〔一二〕乃飲酒高會，不引兵渡河，因趙食，與趙并力攻秦，乃曰『承其敝』。夫以秦之彊攻新造之趙，其勢必舉趙。趙舉而秦彊，何敝之承！且國兵新破，王坐不安席，埽境内而專屬於將軍，國家安危，在此一舉。今不恤士卒而徇其私，非社稷之臣。」〔一三〕項羽晨朝上將軍宋義，〔一四〕即其帳中，斬宋義頭，出令軍中曰：「宋義與齊謀反楚，楚王陰令羽誅之。」〔一五〕當是時，諸將皆慴服，莫敢枝梧。〔一六〕皆曰：「首立楚者將軍家也。今將軍誅亂。」乃相與共立羽爲假上將軍，〔一七〕使人追宋義子，及之齊，殺之。使桓楚報命於懷王。懷王因使項羽爲上將軍，〔一八〕當陽君、蒲

將軍皆屬項羽。〔一九〕

〔一〕【考證】楚王即楚懷王。漢書項籍列傳作「見楚懷王」。

〔二〕【考證】梁玉繩曰：漢紀云「宋義，故楚令尹」。大事記曰「懷王義爲元帥者，非特喜其知兵，亦以楚者舊大臣故，尊任親倚之」。史、漢不載爲楚令尹，荀氏所據必楚漢春秋也。

〔三〕【集解】徐廣曰：「卿，一作『慶』。」文穎曰：「卿子，時人相尊之辭，猶言公子也。上將，故言冠軍。」張晏曰：「若霍去病功冠三軍，因封爲冠軍侯，至今爲縣名。」

〔四〕【索隱】按：傅寬傳云「從攻安陽、扛里」，則安陽與扛里俱在河南。顏師古以爲今相州安陽縣。按：此兵猶未渡河，不應即至相州安陽。今檢後魏書地形志云「己氏有安陽城，隋改己氏爲楚丘」，今宋州楚丘西北四十里有安陽故城，是也。【正義】括地志云：「安陽縣，相州所理縣。七國時魏寧新中邑，秦昭王拔魏寧新中，更名安陽。」張耳傳云，章邯軍鉅鹿南，築甬道屬河，餉王離。項羽數絶邯甬道，王離軍乏食。項羽悉引兵渡河，遂破章邯，圍鉅鹿下。又云，渡河湛船，持三日糧。按：從滑州白馬津齎三日糧，不至邢州，明此渡河，相州漳河也。宋義遣其子襄相齊，送之至無鹽，即今鄆州之東宿城是也。若依顏監説，在相州安陽，宋義送子，不可棄軍渡河，南向齊，西南入魯界，飲酒高會，非入齊之路。義雖知送子曲由宋州安陽理順，然向鉅鹿甚遠，不能數絶章邯甬道，及持三日糧至也。均之二理，安陽送子至無鹽爲長。濟河絶甬道，持三日糧，寧有遲留？史家多不委曲説之也。【考證】沈欽韓曰：安陽，以下文宋義送子至無鹽證之，謂在己氏者是也。愚按：安陽，山東曹州府曹縣東。

〔五〕【集解】如淳曰：「用力多而不可以破蟣蝨，猶言欲以大力伐秦，而不可以救趙也。」【索隱】張晏云：「搏，音博。」韋昭云「蝱大在外，蝨小在內」。故顏師古言「以手擊牛之背，可以殺其上蝱，而不能破其內蝨，喻方欲滅秦，不可與章邯即戰也」。鄒氏搏音附。今按：言蝱之搏牛，本不擬破其上之蟣蝨，以言志在大不在小也。【考證】顔説爲是。

〔六〕【考證】胡三省曰：鼓行者擊鼓而行，堂堂之陳也。

〔七〕【正義】很，何懇反。

〔八〕【考證】胡三省曰：暗指羽。

〔九〕【索隱】按：地理志，東平郡之縣在今鄆州之東也。【考證】徐孚遠曰：田榮與項梁有隙，梁死楚弱，宋義欲結援於齊，以子相之。愚按：無鹽，泰安府東平州東。

〔一〇〕【集解】韋昭曰：「皆召尊爵，故云高。」【索隱】韋昭曰：「皆召尊爵者，故曰高會。」服虔云：「大會是也。」【考證】高會，服説是。

〔一一〕【集解】徐廣曰：「芋，一作『半』。半，五升器也。」駰案：瓚曰「士卒食蔬菜，以菽雜半之。」【索隱】芋，蹲鴟也。菽，豆也。故臣瓚曰「士卒食蔬菜，以菽半雜之」，則芋菽義亦通。漢書作「半菽」。徐廣曰：「芋，一作『半』。半，五升也。」王劭曰：「半，量器名，容半升也。」【考證】芋菽，瓚説是。漢書「芋」作「半」。

〔一二〕【正義】胡練反。顔監云：「無見在之糧。」

〔一三〕【索隱】私，謂使其子相齊，是徇其私情。崔浩云：「徇，營也。」

〔一四〕【考證】趙翼曰：古時凡詣人皆曰「朝」，呂覽「堯朝許由於沛澤之中」，是也。秦漢時僚屬謁長官亦曰「朝」，史記「項羽晨朝上將軍」，是也。論語「冉子退朝」，則大夫家亦稱「朝」。秦漢以來郡縣坐衙視事，亦曰「朝」。

〔一五〕【考證】梁玉繩曰：古人亦自稱字，漢書匡衡傳注引衡與貢禹書言「匡鼎白」，後書周黄徐姜申屠傳序述閔貢語云：「閔仲叔豈以口腹累安邑邪！」漢書「羽」作「籍」。愚按：當從漢書作「籍」，下文「籍何以至此」，「籍獨不愧於心乎」，可證。

〔一六〕【集解】如淳曰：「梧，音悟。枝梧，猶枝捍也。」瓚曰：「小柱爲枝，邪柱爲梧，今屋梧邪柱是也。」【正義】枝，音之移反。梧，音悟。

〔一七〕【正義】未得懷王命也。假，攝也。

〔一八〕【集解】徐廣曰：「二世三年十一月。」

〔一九〕【考證】當陽君，英布。

項王已殺卿子冠軍，威震楚國，名聞諸侯。乃遣當陽君、蒲將軍將卒二萬渡河，〔一〕救鉅鹿。戰少利，〔二〕陳餘復請兵項羽，乃悉引兵渡河，皆沈船、破釜甑、燒廬舍，持三日糧以示士卒必死，無一還心。於是至則圍王離，與秦軍遇，九戰絶其甬道，大破之。〔三〕殺蘇角，〔四〕虜王離。涉閒不降楚，自燒殺。當是時，楚兵冠諸侯。〔五〕諸侯軍救鉅鹿下者十餘壁，莫敢縱兵。〔六〕及楚擊秦，諸將皆從壁上觀。楚戰士無不一以當十，楚兵呼聲動天，〔七〕諸侯軍無不人人惴恐。〔八〕於是已破秦軍，項羽召見諸侯將，入轅門，〔九〕無不膝行而前，莫敢仰視。〔一〇〕項羽由是始爲諸侯上將軍，諸侯皆屬焉。

〔一〕【正義】漳水。

〔二〕【考證】岡白駒曰：少得利。

〔三〕【考證】中井積德曰：是謂章邯軍也，非王離。

〔四〕【集解】文穎曰：「秦將也。」

〔五〕【考證】中井積德曰：是時諸侯兵非不戰也，「冠」字可以見。張耳傳可參。

〔六〕【考證】中井積德曰：「下」字疑衍，漢書無。

〔七〕【考證】楓、三本無「以」字。

〔八〕【集解】漢書音義曰：「惴，音章瑞反。」

〔九〕【集解】張晏曰：「軍行以車爲陳，轅相向爲門，故曰轅門。」【考證】毛本重「諸侯將」三字。

〔一〇〕【考證】陳仁錫曰：疊用三「無不」字，有精神。漢書去其二，遂乏氣魄。

章邯軍棘原，〔一〕項羽軍漳南，〔二〕相持未戰。秦軍數卻，二世使人讓章邯。章邯恐，使長史欣請事。至咸陽，留司馬門三日，〔三〕趙高不見，有不信之心。長史欣恐，還走其軍，不敢出故道。〔四〕趙高果使人追之，不及。欣至軍報曰：「趙高用事於中，下無可爲者。今戰能勝，高必疾妒吾功；戰不能勝，不免於死。願將軍孰計之。」〔五〕陳餘亦遺章邯書曰：「白起爲秦將，南征鄢郢，北阬馬服，攻城略地，不可勝計，而竟賜死。〔六〕蒙恬爲秦將，北逐戎人，開榆中地數千里，〔七〕竟斬陽周。〔八〕何者？功多秦不能盡封，因以法誅之。今將軍爲秦將三歲矣，所亡失以十萬數，〔九〕而諸侯並起滋益多。彼趙高素諛日久，今事急，亦恐二世誅之，故欲以法誅將軍以塞責，使人更代將軍，以脱其禍。夫將軍居外久，多内郤。有功亦誅，無功亦誅。且天之亡秦，無愚智皆知之。今將軍内不能直諫，外爲亡國將，孤特獨立而欲常存，豈不哀哉！將軍何不還兵與諸侯爲從，約共攻秦，分王其地，南面稱孤；〔一〇〕此孰與身伏鈇質，妻子爲僇乎？」〔一一〕章邯狐疑，陰使候始成使項羽，欲約，約未成。〔一二〕項羽使蒲將軍日夜引兵渡三戶，〔一三〕軍漳南，與秦戰，再破之。項羽悉引兵擊秦軍汙水上，大破之。〔一四〕

〔一〕【集解】張晏曰：「在漳南。」晉灼曰：「地名，在鉅鹿南。」【考證】直隸順德府平鄉縣南。

〔二〕【正義】括地志云：「濁漳水，一名漳水，今俗名柳河，在邢州平鄉縣南。注水經云，漳水一名大漳水，兼有滏水之目也。」

〔三〕【集解】凡言司馬門者，宮垣之内，兵衛所在，四面皆有司馬，主武事。總言宮之外門爲司馬門也。【索隱】按：天子門有兵闌，曰司馬門也。

〔四〕【正義】走，音奏。

〔五〕【考證】楓、三本無「疾」字。

〔六〕【索隱】韋昭云：「趙奢子括也，代號馬服。」崔浩云：「馬服，趙官名，言服武事。」【考證】中井積德曰：括是馬服君之子，故當時稱馬服也。愚按：韓非顯學篇「趙任馬服之辯而有長平之禍」，亦以馬服稱趙括。

〔七〕【索隱】服虔云：「金城縣所治。」蘇林曰：「在上郡。」崔浩云：「蒙恬樹榆爲塞也。」

〔八〕【集解】孟康曰：「縣屬上郡。」【正義】括地志云：「寧州羅川縣，在州東南七十里，漢陽周縣。」

〔九〕【考證】漢書「以」作「已」。

〔一〇〕【索隱】此諸侯謂關東諸侯也。何以知然？文穎曰：「關東爲從，關西爲横。」高誘曰：「關東地形從長，蘇秦相六國，號爲合從。關西地形横長，張儀相秦，壞關東從，使與秦合，號曰連横。」【考證】顔師古曰：還兵，謂迴兵内鄉以攻秦也。

〔一一〕【索隱】公羊傳云：「加之鈇質。」何休云：「要斬之罪。」崔浩云：「質，斬人椹也。」又郭注三蒼云：「質，莝椹也。」

〔一二〕【集解】張晏曰：「候，軍候。」【索隱】候，軍候，官名。始成，其名。

〔一三〕【集解】服虔曰：「漳水津也。」張晏曰：「三户，地名，在梁淇西南。」孟康曰：「津峽名也，在鄴西三十里。」【索隱】水經注云「漳水東經三户峽爲三户津」也。淇，當爲「湛」。案：晉八王故事云「王浚伐鄴，前至梁湛」，蓋梁湛在鄴西四十里。孟康云「在鄴西三十里」。又闞駰十三州志云「鄴北五十里，梁期故縣也」。字有不同。

〔四〕【集解】徐廣曰：「在鄴西。」【索隱】汙，音于。郡國志鄴縣有汙城。酈元云「汙水，出武安山東南，經汙城北入漳」。【正義】括地志云：「汙水，源出懷州河內縣北大行山。」又云：「故邗城，在河內縣西北二十七里，古邗國地也。左傳云『邗、晉、應、韓，武之穆也』。」【考證】中井積德曰：前稱羽軍漳南，此遣軍渡三户，則往在漳北也。此「漳南」當作「漳北」。愚按：漢書亦作「漳南」。汙水，在臨漳縣西南，出武安山，入漳，今絶。

章邯使人見項羽，欲約。項羽召軍吏謀曰：「糧少，欲聽其約。」軍吏皆曰：「善。」項羽乃與期洹水南殷虛上。〔一〕已盟，章邯見項羽而流涕，爲言趙高。項羽乃立章邯爲雍王，置楚軍中。使長史欣爲上將軍，將秦軍爲前行。〔二〕

〔一〕【集解】徐廣曰：「二世三年七月也。」駰案：應劭曰「洹水，在陽陰界。殷墟，故殷都也」。瓚曰「洹水，在今安陽縣北，去朝歌殷都一百五十里。然則此殷虛非朝歌也。汲冢古文曰『盤庚遷于此』，汲冢曰『殷虛，南去鄴三十里』。是舊殷虛，然則朝歌非盤庚所遷者」。【索隱】按：釋例云「洹水出汲郡林慮縣東北，至長樂入清水」，是也。汲冢古文云「盤庚自奄遷于北蒙，曰殷虛，南去鄴州三十里」，是殷虛南舊地，名號北蒙也。【考證】淩稚隆曰：邯始欲約，約未成，而羽使擊之，既復欲約，因糧少而後聽之。此太史公敘事縝密處，而羽之兵法亦概見矣。

〔二〕【正義】胡郎反。【考證】顏師古曰：前行，謂居前而行。

到新安。〔一〕諸侯吏卒異時故繇使屯戍過秦中，秦中吏卒遇之多無狀，及秦軍降諸侯，諸侯吏卒，乘勝多奴虜使之，輕折辱秦吏卒。秦吏卒多竊言曰：「章將軍等詐吾屬降諸侯，今能入關破秦，大善；即不能，諸侯虜吾屬而東，秦必盡誅吾父母妻子。」諸將微聞其計，以告項羽。項羽乃召黥布、蒲將軍計曰：「秦吏卒尚衆，其心不服，至關中不聽，事必危，不如擊殺之，而獨與章邯、長史欣、都尉翳入秦。」於是楚軍夜擊，阬秦卒二十餘萬人新安城南。〔一〕

〔一〕【正義】括地志云：「新安故城，在洛州澠池縣東一十三里，漢新安縣城也。即阬秦卒處。」【考證】新安，河南澠池縣東。

〔二〕【集解】徐廣曰：「漢元年十一月。」【考證】楓、三本無「人」字。

行略定秦地。至函谷關，〔一〕有兵守關，不得入。又聞沛公已破咸陽，項羽大怒，使當陽君等擊關。項羽遂入，至于戲西。沛公軍霸上，未得與項羽相見。〔二〕沛公左司馬曹無傷使人言於項羽曰：「沛公欲王關中，使子嬰爲相，珍寶盡有之。」〔三〕項羽大怒曰：「旦日饗士卒，爲擊破沛公軍！」當是時，項羽兵四十萬，在新豐鴻門，〔四〕沛公兵十萬，在霸上。范增説項羽曰：「沛公居山東時，貪於財貨，好美姬。〔五〕今入關，財物無所取，婦女無所幸，此其志不在小。吾令人望其氣，皆爲龍虎，成五采，此天子氣也。急擊勿失。」〔六〕

〔一〕【集解】文穎曰：「時關在弘農縣衡山嶺，今移在河南穀城縣。」【索隱】文穎曰：「在弘農縣衡山嶺，今移在穀城。」顔師古云：「今桃林縣南有洪溜澗水，即古之函關。」按：山形如函，故稱函關。【正義】括地志云：「函谷關，在陝州桃林縣西南十二里，秦函谷關也。圖記云，西去長安四百餘里，路在谷中，故以爲名。」【考證】

「至」字各本奪。依楓、三本及漢傳補。

〔二〕【考證】霸上，即白鹿原，在西安府咸寧縣東。水經注「白鹿原東，即霸川之西」，「謂之霸上」。

〔三〕【考證】梁玉繩曰：范增曰「沛公入關，財物無所取」。沛公謂項伯曰「吾入關，秋毫不敢有所近，籍吏民封府庫，而待將軍」。樊噲謂項羽曰「沛公入咸陽，毫毛不敢有所近，封閉宮室，還軍霸上」。又高紀謂「沛公封秦重寶財物府庫」，是高祖之不取秦寶物，皆張良、樊噲一諫之力，而曹無傷「珍寶盡有之」語，徒以媚羽求封耳。但蕭何世家云「沛公至咸陽，諸將皆爭走金帛財物之府分之」，然則曹無傷之言，未盡虛妄，謝項羽之玉璧與亞父之玉斗，高祖何從得之？可知非毫無所取也。

〔四〕【集解】孟康曰：「在新豐東十七里，舊大道北下阪口名也。」【考證】中井積德曰：新豐亦從後言之也。當時無新豐。愚按：鴻門坂名，在臨潼縣東，今曰項王營。

〔五〕【考證】楓、三本無「時」字。

〔六〕【考證】漢書高紀無「虎」字。愚按：是史家假託之也，亞父恐無此言。

楚左尹項伯者，項羽季父也。〔一〕素善留侯張良。張良是時從沛公，項伯乃夜馳之沛公軍，私見張良，具告以事，欲呼張良與俱去。曰：「毋從俱死也。」〔二〕張良曰：「臣爲韓王送沛公，〔三〕沛公今事有急，亡去不義，不可不語。」〔四〕良乃入具告沛公。沛公大驚曰：「爲之奈何？」張良曰：「誰爲大王爲此計者？」〔五〕曰：「鯫生〔六〕說我曰『距關毋內諸侯，秦地可盡王也』。故聽之。」良曰：「料大王士卒，足以當項王乎？」〔七〕沛公默然，曰：「固不如也，且爲之奈何？」張良曰：「請往謂項伯，言沛公不敢背項王也。」沛公曰：「君安與項伯有故？」張良曰：「秦時與臣游，項伯殺人，臣活之。今事有急，故幸來告良。」沛公曰：「孰與君少長？」良曰：「長於臣。」沛公曰：「君爲我呼入，吾得兄事之。」張良出要項伯。項伯即入見沛公。沛公奉卮酒爲壽，約爲婚姻。〔八〕曰：「吾入關，秋豪不敢有所近，籍吏民，封府庫，而待將軍。所以遣將守關者，備他盜之出入與非常也。日夜望將軍至，豈敢反乎！願伯具言臣之不敢倍德也。」項伯許諾。謂沛公曰：「旦日不可不蚤自來謝項王。」沛公曰：「諾。」〔九〕於是項伯復夜去至軍中，具以沛公言報項王。因言曰：「沛公不先破關中，公豈敢入乎？今人有大功，而擊之不義也，不如因善遇之。」〔一〇〕項王許諾。

〔一〕**【索隱】**名纏，字伯，後封射陽侯。**【考證】**中井積德曰：季而字伯，不知何緣故。

〔二〕**【考證】**古鈔本、楓、三本「從」作「徒」。王念孫曰：「從俱死」，當作「徒俱死」。漢書高紀作「特俱死」，注「特，但也，空也，空死而無成名也」。

〔三〕**【正義】**爲，于僞反。**【考證】**是蓋假託之言，非事實。

〔四〕**【考證】**楓、三本無「沛公」二字。

〔五〕**【考證】**徐孚遠曰：此時沛公未得稱王，及項羽稱王，皆自後追言，未删正也。梁玉繩曰：前後俱稱沛公，何忽於張良三稱大王邪？留侯世家作「沛公」，是。

〔六〕**【集解】**徐廣曰：「鯫，音士垢反，魚名。」駰案：服虔曰「鯫，音淺。鯫，小人貌也」。瓚曰「楚漢春秋，鯫，姓也」。

〔七〕**【考證】**梁玉繩曰：羽時亦未王，故沛公稱羽將軍，以其爲諸侯上將軍也。史乃豫書爲王，此下項伯曰「項王」，范增、項莊曰「君王」，張良、樊噲曰「項王」、「大王」，凡書王者三十八，似失史體。留侯世家、樊噲傳及漢書俱不言王，甚是，惟樊噲語未盡改耳。顧炎武曰：沛公但稱羽爲將軍，而樊噲則稱大王，其時羽未王也。張良曰「誰爲大王畫此計者」，其時沛公亦未王也。此皆臣下尊奉之詞，史家因而書之，今百世之下，辭氣宛然如見。又如黄歇上書秦昭王，書「先帝文王、武王」，其時秦亦未爲帝，必以書法裁之，此不達古今者矣。愚按：梁説是。

〔八〕【考證】顔師古曰：凡言爲壽，謂進爵於尊者，而獻無疆之壽。

〔九〕【考證】中井積德曰：項伯語中，不宜言項王。

〔一〇〕【考證】楓、三本「曰」上無「言」字。梁玉繩曰：項伯之招子房，非奉羽之命也，何以言報？且私良會沛，伯負漏師之重罪，尚能告羽乎？使羽詰曰「公安與沛公語」，則伯將奚對？史果可盡信哉！

沛公旦日從百餘騎來見項王，至鴻門謝曰：「臣與將軍勠力而攻秦，將軍戰河北，臣戰河南，然不自意能先入關破秦，得復見將軍於此。今者有小人之言，令將軍與臣有郤。」項王曰：「此沛公左司馬曹無傷言之；不然，籍何以至此？」項王即日因留沛公，與飲。項王、項伯東嚮坐，亞父南嚮坐。亞父者，范增也。〔一〕沛公北嚮坐，張良西嚮侍。范增數目項王，舉所佩玉玦以示之者三，項王默然不應。〔二〕范增起，出召項莊，〔三〕謂曰：「君王爲人不忍，〔四〕若入前爲壽。壽畢，請以劍舞，因擊沛公於坐，殺之。不者，若屬皆且爲所虜。」莊則入爲壽。壽畢曰：「君王與沛公飲，軍中無以爲樂，請以劍舞。」項王曰：「諾。」項莊拔劍起舞，項伯亦拔劍起舞，常以身翼蔽沛公，莊不得擊。於是張良至軍門見樊噲。樊噲曰：「今日之事何如？」良曰：「甚急。今者項莊拔劍舞，其意常在沛公也。」噲曰：「此迫矣，臣請入與之同命。」噲即帶劍擁盾入軍門。〔五〕交戟之衛士欲止不內。樊噲側其盾以撞，〔六〕衛士仆地。噲遂入，披帷西嚮立，瞋目視項王，〔七〕頭髮上指，目眥盡裂。〔八〕項王按劍而跽〔九〕曰：「客何爲者？」張良曰：「沛公之參乘樊噲者也。」項王曰：「壯士，賜之卮酒。」則與斗卮酒。噲拜謝，起立而飲之。項王曰：「賜之彘肩。」則與一生彘肩。〔一〇〕樊噲覆其盾於地，加彘肩上，拔劍切而啗之。〔一一〕項王曰：「壯士，能復飲乎？」樊噲曰：「臣死且不避，卮酒安足辭！夫秦王有虎狼之心，殺人如不能舉，刑人如恐不勝，天下皆叛之。〔一二〕懷王與諸將約曰『先破秦入咸陽者王之』。今沛公先破秦入咸陽，豪毛不敢有所近，封閉宮室，還軍霸上，以待大王來。故遣將守關者，備他盜出入與非常也。〔一三〕勞苦而功高如此，未有封侯之賞，而聽細說，欲誅有功之人。此亡秦之續耳，竊爲大王不取也。」〔一四〕項王未有以應，曰：「坐。」樊噲從良坐。坐須臾，沛公起如廁，因招樊噲出。

〔一〕【集解】如淳曰：「亞，次也。尊敬之次父，猶管仲爲仲父。」【考證】楓、三本「不然」作「不者」，無「即日」二字。劉攽曰：仲父自是管仲之字，亞父亦增字。黃淳耀曰：古人尚右，故宗廟之制皆南向，而廟主則東向，主賓之禮亦然。儀禮鄉飲酒禮篇「賓復位，當西序東面」是也。韓信傳廣武君「東面坐，西嚮，對而師事之」；「項羽得王陵母，置軍中，陵使至，則東向坐陵母，欲以招陵」；「周勃不好文學，每召諸生說事，東向坐責之」，皆以東爲尊。然則鴻門坐次，首項王、項伯，次亞父，次沛公也。中井積德曰：堂上之位，對堂下者，南嚮爲貴；不對堂下者，唯東嚮爲尊，不復以南面爲尊。

〔二〕【考證】胡三省曰：玦如環而有缺，增舉以示羽，蓋欲其決意殺沛公也。

〔三〕【正義】項羽從弟。

〔四〕【考證】韓信云："項王見人恭敬慈愛，言語嘔嘔。人有疾病，泣涕分食飲，至使人有功，當封爵者，印刓弊，忍不能予。此所謂婦人之仁也。"高起、王陵云"項羽仁而敬人"，與范增言對看，項羽其人可想。

〔五〕【正義】擁，紆拱反。盾，食允反。

〔六〕【正義】直江反。

〔七〕【正義】瞋，昌真反。

〔八〕【正義】眥，自賜反。

〔九〕【索隱】其紀反，謂長跪。

〔一〇〕【考證】李笠曰：漢書樊噲傳"與"下無"斗"字。卮受四升，不得斗卮酒。上云"賜之卮酒"，下云"卮酒安足辭"，此非泛言可知，"斗"蓋衍字。梁玉繩曰："生"字疑誤，彘肩不可生食，且此物非進自庖人，即撤自席上，何以生邪？孫侍郎曰：蓋故以此試之也。

〔一一〕【索隱】啗，徒覽反。凡以食餧人則去聲，自食則上聲。

〔一二〕【考證】岡白駒曰：如不能舉，必極力而後已。愚按：齊世家"賦斂如弗得，刑罰恐弗勝"，韓非子難二"治亂之術，如恐不勝"，注"重刑也"。

〔一三〕【考證】漢書修"故"字爲"所以"。

〔一四〕【考證】樊噲傳"細說"作"小人之言"。中井積德曰：此"大王"亦非當時之言。

沛公已出，項王使都尉陳平召沛公。〔一〕沛公曰："今者出，未辭也，爲之奈何？"樊噲曰："大行不顧細謹，大禮不辭小讓。如今人方爲刀俎，我爲魚肉，何辭爲。"〔二〕於是遂去。乃令張良留謝。良問曰："大王來何操？"曰："我持白璧一雙，欲獻項王，玉斗一雙，欲與亞父，會其怒，不敢獻。公爲我獻之。」〔三〕張良曰：「謹諾。」當是時，項王軍在鴻門下，沛公軍在霸上，相去四十里。沛公則置車騎，〔四〕脱身獨騎，與樊噲、夏侯嬰、靳彊、紀信等〔五〕四人持劍盾，步走，從酈山下，道芷陽間行。〔六〕沛公謂張良曰：「從此道至吾軍不過二十里耳。度我至軍中，公乃入。」沛公已去，間至軍中，張良入謝曰：「沛公不勝桮杓，不能辭。謹使臣良奉白璧一雙，再拜獻大王足下；玉斗一雙，再拜奉大將軍足下。」項王曰：「沛公安在？」良曰：「聞大王有意督過之，脱身獨去，已至軍矣。」〔七〕項王則受璧，置之坐上。亞父受玉斗，置之地，拔劍撞而破之，曰：「唉！豎子不足與謀！奪項王天下者，必沛公也，吾屬今爲之虜矣。」〔八〕沛公至軍，立誅殺曹無傷。〔九〕

〔二〕【集解】徐廣曰：「一本無『都』字。」【考證】史中陳平始見。明年平去楚歸漢。

〔三〕【考證】李斯傳云：「大行不小謹，盛德不辭讓。」酈食其傳「舉大事不細謹，盛德不辭讓」。

〔三〕【考證】斗，酒器。

〔四〕【考證】胡三省曰：置，留也。留車騎於鴻門，不以自隨。

〔五〕【索隱】漢書作「紀通」。通，紀成之子。

〔六〕【考證】胡三省曰：間，空也。投空隙而行。

〔七〕【集解】如淳曰：「脱身逃還其軍。」

〔八〕【集解】徐廣曰：「唉，烏來反。」【索隱】音虚其反。皆歎恨發聲之辭。【考證】豎子，斥項莊輩，而暗譏項羽也。若以爲直斥項羽，則下文「項王」二字不可解。

〔九〕【考證】董份曰：當時鴻門之宴，必有禁衛之士，訶訊出入，沛公恐不能輒自逃酒，且疾走二十里，亦已移時，沛公、良、噲三人俱出良久，羽在内，何爲竟不一問？而在外竟無一人爲羽之耳目者，任其出入往來，而莫之誰何，恐無此理。矧范增欲擊沛公，惟恐失之，豈容在外良久，而不亟召之耶？此皆可疑者。史固難盡信哉。豈天擁護真主，一時人皆迷耶？徐孚遠曰：漢主脱身至軍，董潯陽疑之，固當。然觀史記，叙漢人飲中多有更衣，或如廁竟去，而主人不知者。意當時之飲，與今少異。又聞有良駿行四十里，而杯猶温者，漢主之能疾行得此力也。其所云「步走」，或史遷誤也。吴裕垂曰：惟步行出鴻門，故羽不及覺，其得疾行至軍者，豈沛公來時，良於酈山道中豫伏精兵良駿以爲脱身之計歟？而沛公、良、噲三人甫出，羽固使陳平出召矣，而卒得脱歸者，抑沛公此時已有私交於平歟？陳平私縱於外，項伯排解於内，固無難緩步徐行而歸霸上矣。而况豫備良駿於驪山之下哉！

居數日，項羽引兵西屠咸陽，殺秦降王子嬰，燒秦宮室，火三月不滅；收其貨寶婦女而東。〔一〕人或説項王曰：「關中阻山河四塞，〔二〕地肥饒，可都以霸。」項王見秦宮室皆以燒殘破，〔三〕又心懷思欲東歸，曰：「富貴不歸故鄉，如衣繡夜行，誰知之者！」〔四〕説者曰：「人言楚人沐猴而冠耳，果然。」〔五〕項王聞之，烹説者。〔六〕

〔一〕【考證】梁玉繩曰：前已屢書「項王」，此後又攙三語，曰「項羽引兵西屠咸陽」，曰「項羽方渡河救趙」，曰「引其兵降項羽」，何也？愚按：項羽楚人，既失其祖，又失其季父，怨秦入骨。其入咸陽，猶伍子胥入郢，殺王屠民燒宮殿，以快其心者，亦不足異，謂之無深謀遠慮可也，謂之殘虐非道者，未解重瞳子心事。又按：此時沛公年已五十，思慮既熟，項羽年二十加六，血氣方剛。彼接物周匝積密，不敢妄動，此當事真摯勇決，任意徑行，是二人成敗之所以分也。

〔二〕【集解】徐廣曰：「東函谷，南武關，西散關，北蕭關。」

〔三〕【考證】漢書「以」作「已」，通。言關中可都者，不始於婁敬，蓋當時定論。

〔四〕【考證】鄉、行，韻。高祖紀云「高祖過沛，置酒起舞，慷慨傷懷，泣數行下，謂沛父兄曰『游子悲故鄉，吾雖都關中，萬歲後吾魂魄猶樂思沛』」，此與項羽心事全同，世與彼而不與是，何耶？

〔五〕【集解】張晏曰：「沐猴，獮猴也。」【索隱】言獮猴不任久著冠帶，以喻楚人性躁暴。果然，言果如人言也。【考證】唯言項羽不任衣冠耳。

〔六〕【集解】楚漢春秋、楊子法言云説者是蔡生，漢書云是韓生。

項王使人致命懷王。懷王曰：「如約。」乃尊懷王爲義帝。項王欲自王，先王諸將相。謂曰：「天下初發難時，〔一〕假立諸侯，後以伐秦。然身被堅執鋭首事，暴露於野三年，滅秦定天下者，皆將相諸君與籍之力也。〔二〕義帝雖無功，故當分其地而王之。」〔三〕諸將皆曰：「善。」乃分天下，立諸將爲侯王。項王、范增疑沛公之有天下，業已講解，〔四〕又惡負約，恐諸侯叛之，乃陰謀曰：「巴、蜀道險，秦之遷人皆居蜀。」乃曰：「巴、蜀亦關中地也。」故立沛公爲漢王，〔五〕王巴、蜀、漢中，都南鄭。〔六〕而三分關中，王秦降將以距塞漢王。項王乃立章邯爲雍王，王咸陽以西，都廢丘。〔七〕長史欣者，故爲櫟陽獄掾，嘗有德於項梁；都尉董翳者，本勸章邯降楚。故立司馬欣爲塞王，〔八〕王咸陽以東至河，都櫟陽；〔九〕立董翳爲翟王，王上郡，都高奴。〔一〇〕徙魏王豹爲西魏王，王河東，都平陽。〔一一〕瑕丘申陽者，張耳嬖臣也，〔一二〕先下河南郡，迎楚河上，故立申陽爲河南王，都雒陽。〔一三〕韓王成因故都，都陽翟。〔一四〕趙將司馬卬定河内，數有功，故立卬爲殷王，王河内，都朝歌。〔一五〕徙趙王歇爲代王。趙相張耳素賢，又從入關，故立耳爲常山王，王趙地，都襄國。〔一六〕當陽君黥布，爲楚將，常冠軍，故立布爲九江王，都六。〔一七〕鄱君吳芮率百越佐諸侯，又從入關，〔一八〕故立芮爲衡山王，都邾。〔一九〕義帝柱國共敖，〔二〇〕將兵擊南郡功多，因立敖爲臨江王，〔二一〕都江陵。〔二二〕徙燕王韓廣爲遼東王。〔二三〕燕將臧荼，從楚救趙，因從入關，故立荼爲燕王，都薊。〔二四〕徙齊王田市爲膠東王。〔二五〕齊將田都，從共救趙，因從入關，故立都爲齊王，都臨菑。〔二六〕故秦所滅齊王建孫田安，項羽方渡河救趙，田安下濟北數城，引其兵降項羽，故立安爲濟北王，都博陽。〔二七〕田榮者，數負項梁，又不肯將兵從楚擊秦，以故不封。〔二八〕成安君陳餘，弃將印去，不從入關，〔二九〕然素聞其賢有功於趙，聞其在南皮，〔三〇〕故因環封三縣。〔三一〕番君將梅鋗功多，故封十萬户侯。〔三二〕項王自立爲西楚霸王，〔三三〕王九郡，〔三四〕都彭城。〔三五〕

〔一〕**【集解】**服虔曰：「兵初起時。」**【正義】**難，乃憚反。

〔二〕**【正義】**暴，蒲北反。

〔三〕**【考證】**故，漢書作「固」，通。

〔四〕**【集解】**蘇林曰：「講，和也。」**【索隱】**服虔云：「解，折伏也。」説文云：「講，和解也。」漢書作「媾解」。蘇林云：「媾，和也。」是「講」之與「媾」俱訓和也。業，事也。言雖有疑心，然事已和解也。**【考證】**業，猶既也。

〔五〕**【集解】**徐廣曰：「以正月立。」

〔六〕【正義】括地志云：「南梁州所理縣也。」【考證】南鄭，陝西漢中。

〔七〕【索隱】孟康曰：「縣名。今槐里是也。」韋昭曰：「周時名犬丘，懿王所都，秦欲廢之，故曰廢丘。」【正義】括地志云：「犬丘故城，一名廢丘，故城在雍州始平縣東南十里。地理志云，漢高二年，引水灌廢丘，章邯自殺，更廢丘曰槐里。」【考證】廢丘，興平縣，屬西安府。

〔八〕【集解】韋昭曰：「在長安東，名桃林塞。」

〔九〕【集解】蘇林曰：「櫟，音藥。」【正義】括地志云：「櫟陽故城，一名萬年城，在雍州櫟陽東北二十五里。秦獻公之城櫟陽，即此也。」【考證】陝西西安府臨潼縣。

〔一〇〕【集解】文穎曰：「上郡，秦所置，項羽以董翳爲翟王，更名爲翟。」【索隱】按：今鄜州有高奴城。【正義】括地志云：「延州州城，即漢高奴縣。」【考證】翟，春秋白翟之地。高奴故城，在陝西延安府膚施縣東。

〔一一〕【考證】魏豹傳云：項羽「欲有梁地，徙魏王豹於河東」。平陽，山西平陽府。

〔一二〕【集解】徐廣曰：「一云瑕丘公也。」服虔曰：「瑕丘縣屬山陽。申，姓；陽，名。」文穎曰：「姓瑕丘，字申陽。」瓚曰：「瑕丘公申陽，是。瑕丘，縣名。」

〔一三〕【正義】括地志云：「洛陽故城，在洛州洛陽縣東北二十六里，周公所築，即成周城也。輿地志云，成周之地，秦莊襄王以爲洛陽縣，三川守理之。後漢都洛陽，改爲『雒』。漢以火德忌水，故去洛旁『水』而加『隹』。隹於行次爲土，土，水之忌也，水得土而流，土得水而柔，故除『隹』而加『水』。」

〔一四〕【正義】括地志云：「陽翟，洛州縣也。左傳云，鄭伯突入于櫟。杜預云，櫟，鄭別都，今河南陽翟縣是也。地理志云，陽翟縣，是屬潁川郡，夏禹之國。」【考證】陽翟，河南開封府禹州。

〔一五〕【考證】朝歌，河南衛輝府淇。

〔一六〕【正義】括地志云：「邢州城，本漢襄國縣，秦置三十六郡，於此置信都縣，屬鉅鹿郡，項羽改曰襄國，立張耳爲常山王，理信都。地理志云故邢侯國也。帝王世紀云邢侯爲紂三公，以忠諫被誅。史記云周武王封周公旦之子爲邢侯。左傳云『凡、蔣、邢、茅，周公之胤也』。」【考證】襄國，直隸順德府邢臺縣。

〔一七〕【索隱】六縣，古國，皋陶之後。【正義】括地志云：「故六城，在壽州安豐縣南百三十二里，本六國，偃姓，皋繇之後所封也。黥布亦皋繇之後，居六也。」【考證】六，安徽六安州。

〔一八〕【集解】韋昭曰：「鄱，音蒲河反。初吳芮爲鄱令，故號曰鄱君。今鄱陽縣是也。」【正義】番君，番，音婆。

〔一九〕【集解】文穎曰：「邾，音朱，縣名，屬江夏。」【正義】說文云：音誅。括地志云：「故邾城，在黃州黃岡縣東南二十里，本春秋時邾國。邾子，曹姓。狹居。至魯隱公徙蘄。」音機。【考證】邾故城，在湖北黃州府黃岡縣東南。

〔二〇〕【正義】共，音恭。

〔二一〕【集解】漢書音義曰：「本南郡，改爲臨江國。」

〔二二〕【正義】江陵，荊州縣。史記江陵，故郢都也。【考證】江陵，湖北荊州府治。

〔二三〕【集解】徐廣曰：「都無終。」

〔二四〕【考證】薊，直隸順德府大興縣。

〔二五〕【集解】徐廣曰：「都即墨。」【正義】括地志云：「即墨故城，在萊州膠水縣南六十里。古齊地，本漢舊縣。」膠，音交。在膠水之東。

〔二六〕【索隱】按：高紀及田儋傳云「臨濟」，此言「臨菑」，誤。【正義】菑，側其反。括地志云：「青州臨菑縣也。即古臨菑地也。一名齊城，古營丘之地，所封齊之都也。少昊時有爽鳩氏，虞、夏時有季崱，殷時有逢伯陵，殷末有薄姑氏，爲諸侯國，此地後太公封，方五百里。」【考證】臨菑，山東青州府臨菑縣。

〔二七〕【正義】在濟北。【考證】博陽，山東泰安府泰安縣有博縣故城，漢曰博陽。

〔二八〕【考證】一田榮不封，竟敗霸王大事。

〔二九〕【正義】地理志云，成安縣在潁川郡，屬豫州。

〔三〇〕【正義】括地志云：「故南皮城，在滄州南皮縣北四里，本漢皮縣城，即陳餘所封也。」【考證】南皮，直隸天津府南皮縣東北。

〔三一〕【集解】漢書音義曰：「繞南皮三縣以封之。」【考證】洪亮吉曰：張耳嬖臣申陽皆封王，而陳餘祇侯，是餘尤不平者。

〔三二〕【集解】韋昭曰：「銷，呼玄反。」

〔三三〕【正義】貨殖傳云，淮以北，沛、陳、汝南、南郡爲西楚也。彭城以東，東海、吳、廣陵爲東楚也。衡山、九江、江南、豫章、長沙爲南楚。孟康云：「舊名江陵爲南楚，吳爲東楚，彭城爲西楚。」【考證】中井積德曰：此西楚其自號也，則地域任其所取，不得據貨殖傳作解。錢大昕曰：據貨殖傳，似彭城是東楚非西楚，羽既都彭城，而東有吳會稽諸郡，乃以西楚爲號者，羽兼有梁、楚地，梁在楚西，言西楚，則梁地亦兼其中矣。又據彼傳，三楚之分，大率以淮爲界，淮北爲西楚，淮南爲南楚，唯東楚跨淮南北，吳廣陵在淮之南，東海在淮之北，彭城亦在淮北，而介乎東西之間，故彭城以西，可稱西楚，彭城以東，可稱東楚也。

〔三四〕【考證】項羽王梁、楚九郡，史、漢皆不詳其目，注家亦略。陳仁錫云泗川、碭、薛、東海、臨淮、彭城、廣陵、會稽、鄣九郡。梁玉繩駁之云：「臨淮郡，漢武帝元狩六年置。彭城郡，宣帝地節元年置。廣陵國非郡，武帝元狩五年，更江都國爲廣陵，中間爲郡止三年。鄣郡之置，未知何時。秦無鄣郡，豈羽置之耶？」全祖望云：「秦於楚地置十郡，項王以漢中封高祖，九江封英布，南郡封共敖，以長沙爲義帝都，而自得東海、泗水、薛、會稽、南陽、黔中。秦於梁地置三郡，項王以河東封魏豹，而自得碭、東郡。凡得郡八，據史記益以楚郡，適得九郡之目。」梁玉繩又駁之云：「秦無楚郡，恐是誤會楚世家之文。南陽、黔中中隔數國，豈能遥屬于楚？」姚(鼎)〔鼐〕云：「九郡蓋爲碭、東郡、陳、泗川、東海、南陽、鄣、會稽。碭與東郡，故梁地也，自陳以東，故楚地也，故曰王梁、楚。大抵西界故韓，東至海；北界，上則距河，下則距泰山；南界，上則距淮，下則包踰江東。因天下之膏腴平壤矣。」梁玉繩既論南陽不在九郡之數，秦亦無陳郡，姚説未可以爲是。錢大昕曰：「史稱九郡，據當時分置郡名數之也。九郡者，泗水也，東陽也，東海也，即郯郡。碭也，薛也，鄣也，吳也，會稽也，東郡也。」梁玉繩從之，而張茂炯駁之云：「吳會稽者，順帝永建二年始分兩郡，漢初安得有是名？梁楚之地，除長沙奉義帝，河東封魏豹，河内封司馬卬，河南封瑕丘申陽，南郡封共敖，江夏封吳芮，漢中封沛公，九江六安封英布，所餘有陳留、汝南、潁川、山陽、濟陰、零陽、桂陽、武陵、泗水、東海、會稽、丹陽、豫章、廬江、廣陵、臨淮十六郡，而汝南、桂陽、武陵、豫章皆高帝置，陳留、零陽、臨淮皆武帝置，山陽、濟陰，景帝始別爲國，楚漢之間尚無是名，惟潁川、泗水、即沛。郯、即東海。會稽、鄣、即丹陽。淮南、即廬江。東陽、即廣陵。碭、即梁國。薛，即魯國。是爲九郡，於誼方允。」愚按：潁川，韓國，此時韓王成尚在，亦非梁楚地，張説未確。姑録諸説以存疑。

〔三五〕【集解】孟康曰：「舊名江陵爲南楚，吳爲東楚，彭城爲西楚。」【正義】彭城，徐州縣。【考證】惲敬曰：自淮陰侯斥項王不居關中而都彭城，史家亦持此説，後之言地利者祖之，以爲項王失計，無有大於此者。余謂項王之失計在不救雍、塞、翟三王而東擊齊，不在都彭城。何也？項王立沛公爲漢王，王巴、蜀、漢中，而三分關中，王章邯於雍，司馬欣於塞，董翳於翟，所以距塞漢王也。夫三人之非漢王敵，不必中人以上知之，項王起江東，敗秦救趙，遂霸諸侯，業雖不終，見豈必出中人下哉？吾嘗深推其故，而知項王都彭城，蓋以通三川之險也。通三川，蓋以救三秦之禍也。以彭城控三川，即以三川控三秦。是故都彭城者，項王不得不然之計也。何以知其然也？乃者項王自王，蓋九郡焉，自淮以北，爲泗水，爲薛，爲郯，爲琅琊，爲陳，皆故楚地；七郡，與全、姚、錢、張諸家説亦異。爲碭，爲東郡，皆故梁地。是時彭越未國，地屬西楚，自淮以南爲會稽，會稽之分爲吴，灌嬰傳「得吴守」是也，亦故楚地。九郡者，項王所手定也，軍於手定之地，不患其不安；民於手定之地，不患其不習；國於手定之地，則諸侯不得以地大而指爲不均。據天下三分之一，以争中原於腹心之間，此三代以來未有之勢也。彭城者，居九郡之中，舉天下南北之脊，關外之形勝必争之地也。故曰，都彭城者項王不得不然之計也。雖然，項王之不取關中何也？曰：項王非不取關中也，乃者漢王先入關，義帝之約固宜王者也，項王聽韓生之説而都之，關中之人安乎？不安乎？關外諸侯無異議乎？項王所手定之九郡，將以之分王乎？抑自制乎？度其勢，必自制之矣。自制之，而一旦有警，其將去關中自將而東乎？關中者，固漢王所手定也，舍己所手定之九郡，而奪他人所手定之關中，既奪他人所手定之關中，又不分己所手定之九郡，一旦自將而東，天下之人安乎？不安乎？是故關中者，項王所必取之地也，取之而名不順，勢不便，則緩取之；取之而名不順，勢不便，且召天下之兵，則以棄之者取之。何以知其然也？乃者陳涉首難，諸侯各收其地而王之矣。三王，秦之人也，以秦之地付三王，此秦、漢之際諸侯之法也。使三王者據全秦之勝，扼全蜀之衝，包南山之塞，窒棧道之隘，終身爲西楚藩衛，則朝貢徵發，何求而不可？若其以百戰之燼，生降之虜，寄仇讎之號令，驅鄉黨之儔匹，一有擾動，西楚廢其主，刈其民，若燎毛射縞耳，指揮既定，人心自固，誠如是也。漢王不得援前説以争秦，諸侯不得舉前事以責楚，名與勢皆順便矣。所謂緩取之也，所謂以棄之者取之也。是故不付之張耳、臧荼者，不以關外之將相制關中也；不付之共敖、黥布者，不以西楚之將相制關中也。陽示天下以大公，而陰利三王之易取，是故三秦者項王之寄地也。其告韓生曰「富貴不歸故鄉，如衣錦夜行，人誰見之？」此項王之設辭也，非項王之本計也。雖然，關中重地也，取關中重計也，其取之之次第奈何？曰：項王之計，不急於收三秦之地也，急於阻漢之東而已。何以知其然也？乃者項王之所忌，唯漢王也。是故未爲取秦之謀，先爲救秦之策。三川者，救秦之要道也，以瑕丘申陽據三川，而北函谷，南武關，挈其要領矣；以司馬卬輔三川之北，而函谷之軍無阻矣；以韓成夾三川之南，而武關之軍無留矣。二王皆趙臣，趙睦於楚，故道通，韓成不睦於楚，不使之國，而楚制之，故道亦通。然而西楚之都，不能朝發夕至，則猶之乎未通也。彭城者，去函谷千有餘里，去武關亦千有餘里，輕騎數日夜可叩關。北收燕、趙之卒，南引荆、郴之師，關外可厚集其勢，關中可迭批其隙，漢王一摇足，則章邯先乘之，司馬欣、董翳纍乘之，西楚傾天下之力而急乘之，漢何患不衂？秦何患不全？漢王且不能保巴、蜀、漢中，豈能移尺寸與楚争一日之利？故曰以彭城控三川，以三川控三秦，都彭城者，項王不得不然之計也。不意四月諸侯就封，五月而田榮反齊，是月而陳餘反趙，六月而彭越反梁，西楚之勢，不能即日西兵，而漢王已於五月破章邯，八月降司馬欣、董翳矣。蓋項王止策漢王，而田榮、陳餘、彭越三人非其所忌，故有此意外之變，此則項王之失計也。然使當日不受漢間，東兵擊齊，舉三楚之士，分兩路捷走争秦，其時申陽、司馬卬未敗，韓成已廢，兵行無人之境，函谷破，武關必降。武關破，函谷亦不守。淮陰侯挾新造之漢，與旋定之秦，以當百戰必勝之卒，勝負之計，必不如垓下以三十萬當十萬之數矣。如是則三秦可復，三秦復而三川益固，九郡益張，齊、趙、燕三國有不折而入於楚者哉？而卒棄之不爲，此則項王之失計也。故曰在不救雍、塞、翟三王而東擊齊，不在都彭城也。

漢之元年四月，諸侯罷戲下，各就國。〔一〕項王出之國，使人徙義帝曰：「古之帝者地方千里，必居上游。」〔二〕乃使使徙義帝長沙郴縣。趣義帝行，〔三〕其羣臣稍稍背叛之，乃陰令衡山、臨江王擊殺之江中。〔四〕韓王成無軍功，項王不使之國，與俱至彭城，廢以爲侯，已又殺之。臧荼之國，因逐韓廣之遼東，廣弗聽，荼擊殺廣無終，并王其地。

〔一〕【索隱】戲，音羲，水名也。言「下」者，如許下、洛下然也。按：上文云，項羽入至戲西鴻門，沛公還軍霸上，是羽初停軍於戲水之下。後雖引兵西屠咸陽，燒秦宮室，則亦還戲下。今言「諸侯罷戲下」，是各受封邑號令訖，自戲下各就國。何須假借文字，以爲旌麾之下乎？顏師古、劉伯莊之説皆非。【考證】張茂炯曰：上文「遂至戲西」，乃指戲水而言。此時軍既過戲，固不當仍訓戲水。説文「戲，三軍之偏也」。偏，謂軍所駐之一面也。諸侯從羽入關，亦如前年呂臣軍彭城東，項羽軍彭城西，沛公軍碭，各駐一偏，至此乃各散去，故云「罷戲下各就國」也。項籍傳「戲下騎從者八百餘人」，韓信傳「居戲下，無所知名」，灌夫傳「馳入其軍至戲下」，凡言「戲下」者，皆謂偏伍之下也。愚按：顏師古讀戲爲「麾」可從，張説拘。

〔二〕【集解】文穎曰：「居水之上流也。『游』或作『流』。」

〔三〕【集解】如淳曰：「郴，音綝。」【考證】湖南郴州。

〔四〕【集解】文穎曰：「郴縣有義帝冢，歲時常祠不絶。」【考證】楓、三本「衡山」下有「王」字。洪亮吉曰：義帝徙長沙，道蓋出九江、衡山、臨江，故羽陰令二王及九江王布殺之。黥布傳遣將追殺之郴縣，二王雖受羽命，而不奉行，故布獨遣將擊殺耳。使二國欲殺義帝，當其道出衡山、臨江時，何以不殺，而使之至郴縣乎？布傳從事後實書，故漢書高本紀等皆從之，此紀及高帝紀，本羽之始謀而言，皆史法之可以互見者。梁玉繩曰：「義帝之弑，此與高紀在漢元年四月，而月表在二年十月，黥布傳在元年八月，漢書從月表，然究未知的在何月。義帝以元年四月自臨淮之盱台縣徙桂陽之郴，使人趣其行，不及一月可到，英布等追而殺之，則甫及郴即被弑矣，疑『四月』爲是。」趙翼曰：「史記不立楚懷王心傳，殊爲缺筆。陳涉已世家矣，項羽已本紀矣，心雖起牧羊，然漢高與項羽嘗北面事之，漢高之入關，實奉其命以行，後又與諸侯共尊爲義帝；而漢高之擊項羽也，爲之發喪，則心固當時共主。且其人亦非碌碌不足數者，因項梁敗於定陶，即并項羽呂臣軍自將之；因宋義識項梁之將敗，即拜爲上將軍；因項羽殘暴，即令漢高扶義而西。及漢高先入關，羽以强兵繼至，亦居滅秦之功，使人報心，心仍守先入關者王之之舊約，而畧不瞻徇。是其智畧信義亦有足稱者，非劉聖公輩所可及也，自當專立一傳。乃史記逸之，豈以其事附見項羽諸傳中，故不復叙耶？然律以史法，究未協也。」愚按：自蘇東坡以義帝爲天下賢主，洪氏容齋隨筆遂有可爲立本紀之説，趙甌北此論蓋申其旨而少變之。余謂楚漢未入咸陽之前，天下之權在陳涉，已入咸陽之後，天下之權在項羽，義帝未嘗有帝制之事，史公不立本紀固宜。且其事附載項羽、高祖二紀，何必別立傳？豈可謂不協史法乎？

田榮聞項羽徙齊王市膠東，而立齊將田都爲齊王，乃大怒，〔一〕不肯遣齊王之膠東，因以齊反，迎擊田都。田都走楚。齊王市畏項王，乃亡之膠東就國。田榮怒追擊，殺之即墨。〔二〕榮因自立爲齊王，而西擊殺濟北王田安，并王三齊。〔三〕榮與彭越將軍印，令反梁地。〔四〕陳餘陰使張同、夏説説齊王田榮，〔五〕曰：「項羽爲天下宰不平。今盡王故王(故)〔於〕醜地，而王其羣臣諸將善地，逐其故主趙王，乃北居代，〔六〕餘以爲不可。聞大王起兵，且不聽不義，願大王資餘兵，請以擊常山，以復趙王，請以國爲扞蔽。」齊王許之，因遣兵之趙。陳餘悉發三縣兵，與齊并力擊常山，大破之。張耳走歸漢。陳餘迎故趙王歇於代，反之趙。趙王因立陳餘爲代王。〔七〕

〔一〕**【考證】**楓、三本「項羽」作「項王」。梁玉繩曰：此後宜稱「項王」矣，而忽呼「項羽」者四，曰「田榮聞項羽徙齊王市於膠東」，曰「項羽聞漢王皆已并關中」，曰「項羽遂北至城陽」，又呼其名曰「獨籍所殺漢軍數百人」，俱當改「項王」。

〔二〕**【考證】**即墨，山東萊州府即墨縣。

〔三〕**【集解】**漢書音義曰：「齊與濟北、膠東。」**【正義】**三齊記云：「右即墨，中臨淄，左平陸，謂之三齊。」**【考證】**三齊，集解是。

〔四〕【考證】岡白駒曰：是時彭越在鉅野，有衆萬餘無所屬。何焯曰：田榮首難，且連彭越，橫又繼之，爲高祖驅除，功莫先於齊也。劉辰翁曰：一田榮不封，遂生此故，固知立功易，爲宰難也。

〔五〕【考證】梁玉繩曰：高紀及陳餘傳皆無張，恐非二人俱説也。

〔六〕【考證】梁玉繩曰：趙王歇乃陳餘之故主也，「其」字當衍。

〔七〕【考證】漢書項籍傳以陳餘説齊王榮爲漢二年事。

是時，漢還定三秦。項羽聞漢王皆已并關中，且東，齊、趙叛之，大怒。〔一〕乃以故吳令鄭昌爲韓王，以距漢。令蕭公角等擊彭越。彭越敗蕭公角等。〔二〕漢使張良徇韓，乃遺項王書曰：「漢王失職，欲得關中，如約，即止不敢東。」又以齊、梁反書遺項王，〔三〕曰：「齊欲與趙并滅楚。」楚以此故無西意，而北擊齊。徵兵九江王布。布稱疾不往，使將將數千人行。項王由此怨布也。漢之二年冬，〔四〕項羽遂北至城陽，〔五〕田榮亦將兵會戰。田榮不勝，走至平原，平原民殺之。遂北燒夷齊城郭室屋，皆阬田榮降卒，係虜其老弱婦女。徇齊至北海，多所殘滅。齊人相聚而叛之。於是田榮弟田橫收齊亡卒得數萬人，反城陽。項王因留連戰，未能下。

〔一〕【考證】齊叛，指田榮擊殺田都、田市、田安并王三齊也。趙叛，指陳餘破常山王，迎還趙歇也。漢書項羽傳書趙叛於漢二年，改「齊趙」作「齊梁」。其言梁叛，指彭越反梁也，與此不同。

〔二〕【集解】蘇林曰：「蕭公，官號也。或曰，蕭令也。時令皆稱公。」【考證】錢大昕曰：春秋之際，楚縣令皆稱令之稱。

公。楚漢之際，官名多沿楚制，故漢王起沛稱沛公，楚有蕭公、薛公、郯公、留公、柘公，漢有滕公、戚公，皆縣

〔三〕【考證】齊梁，當「齊趙」之誤，下文齊欲與趙并滅楚，可證。後人據漢書妄改。

〔四〕【考證】陳仁錫曰：漢之元年，漢之二年，漢之三年，漢之四年，此子長以漢之年紀楚事例也，故加「之」字以別之。至五年楚亡，然後直書「漢五年」，示一統也。梁玉繩曰：「冬」當作「春」，事在春也。

〔五〕【考證】楓、三本「項羽」作「項王」。

春，漢王部〔一〕五諸侯兵，〔二〕凡五十六萬人，東伐楚。項王聞之，即令諸將擊齊，而自以精兵三萬人，南從魯出胡陵。〔三〕四月，漢皆已入彭城，收其貨寶美人，日置酒高會。〔四〕項王乃西，從蕭晨擊漢軍，〔五〕而東至彭城，日中大破漢軍。〔六〕漢軍皆走，相隨入穀、泗水，〔七〕殺漢卒十餘萬人。漢卒皆南走山，〔八〕楚又追擊至靈壁東睢水上。〔九〕漢軍卻，爲楚所擠，多殺，〔一〇〕漢卒十餘萬人皆入睢水，睢水爲之不流。〔一一〕圍漢王三帀。於是大風從西北而起，折木發屋，揚沙石，窈冥晝晦，〔一二〕逢迎楚軍。楚軍大亂壞散，而漢王乃得與數十騎遁去。欲過沛，收家室而西，楚亦使人追之沛，取漢王家；家皆亡，不與漢王相見。漢王道逢得孝惠、魯元，〔一三〕乃載行。楚騎追漢王，漢王急，推墮孝惠、魯元車下，滕公常下收載之。如是者三。曰：「雖急不可以驅，奈何棄之？」於是遂得脱。〔一四〕求太公、呂后，不相遇。審食其〔一五〕從太公、呂后閒行，〔一六〕求漢王，反遇楚軍。楚軍遂與歸報項王，項王常置軍中。

〔一〕【集解】徐廣曰：「一作『劫』。」【索隱】按：漢書見作「劫」字。

〔二〕【集解】徐廣曰：「塞、翟、魏、殷、河南。」駰案：應劭曰「雍、翟、塞、殷、韓也」。韋昭曰「塞、翟、殷、韓、魏，雍時已敗也」。【索隱】按：徐廣、韋昭皆數翟、塞及殷、韓等；顔師古不數三秦，謂常山、河南、韓、魏、殷；顧胤意略同，乃以陳餘兵爲五，未知孰是。鄙意按：韓王鄭昌拒漢，漢使韓信擊破之，則是韓兵不下而已破散也，韓不在此數。五諸侯者，塞、翟、河南、魏、殷也。【正義】師古云：「諸家之説皆非。張良遺羽書曰『漢欲得關中如約，即止不敢復東』，謂出關之東也。今羽聞漢東之時，漢固已得三秦矣。五諸侯者，謂常山、河南、韓、魏、殷也。此年十月，常山王張耳降，河南王申陽降，韓王鄭昌降，魏王豹降，虜殷王卬，皆漢東之後，故知謂此爲五諸侯。時雖未得常山之地，功臣年表云『張耳棄國與大臣歸漢』，則當亦有士卒爾。時雍王猶在廢丘被圍，即非五諸侯之數也。尋此紀文，昭然可曉。前賢注釋，並失指趣。」高紀及漢書皆言「劫五諸侯兵」。凡兵初降，士卒未有自指麾，故須劫略而行。又云「發關中兵，收三河士」。發，謂差點撥發也。收，謂劫略收斂也。韋昭云河南、河東、河內。申陽都雒陽，韓王成都陽翟，皆河南也。魏豹都平陽，河東也。司馬卬都朝歌，張耳都襄國，河內也。此三河士，則五諸侯兵也。更著雍、塞、翟則成八諸侯矣。重明顔公之説是。故韓信傳云「漢二年出關，收魏河南，韓、殷王皆降」，是。【考證】王念孫曰：徐廣云「部，一作『劫』」。按：作「劫」者是也。高祖紀及漢書高祖紀、項籍傳並作「劫」，陸賈傳亦云「漢王鞭笞天下，劫略諸侯」。王先謙曰：「劫」有制持之義。愚按：漢王所劫伐楚五諸侯，諸説不一。應劭曰雍、翟、塞、殷、司馬卬。韓鄭昌。也，如淳、徐廣曰塞、翟、殷、魏、魏豹。河南瑕丘申陽。也。韋昭、裴駰曰翟、塞、殷、魏、韓鄭昌。也。顔師古曰殷、韓、鄭昌。魏、河南、常山張耳。也。劉攽曰殷、河南、韓、鄭昌。魏及陳餘所遺兵也。吳仁傑曰翟、塞、韓、韓信。魏及陳餘所遺兵也。全祖望曰殷、魏、韓、韓信。齊、趙趙相陳餘。也。汪中曰塞、翟、河南、魏、韓韓信也。趙翼曰魏、河南、韓、韓信。趙、陳餘所遺兵。齊也。梁玉繩曰韓、韓信。魏、齊、趙、陳餘。衡山吳芮。也。説詳于兩漢刊誤補遺、述學、經史問答、陔餘叢考、讀書叢録、史記志疑，但未知所適從。荀悦漢紀止云「漢王率諸侯之師凡五十六萬人」，無「五諸侯」三字，蓋以其難確指。通鑑云「漢王以故得率諸侯兵凡五十六萬人」，亦用荀紀也。董教增曰：項羽本紀贊亦曰「遂將五諸侯滅秦」，尋其條貫，當據故七國，以其地言，不以其王言也。漢定三秦，即故秦地，項羽王楚，乃故楚地，其餘韓、趙、魏、齊、燕爲五諸侯，劫五諸侯兵，猶後言引天下兵耳。故漢伐楚，可以言五諸侯，楚滅秦，亦可言五諸侯也。愚按：董氏依羽紀論贊集解，其説最穩。

〔三〕【正義】括地志云：「徐州魯，兖州曲阜縣也。地理志云，胡陵在山陽縣屬也。」【考證】胡陵亦曰湖陵，故城在山東兖州府魚臺縣東南。魯，兖州府曲阜縣治。

〔四〕【考證】御覽引「貨寶」作「寶貨」，與漢書合。李笠曰：上文云項羽「西屠咸陽」，亦云「收其貨寶婦女」，此非誤倒。張文虎曰：沛公一入秦宮，即欲留居，今入彭城，又復如此，亦無異於淫昏之主，此范增所謂貪財好美姬者也。史公於此二事，不著之高紀，而見之羽紀及留侯世家，此爲高諱，而仍不没其實。旁見側出，謂之良史，不亦宜乎。

〔五〕【正義】括地志云：「徐州蕭縣，古蕭叔之國，春秋時爲宋附庸。帝王世紀云，周封子姓之别爲附庸也。」【考證】蕭，江蘇徐州府蕭縣西北。

〔六〕【集解】張晏曰：「一日之中也。或曰，旦擊之，至日中大破。」【考證】顏師曰：或説是也。

〔七〕【集解】瓚曰：「二水皆在沛郡彭城。」

〔八〕【正義】走，音奏。

〔九〕【集解】徐廣曰：「靈壁，在彭城。睢水，於彭城入泗水。」【索隱】孟康曰：「靈壁，故小縣，在彭城南。」【正義】括地志云：「靈壁故城，在徐州符離縣西北九十里。睢，音雖。」括地志云：「睢水，首受浚儀莨蕩水，東經取慮入泗，過郡，西行一千二百六十里。」【考證】靈壁，鳳陽府靈壁縣治。明地理志宿州靈壁縣北有睢河。

〔一〇〕【集解】服虔曰：「擠，音『濟民』之『濟』。」瓚曰：「排擠也。」

〔一一〕【正義】爲，于僞反。【考證】楓、三本無「人」字。

〔一二〕【集解】徐廣曰：「窈亦作『窅』字。」

〔一三〕【集解】服虔曰：「元，長也。食邑於魯。」韋昭曰：「元，謚也。」

〔一四〕【考證】中井積德曰：孝惠時六歲，魯元年已及笄，蓋抱孝惠同載也。推墮之狀可想，非投二嬰兒于地。愚按：夏侯嬰傳云「漢王急，馬罷，虜在後，常蹶兩兒欲棄之，嬰常收，竟載之」，中說未得。

〔一五〕【集解】瓚曰：「其，音基。」【索隱】食，音異。按：酈、審、趙三人同名，其音合，並同，以六國時衛有司馬食其，並慕其名。

〔一六〕【集解】如淳曰：「閒出，閒步，微行，皆同義也。」

是時呂后兄周呂侯〔一〕爲漢將兵居下邑，〔二〕漢王閒往從之，稍稍收其士卒至滎陽。諸敗軍皆會，蕭何亦發關中老弱未傅悉詣滎陽，〔三〕復大振。楚起於彭城，常乘勝逐北，與漢戰滎陽南京、索閒，漢敗楚，〔四〕楚以故不能過滎陽而西。

〔一〕【集解】徐廣曰：「名澤。」【正義】蘇林云：「以姓名侯也。」晉灼云：「外戚表，周呂令武侯澤也。呂，縣名。封於呂，以爲國。」顏師古云：「周呂，封名。令武，其謚也。蘇云『以姓名侯』，非也。」【考證】梁玉繩曰：呂澤是時未封，依史法，不當豫稱周呂侯。

〔二〕【集解】徐廣曰：「在梁。」【正義】括地志云：「宋州碭山縣，本下邑縣也，在宋州東一百五十里。」按：今下邑在宋州東一百一十里。【考證】下邑，河南歸德府夏邑縣。

〔三〕【集解】服虔曰：「傅，音附。」孟康曰：「古者二十而傅，三年耕，有一年儲，故二十三年而後役之。」如淳曰：

「律，年二十三傅之疇官，各從其父疇內學之。高不滿六尺二寸以下，爲罷癃。漢儀注『民年二十三爲正，一歲爲衛士，一歲爲材官騎士，習射御騎馳戰陣』。又曰『年五十六衰老，乃得免爲庶民就田里』。今老弱未嘗傅者皆發之。未二十三爲弱，過五十六爲老。食貨志曰『月爲更卒，已復爲正，一歲屯戍，一歲力役，三十倍於古者』。」【索隱】按：姚氏云「古者更卒不過一月，踐更五月而休」。又顏云「五當爲『三』」，言一歲之中三月居更，三日戍邊，總九十三日。古者役人歲不過三日，此所謂『一歲力役，三十倍於古』也」。斯說得之。【考證】傅，著也。未傅，言未著名籍者。中井積德曰：漢儀注未可全據，衛士材官之屬與此不相干。

〔四〕【集解】應劭曰：「京，縣名，屬河南，有索亭。」晉灼曰：「索，音柵。」【正義】括地志云：「京縣城，在鄭州滎陽縣東南二十里。鄭之京邑也。晉太康地志云，鄭太叔段所居邑。滎陽縣即大索城。杜預云，成皋東有大索城，又有小索故城，在滎陽縣北四里。京相璠地名云，京縣有大索亭、小索亭，大小氏兄弟居之，故有小大之號。」按：楚與漢戰滎陽南京、索閒，即此耳。【考證】京故城，在河南開封府滎陽縣東南。索，滎陽縣治，即古大索城。徐孚遠曰：按此總叙漢兵敗之後，稍能振，不必一時事也。

項王之救彭城，追漢王至滎陽，田橫亦得收齊，立田榮子廣爲齊王。漢王之敗彭城，諸侯皆復與楚而背漢。漢軍滎陽，築甬道屬之河，以取敖倉粟。〔一〕漢之三年，項王數侵奪漢甬道，漢王食乏，恐，請和，割滎陽以西爲漢。

〔一〕【集解】瓚曰：「敖，地名，在滎陽西北，山上臨河有大倉。」【正義】括地志云：「敖倉，在鄭州滎陽縣西十五里縣門之東北，臨汴水，南帶三皇山，秦時置倉於敖山，名敖倉云。」【考證】敖山，在開封府滎澤縣西北。水經注「山上有城」，秦置倉其中，故曰敖倉。

項王欲聽之。歷陽侯范增曰：「漢易與耳，今釋弗取，後必悔之。」〔二〕項王乃與范增急圍滎陽。漢王患之，乃用陳平計閒項王。〔二〕項王使者來，爲太牢具，〔三〕舉欲進之。見使者，詳驚愕曰：「吾以爲亞父使者，乃反項王使者。」更持去，以惡食食項王使者。使者歸報項王，〔四〕項王乃疑范增與漢有私，稍奪之權。范增大怒曰：「天下事大定矣，君王自爲之。願賜骸骨歸卒伍。」〔五〕項王許之。行未至彭城，疽發背而死。〔六〕

〔一〕【正義】括地志云：「和州歷陽縣，本漢舊縣也。淮南子云『歷陽之都，一夕而爲湖』。漢帝時，歷陽淪爲歷湖。」

〔二〕【考證】岡白駒曰：行反閒于項王。

〔三〕【考證】呂氏春秋注：太牢謂牛羊豕也。牛羊之閑曰牢，故三牲具謂之太牢。愚按：太牢，猶言盛饌也，不必拘古法。

〔四〕【正義】食，上如字，下音寺。【考證】通鑑輯覽云：陳平此計乃欺三尺童，未可保其必信者，史乃以爲奇，而世傳之，可發一笑。

〔五〕【考證】白起傳：「免武安君爲士伍。」顏師古曰：謂奪其爵令爲士伍，言使從士卒之伍。愚按：卒伍，猶言士伍，蓋秦漢之語。

〔六〕【集解】皇覽曰：「亞父冢在廬江居巢縣郭東。居巢廷中有亞父井，吏民皆祭亞父於居巢廷上。長吏初視事，皆祭然後從政。後更造祠於郭東，至今祠之。」【正義】疽，七餘反。崔浩云：「疽，附骨癰也。」括地志云：「髑髏山，在廬州巢縣東北五里。昔范增居此山之陽，後佐項羽。」【考證】吳王濞傳云周丘「聞吳王敗走，自度無與共成功，即引兵歸下邳。未至，疽發背死」。情事相似。

漢將紀信說漢王曰：〔一〕「事已急矣，請爲王誑楚爲王，王可以閒出。」於是漢王〔二〕夜出女子滎陽東門，被甲二千人，楚兵四面擊之。紀信乘黄屋車，〔三〕傅左纛，〔四〕曰：「城中食盡，漢王降。」楚軍皆呼萬歲。〔五〕漢王亦與數十騎從城西門出，走成皋。〔六〕項王見紀信，問：「漢王安在？」信曰：「漢王已出矣。」項王燒殺紀信。

〔一〕【考證】高紀作「將軍紀信」。

〔二〕【考證】漢書高紀「漢王」作「陳平」，蓋用陳平計也。

〔三〕【正義】李斐云：「天子車以黄繒爲蓋裏。」

〔四〕【集解】李斐曰：「纛，毛羽幢也。在乘輿車衡左方上注之。」蔡邕曰：「以犛牛尾爲之，如斗，或在騑頭，或在衡上也。」【考證】漢王未爲天子，何以黄屋左纛？蓋紀信用引耳目，楚人遂爲其所誑。

〔五〕【考證】趙翼曰：「萬歲」本古人慶賀之詞，吕氏春秋宋康王爲長夜之飲，室中人呼萬歲，堂上堂下之人以及國中皆應之。韓非子「巫祝之祝人曰『使若千秋萬歲』」。新序梁君出獵歸入，廟中呼萬歲。史記優旃陛楯郎雨立，有頃殿上上壽稱萬歲；「田單約降於燕，燕軍皆呼萬歲」；紀信誑楚曰，食盡漢王降，楚軍皆呼萬歲；項羽歸太公吕公于漢，漢軍皆呼萬歲；陸賈奏新語，左右皆稱善，呼萬歲；武帝登嵩高，空中聞呼萬歲者三。蓋古人飲酒，上壽稱慶曰萬歲，其始上下通用，爲慶賀之詞，猶俗所云「萬福」、「萬幸」之類耳。因殿陛之間用之，後乃爲至尊之專稱，而民間口語相沿未改。

〔六〕【正義】括地志云：「成皋故縣，在洛州汜水縣西南二里。」【考證】成皋，河南開封府汜水縣。

漢王使御史大夫周苛、樅公、魏豹守滎陽。〔一〕周苛、樅公謀曰：「反國之王，難與守城。」乃共殺魏豹。〔二〕楚下滎陽城，生得周苛。項王謂周苛曰：「爲我將，我以公爲上將軍，封三萬户。」周苛罵曰：「若不趣降漢，漢今虜若，若非漢敵也。」項王怒，亨周苛，并殺樅公。

〔一〕【集解】樅，音七容反。

〔二〕【考證】王、城，韻。蓋當時有此成語。

漢王之出滎陽，南走宛、葉，〔一〕得九江王布，行收兵，復入保成皋。漢之四年，〔二〕項王進兵圍成皋。漢王逃，〔三〕獨與滕公出成皋北門，〔四〕渡河走脩武，〔五〕從張耳、韓信軍。諸將稍稍得出成皋，從漢王。楚遂拔成皋欲西。漢使兵距之鞏，令其不得西。〔六〕

〔一〕【考證】宛，河南南陽縣治。葉，葉縣治。

〔二〕【考證】梁玉繩曰：此下敘事前後倒置，不但與漢書異，并與高祖紀不同，恐係錯簡。漢之四年，當在後「擊陳留外黃」句上，觀漢書高紀籍傳自明。

〔三〕【集解】晉灼曰：「獨出意。」【索隱】音徒凋反。漢書作「跳」字。

〔四〕【集解】徐廣曰：「北門名玉門。」

〔五〕【考證】河南衛輝府獲嘉縣小脩武。

〔六〕【考證】鞏，河南鞏縣。

是時，彭越渡河，擊楚東阿，〔一〕殺楚將軍薛公。項王乃自東擊彭越。漢王得淮陰侯兵，欲渡河南。〔二〕鄭忠說漢王，乃止壁河內。使劉賈將兵，佐彭越，燒楚積聚。〔三〕項王東擊破之，走彭越。〔四〕漢王則引兵渡河，復取成皋，軍廣武，就敖倉食。〔五〕項王已定東海來，西，與漢俱臨廣武而軍，〔六〕相守數月。〔七〕

〔一〕【考證】東阿，山東兗州府陽穀縣東北阿城鎮。漢書項籍傳作「彭越渡睢，與項聲、薛公戰下邳，殺薛公」。梁玉繩曰：高紀及漢書紀、傳，項王擊彭越，是三年五月，在楚拔滎陽及成皋之前。此書于拔成皋後，一誤也。越渡睢水與項聲、薛公戰下邳，殺薛公。此不書項聲，而又曰渡河擊東阿，二誤也。

〔二〕【考證】梁玉繩曰：淮陰侯，當依高紀作「韓信」，下文五稱「淮陰侯」，同。

〔三〕【正義】上，積賜反。【考證】梁玉繩曰：漢王使盧綰、劉賈將兵佐越，擊破楚軍燕郭西，燒其積聚，下睢陽、外黃十七城。此但言賈佐越燒積粟，似太略，當參高紀、越傳、漢書觀之。此下應接「項王乃謂海春侯」一段。張之象曰：曰「燒楚積聚」，曰「絕楚糧食」，高紀稱彭越反梁地，往來苦楚兵者，此之謂也。篇中眼目，不可不玩。歸有光曰：漢高紀，使劉賈佐彭越燒楚積聚，羽乃令曹咎守成皋，而引兵定梁地，漢破咎兵汜水上，復取成皋，是一事。而此紀前後倒置，遂作兩段。若漢先取成皋，楚無緣得令咎守之也。考漢書紀、傳自明。

〔四〕【考證】梁玉繩曰：此即下文項王令曹咎守成皋，而引兵而定梁地之事，彭越傳所謂越北走穀城者也。在此紀中，于事爲重出，于文無所附，當衍之。

〔五〕【考證】梁玉繩曰：此乃敗海春侯後事，當在下文「項王信任之」下。

〔六〕【集解】孟康曰：「於滎陽築兩城相對，爲廣武，在敖倉西三皇山上。」【正義】括地志云：「東廣武、西廣武，在鄭州滎陽縣西二十里。戴延之西征記云，三皇山上有二城，東曰東廣武，西曰西廣武，各在一山頭，相去百步。汴水從廣澗中東南流，今涸無水。城各有三面，在敖倉西。郭緣生述征記云，一澗橫絕上過，名曰廣武。相對皆立城塹，遂號東、西廣武。」【考證】廣武，山名。河南開封府河陰縣北。梁玉繩曰：此以下至「是時彭越復反，下梁地，絕楚糧」一段，當在後「漢軍畏楚盡走險阻」句下，而衍去「已定東海來」五字。蓋定東海，即下梁地十餘城事，于文爲錯出也。

〔七〕【考證】漢書高紀、籍傳無「數月」二字，是也。此時爲漢四年十月，纔軍廣武，不得便言數月，當是一月。

當此時，彭越數反梁地，絕楚糧食，項王患之。爲高俎，置太公其上，〔一〕告漢王曰：「今不急下，吾烹太公。」漢王曰：「吾與項羽俱北面受命懷王，曰『約爲兄弟』，吾翁即若翁，必欲烹而翁，則幸分我一桮羹。」〔一〕項王怒欲殺之。項伯曰：「天下事未可知，且爲天下者不顧家，雖殺之無益，祇益禍耳。」項王從之。

〔一〕【集解】如淳曰：「高俎，几之上。」李奇曰：「軍中巢櫓方面，人謂之俎也。」【索隱】俎，亦机之類，故夏侯湛新論爲「机」，机猶俎也。比太公於牲肉，故置之俎上。姚察按：左氏「楚子登巢車以望晉軍」，杜預謂「車上櫓也」，故李氏云「軍中巢櫓」，又引時人亦謂此爲俎也。【正義】括地志云：「東廣武城有高壇，即是項羽坐太公俎上者，今名項羽堆，亦呼爲太公亭。」顏師古云：「俎者所以薦肉，示欲烹之，故置俎上。」

〔二〕【考證】羅大經曰：「『吾翁即若翁』，此語理意甚長。左氏傳，齊敗于鞍，晉人欲以蕭同叔子爲質，齊人曰『蕭同叔子者非他，寡君之母也。若以匹敵，則亦晉君之母也』。高祖之語，與此暗合。史謂『不修文學，而性明達』，此類是也。」

楚、漢久相持未決，丁壯苦軍旅，老弱罷轉漕。項王謂漢王曰：「天下匈匈數歲者，徒以吾兩人耳，願與漢王挑戰決雌雄，毋徒苦天下之民父子爲也。」〔一〕漢王笑謝曰：「吾寧鬭智，不能鬭力。」項王令壯士出挑戰。漢有善騎射者樓煩，〔二〕楚挑戰三合，樓煩輒射殺之。項王大怒，乃自被甲持戟挑戰。樓煩欲射之，項王瞋目叱之，樓煩目不敢視，手不敢發，遂走還入壁，不敢復出。漢王使人閒問之，乃項王也。〔三〕漢王大驚。於是項王乃即漢王，相與臨廣武閒而語。〔四〕漢王數之，項王怒，欲一戰。漢王不聽，項王伏弩射中漢王。漢王傷，走入成皋。

〔一〕【集解】李奇曰：「挑身獨戰，不復須衆也。挑，音荼了反。」瓚曰：「挑戰，擿嬈敵求戰，古謂之致師。」【考證】中井積德曰：漢書作「迺使人謂漢王」，是非面語也。愚按：挑身，李説是。

〔二〕【集解】應劭曰：「樓煩，胡也，今樓煩縣。」【考證】顧炎武曰：樓煩，即趙西北邊之國，其人强悍，習騎射。史記趙世家武靈王「行新地，遂出代西，遇樓煩王於西河，而致其兵」，致云者，致其兵而用之也。是以楚漢之際，多用樓煩人別爲一軍。高祖功臣年表陽都侯丁復，「以趙將從起鄴，至霸上，爲樓煩將」，而項羽本紀「漢有善射者樓煩」，則漢有樓煩之兵矣。灌嬰傳擊破柘公王武，斬樓煩將五人，攻龍且，生得樓煩將十人，擊破項籍軍陳下，斬樓煩將二人，攻黥布別將于相，斬樓煩將三人。功臣表平定侯齊受，「以驍騎都尉擊項籍，得樓煩將」。則項王及布，亦各有樓煩之兵矣。李奇曰：樓煩人善騎射，謂士爲「樓煩」，取其稱耳，未必樓煩人也。中井積德曰：樓煩本胡名，俗便射騎，故號善射者爲「樓煩」。愚按：劉攽、沈濤以「樓煩」爲姓名，非是。

〔三〕【考證】顏師古曰：閒，微問之也。

〔四〕【考證】續漢志注引西征記云「有三皇山，或謂三室山，山上有二城，東者曰東廣武，西者曰西廣武，各在山一頭，相去二百餘步。其間隔深澗，漢祖與項籍語處」。張文虎曰：藝文類聚引「間」作「澗」，正義及續漢志注引西征記、水經濟水注作「澗」，是也。今本史記、漢書並作「間」，誤。愚按：梁玉繩、周壽昌亦云當作「澗」。

項王聞淮陰侯已舉河北，破齊、趙，且欲擊楚，〔一〕乃使龍且往擊之。〔二〕淮陰侯與戰，騎將灌嬰擊之，大破楚軍，殺龍且。〔三〕韓信因自立爲齊王。項王聞龍且軍破，則恐，使盱台人武涉往説淮陰侯。淮陰侯弗聽。是時彭越復反，下梁地，絶楚糧。項王乃謂海春侯大司馬曹咎等曰：「謹守成皋，則漢欲挑戰，慎勿與戰，〔四〕毋令得東而已。我十五日必誅彭越，定

梁地，復從將軍。」乃東行擊陳留、外黃。〔五〕

〔一〕【考證】梁玉繩曰：韓信破趙已踰年矣，非破齊一時事，此與高紀皆多一「趙」字，漢書無。

〔二〕【集解】韋昭曰：「且，音子閭反。」

〔三〕【考證】梁玉繩曰：楚救齊之役，此及淮陰、田儋傳止言龍且爲將，而高紀兼言周蘭，灌嬰傳兼言留公，蓋紀、傳互見也。但漢書籍傳謂「羽使從兄子項它爲大將，龍且爲裨將，救齊」，舍主將而書偏裨，何也？又曰：此與高紀「騎將」上多一「戰」字，當衍之。漢書無「戰騎將」三字。中井積德曰：高紀，殺龍且在漢三年，而漢王傷走入成皋，在四年曹咎死之後。崔適曰：汜水在成皋西，廣武在成皋東。漢渡汜水，然後入成皋，復東臨廣武。若漢王先臨廣武，曹咎何由西守成皋乎？此當依高紀及漢書高紀、羽傳正。

〔四〕【考證】則，高紀作「若」，漢書項籍傳作「即」。

〔五〕【正義】括地志云：「陳留，汴州縣也。在州東五十里，本漢陳留郡及陳留縣之地。」孟康云：「留，鄭邑也。後爲陳所并，故曰陳留。」臣瓚又按：宋有留，彭城留是也。此留屬陳，故曰陳留。【考證】陳留，陳留縣。外黃，杞縣東，皆屬河南開封府。

外黃不下。數日，已降，項王怒，悉令男子年十五已上詣城東，欲阬之。外黃令舍人兒年十三，〔一〕往說項王曰：「彭越彊劫外黃，〔二〕外黃恐，故且降，待大王。大王至，又皆阬之，百姓豈有歸心？從此以東，梁地十餘城皆恐，莫肯下矣。」〔三〕項王然其言，乃赦外黃當阬者。東至睢陽，〔四〕聞之皆爭下項王。

〔一〕【集解】蘇林曰：「令之舍人兒也。」瓚曰：「稱兒者，以其幼弱，故係其父，春秋傳曰『仍叔之子』是也。」【考證】中井積德曰：童子而不知名，自不得不係父也。

〔二〕【正義】彊，其兩反。
〔三〕【考證】張文虎曰：豈有歸心，御覽引作「豈所歸哉」，與漢書合。
〔四〕【正義】括地志云：「宋州外城，本漢睢陽縣也。」地理志云，睢陽縣，故宋國也。【考證】睢陽，河南歸德府商邱縣南。

漢果數挑楚軍戰，楚軍不出。使人辱之，五六日，大司馬怒，渡兵汜水。〔一〕士卒半渡，漢擊之，大破楚軍，盡得楚國貨賂。大司馬咎、長史翳、塞王欣皆自剄汜水上。〔二〕大司馬咎者，故蘄獄掾，長史欣亦故櫟陽獄吏，兩人嘗有德於項梁，是以項王信任之。當是時，項王在睢陽，〔三〕聞海春侯軍敗，則引兵還。漢軍方圍鍾離眛於滎陽東，〔四〕項王至，漢軍畏楚，盡走險阻。

〔一〕【集解】張晏曰：「汜水，在濟陰界。」如淳曰：「汜，音祀。左傳曰『鄙在鄭地汜。』」瓚曰：「高祖攻曹咎成皋，渡汜水而戰，今成皋城東汜水是也。」【索隱】按：今此水見名汜水，音似。張晏云在濟陰，亦未全失。按：古濟水，當此截河而南，又東流，溢爲滎澤。然水南曰陰，此亦在濟之陰，非彼濟陰郡耳。臣瓚之說是。【正義】括地志云：「汜水，源出洛州汜水縣東南二十二里方山。山海經云『浮戲之山，汜水出焉。』」【考證】汜水，在開封府汜水縣西，源出方山，注于河。
〔二〕【集解】鄭玄曰：「剄，音經鼎反。以刀割頸爲剄。」【考證】梁玉繩曰：高紀及漢書紀、傳皆無「翳塞王」三字，此後人妄增之。何者？翳下漢，後雖與欣同叛歸楚，而不復見。蓋欣與項王有舊恩，故得棄瑕而仍任用之，非翳可比矣。惟欣曾封塞王，與後文稱「故塞王」甚合，乃此及高紀並以「長史」稱之，漢書亦然。或疑此當衍「長史翳」三字。曰：否。後文又有「長史欣」也。盧學士云「翳塞王」三字必非史記本文，觀下但舉咎、欣兩人可知。翳舊爲都尉，不爲長史。又欣既稱塞王，則翳亦當稱翟王，此數者皆不協，故知非也。

〔三〕【考證】凌約言曰：篇中用「當是時」凡八處，轉摺博換，何等精神。

〔四〕【集解】漢書音義曰：「眛，音末。」【考證】顏師古曰：眛，音莫葛反。

是時，漢兵盛食多，項王兵罷食絕。〔一〕漢遣陸賈說項王，請太公，項王弗聽。漢王復使侯公往說項王，項王乃與漢約，中分天下，割鴻溝以西者爲漢，鴻溝而東者爲楚。〔二〕項王許之，即歸漢王父母妻子。軍皆呼萬歲。〔三〕漢王乃封侯公爲平國君。〔四〕匿弗肯復見。曰：「此天下辯士，所居傾國，故號爲平國君。」〔五〕項王已約，乃引兵解而東歸。

〔一〕【考證】凌稚隆曰：太史公敘漢，曰「取敖倉粟」，曰「就敖倉食」，曰「兵盛食多」；敘楚，曰「燒楚積聚」，曰「絕楚糧食」，曰「兵罷食盡」，曰「兵少食盡」，皆紀中關鍵，當玩。

〔二〕【集解】文穎曰：「於滎陽下引河，東南爲鴻溝，以通宋、鄭、陳、蔡、曹、衛，與濟、汝、淮、泗會於楚，即今官渡水也。」【正義】應劭云：「在滎陽東二十里。」張華云：「大梁城在浚儀縣北，縣西北渠水東經此城南，又北屈分爲二渠。其一渠，東南流，始皇鑿引河水以灌大梁，謂之鴻溝，楚漢會此處也。其一渠，東經陽武縣南，爲官渡水。」按：張華此說是。【考證】鴻溝，河南開封府中牟縣。周壽昌曰：集解文注引溝洫志而誤讀，故地勢水道，多不可通。志本從「會」字斷句，「於楚」屬於下文，尤誤在以官渡水爲鴻溝，漫無區別。愚按：官渡、鴻溝自別，說又見高紀索隱。

〔三〕【考證】父母妻子，說見高紀。

〔四〕【正義】楚漢春秋云：「上欲封之，乃肯見。曰『此天下之辨士，所居傾國，故號曰平國君』。」按：說歸太公、呂后，能和平邦國。

〔五〕【考證】張文虎曰：「匿弗肯復見」，與上下文不接，漢書高紀無。疑「匿弗」以下二十一字，後人依楚漢春秋竄入，而注中「乃肯見」三字，又即「匿弗肯復見」之誤。中井積德曰：故號爲平國君，取其反稱也。

漢欲西歸，張良、陳平説曰：「漢有天下太半，而諸侯皆附之。〔一〕楚兵罷食盡，此天亡楚之時也，不如因其饑而遂取之。〔二〕今釋弗擊，此所謂『養虎自遺患』也。」〔三〕漢王聽之。漢五年，漢王乃追項王至陽夏南，止軍，〔四〕與淮陰侯韓信、建成侯彭越期會而擊楚軍。至固陵，〔五〕而信、越之兵不會。楚擊漢軍，大破之。漢王復入壁，深塹而自守。謂張子房曰：「諸侯不從約，爲之奈何？」對曰：「楚兵且破，信、越未有分地，〔六〕其不至固宜。君王能與共分天下，今可立致也。即不能，事未可知也。君王能自陳以東傅海，盡與韓信；〔七〕睢陽以北至穀城，以與彭越；〔八〕使各自爲戰，則楚易敗也。」〔九〕漢王曰：「善。」〔一〇〕於是乃發使者告韓信、彭越曰：「并力擊楚。楚破，自陳以東傅海與齊王，睢陽以北至穀城與彭相國。」使者至，韓信、彭越皆報曰：「請今進兵。」韓信乃從齊往，劉賈軍從壽春並行，屠城父，〔一一〕至垓下。〔一二〕大司馬周殷叛楚，以舒屠六，〔一三〕舉九江兵，〔一四〕隨劉賈、彭越皆會垓下，詣項王。〔一五〕

〔一〕【集解】韋昭曰：「凡數三分有二爲太半，一爲少半。」

〔二〕【考證】饑，諸本作「機」。漢書高紀及漢紀作「幾」，漢書注鄭氏曰「幾，微也」。師古曰「幾，危也」。周壽昌曰：幾猶會也。今從古鈔本、楓、三本。漢書「幾」字，亦當從「食」。

〔三〕【正義】遺，唯季反。

〔四〕【集解】如淳曰：「夏，音賈。」【正義】括地志云：「陳州太康縣，本漢陽夏縣也。續漢書郡國志云陽夏縣屬陳國。」按：太康縣城，夏后太康所築，隋改陽夏爲太康。【考證】河南陳州府太康縣。

〔五〕【集解】徐廣曰：「在陽夏。」駰案：晉灼曰「即固始也」。【正義】括地志云：「固陵，縣名也。在陳州宛丘縣西北四十二里。」【考證】固陵故城，在河南淮寧縣西北。梁玉繩曰：彭越爲魏相國，未聞封侯，蓋所賜名號。曹參亦有建成侯之稱，本傳不載。

〔六〕【集解】李奇曰：「信、越等未有益地之分也。」韋昭曰：「信等雖名爲王，未有所畫經界。」

〔七〕【正義】傅，音附，著也。陳即陳州，古陳國都也。自陳著海，并齊舊地，盡與齊王韓信也。【考證】陳，河南陳州府。陳東傅海，安徽潁州、鳳陽，江蘇徐、淮等州地。

〔八〕【正義】括地志云：「穀城故城，在濟州東阿縣東二十六里。」睢陽，宋州也。自宋州以北，至濟州穀城，際黄河，盡與相國彭越。【考證】睢陽，河南歸德府商邱縣。穀城，山東泰安府東阿縣。

〔九〕【正義】爲，于僞反。

〔一〇〕【考證】張文虎曰：此事不書於高紀，不書於留侯世家、信越列傳，而書之羽紀者，明非此不能破羽也。然信、越死機則已伏於此。

〔一一〕【集解】如淳曰：「並行，並擊之。」【正義】父，音甫。壽州壽春縣也。城父，亳州縣也。屠，謂多刑殺也。劉賈入圍壽州，引兵過淮北，屠殺亳州、城父，而東北至垓下。【考證】壽春，安徽鳳陽府壽州。城父，安徽潁州府亳州東南。

〔一二〕【集解】徐廣曰：「在沛之洨縣。洨，下交切。」駰案：應劭曰「垓，音該」。李奇曰「沛洨縣，聚邑名也」。【索隱】張揖三蒼注云：「垓，堤名，在沛郡。」【正義】按：垓下，是高岡絶巖，今猶高三四丈，其聚邑及堤在垓之側，因取名焉。今在亳州真源縣東十里，與老君廟相接。洨，音户交反。【考證】垓下，安徽府靈璧縣東南有垓下聚，即高祖圍項羽處。

〔一三〕【集解】如淳曰：「以舒之衆屠破六縣。」【正義】括地志云：「舒，今廬江之故舒城是也。故六城，在壽州安豐南百三十二里，偃姓，咎繇之後。」按：周殷叛楚，兼舉九江郡之兵，隨劉賈而至垓下。【考證】舒，安徽廬州府舒城縣。六，安徽六安州。

〔一四〕【正義】九江郡，壽州也。楚考烈王二十二年，自陳徙壽春，號云郢。至王負芻，爲秦將王翦、蒙武所滅，於此置九江郡。應劭云：「自廬江尋陽分爲九江。」

〔一五〕【考證】中井積德曰：「詣項王」三字疑衍。梁玉繩曰：此段頗有缺語，當云「韓信乃從齊往，彭越乃從魏往，劉賈軍自壽春迎黥布，並行，屠城父。大司馬周殷叛楚，以舒屠六，舉九江兵，隨劉賈、黥布皆會垓下」。

項王軍壁垓下，兵少食盡，漢軍及諸侯兵圍之數重。〔一〕夜聞漢軍四面皆楚歌，〔二〕項王乃大驚曰：「漢皆已得楚乎？是何楚人之多也！」項王則夜起，飲帳中。有美人名虞，常幸從；〔三〕駿馬名騅，常騎之。〔四〕於是項王乃悲歌忼慨，自爲詩曰：「力拔山兮氣蓋世，時不利兮騅不逝。騅不逝兮可奈何，虞兮虞兮奈若何！」歌數闋，美人和之。〔五〕項王泣數行下，〔六〕左右皆泣，莫能仰視。

〔一〕【考證】中井積德曰：據高祖紀，圍之以前有垓下一大戰，此何以略之？

〔二〕【集解】應劭曰：「楚歌者，謂雞鳴歌也。漢已略得其地，故楚歌者多雞鳴時歌也。」【正義】顔師古云：「楚人之歌也，猶言『吴謳』、『越吟』。若雞鳴爲歌之名，於理則可，不得云『雞鳴時』也。高祖戚夫人楚舞，自爲楚歌，豈亦雞鳴時乎？」按：顔説是也。

〔三〕【集解】徐廣曰：「一云姓虞氏。」【正義】括地志云：「虞姬墓，在濠州定遠縣東六十里。長老傳云項羽美人冢也。」【考證】漢書作「姓虞氏」。

〔四〕【正義】音隹。顧野王云青白色也。釋畜云：「蒼白雜毛，騅也。」

〔五〕【正義】和，音胡臥反。楚漢春秋云：「歌曰『漢兵已略地，四方楚歌聲。大王意氣盡，賤妾何聊生』。」【考證】世逝，何何，韵。項王楚人，故能作楚聲。朱熹曰：忼慨激烈，有千載不平之餘憤。

〔六〕【正義】數，色庾反。行，户郎反。

於是項王乃上馬騎，〔一〕麾下壯士騎從者八百餘人，〔二〕直夜潰圍南出，馳走。〔三〕平明，漢軍乃覺之，令騎將灌嬰以五千騎追之。項王渡淮，騎能屬者百餘人耳。〔四〕項王至陰陵，〔五〕迷失道，問一田父，田父紿曰「左」。〔六〕左，乃陷大澤中。以故漢追及之。項王乃復引兵而東，至東城，〔七〕乃有二十八騎。漢騎追者數千人。項王自度不得脱，謂其騎曰：「吾起兵至今八歲矣，身七十餘戰，所當者破，所擊者服，未嘗敗北，遂霸有天下。然今卒困於此，〔八〕此天之亡我，非戰之罪也。今日固決死，願爲諸君快戰，必三勝之，爲諸君潰圍，斬將，刈旗，令諸君知天亡我，非戰之罪也。」〔九〕乃分其騎以爲四隊，四嚮。〔一〇〕漢軍圍之數重。項王謂其騎曰：「吾爲公取彼一將。」令四面騎馳下，期山東爲三處。〔一一〕於是項王大呼馳下，〔一二〕漢軍皆披靡，〔一三〕遂斬漢一將。是時赤泉侯爲騎將，追項王，項王瞋目而叱之，赤泉侯人馬俱驚，辟易數里。〔一四〕與其騎會爲三處。漢軍不知項王所在，乃分軍爲三，復圍之。項王乃馳，復斬漢一都尉，殺數十百人，復聚其騎，亡其兩騎耳。乃謂其騎曰：「何如？」騎皆伏曰：

「如大王言。」

〔一〕【正義】騎，其倚反。凡單乘曰騎。後同。

〔二〕【正義】麾，亦作「戲」，同，呼危反。【考證】麾，將旗也。

〔三〕【考證】直夜，漢書作「夜直」。

〔四〕【正義】屬，音燭。【考證】顏師古曰：屬，聯及也。

〔五〕【集解】徐廣曰：「在淮南。」【正義】括地志云：「陰陵縣故城，在濠州定遠縣西北六十里。地理志云，陰陵縣屬九江郡。」【考證】陰陵，安徽鳳陽府定遠縣西北。

〔六〕【集解】文穎曰：「紿，欺也。欺令左去。」

〔七〕【集解】漢書音義曰：「縣名，屬臨淮。」【正義】括地志云：「東城縣故城，在濠州定遠縣東南五十里。地理志云，東城縣屬九江郡。」【考證】東城，鳳陽府定遠縣東南。

〔八〕【正義】卒，子律反。

〔九〕【考證】快戰，從毛本、慶本、漢書、凌本作「決戰」。楓、三本「三勝」作「勝三」。

〔一〇〕【考證】漢書作「爲圓陣外嚮」。顏師古曰：圓陳四周爲之也。外嚮，謂兵刃皆在外也。愚按：班史易字，義同，亦可以觀項王兵法。

〔一一〕【正義】期遇山東，分爲三處，漢軍不知項羽處。括地志云：「九頭山，在滁州全椒縣西北九十六里。江表傳云，項羽敗至烏江，漢兵追羽至此，一日九戰，因名。」

〔一二〕【正義】呼，火故反。

〔一三〕【正義】上，披彼反。靡，言精體低垂。【考證】披靡，謂草木不禁風而散亂也，因以狀兵士潰散。

〔一四〕【正義】言人馬俱驚，開張易舊處，乃至數里。【考證】赤泉侯，漢書作「楊喜」。梁玉繩曰：楊喜封赤泉侯，在漢高七年，漢書改稱「楊喜」，是也。

於是項王乃欲東渡烏江。〔一〕烏江亭長檥船待，〔二〕謂項王曰：「江東雖小，地方千里，衆數十萬人，亦足王也。願大王急渡。今獨臣有船，漢軍至，無以渡。」項王笑曰：「天之亡我，我何渡爲！且籍與江東子弟八千人渡江而西，今無一人還，縱江東父兄憐而王我，我何面目見之？縱彼不言，籍獨不愧於心乎？」乃謂亭長曰：「吾知公長者。吾騎此馬五歲，〔三〕所當無敵，嘗一日行千里，不忍殺之，以賜公。」乃令騎皆下馬步行，持短兵接戰。獨籍所殺漢軍數百人。項王身亦被十餘創。〔四〕顧見漢騎司馬呂馬童曰：「若非吾故人乎？」馬童面之，〔五〕指王翳曰：「此項王也。」〔六〕項王乃曰：「吾聞漢購我頭千金，邑萬戶，〔七〕吾爲若德。」〔八〕乃自刎而死。王翳取其頭，餘騎相蹂踐爭項王，相殺者數十人。最其後，郎中騎楊喜，騎司馬呂馬童，郎中呂勝、楊武各得其一體。〔九〕五人共會其體，皆是。故分其地爲五：〔一〇〕封呂馬童爲中水侯，〔一一〕封王翳爲杜衍侯，〔一二〕封楊喜爲赤泉侯，〔一三〕封楊武爲吳防侯，〔一四〕封呂勝爲涅陽侯。〔一五〕

〔一〕【集解】瓚曰：「在牛渚。」【索隱】按：晉初屬臨淮。【正義】括地志云：「烏江亭，即和州烏江縣是也。晉初爲縣。注水經云，江水又北得黃律口，漢書所謂烏江亭長檥船以待項羽，即此也。」【考證】安徽和州有烏江浦，在烏江故縣東。

〔二〕【集解】徐廣曰：「檥，音儀。一音俄。」駰案：應劭曰「檥，正也」。孟康曰「檥，音蟻，附也，附船著岸也」。如淳曰「南方人謂整船向岸曰檥」。【索隱】檥字，服、應、孟、晉各以意解爾。鄒誕生作「漾船」，以尚反，劉氏亦有此音。【考證】秦法，十里一亭。亭長者，主亭之吏，猶今里正也。

〔三〕【正義】騎，音奇。

〔四〕【考證】梁玉繩曰：此二語上稱「籍」，下稱「項王」，竟似兩人矣，未免語病。

〔五〕【集解】張晏曰：「以故人故，難視斫之，故背之。」如淳曰：「面，不正視也。」【考證】劉攽曰：面之，直面向之耳。洪頤煊曰：面，向也，謂向視之，審知爲項王，因以指王翳。禮記玉藻「唯君面尊」，鄭注「面猶鄉也」，田完世家「淳于髡說畢，趨出至門，而面其僕」，面即鄉也。方苞、沈欽韓說同。

〔六〕【集解】如淳曰：「指示王翳。」

〔七〕【正義】漢以一斤金爲一金，當一萬錢也。【考證】正義宜言「漢金一斤爲一金，一金當一萬錢也」。

〔八〕【集解】徐廣曰：「亦可是『功德』之『德』。」【正義】爲，于僞反。言呂馬童與項羽先是故人，舊有恩德於羽。一云，德行也。【考證】中井積德曰：爲德，猶言施恩也。愚按：爲，平聲。

〔九〕【考證】漢書「最」下無「其」字。灌嬰傳云，項籍敗垓下去也，嬰將車騎別追項籍，至東城破之。所將卒五人，共斬項籍，皆賜爵列侯。據此則王翳等五人，灌嬰所將也。

〔一〇〕【考證】王、凌本「分」上無「故」字。宋本有。梁玉繩曰：班馬異同無。中井積德曰：其地，謂萬户邑也。元無定處，非指項王之地。

〔一一〕【索隱】按晉書地道記，其中水縣屬河間。【正義】地理志云，中水縣屬涿郡。應劭云：「在易、滱二水之中，故曰中水。」

〔一二〕【索隱】按地理志，縣在南陽。按：表作「王翥」也。【正義】括地志云：「杜衍侯故縣，在鄧州南陽縣西八里。」

〔一三〕【索隱】南陽有丹水縣，疑赤泉後改。按：漢書表及後漢作「喜」，音火志反。

〔一四〕【索隱】地理志，縣名，屬汝南，故房子國。【正義】吳防，豫州縣。括地志云：「吳房縣，本漢舊縣。孟康云，吳王闔廬弟夫概奔楚，楚封於此，爲堂谿氏，本房子國，以封吳，故曰吳房。」

〔一五〕【集解】徐廣曰：「五人後卒，皆謚壯侯。」【索隱】地理志，南陽縣名。【正義】涅，年結反。括地志云：「涅陽故城，在鄧州穰縣東北六十里，本漢舊縣也。應劭云在涅水之陽。」

項王已死，〔一〕楚地皆降漢，獨魯不下。漢乃引天下兵欲屠之，爲其守禮義，爲主死節，乃持項王頭視魯，魯父兄乃降。始，楚懷王初封項籍爲魯公，及其死，魯最後下，故以魯公禮葬項王穀城。〔二〕漢王爲發哀，泣之而去。〔三〕

〔一〕【集解】徐廣曰：「漢五年之十二月也。項王以始皇十五年己巳歲生，死時年三十一。」

〔二〕【集解】皇覽曰：「項羽冢，在東郡穀城東，去縣十五里。」【正義】括地志云：「項羽墓，在濟州東阿縣東二十七里穀城西三里。述征記，項羽墓在穀城西北三里，半許毀壞，有碣石『項王之墓』。」【考證】事又見儒林傳。顧炎武曰：穀城即魯之小穀，非東郡之穀城。曲阜西北有小穀城。愚按：在山東泰安府東阿縣東北。水經濟水注云「城西北三里，有項王之冢，半許毀壞，石碣尚存，題云『項王之墓』」。

〔三〕【考證】楓、三本「哀」作「喪」。王鳴盛曰：爲義帝發喪，袒而大哭，此猶自可。殺項羽，以魯公禮葬，爲發哀，泣之而去，天下豈有我殺之，即我哭之者？不知何處辨此一幅急淚。千載下，讀之笑來。又曰：鄭當時傳，詔項籍故臣皆名籍，怨毒如許，哭之何爲？愚按：田儋列傳云，田橫自剄，高帝曰「夫起布衣，兄弟三人更王，豈不賢乎哉」。爲之流涕，發卒二千人，以王者禮葬田橫。高祖蓋喜泣者。

諸項氏枝屬，漢王皆不誅。乃封項伯爲射陽侯。〔一〕桃侯、〔二〕平皋侯、〔三〕玄武侯〔四〕皆項氏，賜姓劉。

〔一〕【集解】徐廣曰：「項伯，名纏字伯。」【正義】射，音食夜反。括地志云：「楚州山陽，本漢射陽縣。吴地志云，在射水之陽，故曰射陽。」

〔二〕【集解】徐廣曰：「名襄。其子舍爲丞相。」【正義】括地志云：「故城在滑州胙城縣東四十里。漢書云，高祖十二年，封劉襄爲桃侯也。」

〔三〕【集解】徐廣曰：「名佗。」【正義】括地志云：「平皋故城，在懷州武德縣東二十里，漢平皋縣。」按：佗，音徒何反。

〔四〕【集解】徐廣曰：「諸侯表中不見。」【考證】陳子龍曰：豈始封而即廢歟？

太史公曰：吾聞之周生曰〔一〕「舜目蓋重瞳子」，〔二〕又聞項羽亦重瞳子。羽豈其苗裔邪？〔三〕何興之暴也！〔四〕夫秦失其政，陳涉首難，豪傑蠭起，相與並争，不可勝數。然羽非有尺寸，乘勢起隴畝之中，三年，遂將五諸侯滅秦，〔五〕分裂天下，而封王侯，政由羽出，號爲「霸王」，位雖不終，近古以來未嘗有也。〔六〕及羽背關懷楚，〔七〕放逐義帝而自立，怨王侯叛己，難矣。自矜功伐，奮其私智而不師古，謂霸王之業，欲以力征經營天下，五年卒亡其國，〔八〕身死東城，尚不覺寤，而不自責過矣。〔九〕乃引「天亡我，非用兵之罪也」，豈不謬哉！〔一〇〕

〔一〕【集解】文穎曰：「周時賢者。」【正義】孔文祥云：「周生，漢時儒者，姓周也。」按：太史公云「吾聞之周生」，則是漢人，與太史公耳目相接明矣。

〔三〕【集解】尸子曰：「舜兩眸子，是謂重瞳。」【考證】荀子非相篇「堯舜三牟子」，尚書大傳「舜四瞳子」，淮南子「舜二瞳子」，是謂重明，所言不同。余聞之醫生，今人二瞳三瞳者往往而有。

〔三〕【考證】史公好以帝王將相爲古聖賢苗裔，若以秦爲伯翳後，以英布爲皋陶後之類。

〔四〕【考證】張文虎曰：舊刻「何」下有「其」(子)〔字〕，毛本同。愚按：漢書亦有「其」字。暴，猝也。黥布傳「何其拔興之暴哉」，亦言崛起于隴畝也。

〔五〕【集解】此時山東六國，而齊、趙、韓、魏、燕五國並起，從伐秦，故云五諸侯。

〔六〕【考證】數句可以見史公列項羽於本紀之意。

〔七〕【正義】顏師古云：「背關，背約不王高祖於關中。懷楚，謂思東歸而都彭城。」【考證】顧炎武曰：背關懷楚，謂舍關中形勝之地，而都彭城，如師古之解，乃背約，非背關。愚按：岡白駒、中井積德亦有此說。

〔八〕【正義】卒，音子律反。五年，謂高帝元年至五年殺項羽東城。

〔九〕【考證】「而不自責過矣」六字連作一句。過亦責也，非「過誤」之「過」。漢書「矣」作「失」，通鑑削「過矣」二字，皆未得史公意。

〔一〇〕【考證】中井積德曰：天亡我，非用兵之罪，是羽矜勇武之言矣，言戰之彊如此而亡，是天亡我時至也。若夫天何故亡我，我有罪于天與否，羽未嘗言及也。乃以此爲不覺悟不自責之事，可乎？

【索隱述贊】亡秦鹿走，僞楚狐鳴。雲鬱沛谷，劍挺吴城。勳開魯甸，勢合碭兵。卿子無罪，亞父推誠。始救趙歇，終誅子嬰。違約王漢，背關懷楚。常遷上游，臣迫故主。靈壁大振，成皋久拒。戰非無功，天實不與。嗟彼蓋代，卒爲凶豎。

史記會注考證卷八

高祖本紀第八

史記八

【考證】史公自序曰：「子羽暴虐，漢行功德；憤發蜀漢，還定三秦；誅籍業帝，天下惟寧，改制易俗。作高祖本紀第八。」趙翼曰：史記高祖本紀先總叙高祖一段，及述其初起事，則稱「劉季」，得沛後稱「沛公」，王漢後稱「漢王」，即帝位後則稱「上」，後代諸史皆因之。其實此法本於舜典，未即位以前稱「舜」，即位之後，分命九官，即稱「帝曰」。古時雖樸略，而史筆謹嚴如此。分命九官之前，初咨四岳，尚有一「舜曰」者，正以起下文「帝曰」之例，謂此帝乃舜也。又顧命康王未即位以前稱「子釗」，即位後即稱「王」，亦是此例。

高祖，〔一〕沛豐邑中陽里人。〔二〕姓劉氏，〔三〕字季。〔四〕父曰太公。〔五〕母曰劉媪。〔六〕其先劉媪嘗息大澤之陂，夢與神遇。是時雷電晦冥，太公往視，則見蛟龍於其上。〔七〕已而有身，遂產高祖。

〔一〕【集解】漢書音義曰：「諱邦。」張晏曰：「禮謚法無『高』，以爲功最高，而爲漢帝之太祖，故特起名焉。」【考證】姚範曰：禮記喪服四制云「武丁者殷之賢王，繼世即位，而慈良於喪。當此之時，殷衰而復興，禮廢而復起，故善之。善之，故載之書而高之，故謂之『高宗』」。尚書孔傳云「德高可宗」，孝惠即位之初，叔孫通爲奉常，定宗廟儀法，則高祖之謚當屬稷嗣君所定，因殷之謚耳，非特起也。尚書盤庚「肆上帝將復我高祖之德」，孔傳「斥湯」。顧命「無壞我高祖寡命」，孔傳「高德之祖，寡有之教命」，王肅亦言「謂文王也」。孔、王之說，皆漢後注經之言，予疑祖之通稱「高祖」，猶孫之通稱「曾孫」也，非必以其功德言之。

〔二〕【考證】沛，江蘇徐州府沛縣。豐，徐州府豐縣。顏師古曰：沛者本秦泗川郡之屬縣。豐者沛之聚邑耳。

〔三〕【集解】李斐曰：「沛，小沛也。劉氏隨魏徙大梁，移在豐，居中陽里。」孟康曰：「後沛爲郡，豐爲縣。」【索隱】按：高祖，劉累之後，別食邑於范，士會之裔，留秦不反，更爲劉氏。劉氏隨魏徙大梁，後居豐，今言「姓劉氏」者，是。左傳「天子建德，因生以賜姓，胙之土，命之氏。諸侯以字爲謚，因以爲族」。說者以爲天子賜姓命氏，諸侯命族，族者氏之別名也。然則因生賜姓，若舜生姚墟以爲姚姓，封之於虞，即號有虞氏，是也。若其後子孫，更不得賜姓，即遂以虞爲姓，云「姓虞氏」。今此云「姓劉氏」，亦其義也。故姓者，所以統繫百代，使不別也。氏者，所以別子孫之所出。又系本篇，言姓則在上，言氏則在下，故五帝本紀云「禹，姓姒氏。契，姓子氏。弃，姓姬氏」是也。按：漢改泗水爲沛郡，治相城，故注以沛爲小沛也。【考證】中井積德曰：史記之稱姓氏，混合不別，不得據左氏作解。錢大昕曰：戰國氏族之學廢，秦改封建，雖公族無議貴之律，民知有氏，不知有姓，高帝起布衣，太公以上，名字且無考，何知族姓所出。故項伯、婁敬賜姓劉氏，以氏爲姓，遂爲一代之制。史記書「姓劉氏」，此漢制異於三代者，後人謂漢堯後，本祁姓，譏於史公昧於姓氏之別，斯爲誕矣。漢爲堯後，說本向、歆，史公時本無此議，即云曾見左傳，而劉夏、劉卷亦載春秋，安知漢劉必爲祁姓？

〔四〕【索隱】按：漢書「名邦，字季」，此單云字，亦又可疑。按：漢高祖長兄名伯，次名仲，不見別名，則季亦是名也。故項岱云「高祖小字季，即位易名邦，後因諱邦不諱季，所以季布猶稱姓也」。【考證】中井積德曰：索隱云「漢書『名邦字季』」，今漢書無此四字。王先謙曰：索隱所云，殆漢紀之誤。梁玉繩曰：季乃是行，高祖長兄伯，次兄仲，亦行也。史以「季」爲字，與索隱以「季」爲名並非。王鳴盛曰：史記於高祖云「字季」，不云諱某，餘帝則諱與字皆不書，漢書本紀因之，馬、班自以爲漢臣耳。其餘各史，則皆書諱某字某。夫史以紀實也，帝王之尊，當時爲臣子者，固不敢書其名字，若史而不書，後何觀焉？各史不襲班、馬，是也。

〔五〕【索隱】皇甫謐云：「名執嘉。」王符云：「太上皇名煓。」與湍同音。【正義】春秋握成圖云：「劉媼夢赤鳥如龍戲己，生執嘉。」

〔六〕【集解】文穎曰：「幽州及漢中皆謂老嫗爲媼。」孟康曰：「長老尊稱也。左師謂太后曰『媼愛燕后賢長安君』。禮樂志『地神曰媼』。媼，母別名也，音烏老反。」【索隱】韋昭云：「媼，婦人長老之稱。」皇甫謐云：「媼蓋姓王氏。」又據春秋握成圖以爲執嘉妻含始，遊洛池，生劉季。詩含神霧亦云。姓字皆非正史所出，蓋無可取。今近有人云「母温氏」。貞時打得班固泗水亭長古石碑文，其字分明作「温」字，云「母温氏」。貞與賈膺復、徐彦伯、魏奉古等執對反覆，沈歎古人未聞，聊記異見，於何取實也？孟康注「地神曰媼」者，禮樂志云「后土富媼」，張晏曰「坤爲母，故稱媼」是也。【正義】帝王世紀云：「漢昭靈后含始游洛池，有寶雞銜赤珠出，炫日，后吞之，生高祖。」詩含神霧亦云含始即昭靈后也。陳留風俗傳云：「沛公起兵野戰，喪皇妣於黄鄉，天下平定，使使者以梓宫招幽魂，於是丹蛇在水自灑，躍入梓宫，其浴處有遺髮，謚曰昭靈夫人。」漢儀注云：「高帝母起兵時死小黄城，後於小黄立陵廟。」括地志云：「小黄故城，在汴州陳留縣東北三十三里。」顔師古云：「皇甫謐等妄引讖記，好奇騁博，强爲高祖父母名字，皆非正史所説，蓋無取焉。寧有劉媼本姓實存，史遷肯不詳載？即理而言，斷可知矣。」【考證】漢書高紀無「曰劉」二字。梁玉繩曰：馬、班以漢人紀漢事，寧有不知高祖父母姓名之理？乃太公不書名，母媼不書姓，豈諱而不書，如諸帝之不書名邪？李笠曰：「父曰太公，母曰劉媼」，二句對舉，不得省去。漢書高紀「母媼」二字，連下「嘗息大澤之陂」爲一句，史記則別有「其先劉媼」四字屬下句，不可同論也。論衡吉驗篇云「高皇帝母曰劉媼」，奇怪篇云「高祖本紀言劉媼嘗息大澤之陂」，皆有「劉」字，可證。

〔七〕【索隱】按：詩含神霧云「赤龍感女媼，劉季興」。又廣雅云「有鱗曰蛟龍」。【考證】其先，猶言其初，詩大雅生民「厥初生民，時維姜嫄」。俞樾曰：五帝紀云「擇其尤雅」者，故唐虞二紀悉本尚書，高辛以上，無稽則畧。禹本紀，山海經所有怪物不以入史。至高帝紀乃有劉媼夢神、白帝化蛇之事，蓋當時方以爲受命之符，不可得而削也，世以史公爲好奇，過矣。

高祖爲人隆準而龍顏，〔一〕美須髯，左股有七十二黑子。〔二〕仁而愛人，喜施。〔三〕意豁如也。〔四〕常有大度，不事家人生産作業。及壯試爲吏，〔五〕爲泗水亭長，〔六〕廷中吏無所不狎侮。〔七〕好酒及色。常從王媼、武負貰酒，〔八〕醉卧，武負、王媼見其上常有龍，怪之。〔九〕高祖每酤留飲，酒讎數倍。〔一〇〕及見怪，歲竟，此兩家常折券弃責。〔一一〕

〔一〕【集解】服虔曰：「準，音拙。」應劭曰：「隆，高也。準，頰權準也。顏，額顙也，齊人謂之顙，汝南、淮、泗之閒曰顏。」文穎曰：「準，鼻也。」【索隱】李斐云：「準，鼻也。始皇蜂目長準，蓋鼻高起。」爾雅：「顏，額也。」文穎曰：「高祖感龍而生，故其顏貌似龍，長頸而高鼻。」【考證】文穎曰：準，音「準的」之「準」。顏師古曰：服音應説，皆失之。張文虎曰：據漢書注及索隱、集解，「文穎」當作「李斐」。

〔二〕【正義】河圖云：「帝劉季，口角戴勝，斗胷，龜背，龍股，長七尺八寸。」合誠圖云：「赤帝體爲朱鳥，其表龍顏，多黑子。」按：左，陽也。七十二黑子者，赤帝七十二日之數也。木火土金水，各居一方，一歲三百六十日，四方分之，各得九十日，土居中央，並索四季，各十八日，俱成七十二日，故高祖七十二黑子者，應火德七十二日之徵也。有一本「七十日」者，非也。許北人呼爲「黶子」，吳、楚謂之「誌」。誌，記也。【考證】顏師古曰：在頤曰須，在頰曰髯。

〔三〕【正義】喜，許記反。施，尸豉反。

〔四〕【集解】服虔曰：「豁，達也。」

〔五〕【集解】應劭曰：「試補吏。」【考證】盧綰傳云高祖與盧綰學書，此所以其能爲吏。

〔六〕【正義】秦法，十里一亭，十亭一鄉。亭長，主亭之吏。高祖爲泗水亭長也。國語有「寓室」，即今之亭也。亭長，蓋今里長也。民有訟諍，吏留平辨，得成其政。括地志云：「泗水亭，在徐州沛東百步，有高祖廟也。」【考證】王念孫曰：類聚、御覽引「泗水」作「泗上」，與漢書合。

〔七〕【正義】廷中吏，泗水及沛縣之廷也。狎，輕俳也。侮，慢也。府縣之吏，高祖皆輕慢也。【考證】中井積德曰：廷，謂縣廷也。

〔八〕【集解】韋昭曰：「貰，賒也。」【索隱】鄒誕生「貰，音世」，與字林聲韵並同。又音時夜反。廣雅云：「貰，賒也。」說文云：「貰，貸也。」臨淮有貰陽縣。漢書功臣表「貰陽侯劉纏」，而此紀作「射陽」，則「貰」亦「射」也。【正義】王媼者，王家母。武負者魏大夫如耳之母也。【考證】漢書注云：如淳曰「武，姓也，俗謂老大母爲阿負」。顏師古曰：劉向列女傳云「魏曲沃負者，魏大夫如耳之母也」，此則古語謂老母爲「負」耳。王媼，王家之媼也。武負，武家之母也。愚按：如、顏二說是。又按：正義依幻雲鈔補，文有譌脫。

〔九〕【考證】祕閣、古鈔本、類聚引「醉」上有「飲」字，御覽引作「時醉臥」，與漢書合。

〔一〇〕【集解】如淳曰：「讎亦售。」【索隱】樂彥云，借「讎」爲「售」，蓋古字少，假借耳。今亦依字讀。蓋高祖大度，既貰飲，且讎其數倍價也。【正義】按言聖帝所至，皆有福祐，故酒讎數倍，及衆驚怪。【考證】祕閣、楓山、三條、南化本「高祖」上有「屬」字。趙翼曰：「讎」與「售」同，賣物受直也。武負、王媼皆酒家，每值高祖酤飲，則人競買之，其獲利較倍於常也。宣帝少時從民間買餅，所從買家輒大讎，正與此相類。蓋高祖本紀，自澤陂遇神，至芒、碭雲氣，皆記高祖微時符瑞，而此特其一端耳。索隱乃謂貰飲而償厚價，則下文「折券」句，又何説也？愚按：陳仁錫、中井積德亦有此説。

〔一二〕【索隱】周禮小宰：「聽稱責以傅別。」鄭司農云：「傅別，券書也。」鄭玄云：「傅別，謂大手書於札中而別之也。」然則古用簡札書，故可折。至歲終總弃不責也。【考證】「責」讀爲「債」。

高祖常繇咸陽，〔一〕縱觀，觀秦皇帝，〔二〕喟然太息曰：「嗟乎，大丈夫當如此也！」〔三〕

〔一〕【集解】應劭曰：「徭役也。」【索隱】韋昭云：「秦所都，武帝更名渭城。」應劭云：「今長安也。」按：關中記云「孝公都咸陽，今渭城是，在渭北。始皇都咸陽，今城南大城是也。」名咸陽者，山南曰陽，水北亦曰陽，其地在渭水之北，又在九嵕諸山之南，故曰咸陽也。【考證】祕閣本「常」作「嘗」。

〔二〕【正義】包愷云：「觀，上音館，下音官。恣意，故縱觀。」【考證】楊慎曰：當時車駕出，則禁觀者，此時則縱民觀，故曰「縱觀」。愚按：漢高紀少一「觀」字，義異。

〔三〕【考證】淩稚隆曰：高祖觀秦帝之言，較之項羽，氣象自是迥別。王鳴盛曰：項之言，悍而戾；劉之言，則津津不勝其歆羨矣。

單父人呂公，善沛令，〔一〕避仇，從之客，因家沛焉。沛中豪桀吏聞令有重客，皆往賀。蕭何爲主吏，〔二〕主進，〔三〕令諸大夫曰：「進不滿千錢，坐之堂下。」〔四〕高祖爲亭長，素易諸吏，乃紿爲謁曰「賀錢萬」，實不持一錢。〔五〕謁入，呂公大驚，起，迎之門。呂公者，好相人，見高祖狀貌，因重敬之，引入坐。〔六〕蕭何曰：「劉季固多大言，少成事。」高祖因狎侮諸客，遂坐上坐，無所詘。〔七〕酒闌，呂公因目固留高祖。〔八〕高祖竟酒，後。呂公曰：「臣少好相人，〔九〕相人多矣，無如季相，願季自愛。臣有息女，願爲季箕帚妾。」〔一〇〕酒罷，呂媼怒呂公曰：「公始常欲奇此女，與貴人。〔一一〕沛令善公，求之不與，何自妄許與劉季？」呂公曰：「此非兒女子所知也。」卒與劉季。呂公女乃呂后也，生孝惠帝、魯元公主。〔一二〕

〔一〕【集解】漢書音義曰：「單，音善。父，音斧。」【索隱】韋昭云：「單父，縣名，屬山陽。」崔浩云：「史失其名，但舉姓而言公。」又按：漢書舊儀云「呂公，汝南新蔡人」。又相經云「魏人呂公，名文，字叔平也」。

〔二〕【集解】孟康曰：「主吏，功曹也。」

〔三〕【集解】文穎曰：「主賦斂禮進，爲之帥。」【索隱】鄭氏云：「主賦斂禮錢也。」顏師古曰：「進者，會禮之財。字本作『賮』，聲轉爲『進』。『宣帝數負進』，義與此同。」【考證】進，猶獻也，賀客所進之財，不必讀爲「賮」。中井積德曰：主進，謂是時掌賀進之事也，非平生職掌。

〔四〕【正義】大夫，客之貴者，總稱之。【考證】祕閣本無「進」字、「之」字。何焯曰：漢書高祖紀詔書有云「秦民爵公大夫以上，令丞與亢禮」，「諸大夫」當謂此也。趙翼曰：沛中豪傑吏，蓋不過鄉豪及健吏之類，蓋秦制賜民爵，有大夫、官大夫、公大夫、五大夫、七大夫諸稱。度其時，民之有此爵者，人即以其爵呼之，相沿日久，遂以爲尊奉之語，故鄉豪及健吏皆得稱耳。

〔五〕【集解】應劭曰：「紿，欺也。音殆。」【索隱】韋昭云：「紿，詐也。」劉氏云：「紿，欺負也。」何休云：「紿，疑也。」謂高祖素狎易諸吏，乃詐爲謁。謁謂以札書姓名，若今之通刺，而兼載錢穀也。

〔六〕【考證】祕閣本「入」下有「上」字。楓、三、南本「坐」下有「上坐」二字。

〔七〕【正義】坐上坐。上在果反，下在卧反。詘，音丘忽反。

〔八〕【集解】文穎曰：「闌，言希也。謂飲酒者半罷半在，謂之闌。」【正義】目，言故目動而留之，不敢對衆顯。

〔九〕【集解】張晏曰：「古人相與語，多自稱臣，自卑下之道，若今人相與語，皆自稱僕。」【考證】顧炎武曰：漢初人對人多稱臣，乃戰國之餘習。史記高祖紀，呂公曰「臣少好相人」，張晏曰，古人相與語，多自稱臣，猶今人相與言僕也。天下已定，則稍在差等，而臣之稱惟施之諸侯王，故韓信過樊將軍噲，噲趨拜送迎，言稱臣，曰「大王乃肯臨臣」。至文景以後，則此風漸衰，而賈誼新書有尊天子避嫌疑，不敢稱臣之説，王子侯表有「利侯釘坐遺淮南王書稱臣，棄市」，功臣侯表安平侯鄂但「坐與淮南王女陵通，遺淮南王書稱臣盡力，棄市」，平棘侯薛穰坐受淮南王賂稱臣，在赦前免，皆在元狩元年。而嚴助傳，天子令助諭意淮南王，一則曰「臣助」，再則「臣助」，史因而書之，未嘗以爲罪。則知釘等三人所坐者交通之罪，而自此以後廷臣之與諸侯王，遂不復稱臣者爾。

〔一〇〕【正義】息，生也。謂所生之女也。

〔一一〕【考證】顔師古曰：奇，異也，謂顯而異之，嫁於貴人也。中井積德曰：奇是「奇貨可居」之「奇」，謂欲以此女爲奇貨而與貴人以釣利。盧文弨曰：欲奇云者，呂公自以己意奇而異之也。外戚世家，王太后母臧兒卜兩女皆當貴，曰「欲奇兩女」云云，文法正同。王念孫曰：漢外戚傳「霍光夫人顯謂淳于衍云『將軍素愛小女成君，欲奇貴之』」，語意相似。鳳曾叙曰：欲奇此女者，言始欲顯異此女而嫁貴人也。「欲」字在「奇」字上，語意甚明。岡白駒曰：「與」上省一「欲」字，史文此類多。愚按：猶言欲與貴人以奇此女。「奇」字顔説是，不必讀爲「奇貨」之「奇」。

〔一二〕【集解】服虔曰：「元，長也。食邑於魯。」韋昭曰：「元，謚也。」【正義】漢制，帝女曰「公主」，儀比諸侯；姊妹曰「長公主」，儀比諸侯王；姑曰「大長公主」，儀比諸侯王。【考證】張文虎曰：類聚引「乃」作「即」，與漢書合。又曰：中統本「惠」下有「帝」字，與漢書合。類聚及班馬異同引俱有，今補。

高祖爲亭長時，常告歸之田。〔一〕呂后與兩子居田中耨，有一老父過請飲，呂后因餔之。〔二〕老父相呂后曰：「夫人天下貴人。」令相兩子，見孝惠，曰：「夫人所以貴者，乃此男也。」相魯元，亦皆貴。〔三〕老父已去，高祖適從旁舍來，呂后具言，客有過，相我子母皆大貴。高祖問，曰：「未遠。」乃追及問老父。老父曰：「鄉者夫人嬰兒皆似君，君相貴不可言。」〔四〕高祖乃謝曰：「誠如父言，不敢忘德。」及高祖貴，遂不知老父處。〔五〕

〔一〕【集解】服虔曰：「告，音如『嗥呼』之『嗥』。」李斐曰：「休謁之名也。吉曰告，凶曰寧。」孟康曰：「古者名吏休假曰告，告又音嚳。漢律，吏二千石，有予告、賜告。予告者，任官有功最，法所當得者也。賜告者，病滿三月，當免，天子優賜，復其告，使得帶印紱，將官屬，歸家治疾也。」【索隱】韋昭云：「告，請歸乞假也。音『告語』之『告』。故戰國策曰『商君告歸』，廷篤以爲告歸，今之歸寧也。」劉伯莊、顏師古並音古篤反，非號嚳兩音也。按：東觀漢記田邑傳云「邑年三十，歷卿大夫，號歸罷，厭事，少所嗜欲」。尋號與嗥同，古者當有此語，故服氏云「如『號呼』之『號』」，音豪。今以服虔雖據田邑「號歸」，亦恐未得。然此「告」字當音誥，誥、號聲相近，故後「告歸」「號歸」，遂變耳。【考證】古鈔本「常」作「嘗」，與漢書合。

〔二〕【正義】餔，必捕反，以食飼人也。父本請飲，呂后因飼之。國語云：「國中童子無不餔。」

〔三〕【考證】祕閣本無「也」字。

〔四〕【考證】祕閣本「嬰兒」作「兒子」。

〔五〕【考證】類聚引「人」下有「也」，「惠」下有「帝」，「元」下有「公主」，「嬰兒」作「兒子」，皆與漢書合。漢書「似」作「以」，論衡骨相篇作「似」，宋書符瑞志作「以」。如淳曰「言並得君之貴相也」，是從「似」字。顏師古曰：「言夫人及兒子，以君之故，因得貴耳。」是從「以」字。錢大昭申如説云：「蓋言相之大貴皆似君耳，非謂呂后之貌有類高祖也。」愚按：如、錢二説是。李笠曰：「老父以相法告人，而不責報，所以爲德。」

高祖爲亭長，乃以竹皮爲冠，令求盜之薛治之，時時冠之，〔一〕及貴常冠。所謂劉氏冠乃是也。〔二〕

〔一〕【集解】應劭曰：「以竹始生皮作冠，今鵲尾冠是也。求盜者，舊時亭有兩卒，其一爲亭父，掌開閉掃除，一爲求盜，掌逐捕盜賊。薛，魯國縣也。有作冠師，故往治之。」【索隱】應劭云：「一名『長冠』。側竹皮裏以縱前，高七寸，廣三寸，如板。」又蔡邕獨斷云：「長冠，楚制也。高祖以竹皮爲之，謂之『劉氏冠』。」司馬彪輿服志亦以「劉氏冠」爲鵲尾冠也。應劭云：「舊亭卒名『弩父』，陳、楚謂之『亭父』，或云『亭部』，淮、泗謂之『求盜』也。」【正義】冠，音館，下同。【考證】薛，山東兗州府滕縣。

〔二〕【正義】冠，音官。顏師古云：「後號爲『劉氏冠』。其後詔曰『爵非公乘以上，不得冠劉氏冠』，即此也。」

高祖以亭長爲縣送徒酈山，徒多道亡。自度比至皆亡之，〔一〕到豐西澤中，止飲，夜乃解縱所送徒。曰：「公等皆去，吾亦從此逝矣！」徒中壯士願從者十餘人。高祖被酒，夜徑澤中，〔二〕令一人行前。〔三〕行前者還報曰：「前有大蛇當徑，願還。」〔四〕高祖醉曰：「壯士行，何畏！」乃前，拔劍擊斬蛇。〔五〕蛇遂分爲兩，〔六〕徑開。行數里，醉，因卧。〔七〕後人來至蛇所，有一老嫗夜哭。人問何哭，嫗曰：「人殺吾子，故哭之。」人曰：「嫗子何爲見殺？」嫗曰：「吾子，白帝子也，化爲蛇，當道，今爲赤帝子斬之，故哭。」〔八〕人乃以嫗爲不誠，欲告之，〔九〕嫗因忽不見。後人至，高祖覺。〔一〇〕後人告高祖，高祖乃心獨喜，自負。〔一一〕諸從者日益畏之。〔一二〕

〔一〕【正義】度，田洛反。比，必寐反。【考證】應劭曰：「秦始皇葬於驪山，故郡國送徒往作。」姚範曰：「始皇初即位，即穿治驪山，及并天下，徒詣送者七十餘萬。」賈山亦云：「吏徒數十萬人，曠十年。」此送徒，當在始皇之初，故下云「始皇東遊」。應劭以爲始皇葬於驪山，語未晰。

〔二〕【索隱】舊音經。按：廣雅云「徑，斜過也」。字林云「徑，小道也，音古定反」。言酒後放徒，夜徑行澤中，不敢由正路，且從小徑而求疾也。【正義】被，加也。

〔三〕【正義】行，音下孟反。

〔四〕【索隱】音逕。鄭玄曰：「步道曰徑也。」

〔五〕【索隱】漢舊儀云「斬蛇劍，長七尺」。又高祖云「吾以布衣提三尺劍取天下」。二文不同者，崔豹古今注「當高祖爲亭長，理應提三尺劍耳；及貴，當別得七尺寶劍」，故舊儀因言之。【正義】按：其蛇大，理須別求是劍斬之。三尺劍者，常佩之劍。括地志云：「斬蛇溝，源出徐州豐縣中平地，故老云高祖斬蛇處，至縣西十五里入泡水也。」

〔六〕【索隱】謂斬蛇分爲兩段也。

〔七〕【考證】漢書一本「因」作「困」。周壽昌曰：據文義，始曰「被酒」，中曰「醉」，末曰「醉困卧」，情事明有次第。醉後行數里而困，故卧也，「困」字較「因」爲勝。

〔八〕【集解】應劭曰：「秦襄公自以居西戎，主少昊之神，作西畤，祠白帝。至獻公時，櫟陽雨金，以爲瑞，又作畦畤，祠白帝。少昊，金德也。赤帝，堯後，謂漢也。殺之者，明漢當滅秦也。秦自謂水，漢初自謂土，皆失之。至光武乃改定。」【索隱】按：太康地理志云「畤在櫟陽故城內。其畤如畦，故曰畦畤」。畦，音户圭反。應注云「秦自謂水」者，按秦文公獲黑龍，命河爲德水，是也。又按：春秋合誠圖云「水神哭，子褒敗」。宋均以爲高祖斬白蛇，而神母哭，則此母水精也。此皆謬說。又注云「至光武乃改」者，謂改漢爲火德，秦爲金德，與雨金及赤帝子之理合也。【考證】祕閣本「人問」下有「嫗」字，「今」下無「爲」字，義長。

〔九〕【集解】徐廣曰：「一作『苦』。」【索隱】漢書作「苦」，謂欲困苦辱之。一本或作「笞」。説文云：「笞，擊也。」【考證】祕閣本、楓山、三條本「媼」下有「言」字。

〔一〇〕【索隱】包愷、劉伯莊音古孝反。

〔一一〕【集解】應劭曰：「負，恃也。」【索隱】晉灼云：「自恃斬蛇事。」

〔一二〕【考證】楊循吉曰：斬蛇事，沛公自託以神靈其身，而駭天下之愚夫婦耳。大虹大霓，蒼龍赤龍，流火之烏，躍舟之魚，皆所以兆帝王之興起者，此斬蛇之計所由設也。

秦始皇帝常曰「東南有天子氣」，於是因東游以厭之。〔一〕高祖即自疑，亡匿，隱於芒、碭山澤巖石之閒。〔二〕呂后與人俱求，常得之。高祖怪問之。呂后曰：「季所居，上常有雲氣，故從往，常得季。」高祖心喜。〔三〕沛中子弟或聞之，多欲附者矣。

〔一〕【索隱】厭，音一涉反，又一冉反。廣雅云：「厭，鎮也。」【考證】祕閣本無「因」字。漢書宣帝紀，後元二年，武帝疾。望氣者曰「長安獄中有天子氣」。

〔二〕【集解】徐廣曰：「芒，今臨淮縣也。碭縣在梁。」駰案：應劭曰「二縣之界，有山澤之固，故隱於其閒也」。【正義】括地志云：「宋州碭山縣，在州東一百五十里，本漢碭縣也。碭山在縣東。」【考證】趙翼曰：「即自疑」三字，高祖匹夫而以天子自疑，正見其志氣不凡，漢書删之。愚按：上云「心獨喜自負」，下云「心喜」，此亦不可無「即自疑」三字。

〔三〕【正義】〔顏師古曰：〕京房易（兆）〔飛〕候云「何以知賢人隱？（顏）師（古）曰：『四方常有大雲，五色具而不雨，其下有賢人隱矣。』」故呂后望雲氣而得之。【考證】徐孚遠曰：高祖隱處，豈不陰語呂后耶？隱而求，求而怪，皆所以動衆也。

秦二世元年，秋，陳勝等起蘄，至陳而王，號爲「張楚」。〔一〕諸郡縣皆多殺其長吏，以應陳涉。〔二〕沛令恐，欲以沛應涉。掾、主吏蕭何、曹參〔三〕乃曰：「君爲秦吏，今欲背之，率沛子弟，恐不聽。願君召諸亡在外者，可得數百人，因劫衆，衆不敢不聽。」〔四〕乃令樊噲召劉季。劉季之衆，已數十百人矣。〔五〕

〔一〕【集解】徐廣曰：「高祖時年四十八。」【索隱】應劭云：「始皇欲以一至萬，示不相襲。始者一，故至子稱二世。」崔浩云：「二世，始皇子胡亥。」又按：善文稱隱士云「趙高爲二世殺十七兄，而立爲王」，則二世是第十八子也。蘄，縣名，屬沛。音機，又音旂。【考證】祕閣本「起」作「越」，非是。蘄，安徽鳳陽宿州。陳，河南陳州。

〔二〕【考證】張文虎曰：上作「陳勝」，此作「陳涉」，當有一誤。

〔三〕【索隱】按：漢書蕭、曹傳，參爲獄掾，何爲主吏也。

〔四〕【索隱】説文云「以力脅之云劫」也。【考證】祕閣本重「子弟」二字。顔師古曰：時苦秦虐政，賦役煩多，故有逃亡辟吏。

〔五〕【索隱】漢書作「數百人」。劉伯莊曰「數十人或至百人」，則是百人已下也。

於是樊噲從劉季來。沛令後悔，恐其有變，乃閉城城守，欲誅蕭、曹。〔一〕蕭、曹恐，踰城保劉季。〔二〕劉季乃書帛射城上，謂沛父老曰：「天下苦秦久矣。今父老雖爲沛令守，諸侯並起，今屠沛。〔三〕沛今共誅令，擇子弟可立者立之，以應諸侯，則家室完。不然，父子俱屠，無爲也。」父老乃率子弟共殺沛令，開城門迎劉季，欲以爲沛令。劉季曰：「天下方擾，諸侯並起，今置將不善，壹敗塗地。〔四〕吾非敢自愛，恐能薄，不能完父兄子弟。此大事，〔五〕願更相推擇可者。」〔六〕蕭、曹等皆文吏，自愛，恐事不就，後秦種族其家，盡讓劉季。諸父老皆曰：「平生所聞劉季諸珍怪，當貴。且卜筮之，莫如劉季最吉。」〔七〕於是劉季數讓。衆莫敢爲，乃立季爲沛公。〔八〕祠黄帝，祭蚩尤於沛庭，〔九〕而釁鼓，〔一〇〕旗幟皆赤。〔一一〕由所殺蛇白帝子，殺者赤帝子，故上赤。於是少年豪吏如蕭、曹、樊噲等皆爲收沛子弟二三千人，攻胡陵、方與，還守豐。〔一二〕

〔一〕【考證】中井積德曰：衍二「城」字。愚按：漢書亦有。

〔二〕【集解】韋昭曰：「以爲保障。」【考證】王念孫曰：保者依也。左傳僖二年「保於逆旅」，杜注訓「保」爲「依」。史記周本紀「百姓懷之，多從而保歸焉」，荆燕世家「與彭越相保」，莊子列御寇篇「人將保汝」，「保」字義同。

〔三〕【索隱】按：范曄云「剋城多所誅殺，故云屠也。」

〔四〕【索隱】言一朝破敗，使肝腦塗地。【考證】漢書「壹」作「一」。塗地，猶言委地，事業一敗，不可復收拾。

〔五〕【正義】能，才能也。高祖謙言材能薄劣，不能完全其衆。能者，獸，形色似熊，足似鹿。爲物堅中而强力，人之有賢才者，皆謂之能也。

〔六〕【考證】詞婉禮恭，不似平生大言。「推擇」二字連讀，淮陰侯傳「不得推擇爲吏」，漢書删「推」字。

〔七〕【考證】楓、三本無「珍」字。張文虎曰：御覽引「珍怪」作「奇怪」，與漢書合。

〔八〕【集解】徐廣曰：「九月也。」駰案：漢書音義曰「舊楚僭稱王，其縣宰爲公。陳涉爲楚王，沛公起應涉，故從楚制稱曰公」。【考證】祕閣本「立」下無「季」字。楚人稱「令」曰「公」，非「公侯」之「公」。

〔九〕【集解】應劭曰：「左傳曰，黃帝戰於阪泉，以定天下。蚩尤好五兵，故祠祭之求福祥也。」瓚曰：「管仲云『割盧山交而出水，金從之出，蚩尤受之，以作劒戟』。」【索隱】按：管子云「葛盧之山，發而出金」，今注引「發」作「交」，及「割」皆誤也。

〔一〇〕【集解】應劭曰：「釁，祭也。殺牲以血塗鼓曰釁。」瓚曰：「案禮記及大戴禮，有釁廟之禮，皆無祭事。」【索隱】説文云：「釁，血祭也。」司馬法曰：「血于鼙鼓者，神戎器也。」顔師古曰：「凡殺牲以血祭者，皆名爲釁。」臣瓚以爲「皆無祭事」，非也。又古人新成鐘鼎，亦必釁之。應劭云：「釁呼爲亹。」馬融注周禮灼龜之兆云：「謂其象似玉、瓦、原之釁罅，是用名之。」此説皆非。罅，音火稼反。

〔一一〕【索隱】墨翟云：「幟，帛長丈五，廣半幅。」字詁云：「幟，標也。」字林云：「熊旗五斿，謂與士卒爲期於其下，故曰旗也。」幟，或作「識」，或作「志」。嵇康音試。蕭該音熾。

〔一二〕【集解】鄭德曰：「方與，音房豫，屬山陽郡。」【索隱】鄧展曰：「胡陵，縣名，屬山陽，章帝改曰胡陸。」鄭玄曰「方與，屬山陽也。」【考證】胡陵、方與，山東濟寧州魚臺縣。漢書高紀「二」作「得」。攻胡陵以下事，屬二世二年十月，本史月表同，此疑脱。

秦二世二年，陳涉之將周章軍西至戲而還。〔一〕燕、趙、齊、魏皆自立爲王。〔二〕項氏起吳。秦泗川監平將兵圍豐，二日，出與戰，破之。〔三〕命雍齒守豐，引兵之薛。泗川守壯敗於薛，走至戚。〔四〕沛公左司馬得泗川守壯，殺之。〔五〕沛公還軍亢父，至方與，〔六〕周市來攻方與，未戰。

陳王使魏人周市略地。〔七〕周市使人謂雍齒曰：「豐，故梁徙也。〔八〕今魏地已定者數十城。齒今下魏，魏以齒爲侯，守豐。不下，且屠豐。」雍齒雅不欲屬沛公，〔九〕及魏招之，即反爲魏守豐。沛公引兵攻豐，不能取。沛公病，還之沛。沛公怨雍齒與豐子弟叛之。〔一〇〕聞東陽甯君、秦嘉立景駒爲假王，在留，乃往從之，欲請兵以攻豐。〔一一〕是時秦將章邯，從陳別將司馬尼將兵北定楚地，〔一二〕屠相，至碭。〔一三〕東陽甯君、沛公引兵西，與戰蕭西，不利。〔一四〕還收兵聚留，引兵攻碭。〔一五〕三日，乃取碭。因收碭兵得五六千人，攻下邑，拔之。〔一六〕還軍豐。〔一七〕聞項梁在薛，從騎百餘往見之。〔一八〕項梁益沛公卒五千人，五大夫將十人。〔一九〕沛公還，引兵攻豐。〔二〇〕

〔一〕【索隱】應劭云：「章字文，陳人。」文穎云：「戲，在新豐東二十里戲亭北。」孟康云：「水名也。」又述征記云：「戲水，自驪山馮公谷北流，歷戲亭東入渭。」按：今其水東惟有戲驛存。章爲章邯所破而還。邯，音酣。【考證】戲，陝西西安臨潼縣東北。中井積德曰：戲，（水亦）〔亦水〕名焉，其本末不必論。梁玉繩曰：周章爲章邯所破，自剄而死，非還也。

〔二〕【索隱】按：漢書高紀，二世二年八月，武臣自立爲趙王，田儋自立爲齊王，韓廣自立爲燕王，魏咎自立爲魏王也。【考證】梁玉繩曰：趙爲王在元年八月，燕、魏在九月，與沛、項並起，此并敘於二年，非也。又攷陳涉世家及魏豹傳，魏咎之立，出於周市，非若燕、趙諸人之自立也。

〔三〕【集解】文穎曰：「泗川，今沛郡也，高祖更名沛。秦時御史監郡，若今刺史。平，名也。」【索隱】如淳云：「秦并天下爲三十六郡，置守、尉、監，故此有『監平』，下有『守壯』，則平、壯皆名也。」【考證】漢地理志「泗川」作

「泗水」。錢大昕曰：曹參世家、樊噲、周昌傳俱作「泗水」，而漢高紀亦作「泗川」。顏師古曰「泗川郡，『川』字或爲『水』，其實一也」。王先謙曰：郡有定名，無兩作者，「川」、「水」隸寫相似而譌耳。

〔四〕【集解】如淳曰：「壯，名也。」「戚，音將毒反。」【索隱】晉灼云：「東海縣也。」鄭德、包愷並如字讀。李登音千笠反。【正義】括地志云：「沂州臨沂縣有漢戚縣故城。」地理志云，臨沂縣屬東海郡。【考證】索隱、正義以戚爲東海郡戚縣，以地理考之，與沛郡相去甚遠，壯兵敗走，未必能至。胡三省以爲沛郡廣戚，王先謙以爲暘郡轅戚，亦未知孰是。張文虎曰：索隱「千笠反」當作「千竺反」。

〔五〕【索隱】顏師古云「得，司馬之名」，非也。按：後云「左司馬曹無傷」，自此已下更不見替易處，蓋是左司馬無傷得泗川守壯而殺之耳。【考證】漢書無「泗川守壯」四字，顏師古因有此說。史、漢不同，宜依文作解。周壽昌曰：沛公此時左司馬尚有孔聚、陳賀、唐厲，不止曹無傷一人，功臣表可證。王鳴盛曰：秦泗川守不言姓，似守不當言姓矣。然下文三川守李由，則言姓，南陽守齮則又不言姓。高武侯鰓，襄侯王陵，鰓不言姓，王陵則言姓。皆是隨便言之，並無義例。又如項羽紀中會稽守通，注引楚漢春秋是殷通。如此之類，不言姓者甚多，皆隨便言之，若曰史失其傳，亦非也。

〔六〕【集解】鄭德曰：「亢音人相亢荅，父音甫。屬任城郡。」【索隱】舊音剛。劉伯莊、包愷並同，音苦浪反。【正義】音剛，又苦浪反。括地志云：「亢父縣也。沛公屯軍於此也。」【考證】亢父，山東濟寧州西南。

〔七〕【考證】漢書高紀無「周市來攻方與未戰陳王使」十一字。梁玉繩曰：余有丁云「此一周市也，書法如此，疑誤」。史詮謂「是兩周市，故下加『魏人』以別之」。漢書作「魏人周市略地豐沛」，無「周市來攻」以下十一字，或以爲衍者皆非也。趙太常云「『未戰』二字，乃不了語，沛公因聞豐反，遂引兵去方與，而往攻豐也。『陳王使魏人周市略地』九字，當移在『周市來攻方與』之上，則文順而明矣」。

〔八〕【集解】文穎曰：「梁惠王孫假，爲秦所滅，轉東徙於豐，故曰『豐，梁徙』。」

〔九〕【集解】服虔曰：「雅，故也。」蘇林曰：「雅，素也。」

〔一〇〕【考證】祕閣本「叛」作「畔」，下同。

〔一一〕【集解】文穎曰：「秦嘉，東陽郡人也，爲甯縣君。」瓚曰：「陳勝傳曰『廣陵人秦嘉』。然則嘉非東陽人也。秦嘉初起兵於郯，號曰大司馬，又不爲甯縣君。東陽甯君自一人，秦嘉又自一人。」【索隱】臣瓚以爲二人。按：下文直云「東陽甯君」，又別言「秦嘉」，明臣瓚之說爲得。顔師古以甯是姓，君者，時人號曰君耳。韋昭云：「留，今彭城留縣也。」【正義】括地志云：「留城，在徐州沛縣東南五十里，即張良所封處。」

〔一二〕【集解】如淳曰：「從陳涉將也。涉在陳，其將相別在他許，皆稱陳。𡰥，章邯司馬。」【索隱】謂章邯從陳別將，將兵向他處，而遣司馬𡰥將領兵士，北定楚地，故如淳云「𡰥，章邯司馬」也。孔文祥亦曰「邯別遣𡰥屠相」。又一說云「從，謂追逐之，言章邯討逐陳別將，而司馬𡰥別將兵北定楚」，亦通。【考證】周壽昌曰：𡰥疑亦秦將，司馬其姓，非官稱。若章邯之司馬，當以章邯冠於上。樊噲傳，噲「與司馬𡰥戰碭東」，並無章邯事。梁玉繩曰：陳別將司馬𡰥，與下文「趙別將司馬卬」同一句法。愚按：𡰥，陳別將，梁說是。從，「服從」之「從」。

〔一三〕【索隱】韋昭云：「相，沛縣。」應劭曰：「碭，屬梁國。」蘇林音唐，又音宕。【正義】括地志云：「故相城，在徐州符離縣西北九十里。碭，在宋州東一百五十里。」【考證】相，江蘇宿州。碭，徐州碭山縣。

〔一四〕【索隱】韋昭云：「蕭，沛之縣名，謂在蕭縣之西也。」【考證】徐州蕭縣。

〔一五〕【考證】漢書高紀引「兵」上補「二月」二字。

〔一六〕【索隱】韋昭云：「下邑，縣名，屬梁國。」按：范曄云「得城爲拔」，是也。【考證】下邑，河南歸德府下邑縣。

〔一七〕【考證】楓、三本「豐」上有「攻」字，漢書高紀作「還擊豐不下」。

〔一八〕【集解】徐廣曰：「三月。」【正義】今徐州滕縣，故薛城也。

〔一九〕【集解】蘇林曰：「五大夫，第九爵也。以五大夫爲將，凡十人也。」

〔二〇〕【集解】徐廣曰：「表云『拔之，雍齒奔魏』。」【考證】漢書高紀與月表同。中井積德曰：此錯脫耳。徐孚遠曰：漢祖起事，欲以豐、沛爲根本，豐反屬魏，大勢幾失，故數借兵復之，及入關以後，則勢又在關中，而豐、沛非所須也。

從項梁月餘，項羽已拔襄城還。〔一〕項梁盡召別將居薛。聞陳王定死，因立楚後懷王孫心爲楚王，治盱台。〔二〕項梁號武信君。居數月，北攻亢父，救東阿，破秦軍。〔三〕齊軍歸。楚獨追北，〔四〕使沛公、項羽別攻城陽，屠之。軍濮陽之東，與秦軍戰，破之。〔五〕

〔一〕【索隱】韋昭云：「潁川縣。」【正義】襄城，許州縣。【考證】河南許州襄城縣。

〔二〕【索隱】韋昭云：「臨淮縣，音于夷。」【正義】楚縣也。【考證】安徽泗州盱眙縣。

〔三〕【索隱】韋昭云：「東阿，東郡之縣名。」【正義】濟州縣也。【考證】梁玉繩曰：月表及漢紀立懷王在六月，攻亢父在七月，中間只隔數十日，安得謂居數月乎？疑「月」當作「日」。愚按：東阿，山東泰安府東阿縣，漢書高紀云「章邯圍田榮於東阿，沛公與項梁共救田榮，大破章邯東阿。田榮歸，沛公項羽追北至城陽」。

〔四〕【集解】服虔曰：「師敗曰北。」

〔五〕【索隱】按：城陽，地理志屬濟陰。濮陽，韋昭云：「東郡之縣名。」【正義】濮陽故城，在濮州西八十六里，本漢濮陽縣。【考證】濮陽，直隸大名府開州南。

秦軍復振，守濮陽，環水。〔一〕楚軍去而攻定陶，定陶未下。〔二〕沛公與項羽西略地，至雍丘之下，與秦軍戰，大破之，斬李由。〔三〕還攻外黃，外黃未下。〔四〕

〔一〕【集解】李奇曰：「振，整也。」如淳曰：「振，起也。收敗卒自振迅而復起也。」文穎曰：「決水以自環守爲固也。」張晏曰：「依河水以自環繞作壘。」【正義】按：二說皆通。其濮陽縣北臨黄河，言秦軍北阻黄河，南鑿溝，引黄河水環繞作壁壘爲固，楚軍乃去。

〔二〕【索隱】按：地理志濟陰之縣也。【考證】山東曹州定陶縣。

〔三〕【索隱】韋昭云：「雍丘，故杞國，今陳留之縣。」【考證】河南開封府杞縣。由，秦三川守，李斯長子。

〔四〕【索隱】韋昭云：「上陳留縣。」【正義】在雍丘東。

項梁再破秦軍，有驕色。宋義諫，不聽。〔一〕秦益章邯兵，夜銜枚擊項梁，大破之定陶。項梁死。〔二〕沛公與項羽方攻陳留，聞項梁死，引兵與呂將軍俱東。呂臣軍彭城東，項羽軍彭城西，沛公軍碭。〔三〕

〔一〕【索隱】荀悦漢紀云「故楚令尹宋義」，當別有所出也。

〔二〕【集解】周禮有銜枚氏。鄭玄曰「銜枚，止言語囂讙也。枚，狀如箸，横銜之，繣結於項者」。繣音獲。

〔三〕【考證】漢書「呂將軍」作「將軍呂臣」。彭城，江蘇徐州府銅山縣。

章邯已破項梁軍，則以爲楚地兵不足憂，乃渡河，北擊趙，大破之。當是之時，趙歇爲王，秦將王離圍之鉅鹿城，此所謂河北之軍也。〔一〕

〔一〕【索隱】歇，蘇林音如字。鄭德音「遏絶」之「遏」。徐廣音烏轄反。今依字讀之也。【考證】鉅鹿，直隸順德府平鄉縣。所謂河北之軍也，又見項羽紀。

秦二世三年，〔一〕楚懷王見項梁軍破，恐，徙盱台都彭城，〔二〕并呂臣、項羽軍，自將之。以沛公爲碭郡長，封爲武安侯，將碭郡兵。〔三〕封項羽爲長安侯，號爲魯公。呂臣爲司徒，其

父呂青爲令尹。〔四〕

〔一〕【考證】梁玉繩曰：此當在後文「沛公引兵西遇彭越昌邑」句上，誤書於此。

〔二〕【考證】古鈔本、楓、三本「徙」作「從」，漢書作「自」，義同，當依訂。

〔三〕【正義】括地志云：「宋州本秦碭郡。」蘇林云：「長如郡守。」韋昭云：「秦名曰守，是時改曰長。」

〔四〕【索隱】按表，青封信陽侯。【正義】應劭云：「天子曰師尹，諸侯曰令尹。時去六國近，故置令尹。」瓚曰：「諸侯之卿，唯楚稱令尹，其餘國不稱。時立楚之後，故置官司皆如楚舊也。」【考證】令尹，瓚説是。

趙數請救，懷王乃以宋義爲上將軍，項羽爲次將，范增爲末將，北救趙。令沛公西略地入關。與諸將約，先入定關中者王之。〔一〕

〔一〕【索隱】韋昭云：「函谷、武關也。」又三輔舊事云：「西以散關爲界，東以函谷爲界，二關之中，謂之關中。」

當是時，秦兵彊，常乘勝逐北，諸將莫利先入關。獨項羽怨秦破項梁軍，奮，願與沛公西入關。〔一〕懷王諸老將皆曰：「項羽爲人慓悍猾賊。〔二〕項羽嘗攻襄城，襄城無遺類，皆阬之，諸所過無不殘滅。〔三〕且楚數進取，〔四〕前陳王、項梁皆敗。不如更遣長者扶義而西，告諭秦父兄矣。〔五〕秦父兄苦其主久矣，今誠得長者，往毋侵暴，宜可下。今項羽慓悍，今不可遣。〔六〕獨沛公素寬大長者，可遣。」卒不許項羽，而遣沛公西略地，收陳王、項梁散卒。乃道碭至成陽，〔七〕與杠里秦軍夾壁，破魏二軍。〔八〕楚軍出兵，擊王離，大破之。〔九〕

〔一〕【索隱】韋昭云：「奮，憤激也。」【考證】祕閣本「奮」下有「怒」字。

〔二〕【索隱】說文云：「僄，疾也；悍，勇也。」一云，僄，輕也。僄，音匹妙反。猾賊，漢書作「禍賊」也。【考證】王念孫曰：猾，黠惡也。酷吏傳寧成「猾賊任威」是也。「猾賊」與「慓悍」義相承，「禍賊」則非其義矣。愚按：懷王之立也，楚亡臣來歸者必衆，所謂諸老將是也。使懷王并呂臣、項羽軍，以宋義爲上將軍，遣沛公入關者，概皆此等老將所爲。

〔三〕【集解】徐廣曰：「遺，一作『噍』。噍，食也，音在妙反。」駰案：如淳曰「類無復有活而噍食者也。青州俗言『無孑遺』爲『無噍類』。」【正義】言項羽曾攻襄城，襄城之人無問大小盡殺之，無復遺餘種類，皆坑之。漢書「噍類」，即依古義。

〔四〕【集解】如淳曰：「楚，謂陳涉也。數進，多所攻取。」【考證】顔師古曰：楚者總言楚兵，陳涉、項梁皆是。

〔五〕【集解】漢書音義曰：「陳王，陳涉也。」【正義】遣長者扶持仁義而西，告諭秦長少，令降下也。【考證】顔師古曰：扶，助也，以仁義助也。「扶」字或作「杖」，杖亦倚任之義。

〔六〕【集解】徐廣曰：「一無今字。」

〔七〕【集解】漢書音義曰：「道由碭也。」【考證】道，由也。

〔八〕【集解】漢書音義曰：「成陽、杠里，二縣名。」【索隱】成陽，在濟陰。韋昭云「在潁川」，非也。服虔云：「杠里，縣名。」如淳云：「秦軍所別屯地名也。」【考證】方輿紀要云：「杠里，在成陽西。」漢書「魏」作「其」。陳仁錫曰：監本「與杠里」屬上句，誤也。時秦軍屯杠里，漢軍與之對壘，故曰「夾壁」。「破魏」之「魏」，當作「秦」。愚按：陳說略得之，「魏」當從漢書作「其」，魏、其音近而譌。成陽、杠里，山東曹州府濮州。

〔九〕【集解】徐廣曰：「表云三年十月，攻破東郡尉及王離軍於成武南。」【考證】陳仁錫曰：此時王離圍趙鉅鹿在河北，沛公軍杠里在河南，何由出兵相擊？則破王離爲項羽明矣。漢書削此十字。梁玉繩曰：方敘沛公入關，不應忽入楚軍，十字當衍。

沛公引兵，西遇彭越昌邑，〔一〕因與俱攻秦軍，戰不利。還至栗，〔二〕遇剛武侯，奪其軍，可四千餘人，并之。〔三〕與魏將皇欣、魏申徒武蒲之軍，〔四〕并攻昌邑，昌邑未拔。〔五〕西過高陽。〔六〕酈食其謂監門曰：〔七〕「諸將過此者多，吾視沛公大人長者。」乃求見說沛公。沛公方踞牀，使兩女子洗足。酈生不拜，長揖，〔八〕曰：「足下必欲誅無道秦，不宜踞見長者。」於是沛公起，攝衣謝之，延上坐。食其說沛公襲陳留，得秦積粟。〔九〕乃以酈食其爲廣野君，〔一〇〕酈商爲將，〔一一〕將陳留兵，與偕攻開封。〔一二〕開封未拔。西與秦將楊熊戰白馬，〔一三〕又戰曲遇東，大破之。〔一四〕楊熊走之滎陽，〔一五〕二世使使者斬以徇。〔一六〕南攻潁陽，屠之。因張良遂略韓地轘轅。〔一七〕

〔一〕【正義】地理志云，昌邑縣屬山陽。括地志云：「在曹州成武縣東北三十二里，有梁丘故城，是也。」【考證】昌邑，山東濟寧州金鄉縣。

〔二〕【索隱】韋昭云：「縣名，屬沛。」【考證】栗，河南歸德府夏邑縣。

〔三〕【集解】應劭曰：「楚懷王將也。」漢書音義曰：「功臣表云，棘蒲剛侯陳武。武，一姓柴。『剛武侯』宜爲『剛侯武』，魏將也。」瓚曰：「功臣表，柴武以將軍起薛，別救東阿，至霸上，入漢中，非懷王將也，又非魏將也，例未稱謚。」【正義】顏師古云：「史失其名姓，唯識其爵號，不知誰也，不當改爲『剛侯武』。應氏以爲懷王將，又云魏將，無據矣。」表六年三月封。孟、顏二人說是。

〔四〕【正義】並魏將也。欣字或作「訢」，音許斤反。蒲，漢書作「滿」，並通也。【考證】齊召南曰：樂平侯衛無擇「以隊卒從高祖起沛，屬高訢」，當即此皇欣。愚按：「滿」、「蒲」不相通，必有一是。

〔五〕【考證】梁玉繩曰：月表「秦三年十二月，沛公至栗，得皇欣、武蒲軍，與秦戰破之。二月，得彭越軍昌邑」。又漢紀「十二月，沛公引兵至栗，遇剛武侯奪其軍，與魏將皇欣、武滿合攻秦軍，破之。二月，從碭北攻昌邑，遇彭越，越助攻昌邑，未下」。然則先遇剛武，後遇彭越也。先至栗，後至昌邑也。先合兵破秦軍，後攻昌邑未拔也。乃此謂遇彭越在遇剛武之前，誤一。斯時無與秦戰不利之事，誤二。遇彭越昌邑，因與攻秦，不利還栗，似未曾奪剛武合魏將，而已攻昌邑，至後攻而未拔，爲復攻昌邑，誤三。以與彭越爲攻秦，以奪剛武合魏將爲攻昌邑，誤四。準義驗文，當云「秦二世三年，沛(兵)〔公〕引兵至栗，遇剛武侯，奪其軍可四千餘人，并之。與魏將皇欣、魏申徒武蒲之軍，俱攻秦軍戰破之。遂西，遇彭越昌邑，因與并攻昌邑，昌邑未拔」。

〔六〕【集解】文穎曰：「聚邑名也，屬陳留圉縣。」瓚曰：「陳留傳曰，在雍丘西南。」【考證】高陽，河南開封府杞縣。

〔七〕【集解】鄭德曰：「酈食其，音歷異基。」【考證】漢書作「爲里監門」，與酈生傳「爲里監門吏」合。祕閣、古鈔、楓、三本無「謂監門」三字。

〔八〕【考證】祕閣本、楓山、三條本不重「沛公」二字。楓、三本無「兩」字。祕閣本無「足」字。顏師古曰：長揖者，手自上而極下。

〔九〕【集解】漢書音義曰：「春秋傳曰，輕行無鐘鼓曰襲。」【考證】祕閣本無「沛公」二字。

〔一〇〕【索隱】韋昭云：「在山陽。」

〔一一〕【考證】漢書作「其弟商」。

〔一二〕【索隱】韋昭云：「河南縣。」【考證】河南開封府祥符縣南。

〔一三〕【索隱】韋昭云：「東郡縣。」【正義】括地志云：「白馬故城，在滑州衛南縣西南二十四里。戴延之西征記云，白馬城，故衛之漕邑。」【考證】河南衛輝府滑縣東。

〔一四〕【索隱】徐廣云「曲(逆)〔遇〕，在中牟」。韋昭云「志不載」。司馬彪郡國志，中牟有曲遇聚也。【考證】開封府中牟縣。

〔一五〕【索隱】韋昭云：「故衛地，河南縣也。」【考證】滎陽，開封府滎澤縣西南。

〔一六〕【集解】徐廣曰：「四月。」

〔一七〕【集解】文穎曰：「河南新鄭南至潁川南北，皆韓地也。以良累世相韓，故因之。」瓚曰：「轘轅，險道名，在緱氏東南。」【索隱】按：十三州志云，河南緱氏縣，以山爲名。一云轘轅凡九十二曲，是險道也。【考證】潁陽，河南許州西南。轘轅，河南偃師縣東南。中井積德曰：漢書無「轘轅」二字，此疑衍。

當是時，趙別將司馬卬方欲渡河入關，沛公乃北攻平陰，〔一〕絶河津，南戰雒陽東，軍不利，還至陽城。〔二〕收軍中馬騎，與南陽守齮〔三〕戰犨東，破之。〔四〕略南陽郡。南陽守齮走，保城守宛。〔五〕沛公引兵過而西。張良諫曰：「沛公雖欲急入關，秦兵尚衆，距險。今不下宛，宛從後擊，彊秦在前，此危道也。」於是沛公乃夜引兵從他道還，更旗幟，黎明，〔六〕圍宛城三帀。〔七〕南陽守欲自剄。其舍人陳恢曰：「死未晚也。」〔八〕乃踰城見沛公，曰：「臣聞足下約，先入咸陽者王之。今足下留守宛。宛，大郡之都也，連城數十，人民衆，積蓄多，吏人自以爲降必死，故皆堅守乘城。〔九〕今足下盡日止攻，士死傷者必多；引兵去宛，宛必隨足下後。足下前則失咸陽之約，後又有彊宛之患。爲足下計，莫若約降，封其守，因使止守，引其甲卒與之西。諸城未下者，聞聲爭開門而待足下，通行無所累。」沛公曰：「善。」〔一〇〕乃以宛守爲殷侯，〔一一〕封陳恢千户。引兵西，無不下者。〔一二〕至丹水，〔一三〕高武侯鰓、〔一四〕襄侯王陵降西陵。〔一五〕還攻胡陽，〔一六〕遇番君別將梅鋗，與皆，降析、酈。〔一七〕遣魏人甯昌使秦，使者未來。〔一八〕是時章邯已以軍降項羽於趙矣。

〔一〕【集解】地理志，河南有平陰縣，今河陰是也。【考證】孟津縣東。

〔二〕【正義】今洛州，夏禹所都。【考證】顏師古曰：直渡曰絶。劉台拱曰：此與魏豹絶河津義同，欲先定關中，距卬使不得渡。顏訓「直渡」，謬。漢書「不利」下無「還」字，有「從轘轅」三字。陽城，河南府登封縣東南。

〔三〕【索隱】音檥。許慎以爲側齧也。【考證】南陽，河南南陽府。錢大昭曰：齮，漢紀作「呂齮」。中井積德曰：齮是人名，注引説文，何居？

〔四〕【集解】地理志，南陽有犨縣。【考證】祕閣本無「破之」二字。犨，河南汝州魯山縣東南。

〔五〕【正義】守，音狩。宛，於元反。括地志云：「南陽縣故城，在宛大城之南隅，其西南有二面，皆故宛城。」【考證】祕閣本「略南陽郡」作「破南陽之郡」。宛，河南南陽府南陽縣治。

〔六〕【索隱】音犂。黎，猶比也，謂比至天明也。漢書作「遲」，音值。值，待也，謂待天明，皆言早意也。【考證】古鈔本「兵」作「軍」，與御覽所引合。更，御覽作「張」，漢書作「偃」，與下文索隱所引楚漢春秋合。黎明，漢書作「遲明」，服虔曰，欲天疾明也。文穎曰，遲，未明也，天未明之頃，已圍其城矣。顏師古曰，此言圍城事畢，然後天明，明遲於事，故曰遲明。王念孫曰：小司馬説是也。「黎」、「遲」聲相近，故漢書作「遲」。黎明、遲明，皆謂比明也。此言高祖夜引軍，還至宛城，比及天明，已圍城三匝耳。「黎」亦作「犂」。史記呂后紀「帝晨出射，太后使人持酖飲趙王，犂孝惠還，趙王已死」。徐廣云「犂，猶比也」。漢書外戚傳作「遲帝還，趙王死」，遲帝還，比帝還也。史記南越傳「犂旦城中皆降伏波」，「犂」一作「比」，漢書作「遲」。史記衛將軍傳「遲明行二百餘里」，一作「黎明」，漢書作「會明」，「會」亦比及之意。

〔七〕【索隱】按楚漢春秋曰「上南攻宛，匿旌旗，人銜枚，馬束舌，鷄未鳴，圍宛城三帀」也。

〔八〕【考證】顏師古曰：舍人，親近左右之通稱也，後遂以爲私屬官號。

〔九〕【索隱】李奇曰：「乘，守也。」韋昭曰：「乘，登也。」

〔一〇〕【集解】徐廣曰：「七月也。」

〔一一〕【索隱】韋昭曰：「在河內。」【考證】漢書作「七月南陽守齮降，封爲殷侯」。

〔一二〕【考證】張文虎曰：御覽引作「無有不下者」。

〔一三〕【索隱】韋昭曰：「在河內。」【正義】括地志云：「故丹城，在鄧州內鄉縣西南百三十里，南去丹水二百步。汲冢紀年云后稷放帝子丹朱于丹水，是也。輿地志云秦爲丹水縣也。地理志云丹水縣屬弘農郡。抱朴子云『丹水出丹魚，先夏至十日，夜伺之，魚浮水側，光照如火，網而取之，割其血以塗足，可以步行水上，長居川中不溺』。」【考證】河南南陽府淅川縣。

〔一四〕【集解】蘇林曰：「鰓，音『魚鰓』之『鰓』。」晉灼曰：「功臣表戚鰓也。」【考證】顏師古曰：戚鰓初從即爲郎，以都尉守蘄城，非至丹水乃降也。此自一人耳，不知其姓。

〔一五〕【集解】韋昭曰：「漢封王陵爲安國侯，初起兵時在南陽，南陽有穰縣，疑『襄』當爲『穰』，而無『禾』，字省耳。今『邵公』或作『召』字，此類多矣。」瓚曰：「時韓成封穰侯，江夏有襄，是陵所封。」【索隱】按王陵封安國侯，是定天下爲丞相時封耳。此言襄侯，當如臣瓚解，蓋初封江夏之襄也。【考證】顏師古曰：王陵非安國侯者，此自一人耳。梁玉繩曰：下文云「因王陵兵南陽，以迎太公、呂后於沛」，功臣表云「以厩將別定東郡南陽」，漢表云「以自聚黨定南陽」，陵本傳云「自聚黨數千人，居南陽」，又張蒼傳云「蒼以客從攻南陽，坐法當斬，王陵見而怪其美士，乃言沛公，赦勿斬」。合而證之，則此王陵即安國侯明矣。穰侯者沛公初封之，或陵聚黨時自稱之，均未可知。若項羽封韓成爲穰侯，在漢元年四月以後，陵實先之。江夏則更不相接。全氏經史問答亦云。愚按：何焯讀書記亦同梁説，可從。中井積德曰：漢書無「西陵」二字，此疑衍。

〔一六〕【集解】一云「陵」。【索隱】韋昭曰：「南陽縣。」【考證】河南南陽府唐縣南。

〔一七〕【集解】如淳曰：「析，持益反。」【索隱】酈誕生音錫。酈，音歷，蘇林、如淳音擲。析屬弘農，酈屬南陽，出地理志。而左傳云析一名白羽。顏師古云「析，今内鄉縣。酈，今菊潭縣」。【考證】祕閣本、古鈔本皆作「偕」，與漢書合。蘇林曰「番，音婆，豫章番陽縣」。韋昭曰「吴芮初爲番令，故號曰番君」。析、酈，河南南陽府内鄉縣。

〔一八〕【考證】始皇本紀云「沛公將數萬人，已屠武關，使人私於趙高」，蓋斥此事也，説見始皇紀。

初，項羽與宋義北救趙，及項羽殺宋義，代爲上將軍，諸將黥布皆屬，破秦將王離軍，降章邯，諸侯皆附。〔一〕及趙高已殺二世，使人來，欲約分王關中。沛公以爲詐，〔二〕乃用張良計，使酈生、陸賈往説秦將，啗以利，因襲攻武關，破之。〔三〕又與秦軍戰於藍田南，益張疑兵旗幟，〔四〕諸所過毋得掠鹵。〔五〕秦人憙，秦軍解，因大破之。又戰其北，大破之。乘勝，遂破之。〔六〕

〔一〕【考證】中井積德曰：「黥布」下脱「等」字，班史可徵。王鳴盛曰：項起吴中，以精兵八千人渡江，并陳嬰數千人，黥布、蒲將軍亦以兵屬，凡六七萬人，又并秦嘉軍，其勢強盛。項梁聞陳王死，召諸別將，會薛計事，沛公亦起沛往焉。此時沛公甚弱，未能成軍，項梁益沛公卒五千人，五大夫、將十人，始得攻豐拔之。此後凡所攻伐，史每以沛公、項羽並稱，兩人相倚如左右手。項氏之失策在立楚懷王而聽命焉，羽欲西入關，懷王不許，而以命沛公，乃使羽北救趙，約先入關者王之，其後羽乃得負約名，是項之失策也。然當日若非羽破秦兵於鉅鹿，虜王離，殺涉間，使章邯震恐乞降，沛公安能入關乎？羽不救趙破秦兵，秦得舉趙，則關中聲勢轉壯，沛公入秦何如此之易乎？沛公始終藉項之力以成事，而反噬項者也，若使夫子評之，必曰譎而不正。

〔二〕【考證】王鳴盛曰：以爲詐，何義門遂云「不許賊臣，真可謂扶義而西者」。攷始皇本紀，沛公屠武關，使人私於趙高，然則沛公真扶義而不許高者乎？特以爲詐耳。班之改馬，非也。

〔三〕【索隱】左傳云，楚司馬起（豐所）〔豐、析〕以臨上雒，謂晉人曰「將通於少習」，杜預以爲商縣武關也。又太康地理志，武關當冠軍縣西，嶢關在武關西也。【考證】「陸賈」二字疑衍，説見下文。武關，陝西商州。

〔四〕【考證】祕閣本無「於」字。梁玉繩曰：月表、留侯世家及漢書紀、傳，沛公以秦二世三年八月攻破武關，九月，秦遣將距嶢關。張良説沛公，張旗幟爲疑兵，使酈生啗秦將以利，秦軍懈，因引兵繞嶢關，踰蕢山，擊破之藍田南。叙次甚明。此紀不書破武關及踰蕢山事，乃「武關」乃「嶢關」之誤，當云「乃用張良計，益張疑兵旗幟。使酈生往説秦將，啗以利，因襲攻嶢關破之。又與秦軍戰於藍田」。而「陸賈」二字似衍文，留侯世家、陸賈傳及漢書張陸兩傳、荀悦漢紀皆無之，疑此與漢書高紀並妄攙「陸賈」耳。愚按：中井積德亦有此説，可從。

〔五〕【集解】應劭曰：「『鹵』與『虜』同。」

〔六〕【考證】祕閣本「憙」作「喜」。李笠曰：「解」、「懈」同，言沛公既啗秦將以利，又令所過毋得掠鹵，故秦人憙悦而軍心懈惰也。

漢元年十月，〔一〕沛公兵遂先諸侯至霸上。〔二〕秦王子嬰素車白馬，係頸以組，封皇帝璽符節，〔三〕降軹道旁。〔四〕諸將或言誅秦王。〔五〕沛公曰：「始懷王遣我，固以能寬容；且人已服降，又殺之，不祥。」乃以秦王屬吏，〔六〕遂西入咸陽。欲止宮休舍，〔七〕樊噲、張良諫，乃封秦重寶財物府庫，還軍霸上。召諸縣父老豪桀曰：「父老苦秦苛法久矣，誹謗者族，〔八〕偶語者弃市。〔九〕吾與諸侯約，先入關者王之，吾當王關中。與父老約，法三章耳：〔一〇〕殺人者死，傷人及盜，抵罪。〔一一〕餘悉除去秦法。諸吏人皆案堵如故。〔一二〕凡吾所以來，爲父老除害，非有所侵暴，無恐！〔一三〕且吾所以還軍霸上，待諸侯至而定約束耳。」乃使人與秦吏行縣鄉邑，告諭之。秦人大喜，爭持牛羊酒食獻饗軍士。沛公又讓不受，曰：「倉粟多，非乏，不欲費人。」人又益喜，唯恐沛公不爲秦王。〔一四〕

〔一〕【集解】如淳曰：「張蒼傳云，以高祖十月至霸上，故因秦以十月爲歲首。」【正義】沛公已未年十月至霸上。項羽封十八諸侯，沛公封漢王，後劉項五年戰鬭，漢遂滅楚，天下歸漢，故卻書初至霸上戰之月。【考證】中井積德曰：漢初只沿秦制度耳，不關霸上事。如張蒼言，附會不足據。

〔二〕【正義】故霸陵，在雍州萬年縣東北二十五里。漢霸陵，文帝之陵邑也，東南去霸陵十里。地理志云：「霸陵，故芷陽，文帝更名。」三秦記云：「霸城，秦穆公築爲宮，因名霸城。漢於此置霸陵。」廟記云：「霸城，漢文帝築，沛公入關，遂至霸上，即此也。」【考證】顏師古曰：霸水上，故曰霸上。愚按：陝西西安府咸寧縣東即白鹿原。

〔三〕【索隱】韋昭云：「天子印稱璽，又獨以玉。符，發兵符也。節，使者所擁也。」說文云：「符，信也。漢制以竹長六寸，分而相合。」釋名云：「節，爲號令賞罰之節也。又節毛上下相重，取象竹節。」又漢官儀云：「子嬰上始皇璽，因服御之，代代傳受，號曰『漢傳國璽』也。」【正義】按天子有六璽，皇帝行璽、皇帝之璽、皇帝信璽、天子行璽、天子之璽、天子信璽。皇帝信璽，凡事皆用之，璽令施行；天子信璽以遷拜封王侯；天子之璽以發兵。皆以武都紫泥封，青囊白素裹，兩端無縫。三秦記云，紫泥水在今成州。輿地志云，漢封詔璽用紫泥，則此水之泥也。【考證】沈欽韓曰：楚策，蔡聖侯「不以國家爲事，子發受命乎先王，繫以朱絲而見之」，自後獻俘皆如此。愚按：絲，絛也，係之頸者，示欲自殺也。應劭云「天子韍也」，顏師古云「所以帶璽之綬也」，皆非。中井積德曰：秦璽唯一顆，即天子所服御傳國璽。

〔四〕【索隱】枳，音只。漢宮殿疏云枳道亭東去霸城觀四里，觀東去霸水百步。蘇林云在長安東十三里也。【正義】軹，音紙。括地志云：「軹道，在雍州萬年縣東北十六里苑中。」【考證】軹道在陝西西安府長安縣。

〔五〕【索隱】楚漢春秋曰：「樊噲請殺之。」

〔六〕【正義】屬，之欲反。屬，付也。

〔七〕【正義】休，息也。言欲居止宮殿中而息也。

〔八〕【索隱】劉伯莊、樂彥同音方未反。

〔九〕【集解】應劭曰：「秦禁民聚語偶對也。」瓚曰：「始皇本紀曰『偶語經書者弃市』。」【索隱】按：禮云「刑人於市，與衆弃之」，故今律謂絞刑爲「弃市」是也。【考證】偶語，應劭得之。

〔一〇〕【索隱】殺人傷人及盜。【正義】約，省也，省減秦之煩法。唯三章，謂殺人、傷人及盜。【考證】王應麟曰：「與父老約」爲句，下云「法三章耳」。何焯曰：王氏因紀末有初順民心，作三章之約，改「約」字爲讀，此「約法」與上「苛法」對，文紀中宋昌有「約法令」之語，刑法志言約法三章者非一，當仍舊也。愚按：上文亦云「吾與諸侯約」，約字義同。王說不可易。

〔一一〕【集解】應劭曰：「抵，至也，又當也。除秦酷政，但至於罪也。」李斐曰：「傷人有曲直，盜臧有多少，罪名不可豫定，故凡言抵罪，未知抵何罪也。」張晏曰：「秦法一人犯罪，舉家及鄰伍坐之，今但當其身坐，合於康誥『父子兄弟，罪不相及』也。」【索隱】韋昭云：「抵，當也。謂使各當其罪。」今按：秦法有三族之刑，漢但約法三章耳，殺人者死，傷人及盜者，使之抵罪，餘並不論其辜，以言省刑也。則抵訓爲至，殺人以外，唯傷人及盜使至罪名耳。【考證】抵，當也，隨其輕重制法。梁玉繩曰：漢書刑法志曰漢興「約法三章，網漏吞舟之魚」，然其大辟尚有夷三族之令。又考惠帝四年，始除挾書律；呂后元年始除三族罪妖言令；文帝元年，始除收孥諸相坐律令；二年，始除誹謗律；十三年，除肉刑。然則秦法未嘗悉除，三章徒爲虛語，續古今攷所謂「一時姑爲大言以慰民也」。蓋三章不足禁姦，蕭何爲相，采摭秦法，作律九章，疑此等皆在九章之内，史公只載入關初約耳。

〔一二〕【集解】應劭曰：「案，案次第；堵，牆堵也。」【考證】古鈔本「人」作「民」，下文「秦人大喜」、「不欲費人」、「人又益喜」，三「人」字亦作「民」，與漢書合。顏師古曰：「案，堵，言不遷動也。」

〔一三〕【考證】孟子云，武王之伐殷也，曰「無畏，寧爾也，非敵百姓也」，高祖詞氣與此相似。

〔一四〕【考證】秘閣本、楓、三本「人人」作「民民」。張之象曰：先言「秦人喜」，後言「秦人大喜」，又言「人又益喜」，連用「喜」字，斯可以觀人心矣。

或說沛公曰：〔一〕「秦富十倍天下，地形彊。今聞章邯降項羽，項羽乃號爲雍王，王關中。今則來，沛公恐不得有此。可急使兵守函谷關，〔二〕無内諸侯軍，稍徵關中兵，以自益距之。」沛公然其計，從之。十一月中，項羽果率諸侯兵西，欲入關。關門閉。聞沛公已定關中，大怒，使黥布等攻破函谷關。十二月中，遂至戲。〔三〕沛公左司馬曹無傷，聞項王怒欲攻沛公，〔四〕使人言項羽曰：「沛公欲王關中，令子嬰爲相，珍寶盡有之。」欲以求封。〔五〕亞父勸項羽擊沛公。〔六〕方饗士，旦日合戰。是時項羽兵四十萬，號百萬。沛公兵十萬，號二十萬，力不敵。〔七〕會項伯欲活張良，夜往見良，因以文諭項羽，〔八〕項羽乃止。沛公從百餘騎，驅之鴻門，〔九〕見謝項羽。項羽曰：「此沛公左司馬曹無傷言之。不然籍何以至此！」〔一〇〕沛公以樊噲、張良故得解歸。歸，立誅曹無傷。

〔一〕【索隱】按楚漢春秋云，解先生云「遣守函谷，無內項王」，而張良系家云「鯫生說我」，則鯫生是小生，即解生。【考證】藝文類聚引楚漢春秋云沛公西入武關，居於灞，解先生說上「遣將軍守函谷關，無入項王」。大將亞父至關，不得入，怒曰「沛公欲反耶」，即令家發薪一束，欲燒關門，關門乃開。索隱節録。

〔二〕【正義】顔師古曰：「今桃林南有洪溜澗，古函谷也。其水北流入河，西岸猶有舊關餘跡。」西征記云：「道形如函也。其水山原壁立數十仞，谷中容一車。」【考證】天下指六國。函谷關古址，今河南陝州靈寶縣，在咸陽東北，自趙入秦者由此關。張文虎曰：郡縣志引西征記云「其中劣通，東西十五里，絶岸壁立」，正義疑有脱誤。

〔三〕【正義】許宜反。【考證】梁玉繩曰：「十一月」當移在上文「召諸縣父老豪傑」句上，衍去「中」字。而「十二月中」四字當在「項羽果率諸侯兵西」句上。蓋約法三章在十一月，羽破函谷關在十二月，月表及漢紀可證也。

〔四〕【考證】梁玉繩曰：高祖紀書「項羽」，尊君之體宜然。況此時羽尚未王，尤不宜豫呼之。下文云「項王使卒三萬人」，「從項王北擊齊」，「項王不聽」，「項王歸漢王父母妻子」，紀中前後皆稱項羽，何忽呼王者五，皆當作「項羽」。

〔五〕【正義】曹無傷欲就項羽求封。

〔六〕【索隱】范增也。項羽得范增號曰亞父，言尊之亞於父。猶管仲齊謂仲父。父並音甫也。

〔七〕【考證】祕閣本「二十」作「廿」。

〔八〕【正義】項羽本紀云，項伯曰「沛公不先破關中，公豈敢入乎？今人有大功，擊之不義」。此以文諭之。【考證】梁玉繩曰：案羽紀及漢書乃項伯言之於羽，非以文諭也。愚按：以書託項伯，亦未可知。

〔九〕【索隱】按：姚察云在新豐古城東，未至戲水，道南有斷原，南北洞門是也。【考證】坂名，在臨潼縣東，今曰項王營。

〔一〇〕【考證】祕閣本「至」作「生」。方苞曰：項羽本紀高祖、留侯、項伯相語，凡數百言，而此以三語括之，蓋其事與言不可没，而於帝紀則不必詳也。陸瑞蒙曰：減縮作數語，大意備矣，不厭其簡。

項羽遂西屠燒咸陽秦宫室，所過無不殘破。秦人大失望，然恐，不敢不服耳。

項羽使人還報懷王。懷王曰：「如約。」項羽怨懷王不肯令與沛公俱西入關，而北救趙，後天下約。〔一〕乃曰：「懷王者，吾家項梁所立耳，非有功伐，何以得主約！本定天下，諸將及籍也。」〔二〕乃佯尊懷王爲義帝，實不用其命。

〔一〕【正義】懷王初約，先入咸陽者王之，令羽北救趙，故失約在後也。

〔二〕【考證】梁玉繩曰：項梁，當作「武安君」，説在項紀。愚按：漢書删「項梁」二字。

正月，〔一〕項羽自立爲西楚霸王，王梁、楚地九郡，都彭城。負約更立沛公爲漢王，〔二〕王巴、蜀、漢中，〔三〕都南鄭。〔四〕三分關中，立秦三將：章邯爲雍王，都廢丘；〔五〕司馬欣爲塞王，〔六〕都櫟陽；〔七〕董翳爲翟王，都高奴。〔八〕楚將瑕丘申陽爲河南王，都洛陽。〔九〕趙將司馬卬爲殷王，都朝歌。〔一〇〕趙王歇徙王代。趙相張耳爲常山王，都襄國。當陽君黥布爲九江王，都六。〔一一〕懷王柱國共敖爲臨江王，都江陵。〔一二〕番君吴芮爲衡山王，都邾。〔一三〕燕將臧荼爲燕王，都薊。故燕王韓廣徙王遼東。廣不聽，臧荼攻殺之無終。〔一四〕封成安君陳餘河閒三縣，居南皮。封梅鋗十萬户。〔一五〕

〔一〕【正義】崔浩云：「史官以正月紀四時，故書正月也。」荀悦云：「先春後正月也。」顏師古云：「凡此諸月號，皆太初正曆之後，記事者追改之，非當時本稱也。以十月爲歲首，即以十月爲正月。今此正月，當時謂之四月也。他皆放此。」【考證】祕閣本「佯」作「詳」，漢書作「陽」。中井積德曰：秦特以十月爲歲首耳，其月數用夏正，而漢初沿之也，非追改，顔説非。愚按：正月即建寅之月也，王引之舉十八證辯之，説在讀書雜志四卷。梁玉繩曰：「正月」當在「佯尊懷王」上。「命」字下，當書「二月」，漢紀、表與月表可證。

〔二〕【正義】梁州，本漢中郡，以漢水爲名。

〔三〕【集解】徐廣曰：「三十二縣。」【考證】張文虎曰：集解「三十二縣」，舊刻作「四十二縣」，漢書云「四十一縣」，漢紀同。據漢志，漢中郡十二縣，蜀郡十五縣，巴郡十一縣，則共三十八縣。

〔四〕【考證】南鄭，陝西漢中府治。

〔五〕【正義】以岐州雍縣爲名。

〔六〕【正義】塞，先代反。韋昭云：「在長安東，名桃林塞。」按：桃林塞，今華州潼關也。顔師古云「取河華之固爲阸塞耳，非桃林」。

〔七〕【索隱】因葬太上皇，改曰萬年。

〔八〕【正義】文穎云：「本上郡，秦所置，項羽以董翳爲王，更名曰翟也。」

〔九〕【正義】在黄河之南，故曰河南，即今河南府。

〔一〇〕【正義】以商帝盤庚國殷中之地，改商爲殷，在相州安陽縣，即北蒙殷墟，南去朝歌百三十六里，故號殷王，都朝歌。

〔一一〕【索隱】韋昭云：「當陽，南郡縣名。」地理志云六縣屬六安國。

〔一二〕【正義】孟康云「本南郡，改爲臨江國」是也。

〔一三〕【索隱】太康地理志云「楚滅鄀，遷其人於江南，因名縣也」。

〔一四〕【考證】梁玉繩曰：燕王臧荼攻殺遼東王韓廣在八月，此并書十二月分封時，非也。

〔一五〕【考證】梅鋗，番君之將。見上。

四月，兵罷戲下，〔一〕諸侯各就國。漢王之國，項王使卒三萬人從，楚與諸侯之慕從者數萬人，從杜南〔二〕入蝕中。〔三〕去輒燒絶棧道，〔四〕以備諸侯盜兵襲之，亦示項羽無東意。至南鄭，諸將及士卒多道亡歸，士卒皆歌思東歸。〔五〕韓信説漢王曰：〔六〕「項羽王諸將之有功者，而王獨居南鄭，是遷也。〔七〕軍吏士卒皆山東之人也，日夜跂而望歸，〔八〕及其鋒而用之，可以有大功。天下已定，人皆自寧，不可復用。不如決策東鄉，争權天下。」〔九〕

〔一〕【正義】戲，音麾。許慎注淮南子云：「戲，大旗也。」【考證】戲下，又見羽紀。

〔二〕【正義】韋昭云：「杜，今陵邑。」括地志云：「杜陵故城，在雍州萬年縣東南十五里。漢杜陵縣，宣帝陵邑也，北去宣帝陵五里。廟記云故杜伯國。」【考證】杜南，陝西西安府咸寧縣東南。

〔三〕【集解】李奇曰：「蝕，音力，在杜南。」如淳曰：「蝕，入漢中道川谷名。」【索隱】李奇音力，孟康音食。王劭按：説文作「鎀」，器名也。地形似器，故名之。音力也。【考證】胡三省通鑑注引程大昌雍録云「以地望求之，關中南面皆礙南山，其有微徑可達漢中者，唯子午谷，在長安正南，其次向西則駱谷。此蝕中若非駱谷，即是子午谷」。通鑑地理今釋云「子午谷，今陝西西安府長安縣。駱谷，今西安府盩(屋)〔厔〕縣」。

〔四〕【索隱】按系家，是用張良計也。棧道，閣道也。音士諫反。包愷音士版反。崔浩云：「險絶之處，傍鑿山巖，而施版梁爲閣。」

〔五〕【考證】林伯桐曰：高祖爲漢王，楚與諸侯之慕從者數萬人，可謂得人和矣。然至南鄭，而諸將及士卒多道亡歸，何耶？意此爲項王所使之卒，故思歸耶？

〔六〕【集解】徐廣曰：「韓王信，非淮陰侯信也。」【考證】韓王信傳云「韓信從入漢中，迺說漢王曰『項王王諸將，而王獨遠居此，此左遷也。士卒皆山東人，跂而望歸，及其鋒東嚮，可以爭天下』。漢王還定三秦」，其言略同此紀。即韓信，韓王信，非淮陰侯信，徐說所據。而淮陰侯傳云，信拜大將，謂漢王曰「於諸侯之約，大王當王關中」，「大王失職入漢中，秦民無不恨者。今大王舉而東，三秦可傳檄而定也」。又曰「以義兵從思東歸之士，何所不散」，與此紀異文同事。下文漢王用韓信之計，正斥是而言，漢書高紀亦以爲淮陰事。中井積德曰：韓王信驍將已，謀略非其所長，韓王信傳以此爲韓王語，史遷偶誤耳，漢書亦沿之。顧炎武曰：以同姓名而誤。愚按：下文云「立韓太尉信爲韓王」，亦見此韓信非韓王信。

〔七〕【集解】韋昭曰：「若有罪見遷徙。」

〔八〕【正義】跂，音丘賜反。說文云：「跂，舉踵也。」司馬彪云：「跂，望也。」

〔九〕【考證】祕閣本「策」作「筴」。

項羽出關，使人徙義帝曰：「古之帝者地方千里，必居上游。」〔一〕乃使使徙義帝長沙郴縣，趣義帝行。〔二〕羣臣稍倍叛之。乃陰令衡山王、臨江王擊之，殺義帝江南。項羽怨田榮，立齊將田都爲齊王。田榮怒，因自立爲齊王，殺田都而反楚；〔三〕予彭越將軍印，令反梁地。楚令蕭公角擊彭越，彭越大破之。〔四〕陳餘怨項羽之弗王己也，令夏說說田榮，請兵擊張耳。〔五〕齊予陳餘兵擊破常山王張耳，張耳亡歸漢。迎趙王歇於代，復立爲趙王。趙王因立陳餘爲代王。項羽大怒，北擊齊。

〔一〕【正義】音流。

〔二〕【正義】趣，音促。

〔三〕【考證】田都走降楚，非爲田榮所殺，項紀、田儋傳、月表可證。漢書改作「走降楚」。

〔四〕【考證】孟康曰：蕭公，蕭令也。時令皆稱公。

〔五〕【正義】説，上音悦，下音税。

八月，漢王用韓信之計，〔一〕從故道還，襲雍王章邯。〔二〕邯迎擊漢陳倉，〔三〕雍兵敗還走，止戰好畤。〔四〕又復敗走廢丘。〔五〕漢王遂定雍地，東至咸陽，引兵圍雍王廢丘，〔六〕而遣諸將略定隴西、北地、上郡。〔七〕令將軍薛歐、王吸出武關，〔八〕因王陵兵南陽，〔九〕以迎太公、呂后於沛。楚聞之，發兵距之陽夏，不得前。〔一〇〕令故吳令鄭昌爲韓王，距漢兵。

〔一〕【考證】八月，漢紀作「五月」。梁玉繩曰：漢王定三秦，當依此紀在八月爲是，月表、淮陰傳皆云八月，將相名臣表亦云秋也。漢書襲雍圍廢丘，于紀在五月，于表在七月，自相牴牾，而均非事實。蓋四月罷兵就國，未必踰月即出兵襲雍。漢書蕭何傳言何諫漢王「願王漢中養其民，以致賢人，收用巴、蜀，還定三秦」，漢王善之。則是時漢方暫務休息，寧有坐不暖席，便爾東伐乎？況自戲下罷兵至南鄭，自南鄭至雍，往返遼遠，非旬日可徧者，當是七月起兵，至八月而襲雍也。

〔二〕【集解】地理志，武都有故道縣。【考證】中井積德曰：故道，元非地名，蓋是處舊有秦、蜀相通之道，而棧道張良所燒者爲今道，今道已燒殘不通，故從故道而往也，後世因爲縣名耳。愚按：漢中府鳳縣西北。

〔三〕【正義】今岐州縣也。【考證】鳳翔府寶雞縣東。

〔四〕【集解】孟康曰：「時，音止，神靈之所在也，縣名，屬右扶風。」【考證】陝西乾州東。

〔五〕【考證】雍王國都，西安府興平縣東。

〔六〕【索隱】按荀悦漢紀，令樊噲圍之。【考證】祕閣本引作「別」。

〔七〕【考證】隴西，甘肅鞏昌、蘭州、秦州。北地，甘肅慶陽、寧夏二府及鄜州。上郡，陝西延安府綏德州。

〔八〕【集解】歐，音惡后反。【索隱】按表歐以舍人從爲將軍，封廣平侯也。吸以中涓從爲將軍，封清陽侯。

〔九〕【集解】如淳曰：「王陵亦聚黨數千人，居南陽。」【正義】括地志云：「王陵故城，在商州上洛縣南三十一里。荆州記云，昔漢高祖入秦，王陵起兵丹水以應之。此城王陵所築，因名。」【考證】祕閣本「南陽」下有「也」字。

〔一〇〕【索隱】韋昭云：「陽夏，縣名，屬淮陽，後屬陳。夏，音更雅反。」【考證】陽春，陳州府太康縣。

二年，漢王東略地。塞王欣、翟王翳、河南王申陽皆降。韓王昌不聽，使韓信擊破之。〔一〕於是置隴西、北地、上郡、渭南、〔二〕河上、〔三〕中地郡；〔四〕關外置河南郡。〔五〕更立韓太尉信爲韓王。〔六〕諸將以萬人，若以一郡降者，封萬户。繕治河上塞，〔七〕諸故秦苑囿園池，皆令人得田之。正月，虜雍王弟章平，大赦罪人。〔八〕

〔一〕【考證】漢書「韓信」作「韓太尉韓信」。梁玉繩曰：塞、翟之降，在元年八月，蓋惕於雍王之敗，望風而降也，此書於二年之首，殊非事實。

〔二〕【集解】徐廣曰：「後曰京兆。」

〔三〕【集解】徐廣曰：「馮翊。」

〔四〕【集解】徐廣曰：「扶風。」

〔五〕【集解】徐廣曰：「十月漢王至陝。」【考證】梁玉繩曰：隴西、北地、上郡、渭南、河上皆元年八月置，是時因重正五郡之疆界，復總言之，故將相表云「二年春定塞、翟、魏、河南、韓、殷國」，非至是塞、翟始降而置郡也。又曰：中地屬雍，章邯殺後始置，事在六月，此與隴西等郡同置，誤矣。

〔六〕【考證】漢書高紀「韓王」下有「漢王還歸都櫟陽使諸將略地拔隴西」十四字。

〔七〕【集解】晉灼曰：鼂錯傳，秦時，北攻胡，築河上塞。【考證】齊召南曰：河上塞，即河上郡之北境，與匈奴邊界處，非秦時蒙恬所取河南地因河爲塞者也。蓋自諸侯叛秦，匈奴稍度河南，與中國界於故塞，匈奴傳可證也。河上郡後爲馮翊，前即塞王國，此時初得其地，即後繕治障塞耳。晉灼注以遠在朔方五原者解之，非也。愚按：未出關爭衡，而先脩邊備，立本自固之道也。

〔八〕【考證】祕閣本「正月」至「罪人」十二字，在下文「厚遇之」下。

漢王之出關，至陜撫關外父老還，張耳來見，漢王厚遇之。〔一〕

〔一〕【考證】何焯曰：故秦苑囿園池，令民得田之，既反暴政，益足關中食。梁玉繩曰：至陜在十月，還在十一月，張耳來亦在十月。此紀皆書於正月，非。

二月，令除秦社稷，更立漢社稷。〔一〕

〔一〕【考證】劉辰翁曰：漢書此處有復關中、除租稅、置三老、舉行能、賜酒肉等政，是兵間規模宏大，收拾人心處，子長失之。

三月，漢王從臨晉渡，〔一〕魏王豹將兵從，下河內虜殷王，置河內郡。〔二〕南渡平陰津，至（頟）〔雒〕陽。新城〔三〕三老董公遮說漢王，〔四〕以義帝死故。〔五〕漢王聞之，袒而大哭。〔六〕遂爲義帝發喪，臨三日。發使者告諸侯曰：「天下共立義帝，北面事之。今項羽放殺義帝於江南，大逆無道。寡人親爲發喪，諸侯皆縞素。悉發關內兵，收三河士，〔七〕南浮江漢以下，〔八〕願從諸侯王擊楚之殺義帝者。」

〔一〕【考證】漢書「渡」下補「河」字。臨晉，陝西同州府大荔縣治。

〔二〕【考證】漢書「豹」下補「降」字。

〔三〕【正義】括地志云：「洛州伊闕縣，在州南七十里，本漢新城也。隋文帝改新城爲伊闕，取伊闕山爲名也。」

【考證】平陰，河南河南府孟津縣東。新城，河南府新城縣。

〔四〕【正義】百官表云：「十里一亭，亭有長。十亭一鄉，鄉有三老，三老掌教化。」皆秦制也。又樂産云：「横道自言曰遮。」楚漢春秋云：「董公八十二，遂封爲成侯。」【考證】梁玉繩曰：董公乃鄉三老也，新城是鄉名，其名舊矣。至惠帝四年置爲縣，此時新城未爲縣也。

〔五〕【考證】漢書高紀「新城三老董公，遮説漢王曰『臣聞順德者昌，逆德者亡，兵出無名，事故不成。故曰：明其爲賊，敵乃可服。項羽爲無道，放殺其主，天下之賊也。夫仁不以勇，義不以力，三軍之衆，爲之素服，以告之諸侯，爲此東伐，四海之内，莫不仰德。此三王之舉也』。漢王曰：『善，非夫子無所聞。』於是漢王爲義帝發喪，袒而大哭。」班氏别有所據以補史文也。

〔六〕【集解】如淳曰：「袒，亦如禮袒踊。」

〔七〕【集解】韋昭曰：「河南、河東、河内。」

〔八〕【正義】南收三河士，發關内兵，從雍州入子午道，至漢中，歷漢水而下，從是東行至徐州擊楚。【考證】胡三省曰：正義説非。此特言發三河士，以攻其北，又南浮江漢，下兵，以夾攻之也。愚按：全祖望經史問答亦申胡説。本文唯言浮江漢南下，以攻楚耳，未有南北夾攻之義，胡説鑿。

是時項王北擊齊，田榮與戰城陽。田榮敗走平原，〔一〕平原民殺之。齊皆降楚。楚因焚燒其城郭，係虜其子女。齊人叛之。田榮弟横，立榮子廣爲齊王，齊王反楚城陽。項羽雖聞漢東，既已連齊兵，欲遂破之而擊漢。漢王以故得劫五諸侯兵遂入彭城。〔二〕項羽聞之，乃引兵去齊，從魯〔三〕出胡陵，〔四〕至蕭，〔五〕與漢大戰彭城靈壁東〔六〕睢水上，大破漢軍，多殺士卒，睢水爲之不流。乃取漢王父母妻子於沛，置之軍中以爲質。〔七〕當是時，諸侯見楚彊漢敗還，皆去漢復爲楚。塞王欣亡入楚。〔八〕

〔一〕**【正義】**德州平原縣是。**【考證】**山東濟南府平原縣。

〔二〕**【考證】**五諸侯，說見項紀。彭城，楚都。

〔三〕**【正義】**兗州曲阜也。**【考證】**山東兗州府曲阜縣。

〔四〕**【正義】**地理志云胡陵在山陽郡。**【考證】**山東濟寧州魚臺縣。

〔五〕**【正義】**徐州蕭縣。**【考證】**江蘇徐州府蕭縣。

〔六〕**【正義】**在徐州符離縣西北九十里。**【考證】**中井積德曰：據項紀，已晨戰，又日中戰於彭城，又追戰於靈壁東也。此文似粗。沈欽韓曰：通鑑作「楚又追擊至靈壁東」爲是。愚按：靈壁，安徽鳳陽府靈壁縣治。

〔七〕**【考證】**項羽嚮質王陵母以招陵，今又取漢王家屬置之軍中，蓋其慣用手段。趙翼曰：項羽紀稱漢王之二年，定三秦，將五諸侯兵破彭城，尋爲項羽所敗，西奔，過沛，使人求家室，家室已亡去，遂遇孝惠、魯元公主，載以行，而家族反遇楚軍，爲羽所得，常置軍中爲質。據史記，是時羽取漢王父母妻子置軍中，漢書則但謂取太公、吕后，而不言父母妻子。其後羽與漢王約，中分天下，以鴻溝爲界，遂歸漢王家屬，據史記謂歸漢王父母妻子，而班書亦但謂歸太公、吕后，而不言父母妻子。蓋以高祖之母久已前死，羽所得者，但有太公、吕后，而史記所云父母妻子者，不過家屬之通稱，非真母與子在項羽軍中，故改言太公、吕后也。不知高祖母雖已前死，而楚元王爲高祖異母子，則高祖尚有庶母也，孝惠帝尚有庶兄肥，後封齊爲悼惠王，高祖道遇孝惠，與孝惠偕行者，但有魯元公主，則悼惠未偕行可知也。悼惠既未偕行，又別無投歸高祖之事，則必與太公、呂后爲羽所得，故高祖有子在項軍也。則史記所謂「父母妻子」，乃無一字虛説，而漢書改云「太公、呂后」轉疏漏也。

〔八〕**【考證】**梁玉繩曰：漢書高紀云塞王欣、翟王翳降楚，殷王卬死，此缺不具。

呂后兄周呂侯，爲漢將兵居下邑，〔一〕漢王從之，稍收士卒軍碭。漢王乃西過梁地至虞。〔二〕使謁者隨何之九江王布所曰：「公能令布舉兵叛楚，項羽必留擊之。得留數月，吾取天下必矣。」隨何往説九江王布，布果背楚。楚使龍且往擊之。〔三〕

〔一〕**【集解】**徐廣曰：「在梁。」**【考證】**周呂侯即呂澤。下邑，河南夏邑縣。

〔二〕**【集解】**徐廣曰：「在梁。」**【考證】**碭，江蘇徐州府碭山縣。虞，歸德府虞城縣西南。

〔三〕**【考證】**陳子龍曰：齊反楚，而漢得彭城。九江反楚，而漢得從容歸關中。楚之自屈者在此。

漢王之敗彭城而西行，使人求家室。家室亦亡，不相得。敗後乃獨得孝惠。六月，立爲太子，大赦罪人，令太子守櫟陽。諸侯子在關中者，皆集櫟陽爲衛。〔一〕引水灌廢丘，廢丘降，章邯自殺。更名廢丘爲槐里。於是令祠官祀天地四方上帝山川，以時祀之。興關內卒乘塞。〔二〕

〔一〕**【考證】**漢王先是遷都櫟陽，説在上文。櫟陽，陝西西安府臨潼縣。諸侯子，支屬士卒，亦在其中。愚按：兵敗人背如此，在常人憂懼不知所措，而漢王修祭祀，定儲貳，從容安詳，綽有餘裕，亦足以觀其規模宏遠矣。

〔二〕**【集解】**李奇曰：「乘，守也。」**【考證】**顏師古曰：乘，登也。登而守之。

是時九江王布，與龍且戰不勝，與隨何閒行歸漢。〔一〕漢王稍收士卒，與諸將及關中卒益出，是以兵大振滎陽，破楚京、索閒。〔二〕

〔一〕【考證】梁玉繩曰：布之歸漢，在三年十二月，獨此書於二年六月已後，誤。

〔二〕【考證】滎陽，河南開封府滎陽縣。京索，開封府滎陽、滎澤閒。梁玉繩曰：破楚事，漢高紀書於二年五月，在六月立太子前，與羽紀合，此誤在後。

三年，魏王豹謁歸，視親疾。至即絶河津，反爲楚。〔一〕漢王使酈生説豹，豹不聽。漢王遣將軍韓信擊，大破之，虜豹。遂定魏地，置三郡。曰河東、〔二〕太原〔三〕、上黨。〔四〕漢王乃令張耳與韓信遂東下井陘擊趙，斬陳餘、趙王歇。〔五〕其明年，立張耳爲趙王。

〔一〕【正義】絶，斷也。河津即蒲州蒲津關也，蒲津橋即此。豹從同州由橋至河東，即斷之而叛漢也。【考證】祕閣本無「疾」字。

〔二〕【正義】今蒲州也。

〔三〕【正義】今并州。

〔四〕【正義】今潞州。【考證】梁玉繩曰：豹之反在漢二年五月，淮陰傳作「二年六月」，已誤。此紀及曹相國世家作「三年」，尤誤。漢使酈生説豹，與遣韓信擊豹，皆在二年八月，虜豹在二年九月，此紀書於三年，亦誤。又太原郡屬趙地，漢滅趙王歇始置，乃連入魏地，更爲誤矣。月表言河東、上黨，是。淮陰傳又失言上黨，漢紀亦誤仍史連言太原。

〔五〕【考證】井陘，由山西平定州至直隸正定府井陘縣路。

漢王軍滎陽南，築甬道，〔一〕屬之河，以取敖倉。〔二〕與項羽相距歲餘。項羽數侵奪漢甬道，漢軍乏食，遂圍漢王。漢王請和，割滎陽以西者爲漢。項王不聽。漢王患之，乃用陳平之計，予陳平金四萬斤，以閒疏楚君臣。於是項羽乃疑亞父。亞父是時勸項羽遂下滎陽，及其見疑，乃怒，辭老，願賜骸骨歸卒伍，未至彭城而死。

〔一〕【正義】甬，音勇。韋昭云：「起土築牆，中間爲道。」應劭云：「恐敵抄輜重，故築垣牆如街巷。」

〔二〕【正義】孟康云：「敖，地名，在滎陽西北山上，臨河，有大倉。」太康地理志云：「秦建敖倉於成皋。」【考證】敖山，在河南開封府滎澤縣西北。水經注「山上有城」，秦置倉其中，故曰敖倉。

漢軍絶食，乃夜出女子東門，二千餘人被甲，楚因四面擊之。將軍紀信乃乘王駕，詐爲漢王誑楚，楚皆呼萬歲，之城東觀，以故漢王得與數十騎出西門遁。〔一〕令御史大夫周苛、魏豹、樅公守滎陽。諸將卒不能從者，盡在城中。周苛、樅公相謂曰：「反國之王，難與守城。」因殺魏豹。〔二〕

〔一〕【考證】滎陽之圍，漢王如釜魚，微紀信誑楚，則漢之爲漢未可知也。信之功大矣，而史公不爲信立傳者，蓋此一事之外，無可記者，故見之高祖、項羽兩紀，以致丁寧之意焉。

〔二〕【集解】徐廣曰：「案月表三年七月，王出滎陽。八月，殺魏豹。而又云，四年三月周苛死，四月魏豹死。二者不同。項羽殺紀信、周苛、樅公，皆是三年中。」【正義】史記項羽及高祖紀，漢書及史記月表皆言三年殺魏豹。而月表又言周苛、魏豹死在四年夏四月，表誤。【考證】王、城，韻。

漢王之出滎陽，入關收兵，欲復東。袁生説漢王曰：「〔一〕漢與楚相距滎陽數歲，漢常困。願君王出武關，項羽必引兵南走。〔二〕王深壁令滎陽、成皋閒且得休，〔三〕使韓信等輯河北趙地連燕、齊，〔四〕君王乃復走滎陽，未晚也。如此，則楚所備者多，力分，漢得休，復與之戰，破楚必矣。」漢王從其計，出軍宛、葉閒，〔五〕與黥布行收兵。

〔一〕【考證】袁生，漢書作「轅生」。

〔二〕【考證】顏師古曰：走，謂趨嚮也，次後亦同。梁玉繩曰：漢以二年五月屯滎陽，三年五月出滎陽，連閏計之，首尾纔十四月，何言數歲乎？當作「歲餘」爲是，上文因有「相距歲餘」之語也。

〔三〕【考證】御覽引「休」下有「息」字，與漢書合，下同。

〔四〕【正義】輯，與「集」同，謂和合也。

〔五〕【正義】宛，於元反。葉，式涉反。宛，鄧州縣也。葉，汝州縣。水經注云：「本楚惠王封諸梁子兼，號曰葉城，即子高之故邑也。」【考證】宛，河南南陽府南陽縣。葉，南陽府葉縣。

項羽聞漢王在宛，果引兵南。漢王堅壁不與戰。是時彭越渡睢水，與項聲、薛公戰下邳，〔一〕彭越大破楚軍。項羽乃引兵東擊彭越。漢王亦引兵北軍成皋。〔二〕項羽已破走彭越，聞漢王復軍成皋，乃復引兵西拔滎陽，誅周苛、樅公，而虜韓王信，遂圍成皋。

〔一〕【考證】祕閣本「睢」下無「水」字。下邳，江蘇徐州府邳州東。

〔二〕【考證】成皋，河南開封府汜水縣西北。

漢王跳，〔一〕獨與滕公共車，出成皋玉門，〔二〕北渡河，馳宿脩武。自稱使者，晨馳入張耳、韓信壁，而奪之軍。〔三〕乃使張耳北益收兵趙地，使韓信東擊齊。漢王得韓信軍，則復振。

引兵臨河，南饗軍小脩武南，欲復戰。〔四〕郎中鄭忠乃説止漢王，使高壘深塹，勿與戰。漢王聽其計，使盧綰、劉賈將卒二萬人、騎數百，渡白馬津入楚地，〔五〕與彭越復擊破楚軍燕郭西，〔六〕遂復下梁地十餘城。〔七〕

〔一〕【集解】徐廣曰：「音逃。」【索隱】如淳曰：「跳，走也。」晉灼按：劉澤傳「跳驅至長安」。説文音徒調反。通俗文云「超通爲跳」。【考證】項羽紀「跳」作「逃」。朱子文曰：跳當從如淳之音。

〔二〕【集解】徐廣曰：「項羽紀云，北門名玉門。」【索隱】夏侯嬰爲滕令，故曰滕公也。

〔三〕【考證】修武，河南懷寧府獲嘉縣。

〔四〕【集解】晉灼曰：「在大脩武城東。」【考證】祕閣本「饗」作「鄉」，與凌引一本及漢書合。顔師古曰：「鄉」讀曰「嚮」。

〔五〕【集解】蘇林曰：「綰，音以繩綰結物之『綰』。」【索隱】即黎陽津也。南界東郡白馬縣。【考證】白馬津，河南滑縣東。

〔六〕【索隱】故南燕國也。在東郡，秦以爲縣。【考證】河南延津縣東。

〔七〕【考證】梁玉繩曰：此以下叙事倒亂，幾不可讀。當云「與彭越復擊，破楚軍燕郭西，遂復下梁地十餘城。項羽乃謂海春侯大司馬曹咎曰：『謹守成皋。若漢挑戰，慎勿與戰，無令得東而已。我十五日必定梁地，復從將軍。』乃行。淮陰已受命東，未渡平原，漢王使酈生往説齊王田廣，廣叛楚與漢和，共擊項羽。四年，韓信用蒯通計，遂襲破齊。齊王烹酈生，東走高密。項羽擊陳留、外黄、睢陽下之，聞韓信已舉河北兵破齊、趙，且欲擊楚，則使龍且、周蘭往擊之。漢果數挑楚軍，楚軍不出，使人辱之五六日，大司馬怒，渡兵汜水。士卒半渡，漢擊之，大破楚軍，盡得楚國金玉貨賂。大司馬咎、長史欣，皆自剄汜水上。項羽在睢陽，聞海春侯破，乃引兵還。漢軍方圍鍾離眜於滎陽東，項羽至，盡走險阻。楚、漢久相持未決，丁壯苦軍旅，老弱罷轉饟。漢王、項羽相與臨廣武之閒而語，項羽欲與漢王獨身挑戰。漢王數項羽曰：始與項羽俱受命懷王曰，先入定關中者王之。至病甚，因馳入成皋。韓信與戰騎將灌嬰擊，大破楚軍，殺龍且，齊王廣犇彭越。漢王病愈，西入關，至關中兵益出。韓信使人言曰：齊邊楚，至立韓信爲齊王。項羽聞龍且軍破，則恐，使盱台人武涉往說韓信。韓信不聽。當此時彭越將兵居梁地，往來苦楚兵，絶其糧食。田橫往從之。項羽數擊彭越等」。

淮陰已受命東，未渡平原。〔一〕漢王使酈生往說齊王田廣，廣叛楚與漢和，共擊項羽。韓信用蒯通計，遂襲破齊。齊王亨酈生，東走高密。〔二〕項羽聞韓信已舉河北兵，破齊、趙，且欲擊楚，〔三〕則使龍且、周蘭往擊之。〔四〕韓信與戰騎將灌嬰擊，大破楚軍，〔五〕殺龍且。齊王廣犇彭越。〔六〕當此時，彭越將兵居梁地，往來苦楚兵，絶其糧食。〔七〕

〔一〕**【考證】**淮陰，當作「韓信」。楓山本「陰」下有「侯」字。

〔二〕**【考證】**韓信襲齊，齊亨酈生，事在漢四年。高密，山東萊州府高密縣。

〔三〕**【考證】**「趙」字當衍。

〔四〕**【集解】**徐廣曰：「蘭，一作『簡』。」

〔五〕**【考證】**此與項紀衍一「戰」字。

〔六〕**【考證】**陳仁錫曰：田儋傳，信虜齊王廣，田橫犇彭越，此紀誤。愚按：淮陰侯傳云「齊王廣亡去」，此紀非，「廣」下脱「田橫」二字，則「犇」下衍「彭越」二字。又按韓信取齊，事在漢四年。又按據灌嬰傳，周蘭爲灌嬰所生得。

〔七〕【考證】祕閣本「糧」作「粮」。十九字與下文複。

四年，項羽乃謂海春侯大司馬曹咎曰：「謹守成皋。若漢挑戰，慎勿與戰，無令得東而已。〔一〕我十五日必定梁地，復從將軍。」〔二〕乃行，擊陳留、外黄、睢陽下之。〔三〕漢果數挑楚軍，楚軍不出。使人辱之五六日，大司馬怒，度兵汜水。〔四〕士卒半渡，漢擊之，大破楚軍，盡得楚國金玉貨賂。大司馬咎、長史欣皆自剄汜水上。〔五〕項羽至睢陽，〔六〕聞海春侯破，乃引兵還。〔七〕漢軍方圍鍾離眛於滎陽東，項羽至，盡走險阻。

〔一〕【正義】挑，田弔反。下同。

〔二〕【考證】項羽東擊彭越，漢書以爲三年九月事。

〔三〕【考證】睢陽，河南歸德府商邱縣南。

〔四〕【正義】汜，音祀，在成皋故城東。

〔五〕【考證】長史欣，宜作「塞王欣」。通鑑改作「司馬欣」，而不知司馬爲秦官名也。

〔六〕【考證】項紀「至」作「在」。

〔七〕【考證】祕閣本「聞」上有「則」字。

韓信已破齊，使人言曰：「齊邊楚，〔一〕權輕，不爲假王，恐不能安齊。」漢王欲攻之。留侯曰：「不如因而立之，使自爲守。」乃遣張良，操印綬，立韓信爲齊王。〔二〕

〔一〕【集解】文穎曰：「邊，近也。」

〔三〕【集解】徐廣曰：「三月。」【考證】祕閣本「良」作「子房」。

項羽聞龍且軍破，則恐，使盱台人武涉往説韓信。韓信不聽。〔一〕

〔二〕【考證】漢書高紀，韓信請假王齊，在漢王病創馳入成皋之後。

楚、漢久相持，未決。丁壯苦軍旅，老弱罷轉饟。〔一〕漢王、項羽相與臨廣武之閒而語。〔二〕項羽欲與漢王獨身挑戰。漢王數項羽曰：「始與項羽俱受命懷王，〔三〕曰，先入定關中者王之。項羽負約，〔四〕王我於蜀漢，罪一。項羽矯殺卿子冠軍，而自尊，罪二。〔五〕項羽已救趙，當還報，而擅劫諸侯兵入關，罪三。懷王約入秦無暴掠，項羽燒秦宮室，掘始皇帝冢，私收其財物，罪四。〔六〕又彊殺秦降王子嬰，罪五。詐阬秦子弟新安二十萬，王其將，罪六。〔七〕項羽皆王諸將善地，〔八〕而徙逐故主，〔九〕令臣下爭叛逆，罪七。項羽出逐義帝彭城，自都之，奪韓王地，并王梁、楚，多自予，罪八。項羽使人陰弒義帝江南，罪九。夫爲人臣而弒其主，殺已降，爲政不平，主約不信，天下所不容，大逆無道，罪十也。〔一〇〕吾以義兵從諸侯，誅殘賊，使刑餘罪人擊殺項羽，何苦乃與公挑戰！」〔一一〕項羽大怒，伏弩射中漢王。漢王傷匈，乃捫足曰：「虜中吾指！」〔一二〕漢王病創臥，張良彊請漢王起行勞軍，以安士卒，毋令楚乘勝於漢。漢王出行軍，〔一三〕病甚，〔一四〕因馳入成皋。

〔一〕【考證】祕閣本、楓、三本「持」作「枝」。

〔二〕【考證】間，讀爲「澗」，説見項紀。廣武，河南開封府滎澤縣。

〔三〕【考證】漢書高紀「始」上有「吾」字。

〔四〕【索隱】負，音佩也。

〔五〕【集解】徐廣曰：「卿，一作『慶』。」【索隱】韋昭云：「宋義之號。」如淳曰：「卿者大夫之尊；子者子男之爵；冠軍，人之首也。尊宋義，故加此號。」【考證】項紀集解引文穎云「卿子，時人相褒尊之辭，猶言公子，上將故言冠軍」。愚按：文説是。

〔六〕【考證】祕閣本、楓、三本「私收」作「收私」。

〔七〕【考證】祕閣本「二十」作「廿」。李奇曰：章邯等爲王。

〔八〕【索隱】謂章邯等。【考證】中井積德曰：諸將，指從項羽有功者，申陽、張耳、臧荼、田都等也。愚按：索隱當移上文「王其將」下。

〔九〕【索隱】謂田市、趙歇、韓廣之屬。

〔一〇〕【考證】祕閣本無「大」字、「也」字。陳仁錫曰：宋本無「也」字。中井積德曰：羽唯九罪矣，夫爲人臣一條，是總計之語，其事皆在前條，難別爲一罪，竊疑「罪十也」三字爲衍文，則下文意亦順。

〔一一〕【考證】「公」猶言「汝」，斥項羽。

〔一二〕【索隱】捫，摸也。中匈而捫足者，蓋以矢初中痛悶，不知所在，故爾。或者中匈而捫足，權以安士卒之心也。【正義】恐士卒壞散，故言中吾足指。【考證】捫足，索隱後説是。變起倉猝，而舉止泰然如此，漢皇非徒木彊人也。

〔一三〕【正義】行，寒孟反。

〔一四〕【索隱】按：三輔故事曰「楚、漢相距於京、索閒六年，身被大創十二，矢石通中過者有四」。言漢王病創也。

病愈，西入關至櫟陽，存問父老，置酒。梟故塞王欣頭櫟陽市。〔一〕留四日，復如軍，軍廣

武。關中兵益出。〔二〕

〔二〕【索隱】梟，縣首於木也。欣自剄於汜水上，令梟之於櫟陽者，以舊都故梟以示之也。

〔三〕【考證】劉辰翁曰：汲汲入關，留飲四日，父老安心，蓋懼傳聞之訛也。

當此時，彭越將兵居梁地，往來苦楚兵，絕其糧食。田橫往從之。〔一〕項羽數擊彭越等，齊王信又進擊楚。〔二〕項羽恐，乃與漢王約，中分天下，割鴻溝而西者爲漢，鴻溝而東者爲楚。〔三〕項王歸漢王父母妻子，軍中皆呼萬歲，乃歸而別去。

〔一〕【考證】劉辰翁曰：越苦楚兵，此漢事將成也。子長重出此語，未必無意。崔適曰：「彭越將兵」至「田橫從之」，三年重文也，宜删。愚按：崔說爲長。

〔二〕【考證】祕閣本「齊王」下有「韓」字。全祖望曰：鴻溝之約，因項王兵少食盡，韓信又進兵擊之。項羽之兵少，由龍且二十萬衆之敗而食盡，則以彭越絕其糧道，皆有可考。韓信進兵，獨不詳其始末。蓋項羽與漢爭於滎陽、敖倉之間，雖兵少食盡，尚可支持，而韓信已王齊，故自淮北擣其國都。觀灌嬰傳，則其兵攻彭城，又越彭城而南，直渡廣陵，縱橫蹂躪，項王安得不議和乎？

〔三〕【索隱】應劭云：「在滎陽東南二十里，蓋引河東南入淮泗也。」張華云：「一渠東南流經浚儀，是始皇所鑿，引河灌大梁，謂之鴻溝。一渠東經陽武南爲官渡水。」北征記云中牟臺下臨汴水，是爲官渡水也。【考證】鴻溝即河溝，河南開封府中牟縣。

項羽解而東歸。漢王欲引而西歸，用留侯、陳平計，乃進兵追項羽，至陽夏南止軍，〔一〕與齊王信、建成侯彭越期會而擊楚軍。至固陵不會。〔二〕楚擊漢軍，大破之。漢王復入壁，深塹而守之。用張良計，於是韓信、彭越皆往。及劉賈入楚地，圍壽春，〔三〕漢王敗固陵，〔四〕乃使使者召大司馬周殷舉九江兵而迎之。〔五〕武王行屠城父，〔六〕隨（何）劉賈，齊、梁諸侯，皆大會垓下。〔七〕立武王布爲淮南王。〔八〕

〔一〕【考證】陽夏，河南陳州太康縣。梁玉繩曰：自此至大會垓下，皆五年冬事，誤在四年也。

〔二〕【考證】固陵，河南淮陽縣西北。

〔三〕【正義】今壽州。【考證】壽春，安徽鳳陽府壽州。姚範曰：「往」下「及」上，當有「黥布」二字。黥布傳「五年，布使人入九江，得數縣。六年，布與劉賈入九江，誘大司馬周殷，殷反楚」。漢書高帝紀「漢遣人誘大司馬周殷。殷畔楚，以舒屠六，舉九江兵迎黥布，布並行屠城父」。荆王劉賈傳，使賈「南渡淮圍壽春。還至，使人間招楚大司馬殷。殷反楚，佐賈舉九江，迎英布兵」。據諸文，則「及」上當有「黥布」，故下云「武王行屠城父」也。

〔四〕【集解】晉灼曰：「即固始。」

〔五〕【集解】徐廣曰：「周殷以兵隨劉賈。」【正義】漢書云：「漢亦遣人誘楚大司馬周殷。殷叛楚，以舒屠六，舉九江兵迎黥布。」【考證】梁玉繩曰：「之」字衍。

〔六〕【正義】父，音甫，今亳州縣。【考證】安徽潁州府亳州東南。姚範曰：黥布之稱武王，傳及漢書不載。愚按：荆燕世家云，周殷「佐劉賈，舉九江，迎武王黥布兵，皆會垓下」，漢興年表云「初王武王英布」。徐孚遠曰：黥布稱爲武王，當是叛楚以後未歸漢以前，假爲此號，猶項羽自稱「霸王」耶？

〔七〕【集解】徐廣曰：「七月。」【考證】梁玉繩曰：「何」字衍，隨何不過謁者，僅説九江王一見，此時諸侯大會，無緣置身其間也。史、漢各處亦無「何」字。愚按：上文集解云「周殷以兵隨劉賈」，亦無「何」字。垓下，安徽鳳陽府靈壁縣。

〔八〕【考證】梁玉繩曰：布王在四年七月，此誤書於四年之末，應在歸太公、呂后前。

五年，高祖與諸侯兵共擊楚軍，與項羽決勝垓下。〔一〕淮陰侯將三十萬自當之，〔二〕孔將軍居左，費將軍居右，皇帝在後，絳侯、柴將軍在皇帝後。項羽之卒可十萬。淮陰先合，不利，卻。孔將軍、費將軍縱，〔三〕楚兵不利。淮陰侯復乘之，〔四〕大敗垓下。〔五〕項羽卒聞漢軍楚歌，〔六〕以爲漢盡得楚地。項羽乃敗而走，是以兵大敗。使騎將灌嬰追殺項羽東城，〔七〕斬首八萬，遂略定楚地。〔八〕魯爲楚堅守不下。漢王引諸侯兵北，示魯父老項羽頭，魯乃降。遂以魯公號葬項羽穀城。〔九〕還至定陶，馳入齊王壁，奪其軍。〔一〇〕

〔一〕【考證】高祖，當作「漢王」。

〔二〕【考證】祕閣本「三十」作「卅」，「自」下有「前」字，楓山本亦有「前」字。

〔三〕【正義】二人，韓信將也。縱兵擊項羽也。以「縱」字爲絶句。孔將軍，蓼侯孔熙。費將軍，費侯陳賀也。

〔四〕【正義】復，扶富反。乘，猶登也，進也。

〔五〕【考證】梁玉繩曰：皇帝，當作「漢王」。淮陰侯，當作「齊王信」。又是時周勃爲將軍，其封絳侯在六年，何以不與柴武稱將軍，而書曰絳侯耶？孔將軍、費將軍，即功臣表蓼侯、費侯也。陳賀封費，亦在六年，乃不曰陳將軍而曰費將軍，非但與孔將軍之稱姓異，抑且古無以國冠官。顧炎武曰：費將軍陳賀稱以爵者，以功臣陳姓者多也。何焯曰：項王大敵，雖兵少食盡，致死于我，勝負未可知。先合不利者，驕之使惰也，却者遷延徐退，誘之使疲也。縱則夾擊之，使不能前後相救，楚兵橫斷，故不利也。然後因其亂而以衆乘之，項王雖勇，豈能支乎？絳侯、柴將軍之兵，則游兵也，當楚人既動，則繞出其後矣。漢書無之。方苞曰：左傳「車馳卒奔，乘晉軍」，乘，蓋出其不意，而推鋒以蹙之也。

〔六〕【索隱】應劭云：「今鷄鳴歌也。」顏遊秦云：「楚歌，猶吳謳也。」按：高祖令戚夫人楚舞，自爲楚歌，是楚人之歌聲也。【考證】張文虎曰：漢書作「羽夜聞漢軍四面皆楚歌」，項羽本紀亦作「夜」，疑此「卒」字誤。「漢軍」下，各本有「之」字。凌稚隆云一本無，梁玉繩云衍，今删。

〔七〕【集解】徐廣曰：「十二月。」【考證】東城，安徽鳳陽府定遠縣東南。

〔八〕【考證】中井積德曰：項羽出走，而餘軍猶在原處，諸紀傳皆不記其戰，然此斬首八萬者，併餘軍戰死者數之也。不然，從項王出者，唯八百騎已，焉得八萬首？

〔九〕【考證】穀城，山東泰安府東阿縣北。

〔一〇〕【考證】項羽方滅，即馳奪軍，漢王未嘗一日忘信也。

正月，諸侯及將相相與共請尊漢王爲皇帝。漢王曰：「吾聞帝，賢者有也。空言虛語，非所守也。吾不敢當帝位。」羣臣皆曰：「大王起微細，誅暴逆，平定四海，有功者輒裂地而封爲王侯。大王不尊號，皆疑不信。臣等以死守之。」〔一〕漢王三讓，不得已，曰：「諸君必以爲便，便國家。」〔二〕甲午，〔三〕乃即皇帝位氾水之陽。〔四〕

〔一〕【考證】祕閣本、楓、三本「信」作「宜」。

〔二〕【考證】岡白駒曰：諸君之以爲便，即是便於國家。愚按：楓、三、南本不重「便」字。

〔三〕【集解】徐廣曰：「二月甲午。」【考證】梁玉繩曰：案漢書是二月甲午，此缺「二月」兩字。

〔四〕【集解】蔡邕曰：「上古天子稱皇，其次稱帝，其次稱王。秦承三王之末，爲漢驅除，自以德兼三皇、五帝，故并以爲號。漢高祖受命，功德宜之，因而不改。」【正義】氾，音敷劒反。括地志云：「高祖即位壇，在曹州濟陰縣界。張晏曰『氾水，在濟陰界，取其氾愛弘大而潤下』。」【考證】氾水，濟瀆分流，在山東曹州府曹縣北，與定陶縣分界。今定陶西北有漢祖壇，高帝即位處。

皇帝曰，義帝無後。齊王韓信習楚風俗，徙爲楚王，都下邳。〔一〕立建成侯彭越爲梁王，都定陶。〔二〕故韓王信爲韓王，都陽翟。〔三〕徙衡山王吴芮爲長沙王，都臨湘。〔四〕番君之將梅鋗有功，從入武關，故德番君。〔五〕淮南王布、燕王臧荼、趙王敖皆如故。〔六〕

〔一〕【正義】音被悲反，泗州下邳縣，是楚王韓信之都。【考證】漢書高紀，春正月「下令曰『楚地已定，義帝亡後，欲存恤楚衆以定其主。齊王信習楚風俗，更立爲楚王』」。事在漢王爲皇帝前，月表亦在五年正月。下邳，江蘇徐州府邳州。

〔二〕【正義】曹州濟陰縣城，是梁王彭越之都。【考證】封彭越亦在正月。

〔三〕【正義】洛州陽翟縣，是韓王信之都。【考證】河南開封府禹州。梁玉繩曰：韓信久封韓王，不煩重敘，蓋衍文。漢書無之。愚按：此紀二年云「立韓太尉信爲韓王」，而不言都陽翟，即位之後，新有是命，故記。

〔四〕【正義】括地志云：「潭州長沙縣，本漢臨湘縣，長沙王吴芮都之。芮墓在長沙縣北四里。」【考證】湖南長沙府長沙縣。

〔五〕【考證】番君即吴芮，梅鋗事見上。張文虎曰：舊刻「德」作「封」。

〔六〕【考證】祕閣本、楓、三本「敖」上有「共」字。

天下大定，高祖都雒陽，諸侯皆臣屬。故臨江王驩爲項羽叛漢，〔一〕令盧綰、劉賈圍之，不下。數月而降，殺之雒陽。

〔一〕【集解】徐廣曰：「騹，一作『尉』。」【考證】梁玉繩曰：臨江之殺，在十二月，漢書與月表甚明，此誤書於二月即帝位後。又臨江王之名，徐廣云一作「尉」，是。荆燕世家、盧綰傳及漢書紀、表、傳並作「尉」，惟月表誤作「騹」。愚按：項王敗死，而魯人守節不輒下，臨江王、燕王、利幾相踵叛漢，皆其遺臣。高祖使諸項氏臣名籍，鄭君獨不奉詔，亦其舊將。亦足以見項王仁而愛人也。祕閣本、楓、三本「叛」作「破」。

五月，兵皆罷歸家。諸侯子在關中者，復之十二歲，其歸者，復之六歲，食之一歲。〔一〕

〔一〕【正義】食，音寺。【考證】諸侯子，解見上文。

高祖置酒雒陽南宮。〔一〕高祖曰：「列侯諸將，無敢隱朕，皆言其情。吾所以有天下者何？項氏之所以失天下者何？」高起、王陵對曰：〔二〕「陛下慢而侮人，項羽仁而愛人。然陛下使人攻城略地，所降下者，因以予之，與天下同利也。項羽妒賢嫉能，有功者害之，賢者疑之，戰勝而不予人功，得地而不予人利，此所以失天下也。」〔三〕高祖曰：「公知其一，未知其二。夫運籌策帷帳之中，決勝於千里之外，吾不如子房。〔四〕鎮國家，撫百姓，給餽饟，不絕糧道，吾不如蕭何。〔五〕連百萬之軍，戰必勝，攻必取，吾不如韓信。此三者皆人傑也，吾能用之，此吾所以取天下也。項羽有一范增而不能用，此其所以爲我擒也。」〔六〕

〔一〕【正義】括地志云：「南宮，在雒州雒陽縣東北二十六里洛陽故城中。輿地志云，秦時已有南北宮。」

〔二〕【集解】孟康曰：「姓高，名起。」瓚曰：「漢帝年紀，高帝時有信平侯臣陵、都武侯臣起。魏相丙吉奏事，高帝時奏事有將軍臣陵、臣起。」【考證】錢大昭曰：魏相傳述高帝時受詔長樂宮者，但有將軍陵，無臣起，漢紀亦無「高起」二字，二字當衍文。愚按：臣瓚所引漢帝年紀、魏相丙吉奏事今皆不傳，無由考之，但對語七十餘言，二人一辭，於理所無，高祖亦唯言公，不言公等。錢説近是。

〔三〕【考證】王陵母爲項羽所殺，陵怨項羽最深，所以有此言。

〔四〕【考證】梁玉繩曰：漢書無「策」字，御覽引史作「于」字，留侯世家亦作「策」。顧炎武曰：漢高帝曰：「運籌策帷帳之中，決勝於千里之外，吾不如子房」，景帝曰「天下方有急，王孫寧可以讓邪」，皆人主呼人臣字也。

〔五〕【考證】祕閣本「鎮」作「填」，「糧」作「粮」。

〔六〕【考證】祕閣本「擒」作「禽」。

高祖欲長都雒陽，齊人婁敬説，及留侯勸上入都關中，高祖是日駕入都關中。〔一〕六月，大赦天下。〔二〕

〔一〕【考證】周壽昌曰：荀紀云「於是上即日車駕西入關治櫟陽宮」。齊召南曰：櫟陽、長安俱是關中，是日決計入關，營造長安宮殿，實則仍居櫟陽，故至七年二月，自櫟陽徙都長安也。愚按：項紀「人或説項王曰『關中阻山河四塞，地肥饒，可以霸』」。淮陰傳，韓信説漢王曰「項王雖霸天下而臣諸侯，不居關中而都彭城」。由是觀之，定都關中以制天下，當時識者所見皆然，不必待婁敬、張良，高祖亦夙知之，是所以即日遷都。

〔二〕【考證】行赦施惠，見越世家，則春秋之世既有此事。秦孝文王元年，赦罪人，莊襄王元年，大赦罪人，此即位行赦之權輿乎？漢高祖五年十二月，以破楚天下事大畢，赦天下殊死以下，奠都長安，六月大赦天下，皆不與即位相涉。十二年四月，高祖崩，大赦天下，五月，惠帝即位不復赦。惠帝崩，太子立，呂太后臨朝，大赦。漢踐祚行赦，以此爲始，其後孝文即位，立赦天下。景帝後元年，赦天下，改元之赦，以此爲始，至武帝每改元必赦。高祖二年六月立太子，赦罪人；景帝四年四月立皇子榮爲皇太子，赦天下。此立太子行赦也。

武帝元朔元年三月立皇后衛氏，赦天下。此立后行赦也。高祖十年七月，太上皇崩，赦櫟陽囚死罪以下，此廣太上皇之恩也。惠帝四年三月，皇帝冠，赦天下，此頒皇帝之慶也。文帝十五年，始郊，赦天下。武帝元鼎五年，天漢元年，後元元年，郊泰畤，赦天下。此郊行赦也。武帝元封五年，天漢三年，太始四年，幸太山，赦天下，此封禪行赦也。其餘克捷、豐稔、凶歉、祥瑞、災異以行赦者甚多。秦昭襄王二十一年，赦罪人遷河東，二十六年，赦罪人遷穰，二十八年，赦罪人遷南陽。秦二世二年，大赦天下，授兵酈山徒，以擊周章等。高祖十年，淮南王布反，赦天下死罪以下，皆令從軍。武帝元封六年，益州、昆明反，赦京師亡命令從軍。此皆有所爲而行者，與施惠者自異。

十月，燕王臧荼反，攻下代地。〔一〕高祖自將擊之，得燕王臧荼。〔二〕即立太尉盧綰爲燕王。使丞相噲將兵攻代。〔三〕

〔一〕**【考證】**中井積德曰：「十月」是「七月」之訛，漢書可證。愚按：秦楚之際月表云「八月，帝自將誅燕」，蓋七月反，八月得之也。代，山西代州。何焯曰：臧荼項氏所置，又負殺故主之罪，故懼誅最先叛。

〔二〕**【考證】**祕閣本無「之得」二字，「王」下有「得」字。

〔三〕**【考證】**漢書作「平代地」。蓋討臧荼餘燼也。宋祁曰：噲是時未爲丞相，百官表噲未嘗爲相。周壽昌曰：漢初有丞相虛封，猶後世加銜。噲傳，噲擊陳豨，以將軍遷爲左丞相，後以相國擊盧綰，表均未載。左右丞相之設，在孝惠、高后之時。相國之號，在高帝十一年，而噲先稱之，皆虛封也。酈商傳，遷右丞相，復「以丞相將兵擊黥布」，傅寬傳「以相國代丞相噲擊陳豨」，商、寬並未爲相，亦未列表。韓信傳「使爲假左丞相」，有「假」字益可知。

其秋利幾反。〔一〕高祖自將兵擊之，利幾走。利幾者，項氏之將。項氏敗，利幾爲陳公，不隨項羽，亡降高祖，高祖侯之潁川。高祖至雒陽，舉通侯籍召之，〔二〕而利幾恐，故反。

〔一〕【正義】幾，音機。姓名也。項羽之將，爲陳縣令降漢。高帝徵諸侯，利幾恐，故反。

〔二〕【集解】如淳曰：「得在通侯之籍。」

六年，高祖五日一朝太公，如家人父子禮。太公家令說太公曰：「天無二日，土無二王。〔一〕今高祖雖子人主也，〔二〕太公雖父人臣也，柰何令人主拜人臣！如此，則威重不行。」後高祖朝，太公擁篲迎門卻行。〔三〕高祖大驚，下扶太公。太公曰：「帝，人主也。柰何以我亂天下法！」於是，高祖乃尊太公爲太上皇。〔四〕心善家令言，賜金五百斤。〔五〕

〔一〕【考證】禮記坊記「子云，天無二日，土無二王」，孟子萬章篇「孔子曰，天無二日，民無二王」。

〔二〕【考證】梁玉繩曰：「『高祖』當依漢書作『皇帝』。」

〔三〕【集解】李奇曰：「爲恭也，如今卒持帚者也。」【正義】崔浩曰：「擁，抱也。篲，長帚，卒寺之所執也。」按：擁篲，曲腰持帚。【考證】孟荀列傳，鄒衍「如燕，昭王擁彗先驅」。

〔四〕【集解】蔡邕曰：「不言帝，非天子也。」【索隱】按蔡邕云「不言帝非天子也」。又按：本紀秦始皇追尊莊襄王爲太上皇，已有故事矣。蓋太上者無上也，皇者德大於帝，欲尊其父，故號曰太上皇也。【考證】梁玉繩曰：漢書高紀，高祖於六年三月，自洛陽歸櫟陽朝太公，五月尊爲太上皇，此書於六年十二月前，誤矣。周壽昌曰：古身爲天子，父爲匹夫，惟舜之瞽瞍，未聞尊號。莊襄爲太上皇，是死後追尊。事係創行，因家令一言發之。

〔五〕【索隱】顏氏按：荀悅云「故雖天子必有尊也，無父猶設三老，況其存乎？家令之言過矣」。晉劉寶云「善其發悟己心，因得尊崇父號也」。

十二月，人有上變事，告楚王信謀反，〔一〕上問左右，左右争欲擊之。用陳平計，乃僞遊雲夢，〔二〕會諸侯於陳。〔三〕楚王信迎，即因執之。是日，大赦天下。田肯賀，〔四〕因説高祖曰：「陛下得韓信，又治秦中。〔五〕秦形勝之國，〔六〕帶河山之險，縣隔千里，持戟百萬，秦得百二焉。〔七〕地埶便利，其以下兵於諸侯，譬猶居高屋之上建瓴水也。〔八〕夫齊東有琅邪、即墨之饒，南有泰山之固，西有濁河之限，〔九〕北有勃海之利。〔一〇〕地方二千里，持戟百萬，縣隔千里之外，〔一一〕齊得十二焉。〔一二〕故此東西秦也。〔一三〕非親子弟，莫可使王齊矣。」〔一四〕高祖曰：「善。」賜黄金五百斤。

〔一〕【考證】梁玉繩曰：漢高紀告反在六年十月，此在十二月者，因會陳執信在十二月，遂并叙之，其實是十月也。

〔二〕【集解】韋昭曰：「在南郡華容縣。」【考證】湖南荆州府監利縣。

〔三〕【考證】河南陳州府。

〔四〕【索隱】漢紀及漢書作「宵」，劉顯云相傳作「肯」也。【考證】索隱所引劉顯之説，見於顔氏家訓書證篇。

〔五〕【集解】如淳曰：「時山東人謂關中爲秦中。」【考證】祕閣本、凌一本、班馬異同「曰」下有「甚善」二字，與漢書合。今本脱。

〔六〕【集解】張晏曰：「秦地帶山河，得形勢之勝便者。」【索隱】韋昭云：「地形險固，故能勝人也。」

〔七〕【集解】應劭曰：「河山之險，與諸侯相縣隔絶千里也，所以能禽諸侯者，得天下之利百二也。」李斐曰：「河山之險，由地勢高，順流而下易，故天下於秦懸隔千里，持戟百萬，秦得百二焉。」蘇林曰：「得百中之二焉。秦地險固，二萬人足當諸侯百萬人也。」【索隱】服虔云：「謂函谷關去長安千里爲縣隔。」按：文以河山險固形勝，其勢如隔千里也。蘇林曰：「百二，百中之二，二十萬人也。」虞喜云：「百二者，得百之二。言諸侯持戟百萬，秦地險固，一倍於天下，故云得百二焉，言倍之也，蓋言秦兵當二百萬也。『齊得十二』，亦如之，故爲東西秦，言勢相敵，但立文相避，故云十二。言餘諸侯十萬，齊地形勝，亦倍於他國，當二十萬人也。」【考證】祕閣本無「之」字。王先謙曰：縣隔千里，言河山之阻，千里而遥，非與諸侯縣隔也，猶張良云關中沃野千里耳。中井積德曰：百二、十二，並難解，諸説多牽强。百二，蓋言二以當百，是五十倍矣。十二，謂二以當十，是五倍矣。顧炎武曰：古人謂倍爲二，秦得百二，言百倍也，齊得十二，言十倍也。王啓原曰：墨子經説「倍爲二也」，論語「二吾猶不足」，言倍於徹。愚按：顧、王二説蓋得古義。

〔八〕【集解】如淳曰：「瓴，盛水瓶也。居高屋之上，而幡瓴水，言其向下之勢易也。建，音蹇。」晉灼曰：「許慎曰，瓴，甕似瓶者。」【考證】集解「幡」一作「翻」。

〔九〕【集解】晉灼曰：「齊西有平原。河水東北過高唐，高唐即平原也。孟津號黄河，故曰濁河。」【考證】中井積德曰：濁河即黄河，孟津非齊界。胡三省曰：蓋河流濁，故謂之濁河。

〔一〇〕【索隱】崔浩云：「勃，旁跌也。旁跌出者，横在濟北，故齊都賦云，海旁出爲勃，名曰勃海郡。」

〔一一〕【索隱】以言齊境闊，不啻千里，故云「之外」也。

〔一二〕【集解】應劭曰：「齊得十之二，故齊湣王稱東帝。後復歸之，卒爲秦所滅者，利鈍之勢異也。」李斐曰：「齊有山河之限，地方二千里，是與天下縣隔也。設有持戟百萬之衆，齊得十中之二焉。百萬十分之二，亦二十萬也，但文相避耳。故言東西秦，其勢亦敵也。」蘇林曰：「十二，得十中之二，二十萬人當百萬。言齊雖固不如秦，二萬乃當百萬。」

〔一三〕【考證】胡三省曰：言齊地形勝與秦亢衡也。

〔一四〕【考證】胡三省曰：韓信兼王齊，蓋漢初諸侯王國亦領郡也。漢書表、傳無齊爲漢郡之文。觀田肯賀高祖，以秦、齊並言，可見信兼領齊郡，使信即以齊還漢，則高帝必立齊王，不待信之侯矣。全祖望曰：觀田肯之賀不言得楚，而言得齊，又言「非親子弟，莫可使王齊」焉，則韓信未嘗還齊也。愚按：韓信既更王楚，何仍保齊乎？秦楚之間月表云「淮陰從王楚，齊屬漢」，曹相家世家亦曰「韓信徙爲楚王，齊爲郡」，可以徵焉。但信以兵取齊，雖移其國，守令多其故將，餘威尚在，所以有田肯之賀。

後十餘日，封韓信爲淮陰侯，分其地爲二國。高祖曰將軍劉賈數有功，以爲荆王，王淮東。〔一〕弟交爲楚王，王淮西。子肥爲齊王，王七十餘城。民能齊言者皆屬齊。〔二〕乃論功，與諸列侯剖符行封。〔三〕徙韓王信太原。〔四〕

〔一〕【索隱】乃王吳地，在淮東也。姚察按：虞喜云「總言吳，別言荆者，以山命國也。今西南有荆山，在陽羨界。賈封吳地，而號荆王，指取此義」。太康地理志，陽羨縣本名荆溪。【考證】漢書高紀「以故東陽郡、鄣郡、吳郡五十三縣，立劉賈爲荆王」。

〔二〕【集解】漢書音義曰：「此言時民流移，故使齊言者還齊也。」【正義】按：言齊國形勝次於秦中，故封子肥七十餘城，近齊城邑能齊言者，咸割屬齊。親子故大其都也。孟説恐非。【考證】漢書以碭郡、薛郡、郯郡三十六縣立弟文信君交爲楚王，以膠東、膠西、臨淄、濟北、博陽、城陽郡七十三縣立子肥爲齊王。齊言，孟説是。

〔三〕【考證】梁玉繩曰：功臣表及漢書封諸侯在十二月，此叙於正月封荆楚諸王之後，非。

〔四〕【索隱】信初都陽翟也。【考證】漢書高紀「以太原郡三十一縣爲韓國，徙韓王信都晉陽」。愚按：太原，山西太原府。

七年，匈奴攻韓王信馬邑。〔一〕信因與謀反太原。〔二〕白土曼丘臣、王黃，立故趙將趙利爲王以反。〔三〕高祖自往擊之。會天寒，士卒墮指者什二三，遂至平城。〔四〕匈奴圍我平城七日，而後罷去。令樊噲止定代地。立兄劉仲爲代王。〔五〕

〔一〕【正義】搜神記云：「昔秦人築城於武周塞以備胡，城將成而崩者數矣。有馬馳走，周旋反覆，父老異之，因依以築城，乃不崩，遂名馬邑。」括地志云：「朔州城，漢鴈門，即馬邑縣城也。攻韓信於馬邑，即此城。」【考證】山西朔平府馬邑縣。

〔二〕【考證】張文虎曰：王、柯、毛、凌本「與」下有「同」字，南宋、中統、游本無。梁玉繩曰：韓王之反，此在七年，表在五年，當依信本傳作「六年」，漢書紀、表亦云「六年九月」。

〔三〕【集解】徐廣曰：「在上郡。」【正義】漢書云：「韓王信之將曼丘臣、王黃，共立故趙後趙利爲王。」按：故趙，六國時趙也。【考證】白土，陝西榆林府神木縣。顔師古曰：姓曼丘，名臣也。梁玉繩曰：信本傳云「趙苗裔」，漢書高紀云「趙後」，則「將」乃「後」字之訛。

〔四〕【正義】括地志云：「朔州定襄縣，本漢平城縣。縣東北三十里有白登山，山上有臺，名曰白登臺。漢書匈奴傳云冒頓圍高帝於白登七日，即此也。服虔云『白登，臺名，去平城七里』。李穆叔趙記云『平城東七里有土山，高百餘尺，方十餘里』。亦謂此也。」【考證】祕閣本「天」作「大」。平城，山西大同府大同縣。

〔五〕【考證】漢書高紀云，六年正月「以雲中雁門代郡五十三縣，立兄宜信侯喜爲代王」。梁玉繩曰：劉喜之王在六年正月，與封荆、楚、齊三王同時，此誤書於七年二月前也，吴濞傳同誤。

二月，高祖自平城過趙、雒陽至長安。〔一〕長樂宮成，丞相已下徙治長安。〔二〕

〔一〕【考證】劉辰翁曰：「洛陽」二字衍。

〔二〕【索隱】按：漢儀注，高祖六年，更名咸陽曰長安。三輔舊事，扶風渭城，本咸陽地高帝爲新城，七年屬長安也。

八年，高祖東擊韓王信餘反寇於東垣。〔一〕

〔一〕【集解】地理志，東垣，高帝更名曰真定。【考證】直隸正定府正定縣。

蕭丞相營作未央宮，〔一〕立東闕、北闕、〔二〕前殿、武庫、太倉。高祖還見宮闕壯，甚怒。〔三〕謂蕭何曰：「天下匈匈，苦戰數歲，成敗未可知，是何治宮室過度也？」蕭何曰：「天下方未定，故可因遂就宮室。且夫天子以四海爲家，非壯麗無以重威，且無令後世有以加也。」高祖乃說。〔四〕

〔一〕【正義】括地志云：「未央宮，在雍州長安縣西北十里長安故城中。」顏師古云：「未央殿雖南嚮，而當上書奏事謁見之徒，皆詣北闕，公車司馬亦在北焉。是則以北闕爲正門，而又有東門、東闕，至於西、南兩面，無門闕矣。蕭何初立未央宮以厭勝之術，理宜然乎？」按：北闕爲正者，蓋象秦作前殿，渡渭水屬之咸陽，以象天極閣道絶漢抵營室。

〔二〕【集解】關中記曰：「東有蒼龍闕，北有玄武闕。玄武所謂北闕。」【索隱】東闕名蒼龍，北闕名玄武，無西、南二闕者，蓋蕭何以厭勝之法故不立也。説文云「闕，門觀也」。高三十丈。秦家舊處皆在渭北，而立東闕北闕，蓋取其便也。

〔三〕【考證】祕閣本「壯」下有「麗」字。

〔四〕【考證】梁玉繩曰：漢高紀此事在七年二月，史作八年，非。中井積德曰：未央宮蓋非壯麗太過也，酇侯酌時宜，略得其當然耳。但泗水亭長特起爲天子，未習富貴，視以爲過壯也。

高祖之東垣，過柏人。〔一〕趙相貫高等謀弑高祖。高祖心動，因不留。〔二〕代王劉仲弃國亡，自歸雒陽，廢以爲合陽侯。〔三〕

〔一〕【正義】括地志云：「柏人故城，在邢州柏人縣西北十二里。漢柏人屬趙國。」【考證】直隸順德府唐山縣。

〔二〕【考證】祕閣本「弑」作「殺」。

〔三〕【正義】括地志云：「郃陽故城，在同州河西縣三里。魏文侯十七年，攻秦至鄭而還築，在郃水之陽也。」【考證】梁玉繩曰：代王棄國歸漢，此紀及功臣表、將相表在八年九月，諸侯王表在九年，皆誤，當依漢書高紀作「七年十二月」，而「合陽」應作「郃陽」，省作「合」字。此紀及功臣表，與漢書高紀、王子表、吳濞傳並作「合陽」，將相表、吳濞傳、漢書惠紀並作「郃陽」，水經注四亦作「郃陽」，所謂劉仲城也。地理志郃陽屬在馮翊，合陽屬平原郡。

九年，趙相貫高等事發覺，夷三族。〔一〕廢趙王敖爲宣平侯。是歲徙貴族楚、昭、屈、景、懷、齊田氏關中。〔二〕

〔一〕【考證】張晏曰「父母兄弟妻子也」。如淳曰「父族母族妻族也」。何焯曰：按刑法志，孝文詔明指父母妻子及同產爲三族，則張説爲是。洪亮吉曰：案張耳傳，貫高曰「今吾三族皆論死」，蓋當時高坐此罪，高祖赦之，明未嘗夷三族也，此語失實。

〔三〕【考證】姚範曰：徙楚、齊貴族，從婁敬策。

未央宮成。〔一〕高祖大朝諸侯羣臣，置酒未央前殿。高祖奉玉卮，〔二〕起爲太上皇壽曰：「始大人常以臣無賴，〔三〕不能治産業，不如仲力。今某之業所就，孰與仲多？」殿上羣臣皆呼萬歲，大笑爲樂。

〔一〕【考證】梁玉繩曰：未央宮與長樂宮皆以七年二月成，漢書高紀及三輔黄圖可證。是年特以諸侯王來朝，十月置酒未央宮也。此與將相表同誤在九年。

〔二〕【集解】應劭曰：「鄉飲酒禮器也，受四升。」

〔三〕【集解】晉灼曰：「許慎曰『賴，利也』。無利入於家也。或曰，江淮之閒，謂小兒多詐狡猾爲『無賴』。」【考證】應劭曰：「賴者，恃也。」周壽昌曰：亡賴，無所恃以資生，如今游手白徒也。張釋之傳「尉亡賴」，張晏注「材無可恃也」。應説是。

十年十月，淮南王黥布、梁王彭越、燕王盧綰、荆王劉賈、楚王劉交、齊王劉肥、長沙王吴芮皆來朝長樂宮。〔一〕春夏無事。

〔一〕【正義】括地志云：「秦櫟陽故宮，在雍州櫟陽縣北三十五里，秦獻公所造。三輔黄圖云，高祖都長安，未有宮室，居櫟陽宮也。」

七月，太上皇崩櫟陽宮。楚王、梁王皆來送葬。〔一〕赦櫟陽囚。〔二〕更命酈邑曰新豐。〔三〕

〔一〕【集解】漢書云：「葬萬年。」【正義】括地志云：「漢太上皇陵，在雍州櫟陽縣北二十五里。」漢書云：高帝十年，太上皇崩，葬萬年縣也。

〔二〕【考證】漢書「因」下有「死罪以下」四字。

〔三〕【正義】酈邑，酈音力知反。括地志云：「新豐故城，在雍州新豐縣西南四里，漢新豐宮也。太上皇時悽愴不樂，高祖竊因左右問故，荅以平生所好皆屠販少年，酤酒賣餅，鬭雞蹴踘，以此爲歡，今皆無此，故不樂。高祖乃作新豐，徙諸故人實之。太上皇乃悦。」按：前於酈邑築城寺，徙其民實之，未改其名，太上皇崩後，命曰新豐。【考證】徐中行曰：西京雜記，以太上皇思故豐邑，因作新豐，并移舊社，衢巷棟宇，物色惟舊，士女老幼，相携路首，各知其室，放牛馬鷄鴨於通塗，亦競識其家，匠人胡寬所營也。又水經注，漢中洋川，戚夫人所生處。夫人思慕東鄉，追求洋川，帝爲驛致長安。然則高祖慣作此伎倆矣。

八月，趙相國陳豨反代地。〔一〕上曰：「豨嘗爲吾使，甚有信。代地，吾所急也，故封豨爲列侯，以相國守代。〔二〕今乃與王黄等劫掠代地！代地吏民，非有罪也，其赦代吏民。」九月，上自東往擊之。至邯鄲，〔三〕上喜曰：「豨不南據邯鄲而阻漳水，吾知其無能爲也。」〔四〕聞豨將皆故賈人也，上曰：「吾知所以與之。」〔五〕乃多以金啗豨將，豨將多降者。

〔一〕【集解】鄧展曰：「東海人名豬曰豨。」【考證】豨，人名，何必解其義。梁玉繩曰：豨反在十年九月，此與功臣表作「八月」，酈商傳作「七月」，傅寬傳作「四月」，並誤。本傳及漢書可證。至淮陰侯及盧綰傳以爲十一年反，尤誤也。豨本傳又誤作「七年」。

〔二〕【集解】徐廣曰：「豨攻定臧荼，有功，封陽夏侯。」【考證】依文例，「上」當作「高祖」，下同。

〔三〕【考證】祕閣本「東」作「陳」。凌稚隆曰：宋本作「往東」。直隸廣平府邯(戰)〔鄲〕縣。

〔四〕【考證】陳豨傳作「南據漳水，北守邯鄲」，漢書高紀「而」作「北」，皆非是。「南」自代而言。宋祁曰「漳水不在北」。

〔五〕【考證】古鈔本「聞」作「問」，與漢書合。王念孫曰：與，猶敵也。孫子傳「以君之下駟與彼之上駟」，淮陰侯傳「吾生平知韓信爲人，易與耳」，皆謂敵也。

十一年，高祖在邯鄲誅豨等未畢，豨將侯敞將萬餘人游行，〔一〕王黄軍曲逆，〔二〕張春渡河，〔三〕擊聊城。〔四〕漢使將軍郭蒙與齊將擊，大破之。大尉周勃〔五〕道太原入，〔六〕定代地至馬邑。〔七〕馬邑不下，即攻殘之。〔八〕

〔一〕【考證】王先謙曰：敞，豨丞相也，後爲灌嬰所斬，見嬰傳。

〔二〕【集解】文穎曰：「今中山蒲陰是。」【考證】直隸保定府完縣東南。

〔三〕【正義】陳豨將也。又劉伯莊云「彼時聊城在黄河之東，王莽時乾，今濁河西北也」。今在博州西北。深丘道里記云「王莽元城人，居近河側，祖父墳墓爲水所衝，引河入深川，此王莽河因枯也」。

〔四〕【集解】徐廣曰：「在平原。」【正義】括地志云：「故聊城，在博州聊城縣西二十里。春秋時，齊之西界。聊，攝也。戰國時亦爲齊地。秦漢皆爲東郡之聊城也。」【考證】山東東昌府聊城縣。

〔五〕【集解】漢書百官表曰：「太尉秦官。」應劭曰：「自上安下曰尉，武官悉以爲稱。」

〔六〕【集解】韋昭曰：「道，猶從。」【考證】山西太原府。

〔七〕【考證】今山西朔平府馬邑鄉。

〔八〕【考證】顔師古曰：殘，謂多所殺戮也。

豨將趙利守東垣，〔一〕高祖攻之，不下月餘。卒罵高祖，高祖怒。城降，令出罵者斬之，不罵者原之。於是乃分趙山北，立子恒以爲代王，〔二〕都晉陽。〔三〕

〔一〕【考證】直隸正定府正定縣。

〔二〕【考證】梁玉繩曰：代王之立在十一年正月，表作「三月」，是誤在後，而此書於冬，又誤在前也。錢大昕曰：高帝紀於孝惠不書名，文帝紀於景帝不書名，乃文帝名再見於高祖紀，一見於吕后紀，此必後人所加。景帝紀四年「立皇子徹爲膠東王」，七年「立膠東王爲皇太子，名徹」，亦後人所加。愚按：是皆史公失檢處，未必後人加之，下文「立子恢爲梁王，子友爲淮陽王」，可證。

〔三〕【集解】如淳曰：「文紀言都中都。又文帝過太原，復晉陽、中都二歲，似還都於中都也。」【考證】梁玉繩曰：文帝紀、諸侯王表、陳豨傳俱作「都中都」，與此言「都晉陽」不同。文紀又言「幸太原，復晉陽、中都三歲租」。疑當時詔都晉陽，而實居中都，亦猶韓王信詔都晉陽，而請居馬邑耳。故如淳注以爲還於中都也。

春，淮陰侯韓信謀反關中，夷三族。

夏，梁王彭越謀反，廢遷蜀；復欲反，遂夷三族。立子恢爲梁王，子友爲淮陽王。〔一〕

〔一〕【考證】梁玉繩曰：廢越立恢，皆在三月，漢紀可據，此與黥布、盧綰傳並作夏夷彭越，誤也。史、漢諸侯王表書恢、友以十一年三月立，若越之謀反夷族在夏，安得三月已封恢、友爲王乎？至史諸侯王表及漢異姓表以越誅在十年，則更誤矣。

秋七月，淮南王黥布反，東并荆王劉賈地，北渡淮。楚王交走入薛。〔一〕高祖自往擊之。立子長爲淮南王。

〔一〕【考證】山東兖州府滕縣。

十二年十月，高祖已擊布軍會甀，〔一〕布走，令別將追之。

〔一〕【集解】徐廣曰：「在蘄縣西。」駰案：漢書音義曰「會，音儈，保邑名。甀，音直僞反。」【索隱】上音鱠，下音丈僞反，地名也。漢書作「缶」，音作保，非也。【考證】錢大昕曰：漢志，沛郡(鄲)〔蘄〕縣有垂鄉，高祖破黥布。師古音「垂」爲直恚反，即此會甀也。隸書「垂」作「缶」，故漢書高紀訛爲「缶」字。

高祖還歸過沛，留置酒沛宮。〔一〕悉召故人父老子弟縱酒，發沛中兒得百二十人，教之歌。酒酣，〔二〕高祖擊筑，〔三〕自爲歌詩曰：「大風起兮雲飛揚，威加海内兮歸故鄉，安得猛士兮守四方！」〔四〕令兒皆和習之。高祖乃起舞，慷慨傷懷，泣數行下。謂沛父兄曰：「游子悲故鄉。〔五〕吾雖都關中，萬歲後，吾魂魄猶樂思沛。且朕自沛公以誅暴逆，遂有天下。其以沛爲朕湯沐邑，復其民，世世無有所與。」〔六〕沛父兄諸母故人日樂飲極驩，道舊故爲笑樂，十餘日。高祖欲去，沛父兄固請留高祖。高祖曰：「吾人衆多，父兄不能給。」乃去。沛中空縣，皆之邑西獻。〔七〕高祖復留止，張飲三日。〔八〕沛父兄皆頓首曰：「沛幸得復，豐未復，唯陛下哀憐之。」〔九〕高祖曰：「豐吾所生長，極不忘耳，吾特爲其以雍齒故反我爲魏。」沛父兄固請，乃并復豐比沛。〔一〇〕於是拜沛侯劉濞爲吳王。

〔一〕【正義】括地志云：「沛宮故地，在徐州沛縣東南二十里一步。」

〔二〕【集解】應劭曰：「不醒不醉曰酣。一曰，酣，洽也。」【考證】祕閣本「二十」作「廿」。

〔三〕【集解】韋昭曰：「筑，古樂，有弦擊之，不鼓。」【正義】音竹。應劭云：「狀似瑟而大，頭安弦，以竹擊之，故名曰筑。」顏師古云：「今筑形似瑟而小細項。」

〔四〕【考證】每句韵。李善曰：風起雲飛，以喻羣兇競逐而天下亂也。威加四海，言已静也。夫安不忘危，故思猛士以鎮之。朱熹曰：大風歌，正楚聲也，亦名三侯之章。自千載以來，人主之詞，未有若是壯麗而奇偉者也。

〔五〕【考證】游子悲故鄉，蓋古詞。文選古詩「浮雲蔽白日，游子不顧返」。李陵詩「携手上河梁，游子暮何之」。顔師古曰：游子，行客也。悲，顧念也。

〔六〕【集解】風俗通義曰：「漢書注，沛人語初發聲皆言『其』。其者楚言也。高祖始登帝位，教令言『其』，後以爲常耳。」【考證】中井積德曰：其，命令之辭，非發語，且秦代已有是辭，非肇於高祖。俞樾曰：始皇本紀「其議帝號」，李斯傳「其以李斯屬郎中令趙高案治」，則秦詔令已用「其」字矣。「其」乃古語，左傳「其承寧諸侯以退」，「其委之伯父」，春秋語已如此，又按盤庚云「其惟致告」，金縢云「其新迎」，則三代之書亦有之矣。顔師古曰：凡言「湯沐邑」者，謂以其賦稅供湯沐之具也。

〔七〕【集解】如淳曰：「獻牛酒。」【考證】顔師古曰：之，往也，皆往邑西，競有所獻，故縣中空無人。

〔八〕【集解】張晏曰：「張，帷帳。」【正義】音張亮反。【考證】祕閣本「張」作「帳」，據正義作「帳」爲是。

〔九〕【考證】漢書高紀，「未復」之「復」作「得」。

〔一〇〕【考證】中井積德曰：前年訾新豐，諸故人皆徙焉，故此行過沛而不入於豐，賜復之不急，或以是也。而不出於口者，避少恩之嫌耳。

漢將別擊布軍洮水南北，皆大破之。追得斬布鄱陽。〔一〕

〔一〕【集解】服虔曰：「濞，音帔。」徐廣曰：「洮，音道，在江淮閒。」【考證】胡三省曰：洮水，即零陽之洮水也。全祖望曰：黥布不當走零陽。顧祖禹曰：震澤之洮湖也。許周生曰：別擊者，擊布別將之軍，非布在洮水也。「追得斬布鄱陽」，遥接上文「布走，令別將追之」也。愚按：祕閣本「鄱陽」作「番陽」，饒州鄱陽縣治。

樊噲別將兵定代，斬陳豨當城。〔一〕

〔一〕【索隱】代之縣名也。【正義】括地志云：「當城，在朔州定襄縣界。土地十三州記云『當城，在高柳東八十里。縣當常山，故曰當城』。」【考證】梁玉繩曰：豨傳亦言樊噲斬之，而噲傳不及，則非噲明甚。蓋周勃斬之也，絳侯世家及漢書可證。又世家、功臣表及豨傳皆云斬豨靈丘，此言當城，亦小異。愚按：當城，直隸宣化府蔚州縣東。

十一月，高祖自布軍至長安。十二月，高祖曰：「秦始皇帝、楚隱王、〔一〕陳涉、〔二〕魏安釐王、〔三〕齊緡王、〔四〕趙悼襄王，〔五〕皆絶無後。予守冢各十家，秦皇帝二十家，魏公子無忌五家。」〔六〕赦代地，吏民爲陳豨、趙利所劫掠者，皆赦之。陳豨降將言，豨反時，燕王盧綰使人之豨所與陰謀。上使辟陽侯迎綰，〔七〕綰稱病。辟陽侯歸，具言綰反有端矣。〔八〕二月，使樊噲、周勃將兵擊燕王綰。赦燕吏民與反者。立皇子建爲燕王。〔九〕

〔一〕【索隱】系家作「幽王」，名擇，負芻之兄。【考證】顏師古曰：陳勝也。愚按：索隱誤。

〔二〕【考證】梁玉繩曰：「陳涉」二字當衍，漢書詔詞無之，蓋諸帝王皆不稱名也。愚按：注文攙入。

〔三〕【索隱】史闕名，昭王之子，王假之祖也。

〔四〕【索隱】名地，宣王子，王建祖。

〔五〕【索隱】名偃，孝成王丹之子，幽王遷之父也。

〔六〕【考證】梁玉繩曰：此言趙悼襄王亦予守冢十家，而漢書云「五家」，疑漢書誤。中井積德曰：秦皇、陳涉之外，蓋以當時冢存者立制也，不然，何特親此數人矣。其他存者亦有後，則不在此例。愚按：陳涉世家云「爲陳涉置守冢三十家」，與此異。

〔七〕【正義】審食其也。括地志云：「辟陽故城，在冀州信都縣西三十五里，漢舊縣。」

〔八〕【正義】方言云：「端，緒也。」

〔九〕【考證】梁玉繩曰：擊綰王建，同在十二年二月中，諸侯王表書燕王建以三月甲午封，誤。此與漢書高紀、諸侯王表作「二月」可據。惟異姓表在十一年，則誤甚。

高祖擊布時，爲流矢所中，行道病。病甚，呂后迎良醫。醫入見，高祖問醫。醫曰：「病可治。」於是高祖嫚罵之曰：「吾以布衣提三尺劍取天下，此非天命乎？命乃在天，雖扁鵲何益！」〔一〕遂不使治病，賜金五十斤罷之。已而呂后問：「陛下百歲後，蕭相國即死，令誰代之？」〔二〕上曰：「曹參可。」問其次，上曰：「王陵可。然陵少戇，陳平可以助之。〔三〕陳平智有餘，然難以獨任。周勃重厚少文，然安劉氏者必勃也，可令爲太尉。」〔四〕呂后復問其次，上曰：「此後亦非而所知也。」〔五〕

〔一〕【考證】祕閣本、楓、三本、淩引一本作「提」，各本作「持」。

〔二〕【考證】漢書高紀「問」下有「曰」字，「令誰」作「誰令」。祕閣本、楓、三本同。愚按：莊子齊物論「吾誰使正之」，韓非子顯學篇「將誰使定後世之學乎？將誰使定儒墨之誠乎？」「誰」字皆在「使」字上。

〔三〕【考證】祕閣本、楓、三本「然」上有「也」字。

〔四〕【考證】祕閣本「難」下無「以」字。

〔五〕【考證】中井積德曰：是數語恐有後人所附益也。

盧綰與數千騎居塞下候伺，幸上病愈自入謝。

四月甲辰，高祖崩長樂宮。〔一〕四日不發喪。呂后與審食其謀曰：「諸將與帝爲編户民，〔二〕今北面爲臣，此常怏怏。〔三〕今乃事少主，非盡族是，天下不安。」人或聞之，語酈將軍。〔四〕酈將軍往見審食其曰：「吾聞帝已崩四日，不發喪，欲誅諸將。誠如此，天下危矣。陳平、灌嬰將十萬守滎陽，樊噲、周勃將二十萬定燕、代，此聞帝崩，諸將皆誅，必連兵還鄉，以攻關中。大臣内叛，諸侯外反，亡可翹足而待也。」〔五〕審食其入言之，乃以丁未發喪，大赦天下。

〔一〕【集解】皇甫謐曰：「高祖以秦昭王五十一年生，至漢十二年，年六十二。」【考證】漢書高紀注引臣瓚云「帝年四十二即位，即位十二年，壽五十三」。梁玉繩曰：御覽八十七引史云「四月甲辰崩於長樂宮，時年六十二。在位十二年。葬長陵」。今史記無之。愚按：「秦二世元年」紀集解引徐廣云「高祖時四十八」，與皇甫説同。據六國表，秦昭王五十一年，歲在乙巳，高祖蓋以是歲生，秦二世元年九月起兵，時年四十八，五十一爲漢王，五十五即真，以漢十二年歲在丙午崩，壽六十二。瓚説恐非也。張文虎曰：集解「六十二」，各本作「六十三」，誤。依御覽引改。

〔二〕【考證】顔師古曰：言列次名籍也。愚按：猶言同爲匹夫也。

〔三〕【考證】漢書高紀「此」作「心」。

〔四〕【集解】漢書曰酈商。

〔五〕【考證】祕閣本「二十」作「廿」。三條本「諸侯」作「諸將」。通鑑考異云：「呂后雖暴戾，亦〔安敢〕一旦盡誅大臣？又時陳平不在滎陽，樊噲不在代，此恐妄説，今不取。」姚範曰：按陳平傳，平受詔誅樊噲於燕，聞帝崩馳還，道逢使者，詔平與灌嬰屯滎陽，此蓋高帝詔也。平雖受詔誅樊噲於燕，後乃至宮請宿衛，而酈商所據，則屯滎陽之詔，未知平之即入也。樊噲擊陳豨於代，即移擊燕，陳平釋未誅，固知其存矣，復統燕、代兵，何不可？食其亦括約四人前後被詔，據有重兵耳，其事勢固誠可虞呂后，詎得史、漢之記爲不實哉？

盧綰聞高祖崩，遂亡入匈奴。

丙寅葬。〔一〕己巳立太子，〔二〕至太上皇廟，〔三〕羣臣皆曰：「高祖起微細，〔四〕撥亂世反之正，平定天下，爲漢太祖，功最高。」上尊號爲高皇帝。〔五〕太子襲號爲皇帝，孝惠帝也。〔六〕令郡國諸侯各立高祖廟，以歲時祠。

〔一〕【集解】徐廣曰：「五月。」

〔二〕【正義】丙寅葬後四日，至己巳即立太子爲帝。有本脫「己」字者，妄引漢書云「已下」者，非。【考證】漢書高紀云「五月丙寅葬長陵。已下，太子群臣，皆反至太上皇廟」。鄭氏注「已下，已下棺也」。惠紀云「五月丙寅，太子即皇帝位」。陳仁錫曰：「立」字衍文，「太子」屬下讀。梁玉繩曰：「丙寅」上缺「五月」二字，「丙寅」下衍「葬」字，而論末「葬長陵」三字移此，此蓋錯簡也。「己巳立」三字當據漢書作「已下」二字。

〔三〕【正義】三輔黃圖云：「太上皇廟，在長安城香室南，馮翊府北。」括地志云：「漢太上皇廟，在雍州長安縣西北長安故城中酒池之北，高帝廟北。高帝廟亦在故城中也。」

〔四〕【考證】梁玉繩曰：此時羣臣方議尊號，何得稱「高祖」，漢書作「帝」，是也。

〔五〕【考證】俞樾曰：高祖紀云「上尊號爲高皇帝」，文帝紀云「上尊號曰孝文皇帝」，謂之尊號，而不曰謚，蓋亦避秦人臣子議君父之嫌也。

〔六〕【考證】祕閣本、楓山本「帝」下有「是」字。

及孝惠五年，思高祖之悲樂沛，以沛宮爲高祖原廟。〔一〕高祖所教歌兒百二十人，皆令爲吹樂。〔三〕後有缺，輒補之。

〔二〕【集解】徐廣曰：「光武紀云『上幸豐，祠高祖於原廟』。」駰案：謂「原」者再也。先既已立廟，今又再立，故謂之原廟。

〔三〕【正義】上尺瑞反，下音岳。以前但有歌兒，今加吹樂。【考證】祕閣本「二十」作「廿」。

高帝八男：長庶齊悼惠王肥；次孝惠，呂后子；次戚夫人子趙隱王如意；次代王恒，〔一〕已立爲孝文帝，薄太后子；次梁王恢，呂太后時徙爲趙共王；次淮陽王友，呂太后時徙爲趙幽王；次淮南厲王長；次燕王建。

〔一〕【考證】楓、三本「惠」下有「帝」字。梁玉繩曰：「恒」字當避。

太史公曰：夏之政忠。忠之敝，小人以野，〔一〕故殷人承之以敬。敬之敝，小人以鬼，〔二〕故周人承之以文。文之敝，小人以僿，〔三〕故救僿莫若以忠。〔四〕三王之道若循環，終而復始。〔五〕周、秦之閒，可謂文敝矣。秦政不改，反酷刑法，豈不繆乎？故漢興，承敝易變，使人不倦，得天統矣。〔六〕朝以十月，車服黄屋左纛，葬長陵。〔七〕

〔一〕【集解】鄭玄曰：「忠，質厚也。野，少禮節也。」

〔二〕【集解】鄭玄曰：「多威儀，如事鬼神。」【考證】中井積德曰：鬼，尚鬼信禨祥也。集解「如」，楓、三本作「而」。

〔三〕【集解】徐廣曰：「一作『薄』。」駰案：史記音隱曰「僿，音西志反」。鄭玄曰「文，尊卑之差也。薄，苟習文法，無悃誠也」。【索隱】鄭音先代反，鄒本作「薄」，音扶各反，本一作「僿」，而徐廣云一作「薄」，是本互不同也。然此語本出子思子，見今禮表記作「薄」，故鄭玄注云「文，尊卑之差也。薄，苟習文法不悃誠也」。裴又引音隱云「僿，音先志反」，僿、塞聲相近故也。蓋僿猶薄之義也。【正義】先代反，又音四。僿猶細碎也。言周末世，文細碎，鄙陋薄惡，小人之甚。

〔四〕【集解】鄭玄曰：「復反始。」【考證】凌稚隆曰：白虎通三教篇云「三王之有失，故立三教以相指受：夏人之王，教以忠，其失野，救野之失莫如敬；殷人之王，教以敬，其失鬼，救鬼之失莫如文；周人之王，教以文，其失薄，救薄之失莫如忠。繼周尚黑，制與夏同，三者如順連環，周則復始，窮則反本」。

〔五〕【考證】鄒衍作五德始終傳，史公終而復始之說蓋祖其意。

〔六〕【正義】夏之政忠，忠之敝，其末世敗壞多威儀，若事鬼神。周人承殷爲文，其末細碎薄陋，文法無有悃誠。秦人承周不改敝，反成酷法嚴刑。故漢人承秦苛法，約法三章，反其忠政，使民不倦，得天統矣。故太史公引禮文爲此贊者，美高祖能變易秦敝，使百姓安寧。【考證】祕閣本無「政」字，「不」作「弗」。南化本「人」作「民」。中井積德曰：天統，猶言天叙也，謂終始循環之統紀，非「三統」之「統」。

〔七〕【集解】皇甫謐曰：「長陵山，東西廣百二十步，高十三丈，在渭水北，去長安城二十五里。」【正義】括地志云：「長陵，在雍州咸陽縣東三十里。」【考證】中井積德曰：「車服」下宜有「尚赤」等語，分明闕語矣。又曰：「葬長陵」，是紀文之脱錯在於此。梁玉繩曰：「葬長陵」三字錯簡，當在「丙寅」句下。愚按：殷本紀贊曰「孔子曰，殷路車爲善，而色尚白」，與此贊遥相應，亦序五德之運也。長陵，陝西長安府咸陽縣東北。趙翼曰：漢初諸臣，惟張良出身最貴，韓相之子也。其次則張蒼，秦御史；叔孫通，秦博士。次則蕭何，沛主吏掾；曹參獄掾；任敖獄吏；周苛泗水卒史；傅寬魏騎將；申屠嘉材官。其餘陳平、王陵、陸賈、酈商、酈食其、夏侯嬰等皆白徒。樊噲則屠狗者，周勃則織簿曲吹簫給喪事者，灌嬰則販繒者，婁敬則輓車者，一時人才皆出其中，致身將相，前此所未有也。蓋秦、漢時爲天地一大變局，自古皆封建，諸侯各君其國，卿大夫亦世其家，成例相(浴)〔沿〕，視爲固然。其後積弊日甚，暴君荒主既虐用其民，無有底止，强臣大族又篡弑相仍，禍亂不已。再并而爲七國，益務戰争，肝腦塗地，其勢不得不變。而數千年世侯世卿之局，一時亦難遂變，於是先從在下者起。游説則范雎、蔡澤、蘇秦、張儀等，徒步而爲相；征戰則孫臏、白起、樂毅、廉頗、王翦等，白身而爲將。此已開後世布衣將相之例。而兼并之力，尚在有國者，天方藉其力以成混一，固不能一旦掃除之，使匹夫而有天下也。於是縱秦皇盡滅六國，以開一統之局，使秦當日施政施仁，與民休息，則禍亂不興，下雖無世禄之臣，而上猶是繼體之主也。惟其威虐毒痛，人人思亂，四海鼎沸，草澤競奮，於是漢祖以匹夫起事，角羣雄而定一尊。其君既起自布衣，其臣亦自多亡命無賴之徒，立功以取將相，此氣運成之也。天之變局，至是始定。然楚漢之際，六國各立後，尚有楚懷王心，趙王歇，魏王咎，魏王豹，韓王成，韓王信，齊王田儋、田榮、田廣、田安、田市等，即漢所封功臣，亦先裂地王彭、韓等，繼分國侯絳、灌等，蓋人情習見前世封建故事，不得而遽易之也。乃不數年，而六國諸王皆敗滅，漢所封異姓八人，其七人亦皆敗滅，則知人情猶狃於故見，而天意已别换新局，故除之易易耳。而是時尚有分封子弟諸國，迨至七國反後，又嚴諸侯王禁制，除吏皆自天朝，諸侯王惟得食租衣税，又多以事失侯，於是三代世侯世卿之遺法，始蕩然净盡，而成後世徵辟選舉科目雜流之天下矣。豈非天哉！

【索隱述贊】高祖初起，始自徒中。言從泗上，即號沛公。嘯命豪傑，奮發材雄。彤雲鬱碭，素靈告豐。龍變星聚，蛇分徑空。項氏主命，負約弃功。王我巴蜀，實憤於衷。三秦既北，五兵遂東。氾水即位，咸陽築宮。威加四海，還歌大風。